韓国刑法総論

金　日　秀　[著]
徐　輔　鶴

斉　藤　豊　治　[監訳]
松　宮　孝　明

成　文　堂

監訳者はしがき

　韓国の金日秀氏（現、高麗大学校法学専門大学院名誉教授）の刑法総論に関する教科書を翻訳して、韓国刑法学の今日の姿を知る手がかりとしようという話が、監訳者の斉藤と松宮の間で持ち上がったのは、2015 年のことでした。その後、翻訳を、九州大学に留学した経験のある裵美蘭さん（現、蔚山大学助教授）と大阪大学に留学している金ジャンディさん（現、大阪大学招へい研究員）にお願いすることができ、2016 年 1 月には金教授の翻訳許可も得て 2017 年 1 月には、その粗訳ができあがりました。また、資料として添付した韓国刑法典の翻訳については、玄守道氏（現、龍谷大学教授）のお世話になりました。しかし、その後、監修者による日本語表記の調整が遅れ、やっと今日、この金日秀・徐輔鶴著『刑法総論［第 12 版］』（博英社・2014 年）の日本語版を、読者に届けることができた次第です。

　韓国刑法は、原著者の「日本語版への序文」にあるように、1911 年から 1953 年までの日本の明治 40 年刑法の施行、日本の改正刑法仮案を土台にした 1953 年から 1995 年までの韓国刑法典の施行、そして 1995 年の改正およびそれに続く部分改正を経ています。それは、日本で施行されることのなかった改正刑法仮案に基づく刑法が現実に施行されていたという点でも、また、1995 年改正以降、ドイツ刑法改正の大きな影響を受けたという点でも、日本刑法および日本刑法学にとって数多くの示唆を与えてくれるもののように思います。

　それは、犯罪論における「客観的帰属論」を基礎とした、ロクシンらの新古典的・目的的合一犯罪体系の応用からも得られますし、憲法裁判所の決定を受けた刑罰論における未決勾留日数の本刑全部算入や、外国で執行された刑の算入などの人権および理論に親和的な改正からも得られます。各論では、強制わいせつの罪などの性犯罪規定などで、その改正が日本に先行しています。加えて、死刑の執行を長年凍結し、事実上の死刑廃止国となっている点も見過ごせません。

　こういった興味深い韓国刑法の総論につき、本書は著者の深い学識に裏打ちされた理論的解説を展開するものです。本書が、韓国刑法に関心を持つ方々や、それを通じて日本刑法の課題と進むべき方向を明らかにしようと考えている方々、そのほか広く刑法学に関心を持たれる方々に広く読まれることを、期待します。

最後に、欧米以外の外国刑法の翻訳教科書の出版という、採算を度外視した課題を引き受けてくださった株式会社成文堂に、この場を借りてお礼を申し上げます。

　　2019 年 10 月

監訳者一同

日本語版への序文

　ある社会の規範体系は、過去に下された決断の遺産とも言えます。また、それは共同体の秩序の維持において、比較的確固たる土台になったりします。我々はその土台の上で文化の世界を形成したり、それを維持・発展させたりします。しかし、その社会構成員の現実の人生は、過去に基づいた既存の状態のみにとらわれているものではありません。現在の生活が単に過去のくびきに縛り付けられているなら、その共同体は躍動感を失ってしまうからです。ある社会が人間の尊厳と価値に相応した人々の生活秩序に向けて発展するためには、未来に向けた見通しを絶えず追求しなければならず、また新たな決断を通じてその未来の地平に到達するための不断の努力を傾注しなければならないのです。このような要請は、法秩序ないし刑法秩序の発展のためにも同様に適用できると思います。現在の法の状態というものは、単なる経験的な事実の集積ではなく、歴史性という意味の実現の過程の中に置かれているものであって、よりよい人間らしい暮らしの秩序を形成するために現在の状態を超える創造的な決定と緊張関係の中に置かれていると理解すれば、一層、そうであると言えます。

　今回日本語版で出版されるこの本は、まさにそのような両面性を有している内容の結晶体と言えます。1911 年、朝鮮総督部制令第 11 号「朝鮮刑事令」によって日本の刑法 (1907) が韓半島に移植適用された後、その当時東洋法文化圏に属していた韓国刑法はヨーロッパの大陸刑法の影響圏に編入されました。刑法典の体系のみならず、これを解釈・適用するための刑法理論と学説、そして馴染みのない専門的な述語さえも移植しなければならかったのです。1948 年に大韓民国の憲法が公布され、それによって政府も樹立されましたが、移植適用された日本刑法は 1953 年 9 月 18 日に韓国刑法が制定・公布され、同年 10 月 3 日に施行されるまで実際的な効力を有していました。韓国刑法の制定のための作業は、韓国戦争 (1950〜1953：朝鮮戦争―監訳者注) の大混乱期に行われたことで、外国の立法例を考慮する余裕がありませんでした。この制定作業において最も大きな影響を及ぼしたのは 1940 年に公表された日本の刑法仮案でした。韓国刑法の第 1 世代の学者らは言うまでもなく、第 2 世代及び第 3 世代の学者らも時代の変化を反映した新

たな刑法改正の作業が必要であるという認識を共有していました。その中で、1984年12月31日に法務部は刑事法改正特別審議委員会規定を制定し、1985年6月に法務部次官を委員長として刑法学者12人、判事・検事・弁護士各6人など、合計30人の委員で構成された刑事法改定特別審議委員会を発足させた後、7年の作業を経てついに1992年5月27日、全文405箇条の刑法改正法律案を確定しました。

　この刑法改正法律案は1992年7月に国会に提出され、その後8回にわたって逐条審議もされましたが、死刑制度、堕胎罪、尊属犯罪、姦通罪など、一部の内容をめぐって各界の意見が鋭く対立する一方で、第14代国会の任期満了も迫ってきたため、この法律案は自動的に廃案になる運命に直面するようになりました。このような状況を考慮して国会はまず、早急に改正すべき部分のみを抜粋して刑法典の改正法律案の代案を提案することにしました。これによって、少年犯にのみ適用していた保護観察制度の全面拡大、新種の犯罪に対する新犯罪化措置（コンピューター関連犯罪、人質関連犯罪など）、法定刑の調整、死刑の縮小などを内容とする国会法制司法委員会の小委員会の改正案が法制司法委員会の全体の案として国会の本会議に上程され、1995年12月2日に原案どおり可決されることにより、刑法典制定後の最も大きな規模の改正作業が行われるようになりました。

　もちろん、理論的な論争が激しい刑法総則は、1995年の改正の際、将来の課題として残されました。なぜなら1995年の刑法の改正は一時的な改正であったうえ、1975年のドイツの刑法改正の過程で確認し得た応報刑法から再社会化刑法への目覚しい発展を反映し得る与件をそなえていなかったためでした。ドイツ刑法の改定過程での代案の起草者の一人であるロクシン教授は、1984年秋の韓独国交100周年記念事業の一環として招待講演のために韓国を訪問したとき、その当時刑法の改正作業を計画していた韓国の法務部にドイツ刑法の改正作業の経験を印象深く聞かせてくれただけでなく、帰国の直後にはドイツの法務省に対して膨大なドイツ刑法改正の資料集を韓国の法務部に伝えるように取り計らってくれることで、韓国の刑法改正に精神的な活力を吹き込んでくれました。

　上述した韓国刑法の歴史に続いて、日本の読者のために韓国刑法学の昨日と今日に関しても簡単に申し上げる必要を感じます。1945年8月15日に解放を迎えた朝鮮に設立された新生大学で刑法を講義し始めた韓国の第1世代の刑法学者らは、日本刑法学の影響を受けていました。彼らは、その当時の日本刑法学の知識

をそのまま習得したため、学生にそれを忠実に伝授する程度に止まっていました。例えば、その当時ドイツではすでに議論の終わった新旧学派間の論争が、主観主義犯罪論と客観主義犯罪論に変形され、韓国の大学で講論されていました。1960 年代にいたってヴェルツェルの目的的行為論の体系が黄山徳博士によって韓国に紹介され、またこの理論に立脚した彼の刑法総論の教科書も出版されました。これをきっかけに韓国刑法学の流れも、新・旧両派の学説論争から因果的行為論と目的的行為論間の論争に転換しました。

　1970 年代にいたって、ドイツのマイホーファー教授の指導の下で博士学位をとって帰国した沈在宇教授によってマイホーファー流の社会的行為論が本格的に紹介され、行為論の論争は単なる行為論を超えて一般的帰属論、不法論、責任論、刑罰論そして犯罪体系論の領域まで拡張されました。もちろん、深くて難解なマイホーファーの犯罪体系にしたがって論争を率いていくことができる方はおそらく沈在宇教授たった一人しかいなかったとも思われますが、研究人材が少なかった当時の韓国では、そのような論争が活発に起こらなかったのです。ほかに、沈憲燮教授によって因果関係においてはエンギッシュの合法則的条件説が、李炯國教授によって客観的帰属論が、李在祥教授によって保安処分論が、韓国の刑法理論に位置づけられることになりました。この方々のように第 2 世代の刑法学者の群に属する教授の中で、日本刑法学の推移を比較的充実した形で韓国に紹介した方々としては、金鍾源教授、朴貞根教授、成時鐸教授、車鏞碩教授、鄭盛根教授などを挙げることができます。

　1980 年代以降、韓国刑法学はドイツに留学した多数の第 3 世代の刑法学者らの比較法的な研究成果によって活気を帯び始めました。この本の第 1 著者である私は、ロクシン教授の門下でドイツ刑法学を勉強しており、本書の第 9 版（2002 年）から共著者として参加した徐輔鶴教授は、ヒルシュ教授の指導の下で比較法の研究をしました。本書は 1992 年に私が執筆した『韓国刑法 I（総論（上））』と『韓国刑法 II（総論（下））』の膨大な内容を、講学上の必要によって要約したものです。韓国刑法の総論の体系を、主観主義及び客観主義の犯罪論や行為論を乗り越えて、新古典的・目的的合一犯罪体系の観点からまとめたものであり、このような体系は今日の韓国刑法の教科書の主要な流れを形成しています。

　また、本書の第 11 版（2006 年）は、吉林大学の鄭軍男教授によって中国語に翻訳され、2008 年に中国の武漢大學の出版部から発刊されたことがあります。本書

の内容のうちでユニークなところは、構成要件該当性阻却事由の独立の体系化、責任阻却事由と免責事由の区別、構成要件的故意の細分化と構成要件的錯誤の規定の再配置などです。特に、従来の犯罪体系では構成要件の解釈論および不法論に散在していた構成要件該当性阻却事由を、行為反価値と結果反価値の両方から構成要件の成立を最初から否定する評価リストとして位置づけたという点です。もちろん、これは未だに刑法学では一般化されていない着想と言えます。

　本書の第 12 版（2014 年）が出版されてからまだ何年しか経っておりませんが、2014 年 5 月から最近まで数回にわたって刑法総則の部分改正が行われました。それは、上述したとおり、刑法の世界で「より正義の法」、「よりよい法」への進歩を志向する立法者の新しい意思での決断と言えるでしょう。以下では、出版の事情により未だに本書に載せられなかった改正事項の概略を、年代記的に紹介しようとします。

　第一は、2014 年 5 月 14 日の改正事項です。①刑の時効停止について新しい項が新設されました。すなわち、刑が確定した後刑の執行を免れる目的で国外にいる者には、その期間、時効が進行しないようにしたことです（韓国刑法第 79 条第 2 項）。これは、刑事訴訟法上の国外逃避犯に対する公訴時効の停止（韓国刑事訴訟法第 253 条第 3 項）と軌を一にする補完立法として、国外逃避犯らに刑の時効の利益が及ばないようにした措置です。②労役場留置に関しても新しい項が新設されました。つまり、「宣告する罰金が 1 億ウォン以上 5 億ウォン未満の場合は 300 日以上、5 億ウォン以上 50 億ウォン未満の場合は 500 日以上、50 億ウォン以上の場合は 1000 日以上の留置期間を定めなければならない（韓国刑法第 70 条第 2 項）」ということです。これは、ある地方裁判所が富裕な被告人に罰金刑を言い渡しながら、一日当り数千万ウォンに相当する労役場留置期間を定めたため、いわゆる「皇帝労役」という社会的公憤を引き起こした事件がありました。その事件を契機として、この条項が新設されたのです。

　第二は、2014 年 12 月 30 日の改正事項です。③判決宣告前拘禁日数の通算に関する改正がありました。従来は、拘禁日数の全部又は一部を有期懲役、有期禁錮、罰金や科料に関する留置または拘留の期間に算入することにしていたのですが、2009 年 6 月 25 日の憲法裁判所の決定（2007 憲バ 25）で未決拘禁日数をすべて本刑に算入するように立法するよう勧告されたことにしたがって、被拘禁者の人権保護を増進させるために判決宣告前未決拘禁日数の全部を本刑に算入するように改

正したのです（韓国刑法第57条第1号）。④判決の公示に関する改正もありました。「被告事件に対して無罪の判決を宣告する場合、無罪判決公示の趣旨を宣告しなければならない。但し、無罪判決を受けた被告人が無罪判決公示の趣旨の宣告に同意しない又は被告人の同意を受けることができない場合にはその限りではない（韓国刑法第58条第2項）」ということです。無罪判決を宣告する場合の無罪判決公示の趣旨の宣告が、従来は任意規定であったのですが、被告人の人権の利益のために義務規定に変わったのです。⑤従来は、被告事件に対する無罪判決と免訴判決公示の趣旨の宣告を一つの条項（韓国刑法第58条第2項）にともに規定していましたが、免訴判決の場合を無罪判決の場合と分離して別途の条項（韓国刑法第58条第3項）に規定しました。

　第三は、2016年1月6日の改正事項です。⑥刑の宣告と資格停止に関する改正がありました。元々は、有期懲役又は有期禁錮の判決を受けた者はその刑の執行が終了しまたは免除されるときまで公務員になる資格、公法上の選挙権及び被選挙権、法律に要件を定める公法上の業務に関する資格が停止されていました（韓国刑法第43条第2項）。ところが、特別法によってこの資格停止の要件が異なる場合があり、その程度も異なるため、この条項に但書きを新設して、「但し、他の法律で特別な規定のある場合にはその法律に従う（韓国刑法第43条第2項但書き）」と改正したのです。また、⑦執行猶予の要件に関する改正もありました。2005年7月29日の本条（韓国刑法第62条第1項）の但書きの改正によって、それまでは「禁錮以上の刑の宣告を受け執行を終了した後または免除された後5年以内に犯した罪」について執行猶予をすることができたのを、「禁錮以上の刑を宣告した判決が確定したときからその執行を終了した後または免除された後、3年までの期間に犯した罪」と改正することで、要件をより明確にかつ緩和しました。ところが、2016年1月6日の本条本文の改正では「500万ウォン以下の罰金刑を宣告する場合」も執行猶予を宣告することができるようにしたのです。本書は、かねてから罰金刑に対する執行猶予の必要性を立法論として提案していました。

　第四に、⑧2016年12月20日の改正では、「外国で執行された刑の算入」（韓国刑法第7条）を犯罪行為者に有利に改正しました。つまり、従来は外国で刑の全部または一部が執行された者に対して国内で再び刑を宣告する場合、裁判所の裁量によって減免することができるだけでした。しかし、本条の改正によって、これからは外国で執行された刑の全部または一部は国内で再び宣告する刑に必ず算入

viii　日本語版への序文

することで、グローバル時代にあわせて行為者に有利な人権親和的な刑事司法理念を具現したのです。

　以上のいくつかの改正事項では言うまでもなく、その他の本書の様々な解釈論と立法論的な提案からも推測することができるように、今日の刑法学は単に国内法のレベルにとどまるのではなく、世界刑法学の地平に向かってますます進歩しています。そのような兆候を、私たちは犯罪予防のための国連の活動や国際的な重大犯罪の統制に向けた国際刑事裁判所規程と国家間の司法共助、犯罪人引渡条約そして欧州刑法学に関する探索の努力などから確認することができます。刑法学が刑法を発展させることに寄与するためには、犯罪体系を異にする様々な法圏間での活発な交流が必要であると思われます。そのため、比較刑法学の研究に関する期待が大きくなることは言うまでもないでしょう。かつてイェシェック教授が、比較刑法学の役割について「世界への飛び石であり、最善の最も人道的な刑法を勝ち取るための国家間の平和な闘技場であり、偉大な伝統を取り交わす取引所」と話したことを想起すると、ますますそう思われます。

　このような観点から、松宮孝明教授と斉藤豊治教授が韓国刑法にも関心を傾け、言語のハードルを乗り越えて、この本が日本語で翻訳・出版されるようになったことは、私の喜びです。立派な開拓精神のようなこの試みを通じて、ドイツ刑法に影響を受けた日本と韓国の刑法学の現在が照らされ、将来の見通しが新たに開かれることを期待するところです。今は共著者の共同努力の産物である拙著の日本語版の出版が、我々の学問的関心を共有し、交流することに触媒の役割を果たすことができれば、言葉では言い表せない喜びになると思います。

　最後に再びこの本の翻訳・出版のために、長い時間をかけて労を惜しまず、また心を尽くしてくださった松宮孝明教授と斉藤豊治教授、そして翻訳の隘路を一緒に歩んでくださった裵美蘭博士と金ジャンディ博士にも心から深く感謝いたします。

　　2018年1月　ソウル

　　　　　　　　　　　　　　　　　　　　　　　金　日　秀

主要参考文献

[韓国文献]

金日秀『刑法学原論［総則講義］［補訂版］』（1992）

金日秀『韓国刑法Ⅰ［改訂版］』（1996）

金日秀『韓国刑法Ⅱ［改訂版］』（1997）

金日秀『新版刑法総論［第8版］』（2000）

權文澤『刑法学研究』（1983）

權五杰『刑法総論［第3版］』（2009）

金成敦『刑法総論［第2版］』（2009）

金聖天／金亨埈『刑法総論［第5版］』（2012）

南興祐『刑法総論［改訂版］』（1983）

朴東熙『刑法学総論』（1977）

朴相基『刑法総論［第9版］』（2012）

裵鐘大『刑法総論［第11版］』（2013）

白南檍『刑法総論［第3全訂版］』（1963）

成樂賢『刑法総論［第2版］』（2011）

孫ドン權『刑法総則論』（2001）

孫ドン權／金載潤『新版刑法総論』（2011）

孫海睦『刑法総論』（1996）

申東雲『刑法総論［第7版］』（2013）

申東雲『判例百選刑法総論』（1998）

安銅準『刑法総論』（1998）

吳英根『刑法総論［第2版］』（2009）

劉基天『刑法学（総論講義）［改訂24版］』（1983）

李建鎬『刑法学概論』（1977）

李相暾『刑法講義』（2010）

李榮蘭『刑法学総論講義［改訂版］』（2010）

李在祥『刑法新講（総論Ⅰ）』（1984）

x　　主要参考文献

李在祥『刑法総論［第7版］』（2011）

李廷元『刑法総論［インターネット公開版］』（2008）

李泰彦『刑法総論［第3全訂版］』（2000）

李炯國『刑法総論研究 I』（1984）

李炯國『刑法総論研究 II』（1986）

李炯國『刑法総論［改訂版］』（1997）

任　雄『刑法総論［第4訂版］』（2012）

鄭盛根『刑法総論［全訂版］』（1996）

鄭盛根/朴光玟『刑法総論［全訂版］』（2012）

鄭榮錫『刑法総論［第5全訂版］』（1983）

鄭英一『刑法総論［改訂版］』（2007）

鄭鎭連/申梨澈『刑法総論［第2版］』（2010）

曺俊鉉『刑法総論』（1998）

陳癸鎬『刑法総論［第6版］』（2000）

車鏞碩『刑法総論講義 I』（1984）

申東旭ほか『新稿 刑法總論』（1978）

河泰勳『事例中心刑法講義』（1998）

黄山德『刑法総論［第7訂版］』（1982）

許一泰（訳）『独逸刑法総論』（1991）

韓国刑事法学会編『刑事法講座 I』（1981）

韓国刑事法学会編『刑事法講座 II』（1984）

［外国文献］

Alternativkommentar, Bd. 1, 1990.

Baumann, Jürgen, Strafrecht, AT, 8.Aufl., 1977.

Baumann/Wever, Strafrecht, AT, 9.Aufl., 1985.

Blei, Hermann, Strafrecht I, 18.Aufl., 1983.

Bockelmann, Paul, Strafrecht, AT, 3.Aufl., 1979.

Bockelmann/Volk, Strafrecht, AT, 4.Aufl., 1987.

Dreher/Tröndle, Strafgesetzbuch und Nebengesetze, 47.Aufl., 1997.

Ebert, Udo, Strafrecht, AT, 1985.

主要参考文献　xi

Eser, Albin, Strafrecht Ⅰ, Ⅱ, 3. Aufl., 1980.

Haft, Strafrecht, AT, 4. Aufl., 1990.

Hassemer, Einführung in das Strafrecht, 2. Aufl., 1990.

Hippel, Rovert von, Deutsches Strafrecht Ⅰ, Ⅱ, 1925.

Jakobs, Günther, Strafrecht, AT, 2. Aufl., 1991.

Jescheck, Hans-heinrich, Lehrbuch des Strafrechts, 4. Aufl., 1988.

Jescheck, Hans-heinrich/Weigend, Thomas, Lehrbuch des Strafrechts, 5. Aufl., 1995.

Kaufmann, Arthur, Das Schuldprinzip, 2. Aufl., 1976.

Kienapfel, Diethelm, Strafrecht, AT, 3. Aufl., 1985.

Kühl, Kristian, Strafrecht AT, 1994.

Lackner, Karl, Strafgesetzbuch, 19. Aufl., 1991.

LaFave/Scott, Wayne R. and Austin W., Criminal Law, 1985.

Leipziger Kommentar (LK), 11. Aufl.

Liszt, Franz von, Lehrbuch des Deutschen Strafrechts, 21./22. Aufl., 1919.

Liszt/Schmidt, Lehrbuch des Deutschen Strafrechts, 26. Aufl., 1932.

Maurach/Gössel/Zipf, Strafrecht, AT/Ⅱ, 7. Aufl., 1988.

Maurach/Zipf, Strafrecht, AT/Ⅰ, 7. Aufl., 1987.

Mayer, Hellmuth, Strafrecht, AT, 1967.

Mayer, Max Ernst, Der Allgemeine Teil des Deutschen Strafrechts, 1915, 2. Aufl., 1923.

Mezger, Edmund, Strafrecht, AT, 3. Aufl., 1949.

Naucke, Wolfgang, Strafrecht, Einführung, 4. Aufl., 1987.

Noll, Peter, Strafrecht, AT, 1981.

Otto, Harro, Grundkurs Strafrecht, Allgemeine Strafrechtslehre, 3. Aufl., 1988.

Roxin, Claus, Strafrecht, AT/Ⅰ, 1997.

Roxin, Claus, Täterschaft und Tatherrschaft, 5. Aufl., 1989.

Roxin/Stree/Zipf/Jung, Einführung in das neue Strafrecht, 2. Aufl., 1975.

Rudolphi/Horn/Samson, Systenatischer Kommentar (SK), Bd. 1, 25.Lieferung, 1995.

Schmidhäuser, Eberhard, Strafrecht, AT, 2. Aufl., 1975.

Schultz, Hans, Einführung in den Allgemeinen Teil des Strafrechts, Bd. 1/2, 4. Aufl., 1982.

Schönke/Schröder/Lenckner/Cramer/Eser/Stree, Strafgesetzbuch, Kommentar, 26. Aufl.,

2001.

xii 主要参考文献

Smith/Hogan, Criminal Law, 4 edition, 1978.

Stratenwerth, Günter, Strafrecht, AT, 3. Aufl., 1981.

Triffterer, Otto, Österreichisches Strafrecht, AT, 2. Aufl., 1994.

Tröndle/Fischer, Strafgesetzbuch und Nebengesetze, 49. Aufl., 1999.

Welzel, Hans, Das Deutsche Strafrecht, 11. Aufl., 1969.

Wessels, Johannes, Strafrecht, AT, 25. Aufl., 1995.

Wessels, Johannes/Beulke, Werner, Strafrecht, AT, 30. Aufl., 2000.

Wiener Kommentar（WK）.

目　次　xiii

目　次

監訳者はしがき　**i**

日本語版への序文　**iii**

主要参考文献　**ix**

第1編　刑法の基礎理論

第1章　刑法の基本概念 ………………………………………………*3*

第1節　刑法の意義・内容・性格 ……………………………………*3*

　Ⅰ　刑法の意義　*3*

　　1　定　義　*3*　　2　形式的意味の刑法　*3*
　　3　実質的意味の刑法　*3*　　4　秩序違反法　*4*

　Ⅱ　刑法の内容　*5*

　　1　実体刑法　*5*　　2　刑事訴訟法　*6*　　3　刑執行法　*6*

　Ⅲ　現代刑法学の学派論争　*6*

　　1　古典学派（旧派）の形成　*6*　　2　近代学派（新派）の登場　*7*
　　3　学派の争いの意義　*8*

第2節　犯罪概念 ………………………………………………………*9*

　Ⅰ　形式的犯罪概念　*9*

　Ⅱ　実質的犯罪概念　*9*

　Ⅲ　犯罪概念相互の関係　*10*

第2章　刑法の任務・機能・規範的性格・適用 ………………*13*

第1節　刑法の任務 ……………………………………………………*13*

第2節　刑法の機能 ……………………………………………………*14*

　Ⅰ　序　説　*14*

　Ⅱ　予防的機能　*14*

xiv　目　次

Ⅲ　規制的（鎮圧的）機能　*15*

Ⅳ　保護的機能　*15*

Ⅴ　保障的機能　*16*

Ⅵ　結　語　*16*

第3節　刑法の規範的性格 …………………………………………… *17*

Ⅰ　法益保護のための刑法規定　*17*

Ⅱ　仮言規範としての刑法　*17*

Ⅲ　行為規範と制裁規範　*18*

Ⅳ　禁止規範と命令規範　*18*

Ⅴ　評価規範と決定規範　*18*

第4節　刑法の解釈と適用 …………………………………………… *19*

Ⅰ　刑法の解釈　*19*

1　解釈と包摂　*19*　2　解釈の事実　*20*
3　刑法解釈の方法　*23*　4　解釈と類推　*23*

Ⅱ　刑法の時間的適用　*24*

1　意　義　*24*　2　刑法上の規律　*25*　3　限時法の問題　*27*
4　白地刑法における時間的適用　*30*

Ⅲ　刑法の場所的・人的適用　*32*

1　意　義　*32*　2　立法の一般原則　*32*
3　わが刑法の場所的・人的適用　*34*

第3章　刑法の基本原則 ……………………………………………… *39*

第1節　刑法の法治国家的制限原則 ……………………………… *39*

第2節　罪刑法定原則 ………………………………………………… *40*

Ⅰ　総　説　*40*

1　意　義　*40*　2　罪刑法定原則違反の法律効果　*41*
3　沿　革　*41*　4　四つの精神史的根源　*41*
5　罪刑法定原則の四つの原則　*42*

Ⅱ　遡及効禁止の原則　*42*

1　意味と制度的趣旨　*42*　2　遡及効禁止の原則の適用範囲　*42*

Ⅲ　法律明確性の要求　*48*

1　意　味　*48*　2　制度の趣旨　*48*　3　具体的内容　*49*

目　次　xv

　　　Ⅳ　類推適用の禁止　*51*

　　　　1　意　味　*51*　　2　制度の趣旨　*52*　　3　適用範囲　*53*

　　　Ⅴ　慣習刑法適用の禁止（＝成文法主義）　*55*

　　　Ⅵ　いわゆる適正性の原則　*56*

　　　　1　意　義　*56*　　2　評　価　*57*

第3節　責任原則……………………………………………………………*58*

　　　Ⅰ　責任原則の意義　*58*

　　　Ⅱ　内　容　*58*

　　　Ⅲ　限　界　*59*

第4節　比例性の原則………………………………………………………*60*

　　　Ⅰ　意　義　*60*

　　　Ⅱ　具体的内容　*60*

　　　　1　適切性の原則　*60*　　2　必要性の原則　*60*　　3　均衡性の原則　*61*

　　　Ⅲ　比例性の原則の適用範囲　*61*

第5節　行為刑法の原則……………………………………………………*61*

　　　Ⅰ　行為刑法の原則　*61*

　　　Ⅱ　行為者刑法の観点　*62*

　　　Ⅲ　危険刑法の登場　*62*

第2編　犯罪論

第1章　犯罪体系論 ………………………………………………………… *67*

第1節　犯罪行為の体系的基本概念………………………………………*67*

　　　Ⅰ　行　為　*67*

　　　Ⅱ　構成要件該当性　*67*

　　　Ⅲ　違法性　*68*

　　　Ⅳ　有責性　*68*

　　　Ⅴ　その他可罰性の条件　*68*

第2節　犯罪体系の発展および現状………………………………………*69*

xvi　目　次

Ⅰ　犯罪体系の発展　*69*

　1　古典的犯罪体系　*69*　　2　新古典的犯罪体系　*69*

　3　目的的犯罪体系　*69*　　4　新古典的・目的的犯罪体系の統合体系　*70*

Ⅱ　本書の犯罪体系　*71*

第2章　行為論　　　　　　　　　　　　　　　　　　　　　　*73*

第1節　序　　論　　　　　　　　　　　　　　　　　　　　　*73*

第2節　行為概念の機能　　　　　　　　　　　　　　　　　　*73*

Ⅰ　基本要素としての機能　*73*

Ⅱ　結合要素としての機能　*73*

　1　体系的中立性の要求　*74*　　2　実体概念性の要求　*74*

Ⅲ　限界要素としての機能　*74*

第3節　各行為概念の内容とそれに関する批判　　　　　　　　*74*

Ⅰ　自然的・因果的行為概念　*74*

　1　意　義　*74*　　2　評　価　*75*

Ⅱ　目的的行為概念　*75*

　1　意　義　*75*　　2　評　価　*76*

Ⅲ　社会的行為概念　*76*

　1　意　義　*76*　　2　評　価　*77*

Ⅳ　人格的行為概念　*78*

　1　意　義　*78*　　2　評　価　*79*

Ⅴ　結　　論　*79*

第3章　構成要件論　　　　　　　　　　　　　　　　　　　　*83*

第1節　構成要件の概念および種類　　　　　　　　　　　　　*83*

Ⅰ　概　　念　*83*

Ⅱ　種　　類　*83*

　1　不法構成要件（狭義の構成要件）　*83*　　2　総体的不法構成要件　*84*

第2節　基本的構成要件と変形された構成要件　　　　　　　　*85*

　1　基本的構成要件　*85*　　2　加重的構成要件　*85*

　3　減軽的構成要件　*85*　　4　独自的犯罪　*85*

目 次　xvii

第3節　構成要件要素の区分 ·· *86*

Ⅰ　記述的・規範的構成要件要素　*86*

　1　記述的構成要件要素　*86*　　2　規範的構成要件要素　*86*
　3　両者の区別の実益　*87*

Ⅱ　書かれた・書かれざる構成要件要素　*87*

　1　書かれた構成要件要素　*87*　　2　書かれざる構成要件要素　*88*

第4節　構成要件要素 ·· *88*

第5節　客観的構成要件要素 ·· *89*

Ⅰ　意　義　*89*

Ⅱ　行為主体　*89*

　1　自然人　*89*　　2　法　人　*90*

Ⅲ　行為客体　*96*

　1　意　義　*96*　　2　構成要件の類型　*96*

Ⅳ　保護法益　*97*

　1　法益概念の意味　*97*　　2　法益の種類　*98*
　3　保護法益の単複による構成要件の類型　*98*

Ⅴ　行　為　*99*

　1　意　義　*99*　　2　構成要件の類型　*99*

Ⅵ　行為の手段と行為の状況　*101*

　1　行為の手段　*101*　　2　行為の状況　*101*

Ⅶ　結　果　*102*

　1　意　義　*102*　　2　構成要件の類型　*102*

第6節　因果関係と客観的帰属関係 ······························ *103*

Ⅰ　序　論　*103*

Ⅱ　因果関係論　*104*

　1　意　義　*104*　　2　因果関係が問題となる事例　*104*
　3　因果関係論による解決方法　*106*　　4　結　論　*115*

Ⅲ　客観的帰属論　*116*

　1　原則論　*116*　　2　客観的帰属関係の尺度　*117*

第7節　主観的構成要件要素 ·· *124*

Ⅰ　意義および沿革　*124*

xviii　目　次

　　　　Ⅱ　構成要件的故意　*124*

　　　　　　1　意　味　*124*　　2　区別される概念　*125*
　　　　　　3　故意の体系的地位　*126*　　4　故意概念の構成要素　*127*
　　　　　　5　未必の故意　*128*　　6　故意の時点　*133*　　7　故意の特殊形態　*134*

　　　　Ⅲ　構成要件的錯誤　*140*

　　　　　　1　序　説　*140*　　2　故意の認識対象　*140*
　　　　　　3　構成要件的錯誤の適用　*144*　　4　構成要件的錯誤の限界事例　*148*

　　　　Ⅳ　特別な主観的不法要素　*156*

　　　　　　1　意　義　*156*　　2　特別な主観的不法要素の類型　*157*

　第8節　不法構成要件における行為反価値と結果反価値 ……………*159*

　　　　Ⅰ　序　言　*159*

　　　　Ⅱ　理論史的考察　*160*

　　　　　　1　ヴェルツェルの人的不法論　*160*
　　　　　　2　一元的・主観的な人的不法論　*161*
　　　　　　3　不法における評価規範と決定規範　*162*

　　　　Ⅲ　行為反価値と結果反価値の内容　*162*

　　　　　　1　行為反価値の内容　*162*　　2　結果反価値の内容　*162*

　　　　Ⅳ　行為反価値と結果反価値の機能　*163*

　第9節　構成要件該当性阻却事由 ………………………………………*164*

　　　　Ⅰ　社会的相当性　*164*

　　　　Ⅱ　被害者の承諾　*165*

　　　　　　1　問題の提起　*165*　　2　了解と承諾の区別　*166*　　3　適用範囲　*169*
　　　　　　4　承諾の表示・対象・時期・撤回　*171*　　5　承諾者の洞察能力　*172*
　　　　　　6　承諾の代理の問題　*173*　　7　承諾における意思の欠缺　*173*
　　　　　　8　承諾の存否に関する錯誤　*174*

第4章　違法性論 ………………………………………………………………*175*

　第1節　違法性の意味と機能 ……………………………………………*175*

　　　　Ⅰ　違法性の意味　*175*

　　　　Ⅱ　構成要件該当性と違法性　*175*

　　　　Ⅲ　違法性と有責性　*176*

　　　　Ⅳ　違法性と不法　*177*

　　　　Ⅴ　形式的違法性論と実質的違法性論　*177*

目　次　　xix

Ⅵ　主観的違法性論と客観的違法性論　*177*

Ⅶ　違法性の判断　*178*

1　違法性判断の性格　*178*　　2　違法性判断の対象　*178*
3　違法性判断の基準　*179*　　4　違法性判断の方法　*179*
5　違法性判断の時期　*180*

第2節　違法性阻却事由の基本問題……………………………………*180*

Ⅰ　違法性阻却事由の体系化問題　*180*

1　問題の提起　*180*　　2　体系化の試み　*181*

Ⅱ　違法性阻却事由の競合　*182*

Ⅲ　主観的正当化要素　*183*

1　必要性　*183*　　2　主観的正当化要素の内容　*183*
3　主観的正当化要素が欠けている場合の法効果　*185*

Ⅳ　違法性阻却事由の効果　*187*

1　原則論　*187*　　2　いわゆる可罰的違法性論　*188*

Ⅴ　違法性阻却事由の概観　*188*

第3節　違法性阻却事由の客観的前提事実に関する錯誤………………*189*

Ⅰ　意　義　*189*

Ⅱ　区別すべき概念　*189*

1　違法性阻却事由の存在に関する錯誤　*189*
2　違法性阻却事由の限界に関する錯誤　*189*　　3　二重の錯誤　*190*

Ⅲ　学　説　*190*

1　消極的構成要件要素の理論　*190*
2　制限責任説1：構成要件的錯誤類推適用説　*191*
3　制限責任説2：法効果制限責任説　*192*　　4　厳格責任説　*192*

Ⅳ　結　論　*193*

第4節　正当防衛……………………………………………………………*195*

Ⅰ　序　説　*195*

1　正当防衛の意義　*195*　　2　緊急避難との異同　*195*
3　自救行為との異同　*195*

Ⅱ　正当防衛の構造　*195*

Ⅲ　正当防衛の根拠　*196*

1　個人権的根拠　*196*　　2　社会権的根拠　*196*

xx　目　次

　　Ⅳ　成立要件　*196*

　　　1　正当防衛の状況　*196*　　2　防衛の意思と防衛行為　*200*
　　　3　相当な理由のある行為（＝防衛行為の必要性）　*200*
　　　4　正当防衛の社会倫理的制限（＝防衛行為の被要請性）　*202*
　　　5　緊急救助（他人の法益のための正当防衛）　*205*
　　　6　防衛の意思（主観的正当化要素）　*205*

　　Ⅴ　効　果　*206*

　　Ⅵ　効力の及ぶ範囲　*206*

　　Ⅶ　過剰防衛　*206*

　　Ⅷ　錯誤の問題　*207*

第5節　緊急避難 ……………………………………………………………*207*

　　Ⅰ　序　説　*207*

　　　1　緊急避難の意義　*207*　　2　正当防衛との異同　*207*

　　Ⅱ　緊急避難の法的性質　*208*

　　　1　単一説　*208*　　2　二分説　*208*　　3　結　論　*209*

　　Ⅲ　緊急避難の正当化根拠　*209*

　　Ⅳ　緊急避難の基本構造　*210*

　　Ⅴ　成立要件　*210*

　　　1　緊急避難の状況　*210*　　2　避難の意思および避難行為　*211*
　　　3　相当な理由のある行為の第1要素＝避難の補充性　*212*
　　　4　相当な理由のある行為の第2要素＝避難の均衡性　*212*
　　　5　相当な理由のある行為の第3要素＝手段の適切性　*217*
　　　6　避難の意思（主観的正当化要素）　*218*

　　Ⅵ　効　果　*218*

　　Ⅶ　過剰避難　*218*

　　Ⅷ　錯誤の問題　*219*

第6節　自救行為 ……………………………………………………………*219*

　　Ⅰ　序　説　*219*

　　　1　自救行為の意義　*219*　　2　正当防衛・緊急避難との区別　*219*

　　Ⅱ　自救行為の法的性質　*220*

　　Ⅲ　自救行為の成立要件　*220*

　　　1　自救行為の状況　*221*　　2　自救の意思と自救行為　*223*
　　　3　相当な理由のある行為　*224*

目 次　xxi

Ⅳ　効　果　*224*

Ⅴ　過剰自救行為　*225*

Ⅵ　錯誤の問題　*225*

第7節　推定的承諾 ……………………………………………………*225*

Ⅰ　序　説　*225*

1　推定的承諾の意義　*225*　　2　推定的承諾の法的性質　*225*

Ⅱ　推定的承諾の類型　*226*

1　被害者の生活領域内で利益の衝突がある場合（他人の利益のための場合）　*226*

2　行為者または第三者のための、被害者の利益放棄を推定しうる場合（自己の利益のための場合）　*226*

Ⅲ　成立要件　*227*

1　現実的な被害者の承諾と共通する要件　*227*
2　推定承諾に固有の要件　*227*

Ⅳ　審査義務と錯誤の問題　*229*

Ⅴ　効　果　*230*

第8節　正当行為 ……………………………………………………*230*

Ⅰ　序　説　*230*

1　意　義　*230*　　2　構　造　*231*　　3　正当行為の法的性質　*231*

Ⅱ　正当行為の正当化的根拠　*231*

Ⅲ　法令による行為　*232*

1　意　義　*232*　　2　法令上求められる行為　*232*
3　法令上許される行為　*235*　　4　その他法令による行為　*239*

Ⅳ　業務による行為　*239*

1　教師の懲戒行為および体罰　*240*
2　弁護士または聖職者の職務遂行行為　*240*
3　医師の治療行為　*241*　　4　安楽死　*242*

Ⅴ　その他の社会常規に反しない行為　*243*

1　社会常規の意義　*243*　　2　社会的相当性との区別　*244*
3　社会常規の機能　*244*　　4　社会常規の判断基準　*245*
5　適用の対象　*246*

Ⅵ　効　果　*250*

xxii　目　次

第5章　責任論 ………………………………………………………………253

第1節　責任の概念 ………………………………………………………253

第2節　責任論の基本問題 ………………………………………………253

Ⅰ　責任と意思の自由　*253*

1　意　義　*253*　　2　決定論と非決定論　*254*　　3　刑法の人間像　*254*

Ⅱ　刑法上の責任と倫理的責任　*255*

1　法的責任　*255*　　2　倫理的責任に対する批判　*255*
3　法的責任の限界　*256*

Ⅲ　責任判断　*257*

1　責任判断の対象　*257*　　2　責任判断の基準　*257*

Ⅳ　刑事責任と民事責任　*258*

第3節　責任理論上の責任概念 …………………………………………258

Ⅰ　心理的責任概念　*258*

Ⅱ　規範的責任概念　*259*

Ⅲ　純粋規範的責任概念　*259*

Ⅳ　複合的責任概念　*260*

第4節　責任の理論学的構造 ……………………………………………261

Ⅰ　責任構造の輪郭　*261*

Ⅱ　責任能力　*263*

1　序　*263*　　2　刑事未成年者　*263*　　3　精神障害者　*264*
4　立証の問題　*267*　　5　原因において自由な行為　*268*

Ⅲ　責任形式（故意または過失）　*275*

1　問題の提起　*275*　　2　責任形式としての故意　*275*
3　責任形式としての過失　*276*

Ⅳ　不法の意識　*277*

1　概念および体系的地位　*277*　　2　不法の意識と故意との関係　*277*
3　内　容　*278*　　4　形　態　*279*　　5　不法の意識の排除　*279*

Ⅴ　禁止の錯誤　*280*

1　意　義　*280*　　2　禁止の錯誤の対象と種類　*281*
3　禁止の錯誤の効果　*282*　　4　刑法第16条の解釈　*287*

Ⅵ　免責事由の不存在（適法行為の期待可能性）　*288*

1　免責事由の基礎の理解　*288*　　2　期待可能性　*289*

目　次　xxiii

　　　3　免責的緊急避難　*292*　　4　過剰防衛　*295*　　5　誤想過剰防衛　*297*
　　　6　過剰避難　*298*　　7　過剰自救行為　*299*　　8　強要された行為　*299*
　　　9　関連問題　*302*

第5節　特別な責任要素……………………………………………………………*306*

　　Ⅰ　意　義　*306*

　　Ⅱ　種　類　*306*

　　　1　純粋主観的責任要素（心情要素）　*306*

　　　2　限られた主観的責任要素　*306*

　　　3　客観的な特別の責任要素（推定的責任要素）　*307*

　　Ⅲ　具体的適用　*307*

　　　1　犯罪関与形態　*307*　　2　責任故意　*307*　　3　錯　誤　*308*

第6章　客観的処罰条件・人的処罰条件……………………………*309*

　　Ⅰ　序　説　*309*

　　Ⅱ　客観的処罰条件　*309*

　　Ⅲ　人的処罰条件　*309*

　　　1　意　義　*309*　　2　種　類　*310*　　3　効　果　*310*

　　Ⅳ　訴訟条件　*310*

第7章　過失犯論………………………………………………………………*311*

第1節　序　論………………………………………………………………………*311*

　　Ⅰ　刑法上の規律　*311*

　　Ⅱ　過失の概念　*311*

　　　1　過失の意味・内容　*311*　　2　過失の体系的地位　*312*

　　Ⅲ　過失の種類　*314*

　　　1　認識なき過失と認識ある過失　*314*

　　　2　通常の過失と業務上過失　*315*　　3　軽過失と重過失　*316*

第2節　過失犯の不法構成要件…………………………………………………*317*

　　Ⅰ　客観的注意義務違反　*317*

　　　1　注意義務の内容　*317*　　2　注意義務の判断基準　*317*

　　　3　客観的注意義務の根拠　*319*

　　Ⅱ　構成要件的結果の発生　*320*

xxiv　目　次

　　　　Ⅲ　因果関係と客観的帰属　*320*

　　　　Ⅳ　主観的構成要件要素　*321*

　　　　Ⅴ　客観的注意義務の制限原理　*321*

　　　　　　1　許された危険　*321*　　2　信頼の原則　*322*

　　　　Ⅳ　被害者の承諾　*325*

　　　　　　1　要件及び法律上の取り扱い　*325*　　2　適用上の制限　*326*

第3節　過失犯の違法性……………………………………………………*326*

　　　　Ⅰ　一般原則　*326*

　　　　　　1　違法性の徴表　*326*　　2　主観的正当化要素　*326*

　　　　Ⅱ　個別的な正当化事由　*327*

　　　　　　1　過失犯における正当防衛　*327*　　2　過失犯における緊急避難　*328*
　　　　　　3　許された危険の場合　*328*

第4節　過失犯の責任………………………………………………………*329*

　　　　Ⅰ　責任要素の構成　*329*

　　　　Ⅱ　責任能力と不法の意識　*329*

　　　　　　1　責任能力　*329*　　2　不法の意識　*329*

　　　　Ⅲ　責任阻却事由の不存在　*330*

　　　　Ⅳ　主観的注意義務違反（責任過失）　*330*

　　　　　　1　意　義　*330*　　2　行為者の個人的能力　*330*

第5節　関連問題……………………………………………………………*331*

　　　　Ⅰ　過失犯の未遂と共犯　*331*

　　　　Ⅱ　過失犯の共同正犯　*331*

　　　　Ⅲ　過失の不作為犯　*331*

第6節　結果的加重犯………………………………………………………*332*

　　　　Ⅰ　序　説　*332*

　　　　　　1　意義および種類　*332*　　2　法的性質　*333*　　3　立法態度　*333*
　　　　　　4　責任原則との調和　*333*

　　　　Ⅱ　構成要件該当性　*334*

　　　　　　1　基本犯罪行為　*334*　　2　重い結果の発生　*335*
　　　　　　3　因果関係と客観的帰属　*335*　　4　直接性の原則　*336*
　　　　　　5　予見可能性　*337*

Ⅲ　違法性　*337*

Ⅳ　結果的加重犯の責任　*338*

Ⅴ　結果的加重犯の正犯および共犯　*338*

　　1　共同正犯　*338*　　2　教唆犯・幇助犯　*339*

Ⅵ　結果的加重犯の未遂　*339*

第8章　不作為犯論 ··· *343*

Ⅰ　序　論　*343*

　　1　意　義　*343*　　2　不作為と作為の区別　*343*
　　3　不作為犯の種類　*346*

Ⅱ　不作為犯の構造　*348*

　　1　不作為犯に共通する構造　*348*
　　2　不真正不作為犯の特別な構造　*349*
　　3　一般的作為可能性に関する検討　*349*

Ⅲ　不作為犯の不法構成要件　*350*

　　1　客観的構成要件要素　*350*　　2　主観的構成要件要素　*364*

Ⅳ　不作為犯の違法性　*365*

Ⅴ　不作為犯の責任　*366*

Ⅵ　不作為犯の処罰　*366*

第9章　未遂論 ··· *367*

第1節　故意犯の時間的進行過程 ······································· *367*

第2節　未遂犯 ··· *368*

Ⅰ　未遂の概念　*368*

Ⅱ　未遂犯の処罰根拠（本質論）　*369*

　　1　客観説　*369*　　2　主観説　*369*　　3　折衷説・印象説　*369*

第3節　未遂の種類と内容 ··· *370*

Ⅰ　障害未遂（狭義の未遂）　*370*

　　1　意　義　*370*　　2　成立要件　*371*　　3　処　罰　*376*

Ⅱ　不能未遂　*376*

　　1　意　義　*376*　　2　成立要件　*378*　　3　処　罰　*384*

xxvi 目 次

Ⅲ 中止未遂 *384*

1 意 義 *384*　2 成立要件 *386*　3 処 罰 *392*
4 関連問題 *393*

第4節 予備罪 ……………………………………………………………*394*

Ⅰ 一般的考察 *394*

1 意 義 *394*　2 陰謀との区別 *394*

Ⅱ 予備罪の性格 *395*

1 法的性格 *395*　2 予備罪の実行行為性 *395*
3 予備罪の正犯適格 *396*

Ⅲ 予備罪の成立要件 *396*

1 主観的成立要件 *396*　2 客観的成立要件 *397*
3 処罰規定の存在 *398*

Ⅳ 関連問題 *398*

1 予備罪の中止 *398*　2 予備罪の共犯 *399*
3 解釈上の問題 *401*

第10章　正犯および共犯の理論 ……………………………*403*

第1節 序 論 …………………………………………………………*403*

Ⅰ 犯罪関与形式と正犯および共犯 *403*

Ⅱ 犯罪関与形式の規律方法 *404*

1 正犯・共犯の分離方式 *404*　2 統一的正犯体系 *404*

第2節 正犯と共犯の区別 …………………………………………*405*

Ⅰ 正犯と共犯の意義 *405*

Ⅱ 区別基準に関する学説 *406*

1 主観説 *406*　2 客観説 *407*　3 行為支配説 *408*
4 結 論 *409*

第3節 正犯論の基本的理解 ………………………………………*410*

Ⅰ 正犯性の基礎 *410*

1 法定構成要件の問題 *410*　2 構成要件の審査 *410*

Ⅱ 制限的・拡張的正犯概念 *416*

1 制限的正犯概念 *416*　2 拡張的正犯概念 *417*
3 両概念の対立の意義 *417*

目次　xxvii

Ⅲ　正犯の種類とその要素　*417*

1　行為支配　*417*　2　意思支配　*418*　3　機能的行為支配　*418*
4　身分犯・義務犯・自手犯の正犯要素　*418*

第4節　間接正犯 ………………………………………………………………*419*

Ⅰ　意義および性質　*419*

1　意　義　*419*　2　性　質　*419*

Ⅱ　成立要件　*419*

1　構　造　*419*　2　利用行為　*425*

Ⅲ　処　罰　*427*

1　教唆または幇助の例による処罰　*427*
2　間接正犯の未遂の処罰　*427*

Ⅳ　関連問題　*428*

1　錯誤の場合　*428*　2　間接正犯の限界　*429*
3　特殊な間接正犯　*431*

第5節　共同正犯 ………………………………………………………………*431*

Ⅰ　意義および本質　*431*

1　意　義　*431*　2　本　質　*432*

Ⅱ　成立要件　*433*

1　主観的要件　*433*　2　客観的要件　*438*
3　過失犯の共同正犯　*442*　4　不作為犯の共同正犯　*448*

Ⅲ　処　罰　*449*

第6節　合同犯 …………………………………………………………………*451*

Ⅰ　合同犯の意義　*451*

Ⅱ　現行法上の合同犯の例　*451*

Ⅲ　合同犯の概念　*451*

1　共謀共同正犯説　*451*　2　現場説　*452*
3　加重的共同正犯説　*452*　4　私見（現場的共同正犯説）　*453*

Ⅳ　合同犯の共犯と共同正犯　*454*

1　共犯の成立　*454*　2　共同正犯の成立　*454*

第7節　同時犯 …………………………………………………………………*455*

Ⅰ　意　義　*455*

Ⅱ　種　類　*455*

xxviii　　目　次

　　　Ⅲ　成立要件　*456*

　　　　1　行為主体・行為　*456*　　2　時間的同一性の問題　*456*
　　　　3　場所的同一性の問題　*457*　　4　客体の同一性　*457*
　　　　5　意思連絡の不在　*457*　　6　原因行為の不明　*458*

　　　Ⅳ　刑法上の取扱い　*458*

第8節　共犯論の基本理解 …………………………………………………*459*

　　　Ⅰ　共犯の処罰根拠　*459*

　　　　1　責任共犯説　*459*　　2　不法共犯説　*459*　　3　惹起説　*459*
　　　　4　結　論　*461*

　　　Ⅱ　共犯の従属性　*461*

　　　　1　序　説　*461*　　2　従属性の程度　*462*　　3　共犯従属性の帰結　*462*

　　　Ⅲ　必要的正犯および共犯　*463*

　　　　1　意　義　*463*　　2　種　類　*463*　　3　共犯規定の適用　*464*

第9節　教唆犯 ……………………………………………………………………*466*

　　　Ⅰ　教唆犯の意義と構造　*466*

　　　　1　意　義　*466*　　2　構　造　*467*

　　　Ⅱ　成立要件　*467*

　　　　1　教唆者の教唆行為　*467*　　2　被教唆者の実行行為　*469*

　　　Ⅲ　教唆の錯誤　*470*

　　　　1　実行行為の錯誤　*470*　　2　被教唆者に対する錯誤　*472*

　　　Ⅳ　処　罰　*472*

　　　Ⅴ　関連問題　*472*

　　　　1　予備・陰謀の教唆　*472*　　2　教唆の教唆　*472*
　　　　3　教唆の未遂　*473*

第10節　幇助犯 ……………………………………………………………………*474*

　　　Ⅰ　幇助犯の意義と構造　*474*

　　　　1　意　義　*474*　　2　構　造　*474*

　　　Ⅱ　成立要件　*474*

　　　　1　幇助犯の幇助行為　*474*　　2　正犯の実行行為　*477*

　　　Ⅲ　処　罰　*478*

　　　Ⅳ　関連問題　*478*

1　幇助犯と錯誤　*478*
　　　2　幇助の幇助、教唆の幇助および幇助の教唆　*478*
　　　3　共犯と不作為　*479*

第11節　正犯・共犯と身分‥‥‥‥‥‥‥‥‥‥‥‥‥‥‥‥‥‥‥‥‥‥‥‥‥*479*

　　Ⅰ　序　説　*479*

　　Ⅱ　身分の意義および分類　*480*

　　　1　身分の意義　*480*　　2　身分の分類　*482*

　　Ⅲ　刑法第33条の解釈論　*484*

　　　1　基本的な立場　*484*　　2　刑法第33条本文の解釈　*485*
　　　3　同条但書の解釈　*486*　　4　要　約　*488*
　　　5　必要的共犯と身分に関する規定の適用　*488*

　　Ⅳ　消極的身分と共犯　*489*

　　　1　違法性阻却的身分と共犯　*489*　　2　責任阻却的身分と共犯　*490*
　　　3　刑罰阻却的身分と共犯　*490*

第3編　罪数論

第1章　罪数論総論‥‥‥‥‥‥‥‥‥‥‥‥‥‥‥‥‥‥‥‥‥‥‥‥‥*495*

　第1節　罪数論の意義‥‥‥‥‥‥‥‥‥‥‥‥‥‥‥‥‥‥‥‥‥‥‥*495*

　第2節　罪数決定の基準‥‥‥‥‥‥‥‥‥‥‥‥‥‥‥‥‥‥‥‥‥‥*495*

　　Ⅰ　学説の現況　*495*

　　　1　行為標準説　*495*　　2　法益標準説　*495*　　3　意思標準説　*496*
　　　4　構成要件標準説　*496*

　　Ⅱ　罪数決定の一般理論　*496*

　　　1　問題点　*496*　　2　罪数決定の一般理論　*497*

　第3節　数罪の処罰‥‥‥‥‥‥‥‥‥‥‥‥‥‥‥‥‥‥‥‥‥‥‥‥*499*

　　Ⅰ　併科主義　*499*

　　Ⅱ　加重主義　*500*

　　Ⅲ　吸収主義　*500*

xxx 目次

第2章 法条競合 ·· 501

第1節 法条競合の意義 ······································ 501

第2節 法条競合の種類 ······································ 501

Ⅰ 特別関係 *501*

Ⅱ 補充関係 *502*

1 意 義 *502* 2 種 類 *502*

Ⅲ 吸収関係 *503*

1 意 義 *503* 2 種 類 *503*

Ⅳ 択一関係 *506*

第3節 法条競合の処理 ······································ 507

第3章 一 罪 ·· 509

第1節 具体的な犯罪類型による一罪の検討 ············ 509

Ⅰ 狭義の包括一罪の事例の類型 *509*

Ⅱ 結合犯 *509*

Ⅲ 継続犯 *509*

Ⅳ 接続犯 *509*

Ⅴ 連続犯 *510*

1 意 義 *510* 2 連続犯が一罪になるための要件 *511*

Ⅵ 集合犯 *513*

1 意 義 *513* 2 罪数論上の問題 *513*

第2節 一罪の法効果 ·· 514

第4章 観念的競合 ·· 515

第1節 意 義 ··· 515

Ⅰ 概 念 *515*

Ⅱ 本 質 *515*

1 問題の提起 *515* 2 数罪説の根拠 *515*

Ⅲ 観念的競合の種類 *516*

第2節 観念的競合の要件 ···································· 516

目 次　xxxi

Ⅰ　行為の単一性　*517*

　1　一個の行為の意味（観念的競合における行為単一性）　*517*
　2　実行の同一性　*517*

Ⅱ　数個の罪に該当すること　*519*

　1　異種の観念的競合と同種の観念的競合　*520*
　2　特別法と観念的競合　*520*

第3節　観念的競合の法効果 ……………………………………………… *521*

　1　刑法第38条第2項の準用　*521*　　2　法定刑の比較方法　*521*

第5章　併合罪 ………………………………………………………… *523*

第1節　併合罪の意義 …………………………………………………… *523*

Ⅰ　意　義　*523*

Ⅱ　種　類　*523*

　1　同種の併合罪と異種の併合罪　*523*
　2　同時的併合罪と事後的併合罪　*524*

第2節　併合罪の要件 …………………………………………………… *524*

Ⅰ　実体法的要件（数個の罪）　*524*

Ⅱ　訴訟法的要件　*524*

　1　同時的併合罪の場合　*524*　　2　事後的併合罪の場合　*525*

第3節　併合罪の取扱い ………………………………………………… *526*

Ⅰ　同時的併合罪の取扱い　*526*

　1　吸収主義の適用　*526*　　2　加重主義の適用　*526*
　3　併科主義の適用　*527*

Ⅱ　事後的併合罪の取扱い　*528*

　1　刑の宣告　*528*　　2　刑の執行　*528*

第4編　刑罰論

第1章　刑罰の概念と本質 ……………………………………………… *533*

Ⅰ　刑罰の意義　*533*

Ⅱ　刑罰論　*534*

xxxii　目　次

　　　　1　絶対説（応報論）　*534*　　2　相対説（予防論）　*534*
　　　　3　折衷説　*534*

第2章　刑罰の対象と限界 ·· *535*

　　　　1　刑罰の対象　*535*　　2　刑罰の限界　*535*

第3章　刑法の機能 ·· *537*

　　　　1　応　報　*537*　　2　一般予防　*537*　　3　特別予防　*538*

第4章　刑罰の種類 ·· *539*

第1節　序　説 ·· *539*

第2節　死　刑 ·· *539*

Ⅰ　意　義　*539*

　　　　1　概念と本質　*539*　　2　死刑犯罪の範囲　*540*
　　　　3　死刑の執行方法　*540*

Ⅱ　死刑存廃論　*541*

　　　　1　死刑廃止論　*541*　　2　死刑存置論　*541*　　3　結　論　*542*

第3節　自由刑 ·· *543*

Ⅰ　意　義　*543*

Ⅱ　現行刑法上の自由刑　*543*

　　　　1　懲　役　*543*　　2　禁　錮　*544*　　3　拘　留　*544*

Ⅲ　自由刑の問題点　*544*

　　　　1　自由刑の単一化問題　*544*　　2　短期自由刑の廃止問題　*545*
　　　　3　無期刑の違憲性問題　*546*

第4節　財産刑 ·· *546*

Ⅰ　意　義　*546*

Ⅱ　現行刑法上の財産刑　*547*

　　　　1　罰金刑　*547*　　2　科　料　*548*　　3　没　収　*549*

第5節　名誉刑 ·· *553*

Ⅰ　意義と沿革　*553*

Ⅱ　資格喪失　*553*

Ⅲ　資格停止　*553*

目　次　　xxxiii

　　　　1 意　義　*553*　　2 当然停止　*553*　　3 宣告停止　*554*

　第6節　刑の軽重 ……………………………………………………………*554*

　　Ⅰ　序　説　*554*

　　Ⅱ　刑の軽重の基準　*554*

第5章　量　刑 ……………………………………………………………*557*

　第1節　量刑一般 …………………………………………………………*557*

　　Ⅰ　意　義　*557*

　　Ⅱ　量刑の一般的過程　*557*

　　Ⅲ　量刑における責任と予防　*558*

　　　　1 量刑責任　*558*　　2 量刑における予防　*558*　　3 量刑理論　*559*

　第2節　量刑の具体的過程 ………………………………………………*561*

　　Ⅰ　刑罰の具体化過程　*561*

　　　　1 法定刑　*561*　　2 処断刑　*561*　　3 宣告刑　*561*

　　Ⅱ　刑の加重・減軽・免除　*562*

　　　　1 刑の加重　*562*　　2 刑の減軽　*562*　　3 刑の免除　*563*
　　　　4 自首・首服　*563*

　　Ⅲ　刑の加減例　*564*

　　　　1 刑の加重・減軽の順序　*564*
　　　　2 刑の加重・減軽の程度および方法　*565*

　第3節　量刑条件 …………………………………………………………*567*

　　Ⅰ　犯人の年齢・性行・知能および環境　*567*

　　　　1 年　齢　*567*　　2 性　行　*568*　　3 知　能　*568*
　　　　4 環　境　*568*

　　Ⅱ　被害者との関係　*569*

　　Ⅲ　犯行の動機・手段と結果　*569*

　　Ⅳ　犯行後の状況　*569*

　第4節　未決拘禁および判決の公示 ……………………………………*570*

　　Ⅰ　未決拘禁　*570*

　　Ⅱ　判決の公示　*571*

xxxiv 目　次

第6章　累　犯 …………………………………………………………… 573

第1節　序　説 ………………………………………………………… 573

Ⅰ　累犯の意味　573

　1　概　念　573　　2　常習犯との区別　573

Ⅱ　累犯加重の違憲問題とその根拠　574

　1　累犯加重の違憲性　574　　2　累犯加重の根拠　574

第2節　累犯加重の要件 ………………………………………………… 575

Ⅰ　禁錮以上の刑が宣告されたこと　575

Ⅱ　禁錮以上に該当する罪　576

Ⅲ　前犯の刑執行終了または免除後3年以内に後犯があること　576

第3節　累犯の扱い ……………………………………………………… 577

第4節　判決宣告後の累犯発覚 ………………………………………… 578

　1　意　義　578　　2　一事不再理の原則と抵触　578

第7章　刑の猶予制度 …………………………………………………… 581

第1節　執行猶予 ………………………………………………………… 581

Ⅰ　序　説　581

　1　意　義　581　　2　法的性質　581

Ⅱ　執行猶予の要件　581

　1　3年以下の懲役または禁錮の刑を宣告する場合　581
　2　情状を参酌する事由があること　582
　3　禁錮以上の刑の宣告を受けて判決が確定した後、その執行を終了し又は免除された後から3年が経過すること　582
　4　再度執行猶予判決は可能であるか　583
　5　一部執行猶予判決は可能か　585

Ⅲ　負担付条件　586

　1　保護観察　587　　2　社会奉仕命令　587　　3　受講命令　588

Ⅳ　執行猶予の効果　589

Ⅴ　執行猶予の失効と取消　590

　1　執行猶予の失効　590　　2　執行猶予の取消　590

第2節　宣告猶予 ………………………………………………………… 591

Ⅰ　序　説　591

目　次　xxxv

　　　1　意　義　*591*　　2　法的性質　*591*

　Ⅱ　宣告猶予の要件　*591*

　　　1　1年以下の懲役や禁錮、資格停止または罰金の刑を宣告する場合　*591*
　　　2　改善の情状が著しいこと　*592*
　　　3　資格停止以上の刑を受けた前科がないこと　*592*

　Ⅲ　負担付条件　*592*

　Ⅳ　宣告猶予の効果　*593*

　Ⅴ　宣告猶予の失効　*593*

第8章　刑の執行 ……………………………………………………………… *595*

第1節　刑罰執行の意義 ……………………………………………………… *595*

第2節　仮釈放 ………………………………………………………………… *595*

　Ⅰ　序　説　*595*

　　　1　意　義　*595*　　2　法的性質　*596*

　Ⅱ　仮釈放の要件　*596*

　Ⅲ　仮釈放の期間および保護観察　*597*

　Ⅳ　仮釈放の効果　*597*

　Ⅴ　仮釈放の失効・取消　*597*

　　　1　仮釈放の失効　*597*　　2　仮釈放の取消　*598*
　　　3　仮釈放の失効および取消の効果　*598*

第9章　刑の時効・消滅・期間 ……………………………………………… *599*

第1節　刑の時効 ……………………………………………………………… *599*

　Ⅰ　意　義　*599*

　Ⅱ　時効期間　*599*

　Ⅲ　時効の効果　*600*

　Ⅳ　時効の停止と中断　*600*

　　　1　時効の停止　*600*　　2　時効の中断　*600*

第2節　刑の消滅・失効・復権・恩赦 ……………………………………… *601*

　Ⅰ　刑の消滅　*601*

　Ⅱ　刑の失効および復権　*601*

xxxvi　目　次

　　　　　1　制度的意義　*601*　　2　刑の失効　*601*　　3　復　権　*602*
　　　　　4　裁判手続　*602*

　　　Ⅲ　恩　赦　*603*

　　　　　1　意　義　*603*　　2　法的性質　*603*　　3　目　的　*604*
　　　　　4　種　類　*604*

　第3節　刑の期間………………………………………………………………*605*

　　　Ⅰ　期間の計算　*605*

　　　Ⅱ　刑期の起算　*605*

第10章　保安処分…………………………………………………………*607*

　第1節　概念および本質…………………………………………………………*607*

　　　　　1　概　念　*607*　　2　本　質　*607*

　第2節　沿革および発展…………………………………………………………*608*

　　　　　1　沿　革　*608*　　2　保安処分制度の発展　*608*　　3　社会防衛　*609*
　　　　　4　アメリカにおける不介入の原則　*610*

　第3節　現行法上の保安処分……………………………………………………*611*

　　　Ⅰ　序　説　*611*

　　　Ⅱ　少年法上の保護処分　*611*

　　　Ⅲ　保護観察等に関する法律上の保護観察処分　*612*

　　　Ⅳ　保護観察法上の保安処分　*613*

　　　Ⅴ　治療監護法上の保安処分　*613*

　　　Ⅵ　特定犯罪者に対する位置追跡電子装置付着に関する法律による保
　　　　安処分　*614*

　　　Ⅶ　家庭内暴力犯罪の処罰等に関する特例法による保護処分　*615*

　　　Ⅷ　売春斡旋等の行為の処罰に関する法律による保護処分　*615*

韓国刑法典………………………………………………………………………*617*

事項索引…………………………………………………………………………*663*

第1編　刑法の基礎理論

第1章　刑法の基本概念

第1節　刑法の意義・内容・性格

I　刑法の意義

1　定　義

　刑法は犯罪を法律要件とし、刑罰や保安処分を法律効果とする法規範の総体である。犯罪を構成する法律要件を構成要件という。そして、ある行為が構成要件を満たした場合に伴う法律効果を刑事制裁という。刑事制裁において刑罰と保安処分をともに規定している刑法体系を、二つのレールを持った鉄道によせて刑法の二元主義という。

　わが刑法においては刑罰は刑法典に、保安処分は特別法に規定しているが、これもやはり二元主義に属する。

2　形式的意味の刑法

　形式的意味の刑法は、刑法という名前をもつ法典、すなわち刑法典（制定 1953. 9. 18, 法律第 293 号；第 3 次改正 1995. 12. 29, 法律第 5057 号；第 4 次改正 2001. 12. 29. 法律第 6543 号）を指す。この刑法典には、以下に説明する実質的意味の刑法がほとんどであるが、実質的意味の刑法に属しないものも含まれる。たとえば、訴訟条件たる親告罪、量刑の条件、刑の執行と行刑の条件、刑の実行に関する事項などがそれである。

3　実質的意味の刑法

　実質的意味の刑法は、犯罪とそれに対応する国家の制裁手段とを規律する法律体系の総体をいう。その名称、形式のいかんを問わない。主要な内容は、たいてい刑法典に規定されているが、その他の各種の法律（たとえば、軽犯罪処罰法、国家保安法、社会保護法、保安観察法、特定犯罪加重処罰等に関する法律、暴力行為等処罰に関

4　第1編　刑法の基礎理論

する法律、性暴力犯罪の処罰および被害者保護等に関する法律、交通事故処理特例法、環境犯罪の処罰に関する特別措置法、不正小切手取締り法、軍刑法など）にも規定されている。商事刑法・行政刑法・租税刑法などのような付随刑法（Nebenstrafrecht）も、実質的意味の刑法に含まれる。

4　秩序違反法

　単なる行政法規の違反など、秩序違反に対して秩序罰の一種たる反則金や過料の賦課などを規律する法を、秩序違反法（Ordnungswidrigkeitsrecht）という。これは秩序違反犯に対する秩序罰を対象にしているため、実質的な意味の刑法と区別される別の刑事法体系を構成する。

　わが刑法秩序において刑法と秩序違反法との区別は明確ではない。違反行為に対する不法や責任非難の度合いが高く、死刑・自由刑・罰金刑のような比較的重い刑罰を規定している法体系は刑法である一方、違反行為に対する不法や責任非難の程度が低く、拘留や科料のような軽い刑罰を規定していたり、秩序違反行為に対する反則金や過料の賦課を規定している法体系は、秩序違反法であるといえる。理論上、主に反則金または過料を規定している各種の行政法規は秩序違反法に属するといえる。立法論としては、警察の取締りの違反事例や軽微な行政法規の違反事例を包括する秩序違反法を独立した法体系として再構成するほうが望ましい。そのためには、軽犯罪処罰法上の実質的犯罪事項は刑法に移し、また軽微な警察の取締りの違反事例は秩序違反法の規律の対象とする代わりに、軽犯罪処罰法は廃止することが望ましい。

　秩序違反法および刑法は質的に同じ対象を量的に区別して扱うだけであるという点で、原則としていずれにも刑法総則が適用される。すなわち、個々の秩序違反法のなかに例外的な扱いをするという規定がない限り、原則として、故意・過失・未遂・共犯などに関する刑法総則の規定は秩序違反法に適用されるべきである（第8条）。

　過料の賦課・執行に関する基本法である秩序違反行為規制法が2007年12月21日に制定され、2008年6月22日から施行されている（法律第8725条）。この法律によると、高額・常習滞納者については官許事業を制限したり、信用情報の提供や監置などの制裁を行うことができる（同法第52条、第53条、第54条）。ただ、この法律は、秩序違反行為についての故意・過失、違法性の認識可能性のある場合

にのみ過料を科すことができるようにするなど（同法第7条、第8条）、国民の権益の保護に重点を置いている。

Ⅱ　刑法の内容

　刑法は、全体の法秩序のなかで上位規範たる憲法の下位規範として、広い意味で公法秩序の一部を形成する。公法秩序には、憲法・行政法・国際法のほか、刑事法が含まれる。

　広い意味の刑法には三つの領域がある。すなわち、実体法としての刑法と手続法としての刑事訴訟法、そして執行法としての刑執行法がそれである。

1　実体刑法

　これは、可罰性の条件、刑罰や保安処分の適用およびその限界を規律する刑法規範の総体を指す。実体刑法（Das materielle Strafrecht）は、刑法典と数多くの実質的意味の刑法および付随刑法を含む。実体刑法のなかで最も重要な位置を占める刑法典は総則と各則とで区分されるが、これを講学上それぞれ刑法総論・刑法各論と呼ぶ。両者の区分は、単に立法の技術上の必要によるものである。しかし、刑法的規律の素材を総則と各則とに区分する際には、ある形式的・実体的な基準を考慮している。

　形式的に総則は、各則のすべての刑罰規定についての一般的な規律を対象としている。そして、各則は、個々の犯罪態様およびこれを補充する様々な規定を対象としている（たとえば、刑法第310条は正当行為のような違法性阻却事由であるが、その条文は名誉毀損罪（第307条）の違法性阻却にのみ適用されるため、補充規定として各則に規定されている）。また、実質的に総則は、不法にかかわる規定（たとえば、違法性阻却事由、未遂、共犯など）によって一定の犯罪類型を補充する機能を果たすだけで、決して独自に不法の新たな根拠を提供するものではない。他方、各則は、犯罪の記述を通じて刑法的不法の根拠を提供する様々な規定を包括しているという点で、総則とは異なる。その他、両者を区別する実践的意義は、刑法の保障機能（たとえば、慣習法の適用の禁止、類推適用の禁止など）が、たいてい各則の犯罪類型について、より厳格に適用されるという点にある。

6　第1編　刑法の基礎理論

2　刑事訴訟法

　これは、実体刑法から生じた法効果を貫徹させるために、手続的に必要な法規の総体を指す。刑事法院の組織構成および原則に関する規定、捜査機関の構成および組織に関する規定、犯罪行為の捜査・訴追・審理・判決の手続きに関する規定などが、これに該当する（刑事訴訟法、法院組織法、検察庁法など）。この刑事訴訟法（Strafverfahrensrecht）は、実体刑法の実現に寄与する。また、刑事訴追機関の職権の限界を定めるだけでなく、さらに判決を通じて犯罪行為によって阻害された法的な平和の回復を目指す。

　実体法的な刑法と手続法的な形事訴訟法とは、歴史的に考えても、論理的に考えても、必ずしも厳格に区別しうる性質のものではない。たとえば、親告罪・被害者の意思に反しては処罰されない罪は一種の訴訟条件であるが、実体的な刑法によって規律している。それにもかかわらず、両者を区別する実践的意義は、遡及効の禁止の原則が刑事訴訟法の規定には適用されないという点、上告理由の根拠がそれぞれ異なりうるという点にある。しかし、公訴時効のように、両者の性格をともに有している法規範もある。

3　刑執行法

　これは、刑罰や保安処分に関する判決の開始・執行・終了に関するすべての法規範を指す。刑執行法（Strafvollstreckungsrecht）の特殊な形態としては、一定の刑務施設のなかでの自由刑（懲役・禁固刑）および自由剥奪的な保安処分（保護監護処分など）を規律する行刑法（Strafvollzugsrecht）などが挙げられる。少年犯罪者の刑執行のためには、少年法に別の規定を設けている。受刑者の名簿および名票に関する規定も刑執行法の一部である［刑の実効等に関する法律（1980. 12. 18、法律第3281号、改正1994. 1. 5、法律第4704号）］。したがって、受刑者の名簿に関する事項は法律に規定することが普通である（同法第3条、第4条）。

Ⅲ　現代刑法学の学派論争

1　古典学派（旧派）の形成

　ドイツでは、1871年に帝国刑法が制定されたため、法素材を歴史的・理論的に解釈したり体系化したりする必要性や要求が強くなった。当時、その分野の最高峰であった人がビンディング（Binding）である。彼は、『規範とその違反』（Die

Normen und ihre Übertretung）という膨大な著述を通じて、実定刑法に関する理論学（Dogmatik）を集大成した。ビンディングの学問的方向性に従った刑法学者らを、特に古典学派（Die klassische Schule）と呼んでいる。代表的な人物としては、ビンディングとビルクマイヤー（von Birkmeyer）が挙げられる。彼らは実定刑法の法律的な内容、国家刑罰権の法律的限界について徹底的に検討することを主な関心事としていた。

さらに、彼らは19世紀の自由主義的法治国家観および人間の意思自由に関する非決定論的信条を思想的背景としつつ、歴史的・保守的な立場から、刑罰の本質は正当な応報（Gerechte Vergeltung）であると主張した。つまり、「刑罰は犯罪に相応するものでなければならない。科刑は動揺させられた法秩序を回復して、すでに犯された犯行に対する贖罪の作用を果たさなければならない」ということである。

古典学派の刑罰観は、いわゆる近代学派との長い学派論争を経る間、応報刑思想を固守しながらも、他方では一般予防の思想に接近する傾向も見られた。このような傾向を見せる学者としてはアドルフ・メルケル（Adolf Merkel）、ヨハネス・ナーグラー（Johannes Nagler）が挙げられる。さらに、その論争の末期には、応報刑思想に立ちながらも、量刑の範囲内において再社会化や保安処分の可能性を認めるヴィルヘルム・カール（Wilhelm Kahl）のような折衷主義学者も登場した。

2　近代学派（新派）の登場

19世紀後半、つまり1870年代からは、社会的法治国家観と刑罰観を思想的背景にしつつ、自然科学的・社会学的決定論に立脚した犯罪原因の因果的解明やそのための目的指向的な刑事政策を追求する新しい傾向が台頭した。このような傾向に従う刑法学者らを、いわゆる近代学派（Die moderne Schule）と呼んでいる。この学派の代表的人物としては、フランツ・フォン・リスト（Franz von Liszt）とカール・フォン・リリエンタール（Karl von Lilienthal）が挙げられる。

この近代学派は、犯人の素質や環境から因果的に決定される犯罪原因を探求する犯罪社会学的方法を、刑事政策的プログラムの基礎とした。このような犯罪社会学的観点の先駆けとなったのは、いわゆるイタリアの実証主義の学者であるロンブローゾ（Lombroso）、フェリー（Ferri）、ガロファロ（Garofalo）の犯罪人類学ないし犯罪生物学的研究であった。

8　第1編　刑法の基礎理論

　近代学派の刑事政策的プログラムは、特別予防思想に基づいて刑事政策的目的思想および目的刑を貫徹しようとした。そして、このような特別予防的目的思想を実効的に貫徹するためには、国家が可能なあらゆる手段を使って犯人の人格や個性を把握しなければならないと主張した。さらに、このような国家の干渉やその程度を決定する裁判官に対しては、法的拘束を大幅に緩和しなければならないと主張した。

　特にリストは、「罰せられるべきは行為ではなく行為者である」という有名なスローガンの下に、行為者の反社会性ないし危険性を刑罰の基礎とした。そして社会防衛の効果を収めるために刑罰を個別化し、細分化した目的刑にあわせて犯罪者も分類した。すなわち、ⅰ）偶発的機会犯には罰金刑・執行猶予制度の導入、ⅱ）改善可能性があり、また改善が必要な犯罪者には改善、ⅲ）改善が必要ではない犯罪者には威嚇、ⅳ）改善可能性のない犯罪者には無害化措置を取ることを主張した。彼は無害化の実効性を保障するため、保安監置処分まで考案した。

3　学派の争いの意義

　両学派の論争は、基本的には意思自由論と因果的決定論、応報と予防、一般予防と特別予防の間の観点の対立であった。だが、この論争の核心問題は19世紀の個人主義的・自由主義的法治国家と20世紀の社会的法治国家との間の理論的対立の中で、近代学派の主張というものが結局、自由主義的法治国家を犠牲にして警察国家の再現をもたらす危険性を持っているのではないかという点であった。しかし、社会変動とともに累犯・常習犯の急増のような犯罪現象に対する深刻な憂慮が現実に明らかになり、この学派論争は徐々に鈍化した。なお、いずれも立場を折衷する必要性についても認識することになった。そして、1933年のナチスの政権担当直後に「常習犯罪者に関する法律」（Gewohnheitsverbrechergesetz）が公布されて以降は、学派の争いは完全に終結した。

　　この学派論争は19世紀末から20世紀初めを経てドイツでは1933年のナチス政権の執権まで、長い間続いてきた。これは日本を経て、韓国の刑法学にもその影響が伝わった。実際、この影響で刑法改正の議論でも多数の理論が豊かに提示されるなど、この論争が刑法学の発展に寄与したところもなくはない。しかし、もはやこれは刑法学の歴史的遺物やエピソードとしての意味しか持たない。したがって、この学派の争いにおいてたとえば、「古典学派＝客観主義犯罪論、近代学派＝主観主義犯罪論」という等式を導こうとする試みは日本に特有なものであり、また、これは方法論上の誤りであることを指摘しておく。

第1章　刑法の基本概念　9

第2節　犯罪概念

Ⅰ　形式的犯罪概念

　形式的犯罪概念は、一つの行為が処罰されるためには現行法上どのような法律的要素を備えなければならないのかという問題を内容としている。これによると、犯罪とは、構成要件に該当し、違法・有責な行為であると定義される。形式的犯罪概念は、すでにベーリング（Beling）/リスト（Liszt）の古典的犯罪体系から確立されて以来、今日までも刑法理論学と実務において最も広く使われている。

> **例**：AはBの身体を傷害した。この行為は刑法第257条第1項の傷害罪の構成要件に該当する。しかし、この行為を傷害罪として処罰するためには、違法でなければならない。仮にAが正当防衛のような違法性阻却事由が認められる事情の下で行為したのでない場合には、その行為は違法性を帯びている。最後にこの行為は責任要素を備えなければならない。構成要件に該当し、違法であるとしても、Aが責任無能力の状態で行為したのであれば、有責なものではないため犯罪は成立しない。

　形式的犯罪概念は、なぜ一定の行為は処罰され、他の行為は処罰されないのかという問いについて答えることができないという短所を持っている。なぜなら、この問題は立法者の価値決定を前提としているからである。他方で、形式的犯罪概念は、一定の行為が現行法によっていかに処罰されるべきかということを検討する際、裁判官に対して方法論的に確実で有用な体系的・段階的犯罪認識のきっかけを提供するという長所を持っている。

Ⅱ　実質的犯罪概念

　法政策的な概念ともいわれる。この犯罪概念は、国家の刑事立法においてどのような行態は処罰し、どのような行態は処罰してはいけないのかをその内容としている。また、ある行態の当罰性に関する合理的な基準は一体何なのかという問題も含んでいる。この問題を解決するには、立法者はまず二つの事実上の基本前提から出発しなければならない。第一に、殺人・傷害・強盗などのような重い社会侵害的行為を許しながら、きちんと維持される社会はないという点である。このような社会は、直ちに万人の万人に対する闘争状態に陥ってしまうからである。第二に、国家の刑罰権には限界があるという点である。したがって、確実に

客観的に確認できる行為のみを処罰しなければならない。単純な思想・願望・意図は客観的に確認できないため、処罰してはならない。

個人の自由を出発点・目標としている自由で民主的な法治国家の基本秩序は、可罰性の根拠および限界をこのような規範的前提から引き出している。この点はまた、刑法立法者についても拘束力を持つ。したがって、法治国家の秩序に基づいた刑事立法者は、社会的に有害でない行為を禁止してはならない（1789年、フランス人権宣言第4条）。たとえば、自殺、自傷、単なる道徳規則や慣行の違反、とくに意思の合致の下で密かに行われる成人間の同性性交、浮浪、獣姦、個人の食生活・就寝・飲酒慣行などの違反は、刑事政策的に犯罪となり得ず、刑法的制裁の対象になってはならない。

さらに、法益保護の目的上、やむを得ずに刑罰を加えなければならない場合にも最終・最小限の範囲に止まらなければならない。刑罰は個人の自由についての最も過酷な制裁手段であるため、それより軽い民事上または行政上の制裁だけでも法益保護の目的を十分に達成できる場合は、刑罰を加える必要はない。これを刑法の補充的な性格という。たとえば、過失行為を統制する際、刑罰の代わりに民事上の損害賠償や行政上の規制手段としても十分に実効を収めることができる限り、過失器物損壊・過失窃盗・過失背任などを刑法的な規律の対象としてはいけない。

要するに実質的犯罪概念とは、刑法以外の制裁手段としては十分に保護できない重大で社会侵害的な法益危害行為のみを意味する。ここで刑法的に保護しなければならない法益が具体的に何かという点は、結局個人の自由、他人の利益および公共の利益の間の利益衡量によって決定するしかない。法益は個人および共同体の必要不可欠な生活条件に基づいているためである。

III　犯罪概念相互の関係

実質的犯罪概念は、法益危害と社会的有害性を実質的な観点から把握している。しかし、その限界が常に流動的で不明確であるという点が、欠点である。反面、形式的犯罪概念は罪刑法定原則の要請を充たした体系的犯罪概念である。形式的犯罪概念は、犯罪の実質を検討するのに必要な思惟体系と分析方法を提供することができる。しかし、形式的犯罪概念それだけでは、まさに何が構成要件に該当し、実質的に違法なのか、責任を負うべき人は誰なのかが分からない。そこ

で実質的犯罪概念が、法治国家の秩序の内で当罰性の内容的な根拠および限界を提示することで、共同体と個人の利益を平和な共同社会の秩序という観点から確保する役割を果たす。

したがって、形式的犯罪概念および実質的犯罪概念は、相互補完的機能を担当しなければならない。通常の場合、これらの犯罪概念はお互いに合致する。しかし、実質的犯罪概念は具体的な社会現実との関わりで法共同体の支配的な法意識によって変わる動的犯罪概念である反面、形式的犯罪概念は、法律が施行されれば、法的安定性の要求によってその秩序維持の機能のなかで固定化する傾向がある。

法政策的・実質的犯罪概念が変化した場合でも、刑事立法による新たな行為の犯罪化や従来の犯罪構成要件の廃止による非犯罪化が常に時宜にかなって行われているわけではない。極端な場合、法政策的な観点から犯罪でないことを犯罪構成要件として残したり、時には政治的な目的ないしイデオロギーの影響によって実質的な意味における犯罪でないことを犯罪として実定化する可能性もある。このような極端な現象に関する批判および対策は、もとより刑事政策と刑法政策の重要な研究課題に属する。

第2章　刑法の任務・機能・規範的性格・適用

第1節　刑法の任務

　今日の自由な国家の第1次的な任務は、憲法秩序のなかですべての市民が安全な共同生活を営むことに必要不可欠な条件を備え、内外の攻撃・侵害の危険からこれを保護することであると言える。啓蒙思潮に影響を受けた現代刑法は、個人倫理的・形而上学的・神話的次元を越えて、法益の保護、すなわち社会内の存在としての人間の実存条件に該当する生命、身体の完全性、名誉、意思活動の自由、財産、司法機能、その他の一定の社会秩序などの保護を任務としている。単に道徳的・宗教的非難の対象になるに過ぎない行為、たとえば、同性性交、獣姦、自己の意思による不妊手術、婚外の者の精子による人工授精、わいせつ文書・図画の収得、神に対する侮辱などについて、国家は何の刑罰権も持っていない。このような行為は不道徳で不敬な行為であるかもしれないが、多元化された現代社会の基本秩序および価値と直結された人間の客観的な実存条件としての法益を侵害する行為ないし法益を危殆化する行為ではないからである。まさにこのような法益概念の社会的側面から、我々は実質的な意味の犯罪概念を社会的に有害な法益侵害（sozialschädliche Rechtsgutsbeeinträchtigung）と定義する。

　法益の保護は、刑法のみによって実現されるのではなく、法秩序上の様々な制度によっても実現することができる。したがって、刑法は、法秩序のなかでこの任務に適合した様々な法制度のうち最後の手段とみなされなければならない。なぜなら、刑事制裁は法秩序のなかでの他の制裁手段に比べて最も過酷な性格を持っているからである。したがって、これより軽い民事制裁や行政制裁などによっても実効性のある法益保護が図られることができるなら、刑法は一歩後ろに下がらなければならない。これは法治国家の秩序原理に基づいた補充性の原理の当然の帰結である。要するに、刑法の任務は補充的な法益保護（subsidiärer Rechtsgüterschutz）である。

　　もちろん、法治国家的制約性を考慮した補充性の原理は、現実的な矛盾に直面すること

14   第1編　刑法の基礎理論

もある。憲法的・行政法的制裁に属する弾劾や税務査察などが刑事制裁よりもはるかに強力な制裁効果を持っている現実に照らしてみると、税務査察に比べて罰金刑が補充性を持っているのかは疑問である。

第2節　刑法の機能

I　序　説

　従来、我が国の刑法学者は、刑法の機能を規制的機能、法益保護的機能、人権保障的機能の三つに分けてきた。まず、刑法は社会統制の部分領域として犯罪統制（Verbrechenskontrolle）の機能を担当している。このため、刑法は可罰的行為を予防して規制しなければならない。これを通じて刑法はまた、社会的な共同生活の秩序を保護する。つまり犯罪行為に対する反作用として犯罪者の法益を侵害することで、社会一般の人々の法益を保護する機能を担当する。

　また、刑法の法益侵害は過酷な国家的な強制力を持っているため、刑法の犯罪統制手段を定型化（Formalisierung）しなければならない。刑法は人間の共同生活の秩序を保護するための任意の手段を許さず、定型化した手段と手続きとを通じてこれを実現することで、個人の自由や人権保障に貢献する機能も持っている。

　つまり、刑法の機能は、上記の三つの機能に先立ち、予防的機能を加えて四つに分けるほうが正しいのである。

II　予防的機能

　刑法は、法的構成要件の新設による犯罪化と実効性のない刑法規定の廃止による非犯罪化とを通じて行為規範を確定し、この規範に合致する方向に向けて社会的葛藤を解決するように一般人に訴える。そして、この規範を承認せず、違反した場合は一定の制裁を科すことで、犯罪予防の機能を担当している。

　積極的一般予防の観点から、刑法は社会一般人にとって、①社会教育的動機を学習させ、法遵守への訓練という効果を持ち（社会教育的学習効果）、②法秩序が貫徹されることを直接・間接に体験させることで、規範信頼への訓練という効果を持ち（規範信頼の効果）、③犯罪によって不安になった一般人の法意識と法感情を落ち着かせるとともに、犯罪者との葛藤が解消されたものとみなすようにする満

足効果を引き起こすことで、結果の認諾への訓練という効果を持つ（満足効果）。

　刑法規範による積極的予防効果を、刑法の積極的一般予防機能または統合予防（Integrationsprävention）という。特に満足効果によって犯罪的葛藤を終局的に解消し、社会を統合する積極的一般予防の機能を社会統合機能と呼ぶ（Roxin）。

　なお、刑法は、再社会化を通じて犯罪者に犯罪の誘惑に対する免疫力を高める。刑法は、そのようにして、犯罪者が二度と再犯をせず、健全な社会の一員として社会に復帰できるようにする特別予防的作用に基づいて犯罪を予防する機能も担当している。これを積極的特別予防機能という。

　他方、刑法は、犯罪に対する一定の分量の刑事制裁を予告することで、威嚇作用を起こす。これにより刑法は、法秩序を防衛する機能も持っている。これを消極的一般予防機能という。

　他方、改善不可能な犯罪者を社会から隔離し、これ以上社会に害を及ぼさないように、刑法は特別な予防措置を取ることもある。これを消極的特別予防機能という。

Ⅲ　規制的（鎮圧的）機能

　刑法は、法秩序の部分秩序として社会生活の領域において秩序を維持し、破壊された秩序を回復させる機能をしている。このため、刑法は共同生活に必要な行為規範を定める。そして、この規範が侵害された際、これについての規範的評価を下し、適正な刑事制裁をもって対応することで、法共同体の平和攪乱行為を鎮圧・規制する機能を果たす。

　刑罰によって保障された規範が侵害された場合に、これを鎮圧するために強制力を持つ一定の害悪を加えることは、共同生活の平和秩序を維持するための必要不可欠な要請である。このような規制機能がなければ、社会秩序のための社会統制は不可能であることは言うまでもない。このような観点から、刑事制裁の社会統制ないし規制的機能を社会功利主義の表現と称する人もいる。

Ⅳ　保護的機能

　刑法は、法益を保護する秩序である。刑法は、市民の自己実現に向けて必要不可欠な基本条件を確証して保護することで、社会一般の人々の法益を保護する。のみならず、これを通じて平和な共同社会の秩序を確保する機能を果たす。した

16　第1編　刑法の基礎理論

がって法益の保護は刑法の主な任務でもある。

　刑法の保護的機能は法益保護の領域を超え、より根本的なレベルでの社会倫理的行為価値の保護にも影響を及ぼしている。それだけでなく、社会の存立と安全とを図ることに貢献することにより、実際の社会システムの保護にも寄与する。しかし、社会倫理的行為価値の保護や社会それ自体の保護は、刑法機能の当為的な要請というよりは、事実上の役割に過ぎない。本質的な任務としての保護機能は、あくまでも憲法秩序に合致する法益の保護にある。

V　保障的機能

　刑法は、先に何が犯罪なのかを法律構成要件として定める。これによって、刑法は構成要件に規定した行為のみを処罰の対象とし、ほかの部分はすべて市民の自由な活動の領域に属させる。こうすることで、一般国民は刑法から自由な領域を享受することができる。また、刑法は規制の範囲を限定することで、市民の自由と権利とを保障する機能を果たす。刑法のこのような機能に着目し、刑法は市民の自由のマグナ・カルタとも呼ばれる。

　他方、刑法は刑罰および保安処分の条件と種類、程度と限界を規定することで、これに反する国家刑罰権の恣意的介入から犯罪者の自由と権利とを保障する機能も果たす。刑法のこのような機能に着目し、かつてモンテスキューとフランツ・フォン・リストは、刑法を犯罪者のマグナ・カルタと呼んだ。

VI　結　語

　刑法は、補充的法益保護を通じて平和的な共同社会の秩序を確保するという本来の任務や目的を実現するために、様々な機能を現実に遂行している。しかし、このような刑法の様々な機能は、社会統制の多様な様態として皆が予見・検証することができるように定型化した形態で遂行されなければならない。もちろん、ここでの定型化というのは、法治主義の正道を守った正当な限界内のものであることを意味する。

　刑法の機能は、決して感情的・衝動的・恣意的な問題解決の方法ではなく、理性的・合理的・自由で人間尊重的な問題解決の方法でなければならない。そして、規範の侵害行為について事前に熟考・考慮された回答としての作用でなければならない。こうした準則や常軌を逸した刑法の機能というのは、結局、刑法の任務

および目標の達成に有害な逆機能にほかならない。

第3節　刑法の規範的性格

I　法益保護のための刑法規定

規範はもともと当為を本質的内容とする。規範には慣習規範・宗教規範・倫理規範・法規範などがあるが、単に当為のみを要請するのか、それとも強制手段を動員するのかによって行為規範と強制規範とに区分することができる。法規範は国家権力を背景にして強制によってその実現を保障するという点で、行為規範と強制規範の複合体である。

刑法は、法規範の一種として、犯罪という歴史的・社会的・経験的実在を規律の対象とする。実質的な意味での犯罪とは法益危害である。刑法の任務が補充的な法益保護であるだけに、刑法規範も究極的には犯罪統制を通じて法益保護に寄与する。法益を保護するために、刑法は、まず一般人に当為的な禁止または命令を下す行為規範を提示する。そして、一般人がこの行為規範の要求を無視する場合には、一定の刑罰または保安処分を科するという制裁規範を提示する。

刑法の法律要件（構成要件）は、まさに行為規範の訴える声を盛っている器であり、刑法の法律効果（刑罰・保安処分）は、まさしく制裁規範の警告する声を盛っている器である。行為規範は禁止・命令を通じて一般人を正しい道に導き、制裁規範は刑罰または保安処分を通じて行為規範の遵守を実効性のあるものにしている。

II　仮言規範としての刑法

刑法は、犯罪を法律要件とし、刑罰または保安処分を法律効果としている規範体系である。法律効果たる刑事制裁を発動させるためには、条件となる犯罪は何かを先に究明しなければならない。したがって刑法の規範体系は「人を殺害すれば」(if)「死刑、無期または5年以上の懲役」(then) に処するという仮言命題的な論理構造を取っている。これを「人を殺してはならない」（十誡）という宗教規範や「すべての理性的存在者は自分や他人を単に手段として扱ってはならず、つねに同時に目的自体として扱わねばならない」(Kant) という道徳規範に比較してみ

ると、刑法規範は仮言規範（Hypothetische Norm）、宗教あるいは道徳規範は無条件の定言命令（Kategorische Imperative）という点で互いに異なる。

Ⅲ　行為規範と制裁規範

刑法は、一般国民に一定の行為を禁止または命令することで、社会生活の基本的な平和秩序を維持・確保する準則になるという点では、行為規範である。他方、この行為規範を逸脱・違反した行為者には公的な否認を通じて刑罰または保安処分を科すという点では、制裁規範でもある。ちなみに、刑法は規範の受命者が一般国民であるという点では行為規範であり、刑罰権を独占している国家が垂範者であるという点では制裁規範であるという見解もある。

Ⅳ　禁止規範と命令規範

行為規範は、一定の禁止または命令を内容としている点では、禁止規範ないし命令規範の性格も有している。すなわち、「人を殺害した者」という文言は、人を殺害してはならないという禁止を、「危険の発生を防止する義務のある者がその危険の発生を防止しないときは、その発生した結果によって罰する」という不作為による作為犯（不真正不作為犯）の場合（第18条）や、一定の場所で退去要求を受けて応じないことで成立する不退去罪（第319条第2項）の規定は、一定の行為を命令している。

Ⅴ　評価規範と決定規範

刑法規範がいかなる内容を含んでいるのか、かついかなる人に適用されるのかという観点から、刑法は評価規範なのか、それとも決定規範なのかということが議論されてきた。刑法規範は法の名宛人について一定の行為を求める立法者の意思表現であり、これによって法の名宛人の正しい意思決定を導く役割をするという点から決定規範の側面がある。他方、刑法規範は人間の共同生活に関する外的規律であり、人間の行為が共同体の秩序に合致するのか、または矛盾するのかを評価する客観的・社会的生活秩序である点からは評価規範としての側面がある。

メッガーは決定規範としての刑法より評価規範としての刑法を高く評価し、またビンディングは決定規範としての刑法に重点を置いていた。しかし、規範はもともと思考の世界と現実の世界の結合であり、したがって刑法は評価規範である

第2章 刑法の任務・機能・規範的性格・適用 19

と同時に決定規範として理解しなければならない。名宛人に一定の意思決定を要求するためには、法的な評価が前提とされなければならず、決定規範に違反した行為の結果は評価規範による価値判断を受けなければならない。したがって、評価規範と決定規範との軽重を論ずるとか、前者を結果反価値ないし客観的違法性と、後者を行為反価値ないし主観的違法性と結びつけることは、刑法の規範的性格を全体として把握している態度とは言えないため、正しくない。

第4節　刑法の解釈と適用

I　刑法の解釈

1　解釈と包摂

刑法は、抽象的に叙述されている一定の犯罪形態を構成要件とし、刑罰または保安処分を法律効果とする規範体系である。したがって、刑法における法律の適用とは、現実に発生した犯罪事実に相応する規範の根拠を明らかにして、これに適合する刑事制裁を探していく過程を示す。

裁判官は通常、形式論理的な三段論法により大前提（抽象的な法規）と小前提（具体的な生活事実）から論理上の結論（この生活事実が当該法規に抵触される）を導き出す。つまり、「人を殺害した者は死刑、無期または5年以上の懲役に処する」という大前提を、「Aが人を殺した」という小前提に適用し、「Aは殺人罪に該当し、死刑、無期または5年以上の懲役に処する」という結論を導き出すのが三段論法である。この推論において、法律家は小前提である現実的な犯罪事実から法律的に重要な要素を探し出す。そして、これが大前提の概念要素に一部でも一致する場合には、これを大前提に適用して一定の結論に至ることになる。法律家によるこのような作業を包摂（当てはめ）と呼ぶ。包摂は、裁判官が法律を適用・判断すべき新しい事案を、すでに法律の適用を経た別の事案と比較・一致させるという方法で行われる。

包摂は解釈とは異なる。解釈とは、法条文の内容を、文言の日常的な意味から文言の可能な意味まで把握していく過程をいう。解釈は、法文の内容を解明し、その限界を明らかにすることで、法規の具体化に寄与する。解釈は常に包摂に先立って行われている。包摂をするためには法規定の意味が解釈によって先に確定

20　第1編　刑法の基礎理論

されていなければならないため、解釈は包摂の前提でもある。

　解釈は二つの役割をする。第一に、包摂に先立って適用すべき大前提の意味を明確にすることである。第二に、包摂に先立って新しい事案と同一視しうる先例の法律的な機能の範囲を把握することである（解釈のこのような機能のため、実定刑法の体系を取っている諸外国においても先例は重要な意味を持つ）。

　解釈は、一方では法律と先例を、他方では具体的な生活事実を検討する二つの方向の思考活動を必要とする。

2　解釈の事実

（1）文理解釈

　すべての解釈の出発点は、法律の文言（Gesetzeswortlaut）である。その文言の意味を、可能な文言の意味（Der mögliche Wortsinn）の限界内で日常的な言語慣行によって探求することが、文理解釈である。たとえば、文書に関する罪における文書は、文言によってそれぞれその意味も異なる。ただし、立法者が一定の文言に特別な意味を付与しているのかどうかについては、注意しなければならない。たとえば、文書毀棄罪（第366条）における文書の場合は、その文書の作成名義人が本人であるのか、それとも他人であるのかに関係なく、もっぱら他人の所有している文書を意味するが、私文書偽造罪（第231条）の文書は他人名義の文書のみを意味するため、前者と後者とはその意味が異なる。

（2）歴史的解釈

　歴史的な立法者の意思に基づいて解釈する方法を、歴史的解釈という。これは主観的な解釈論とも呼ばれる。これに対して、立法者の主観的意思とは独立した客観的な法律の意味を解釈の基準とする方法を客観的解釈論という。しかし、具体的な社会的条件の下でいかなる解釈が法律的規律の意味を最も正しく実現することができるのかを考慮してみると、正しい解釈の方法は主観的・歴史的解釈方法と客観的解釈方法の中庸にある。

（3）体系的解釈

　法律は社会秩序の側面から一体性を成しているため、個々の規範は個別的に把握するよりも、むしろ法律の全体的な脈絡の中で把握しなければならない。当該規定の法律体系的な連関に基づいて法文言の論理的意味を明確にすることで、当該規範の内容に最も接近した解析を試みる方法を、体系的解釈という。たとえ

ば、傷害致死（第259条第1項）における傷害には過失致傷（第266条第1項）が含まれず、傷害（第257条第1項）および重傷害（第258条第1項）のみが含まれる。なぜなら、法文の体系上、傷害致死罪は傷害および重傷害の加重形態として規定されているからである。

（4）目的論的解釈

法規範は、社会的な葛藤に関わる問題を解決し、矛盾・衝突する利益を調整することで、社会的な共同生活を可能にするという目的を追求している。法の解釈において、このような法規の客観的な目的に基づいて法文言の意味を探求する方法を、目的論的解釈という。

目的論的解釈をする際は、法益保護の目的はもちろん、法律の保障機能も考慮しなければならない。この目的論的解釈は、個々の法律の目的により拡張的または制限的に行われている。

（a）**拡張的解釈（拡大解釈）**　拡張的解釈とは、法文の可能な文言の範囲内において、法律の目的を広く考慮して語義の限界を最大に拡張して解釈する方法である。拡張的な解釈であっても、法益保護の目的および法律の保障機能を考慮すれば罪刑法定原則、特に類推適用の禁止の要求に反しない解釈をすることができる。たとえば、自動車のタイヤの空気を抜いてしまうこと、馬の障害状態を持続的に放置しておくこと、客に挨拶をする旅館のオウムに悪口を教えたためオウムが悪口屋になってしまったことなどは、拡張解釈によって器物損壊に該当すると言える。

しかし、駐車している自動車の前に他の自動車を止めて一定時間運行することができないようにすることは、器物損壊ではない。なぜなら、器物損壊罪の成立における一般的な基準は当該物件に対して直接に影響を加えたのかどうかであり、もし直接な影響がなかったなら、器物損壊罪の構成要件は満たされないからである。

《判例》　暴力行為等処罰に関する法律第3条第1項における「危険な物件」とは、凶器ではないとしても広く人の生命、身体を害することに使われうる一体の物件を含むと解する。したがって、本来殺傷用・破壊用に作られたものだけでなく、他の目的のために作られた刃物・はさみ・ガラス瓶・各種の工具・自動車などはもちろん、化学薬品または操縦された動物等もまた、それが人の生命・身体を害することに使われた場合には、本条の「危険な物件」と言える。他方、このような物件を「携帯して」という言葉は、所持だけではなく、広く利用するという意味も含んでいる。けん引料の納付を要求する交通管理職員を乗用車のバンパーの部分をぶつける方法で暴行した事案において、乗用車は暴力行為等処罰に関する法律第3条第1項所定の「危険な物件」に該当する（大判1997.5.30.97ド597）。

（b）**制限的解釈（縮小解釈）**　目的に照らして法文の意味を縮小して把握すること

22 　第1編　刑法の基礎理論

を、制限的解釈という。たとえば、傷害罪の目的は犯罪者が他人の身体を損傷させることを阻止することであり、他人の身体を治療したり、改善することを防ぐことではない。したがって、医術に合わせて施行された治療は、傷害に包摂することができないのである。また、地下鉄に犬を連れて乗車することを禁止する規定があるとすると、それはほかの乗客が嫌悪感を抱くほどの犬を連れて地下鉄に乗ることを禁止するもので、ペット用の小さな子犬まで全面に禁止するものではないと解する場合も、制限的解釈の一例である。

（5）憲法適合的解釈（合憲解釈）

　法秩序は憲法を最上位の規範としつつ、様々な下位規範を定めている。したがって、上位規範が下位規範より効力上優位を占めなければならないのは法秩序に照らして当然のことである。これとともに、法秩序の統一性の要請から、下位規範の解釈においては上位規範と矛盾するように解釈することは避けなければならないということが要請される。特に、解釈上憲法規範との矛盾を避けてなるべく憲法の規範的意味に合致するように解釈しなければならないという要請が、合憲解釈である（大判 2011. 4. 14. 2008 ド 6693）。

　この合憲解釈も体系的解釈の一種であるが、二つの観点から特別な考慮を要する。第一に、法律について様々な解釈が可能な場合は、体系的に当該の規律対象にかかわる憲法規範を考慮しつつ、憲法に合致する解釈を優先的に選択しなければならない。第二に、当該法律が憲法規範と矛盾するかどうかが問題になる場合は、当該法律についての違憲判断より、その法律の文言の可能な範囲内で憲法適合的解釈をすることができるかどうかを先に検討しなければならない。この場合、合憲解釈は当該法律の文言と矛盾するような解釈にはならないように留意しなければならない（憲裁 1990. 4. 2. 89 憲ガ 113、国家保安法第 7 条第 1 項・第 5 項の違憲判断に関する決定を参照）。

> 《判例》　1991 年 5 月 31 日改正前の国家保安法第 7 条（讃揚・鼓舞罪）で使われる概念は、物事を弁別する能力を十分に備えた一般人の理解や判断によっても解釈の合理的な基準を見つけにくい概念であって、かつ構成要件の限界を区別しがたい広範性を持ったものとして、言論・出版の自由と学問・芸術の自由を侵害する蓋然性と良心の自由を侵害する可能性があるだけでなく、法の運営当局による恣意的執行を許可する余地があるために罪刑法定原則に違背する余地がある。しかし、同法第 7 条を完全に廃棄することによって生じる法の空白や混乱および国家的な不利益は、同条を廃棄することによって得られる利益よりも大きいと判断される。また、ある法律概念が多義的で、その言葉の意味の枠内で色々な解釈が可能な場合には、統一的な法秩序を形成するために、違憲的な

結果になりうる解釈は排除しつつ、合憲的な解釈を選択しなければならないとするのが、憲法の一般原理である。したがって、同法第7条は、その行為が国家の存立・安全を危うくしたり、自由民主的基本秩序に危害を与えることの明白な危険性がある場合に適用するということであり、このように解釈する限り、違憲ではない（憲裁 1990. 4. 2. 89 憲ガ 113）。

3　刑法解釈の方法

　従来の法理論においては、文理・歴史的・体系的・目的論的解釈方法がすべて同等に扱われた。しかし今日、文理・歴史的・体系的解釈方法は、法規の目的を探求するための補助手段に過ぎないという考え方が支配的である。もちろん、目的論的解釈方法は刑法の解釈において王座を占めていると言えるほど、重要な意味をもっている。しかし、少なくとも疑わしい事例に対して望ましい結論を論証するためには、文理・歴史的・体系的・目的論的解釈方法をすべて考慮する方法多元論が刑法解釈において最も適切な方法であることに注意しなければならない。

　正しい刑法解釈をするためには、法律の文言と目的とを同等に考慮しなければならない。文理解釈と目的論的解釈のうち、ある一つの解釈基準のみを満たす解釈は正しい解釈ではない。したがって、我々が刑法を解釈する際には、文理解釈を出発点とし、目的論的解釈を帰着点とする解釈をしながらも、歴史的な解釈や体系的解釈、憲法適合的解釈をもすべて考慮しなければならないと思われる。

《判例》　刑罰法規は文言に則って厳格に解釈・適用しなければならず、被告人に不利な方向に過度に拡張解釈したり、類推解釈してはならないが、刑罰法規の解釈においても可能な文言の意味内で当該規定の立法趣旨や目的などを考慮し、法律体系的な連関性にしたがってその文言の論理的意味を明確に示す体系的・論理的な解釈方法は、その規定の本質的内容に最も接近した解釈をするためのものとして、罪刑法定主義の原則に合致する（大判 2007. 6. 14. 2007 ド 2162）。

4　解釈と類推

　従来から法律学は解釈と類推とを区別してきた。しかし、同一性と類似性の間に論理的な限界のない限り、解釈と類推とは論理的に区別できないという見解もある[1]。内容的な同一性は実際には類似性であるだけであり、形式的な同一性は形式論理的な数字の概念や記号の領域にのみ存在するというのである。それゆ

24　第1編　刑法の基礎理論

え、解釈と類推とは拡張の程度によって区別することができるだけであって、手続の論理的構造によっては区別することができないというのである。結局、類推適用の禁止は、事理上守られるはずのない要請であるということである。

このような主張は一般法理論的に間違ったことではない。しかし、刑法理論的には、解釈と類推を同一視する見解は危険であって、実用性も高くない。人間という類似性の範囲内にある人と胎児を同一視し、堕胎と殺人を同一視する余地を残すのは、危険なだけでなく混乱を招きさえする。類推は文言の可能な意味の枠外にある、ただ似ている事例に同一の法律内容を適用することであるから、それは法律の解釈ではなく、法の創造である。その結果、自由法治国家の権力分立の原則によって立法者にのみ付与された法律制定の権威が、裁判官に委譲されたのではないかという疑問も生じさせる。拡張解釈は文言の意味の限界を最大に拡張しただけで、その限界を脱したものではない。したがって、それは解釈と言えるのであり、法治国家的にも大した問題になることもないのである。

結局、刑法解釈とは、立法者が定めた法律の文言の可能な範囲内で、裁判官のような解釈適用者が、その文言に最も近い語義、歴史的な立法者の意思、法律体系的な連関性、法律の客観化された目的などを考慮して、規範の意味内容を疑うところのない明瞭な形態で具体化する作業をいう。

II　刑法の時間的適用

1　意　義

刑法は公布・施行時から廃止時まで存続し、この存続期間中、有効に適用されることが原則である。ところで、行為時と裁判時の間に可罰性や処罰に関する法規定の変更がある場合には、行為時と裁判時のいずれを基準として刑法を適用するのかが問題になる。

特に①行為時には不可罰であった行為がその後犯罪と規定された場合、②行為自には犯罪であったが、後にその行為の可罰性や処罰に関する法規が廃止された場合、③行為時より裁判時の刑または保安処分が減軽された場合などにおいて、刑法の時間的適用の問題が発生する。

すなわち、発生した犯罪事実に対して変更前の行為時法（旧法）を適用するべき

1　Arth. Kaufmann, Rechtsphilosophie, 2. Aufl., S. 125.

か、それとも変更後の裁判時法（新法）を適用するべきかという点が問題である。この場合、仮に裁判時の刑法（新法）を適用すると、新法の遡及効（Rückwirkung）の問題になり、行為時の刑法（旧法）を適用すると、旧法の事後効（Nachwirkung）の問題になる。

2　刑法上の規律
（1）行為時法の原則（遡及効の禁止）

わが刑法第1条は、時間的適用について規定している。すなわち、第1項では「犯罪の成立および処罰は、行為時の法律による」とし、行為時法の原則を宣言している。この規定が単なる時間的適用の意味を越え、罪刑法定原則の派生原則である遡及効禁止の原則まで規定したものなのかは明らかでない。行為時法の原則を適用する限り、新法の遡及効禁止の効果もあるため、この規定には遡及効禁止原則の内容も前提されていると言ってもよいと思われる（憲法第13条第1項）。ただ、立法論上、罪刑法定原則と行為時法の原則は、それぞれ分けて規定するほうが望ましい。

（2）行為時法の原則の例外（行為者に有利な遡及効の許容）

刑法第1条第2項および第3項は、行為時法の原則の例外を認めている。行為者の自由に有利に軽い刑を優先して適用するという趣旨である。つまり、「犯罪後の法律の変更によりその行為が犯罪を構成しない」（第1条第2項前段）ときには、新法によって免訴判決（刑訴法第326条第4号）を下す。そして、「刑が旧法より軽くなったとき」（第1条第2項後段）は、新法によって裁判しなければならない。さらに、裁判確定後の法律の変更によりその行為が犯罪を構成しなくなったときは、刑の執行を免除（第1条第3項）する。

新法による遡及効が認められる例外の要件は次のものである。

(a) 犯罪後の法令の変更によりその行為が非犯罪化された場合
（ア）犯罪後の意味

ここでの犯罪後とは、行為終了後を意味し、結果発生は要しない。実行行為中に法律の変更があったため、実行行為が時間的に新・旧法にわたって行われたとき、たとえば、長期間継続された逮捕・監禁行為のような継続犯の実行行為中に法律の変更のあった場合がそれに該当する。この場合は実行行為が新法の施行時に行われたため、旧法を適用するのではなく、行為時法の原則によって新法を適用しなければならない。改正刑法（1995. 12. 29.）は附則第3条において、「1個の行為が本法施行前後を通じて成立した場

26　第1編　刑法の基礎理論

合には、本法施行以後に行ったものとみなす」と規定しており、これを明文化している[2]。

　包括一罪の場合も、その犯罪の施行が改正刑法の施行前後を通じて成立したときは、附則第3条によって新法が適用されるとしなければならない。

（イ）法律変更の意味

　ここで法律とは、可罰性の存否やその程度を規律する総体的な法状態（Der gesamte Rechtzustand）を意味する。したがって、法令全体はもとより白地刑法における補充規定に該当する行政処分や条例、告示もこれに含まれる。そして、変更はこのような法律の改廃を含む意味である（通説）[3]。したがって、限時法の有効期間の経過により、当該法律が失効した場合も、法律の「変更」がある場合に該当する。

（ウ）犯罪を構成しない場合の意味

　犯罪を構成しない場合には、刑法各則の特定犯罪構成要件の廃止のみならず、正当化事由、免責事由、刑事責任年齢、未遂の可罰性など、刑法総則の規律の変更により可罰性が廃止された場合も含まれる。そして、犯罪を構成しない場合のみならず、ただ処罰条件が行為者に有利に変更された場合であっても、刑法第1条第2項前段によって新法を適用しなければならない。

　最近、大法院は、刑法第1条第2項の規定は、法律理念の変遷によって過去に犯罪と認めていた行為についての評価が変わったため、もはやこれを犯罪と認めて処罰すること自体が不当であるとか、科刑が過重であると判断するなどの反省的な考慮から法令を改廃した場合に限り、同規定を適用すると判示した（大判 1997. 1. 9. 97 ド 2862）。この判決によって刑法第1条第2項の適用範囲は著しく制限されたわけである。法治国家の刑法、とくに罪刑法定原則の理念に照らしてみると、納得しがたい判決である。

（b）新法の刑が旧法より軽くなったとき

　新法の刑が旧法より軽くなったときは、新法を適用する（第1条第2項後段）。ただ、仮に新法の刑が旧法より重くなったとき、または刑の軽重には変更のないときは、行為時法の原則により旧法を適用すべきである。これは、刑法第1条第2項後段についての反対解釈による当然の帰結である。

　ここでの刑はもちろん法定刑を意味し、仮に併科刑または選択刑のある場合は、このうち最も重い刑を基準とする（大判 1992. 11. 13. 92 ド 2194）。法定刑には、主刑のみならず、刑法第49条の没収刑のような付加刑も含まれる。刑の種類と期間は同一であるが、新法によると選択刑の可能性のあるとき（大判 1954. 10. 16. 4287 刑上 43）、または任意的減軽が任意的減免に、任意的減軽が必要的減軽に、必要的減軽が任意的減免や必要

2　ドイツ刑法においても、「犯罪が行われている途中に刑罰の適用が変更されたときには、犯罪行為の終了時に効力がある法律を適用する」（ドイツ刑法第2条第2項）とし、これを明示している。

3　判例は軍事機密を漏洩した後、機密が解除されたのは法律の変更ではないため、裁判時法が適用される余地はないとした（大判 2000. 1. 28. 99 ド 4022）。

的減免に変更されたときは、新法のほうが軽いとしなければならない（大判 1981. 4. 14. 80 ド 3089 判決は、「上告審の係属中、法律の改正で刑が軽く変更された場合には、上告審は職権で原判決を破棄しなければならない」と判示している）。犯罪後、数回の法律の変更があったため、行為時法と裁判時法の間に中間時法のある場合は、そのうち、最も軽い刑を適用しなければならない（大判 2012. 9. 13. 2012 ド 7760）。

3　限時法の問題

（1）意　義

限時法（Zeitgesetz、loi temporaire）には、広義の限時法と狭義の限時法とがある。このうち、狭義の限時法は一定の有効期間を定めておいた法律を言う。有効期間の限定方式としては、たとえば、2002 年１月１日から 2002 年 12 月 31 日まで有効であるというカレンダーによる限定方式と、施行日から一定の事件の発生時まで有効であるという限定方式がある。また、有効期間は必ずしも法律の制定時に特定されていなくてもよく、当該法律の廃止前までに定めることで足りる。

広義の限時法は、狭義の限時法だけでなく、法律の内容および目的が一時的な関係や事情に対応するためのものとして対応する必要がなくなると、効力もまた消えるべき法律を意味する。

韓国では、狭義の限時法のみを認める見解が多数説であり[4]、ドイツのように広義の限時法を認める見解は少数説である[5]。思うに、ドイツ刑法のように限時法の規律を明文化している場合は広義の限時法を認めてもよいが、韓国の刑法のようにこれに関する明文の規定がない場合は、狭義の限時法のみを認めるほうが望ましい。

（2）問題の提起

限時法の有効期間中に行為をしたが、その後有効期間の経過によって限時法が廃止・失効した場合について、行為時法を適用して処罰すべきか（第１条第１項）、それとも行為者に有利な新法の遡及適用の原則（第１条第２項）によって裁判時法を適用して免訴判決（刑訴法第 326 条第４号）をしなければならないのか、あるいは

4　權五杰・48 頁、金成敦・81 頁、朴相基・48 頁、安銅準・24 頁、吳英根・76 頁、李炯國・59 頁、鄭盛根/朴光玟・74 頁、鄭榮錫・66 頁、鄭英一・49 頁、陳癸鎬・79 頁、黃山德・33 頁。

5　金聖天/金亨埈・41 頁、孫ドン權/金載潤・50 頁、申東雲・54 頁、李暎翰・８頁、李在祥・37 頁、李廷元・49 頁。

28　第1編　刑法の基礎理論

裁判確定後であれば刑を免除（第1条第3項）すべきかが問題になる。これが限時法の廃止後の効力に関する問題であり、従来この問題は追及効の問題として扱われてきた。

　限時法の追及効とは、行為者に不利な追及効を意味する。つまり、刑法第1条第2項の行為者に有利な遡及効の問題とは正反対の問題である。思うに、この問題は、限時法の廃止前の行為について当該法律の廃止後、刑法第1条第1項によって行為時法を適用するのか、さもなければ第1条第2項によって裁判時法を適用するのか、あるいは裁判確定後には法律変更をそのまま適用するのかという解釈の問題であるから、限時法の追及効という表現よりは限時法の効力というほうが実際的な内容により適合する。

（3）効　力

　限時法の規定のなかに当該法律の有効期間中の違反行為については当該法律の失効後にもその行為を処罰するという明文の特別規定を定めておくと、限時法の効力に関して別に問題は生じない（第8条但書き）。また、「一定の期間中にのみ効力のある法律は、その法律の廃止後にも有効期間中に行われた行為についてこれを適用する。ただし、法律に別の規定がある場合はこの限りでない」とし、限時法に関する一般規定を定めている立法例（ドイツ刑法第2条第4項）においても解釈の問題は生じない。だが、限時法の効力に関して明文の規定のないわが刑法においては、この問題について学説が対立している。

　(a)　行為者に不利な追及適用を認める見解　　行為時法の原則（第1条第1項）を適用して、限時法の廃止後にも当該法の存続期間中の行為については引き続き効力を持つという見解である[6]。その論拠は以下のものである。

　第一に、限時法の有効期間中の犯罪行為について有効期間の経過後には処罰することができないとしてしまうと、限時法の失効期日が差し迫るほど違反行為が続出する恐れがある。またこのような場合は処罰もできなくなり、刑事政策的な目的を達成しがたい。

　第二に、限時法は一定期間を定め、その期間の間には国民に当該法律の遵守を求めるものであるため、限時法の有効期間が経過してもその期間の経過前に犯された行為を非難することは可能である。

　(b)　行為者に不利な追及適用を認めない見解　　限時法についても、刑法第1条第2項の行為者に有利な遡及適用の原則の精神にしたがって裁判時法を適用するべきであ

───────────

6　劉基天・37頁、鄭榮錫・65頁。

り、行為者に不利な追及適用をすることはできないという見解である（多数説）[7]。この見解の論旨は、刑法第1条第2項を排除するという例外的な特別規定のない限り、同条項の原則に従うべきであり、法の廃止後には行為時法による処罰をしてはならないということである。つまり、限時法も刑法第1条第2項に規定されている「法律の変更」に該当するとしつつ、効力期間の経過後には限時法の効力を認めず、「犯罪後の法律の変更によりその行為が犯罪を構成しない」場合として刑事訴訟法第326条第4号によって免訴判決を宣告しなければならないとするのである。したがって、法律の失効後には、特別な規定のない限り、追及効を認めることは罪刑法定原則に反すると判断する。

　(c) 動機説　　限時法の効力については、いわゆる動機説（Motiventheorie）も主張されている（ドイツの通説、大法院の立場）。これは、限時法の失効に関する立法者の動機を分析し、行為者に不利な追及効を認めるべきかどうかを決定しようとする見解である。これによると、限時法の廃止および失効に関する立法者の動機が法律的な見解の変更によるものなのか、それとも単なる時間的な期間の経過ないし事実関係の変化によるものなのかを区別する。つまり、前者の場合は行為の可罰性が消滅して不可罰であるが、後者の場合には可罰性がなくなるものではないため、行為者に不利な追及効を認めなければならないとする（大判 1994. 12. 9. 94 ド 221[8]；大判 1988. 3. 22. 87 ド 2678[9]；大判 1985. 5. 28. 81 ド 1045[10]など）。この見解について結論的に賛同する見解もある[11]。

7　権五杰・51頁、金成敦・84頁、金聖天/金亨埈・41頁、朴相基・50頁、裵鐘大・132頁、成樂賢・42頁、孫ドン權/金載潤・51頁、吳英根・79頁、李相暾・61頁、李榮蘭・57頁、李炯國・39頁、任雄・61頁、鄭盛根/朴光玟・77頁、鄭英一・59頁、鄭鎮連/申梨澈・47頁、曹俊鉉・112頁。

8　「有害化学物質管理法第6条第1項の申告対象から除かれる化学物質に関する環境部の告示の変更は、法律理念の変遷により、従来の規定による処罰それ自体が不当であるという反省的な考慮から始まったものというよりは、通関の手続きの簡素化と通関業務の負担の軽減など、時々の特殊な必要性に対処するための措置によるものなので、告示が変更される前に犯した違反行為の可罰性は消滅しない」（大判 1994. 12. 9. 94 ド 221）。

9　「不動産所有権移転登記等に関する特別措置法は 1985. 1. 1. から失効したが、この法は、不動産登記法により登記しなければならない不動産であるにもその所有権保存登記ができておらず、または登記簿の記載が実際の権利関係と一致しない不動産を簡易な手続きにより登記することができるようにすることを目的として限時的に制定されたものであり、その廃止は同法制定の理由になった法律理念の変更により従来の処罰それ自体が不当であったという反省的考慮に起因したのではなく、その制定の目的を果たした同法を存続する必要性がないという考慮によって廃止されたものである。したがって、同法の施行時に行われた違反行為の可罰性を消滅させることには理由がないため、同法の施行期間中の違反行為はその廃止後も行為当時に施行されていた同法によって処罰しなければならない」（大判 1988. 3. 22. 87 ド 2678）。

10　「戒厳令の解除は、事態の好転による措置であり、戒厳令それ自体が不当であるという反省的な考慮に基づいた措置ではないため、戒厳が解除されたとしても戒厳の当時に行われた違反行為の可罰性が消滅するとは言えないものであって、戒厳の期間中に行われた戒厳布告違反の罪は戒厳令の解除後にも行為当時の法令によって処罰されなければならず、戒厳の解除を犯罪後に法令の改廃によって刑が廃止された場合と同じものとみなすことはできない」（大判 1985. 5. 28. 81 ド 1045）。

11　李在祥・40頁。ただし、李在祥教授は、限時法の概念を、事実関係の変化に起因している場合に限定している。

30 第1編 刑法の基礎理論

動機説を支持する立場によると、行為者の行為当時、限時法にはすでに処罰規定があったため、追及効を認めても事後立法による処罰を防止しようという罪刑法定原則に反することはないとする。また、法律変更の動機が事実関係の変化によるものか、または法的な見解の変更によるものかも、法の解釈を通じて十分に区別することができると主張する[12]。

(d) 結 論　追及適用の否定説が妥当である。遡及効禁止の原則はもともと、行為者を保護する消極的行為時法主義を内包している。その趣旨を生かすためには、刑法第1条第1項の行為時法主義を第1条第2項の行為者に有利な裁判時法主義によって補完しなければならない。限時法に行為時法主義を適用すると、行為者に不利な追及効になるため、刑法第1条第2項によって裁判時法主義を適用しなければならない。刑事政策的な側面や立法技術的側面から考えると、ドイツ刑法第2条第4項のように限時法の存続中の犯行については当該法律の廃止後にもその効力が及ぶと定め、その効力を排除するためには各々の限時法ごとに特別規定を置くことにするのが望ましい。しかし、わが刑法はドイツ刑法のように限時法に関する一般規定を置いてはいないため、ドイツ刑法の場合とは反対に解釈することが文言に忠実な解釈になるであろう。したがって、限時法に行為時法を適用しようとする解釈は、刑法第1条第2項および第3項の文言と抵触するため、妥当でない。ただ、特別な刑事政策の必要のあるときは、個々の限時法において、当該法律の存続中に犯された犯罪については当該法律の廃止後にもその効力が及ぼすという特別規定を置くことで足りる。この場合に限って、行為者に不利な追及効を認めることができる（第8条但書きを参照）。

動機説は、立法者の動機を判断の基準にしているが、立法者の動機は立法者の客観化された意思より主観的なものであり、動機説の適用が行為者にいかなる結果をもたらすのかを予測することができないため、法的安定性の観点から望ましくない。

4　白地刑法における時間的適用

（1）白地刑法の意義

白地刑法（Blankettstrafrecht）とは、一定の刑罰だけを法律で規定し、その法律要件である禁止内容は他の法令や行政処分、または告示などに委任している刑罰法規をいう。たとえば、刑法第112条の中立命令違反罪や、告示を補充規範として要する各種の経済統制法令または環境保護法令などが、これに当たる。

（2）限時法との関係

白地刑法に有効期間が定められている限り、それが限時法であることは間違いない。他方、限時法の範囲を広義に把握する立場からは、有効期間を定めていな

12　李在祥・39〜40頁。

い白地刑法も限時法とみなす。それもまた一時的な事情に対処するための法律としての性質をもっているということを根拠とする。しかし、わが刑法の規定に照らしてみると、限時法を狭義に解釈しなければならないことは上述したとおりである。また、最近の特別法の制定においても、必要な場合は限時法に有効期間を特定するのが一般的な慣行になっている。

(3) 補充規範の改廃

白地刑法における補充規範の改廃も、刑法第1条第2項前段の法律変更に該当するのかどうかが問題になる。これに関しては見解が対立している。

(a) **肯定説** 補充規範の改廃も、刑法第1条第2項の法律変更に該当するという見解である（多数説[13]）。したがって、補充規範を変更ないし廃止すれば白地刑法の構成要件も改廃されることになり、当該法律の失効後には裁判時法が適用されるため、処罰することができないという立場である。結局、免訴判決（刑訴法第326条第4号）がなされることになる。

(b) **否定説** 補充規範の改廃は、刑法第1条第2項の法律変更による犯罪不構成の場合でなく、その前提である構成要件の内容、すなわち行為処分の変更に過ぎないため、このような場合は刑法第1条第1項による行為時法を適用するべきであるという見解である[14]。結局、追及効を認めることになる。

(c) **折衷説** 補充規範の改廃が、可罰性に関する構成要件の規範性それ自体を定める法規の改廃に該当する場合は法律変更と言えるが、単なる構成要件に該当する一部事実などに関する法規の変更にすぎない場合は法律変更に該当しないという立場である[15]。判例は、折衷説の立場に立っている。

> 《**判例**》 被告人の行為当時の畜産物加工処理法および同法施行規則（農水産部令）によると、犬も同法の適用を受けることになっていたが、その後の改定施行規則は犬を適用対象から除外した。これは、犬を畜産物加工処理法上の規制対象にした従来の措置が不当であるという反省的措置と見るべきである。したがって、行為時法によると、畜産物加工処理法の違反になるが、原審判決以降には同じ法の適用を受けないようになったため、判決後の刑の廃止がある場合（刑事訴訟法第383条第2号）に該当するものである（大判1979.2.27.78ド1690）。

---

13 金成敦・88頁、朴相基・52頁、裵鐘大・134頁、成樂賢・68頁、孫海睦・83頁、安銅準・27頁、吳英根・76頁、李相暾・59頁、李榮蘭・59頁、李廷元・51頁、李炯國・61〜62頁、任雄・62頁、鄭盛根/朴光玟・80頁、鄭英一・61頁、鄭鎭連/申梨澈・49頁。

14 廉政哲・169頁、陳癸鎬・102頁、黃山德・34頁、李在祥・42頁。補充規範の変更が法律の変更に該当するとしつつも、追及効を認めて処罰しなければならないという見解をとっている。

15 姜求眞「刑法의 時間的 適用範圍에 관한 考察（刑法の時間的な適用範囲に関する考察）」『刑事法学의 諸問題（刑事法学の諸問題）』(1983) 16頁、權五杰・54頁、南興祐・59頁、孫ドン權/金載潤・54頁。

32　第1編　刑法の基礎理論

(d) 結　論　　刑法第1条第2項の法律変更は総体的な法状態の変更を意味するため、可罰性の存否や程度にかかわる補充規範の改廃は当然法律変更に該当する。したがって、補充規範の改廃により行為がこれ以上犯罪を構成しないことになると、裁判時法によって免訴判決を下さなければならない[16]。そして、折衷説は法規自体の変更なのか、または事実の変更なのかを区別する基準それ自体が不明確であるという弱点をもっている。

Ⅲ　刑法の場所的・人的適用

1　意　義

　刑法がいかなる場所で発生した、いかなる人の犯罪について適用されるのかが、刑法の場所的・人的適用の問題である。これに関する規律は、その性質上2カ国以上にわたって行われた事件に適用する法秩序の規定、すなわち法適用法（Rechtsanwendungsrecht）を意味する。わが刑法第2条ないし第7条が、これに関して規定している。これは、ある行為についての外国刑法の適用を規定したのではなく、わが刑法の適用を規定している。したがって、これはあくまでも国内法の問題であり、これに関して国際刑法と称するのは適切ではない。

2　立法の一般原則

　刑法の場所的・人的適用に関しては、四つの一般原則がある。

（1）属地主義

　自国の領域内で発生したすべての犯罪について犯罪者の国籍を問わず自国の刑法を適用するという原則である。この原則の根拠は、秩序維持の機能を実行するために、自国の刑罰権は自国の主権の及ぶ領域で行使されなければならないという点に基づいている。

　属地主義（Territorialitätsprinzip）の原則は、国外を巡航している自国の船舶または航空機内で犯された犯罪についても自国の刑法を適用する。これは属地主義の拡大原則として旗国主義（Flaggenprinzip）と呼ばれる。今日、ほとんどの国家がこれを採用している。ただ、国外犯罪について刑罰権を行使するために、別の原則も採用している。

16　ただし、可罰性の存否や程度に直接関連しない非刑法的事実に関する規律の変更、または当該構成要件の保護目的に直接関連せずに、当該構成要件について間接に影響を及ぼすだけの関連規範の変更などは、法律の変更とみることができない。

（2）属人主義

これは、自国民の犯罪については犯罪地を問わず自国の刑法を適用するという原則である。自国民は国籍によって決定されることから、これは国籍主義とも呼ばれる。この原則は、国民としての犯罪者が負う故国と故国の法秩序に対する誠実義務を基礎とする。

この原則を積極的属人主義と消極的属人主義とに区別する場合もある。ちなみに、積極的属人主義とは自国民が外国で犯した犯罪については自国の刑法を適用するというものであり、消極的属人主義とは外国において自国民の法益を害した犯罪については自国の刑法を適用するというものである。しかし、後者の場合は、次に述べる保護主義の適用例の一つに過ぎないのである。したがって、属人主義（Personalitätsprinzip）とは、本来積極的属人主義のみを意味する。ところが、属人主義のみを貫徹することになれば、犯罪地を問わず自国民の法益を害した犯人が外国人である場合は処罰できないという難点が残る。この点を補うための原則が保護主義である。

> 《判例》 1985 年、大学生によるソウル米国文化院占拠事件において、国際協定や慣行によって米国文化院は米国の領土の延長として、いわゆる治外法権地域とみることができる。しかし、その場所で特殊公務執行妨害致傷の罪を犯した大韓民国の国民に対して、わが裁判所に公訴が提起されており、米国が自国の裁判権を主張していない以上、属人主義を共に採用している我が国の裁判権は当然行使されなければならない（大判 1986. 6. 24. 86 ド 403）。

（3）保護主義

自国または自国民の法益を侵害する犯罪については、それが誰による犯罪なのか、かつどこで犯された犯罪なのかを問わず、自国の刑法を適用するという原則である。前者の法益保護を国家保護主義、後者の法益保護を個人保護主義という。これは実体主義（Realprinzip）とも呼ばれる。保護主義（Schutzprinzip）は、それが国家の法益であれ、その国家の構成員の法益であれ、内国的法益は自国の刑法によって保護しなければならないという理念に基づいている。

この原則は、自国の利益を徹底して保護するとともに、属地主義と属人主義の欠陥を補完する機能をする。しかし、各国において保護対象の種類や範囲がそれぞれ異なるため、この原則の施行は他国との摩擦をもたらす恐れがある。したがって、この原則の実効を上げるためには、犯罪人の引渡しに関する国際条約へ

34   第1編　刑法の基礎理論

の加入や互恵平等の原則等に関する立法措置も必要になる。

（4）世界主義

　誰が、どこで、誰に犯した犯罪なのかを問わず、それが今日の平和な国際社会の共存の秩序を侵害する犯罪（戦争の挑発、海賊、航空機の強取、国際テロなど）であったり、多数の国家の共同利益に反する犯罪（通貨偽造、麻薬の密売など）である場合、または人間の尊厳を直接侵害する反人道的犯罪（人種虐殺、人身売買など）である場合は、自国の刑法を適用するという原則である。

　通常、世界主義（Universalprinzip）は、国家間の条約や協約に基づいている。これによって当事国は、一定の犯罪について自国の刑罰として治める義務を負担することになる。この原則は国際社会の市民の連帯性に立脚しているのである。

3　わが刑法の場所的・人的適用

　わが刑法は属地主義を原則としつつ（第2条、第4条）、属人主義（第3条）と保護主義（第5条、第6条）を加味している。改正刑法も未だ世界主義は加味していない。近いうちに世界主義を採用する刑法の改正が行われると見越している。

（1）属地主義の原則（第2条）

　刑法は、大韓民国の領域内において罪を犯した内国人および外国人に適用する（第2条）。ここでの大韓民国の領域には、韓国の領土・領海・領空が含まれる。憲法第3条は「大韓民国の領土は、韓半島およびその附属島嶼とする」と規定し、北朝鮮地域も大韓民国の領域に属するものとしている。すなわち、北朝鮮も韓国の領土の一部であるため、当然刑法の適用の対象地域になるが、現在そこには裁判権が及ばないだけである（大判 1957. 9. 20. 4290 刑上 228）。しかし、刑法の適用範囲は、刑法が法的かつ事実的に適用される範囲をいう。それゆえ、北朝鮮は刑法の場所的適用を受ける大韓民国の領域とは言えず、外国に準じて扱わなければならない[17]。

　ここでの「罪を犯した場所」とは、行為者が犯罪を実行した場所、不作為の場合には作為をするべきだった場所、さらに、構成要件的結果が発生したり、行為者の表象によって発生したと推測される場所、共犯の場合には正犯の実行行為や共犯の加功行為の場所などが大韓民国の領域内であることを意味する（ドイツ刑

17　朴相基・43頁、申東雲・66頁。

法第9条第1項、第2項)。なお、刑法は、旗国主義の立場から、大韓民国の領域外にある大韓民国の船舶または航空機の内で罪を犯した外国人に対しても適用される(第4条)。ここでの「大韓民国の領域外」には、公海や外国の領土・領海・領空が含まれる。

(2) 属人主義の加味 (第3条)

刑法は、大韓民国領域外において罪を犯した内国人に適用する(第3条)。属人主義による属地主義の補完である。ただ、国際化された今日の社会の現実に鑑みて、この原則の厳格な適用を通じて刑法の任務と機能とを達成することができるかどうかは疑問である。なぜなら、わが刑法が世界の各地で普遍的に妥当する行為規範であるとは言えず、また国民に場所を問わず、服従ないし尊重を強要する心情刑法でもないためである。ここにいう内国人とは、大韓民国の国籍を持っている者をいう。犯行の当時、大韓民国の国民でなければならない。

北朝鮮の住民は内国人に属するのか。大法院の判例(大判 1996. 11. 12. 96 ヌ 1221)は、北朝鮮の国籍者が中国に渡り、中国駐在の北朝鮮大使館から海外公民証および外国人居留証の発給を受け、その後中国政府からも旅券の発給を受けて韓国に入国した事案について、北朝鮮地域は大韓民国の領土に属するので、北朝鮮国籍の住民が大韓民国の国籍を取得・維持することに何の影響もないとした。これによると、国籍法においては北朝鮮の住民も韓国人(内国人)に属する。しかし、韓国刑法の適用を受ける内国人は、事実上も法律上も、韓国の刑事裁判権の影響の下にある大韓民国国籍を持っている者に限らなければならないだろう。したがって、北朝鮮の住民は内国人の範疇に含まれないとしなければならない。

(3) 保護主義 (第5条、第6条)

刑法は、大韓民国の領域外において内乱の罪、外患の罪、国旗に関する罪、通貨に関する罪、有価証券・郵便切手および印紙に関する罪、文書に関する罪中第225条ないし第230条、印章に関する罪中第238条の罪を犯した外国人にも適用する(第5条)。また、刑法は大韓民国の領域外において大韓民国または大韓民国国民に対して第5条に掲げる罪以外の罪を犯した外国人にも適用する(第6条)。これは、保護主義による属地主義の補充である。しかし、北朝鮮の住民に対する外国人の犯罪について韓国刑法を適用することを予定しているわけではない。ただし、第6条本文の行為地の法律によれば犯罪を構成せず、又は訴追もしくは刑の執行を免除すべきときは、この限りでない(第6条但書き)。

36　第 1 編　刑法の基礎理論

　この場合、行為地の法律により犯罪を構成するのかどうかについては、厳格な証明によって立証されなければならない（大判 2008. 7. 24. 2008 ド 4085）。そして判例は、外国人の国外犯罪により、大韓民国または大韓民国国民の法益が直接的に侵害される結果を生じた場合にのみ刑法第 6 条を適用ことができると制限的に解釈している。

> 《判例》　ここでの「大韓民国または大韓民国国民に対して罪を犯したとき」とは、大韓民国または大韓民国の国民の法益を直接に侵害する結果を惹起する罪を犯した場合を意味する。ところが、刑法第 234 条の偽造私文書行使罪は、刑法第 5 条第 1 号ないし第 7 号に列挙されている罪に該当せず、偽造私文書行使の行為を刑法第 6 条の大韓民国または大韓民国の国民の法益を直接に侵害する行為とみることもできないため、この事件の公訴事実のうち、カナダの市民権者である被告人がカナダで偽造私文書を行使した行為については、わが国に裁判権がないとしなければならない（大判 2011. 8. 25. 2011 ド 6507）。

（4）外国において受けた刑の執行（第 7 条）

　犯罪により外国において刑の全部または一部の執行を受けた者に対しては、その刑を減軽し、または免除することができる（第 7 条）。これは任意的減免事由であるため、再び刑を宣告しても違法ではなく（大判 1979. 4. 10. 78 ド 831）、また、外国の判決において没収の宣告があったときはその価額を追徴しなければならない（大判 1977. 5. 24. 77 ド 629）。

（5）人的適用の例外

　刑法の人的適用は原則としてすべての人に妥当するが、特別な法政策的観点から以下のような例外を認めている。

（a）国内法上の職務特権による例外

（ア）大統領

　大統領は、内乱または外患の罪を犯した場合を除いては、在職中刑事上の訴追を受けない（憲法第 84 条）。この制度は、大統領の国法上の重要な職務の円滑な遂行を保障するためのものである。しかし、この制度も大統領の犯罪行為に対する刑法の適用を完全に排除するものではないことに留意しなければならない。あくまでも在職中の訴追制限という限度内での特権にとどまり、在職期間の経過後には在職中の犯罪行為に対して刑事訴追をすることができるのは当然のことである。

（イ）国会議員

　国会議員は、国会で職務上行った発言および評決に関して、国会外で責任を負わない（憲法第 45 条）。

(b) 国際法上の外交特権による例外

(ア) 治外法権が認められる者

外国の元首と外交官、その家族や内国人ではない子については刑法が適用されない（1961 年 4 月 18 日に採択された外交関係に関するウィーン条約）。その他、外国の領事の職務上の行為についても韓国の司法権の適用が排除されるため、刑法が適用されない（1963 年 4 月 24 日に採択された領事関係に関するウィーン条約）。

(イ) 外国の軍隊

韓国と協定を締結している外国の軍隊については、刑法が適用されない。たとえば、公務執行中の米軍の犯罪については、韓米間の軍隊地位協定（1966. 7. 9. 署名、1967. 2. 9. 発効）によって刑法の適用が排除される。その協定の内容は、外国軍の駐留を必要とする国と軍隊を派遣する国の間の利害関係によって異なる。韓米間の軍隊地位協定は、日米または独米の間の協定内容に比べて韓国側の一方的な譲歩を許しているものなので、至急の再改正を要する。

第3章　刑法の基本原則

第1節　刑法の法治国家的制限原則

　刑法の任務と目的は、補充的な法益保護を通じて平和的な共同生活の秩序を確保することである。このために、刑法は社会統制の部分領域として、各種の予防的・規制的・保護的機能を担当している。しかし、刑法は憲法を具体化した規範であるため、このような秩序維持機能も法治国家の限界内で行わなければならない。そうでなければ、刑法は個人の自由を過度に制限することになるだけでなく、個人の過度な犠牲を要求する「リヴァイアサン国家」（Leviathan Staat）にすべての権力を授与する結果になる可能性もあるからである。

　刑法についてのこのような法治国家的な制約原理として、アメリカ法では、ⅰ）権力分立原則による制限、ⅱ）平等権の保障による制限、ⅲ）実体的デュープロセス（due process）、ⅳ）基本的な自由権による制限などが挙げられている。他方、ドイツ法では、ⅰ）人間の尊厳の保障、ⅱ）罪刑法定主義、ⅲ）責任原則、ⅳ）比例性の原則などが挙げられている。

　人間の尊厳とは、人間の固有な人格の倫理的な自己発展や自己保存のために譲られない基本条件をいう。これに対する尊重や保護の要請は、刑事立法、適用と執行のすべての領域において刑法を制約する。すなわち、人権侵害的な悪法の制定を通じた市民の自由剥奪ないし制限の禁止、残忍な刑罰・非人間的な刑罰ないし死刑の廃止、個人を国家または社会全体の利益のための単純な手段ないし対象とする行為の禁止、違法ではなく責任を負わない行為に対する処罰の禁止などが、人間の尊厳という法秩序の最上位の根本規範から導かれる法治国家的要請である。

　その他、個人の人権を保障するために罪刑の法律主義を規定している罪刑法定原則、刑罰の制限原理としての責任原則、保安処分の制限原理としての比例性の原則、そして行為刑法の原則も、刑法に対する法治国家的な制限原理に属する。

第2節　罪刑法定原則

I　総　説

1　意　義

「法律なければ犯罪なし、法律なければ刑罰なし」(nullum crimen, nulla poena sine lege) という罪刑法定原則は、可罰性それ自体のみならず、刑罰の種類および程度も犯行前に成文化された明確な法律によって予め確定されていなければならないということを意味する。ここには二つの意味が含まれている。

(1)　法律なければ犯罪なし

この原則は、ある行為が非難の対象になるほど社会的に非常に有害であるとしても、国家がその行為を法律上犯罪であると明確に公表しているときにのみ、その行為について刑事制裁を加えることができるということである。

わが憲法第13条第1項は「すべての国民は、行為時の'法律'により犯罪を構成しない行為により訴追されず」と定めることで、この原則を明らかにしている。刑法第1条第1項も「犯罪の成立および処罰は、行為時の'法律'による」と規定し、行為時法の適用範囲内で「法律なければ犯罪なし」という原則を包括している。

(2)　法律なければ刑罰なし

この原則 (nulla poena sine lege) は、可罰性それ自体のみならず、刑の種類や程度も犯行の以前に法律によって確定されていなければならないことを意味する。この原則は、刑罰の種類や程度を事後に遡及して制定してはいけないことを明らかにしている。したがって、立法者は、行為者に不利な刑罰加重を事後的に立法して遡及的に適用してはならない。すべての刑罰加重は、もっぱら立法後の犯罪行為についてのみ適用することができる。これによって犯行を決意した者は、最悪の場合に自分がどれほど重く処罰されるかを予測することができる。

わが憲法第12条第1項は、「何人も法律および適法な手続きによらない処罰、保安処分を受けない」とし、この原則を明確に規律している。なお、刑法第1条第1項も「犯罪の…行為時の法律による」と規定してこの原則を間接的に宣明している。

2　罪刑法定原則違反の法律効果

　罪刑法定原則に違反した法規については、それにより基本権を侵害された者が憲法訴願を提起することができるため、憲法裁判所の規範統制によってその法規は無効となりうる。また、この原則に違反した判決については、控訴や上告、非常上告をすることができる。

3　沿　革

　罪刑法定原則は、もともと絶対主義国家の恣意的な権力の横暴から市民の自由と安全を保障しようとする近代市民的法治国家の根本的な要請の一つである。一般には1215年、英国のジョン王のマグナカルタをこの原則の起源とする。マグナカルタ第39条が「いかなる自由人に対する刑罰も、彼の同輩の法に適った判決か国法によってのみ許容される」と規定しているためである。しかし、これは単に貴族、僧侶、都市市民はそれぞれ自分の属している身分階級の出身の裁判官によって裁判を受けるという訴訟手続的な保障の問題であったため、これを本来の罪刑法定原則の起源とみなすことは難しい。

　この精神は、啓蒙思潮を通じて思想的に成熟した。これが立法によって具現されたのは、1776年、アメリカのバージニアおよびメリーランド州憲法が最初である。その後、1787年に、ヨーゼフ二世のオーストリアの刑法典においても具体化された。今日のような文言の典型的な形態は、1789年のフランス人権宣言第8条に見出される。そして、1794年にフリードリヒ大王の制定したプロイセン一般ラント法および1813年にフォイエルバッハが起草したバイエルン刑法典にも明示されている。

　旧ソ連と東欧圏の旧社会主義国家の刑法もこの原則を認めており、1948年12月10日、国連の世界人権宣言第11条および1950年11月4日、ヨーロッパ人権条約第7条第1項にも宣明されている。もはや罪刑法定原則は、人類共同の法文化的遺産である。

4　四つの精神史的根源

　かつて罪刑法定原則は、合理的な啓蒙主義思想から出発して、自由主義的政治思想の発達と併せて具体化されてきた。精神史的にはホッブズの法を通じた支配者の自己拘束、ロックやモンテスキューの権力分立論、フォイエルバッハの心理

42　第1編　刑法の基礎理論

強制説に基づく一般予防思想、法治国家的責任原則などをその根源としている。ここでの政治的自由主義と権力分立論は憲法的原理であり、一般予防思想と責任原則は刑法に固有の原理である。

5　罪刑法定原則の四つの原則

　罪刑法定原則は、法益保護を通じて市民相互間の平和的な共同生活秩序を維持しようとする刑法の任務を四つの原則によって制約している。つまり、ⅰ）遡及効禁止の原則、ⅱ）不明確な刑法の禁止の原則、ⅲ）刑罰を認める慣習法および刑罰を加重する慣習法の禁止の原則、ⅳ）類推適用の禁止の原則がそれである。このうち、ⅰ）とⅱ）は刑事立法者を拘束する原則であり、ⅲ）とⅳ）は刑法を適用する者を拘束する原則と言える。

Ⅱ　遡及効禁止の原則

1　意味と制度的趣旨

　行為時に不可罰な行為を事後に可罰的なことにしたり、加重処罰することは禁止されるという原則である。遡及効禁止の原則は刑罰不遡及の原則ともいう。英米法系では事後立法禁止の原則（ex post facto law）という。

　遡及効禁止の原則の制度的趣旨は、個人の自由と安全および法的安定性のため、行為時に罪にならない行為や軽い刑罰で処罰される行為について、遡及的に可罰性を認めたり、重い刑を科してはならないという点にある。すなわち、遡及効禁止の原則の趣旨を一言で言うと、法共同体のなかでともに生活している市民の法的安全性、刑法規範についての予測可能性および信頼を保護しようとすることにあると言える[18]。

2　遡及効禁止の原則の適用範囲
（1）遡及立法の禁止と原則的適用範囲

　遡及立法の禁止とは、事後立法によって犯罪や刑罰を行為者に不利に遡及的に適用するように立法してはならないことを意味する。したがって、これ以降犯罪を構成しないようにする法律、または刑罰を軽くする法律は行為者の利益に反し

18　Jescheck/Weigend, S. 137 ; Rudolphi, SK Rdn. 7.

ないため、遡及適用することができるように事後立法してもよい（有利な遡及効の許容）。遡及効禁止の原則が自由法治国家の理念を具体的に実現することを主な目的としている点に鑑みると、このような結論は当然のことである。

遡及立法の禁止は、実体法上の可罰性および刑事制裁に関する一体の条件にかかわる。すなわち、それが実体法的な犯罪や刑罰に関することである限り、違法性阻却事由の遡及的な廃止や制限、客観的処罰条件や人的処罰阻却事由などを行為者に不利に遡及して変更すること、刑罰の付随効果、その他、資格喪失または資格停止、没収、宣告猶予または執行猶予の条件などを行為者に不利に遡及して変更することなどは許容されない（ドイツ刑法第2条第1項および第5項）。

（2）訴訟法上の規定

遡及効禁止の原則はもともと実体法上の可罰性および刑事制裁にかかわるものであるため、原則として刑事訴訟法上の規定についてはこの原則を適用しない。したがって、刑事訴訟法上の規定が事後に行為者に不利に変更され、遡及適用されても、遡及効禁止の原則に反することではない。事後に拘束の期間を延長して遡及適用することなどがその例として挙げられる。ただ、親告罪の非親告罪化や公訴時効の事後的延長の問題などは、特別な議論を必要とする。

　（a）**親告罪の非親告罪化**　　親告罪を事後に非親告罪に改正し、これを遡及適用することが遡及効禁止の原則に反するのか。すなわち、これは告訴がなければ公訴を提起することができない犯罪を、被害者の告訴がなくても公訴することができるように法律を改正したとき、これを法律の改正前に発生した事件についても遡及適用することができるのかという問題である。この場合は、これが訴訟法上の規定であるとしても、純粋な手続の規定ではなく、犯罪の可罰性にかかわる条件であるため、遡及効禁止の原則が適用されるという見解がある[19]。しかし、非親告罪化については遡及効禁止の原則が適用されないと判断するほうが正しいのである。親告罪の行為者は行為の当時、自らの行為の可罰性については全く判断の錯誤がなかったため、事後に国家が被害者の告訴に関係なくその行為を処罰するとしても、法秩序に対する信頼や法的安定性などが大きく侵害されたとは言えないのである。他方、すでに告訴期間を経過した場合には遡及効を認めてはいけないと思われる。告訴期間の経過によって刑事責任から免れたと信じている者については、その信頼や法生活の安定性を保護すべき必要があるからである[20]。

　（b）**公訴時効の延長問題**　　まず、一応満了した公訴時効の再開は、国家によって組

19　呉英根・56頁。

20　部分的に遡及適用を許容する立場である。同旨、金日秀『韓国刑法Ⅰ』185頁、朴相基・34頁、裵鐘大・94頁、申東雲・43頁、李在祥・20頁、鄭盛根/朴光玫・43頁、鄭英一・36頁。他方、任雄教授は、全面的に遡及適用が可能であるという立場に立っている（任雄・23頁）。

44　第1編　刑法の基礎理論

織的に行われた反人道的犯罪の処罰のように極めて例外的な場合を除いては、法的安定性の観点から許されない。他方、満了していない公訴時効の期間を事後的に延長したり、公訴時効の進行を停止したりすることは、遡及立法禁止の原則に反しない（通説）。公訴時効は単なる訴訟条件に過ぎず、犯罪と刑罰は行為時に法律によって確定しているからである。

　そして公訴時効の停止制度が法律に定められている限り（刑事訴訟法第253条）、公訴時効の進行・完成に関する犯罪者の信頼利益の保護は、そもそも相対的な保護に過ぎないためでもある。

> 《**参考**》　憲政秩序破壊犯罪の公訴時効等に関する特例法（1995.12.21.法律第5028号）は、刑法上の内乱・外患の罪と軍刑法上の反乱・利敵の罪を「憲政秩序破壊犯罪」と規定して、これに対する公訴時効と集団殺害犯罪の防止および処罰に関する国際条約に規定されている集団殺害行為に対する公訴時効の適用を排除する（同法第2条、第3条）。また、5・18民主化運動に関する特別法（1995.12.21.法律第5029号）は、1979年12月12日の軍事反乱罪（俗称12・12事件）と1980年5月18日前後の内乱罪（5・18事件）について、1993年2月24日まで国家の訴追権の行使に障害事由が存在したものとみて、公訴時効の進行が停止されたものとみなす（同法第1条、第2条）。これら法律の違憲性の有無が問題になったが、憲法裁判所は合憲と判定した。
>
> 《**判例**》　5・18民主化運動等に関する特別法（1995.12.21.法律第5029号）第2条の1979年12月12日と1980年5月18日を前後にして発生した憲政秩序破壊犯罪に対する公訴時効の進行停止の規定は、憲法に違反しない。刑罰不遡及の原則は行為の可罰性、すなわち刑事訴追はいつから、いかなる条件下で可能なのかという問題に関するものであって、どれくらいの期間可能なのかという問題に関するものではない。そのため、過去に行った犯罪について公訴時効を停止する法律であるとしても、その事由のみでは憲法第12条第1項および第13条第1項に規定した罪刑法定原則の派生原則である刑罰不遡及の原則に違背することはない。
>
> 　他方、この法律条項の場合は、歪曲した韓国の半世紀の憲政史の流れを改めなければならないという時代的な当為性とともに、集権の過程で憲政秩序破壊犯罪を犯した者たちを膺懲することで、正義を回復しなければならないという重大な公益がある。他方、公訴時効は行為者の意思と関係なく停止される可能性があるものであるため、既に公訴時効が完成したのではない以上、予想した時期に達しても必ず時効が完成するという保障のない不確実な期待に過ぎないため、公訴時効により保護されうる信頼保護の利益は相対的に薄弱なものである（憲裁 1996.2.16.96 憲ガ2 全員裁判部判決、96 憲バ7・13併合）。

（3）　保安処分

　純粋に論理的に考えるなら、罪刑法定原則、特に遡及効禁止は責任原則に基づいているため、責任とは無関係な保安処分の場合には、行為者の行為前に禁止を認識し得る可能性が確保されるべき必要はない。その限りでは、保安処分におい

ては遡及立法が禁止されるべきではないと解釈することもできる。しかし、刑罰および保安処分は、いずれも「法益保護および犯人の社会復帰」を目指しているという点から、刑事政策的な目標は同一である。そればかりでなく、自由剥奪的保安処分はその制裁効果が刑罰とほぼ同じであり、特に保安監置処分は刑罰よりも苛酷に長期間にわたって個人の自由を剥奪することができる。それなら、遡及立法禁止の原則は、個々人をその行為に先立って予見できなかった制裁から保障しなければならない。保安処分といえども、例外ではない（通説）。被処分者に対してある保安処分を不利に遡及的に導入したり、加重したりすることが可能になったなら、これは個人の自由な人格発展を侵害することになるであろう。また、これは人間の尊厳の尊重要求にも反するのである[21]。まさにこのような観点から、韓国憲法第12条第1項は、「何人も法律および適法な手続きによらない処罰、保安処分を受けない」と規定している。立法例としては、1975年改正のオーストリア刑法第1条およびドイツ刑法代案（AE）第1条第2項において遡及効禁止を保安処分にも拡大適用している。法治国家の憲法秩序に照らして望ましい態度であると思われる。

　他方で、保安処分に対する韓国の判例の立場は一貫しておらず、社会奉仕命令については遡及効禁止の原則を適用しているが、保護観察についてはそれを適用していない。

　《判例1》　家庭内暴力犯罪の処罰等に関する特例法に定めている保護処分の一つである社会奉仕命令は、家庭内暴力犯罪を犯した者に対して環境の調整と性行の矯正を目的とするものとして刑罰そのものではなく、保安処分の性格を持つことは事実である。しかし、一方でこれは家庭内暴力犯罪行為に対して刑罰の代わりに科されるものであり、家庭内暴力犯罪を犯した者に義務的な労働をさせ余暇時間を剥奪し、実質的には身体的自由を制限するようになるため、これについては原則として刑罰不遡及の原則によって行為時法を適用することが相当である（大判2008.7.24. ザ2008オ4）。
　《判例2》　改正刑法第62条の2第1項によると、刑の執行を猶予する場合には保護観察を受けることを命ずることができ、同条第2項によると、第1項の規定による保護観察の期間は執行を猶予した期間とするが、裁判所は猶予期間の範囲内で保護観察の期間を定めることができると規定しているところ、上の条項における保護観察は刑罰ではなく、保安処分の性格を有するものとして、過去の不法に対する責任に基づく制裁ではな

21　朴相基・34頁、裵鐘大・93頁、孫海睦・61頁、安銅準・18頁、呉英根・55頁、李在祥・18頁、任雄・22頁、鄭盛根/朴光玟・17頁。李廷元・32～33頁は、保安処分における比例原則が遵守される限り、原則として裁判時法主義を取ることが妥当であるとする。

46　第1編　刑法の基礎理論

> く、将来の危険性から行為者を保護して社会を防衛するための合目的的な措置であるため、それは必ずしも行為以前に規定されている必要はなく、裁判時の規定によって保護観察を受けることを命ずることができると見なければならない。そのため、このような解釈が刑罰不遡及の原則ないし罪刑法定主義に違背するものとみることはできない（大判 1997. 6. 13. 97 ド 703）。

（4）刑事判例の変更

　裁判所が、変更された解釈をその解釈の変更前に犯された行為に適用したり、または犯行時にはすでに慣行化した法律の解釈によって不可罰的行為であると判断される行為を判例の変更にしたがって可罰的であると判断することが、遡及効禁止の原則に反するか否かが問題となる。この点に関して、遡及効否定説は次のように主張する。すなわち、事実上の拘束力のある確立した判例を被告人に不利益に変更して遡及適用することは事後立法による遡及処罰のように被告人の法的信頼および規範安定性を害するものであるため、罪刑法定主義に反すると判断しなければならないとする[22]。したがって、判例の変更が被告人に不利な場合は、少なくとも当該被告人に対しては不利に適用してはならないという。他方、遡及効肯定説は、判例それ自体が法源性を有しているわけではないため、判例については遡及適用の禁止が適用されないという立場である。したがって、仮に行為者が今までの判例の立場を信頼して、自らの行為が禁止されていることを知らなかった場合は、禁止の錯誤の法理によって救済するだけで十分であるとする[23]。二分説は次のように二つに分けて判断する。まず、ⅰ）判例の変更が法的見解の変更である場合には、裁判官の活動は法律の外側での自由な法の発見ないし法律を補充する法の創造活動になり、被告人の規範に関する信頼を保護するために遡及適用を禁止しなければならないとする。一人会社の一人株主兼代表取締役も会社に対して背任罪を犯すことができるとした判例の変更（大判 1983. 12. 13. 83 ド 2330 全員合議体判決）は、法的見解の変更として法律を補充する裁判官の法創造活

---

[22]　裵鐘大・98頁、孫海睦・61頁、申東雲・46頁、李廷元・39頁、鄭盛根/朴光玫・45頁、陳癸鎬・89頁、李炯國・46頁、河泰榮「被告人에게 不利한 判例変更과 遡及効禁止의 問題（被告人に不利な判例変更と遡及効禁止の問題）」慶南法学第14輯（1998）180頁以下、Sch/Sch/Eser, §2 Rdn. 8.

[23]　金成敦・74頁、朴相基・35頁、成樂賢・40頁、孫ドン權/金載潤・39頁、吳英根・57頁、李在祥・21頁、任雄・25頁、鄭英一・38頁、曺俊鉉・62頁、Roxin, §5 Rdn. 59 ; Rudolphi, SK §1 Rdn. 8.

動の例であるという。しかし、ⅱ）判例の変更が単なる客観的な法状況の変更に基づいている場合には、裁判官の活動はすでに現存する法律の中で正しい結果の発見を目標とする法解釈ないし法発見活動に過ぎないため、判例の遡及的な変更適用は問題にならないとする。たとえば、写真コピーによって作った文書の写しも文書に該当するとした判例の変更（大判 1989. 9. 12. 87 ド 506 全員合議体判決）は、新しい複写技術の発達によって引き起こされた客観的な法状況の変更に基づいた法律の中での自由な法発見活動であるため、遡及適用が許容されるとする[24]。

わが国の判例は遡及効肯定説の立場に立っている。

《判例》 刑罰の根拠となるものは法律であり判例ではなく、刑法の条項に関する判例の変更はその法律条項の内容を確認することに過ぎず、法律条項それ自体が変更されたものとみることはできないため、行為当時の判例によれば処罰対象にならないものと解釈された行為を、判例の変更によって確認された内容の刑法の条項に基づいて処罰するとしても、それが憲法上の平等の原則と刑罰不遡及の原則に反するとは言えない（大判 1999. 9. 17. 97 ド 3349；同旨、大判 1999. 7. 15. 95 ド 2870 全員合議体判決）。

大法院は、このような基本的立場にしたがって、被告人に不利に変更された判例の遡及適用を認めている。まず、①犯罪不成立から犯罪成立を認めた判例として、大判 1984. 10. 10. 82 ド 2595（法人代表機関の背任罪の主体性の認定）、大判 1983. 12. 13. 83 ド 2330 全員合議体判決（1 人会社の 1 人株主兼代表取締役による会社に対する背任罪の成立の認定）、大判 1989. 9. 12. 87 ド 506 全員合議体判決（コピー文書の文書性の認定）、②加重的構成要件として重い処罰に変更された判例としては、大判 1992. 7. 28. 92 ド 917（特殊強盗の着手時期の変更）、大判 1998. 5. 21. 98 ド 321（集団窃盗の共謀共同正犯の認定）などが挙げられる。

成文法は固定されていて社会現実は急速に変わっているために、裁判所は創造的で流動的な法解釈を通じて法規範と現実との間の乖離を埋めなければならないという重要な機能を担当している。しかし、裁判所の判例について一種の「法創造活動」と意味づけたり、「厳しい自己拘束性」を与えたりして立法者の立法行為と同等の意味を付与することは、憲法上区別されている立法権と司法権の境界を無視する結果をもたらす[25]。裁判所が法の解釈を通じて遂行する司法権の本質的な機能は、法の枠中で具体的な状況に最も妥当な立法者の意思を探し出して適用することにあり、自ら立法者の立場に立ちつつ新しい法規範を創設することでは

24　金日秀『韓国刑法Ⅰ』187 頁、「教師의 学生体罰権과 正当化事由（教師の学生体罰権と正当化事由）」高大判例研究第 3 輯（1984）191 頁を参照。

25　Roxin, § 5 Rdn. 59 参照。

48 第1編 刑法の基礎理論

ないからである。また、具体的な事例において立法者の正しい意思を探求し、か
つ、具体的な正義を実現する作業は、必然的に裁判所が自らの見解を修正するこ
と、すなわち判例の変更の可能性を前提とせざるを得ない。ただ、国家は市民が
旧判例を信頼して自分の行為が不法でないと信ずることに正当な事由があると判
断される場合（たとえば、弁護士などの法律専門家が旧判例を引用しながら法律相談をし
てくれた場合など）には、禁止の錯誤を理由として刑事責任を排除することで、判
例についての市民の信頼を保護することができるであろう[26]。

Ⅲ　法律明確性の要求

1　意　味

法律明確性の要求（Bestimmtheitsgebot; nullum crimen、nulla poena sine lege certa）
は、刑罰は常に成文法の規定に立脚すべきことを意味するだけでなく、何が犯罪
であり、それについての刑罰としてはいかなるものがあるのかを法律に明確に規
定すべきことをも意味する。全く不確定・不明瞭な犯罪構成要件および全く不確
実な刑罰の賦課は、法律明確性の要求に反するだけでなく、法治国家を出発点と
する憲法原理に対する重大な侵害として無効になる。

したがって、いかなる行為が禁止されていて、いかなる刑罰がいかなる範囲内
で賦課されるかを、市民が明確に分かるように、個々の法律の条文を構成しなけ
ればならない。特に、構成要件の個々の要素を具体的で明確に記述し、文言の意
味が解釈によって明らかになり得る確定性を備えていなければならない。

2　制度の趣旨

法律明確性の要求は、政治的な自由主義が求める支配者の法律による自己拘束
を理念的基盤としており、刑罰は最小限の明確性を具備していなければならな
い。すなわち、国家刑罰権の恣意から市民の自由と安全を保障し、裁判官に独断

26　他方で、遡及効否定説の立場では、ある行為の禁止の可否が法ではなく判例によって定められ
ている場合は、未だに行為の禁止の可否に対する法規範の態度が確立していない場合であるた
め、禁止の錯誤が成立しないと主張している。しかし、禁止の錯誤の認定においては、行為者が
様々な形態の錯誤によって「自分の行為の違法性に対する認識が欠けていること」が決定的なも
のであって、必ずしも行為の禁止の可否に対する法秩序の態度が統一・確定されていなければな
らないわけではない。したがって、ある行為の禁止の可否についてお互いに矛盾する判決がある
場合、行為者が上級審の判決を信頼した場合や同級審の判決の中で新しい判決を信頼した場合に
は、錯誤に正当な理由がある場合として禁止の錯誤の成立を認めることができる。

的な解釈の可能性を許容しないことで、個々の市民に刑法についての予見可能性を与えるとともに、規範の内面化（積極的一般予防の効果）を図り、責任非難の基礎を提供するためのものである。

3　具体的内容

　法律明確性の要求は、犯罪構成要件、刑罰および保安処分に関する刑事立法の明確性をその内容としている。

（1）法律明確性の内容

　法律文言の内容が実質的に明瞭であって、一般市民であれば誰でも文言の意味を理解することができるようにしなければならない。法律専門家だけが理解できたり、エリート層のみが独占する法律を作ってはならない。一般市民であれば誰もが日常的に理解することができるように、法律言語の民主化を成し遂げなければならない。そうしてこそ、一般市民も法を理解してそれを遵守することができ、かつ規範安定性も高めることができる。この点に照らしてみると、法律明確性の要求は、積極的一般予防の目的を実現するために、特に必要である。そして、仮に法文の内容が明確でないため、それをいかようにも適当に判断することができるとすれば、行為者は自分の行為が許容されているか否かを了解することができない。すなわち、行為者の行為について何の非難も加えることができない。この点に照らしてみると、法律明確性の要求は、責任原則の貫徹のためにも必要である。

> 《判例》　この事件の法律条項（電気通信基本法第47条第1項）は、「公益を害する目的」での虚偽の通信を禁止するが、ここでの「公益」は刑罰条項の構成要件として具体的な要素を定めているのではなく、憲法上の基本権制限に必要な最低限の要件または憲法上言論・出版の自由の限界をそのまま法律に移したものに過ぎないと言えるほど、その意味が不明確かつ抽象的である。したがって、どのような表現行為が「公益」を害するか否かに関する判断は、人それぞれの価値観、倫理観によって大きく変わるしかない。これは判断主体が法の専門家である場合にも同様であり、法の執行者の通常の解釈を通じてその意味内容を客観的に確定することができるとは言えない。さらに、現在の多元的で価値相対的な社会構造の下において具体的に何らかの行為の状況が問題になったとき、問題になる公益は一つに収斂されない場合がほとんどであるところ、公益を害する目的があったか否かを判断するための公益間の衡量の結果が、常に客観的に明白なわけでもない。結局、この事件の法律条項は名宛人である国民に対して一般的に許容される「虚偽の通信」のうち、いかなる目的の通信を禁止しているのかを示していないため、表

50　第1編　刑法の基礎理論

現の自由において求められる明確性の要請や罪刑法定主義の明確性原則に違背し、憲法
に違反する（憲裁 2010. 12. 28. 2008 憲バ 157 など）。

　なお、法律明確性の要求によって「国民の法感情の侵害」のような多義的な普
遍概念を内包している、いわゆる「一般条項」や刑罰の上下限を全く特定してい
ない「絶対的不定期刑」のような刑罰を立法化することは禁止される。

（2）立法技術的限界

　罪刑法定原則から導かれる法文言の明確性の要求にもかかわらず、立法の技術
的限界のために、刑法の条文は、その内容上の明確性を 100％充足させることは
できない。なぜなら、刑法典のすべての条項を常に綿密に規定することはでき
ず、ある程度の価値判断を必要とする概念、たとえば、「公共の危険」、「危険な
物」、「公然わいせつな行為」などのように、抽象的な規範要素を内包している価
値概念を刑事立法の際にやむを得ずに使用するしかないからである[27]。仮に、一
定の規範的意味を含んでいる価値概念を抽象的普遍概念として、そのような概念
の使用を全面的に放棄しなければならないとすれば、構成要件はすべて記述的要
素のみを含んでいる言語で記述しなければならないであろう。そうなると、法律
自体が伸縮性を失い、あまりにも硬直した内容のみをもつことになる。そればか
りでなく、立法技術上、例示的・網羅的な形式を取るしかなく、そうしなければ、
市民生活の多様な様相と個々の事例の特殊性に適合した解決を提示することはで
きない。

> 《判例》　小説「楽しいサラ」は、わいせつな文書として刑法第243条（わいせつ文書頒
> 布罪）に該当する。一般的に法規はその規定の表現力に限界があるだけでなく、その性
> 質上ある程度の抽象性を持つことは避けられない。しかし、刑法第243条に規定してい
> る「わいせつ」は、評価的・情緒的判断を要する規範的構成要件要素であるが、わいせつ
> という概念は一般人の性欲を刺激し、性的興奮を誘発して正常な性的羞恥心を害するこ
> とで、性的な道義観念に反することであると解されているため、これを不明確な概念と
> みることはできない。したがって、刑法第243条の規定は、罪刑法定原則に反するもの
> とは言えない（大判 1995. 6. 16. 94 ド 2413）。

27　ドイツ刑法では、謀殺罪（ドイツ刑法第211条）規定における「低劣な動機」とか、被害者の
　承諾による傷害（ドイツ刑法第228条）における「善良な風俗の違反」、強要罪（ドイツ刑法第240
　条第2項）における「非難を受けるに値する行為」などの文言が一例になりうる。

（3）法律明確性の判定基準

具体的な刑法条項の文言が法律確定性の要求に反するか否かは、法文の全体的構造と立法趣旨を考慮して、当該条項の全体的な文言が刑法の解釈のどのような方法によっても解釈適用者（裁判官）を制約することができない程、不明確か否かを基準とすべきである。なぜなら、このような不明確な法条項を置くことは、当該法律の解釈適用者に対して包括的な解釈の専権を与えることになり、法の適用を受ける具体的な個人が、結局のところ、法の適用者の優越した恣意に委ねられてしまうからである。まさに、解釈者の恣意が介入することができる不明確な法律こそ、法治国家性に対する赤信号であり、市民の自由に対する重大な脅威にならざるを得ない。

《判例》　この事件の規定（道路交通法第78条第1項但し書き第5号）の法文は、「運転免許を取った人が自動車等を用いて犯罪行為をしたとき」を運転免許の必要的取消事由と規定しているところ、一般的に「犯罪行為」とは、刑罰法規により刑罰を科す行為として社会的有害性ないし法益を侵害する反社会的行為を意味する。この事件の規定によると、自動車などを殺人罪の犯行道具や監禁罪の犯行場所などに利用する場合はもちろん、主な犯罪の前後犯罪である予備や陰謀、逃走などに利用する場合や過失犯罪に利用する場合にも運転免許が取り消されることになる。しかし今日、自動車は生業の手段または大衆的な交通手段として日常生活になくてはならない必需品として定着しているため、その運行に関する交通関連法規においても様々な特例制度を置いている。この趣旨に従うと、この事件の規定にいう犯罪に些細な過失犯罪が含まれるとみることはできない。それにもかかわらず、この事件の規定が犯罪の重大さの程度や故意性の可否などを全く考慮せず、自動車などを犯罪行為に利用しさえすれば運転免許を取り消すようにしているのは、その包摂範囲が過度に広範なものとして明確性の原則に違反すると言うべきである（憲裁 2005. 11. 24. 2004 憲ガ 28 連合部）。

Ⅳ　類推適用の禁止

1　意　味

類推適用とは、法規の文言上当てはまらない類似の事例について文言の意味の限界を超えて適用することを指す。したがって、類推適用の禁止（Analogieverbot; nullum crimen、nulla poena sine lege stricta）とは、法文の内容を可能な文言の意味の限界を超えて類似する事例に適用してはならないことを意味する。

類推適用は、他の法領域、特に私法分野においては法発見の手段として広く通用している。スイス民法第1条第2項は、「法律に当該条項のない場合は、裁判官

52 第1編 刑法の基礎理論

は慣習法にしたがって判決すべきであり、慣習法もない場合は、仮に当該裁判官が立法者だったら制定したであろう規律によって判決しなければならない」と規定している。しかし、刑法においては類推適用が犯罪者に不利に作用する限り、犯罪者の自由と安全のために厳格に禁止される。なぜなら、もしも文言上当該法律によって規律している範囲の外にある、単に類似する事例にこの法律を適用することになれば、それは結局のところ法律によって実定化されていない事案を処罰の対象とすることと異ならないためである。たとえば、虚偽の出生証明書を作成した産婦人科の病院の看護師に虚偽診断書作成罪（第233条）の規定を適用してはならない。看護師を医師または助産師と同一に扱うことはできないからである。つまり、刑事裁判官の権限の限界は解釈の限界である。この限界を超えて犯罪者に不利な法適用をすることは、立法の権威を代位行使することであり、かつ法治国家的に許容し得ないことである。

2　制度の趣旨

類推適用の禁止は、法の解釈適用者である裁判官の恣意から個人の自由と安全を確保するための自由法治国家的保障策の一つである。

（ⅰ）かつてドイツ刑法は、電気エネルギーは動産としての品質を欠いているため、窃盗罪の規定（ドイツ刑法第242条）を類推適用することはできないという帝国裁判所の判決によって、刑法に第248条ｃ（電気窃盗）を新設した（1900年4月9日）。

（ⅱ）わが刑法第261条の加重暴行は、「危険な物件」を携帯して暴行または尊属暴行をした者を加重処罰する規定である。たとえば、塩酸または青酸カリのような化学物質も「危険な物件」と解釈することができる。しかし、被害者を電柱や石垣に押しつけつつ、被害者の身体に暴行を加えた場合であっても、不動産である電柱または石垣は「危険な物」という文言の可能な意味内に含まれない。この場合に加重暴行を適用することは類推適用になる。

拡張解釈を類推適用の一種とみなして刑法上禁止すべきであるという見解もある[28]。拡張解釈とは「文言の可能な意味」の限界内で、今までの構成要件の解釈には包摂されなかった事例について目的論的見地から最大限広く解釈適用することをいう。これは構成要件上の語義の限界内で行う解釈の一種であるため、原則として許容される。拡張解釈の例としては、監禁罪において、物理的・有形的監禁

28　李在祥・25頁。

行為のみならず、偽計・欺罔の手段を用いる心理的・無形的な障害による監禁、そして羞恥心を感じて脱出し得ないようにする方法も監禁行為に該当するものとみなしていることなどが挙げられる。また、強盗・強姦罪の暴行の概念において、物理的有形力の行使のみならず、麻酔剤などを使用することで抵抗をしないようにすることも暴行に該当するものと解釈することなども挙げられる。類推適用は、法文言の可能な意味に包摂することができない事例を、構成要件上の事例と比べて行為または法益侵害などが類似性を有していると判断して適用しようとするものである。それは構成要件上の語義の限界を逸脱したもので、解釈とは言えず、法創造に該当する。したがって、刑法上原則として禁止されている。許容されている拡張解釈と禁止されている類推適用との区別は、「法文言の可能な意味の最大限の限界」内にあるか否かである。そして、この際に法文言の可能な意味は、それが日常言語として有している意味をもって判断する（法文言の日常言語的意味）。

> 《判例》 被告人が、被害者である甲とインターネットの画像チャットなどをしながら、カメラ機能を内在している被告人の携帯電話を用いて、甲の乳房、陰部などの身体部位を甲の意思に反して撮影したとして、旧性的暴力犯罪の処罰等に関する特例法（2012. 12. 18. 法律第 11556 号で全部改正される以前のもの。以下「法」という）違反（カメラ等を用いた撮影）で起訴された事案において、甲は自ら自身の身体部位を画像カメラに映しており、カメラのレンズを通過した画像の情報がデジタル化され、被告人のコンピューターに伝送された。被告人は受信した情報が映像に変換されたものを携帯電話の内蔵カメラを通じて動画ファイルにして保存したため、被告人が撮影した対象は、甲の身体イメージが込められた映像であって、甲の身体それ自体ではないがゆえに、法第 13 条第 1 項の構成要件に該当せず、刑罰法規の目的論的解釈も該当法律の文言の通常の意味内でのみ可能なものであるため、他人の身体イメージが込められた映像がこの規定における「他人の身体」に含まれると解釈することは、法律文言の通常の意味を逸脱するものであり、罪刑法定主義の原則上、許容することはできない（大判 2013. 6. 27. 2013 ド 4279）。

3 適用範囲

（1）刑法各則上の犯罪構成要件および刑法総則上の可罰性に関する規定

　類推適用の禁止は、刑法各則のすべての犯罪構成要件および刑法総則上のすべての可罰性に関する規定に適用される。すなわち、犯罪に対する効果のない教唆（第 31 条第 2 項）や失敗した教唆（第 31 条第 3 項）を幇助犯に類推適用することは許容されない。また、刑法総則によって各則上の犯罪構成要件の可罰性を拡張した

54   第1編　刑法の基礎理論

場合、たとえば、未遂・共同正犯・共犯などにも類推適用の禁止が適用される。ただ、不真正不作為犯における保障人の地位ないし義務は、法律または契約のみならず、先行行為などによっても発生するため、この場合にはやむを得ずに類推適用の可能性を認めるしかない場合が生ずる。

（2）白地刑法の補充規定

白地刑法の補充規定についても、類推適用の禁止は適用される。たとえば、環境刑法における行政上の指示規定などがある。

（3）刑罰および保安処分

刑罰および保安処分についても、行為者に不利な類推適用の禁止は適用される。刑罰である限り、拘留・科料（第46条、第47条）はもちろん、資格喪失・資格停止のような資格刑も適用の対象になる（第41条、第43条、第44条）。没収のような付加刑も適用対象になる（第48条）。刑の量定に関連している自首の任意的減免（第52条第1項）や必要的減免（第90条第1項、公職選挙および選挙不正防止法第262条）も、行為者に不利な類推適用の禁止の対象である。

保安処分は、その前提として可罰性を要求しているわけではないため、類推適用の禁止が直接適用されるというわけではないが、公法の一般的な法律の留保の原則に照らして、行為者に不利な保安処分の類推適用は禁止されると解釈しなければならないであろう。

《判例1》　罪刑法定主義の原則上、刑罰法規は文言に則って厳格に解釈・適用しなければならず、被告人に不利な方向に過度に拡張解釈したり、類推解釈してはならないのが原則であり、これは、特定犯罪者に対する位置追跡電子装置の付着命令の要件を解釈する際も同様である（大判 2012. 3. 22. 2011 ド 15057）。

《判例2》　判例は、刑法第52条や国家保安法第16条における自首には犯行が発覚して指名手配された以後の任意出頭も含まれると解釈しているため、これが自首という単語の慣用的用例と言える。公職選挙法第262条における自首を「犯行発覚の以前に自首した場合」と限定する解釈は、通常自首という単語が慣用的に使われている用例の概念のほかに「犯行発覚の以前」というもう一つの概念を追加することであり、結局は「言語の可能な意味」を超えて、公職選挙法第262条における自首の範囲をその文言より制限することで、公職選挙法第230条第1項などの処罰範囲を実定法以上に拡大したものである。したがって、これは単なる目的論的縮小解釈にすぎないものではなく、刑の免除事由に対する制限的類推を通じて処罰範囲を拡大したものとして、類推解釈の禁止の原則に違反する（大判 1997.3.20.96 ド 1167 の全員合議体判決）。

（4）正当化事由の制限的類推禁止

　正当化事由については、いわゆる拡張的類推と制限的類推とを区別して考察する必要がある。正当化事由の範囲を拡張的に類推適用すると、たとえ第三者の受忍の範囲は拡大されたとしても、行為者の可罰性の範囲は縮小される。結局、行為者に有利な類推適用になり、法治国家的に問題になることはない。

　他方、正当化事由の範囲を制限的に類推適用すると、たとえ第三者の受忍の範囲は縮小されたとしても、行為者の可罰性の範囲は拡大される。結局、これは行為者に不利な類推適用になり、法治国家的に問題にならざるを得ない。これは、文言の可能な範囲を超えて犯罪構成要件を類推適用することに他ならない。したがって、刑法典によって規律されている正当化事由を、可能な文言の範囲を超えて制限的に類推適用することは許されない。

（5）免責事由、人的処罰阻却事由、客観的処罰条件

　強要された行為のような免責事由や親族相盗例のような人的処罰阻却事由を、その文言の限界を超えて制限的に類推適用することは禁止される。また、事前収賄（第129条第2項）における「公務員または仲裁人になったとき」のような客観的処罰条件は、文言の限界を越えて拡張して類推適用することは禁止される。

（6）訴訟条件

　親告罪における告訴や被害者の意思に反しては処罰されない罪における不処罰の意思表示のような訴訟条件についても、犯罪者に不利な類推適用は禁止される。訴訟条件も、実際には客観的処罰条件や人的処罰阻却事由に近接している問題領域であるからである。

（7）犯罪者に有利な類推の許容

　刑法において犯罪者に有利な類推適用は、制限なしに許容される。たとえば、中止未遂の規定を予備・陰謀罪の中止に類推適用することは許容可能である。

V　慣習刑法適用の禁止（＝成文法主義）

　慣習刑法適用の禁止（nullum crimen, nulla poena sine lege scripta）とは、慣習法によって可罰性を認めたり、刑を加重したりしてはならないということを意味する。ほかの法領域においては、慣習法を成文法とともに独立した法源として認めている（民法第1条）。しかし、刑法では、慣習法の法源性を否認する。罪刑法定原則における法は、国家の代表機関である議会によって制定された公式的な成文法

56   第1編　刑法の基礎理論

を意味するためである。成文法でない慣習刑法に基づいて処罰したり、刑を加重したりする場合、その存在と内容、および範囲が不明確な法によって処罰する結果になり、犯罪および刑罰は予め法律で確定しておかなければならないという罪刑法定原則の基本精神に反する。

　したがって、慣習刑法適用の禁止という要求は、すなわち刑事立法は常に成文の制定「法律」の形式で立法化されなければならないという法律主義（Gesetzlichkeit）の意味を持っている。これによって、法律ではなく命令と規則によって犯罪と刑罰を規定することは許されず、法律が刑罰のみを規定して構成要件の細部事項を命令に委任する白地刑法（Blankettstrafgesetz）の形式や、罰則の制定を命令や条例に委任する場合には、母法である法律に委任ないし授権の範囲が明確に規定されていなければならない。

　大法院は、刑罰法規の委任が「特に緊急の必要があったり、予め法律で詳しく定められないやむを得ない事情がある場合に限り、授権法律（委任法律）が、構成要件の点では処罰の対象である行為がいかなるものなのかを予測することができる程度に具体的に決め、刑罰の点では刑罰の種類およびその上限と幅を明確に規定」するという条件を満たす場合には、罪刑法定主義に反しないという（大判2002. 11. 26. 2002 ド 2998）。

> 《判例》　食品衛生法第11条第2項が誇大広告などの範囲およびその他必要な事項を保健福祉部令に委任しているのは、誇大広告などによる刑事処罰に関連した法規の内容をすべて形式的意味の法律に規定することが事実上不可能という考慮から始まったことで、また、同法施行規則第6条第1項は処罰対象になる行為がいかなるものなのかを予測することができるように、具体的に規定していると言えるため、食品衛生法第11条および同法施行規則第6条第1項の規定は、委任立法の限界や罪刑法定主義に違反するものとみることはできない（大判 2002. 11. 26. 2002 ド 2998）。

VI　いわゆる適正性の原則

1　意　義

　いわゆる適正性の原則とは、罪刑法規の内容は基本的な人権を実質的に保障することができるように適正に規定されなければならないという原則である。形式的罪刑法定原則は、罪刑を法律に明示することを要求することで裁判官の恣意的な刑罰権の行使から国民の自由と権利を保障するが、その法律の実質的内容は問

題視しなかったため、立法者の恣意による刑罰権の濫用を防止することができなかった。したがって、現代的または実質的意味での罪刑法定原則は、適正性の原則をその内容とする。その具体的内容としては、「不法なければ、刑罰なし」、「責任なければ、刑罰なし」、「必要なければ、刑罰なし」などが挙げられる[29]。

2　評　価

　もともと罪刑法定原則は形式的な法治国家概念に基づいているため、適正性の原則を内容とする実質的罪刑法定原則を掲げることになると、罪刑法定原則の固有の意味と機能を歪曲するおそれがある。実際、実質的罪刑法定原則の具体的内容は、実質的法治国家概念に基づいた人間の尊厳の保障、適正手続きの原則、責任原則、比例性の原則と変わりない。

　仮に、実質的罪刑法定原則という名で、刑法に対する実質的法治国家のすべての制限の原理を総括することになると、刑法の基本原則である人間の尊厳の保障、適正手続きの原則、責任原則、比例性の原則が、罪刑法定原則に吸収されてしまうことになる。そうなると、これらの原則の本来的な意味が萎縮しかねず、さらに理論の発展も制約される可能性がある。

　このような結果は、刑法理論的にも実務的にも望ましくない。形式的法治国家概念に基づいた罪刑法定原則は、法律の内容的に適正な情報の提供より、法的安定性と刑罰権を限界づける形式を通じて国家市民の自由と安全を保障することに重点を置く。したがって、適正な内容を担保するための実質的法治国家概念に基づいた刑法の基本原則を、罪刑法定原則と混合しない方が望ましい[30]。ただ、形式的法治国家理念と実質的法治国家理念が国民のための法の目標実現に向けて弁証法的に統合しなければならないことは、言うまでもない。

29　わが国においては、実質的正義の要請を核心的内容とする適正性の原則を、罪刑法定主義の第5原則として挙げるのが一般的である。姜求眞・前掲論文30頁、權五杰・43頁、金成敦・76頁、朴相基・38頁、裵鐘大・108頁、孫ドン權/金載潤・32頁、申東雲・35頁、沈在宇「刑罰権의 制限（刑罰権の制限）」『刑事法講座Ⅰ』87頁、李在祥・30頁、吳英根・63頁、任雄・34頁、鄭盛根/朴光玟・48頁、鄭英一・48頁。
30　同旨、成樂賢・70頁。

58　第1編　刑法の基礎理論

第3節　責任原則

Ⅰ　責任原則の意義

　刑法は責任刑法である。したがって、刑罰は責任を前提とする（nulla poena sine culpa）。その意味で、刑法は、行為者の責任によらずに単に惹起された結果によって処罰しようとする結果刑法とは区別される。また、責任を行為者の危険性に置き換え、犯行を単なる行為者の人格性（Täterpersönlichkeit）の発露とみなして犯人に対する処罰や純然たる保安処分・社会防衛（défense sociale）などを目標とする危険性刑法とも区別される。

　責任原則（Schuldprinzip）は、今日、憲法上の原則とみなされることもある。たとえ実定憲法や刑法典にこれに関する明文規定がないとしても、これは人間の尊厳ないし価値の保障への要求（憲法第10条）と法治国家の原理から当然導かれるためである。

Ⅱ　内　容

　責任原則は、次の四つの内容を含んでいる。

　（ⅰ）責任はすべての処罰の前提ないし根拠になる。すなわち、責任なしには刑罰を科すことができないだけでなく、純粋な結果のみを理由として処罰してはならない。具体的な犯行と無関係な行為者の単純な心情や今までの生活などを根拠として処罰することもできない。「疑わしきは被告人の利益に」（in dubio pro reo）という刑事訴訟の手続の大原則も、責任原則のこの側面から導かれる。

　（ⅱ）責任原則は不法と責任の一致を要する。すなわち、違法であるが責任のない行為を行った行為者は処罰してはならず、不法の程度に満たない責任については責任の限度内で処罰すべきである。さらに、不法故意と責任故意も一致しなければならない。不法故意から過失責任を導いたり、不法過失から故意責任を導くのは、責任原則の内容的限界を超えて恣意的な刑罰を科するおそれがある。そして、責任原則の範囲を超えて可罰性を拡張する危険も含んでいる。

　（ⅲ）行為時に責任能力は同時に存在しなければならない。責任能力のある者のみが規範の禁止または命令に合わせて行為することができるからである。原因

において自由な行為をこの原則に対する例外として扱うべきか否かは、行為と責任能力の同時存在の原則をこの場合にも最後まで固守すべきか、それとも構成要件的違法行為の定型性の確保により大きな比重を置くべきかによって変わる。原因において自由な行為の可罰性の認定時点は、責任能力が存在する原因行為の時点とするほうが責任の原則の精神に合致する理論構成になるのは事実であるが、後者に価値を置くと、原因において自由な行為は責任原則の例外的なケースとみることができる。

（iv）責任は量刑の基礎になる。すなわち、量刑の基礎としての責任は、刑罰賦課の可否や程度に関する基準を提示する。したがって、いかなる場合にも責任の程度を超える処罰をしてはならない。

Ⅲ　限　界

今日、責任原則の徹底した実現は、いくつかの理由により限界に直面している。

第一に、責任の認定というそれ自体として越えられない限界がある。意思の自由や内心の動機は、客観的、外部的に把握しにくい側面がある。

第二に、可罰性はいくつか問題になる事例において、責任のみならず、偶然の結果発生に依存する場合もあるためである。ドイツの普通法上認められた結果責任や偶然責任を内包している、いわゆるヴェルサリ・イン・レ・イリキタ（versari in re illicita）（許されていないことに関わった者には、その者の行為から始まった一体の結果が帰属されるという原則）は、今日の責任原則と正面から衝突するものとして原則として消えた。それでも結果責任の残滓が残っているが、そうしたいくつかの制度は、刑事政策的な必要性のために未だに残っているのである。たとえば、認識なき過失、客観的処罰条件、結果的加重犯、合同犯、同時傷害の特例、刑量における結果の考慮などがある。

第三に、現行の刑事制裁の体系は二つの異なる拠点、つまり、過去の行為責任を志向する処罰と行為者の将来の危険性に着目する保安処分から出発する二元体系を取っているためである。その限りでは、責任なしに行為をした者も、一般予防と特別予防の目的に照らして相当な比例性の範囲内で保安処分の対象となる。

第4節　比例性の原則

I　意　義

　保安処分もまた、刑罰と同様に、対象者に一定の負担を課したり自由を制約したりする国家的な制裁手段である。したがって、刑罰が責任原則によって限界づけられるように、保安処分もまた法治国家の限界内で行われなければならない。保安処分に対する法治国家的な限界の原則が、まさに比例性の原則（Verhältnismäßigkeitsgrundsatz）である。

　ドイツ刑法第62条は、「保安処分は、犯罪者による犯罪や予想される行為の意味とそれから発生する危険性を比べて、比例性を欠いた場合には宣告することができない」と規定している。わが保安処分法には、比例性の原則が明文化されていない。しかし、人間の尊厳および価値を最高の法価値と認めている法治国家の憲法において、比例性の原則は個人の自由のために保安処分を制限する法治国家の原理として当然考慮しなければならないのである。憲法や行政法の分野では、比例性の原則の消極的側面に当たる過剰禁止（Übermaßverbot）という用語が、もっとよく使われている。

II　具体的内容

1　適切性の原則

　保安処分による個人の自由剥奪ないし自由制限の措置は、これによって成就しようとする社会の保護および被処分者の社会復帰という目的との関係に照らして、目的の実現に適合ないし有用なものでなければならないという原則である。適切性の原則（Grundsatz der Geeignetheit）の課題は、過度な手段や措置を排除することにある。

2　必要性の原則

　この原則は、目的達成のための手段がいくつかあって、かつそれがすべて同じ程度に有用である場合は、そのうち被処分者の自由を最小限に侵害する手段を選択しなければならないということを意味する。すなわち、必要性の原則（Grundsatz der Erforderlichkeit) は「最小侵害の原則」を意味するのである。これのみを過剰禁止の原則と称する学者もいる。

3 均衡性の原則

均衡性の原則 (Grundsatz der Proportionalität) とは、目的、手段、個人の自由権を全体的に衡量して、たとえある国家的措置が適合して必要なものであるとしても、侵害の重大性と得られる結果との間に不均衡をもたらすほど個人の自由領域を侵犯する措置である場合には、それは許されないという原則である。比例性の原則を狭義に理解すると、均衡性の原則を意味することになる。

ここでは、保安処分から招来される個人の自由の犠牲と、それを通じて到達しようとする目的が比例関係になるか否かを検討することになる。この均衡性の審査において、目的・手段の比例関係は国家的措置の実現の前に置かれた個人の犠牲の限界として作用する。したがって、犠牲の限界 (Opfergrenze) の内で、犠牲最小限の原則に合致する均衡が目的と手段との間に存在する場合に、目的は初めて正当化される。

Ⅲ 比例性の原則の適用範囲

この原則は、特定の一つの保安処分を宣告するかどうかの判断においてだけでなく、数個の保安処分のうち、具体的な場合にどちらを選択して宣告するかという問題の判断においても適用されなければならない。また、保安処分の宣告について適用されるだけでなく、すでに宣告された保安処分の執行や保安処分の執行中である者の釈放に関する判断など、保安処分法の全体領域にわたって適用されるべき原則である。

第5節　行為刑法の原則

Ⅰ　行為刑法の原則

刑法は行為刑法 (Tatstrafrecht) である。「行為」刑法とは、刑法的な可罰性が構成要件に記述されている個々の犯罪行為に由来し、それに対する制裁も個々の行為に対する対応として現れるものであり、決して行為者の全体的な生活の営為や

予想される将来の危険に対する対応ではないということである。

行為刑法の原則は、責任原則とともに、国家の過度な刑罰作用の誘惑から犯罪者の自由と安全などの基本的人権を保障する長い伝統のある自由保障策の一つである。しかし、現代社会の難題に属する現代型犯罪の急増に直面して、行為刑法の原則を修正しようとする試みも登場している。比較的古くからある一つの観点が行為者刑法の観点であり、最も最近登場したもう一つの観点が危険刑法である。

Ⅱ　行為者刑法の観点

規律の対象として処罰を受けるべきものは行為ではなく、行為者という観点から行為者の悪性を問題視しようとする立場を、行為者刑法（Täterstrafrecht）という。ここで言う刑罰は、行為者、すなわち犯人の人格と結びついて加えられるものであるため、犯人の非社会性（Asozialität）と反社会性（Antisozialität）、およびその程度が犯人に加える制裁を決定するうえで重要な役割を果たす。

自由法治国家原理に基づいた刑法秩序は、長い間行為刑法の方向に向けて発展してきた。韓国の刑法も自由法治国家の憲法秩序の原理から出発しているため、本質的には行為刑法の立場を取っている。ただ、例外的に所々行為者刑法の観点を考慮しているだけである。

量刑の条件に関する規定（第51条）、酌量減軽規定（第53条）、累犯加重規定（第35条、第36条）が韓国の刑法上認められている行為者刑法の典型的な例である。その他にも、行為者の危険性のために処罰を考慮している不能未遂の処罰規定や各種の保安処分制度もなお、行為に対する考慮を全く無視しているわけではないが、ある程度行為者刑法の観点を引き込んでいる刑法上の制度である。

Ⅲ　危険刑法の登場

後期現代の脱工業化・情報化社会をドイツの社会学者ベック（Beck）が危険社会（Risikogesellschaft）と定義した後、原子力の危険、化学的危険、生態学的危険、遺伝工学的危険など、人類の生存を脅かす新たな危険に対応する危険刑法が話題に上がった。

伝統的な法治国家刑法観によると、刑法は、一方では強制力を伴う統制手段であるが、他方では市民的自由を保護する装置であった。法治国家刑法は立法者の

自由な通行路ではなく、社会的問題解決の最後の手段にすぎない。このような古典的法治国家刑法観に固執する限り、危険社会の新たなリスクに対応する刑法的手段もまた、法治国家の限界を脱することができないという結論に達する。これに対して、伝統的な法治国家刑法は新たな犯罪類型、特に未来の安全と関連している犯罪類型に対処するのに適していないと考える人たちは、危険社会の新たなリスクに対処するために、いわゆる危険刑法の登場を主唱する。未来の安全と関連している保護領域では、明白な保護法益を確定しにくいため、正当な犯罪化の消極的基準としてその地位を固めた法益思想にこれ以上固執せず、代わりに、文化的に刻印された行為規範を基準にしなければならないと提案しているのである。すなわち、危険刑法は、「新しい法益」ではなく、「新しい行為」を刑法的統制の対象とすべきだというのである。21世紀の問題は18世紀の精神的道具を持っては解決することはできないという認識である。

　したがって、危険刑法においては、①伝統的な法治国家刑法の補充的法益保護思想を実効性のあるように緩和することができ（普遍的法益概念の拡大、被害者のない犯罪の領域の拡大）、②刑法を投入することによって政治的利益を得られるところには直ちに補充性の原則を放棄して刑法を投入すべきであり（刑法の肥大化の是認）、③結果犯の前段階の広範囲な処罰化（抽象的危険犯の領域の拡大、既遂の前段階の未遂・予備の処罰範囲の拡大）、④環境刑法・女性保護刑法（性暴力予防法）の分野において、人々の注意を促す手段として刑罰を活用する（刑法の最優先手段化、国民啓蒙の道具化）など、予防立法・象徴立法の傾向を肯定的に受け入れる。

　しかし、危険社会の刑法とは言え、伝統的な法治国家刑法の制限を完全に脱した危険刑法にはなり得ないというのが、今日の支配的な見解である。とはいえ、刑法は決して危険社会の難題を克服するための実効性のある対策から目を逸らしてはならない。したがって、問題は現代的危険について刑法は何をいかになすべきかという点にある。

　このような現代刑法の課題を解決するためには、まず刑法が直面している現代的生活事実についての分析から出発しなければならない。すなわち、核心刑法の分野、経済刑法の分野、原子力刑法の分野、環境刑法の分野、遺伝工学刑法の分野、医療生命技術刑法の分野、製造物刑法の分野、コンピューター刑法の分野など、特殊な生活事実のなかで現れている危険要因とその対策を分析し、各々のトピックに適合する問題解決の方式を模索する、いわゆる弁証法的思考が必要であ

る。次には、刑法の介入を即座に要求する分野、刑法的介入より行政措置または自律的な倫理委員会の規律さえあれば十分に統制できる分野など、分野を細分化しなければならない。さらに、同じ分野の生活事実についての刑法的規制も犯罪の質によってその軽重を異にするので、刑法的対応と軽犯罪的対応のなかでいずれがより実効性のある、十分な手段になるかを検討しなければならない。そうすることによって、普通の生活状況については柔らかな最後の手段の法として、特別な危険状況に直面しては強い優先手段の法として、刑法は伸縮性を持った法として接近しなければならない。

　一見矛盾しているように見える現代刑法の性格は、デルタモデル（Deltamodel）を用いて理解しやすく説明することができる。デルタ（Delta）は絶えず流れてくる川の河口で生成される。それは下水が流入することのできない境界線を持つ島のようである。現代の危険社会において、法治国家刑法は原則として伝統的な自由保障策の中で流れている川の水のようなものであるが、それは波とぶつかる下流ではその流れの影響から外れた新しいデルタ領域に突き当たってしまう。現代刑法のデルタは環境刑法・麻薬刑法・経済刑法・原子力刑法・女性保護刑法・医療生命技術刑法・コンピュータ刑法の分野で明確になる。ここでの刑法は、危険を予防し得る、実効性のある安全確保の手段として極大化する傾向がある。危険社会の危機に対処する一般市民が刑法にかける期待も高くなり、かつ立法者や政治家もこのような安全に対する要求を安易に無視することができないからである。それは一つの冒険に属するが、民主国家は冒険の主体である国民を信頼しなければならないからである[31]。

31　金日秀「転換期의 法学 및 刑法学의 課題（転換期の法学および刑法学の課題）」『法・人間・人権』（1996）536 頁参照。

第2編　犯罪論

第1章　犯罪体系論

第1節　犯罪行為の体系的基本概念

　刑法理論の中で、犯罪論は、可罰的行態の一般的要素を主な研究内容としている。ある人の行態を処罰するに前提となる必要ないし十分条件を扱うのが犯罪論である。現代の刑法理論学におけるすべての可罰的な行態は、構成要件に該当し、違法・有責であり、その他客観的処罰条件等、いくつかの可罰性の条件を満たす行為ということで原則的な合意が成立しているわけである。このような行為・構成要件・違法性・責任などの基本的な犯罪成立要件の範疇は、およそ150年にわたる学問的な議論の過程で徐々に形成・発展してきたのである。

　今日も具体的に何が構成要件に該当し、何が違法で、何が有責で、さらに何が可罰性の条件であるのかという問題や、これらの相互間の関係に関しては意見が分かれている。異なる学問的立場からそれぞれ異なった結論に至ることができるためである。このような立場を理解するためには、とりあえず犯罪概念構成の基本範疇について、現在まで一般的に承認されてきた最小限の意味の合致点を調べなければならない。

Ⅰ　行　為

　すべての人間の可罰的な行態は、まず刑法上の行為という範疇に属さなければならない。この意味で、行為は犯罪体系構成の礎である。一般的に刑法上の行為とは、人間の意思 (Wille) によって支配されたり、少なくとも支配されうる社会的に重要な行態と定義されている。

Ⅱ　構成要件該当性

　構成要件は、刑罰法規に規定されている個々の犯罪類型をいう。すなわち、犯罪類型を記述したものである。人間の行為が可罰的な犯罪行為になるためには、まず刑法の各条文、その他付随刑法の個々の処罰条項に規定されている法律上の

構成要件に該当しなければならない。いくら実質的意味で犯罪と見られる反社会的法益侵害行為であっても、それは実定法律の定める構成要件に該当しない限り、処罰対象にはなりえない。正に罪刑法定原則の効力のためである。

Ⅲ　違法性

構成要件は不法を根拠づける個々の犯罪類型を包括する一方、違法性は全法秩序の立場から不法を確定する範疇である。構成要件に該当する行為は、通常、原則として違法である。しかし、正当防衛・緊急避難・正当行為など正当化事由が存在する場合には、構成要件に該当する行為でも許容規範によって正当化され、違法性は阻却される。

Ⅳ　有責性

刑罰は、最終的に行為者個人に対する非難を前提とする。不法行為の構成要件該当性と違法性のみでは未だに刑罰を正当化することができず、さらに行為者によって犯された不法は行為者の責任に帰されなければならない。これに関する評価段階を責任または有責性という。これに関する前提としては、責任能力（刑法第9条、第10条、第11条）および不法の意識の存在、そして免責事由の不存在などが挙げられる。

Ⅴ　その他可罰性の条件

他方で、可罰性の条件（Strafbarkeitsvoraussetzungen）は、犯罪体系の一要素ではあるが、以上の犯罪成立要件とは区別しなければならない。これは、たとえ犯罪構成要件のなかに規定されているとしても、犯罪成立要件ではない。すでに成立した犯罪の可罰性だけを刑罰必要性ないし刑事政策的理由から問題視する要件である。これには客観的処罰条件と人的処罰条件がある。

第2節　犯罪体系の発展および現状

I　犯罪体系の発展

1　古典的犯罪体系

　古典的犯罪体系は、19世紀末ベーリングとリストによって完成され、20世紀の初めには支配的な理論になった。その要旨は、すべての客観的要素は不法に、すべての主観的要素は責任に属するということである。すなわち、犯罪の客観的構成要件と主観的構成要件とは厳格に区別され、行為の客観的事情は構成要件該当性と違法性に、行為の主観的側面と行為者の主観的事情は責任に属する。構成要件は純客観的・没価値的概念要素の貯蔵庫であり、違法性も客観的範疇に属する。これに対して、責任は主観的に把握しうるすべての要素を総括する概念である。古典的犯罪体系は、構成要件的故意という概念を知らない。単なる故意が、事実の認識と違法性の認識を包括したまま、責任要素に属していた。

2　新古典的犯罪体系

　ベーリング/リストの古典的犯罪体系は、第1次世界大戦後から、基本構造を維持しながらも、すべての要素において体系内的な改善を通じて再構成されることになった。すなわち、特別な主観的不法要素と規範的構成要件要素の発見を通じて構成要件概念を価値関係的概念に再編し、責任概念も心理的責任概念から規範的責任概念に変形させた。これを新古典的犯罪体系という。この犯罪体系の構成に大きく貢献した人としては、メッガー、ザウアー、フランクなどの学者が挙げられる。

3　目的的犯罪体系

　目的的犯罪体系（Das finalistische Verbrechenssystem）は、当初からいわゆる目的的行為論による刑法体系の新たな形態として登場した。目的的犯罪体系を創始した人は、ヴェルツェルである。第2次世界大戦後から最近まで犯罪体系において最も大きな変化をもたらしたのが、まさに目的的犯罪体系である。古典的・新古典的体系において不法の意識（Unrechtsbewußtsein）と事実の認識および意思を必

70 第2編 犯罪論

要不可欠な構成要素とする故意は、単なる責任要素として理解されてきた。しかし、目的的体系においては、事実の認識および意思が不法の意識と分かれ、構成要件的故意という名前で主観的構成要件要素になった。この点が犯罪体系上最も決定的な分岐点である。故意がすべての主観的不法要素とともに構成要件に属し、責任には属さないという目的的犯罪体系の主張は、その内容上、不法の主観化、責任の脱主観化と規範化を意味する。目的的犯罪体系は、すべての主観的なものを責任ではじめて判断しようとした古典的犯罪体系とは正反対の立場に立っている。

4 新古典的・目的的犯罪体系の統合体系

現在の刑法理論学は、新古典的体系と目的的体系との総合的形態の枠の中で犯罪体系の発展を図っている。もちろん今日にもまれなことではあるが、新古典的犯罪体系をそのまま踏襲している立場もあり、ときには目的的行為論の犯罪体系にそのまま従う立場もある。しかし、多くの学者らは、「目的的犯罪体系が成し遂げた刑法体系の新たな形態とこれより先だって価値哲学および目的思想によって成就された刑法学の一つの発展段階、すなわち新古典的犯罪体系との合一」に向けて努力している。

新古典的・目的的犯罪体系の統合体系の具体的内容は、目的的行為論を行為論として受け入れることには反対するが、その最も重要な体系的成果、すなわち故意を主観的構成要件要素として把握する着想は受け入れることである。

目的的行為論は目的性を行為の本質的要素と理解し、またこれを故意と同一視することで、故意を構成要件の一つの要素として認めている。とにもかくにも故意が構成要件に位置付けられたことは、目的的行為論の功績といわざるをえない。さらに、目的的行為論が客観的注意義務違反（客観的過失）を過失犯の構成要件要素として把握して以来、今日の新古典的・目的的統合体系では、客観的注意義務違反は構成要件に、主観的注意義務違反（主観的過失）は責任に位置付けられている。

たしかに目的的行為概念は多くの賛同を得られなかったが、故意と客観的過失とは構成要件要素であるという目的主義の命題は、今日の新古典的・目的的体系の統合体系においてもそのまま貫徹されているわけである。その理由の一つは、目的的行為論における存在論的目的性が、価値とかかわった規範的・社会的目的

性として発展し得たためである。その結果、構成要件的故意は、構成要件的結果に対する因果関係の操縦ではなく、すべての構成要件要素の事実的・規範的意味内容の把握を意味するようになった。このように故意が主観的不法要素ないし行為反価値の要素でありながらも、また心情反価値の要素として構成要件要素であると同時に責任形式にも属するといういわゆる故意の二重機能の承認は、新古典的・目的的体系の統合体系の一つの様式に過ぎないのであり、それ自体は新しい体系の決定的基体とは評価し得ない。

　この新古典的・目的的体系の統合体系の基礎に基づいて、不法は行為反価値ないし結果反価値、責任は心情反価値ないし「行為者が違法な構成要件の実現とは異なる行為をすることができた」という要素によって区別することができるようになった。もちろんこの他にも新古典的体系から起因して目的的体系にそのまま伝承された、不法は社会的有害性、責任は非難可能性という実質的理解の方法も、今日の犯罪論においてそのまま維持されている。

II　本書の犯罪体系

　本書は、原則として新古典的・目的的犯罪論の統合体系に従う。ただ、犯罪体系は体系的思考と問題志向的思考とを弁証法的に合一しうる開放的・目的論的体系でなければならないということを前提とし、この新古典的・目的的統合体系の結論を合理的・自由的・人道主義的な刑事政策の観点に照らして再評価し、再構成しようとする。こうした試みは、具体的な犯罪構成要素を検討する場で議論されるであろう。この立場は、行為論を犯罪体系の中心とする古典的犯罪体系や目的的犯罪体系の視覚とは異なるものである。

第2章　行為論

第1節　序　論

　刑法的に処罰しうる対象は、専ら人間の自由な意思の所産たる行為およびその結果に限定される。したがって、すべての偶然な事態は行為ではない。行為論は、犯罪体系それ自体を主な議論の対象とせずに、専ら行為概念とその機能を主な議論の対象としている。それゆえ、行為論は、可罰性の検討の出発点として単に刑法的帰属論の一部を形成するにとどまる。

第2節　行為概念の機能

　行為概念の機能としては、たいてい、基本要素としての機能、結合要素としての機能、限界要素としての機能が挙げられる。

Ⅰ　基本要素としての機能

　行為概念は、可罰的な行態のすべての現象形態についての上位概念として、刑法の基本要素にならなければならない。つまり、行為は、一種の種概念（differentia specifica）である故意行為・過失行為・不作為などすべての多様な可罰的行態について共通の土台を提供するものとして、一つの類概念（genus proximum）でなければならない。このような行為概念の論理的意味を、分類的機能（Jescheck）または基本要素としての機能（Maihofer）という。

Ⅱ　結合要素としての機能

　行為概念は、刑法体系の全体を貫通しつつも、その‘体系の中枢を形成’しなければならない。まず、行為そのものは何かという概念規定がなければならない。そして、ある行為を構成要件に該当し、違法で有責な行為であると判断することができるような実体的な内容を有していなければならない。これを、行為概

念の体系的機能または結合要素としての機能と呼ぶ。この体系的結合要素としての機能には、以下の二つの内容が含まれる。

1 体系的中立性の要求

行為概念は、構成要件・違法性・責任に対して中立的でなければならない。したがって、行為概念は、行為以後の評価段階において判断されるべき構成要件該当性・違法性・責任の内容を一部でも包括してはならない。

2 実体概念性の要求

行為概念は、その内容が空虚なものであってはならない。つまり行為概念は、不法類型としての不法の内容と重なってはならないが、行為概念の以後の評価段階で十分な実体、すなわち具体的言明能力を持たなければならない。イェシェックは、行為概念のこのような要請を行為概念の定義機能（Definitionsfunktion）と呼ぶ。

Ⅲ 限界要素としての機能

行為概念は、構成要件該当性判断に先立って、そもそも刑法的判断の対象になれない出来事を刑法的考察から排除する実践的任務を持っている。これを行為概念の限界機能（Abgrenzungsfunktion）という。たとえば、獣が犯したこと、単純な思考や思索、けいれん中の動作、せん妄状態での動作などは、精神作用によって統制されるものでないため、刑法的考察の対象から除かなければならない。

第3節 各行為概念の内容とそれに関する批判

Ⅰ 自然的・因果的行為概念

1 意 義

自然的・因果的行為概念は、ベーリングとリストが唱えたものである。ベーリングは、「行為は意思によって実行される身体活動、または一つの有意的身体挙動」と定義することで、自然的行為概念の典型を提示している。リストも「行為は人間によって惹起された外部世界の因果的変更」と定義することで、因果的行

為の概念を構成した。今日でもバウマン（Baumann）がこのような観点に立ち、「行為とは意思によって実行される人間の行態」と定義している。

2　評　価

自然的・因果的行為概念は、19世紀後半、自然科学的・生物学的考察方法の影響を受けた。基本範疇は有意性（Willkürlichkeit）と挙動性（Körperlichkeit）や因果性（Kausalität）である。

（ア）この行為概念も、限界機能は満たしている。すなわち、動物の行動や単純な反射作用の結果は、そもそも行為から排除することができるからである。

（イ）自然的・因果的行為概念は、基本要素としてはほとんど無力である。この行為概念によると、過失行為はうまく説明することができるが、未遂・不作為などは十分に説明することができない。単純な思念とは区別しうる、ある種の人間意思の客観化を不作為においてはほとんど証明することができないためである。

（ウ）自然的・因果的行為概念は、結合要素としての任務も遂行することができない。この行為概念はすべての任意的な意思の客観化を行為と認めているため、構成要件について中立的であると判断することができる。しかし、これは体系の中枢になりうる具体的な実体を有していない。

II　目的的行為概念

1　意　義

目的的行為論の創始者はヴェルツェルである。彼は「人間の行為は目的活動の遂行」と定義する。人間の行為の目的性（Finalität）や目的符合性（Zweckhaftigkeit）は「人間が彼の因果的知識に基づいて自分の活動によって起こりうる結果を一定の範囲で予見し、これに応じて様々な目標を設定しつつ、自身の活動をまさにこの目標の達成に向かって計画的に操縦することができる」という点を根拠にしている。

従来の因果的行為概念が意思・行動・結果の三要素を因果性で結びつけるものとすれば、目的的行為概念は意思ないし行動と結果の両要素を因果性（行動と結果との間）および目的性（意思と行動および意思と結果の間）で結び付けようとする立場である。

76　第2編　犯罪論

2　評　価

（ア）目的的行為概念は、故意行為の形態を最も適切に説明することができる長所を持っているが、刑法体系の基本要素としての機能には適合しない。これは不作為犯において明確に確認することができる。すなわち、不作為における行為者はいかなる因果経過も操縦することができないため、同行為者は目的的行為論者の提示している目的的行為をすることができない。

（イ）目的性が作為犯の全般における一つの共通の基礎を提供することができるかのどうかも、疑問視されている。すなわち、過失行為は目的的行為か否かという問題である。

ヴェルツェルは、故意行為と過失行為を行為という上位概念のなかに包摂するのがまさに目的性という要素であり、故意行為は現実的な目的性である反面、過失行為は潜在的目的性に過ぎないと主張している。しかし、潜在的目的性が実際的にいかなる内容を持っているのかは疑問である。

その後、ヴェルツェルは、行為者が目指した目標に注目すると、過失行為も目的的行為の一種であると主張した。つまり銃を掃除する際、誤って発射して人を殺害した者は、たとえ目的的には殺害行為はなかったとしても、目的的掃除行為はあるのであり、これが行為の共通の概念の下に含まれるということである。こうすると、目的性が故意行為と過失行為の共通の基本要素を満たすことができるのは事実であるが、このような過失行為の目的性は、体系的結合要素としては全く役に立たない。

（ウ）さらに、目的性は作為犯ですら、限界要素としての機能を遂行するには不適切である。特に自動化された行為の場合には、ほとんど意識的な操縦がなく、無意識的に作動する行為の習性が結果をもたらす場合が多い。

Ⅲ　社会的行為概念

1　意　義

社会的行為概念は、因果的行為論における「没価値的な因果性」、目的的行為論における「存在論的目的性」の代わりに、規範的・評価的要素である「社会的意味性」（soziale Sinnhaftigkeit）または「社会的重要性」（soziale Relevanz または soziale Erheblichkeit）を行為概念の重要な判断基準にしている。ところが、社会的行為概念は、既存の行為概念を強く批判しながらも、因果的行為概念の有意性、目的的

行為概念の目的性を行為概念の構成要素から完全に除外するよりも、そのような概念要素を「社会的意味性・重要性」という上位要素に含ませて折衷的な行為概念を構成する傾向を見せている。しかし、社会的行為概念は主張者ごとにその概念定義が異なるため、統一的な概念の把握は困難である。

　①エーベルハルト・シュミットは、行為を「社会的に意味のある社会生活関係の有意的な結果の惹起」と定義し、②エンギッシュは、行為を「予見できる社会的に重要な結果の有意的作用」と規定しており、③マイホーファーは、「行為とは客観的に予見可能な社会的な結果を志向する一体の客観的に支配可能な形態である」と定義している。④社会的行為の概念を最も簡潔に表現した人は、イェシェックである。彼は行為を「社会的に重要なすべての行動」と定義している。⑤ヴェッセルスは、「人間の意思により支配され、または支配されうる社会的に重要な行動」と定義している。以上の行為に関する定義に共通する特徴は、行為の本質的な要素を「社会的」（sozial）という概念の中で把握している点である。すなわち、社会的行為概念の特徴は、犯罪のすべての現象形態をその社会的意味によって把握しようとする点にある。

　わが国では社会的行為概念が多数説であるが、その中でも因果性・目的性・法的行為の期待を包摂する評価的な上位概念である「社会性」をもって行為概念を説明するイェシェックやヴェッセルスの行為概念を「主観的・社会的行為論」といい、それにしたがう学者が多い[1]。他方、行為概念においてすべての有意性を排除し、ひたすら社会意味的要素によって行為概念を説明するマイホーファーの行為論を純粋な客観的・社会的行為論、そして行為者の有意性は認めるが、目的性は考慮しないエーベルハルト・シュミットおよびエンギッシュの行為論を客観的・社会的行為論といい、これを排斥するのが一般的である。

2　評　価

　（ア）社会的行為概念は、基本要素としての機能に十分にこたえることができるという長所を有している。故意行為も、過失行為も、不作為も、それが社会的意味を持つ社会的行為という点から、共通する上位概念に包摂することができるた

1　金成敦・140頁、金聖天/金亨埈・69頁、孫ドン權/金載潤・88頁、李在祥・88頁、李廷元・79頁、李炯國『研究Ⅰ』113頁、任雄・105頁、鄭盛根/朴光玟・126頁、鄭英一・98頁。

めである。特に、不作為についての行為論的基礎を提供する最初の行為概念が、まさに社会的行為概念である。

（イ）結合要素として体系を導くことのできる実体的内容を有しなければならないという要請においても、因果的・自然的行為概念や目的的行為概念よりはるかに適合的といえる。なぜなら、刑法的評価は、有意的挙動性や目的性に結びつけることより、すべての事案に内在している社会的意味ないし重要性に結びつけることによってさらに明確になりうるからである。

（ウ）他方、「社会的」という範疇は、法的評価と社会的評価との相互依存性によって、そもそも構成要件の領域に属するものなので、結合要素としての機能のうち、中立性の要請を満たさない。

（エ）なお、社会的行為概念は、実践的限界機能も満たすことができない。なぜなら、単純な思考は社会的にも重要ではないが、我々が構成要件該当性の判断に先立ち、行為概念に基づいて行為段階から排除しようとするもの、たとえば絶対的強制（vis absoluta）の作用、単純な反射作用、その他操縦することのできない運動などは、すべて社会的に重要なものになりうるためである。

Ⅳ　人格的行為概念

1　意　義

　人格的行為概念は、行為を人格の発現（Persönlichkeitsäußerung）と定義する。人格とは人間の心理的・精神的活動の核心（seelisch-geistiges Aktionszentrum）を意味することであるため、専ら人間の身体的領域や物質的・植物的・動物的な存在領域にのみ属し、かつ人間の精神的・心理的な操縦機関である「自我」（Ich）の統制を受けずに発生する作用には、このような人格の発現が欠けているという。

　人格的行為概念によると、思想や意思活動が人格の主体の精神的・心理的領域に属することは自明であるが、このようなものが内面の世界に閉鎖されたまま、外部世界の変化とつながらない限り、これは人格の発現ではなく、行為とも言えないとする。

　そして、人間の身体が「ただ機械的な単位として動作し」精神や自我は何らかの方法でも出来事に関与したり関与する機会を得られない場合にも、人格の発現、つまり行為はないものとする。さらに、絶対的強制による行為も、行為概念から除外されるという。

最後に、反射的性格を有している反作用、自動化された行為、高度の興奮状態や「意識を失った」酩酊状態における行為などの場合は、最も議論の多い限界領域に属する。このような場合には、意識状態で現れる有意性や計画的で目的遂行的な行為の操縦を確定することはできないが、それにもかかわらず、このような事例が外部世界の変化や結果に対する内的な目標指向性を見せる限り、これは人格の発現とみなすべきであり、「行為」と評価することができると判断する[2]。

2 評 価

人格的行為概念については、次のような批判が加えられる。

（ア）行為概念を個人の人格の発現とみる結果、社会的な重要性を持たない行為もすべて刑法上の行為とすることになる。

（イ）人格の客観化というのは、単に人間の挙動という意味に過ぎず、人格の客観化である行為に社会的意味を付与すると、人格的行為概念は結果的に社会的行為論の領域を抜け出すことができない。

（ウ）行為者が危険状況（Gefahrlage）を認識していなかった場合の不作為（たとえば、踏切番が疲れて眠りに落ちたため、遮断器を下ろすことができず、事故が起きた場合）を、刑法上の不作為（認識なき過失による不作為）として把握することができない短所がある。

V 結 論

今日の刑法理論の発展段階に照らしてみると、行為概念に対して、刑法上のすべての現象に関する共通要素としての独自の価値を付与したり、またはある行為の存在構造に様々な犯罪要素の実質的な内容が含まれると考えることは、不適切である。言い換えれば、行為論は、犯罪体系それ自体を問題視するより、可罰性の検討の出発点として単に行為概念とその機能とを主な議論の対象としているため、このような議論の状況にふさわしい行為概念の定立が必要と思われる。上述したとおり、刑法上の行為概念については多様な見解があり、理論的に完璧なただ一つの行為概念を導出することは事実上不可能である。それなら、統一された

2　金日秀『韓国刑法 I』264〜269 頁を参照。ドイツでは、Roxin, AT I §8 Rdn. 42. ff.; Rudolphi, SK vor. 18 vor §1; Arthur Kaufmann, FS-H. Mayer, S. 101 などが人格的行為概念に従っている。

80　第2編　犯罪論

行為概念の形成に執着するよりは、行為概念に付与されている機能や役割に着目して刑法上の行為概念を構成することが望ましいと思われる。

　刑法理論上、行為概念の主な役割は、構成要件該当性の判断に先立ち、そもそも刑法的判断の対象になり得ない出来事を刑法的考察から排除するという限界機能にある。たとえば、獣が犯したこと、単純な思考や思索、けいれん中の動作、せん妄状態での動作などは、行為概念を定立することで、最初から刑法的考察の対象から除外されるのである。他方、行為概念の基本要素としての機能－故意・過失、作為・不作為を刑法上の行為に包括する機能－は、本質的なものではない。なぜなら、まず存在論的に考えると、作為と不作為を一つにするのは不可能であり、規範的には、すでに立法者が刑法上の構成要件を故意または過失、作為または不作為の形態で満たされることができるように規定したため、これを立法後の行為概念の定立を通じて理論的に正当化することは、行為概念に求められる必要不可欠な要請ではないからである[3]。また、行為概念の結合要素としての機能も、本質的なものではない。今日の多数説である社会的行為概念にしたがっても、構成要件に対する行為概念の価値的中立性は守られないだけでなく、構成要件該当性・違法性・有責性の判断段階を貫通する行為は「構成要件に該当する行為」であれば足りるからである。結局、厳密に言えば刑法理論上意味を持つ行為は「構成要件に該当する行為」であり、前構成要件的行為でないのである。このような「構成要件に該当する行為」は、前構成要件的段階ではなく、犯罪体系の中で、そして特定の構成要件との関連から、はじめて故意または過失、作為または不作為の行為と評価されることができるのである。そしてこのような「構成要件に該当する行為」を議論の中心にすれば、原則として行為概念の限界機能も論じる必要がないことになる。すべての行動は、特定の構成要件との関係の中で、窮極的に刑法上の行為であるかどうかがともに判断されるからである。

　以上の検討を総合すると、今日の行為概念において未だに有用性や実用性を認めうる部分は、消極的限界機能であると言える。刑法上の行為と非刑法的行為を区別するこのような限界機能から、我々はすべての刑法上の行為に共通する最小限の必要条件を考え出すことができる。

　結局、刑法的判断の対象になる行為は、次のような条件を備えた行為であると

3　裴鐘大・176頁。

言える。

　（ア）刑法上の行為は人間の行為である。したがって、自然現象や動物の行動は、刑法上の判断対象である行為になり得ない。ただ、法人の犯罪能力を認めている本書の立場からは、法人の行為についても刑法上の行為適格を認める。

　（イ）刑法上の行為は外部的・身体的行為でなければならない。いくら犯罪的なものであるとしても、それが外部の身体的行為として表出されず、内心の考え、意図、目的に止まる限り、それは刑法的行為になり得ない。

　（ウ）刑法上の行為は意思の支配を受ける行為でなければならない。したがって、無意識状態下の動作、反射的行為、絶対的暴力によって強要された行為は、刑法上の行為になり得ない。

　そして、以上の条件を備えている行為が具体的に故意または過失行為、作為または不作為行為として評価されるのは、次の段階である構成要件該当性の判断において各構成要件との関連性に関する解釈を通じてである。

第3章 構成要件論

第1節 構成要件の概念および種類

I 概　念

　構成要件とは、刑法上禁止または命令されている行為は何かを抽象的・一般的に規定した個別的犯罪類型である。ある要素と意味とが構成要件の概念に含まれるのかどうかは構成要件の各機能によって異なるため、単一の構成要件の概念を見つけるのは難しいことである。構成要件を把握する観点によって様々な構成要件の概念が形成されかねないからである。

　構成要件は、刑法上禁止または命令されている行為、すなわち禁止の実質を定めた法律要件に当たる。この法律要件に対応する法律効果が、まさに刑罰または保安処分のような刑事制裁である。つまり、構成要件と刑事制裁が合わさって一つの罪刑法規を成している。たとえば、「人を殺害した者は、死刑、無期または5年以上の懲役に処する」（第250条第1項）という殺人罪の刑罰法規がある。この刑罰法規における「人を殺害した者」という構成要件は法律要件であり、「死刑、無期または5年以上の懲役に処する」という制裁は法律効果である。刑罰法規の法律要件がまさに構成要件であるという点に注目すれば、窃盗罪の構成要件は「人の財物を窃取した者」であるという点を簡単に理解することができる。

II 種　類

1　不法構成要件（狭義の構成要件）

　ある犯行の固有の不法内容および不法の根拠となるすべての要素を含む不法の種類を不法構成要件という。ここでの不法類型とは、当罰性な不法の特別な様態をいう。たとえば、窃盗・強盗・詐欺・恐喝・傷害・殺人などは、それぞれ異なる不法類型に属する。

　不法構成要件は不法の全領域において当罰性のある不法のみを指すものなの

で、これを狭義の構成要件と称する。たとえば民法によると、ⅰ）占有および所有権に関するすべての侵害および妨害行為、ⅱ）法律上・契約上の業務に対するすべての侵害および不履行が不法を構成する。しかし、刑法上の当罰性な不法は、そのうち特別に社会的有害性のある刑罰法規違反の行為のみを称する。いわば上記のⅰ）の領域では故意による窃盗・横領・損壊のみが、ⅱ）の領域では遺棄・背任行為のみが当罰的な不法となる。

不法構成要件には三つの機能がある。①不法の全領域において当罰性な不法のみを画する、いわゆる選別機能（Auslesefunktion）、②いかなる行態が社会的に有害にして当罰性を持つのかを一般市民に教示する、いわゆる当罰性に関する方向づけ機能（Orientierungsfunktion）、③不法構成要件が実現される場合には、正当化事由のない限り、原則としてその行為は違法であることを推断する、いわゆる徴標機能（Indizfunktion）がそれである。

2　総体的不法構成要件

犯罪構成要素のうち、責任要素と客観的処罰条件とを除いて、積極的に不法を根拠づける成文化された構成要件要素と消極的に不法を排除する成文または不文の正当化事由とをすべて総括する構成要件概念を、総体的な不法構成要件という。狭義の構成要件たる不法構成要件にすべての違法性阻却事由を合わせた、より包括的な構成要件概念であるわけである。

ここで構成要件と違法性とは混合され、一つの総体的構成要件を成す。この構成要件概念は、不法判断において本質的なすべての要素、すなわち積極的または消極的、成文または不文の、作為および不作為のすべての要素を含む。したがって、この構成要件は狭義の構成要件に比べてより包括的であり、次に説明する広義の構成要件よりは狭い概念である。

総体的な不法構成要件の長所は、具体的な刑事の事例において、適法と違法との限界を最終的に確定できるという点にある。

　　　総体的な不法構成要件は、いわゆる消極的構成要件要素の理論から唱えられたものである。この見解によると、正当化事由に該当するすべての行態は最初から禁止されておらず、総体的な不法構成要件における構成要件該当性を満たさないということである。そうであれば、構成要件該当性と違法性とは必然的に一つの評価段階、つまりより高い段階の上位の不法に混合されてしまう。したがって、体系としては総体的な不法構成要件と責任とで犯罪を構成する２段階犯罪体系が形成される。

第2節　基本的構成要件と変形された構成要件

1　基本的構成要件

基本的構成要件（Grundtatbestand）とは、刑法規範が規律する一定の不法類型に属する様々な行態のうち基礎的な出発点になりうる、当該不法類型の本質的かつ共通の要素を含んでいる構成要件のことをいう。たとえば、殺人罪のうちの普通殺人罪（第250条第1項）、傷害罪のうちの普通傷害罪（第257条第1項）、窃盗罪のうちの単純窃盗罪（第329条）が、これに該当する。

2　加重的構成要件

加重的構成要件（Qualifizierter Tatbestand）とは、基本的構成要件に刑罰の加重事由を追加した構成要件をいう。この加重事由が不法加重に基づいているのか、それとも責任加重に基づいているのかは、各構成要件の解釈によって明かにすべき問題である。たとえば、尊属殺害罪（第250条第2項）、尊属傷害罪（第257条第2項）、加重窃盗罪（第331条）などは不法加重に、各種の常習犯は責任加重に属する。

3　減軽的構成要件

減軽的構成要件（Privilegierter Tatbestand）とは、基本的構成要件に刑罰の減軽事由を追加した構成要件をいう。この減軽事由が不法減軽に基づいているのか、それとも責任減軽に基づいているのかは、各構成要件の解釈上の問題である。これは加重的構成要件の場合と同様である。減軽的構成要件の例としては、嬰児殺害罪（第251条）、嘱託・承諾による殺人罪（第252条第1項）などがある。

> ドイツでは、減軽的構成要件という用語の代わりに、減軽的変形という包括的な用語の下に親族相盗例のような人的処罰阻却事由または親告罪、被害者の意思に反しては処罰されない罪のような訴訟条件も含めるのが通例である。

4　独自的犯罪

基本的構成要件上の犯罪および変形された構成要件上の犯罪との犯罪学的な連関性はあるが、法律体系上これと独立した独自の派生としての特性を持っている犯罪構成要件を独自的犯罪という。これは保護法益と行為の側面では基本的構成要件および変形された構成要件と類似しているが、基本的構成要件との性格上の

86 第2編 犯罪論

関連性は全くない。

すなわち、独自の不法内容をもって独自の法規範を形成している犯罪構成要件を独自的犯罪と呼ぶことができる。たとえば、殺人罪と傷害罪とに対しての過失致死傷の罪、窃盗罪と強盗罪とに対しての準強盗罪（第335条）、窃盗罪や暴行・脅迫罪に対しての強盗罪（第333条）、普通殺人罪および尊属殺害罪、嬰児殺害罪に対しての自殺関与罪（第252条第2項）のようなものが独自的犯罪である。

独自的犯罪を基本的構成要件としてさらに派生した加重的構成要件もありうる。強盗罪は窃盗罪に対して独自の犯罪であるが、加重強盗罪（第334条）のような加重的構成要件に対しては基本的構成要件である。

第3節　構成要件要素の区分

I　記述的・規範的構成要件要素

1　記述的構成要件要素

構成要件要素のうち、五官で感じられる対象的・物的要素を記述的構成要件要素（deskriptive Tatbestandsmerkmale）という。たとえば、建造物、飲用水、人、婦女、凶器、物、殺害などの要素がこれに属する。このような構成要件要素は五感で感じられる対象または行為の事情であるため、事実の確定によってその言語の意味を簡単に把握することができる。したがって、その言語の適用や理解においては、原則として価値評価を必要としない。

2　規範的構成要件要素

構成要件要素のうち、その言語だけでは内容を確定することが難しく、規範の指示や評価によってのみその意味が分かる精神的・価値的要素を規範的構成要件要素（normative Tatbestandsmerkmale）という。たとえば、「財物」の「他人性」、わいせつ、名誉、侮辱、「危険な」物件、公共の安全、公共の危険、行使する目的、不法領得の意思などのような要素がこれに属する。このような構成要件要素は精神的にのみ理解することができる法概念・価値概念・意味概念であるため、その適用および理解においては原則として法的・倫理的評価を必要とする。

《判例》 旧「情報通信網利用促進および情報保護等に関する法律」第65条第1項第3号で規定する「不安感」は評価的・情緒的判断を要する規範的構成要件要素であり、「不安感」という概念は辞書的に「心が安らかにならず、はらはらな感じ」と解されており、これを不明確であるとは言えないので、上記の規定自体が罪刑法定主義や明確性の原則に反すると判断することはできない（大判 2008. 12. 24. 2008 ド 9581）。

3 両者の区別の実益

　両者の区別は、故意論および錯誤論において重要な意味を持つ[1]。すなわち故意は、記述的構成要件要素については五官の作用で認識することだけで足りるが、規範的構成要件要素については、思考の作用による精神的理解を要する。その理解の程度は、素人仲間における平行的評価（Parallelwertung in der Laiensphäre）であればよい。

　記述的構成要件要素に関する錯誤は、常に構成要件的錯誤になるが、規範的構成要件要素に関する錯誤は、場合によって構成要件的錯誤になる場合もあり、禁止の錯誤に該当する場合もある。

　両者の区別は常に明確なものではない。たとえば、「人」という記述的構成要件要素も、その始期と終期に鑑みると常に規範的評価を前提とし、所有や所持を禁止する阿片煙吸食器具または軍用物、死体などが財物に該当するか否かもまた、規範的評価を要する。他方、規範的構成要件要素たる不法領得の意思や公共の危険は、客観的状況や経験的実在世界との関連の中でのみ評価することができるからである。

Ⅱ　書かれた・書かれざる構成要件要素

1　書かれた構成要件要素

　罪刑法定原則における法律明確性の要請に応じて、ほとんどの構成要件要素は刑罰法規に明確に記述されている。不法類型を明示的に記述している構成要件要素を、書かれた構成要件要素（geschriebene Tatbestandsmerkmale）という。それが主観的構成要件要素であれ、客観的構成要件要素であれ、または記述的構成要件

1　柳全哲「規範的構成要件要素에 関한 小考（規範的構成要件要素に関する小考）」刑事法研究第10号（1988）21頁。

88　第2編　犯罪論

要素であれ、規範的構成要件要素であれ、ほとんどの構成要件は、不法類型の範囲内でその要素を明確に記述するのが原則である。

2　書かれざる構成要件要素

想定した不法類型の範囲内で明示的に記述されていない構成要件要素を、いわゆる書かれざる構成要件要素（ungeschriebene Tatbestandsmerkmale）という。このような要素は、刑法理論学上確立した原則として、各構成要件に共通の要素である。したがって、総則に一般的な規定のみを定めたり、立法技術上省略する場合もあり、不法類型の欠かせない要素であるにもかかわらず、立法の不備で記述されていない場合もある。

前者の例としては、故意犯における故意、結果犯における因果関係ないし客観的帰属などが挙げられる。また後者の例としては、詐欺罪における欺罔行為と被欺罔者の交付行為の間の因果関係、窃盗罪における不法領得の意思や詐欺罪・背任罪における不法利得の意思などが挙げられる。

第4節　構成要件要素

主観的構成要件要素の発見以来、今日の刑法学における客観的構成要件要素と主観的構成要件要素の区別は、異論の余地のない定説となってしまった。まず、構成要件に該当する行為は、例外なく、外的（客観的）・内的（主観的）要素の意味統一体を成しているという点を明確に認識しなければならない。こういう意味で、構成要件は、客観的・主観的要素の意味統一体と言える。

客観的構成要件要素には、構成要件的行為、行為の主体、行為の客体、行為の手段・方法および構成要件的結果などが属する。また結果犯における行為と結果との間の因果関係も、客観的構成要件要素に属する。

主観的構成要件要素には、故意犯の故意、過失犯の過失がある。特に故意犯における構成要件的故意は、一般的な主観的不法要素と呼ばれる。その他、特別な主観的不法要素としては、財産犯罪における不法領得の意思、目的犯の目的、傾向犯の内的傾向などが挙げられる。

第5節　客観的構成要件要素

Ⅰ　意　義

　構成要件要素のうち、外部的に感知することができる行為の主体・客体・行為・手段・結果など、客観的要素の総体を客観的構成要件要素という。記述および講学上の便宜のために、客観的構成要件要素のうち、行為と関連した不作為犯および行為・結果の間の因果関係および客観的帰属については別の節で説明することにする。

Ⅱ　行為主体

1　自然人

　すべての自然人は、年齢、精神状態、人格の成熟のいかんを問わず、犯罪の主体（Deliktssubjekt）になりうる。したがって、刑事未成年者や精神病者も、行為の主体になる。自然人の行為主体としての地位と関連して特に問題となるのが、身分犯（Sonderdelikt, Statusdelikt）と自手犯（eigenhändiges Delikt）である。

（1）身分犯

　自然人のなかで、特に一定の身分関係を持っている者のみが行為の主体になる場合がある。これを身分犯という。法律上の一定の身分が存在して、はじめて正犯性を認められる構成要件を真正身分犯という。自然的身分犯はもちろん、法的身分犯のなかでもこれに属するものが多い。強姦罪、各種の公務員の職務に関する罪、業務上秘密漏洩罪、不真正不作為犯などが、これに属する。他方、法律上の一定の身分の存否は正犯性それ自体には影響を与えず、単に刑の加減に影響を与える構成要件を、不真正身分犯という。各種の業務上の加重犯罪、特別な責任要素の該当者などがこれに属する。このような身分犯の犯罪関与形態を特別に規律するために、我が刑法は第33条（共犯と身分）を規定している。

（2）自手犯

　原則として、自然人は他人と共にまたは他人を利用して犯行をなすことができる。しかし、例外的に、正犯が自ら犯行をした場合にのみ犯罪が成立し、他人を利用しては犯行をなすことのできない犯罪がある。これを自手犯という。偽証罪

90　第2編　犯罪論

（第 152 条）・逃走罪（第 145 条）・虚偽公文書作成罪（第 227 条）、軍務離脱罪（軍刑法第 30 条）などが、これに属する。

自手犯については直接正犯のみが成立し、間接正犯は成立し得ない。この意味で、自手犯は固有犯とも呼ばれる。

2　法　人

（1）法人の犯罪主体性

原則として法人もまた、自然人と同様に犯罪行為の主体となることができる。しかし、法人は法律上の人格体であるだけで、自然人のように心身を持っているものではないため、知、情、意のような情緒や動機または血縁関係などを持つことができない。したがって、この問題に関しては、犯罪構成要件の性質によって例外を認めるしかない。その具体的な判断は、構成要件の解釈問題に帰着する。

法人が犯罪主体になりうるか否かに関しては、従来から数多くの見解の対立があり、法制度も様々である。この問題に関してドイツでは、法人の行為能力（Handlungsfähigkeit）および責任能力（Schuldfähigkeit）の問題として扱ってきており、英米では責任能力（liability）の問題として扱われている。我が国では、おおむね法人の犯罪能力の問題として扱っている。ここでの犯罪能力というのは、法人の行為能力、責任能力、そして受刑能力を含んだ概念である。

（2）法人の犯罪能力

（a）学　説

法人の犯罪能力に関しては、我が国の多数説は否定説をとっている[2]。肯定説[3]および一部肯定説[4]は少数説に属する。判例は、法人の犯罪主体性を否定している（大判 1961. 10. 19. 4294 刑上 417；1984. 10. 10. 82 ド 2595；1985. 10. 8. 83 ド 1375）。

> 《判例》　法人の犯罪主体性の否定：背任罪（刑法第 355 条第 2 項）における他人の事務を処理する義務の主体が法人となる場合においても、法人は単に私法上の義務の主体になるだけで、犯罪能力はない。事務は法人を代表する自然人たる代表機関の意思決定にしたがう行為によって実現されるしかない。そのため、その代表機関が他人に対する法

2　権五杰・109 頁、朴相基・78 頁、裵鐘大・214 頁、成樂賢・106 頁、孫ドン権/金載潤・108 頁、孫海睦・217 頁、李相暾・103 頁、李廷元・83 頁、安銅準・57 頁、李在祥・95 頁、鄭榮錫・78 頁、鄭英一・80 頁、陳癸鎬・96 頁、黄山德・78 頁。

3　金聖天/金亨埈・79 頁、金日秀『韓国刑法Ⅰ』306 頁以下、李榮蘭・129 頁、鄭盛根/朴光玟・111 頁。

4　権文澤『刑事法講座Ⅰ』126 頁、申東雲・113 頁、任雄・84 頁、劉基天・98 頁。

人の義務内容どおりに事務を処理する任務をもつのである。したがって、法人が処理する義務を負う他人の事務に関しては、その法人を代表して事務を処理する自然人が背任罪の主体となるものと解釈しなければならない（1985. 10. 8. 83 ド 1375 全員合議体判決）。

（ア）否定説の論拠

①法人は自然人のような心思と身体を持たないため、行為能力もない。

②法人はその機関たる自然人を通じて行為するため、自然人に刑事責任を負わせることで十分であり、法人それ自体を処罰する必要はない。

③法人を処罰すれば、その効果は実質的にその法人の構成員にも及ぶが、これは犯罪と無関係な第三者まで処罰する結果となり、自己責任原則に反する。

④法人は主体的に倫理的な自己決定をすることができないため、法人に刑罰の前提となる倫理的責任非難は加えられない。

⑤法人には定款所定の目的の範囲内で権利能力を認めることができるが、犯罪は法人の目的になり得ず、したがって法人の犯罪能力も否定される。

⑥法人には財産刑たる罰金刑のみが可能であるが、現行の刑罰制度は生命刑、自由刑を中心にしているところ、この点に鑑みると現行の刑法は自然人のみを犯罪および受刑の主体として認めていると考えなければならない。

⑦法人の犯罪によって得られた財産または利益の剥奪は、刑罰以外の刑事政策的手段によっても達成することができる。

（イ）肯定説の論拠

①法人の犯罪能力を否定する見解は法人擬制説に立脚したものであるが、この見解は法人実在説によると妥当ではない。

②法人はその機関を通じて意思を形成して行為することができる。

③法人は自然人のような身体を持っていないため、作為は不可能であるが、不作為は可能である。

④法人は適法な目的のもとに設立されるが、法人のある行為が定款所定の目的に属しない場合にもその行為は有効に成立し、したがって違法な行為もできる。

⑤財産刑、資格刑および没収・追徴などは法人にも効果的な刑事制裁になりうる。生命刑と自由刑に当たる刑罰として法人の解散と営業停止、金融の制限、免許の剥奪などを立法論的に考慮することができる。

⑥責任能力を社会的責任の帰属能力と考えるならば、法人にもこの責任能力は認められる。

⑦法人の機関の行為は機関構成員たる個人の行為であると同時に法人の行為であるという両面性を持っているため、法人の処罰は二重処罰になるのではなく、法人自体の行為責任である。

⑧法人の活動を重視する実情に照らして法人の犯罪能力と受刑能力を認めることが、刑事政策的に必要である。

92　第2編　犯罪論

（ウ）一部肯定説の論拠

①刑事犯については法人の犯罪能力を否定するが、技術的・合目的的要素の強い行政
　犯については法人の犯罪能力を認めることができる。

②法人の犯罪能力は原則として否定するが、法人処罰規定のある場合には、その範囲
　内でのみ例外的に認める。

（エ）結　論

　法人の犯罪能力を肯定しなければならない。産業化以来、現代社会の経済力において
法人の占める割合は、個人より遥かに高くなった。法人は、法人の機関によって行為す
るだけでなく、多くの従業員を従えて彼らを指揮・統率しつつ、彼らの活動利益を法人
に帰属させている。そのため、法人に属した個人の行為者はもちろん、法人の犯罪と処
罰も考慮してこそ、実効性のある犯罪統制が可能である。自然人に対する統制のみで
は、企業犯罪の統制を実現することはできない。変化した現代社会の経済活動の分野に
おける法人の犯罪能力を認めることは行き過ぎた犯罪統制ではなく、刑法の補充性の要
求にも反しない。

　(b) 法人の行為能力　　法人は機関の構成員を通じて活動する。そして組織の活動と
合致する機関の行為は、常に法人自らの行為に帰属される。法的に意味ある行為の帰結
点が法人である以上、法人の行為能力も認めざるを得ない。法人も義務の受命者である
ため、規範の命令に違反した場合には義務の侵害を認めることが望ましい[5]という見解
も同じ脈絡で理解することができる。

　ただ、未だに法人の犯罪能力を否定するのが多数説および判例の傾向である我々の議
論状況を考慮すると、法人の行為能力は、財産罪や経済・環境・関税・租税・企業犯罪の
ような限られた範囲内でのみ認めるほうが賢明である。他方、自然人の人格的な表現と
してのみ意味をもち、組織体の活動としては認められない構成要件については、法人の
行為能力を認める余地はないと考えなければならない。たとえば、殺人・強盗・強姦・偽
証などの犯罪がそれである。

　(c)　法人の責任能力　　責任を自然人である行為者の個人的な意思形成についての
倫理的非難可能性であるとする立場では、法人の責任能力は否定される。これに対し
て、法人の意思形成は団体的な決議に基づくものなので、この団体の意思形成について
の責任非難も可能であるという立場では、法人の責任能力を肯定する。

　思うに、法的に意味のある行為について誰が責任帰属の帰結点になるべきなのかを、
法は自ら決定することができる。民・商法では、法人の不法行為責任を認めている。こ
のように刑法も、法人の機関の犯罪行為に対する責任を法人の責任に帰属させることが
できる（たとえば、公職選挙および選挙不正防止法第260条）。結局、法人はその機関の
行為を通じた権利・利益の帰属主体であるため、不法行為についての責任の主体ともな
り得るのである。とりわけ、刑法は倫理的責任ではなく、法的・社会的責任を重視する

5　Hirsch, Strafrechtliche Verantwortlichkeit von Unternehmen, ZStW 107（1995）, S. 289.

ため、法人についての責任帰属はなおさら可能である。

(d) **法人の受刑能力** 法人に犯罪能力（行為能力と責任能力）を認めるなら、当然受刑能力も認めなければならない。ただ、現行の刑罰体系が自然人を念頭において作られたものであることは事実である。つまり、自然人にのみ科すことのできる生命刑・自由刑を法人に科すことはできない。また、法人の解散と営業停止は、刑法が定めている刑罰でもない。このような点に基づいて法人の犯罪能力そのものを否定しようとする立場もあるが[6]、これは妥当ではない。なぜなら、現行の刑罰制度のなかでも法人に科せられる財産刑、つまり罰金・科料などがあるからである。今日は罰金刑が主な刑罰になっており、刑罰の中心も生命刑から自由刑、さらには自由刑から罰金刑に移っている。

今日、犯罪現象の変化や法人の機関構成員である自然人についての処罰は法人の犯罪活動に対する実効性のある対策にはなり得ないという刑事政策的観点、および英米法系の立法の流れなどを考慮すると、法人そのものに対する刑事処罰の必要性は、ますます高くなっている。

立法論としては、法人について生命刑に相応する解散、自由刑に相応する一定期間の営業活動停止、金融の制限、免許の剥奪などを考慮しうるということは上述のとおりである。企業の犯罪は、特に商業・工業・金融業に関する法人の活動に関して多発しているからである。

（3）両罰規定

各種の経済刑法や行政刑法では、直接に行為をした自然人のほかに、法人をも処罰する規定を定めている（租税犯処罰法第18条；関税法第279条以下；対外貿易法第57条；船員法第178条；航空法第179条；麻薬類管理に関する法律第68条；薬事法第97条；文化財保護法第102条など）。これを両罰規定という。法人の犯罪能力と受刑能力を否定する立場からも、経済刑法や行政刑法の場合には、両罰規定のある限り、法人の処罰を例外的に認めている。すなわち、両罰規定のある場合にも法人に犯罪能力はないが、受刑能力はあるということである。経済刑法や行政刑法は倫理的要素より合目的的要素がより強いという特殊性を、その根拠としている[7]。

> 《判例》 法人は機関である自然人を通じて行為をするため、自然人が法人の機関として犯罪行為をした場合にも、行為者である自然人が犯罪行為に対する刑事責任を負う。ただし、法律の目的を達成するために特別に規定している場合にのみ、行為者を罰するほか、法律効果が帰属される法人に対しても罰金刑を科することができる（大判1994.2.8. 93ド1483）。

---

6 李在祥・96頁。
7 劉基天・108頁、李在祥・98頁、李炯國『研究I』166頁、鄭榮錫・80頁、陳癸鎬・125頁。

94　第2編　犯罪論

しかし、このような理論構成には、論理的な一貫性がない。むしろ法人の犯罪能力および受刑能力を肯定する立場から考えると、両罰規定は法人に対する例外的な処罰規定ではなく当然の処罰規定である。両罰規定は、その性質上、法人または自然人のある一方のみを処罰することでは足りない事案について、両方を処罰することで犯罪予防の実効性を高めることにその意義がある。

（4）法人処罰の根拠と責任主義の原則

法人が自ら刑事責任を負わなければならない主体であるとすると、法人を処罰する根拠は何であろうか。特に、従来は従業員の犯罪行為についてこれといった条件や免責事由もなしに、法人または事業主をともに処罰するという内容の両罰規定が多かった。そのため従業員とともに法人・事業主も処罰する合理的な根拠は何なのかについて活発な議論があった。無過失責任説、過失推定説、過失擬制説、過失責任説、不作為監督責任説などがその例である。

しかし、2007年に憲法裁判所が、両罰規定に基づいて法人または事業主を処罰するにあたっても、法人または事業主自らの故意・過失がある場合にのみ法人または事業主を処罰することができるという責任主義を明らかにした。これによって、法人の処罰においても責任主義の原則が貫徹された（憲法裁 2007. 11. 29. 2005憲ガ 10）。したがって、法人は従業員等の違反行為に関しては、自ら選任・監督上の注意義務を果たさなかった場合にのみ、両罰規定に基づいて処罰を受けることになる。今日、法人の反社会的な法益侵害活動に対して法人それ自体に直接的な制裁を加える必要性が強く認められるとしても、刑罰が科される際には、刑罰に関する憲法上の原則である責任主義の原則を適用するのは当然のことである。この憲法裁判所の決定以来、個々の両罰規定について法人処罰の責任根拠が設けられたのである[8]。

この際に注意すべき点は、法人機関の不法行為については法人自身の実行行為責任が問題になるということである。すなわち、法人が機関を通じて行為する以上、法人機関の不法行為を法人自身の不法行為とし、法人が直接的な実行行為の

8　たとえば、租税犯処罰法第18条（両罰規定）："法人（「国税基本法」第13条による法人とみなす団体を含む。以下、同じ）の代表者、法人または個人の代理人、使用人、その他の従業員が、その法人または個人の業務に関してこの法に規定している反則行為をすれば、その行為者を罰するだけでなく、その法人または個人に対しても該当条文の罰金刑を科す。ただし、法人または個人がその違反行為を防止するために当該業務に関して相当な注意と監督を怠っていない場合には、この限りでない。"

責任を負うものと見るのが妥当である。憲法裁判所も、法人代表者が不法行為をした場合には法人自身の不法行為と見ることができるため、両罰規定に免責規定を置かなくても責任主義に反しないとする（憲裁 2010. 7. 29. 2009 憲ガ 25 など）。

> 《判例 1》　この事件の法律条項は、法人が雇用した従業員などが業務に関して医療法第 87 条第 1 項第 2 号のうち、第 27 条第 1 項の規定による違反行為を犯した事実が認められれば、法人がその従業員などの犯罪について過失があるか否かを全く問わず、その従業員などを雇用した法人に対しても従業員などに対する処罰条項に規定された罰金刑を科すように規定しているところ、今日の法人の反社会的な法益侵害活動について法人自体に直接的な制裁を加える必要性が強く認められるとしても、立法者が一応「刑罰」を選択した以上、刑罰に関する憲法上の原則、すなわち法治主義や罪刑法定主義から導き出される責任主義の原則を遵守しなければならない。ところが、この事件の法律条項による場合、法人が従業員などの違反行為に関して選任・監督上の注意義務を尽くしたために何の過失もない場合にまで法人に刑罰を科さざるを得なくなり、法治国家の原理や罪刑法定主義から導き出される責任主義の原則に反するため、憲法に違反する（憲裁 2009. 7. 30. 2008 憲ガ 16）。
>
> 《判例 2》　法人は機関を通じて行為をするため、法人が代表者を選任した以上、彼の行為による法律効果は法人に帰属されなければならず、法人の代表者の犯罪行為については、法人自身が自分の行為に対する責任を負担しなければならないところ、法人の代表者の法規違反行為に対する法人の責任は、法人自身の法規違反行為と評価しうる行為に対する法人の直接責任として、代表者の故意による違反行為については法人自身の故意による責任を、代表者の過失による違反行為については法人自身の過失による責任を負うことである。したがって、法人の「代表者」に関する部分は、代表者の責任を要件として法人を処罰することになるため、責任主義の原則に反しない（憲裁 2010. 7. 29. 2009 憲ガ 25 など）。

（5）法人格なき団体および組合の犯罪主体性

　法人の犯罪主体性は認めるが、組合や権利能力なき社団または財団などの場合は、実定法上特別な処罰規定のない限り、当然に犯罪主体性を有しているものではない（大判 1997. 1. 24. 96 ド 524）。権利能力なき団体も社会的活動を行っているが、その活動についての社会的統制は団体の実体よりは構成員の個々人に向かうようにすることで、十分に効果を上げることができるためである。

> 《判例》　法人格なき社団のような団体は、法人と同様に私法上の権利義務の主体とはなりうるが、法律に明文規定のない限り、犯罪能力はない。もっとも、団体の業務は、団体を代表する自然人、つまり代表機関の意思決定に従った行為によって実現するしかない。1995 年改正以前の建築法の規定では、建築物の維持管理義務を負う管理者が法人格なき社団である場合は、その代表機関である自然人を意味するとみなければならない

96　第2編　犯罪論

（大判 1997. 1. 24. 96 ド 524）。

Ⅲ　行為客体

1　意　義

　行為客体 (Handlungsobjekt) とは、構成要件的行為を実現するための具体的な対象をいう。これを攻撃客体 (Angriffsobjekt) とも言う。行為客体は、たいてい外部的に知覚できる物的対象であるために客観的構成要件要素となる。たとえば、殺人罪における具体的な被害者である「人」、傷害罪における人の「身体」、窃盗罪における他人の「財物」のようなものがそれである。行為客体と法益は、概念的には区別されるが、実際には密接に関連している。

　法益それ自体は観念的価値であるため、保護の対象にはなるものの、直接の攻撃対象にはなり得ない。むしろ、行為客体に対する現実的侵害がある場合に、法益は間接的に侵害または危殆化されるのである。したがって、保護法益の侵害は、厳密に言えば、行為客体の有している共同体内での特別な生活利益ないし機能のような精神的価値についての侵害を意味する。

2　構成要件の類型

　保護法益は、犯行によって侵害されたり、危殆化されたりする。保護法益に対する侵害ないし危害の強度によって、構成要件は侵害犯 (Verletzungsdelikt) と危険犯 (Gefährdungsdelikt) とに分かれる。

（1）侵害犯

　構成要件上保護法益についての現実的侵害を必要とする犯罪を、侵害犯という。侵害犯に属する犯罪は、殺人・傷害・窃盗・詐欺のようにほとんど結果犯であるが、住居侵入・風俗犯罪などのような挙動犯の一部も侵害犯に該当する。

（2）危険犯

　構成要件上保護法益についての現実的な侵害がある必要はなく、行為の実現過程において単なる侵害の危険さえあれば実現する犯罪を、危険犯または危殆犯という。行為の主体が行為によって保護法益を危険状態に陥れるのである。侵害犯と比べてみると、侵害の強度に違いがある。つまり、危険状態の惹起は侵害の初期段階に該当する場合であり、侵害への客観的傾向を意味する。

侵害犯は、行為客体に対する直接的な実害を通じて法益の価値を損傷することで既遂になる。他方、危険犯の場合は、実害に近接した危険状態の惹起を通じて、法益侵害に近接した危険を発生させることで既遂になる。

危険状態の惹起の程度によって、危険犯は、さらに抽象的危険犯、具体的危険犯に分けられる。

(a) 抽象的危険犯　行為によって法益侵害の現実的な危険まで発生する必要はなく、一般的な危険性のみがあれば可罰性が認められる犯罪を抽象的危険犯という。抽象的危険犯においては、危険の発生は客観的構成要件要素ではない。経験則上、当該行為が危険を惹起しうる一般的な傾向を有していれば足りる。

危険発生は客観的構成要件ではないため、故意または過失のような主観的構成要件も危険要素にかかわるのではなく、潜在的な可能性にかかわって推定される。このような観点から、抽象的危険犯は一種の純粋な挙動犯の性格ををを有している。現住建造物放火罪（第164条）・偽証罪（152罪）・誣告罪（第156条）・遺棄罪（第271条第1項・第2項）・堕胎罪（第269条）・名誉毀損罪（第307条）・信用毀損罪（第313条）・業務妨害罪（第314条）などが、これに属する。

(b) 具体的危険犯　具体的危険が行為の結果として構成要件に含まれており、その危険を生じさせることが構成要件上明示されている犯罪を、具体的危険犯という。ここにいう危険とは客観的構成要件要素であり、危険が発生してはじめて、客観的構成要件を満たす。この意味で、具体的危険犯は一種の結果犯的な性格を有している。

したがって、故意または過失も潜在的な可能性に照らして推定してはならず、実際に惹起された危険を行為者が知っていたのかどうか、それとも知ることができたのかどうかを基準として立証しなければならない。自己所有一般建造物放火罪（第166条第2項）・一般物件放火罪（第167条）・自己所有一般建造物・一般物件失火罪（第170条第2項）・ガスなど工作物損壊罪（第173条）・自己所有一般建造物溢水罪（第179条第2項）・過失溢水罪（第181条）・重遺棄罪（第271条第3項・第4項）などが、これに属する。

Ⅳ　保護法益

1　法益概念の意味

法益概念を簡潔に定義すると、社会共同体のなかで個人が自己実現をするために必要不可欠な基本条件や目的設定のうち、憲法秩序に合致するものであるといえる。たとえば、人間の実存や共同体の存続のための最小限の基本価値として、生命・身体の完全性、所有権、性的な意思決定の自由、国家の存立、憲法秩序、司法機能などが挙げられる。法益概念は行為客体とは厳格に区別すべき観念的・

98　第2編　犯罪論

価値的概念である。文書偽造罪の保護法益は「取引の安全」であるが、行為客体
は文書偽造が行われた「紙」である。法益概念は、憲法秩序の範囲内で歴史的変
化や経験的な認識の進行によって変動しうる開かれた実体である。

2　法益の種類

　法益は、個人が享有する個人的法益（Individualrechtsgüter）と共同体が享有する
普遍的法益（Universalrechtsgüter）とに分けられる。

　さらに、個人的法益は、一身専属的な法益（例：生命、名誉）と非一身専属的な法
益（例：所有権）とに分けることができる。

　普遍的法益には、国家共同体が享有する法益、すなわち国家的法益（例：司法機
能、公職性、国家存立の安全性、国際的信頼など）と非国家的な社会共同体が社会生活
上の安全のために享有する社会的法益（例：道徳的秩序、公衆の保健、公共の信用、公
共の秩序など）とがある。

　この区別は、被害者の承諾と関連して重要な意味をもつ。被害者の承諾は、原
則として、個人の処分しうる個人的法益に限ってのみ認められるからである。し
かし、個人的法益であっても一身専属的な法益については、被害者の承諾が認め
られない場合が多い。たとえば、被害者が殺人を承諾しても承諾殺人罪（第252条
第1項）が成立し、被害者が堕胎を承諾しても承諾堕胎罪（第269条第2項）が成立
する。そして、身体の傷害について被害者の承諾があっても、法律上の制限のあ
る場合には犯罪が成立する。

3　保護法益の単複による構成要件の類型

　刑法規定を通じて保護しようとする法益が一つであるのか、それとも数個が結
合しているのかによって、単一犯（einfache Delikte）と結合犯（zusammengesetzte
Delikte）とに分類することができる。

　単一犯は、一つの構成要件が一つの法益のみを保護する場合をいう。たとえ
ば、殺人罪（第250条）、傷害罪（第257条）、暴行罪（第260条）などが、これに当た
る。構成要件は、たいてい単一犯の形態で構成されるのが原則である。

　結合犯は、一つの構成要件が数個の法益を保護する場合をいう。たとえば、自
由と所有権をともに保護法益とする強盗罪（第333条）、自由と財産権をともに保
護法益とする恐喝罪（第350条）などが、これに当たる。なお、結果的加重犯も、

原則として結合犯である。結果的加重犯である傷害致死罪（第259条）の場合は、身体の完全性とともに生命をも保護法益としている。その他、準強盗罪（第335条）、強盗殺人罪（第338条）、収賄後不正処事罪（第131条第1項）、夜間住居侵入窃盗罪（第330条）なども、結合犯の例である。

V　行　為

1　意　義

　行為は、犯罪を実行する動作をいう。これは、構成要件の実現における決定的な動因であり、不法類型を特徴づける要素である。ほとんどの構成要件が、それぞれ不法類型に相応する行為様態をもっている。たとえば、窃盗罪における窃取行為、強盗罪における強取行為、恐喝罪における喝取行為などが、これに当たる。ほかにも、殺害・傷害・暴行・偽造・変造・毀損・侮辱などは、それぞれ独自の不法類型を構成する行為様態である。

　行為は、客観的構成要件要素に属する。もちろん、欺罔行為・侵入行為・侮辱行為・偽造行為などは主観的意思とも密接に関連しているが、行為自体は主観的な認識または意思の客観化であるため、客観的構成要件要素に属する。

　ただ注意すべきなのは、構成要件的行為と構成要件的結果とは独立・別個の要素として扱わなければならないという点である。結果は法益の危害と密接に関連しているため結果反価値を構成する一方、行為は行為者の主観的態度と密接に関連しているため行為反価値を構成する。

2　構成要件の類型

（1）行為の単複による分類

　構成要件上求められる行為が一つであるのか、それとも数個であるのかによって、一行為犯（einaktige Delikte）と多行為犯（mehraktige Delikte）とに分けられる。一行為犯の例としては殺害・窃取・横領などがあり、多行為犯の例としては強盗（暴行と奪取）・準強盗（窃取と暴行）・詐欺（欺罔と騙取）・恐喝（脅迫と喝取）などがある。

（2）行為の積極性・消極性による分類

　構成要件的行為が積極的であるのか、それとも消極的であるのかによって、作為犯（Begehungsdelikte）と不作為犯（Unterlassungsdelikte）とに分けられる。作為

100　第2編　犯罪論

犯とは、行為者が積極的な行為を通じて構成要件を実現する犯罪をいう。不作為犯とは、一定の状況下にある行為者が自分に求められる行為を行わないことで構成要件を実現する犯罪である。不作為犯に関しては、第8章で説明する。

（3）行為によって惹起された違法状態の継続性による分類

（a）即成犯　　実行行為の時間的継続を必要とせず、一定の行為客体の侵害またはその危険が発生すると同時に犯罪が既遂（Vollendung）に達し、終了（Beendigung）する犯罪を即成犯という。したがって、既遂と終了との間に時間的な間隙は必要ない。たとえば、殺人罪・傷害罪などほとんどの犯罪がこれに当たる。しかし、即成犯はたいてい以下の状態犯に含まれる類型であるため、これを別に分類しないのがドイツの刑法理論の一般的な慣行である。

（b）状態犯　　違法状態の惹起によって可罰的行為は既遂に達するが、その違法状態は既遂の後にも存続する犯罪を状態犯（Zustandsdelikt）という。この違法状態に包摂される既遂後の行為は、不可罰的事後行為になる。状態犯の適例としては窃盗罪がある。たとえば、窃盗犯人の盗んだ盗品は、損壊・隠匿・処分しても、このような行為は不可罰的事後行為であるため、別罪を構成しない。

殺人罪も状態犯の一種とみなさなければならない場合がある。たとえば、殺人犯人が死体をその場に放置しても死体遺棄は不可罰的事後行為になり、もっぱら殺害行為のみが問題となる。ただ埋葬義務のない者であっても、死体などを殺害現場から他所に移して放置すれば、これは別個の違法状態の惹起になり、殺人罪のほかに死体遺棄罪が成立する。この場合、殺人罪は状態犯ではなく、即成犯である。

（c）継続犯　　行為の継続と違法状態の継続とが一致する犯罪を継続犯（Dauerdelikt）という。たとえば、略取・誘拐罪（第287条以下）、逮捕・監禁罪（第276条以下）、住居侵入・不退去罪（第319条）などが、これに該当する。

継続犯も違法状態の惹起によって既遂に至るという点では、状態犯と同じである。ただ、違法状態が継続する限りでは行為も継続し、違法状態が終わるときに行為も終了するという点が状態犯の場合と異なる。

（d）継続犯と状態犯の区別の実益　　継続犯の場合は、違法状態が継続する限り、共同正犯・幇助犯が成立し、被害者の正当防衛も適法に成立しうる。そして、公訴時効の起算点も違法状態の終了時になる。他方、状態犯の場合は、原則として既遂後には共同正犯や幇助犯が成立せず、正当防衛も成立せず、公訴時効の起算点も既遂時になる。

《判例》「農地の転用」に該当する態様としては、第一に、農地に対して切り土、盛り土または地均しをしたり、農地としての使用に障害となる有形物を設置するなど、農地の形質を外形上のみならず、事実上変更させて原状回復が難しい状態にする場合があり、第二に、農地の外部的な形状の変更を伴わなかったり、外部的な形状の変更を伴う場合であっても、社会通念上、原状回復が難しい程度に至らない状態でその農地を他の目的に使用する場合などが考えられる。前者の場合のように、農地転用の行為そのものによ

第3章　構成要件論　101

り当該土地が農地としての機能を喪失し、それ以降はその土地を農業生産などとは別の目的のために使用する行為が、これ以降「農地の転用」に該当しないときは、許可なしにそのような農地を転用した罪は、そのような行為が終了すると同時に成立し、それと同時に完成される即成犯とみなければならない。しかし、後者の場合のように、当該土地を農業生産などとは別の目的のために使用する行為を依然として農地転用とみることができる場合には、許可なしにそのように農地を転用する罪は、継続犯として、その土地をほかの用途に用いる限り、可罰的な違法行為が継続的に繰り返されている継続犯とみなければならない（大判 2009. 4. 16. 2007 ド 6703）。

（4）結果発生の有無による分類

　構成要件を実現する実行行為が構成要件的結果を満たして結果を発生させた場合を既遂犯とし、構成要件的結果を満たせずに結果が発生しなかった場合を未遂犯という。刑法各則上の構成要件は、おおむね既遂犯の形態である。例外的に未遂犯を処罰すべき刑事政策的な必要性のある場合に限って、刑法は未遂犯を罰する罪を各本条で定めている（第29条）。

VI　行為の手段と行為の状況

1　行為の手段

　刑法は、行為とともに、その行為の特別な手段を構成要件に規定する場合がある。たとえば、偽計・威力による殺人罪（第253条）では、「偽計または威力」という行為の手段を殺害行為とともに規定している。そして、加重窃盗罪（第331条）では、「夜間に、門戸又は墻壁その他の建造物の一部を損壊し、かつ前条の場所に侵入して（第1項）、または凶器を携帯し、又は2人以上が共同して（第2項）」という行為の手段を窃取行為とともに規定している。加重強盗（第334条）・加重逃走（第146条）の場合も同様である。このような行為の手段は客観的構成要件要素であるが、行為様態を構成する要素という点では行為反価値の評価の対象となる。

2　行為の状況

　ある行為が可罰的な行為になるためには、構成要件上その行為が一定の場所的状況や時間的状況の下で行われることを必要とする場合がある。これを行為状況または行為の外的状況という。たとえば、公務執行妨害罪（第136条）における「職務を執行する」や、公然猥褻罪（第245条）・名誉毀損罪（第307条）・侮辱罪（第311条）における「公然と」、夜間住居侵入窃盗罪における「夜間に」という事情

も、行為状況に当たる。このような行為状況は客観的構成要件要素であるが、行為反価値の評価の対象ともなる。

行為状況とは体系的に区別すべき犯罪構成要件要素として、行為の付随的事情がある。行為状況が客観的不法構成要件要素であるのに対して、行為の付随的事情は客観的な特別の責任構成要件要素である。したがって、行為状況は構成要件的故意の認識対象であるが、行為の付随的事情は構成要件的故意の認識対象ではない。行為の付随的事情の例としては、偽造通貨収得後の知情行使罪における「収得した後に」、嬰児殺害罪における「分娩中又は分娩直後」などがある。

Ⅶ 結 果

1 意 義

結果は、行為客体に及ぼす有害な作用として、行為と一定の時間的・空間的間隔をおいて発生する。構成要件的結果は、行為の一部ではなく、独立した結果犯の客観的構成要件要素である。構成要件的結果は、不法の本質的な構成要素として結果反価値の評価の対象になり、量刑の資料としての意味も有する。

結果という構成要件要素は、たいてい書かれざる構成要件要素の形式をとっている。たとえば、殺人罪における死亡、窃盗罪における占有の侵奪などは構成要件に明記されていない。他方、ある構成要件には、行為と結果をともに記述している場合もある。結果的加重犯の場合が、これに当たる。

2 構成要件の類型

客観的構成要件要素としての構成要件的結果が必要であるか否かによって、構成要件を結果犯（Erfolgsdelikte）と挙動犯（Tätigkeitsdelikte）とに分けることができる。

（1）結果犯

（a）意 義　　行為のほかに一定の結果の発生も構成要件要素とする犯罪を結果犯という。実質犯（Materialdelikte）とも呼ばれる。たとえば、殺人罪・傷害罪・強盗罪・損壊罪など、ほとんどの犯罪がこれに属する。特に、結果犯は、行為と結果との間に因果関係および客観的帰属関係を要求する。したがって、結果犯においては、因果関係および客観的帰属関係も客観的構成要件要素になる。結果犯は、状態犯または継続犯の形をとる場合もあり、侵害犯または危険犯（具体的危険犯）の形をとる場合もある。

（b）結果的加重犯　　結果的加重犯とは、行為者が故意に基づく基本犯罪を行った際

に、自ら予見できなかった重い結果が発生した場合につき、基本犯より重い法定刑が定められている犯罪をいう。これは結果犯の変形ないし特殊な形態である。結果的加重犯は、原則として、故意と過失とが結合した形式である。これを真正結果的加重犯という。延焼罪（第168条）・傷害致死罪（第259条）・暴行致死罪（第262条）・堕胎致死傷罪（第269条第3項、第270条第3項）・遺棄致死傷罪（第275条）・強姦致傷罪（第301条）など、ほとんどの結果的加重犯は真正結果的加重犯である。

　他方、過失でなく、故意によって重い結果が発生したにもかかわらず、処罰の不均衡の問題でやむを得ずに結果的加重犯の成立を認める場合もある。これを不真正結果的加重犯という。この場合は、故意によって重い結果が発生したことを明確にするために、故意犯との観念的競合を認めるほうが正しいのである（多数説）。わが刑法上の交通妨害致傷罪（第188条）、現住建造物放火致死傷罪（第164条第2項）・重傷害罪（第258条第1項）などがこれに当たる。

（2）挙動犯

　結果の発生を要せずに、一定の行為があれば構成要件を充足する犯罪を、挙動犯という。これは形式犯（Formaldelikte）とも呼ばれる。たとえば、暴行罪（第260条）・侮辱罪（第311条）・名誉毀損罪（第307条）・公然猥褻罪（第245条）・誣告罪（第156条）・偽証罪（第152条）および抽象的危険犯などが、これに当たる。

（3）両者の区別の実益

　ほとんどの犯罪は結果犯であるが、行政取締法規の違反の行政犯のなかには挙動犯も少なくない。この両者を区別する実益は、結果犯においてのみ行為と構成要件的結果との間に因果関係ないし客観的帰属関係を要するという点にある。その他、中止未遂の場合、挙動犯においては着手未遂のみが可能であるが、結果犯においては着手未遂のみならず、実行未遂も可能である。

第6節　因果関係と客観的帰属関係

I　序　論

　わが刑法第17条は、因果関係について「いかなる行為であっても、罪の要素となる危険の発生に連結しないときは、その結果によっては罰しない」と規定し、結果犯においては行為と結果との間に因果関係が必要であることを宣言している。また、結果は発生したが、それが行為者の行為によるものでない場合は、その結果は他の要因によるものであるため、行為者には既遂ではなく、実行の着手

104　第2編　犯罪論

による未遂の責任を考慮しうるにとどまる。因果関係論は、様々な犯罪現象において、はたしていかなる観点と基準によって因果関係を認めるかを主要な争点としている。また、因果関係に関する議論は単なる自然科学的因果関係の確認のみならず、その範囲についての規範的・評価的帰属の問題も含んでいる。ただ、刑法第17条は結果犯の結果帰属のためには、因果関係の確認を必要とするという原則を規定しているにすぎず、その具体的な内容や方法については何も述べていないため、結局具体的なことは学説に委任していると言える。

　多数説は、結果の帰属を二段階を通じて判断する（二元的方法）。第1段階は因果関係の存否に関する判断であり、第2段階は客観的帰属関係に関する判断である。仮に、ある行為客体の侵害が行為者によって引き起こされたものでない場合（因果関係の不存在）や、たとえ行為者によって引き起こされたとしても、行為者の仕業として帰属させることができない場合（客観的帰属関係の否認）であれば、それは行為者とは無関係な、単なる偶然の事件、行為者に帰属させることができない不幸な事態であるだけで、法的な意味としての構成要件的結果や構成要件的行為があると評価することはできないということである。そして、結果犯における因果関係および客観的帰属可能性に関する様々な基準は、書かれざる構成要件要素に属するといわれている。

　他方、少数説の立場からは、因果関係の存否に関する判断と評価的帰属の判断とを同時に行う（一元的方法）。以下では、具体的に因果関係および帰属をめぐる論争について考察する。

II　因果関係論

1　意　義

　結果犯は行為と構成要件的結果との間に因果関係を必要とする。因果関係がなければ、未遂が問題になりうるだけである。そして過失犯は必ず既遂を前提とするため、過失犯において因果関係が欠如している場合は不可罰である。

2　因果関係が問題となる事例

（1）基本的因果関係

　行為と構成要件的結果との間に、別に介入した原因なしに、因果的な連関性が認められる場合である。結果犯において基本的な因果関係が存在すれば、別の因

果関係の確認は不要である。

（2）二重的または択一的因果関係

　単独でも同じ結果を発生させるに十分な数個の条件が結合して一定の結果を発生させた場合を、二重の因果関係（Doppelkausalität）または択一的因果関係（alternative Kausalität）という。たとえば、甲は飲物に、乙はパンに、それぞれ致死量の毒を入れ、丙がこのパンと飲物を摂取して死亡した場合をいう。

（3）累積的または重畳的因果関係

　単独では同じ結果を発生しえない数個の条件が共同で作用することにより一定の結果を発生させた場合を、重畳的因果関係（kumulative Kausalität）という。たとえば、AとBが各々Aはパンに、Bは飲物に、それぞれ致死量に達しない毒を入れたが、Cがこのパンと飲物をすべて摂取したため、結局Cが摂取した毒の量が致死量に達してCが毒殺された場合である。

（4）仮定的因果関係

　発生した結果に対する原因行為がなかったとしても、仮定的な原因によって同じ結果が発生した高度の蓋然性のある場合を仮定的因果関係（hypothetische Kausalität）という。たとえば、Aは飛行機に搭乗しようとするOを搭乗直前に射殺した。ところが、Oが搭乗しようとした飛行機は離陸してから数分後に墜落し、搭乗者全員が死亡した。OはAによって射殺されなかったとしても、墜落事故で数分後死亡したことが間違いない場合に、「墜落事故」を仮定的因果関係という。

（a）追い越した因果関係

　現実的な因果関係と仮定的な因果関係とを比較し、前者の現実的行為によって構成要件の結果がより早く発生した場合、現実的な因果経過を「追い越した因果関係」（überholende Kausalität）という。たとえば、死刑執行人が死刑執行のために絞首台のボタンを押そうとしている瞬間、その死刑囚によって娘を亡くした母親が飛び込んで自らボタンを押し、死刑囚を死なせた場合である。また、AがOに毒を飲ませたが、体の中に毒が回る前にBがOを銃で殺害した例も挙げられる。

（b）競合した因果関係

　いずれの行為によっても同時に結果が発生したと認められる場合、現実的因果経過を「競合した因果関係」（einholende Kausalität）という。たとえば、Aはオフィスの内にあるOを外に呼び出して射殺した。しかし、Aの行為がなかったとしても、OはBが事前に仕掛けておいた時限爆弾によって同じ時刻に死亡したことが確実な場合をいう。

106　第2編　犯罪論

（5）因果関係の断絶

因果関係の進行中の第1の原因行為に対して、「独立的」な第三者の行為または自然現象が介入したことで、第1行為がその効果を発揮する以前にそれによって結果が発生した場合を因果関係の断絶（abgebrochene Kausalität）という。たとえば、Aは徐々に効果の現れる毒をOに投与したところ、効果の現れる前にBがOを射殺した場合、Aの毒薬の投与行為とOの死亡との間の因果関係は断絶した因果関係であり、Bの射殺行為とOの死亡との間の因果関係は追い越した因果関係である。

（6）因果関係の中断

第1の原因行為と「関連」している第三者の行為または被害者の行為が介入して結果を発生させた場合を、因果関係の中断という。たとえば、犯人の攻撃を受け重傷を負った被害者が病院に入院したが、医師の重大な医療過失によってその被害者が死亡した場合、また犯人の攻撃を受け重傷を負った被害者が治療に必要な輸血を拒否して結局死亡した場合や、障がい者になったことを悲観して自殺してしまった場合などが挙げられる。このような因果関係の中断に関する事例は、以下の非類型的（非典型的）因果関係の類型としても説明することができる。

（7）非類型的（非典型的）因果関係

ある行為が構成要件的結果に対する原因となるが、結果の発生に他の原因が介入したり、または被害者の誤りや被害者の特異体質などが結合した場合を、非類型的または非典型的因果経過（atypischer Kausalverlauf）という。たとえば、AはOを殺害する故意をもって拳銃を発射したが、Oは軽微な傷を負っただけであった。ところが、Oは血友病患者であったため結局死亡した場合、またはOを病院に搬送していた救急車が衝突事故に遭ったため死亡した場合、もしくは病院で医師の治療の過ちによってOが死亡した場合などが、これに当たる。

3　因果関係論による解決方法

（1）条件説

（a）意義および沿革　いわゆる条件公式（condicio sine qua non Formel）によって「もしその行為がなかったならば結果は発生しなかったであろうという関係」にあるすべての条件、すなわち結果の発生に作用したすべての条件は結果発生について刑法上等価的な原因になるとする見解である。それで、この見解は条件説（Bedingungstheorie）

または等価説（Aquivalenztheorie）とも呼ばれる。条件説の核心的な論点は二つある。第一は、結果の発生に作用したすべての条件は結果に対する原因になり、かつ原因と条件の区別は認めることができないということであり、第二は、すべての条件は同等の原因力をもっているため、刑法上同等に評価しなければならないということである。韓国の大法院の判例の中にも、この見解に立っている判例が多く見られる（大判 1955. 5. 24. 4288 刑上 26；1955. 6. 7. 4288 刑上 88）。

(b) **条件説の具体的な適用例**　条件説の具体的な内容は、「君がそれをしなかったのであれば、そのようなことは起こらなかったという関係にある条件は、すべて等価的な原因になる」という原則によって定められる。このような観点から条件説は、上述した因果関係に関する事例を以下のように扱う。

（ア）二重的・択一的因果関係について条件公式を純論理的に適用すると、各条件行為と結果との間に因果関係を認めることができない。A という条件がなかったとしても、B という条件によって結果は発生することができたため、各々の条件は「もしその行為がなかったならば結果は発生しなかったという関係」に当たらないためである。この矛盾は条件説の決定的な弱点になる。

（イ）累積的因果関係においては、各条件が条件公式の関係の中で具体的に結果発生に貢献したことが認められるため、すべての条件は因果的である。

（ウ）仮定的因果関係においては、現実的行為と結果との間にのみ因果関係が存在し、仮定的原因と結果との間には因果関係が存在しないとする。仮定的原因があったとしても、現実的な行為は、それがなかったのであれば結果は発生しなかったという関係にあるので、条件的因果性が認められるためである。

しかし、この関係にも c.s.q.n.の公式を厳格に適用すると、上述した事例において現実的な A の射殺行為がなかったとしても飛行機の爆発によって O は死亡することが確実であるため、結局 A の行為と O の死亡との間には因果関係が存在しないという結論に至ることになる。仮定的因果関係も条件説の弱点の一つである。

（エ）断絶した因果関係においては、第 1 行為は第 2 行為によって結果の発生に向かって進行中の因果経過が断絶されたため、第 1 行為には条件性が欠けている。他方、因果関係の中断においては、すべての条件が等価の原因であるため、因果関係の中断の前後に介入したすべての条件と結果発生の間には因果関係が認められる。

（オ）非類型的因果経過においては、最初の条件も具体的な結果発生について因果的な連鎖効果を及ぼしているため、因果関係が認められる。したがって、血友病や救急車の衝突事故のほか、行為者による最初の拳銃の発射行為も被害者の死亡についての原因になる。

（カ）不作為犯における因果関係においては条件説を適用することができない[9]。不作為犯は作為犯とは異なり、現実的な力の投入がないため、それがなかったのであれば結果は発生しなかったという c.s.q.n.の公式は適用することができないからである。

9　鄭盛根/朴光玟・162 頁。

108　第2編　犯罪論

(c) **批　判**　条件説については以下のような二つの根本的な批判が加えられている。

（ア）論理的な矛盾がある。条件説は一応結果を前提とした上で仮定的思考過程を通じて意味のない条件を除去する方法を用いているため、論理上循環論法に陥っている。

（イ）事理に反する。条件説は条件ごとに質的な区別を認めていないため、直接的な関係のない条件まで結果に対する原因とみなしてしまうという難点を抱えている。つまり、殺人者に凶器や武器を販売した行為、さらには殺人者を出産した行為までも殺人の原因とすることについて論理的に何らの問題もないからである。

（2）合法則的条件説

(a) **意　義**　条件説の欠陥を、日常的な経験知識に基づいた自然法則的な連関性たる合法則的条件公式によって修正しようとするのが、合法則的条件説である（多数説）。ここに言う合法則的条件公式とは、「ある一つの行為が一定の構成要件的結果について因果的であると言えるためには、常に結果は時間的にその行為の後に続き、かつ自然法則的に連関していなければならないという思考形式」をいう。

(b) **具体的内容**　合法則的条件説によって因果関係を確定するには、二つの段階を経る必要がある。

第一の段階は、いわゆる「一般的因果関係」の確定である。この段階では、個々の事例に適用し得る上位命題として自然科学的因果法則の存否を検討する。一般的因果関係の確定において自然科学的因果法則の存否は、裁判官の主観的確信のみでは判断することができない。自然科学の専門家らの専門知識による判断に照らしてそれを一般的に承認できるとき、裁判官は因果法則を用いることができる。

第二の段階は、いわゆる「具体的因果関係」の確定である。この段階では、具体的事案を上述した自然科学的因果法則の下に包摂できるかどうかを検討する。具体的因果関係の確定において一般的因果法則に包摂させる具体的な事案の確定は、専ら裁判官の主観的確信による[10]。特に条件説では不作為や因果経過の断絶の例について因果関係を確定することが容易でなかったが、合法則的条件説はこのような因果関係を確定することが容易である。

(c) **具体的適用例**　（ア）二重的・択一的因果関係では、各行為は結果に対する原因となる。しかし、我々の経験的知識に照らして二つ以上の原因が結果を惹起したのでなければならない。すなわち、原因と結果との間に自然法則的連関性がなければならない。

（イ）累積的・重畳的因果関係は、AとBがOを殺害するために用意した毒はそれぞれ致死量に達しないが、両方を合わせると致死量に達する量であって、両方の毒をすべて飲んだOが死亡した場合なので、AとBの行為はそれぞれOの死亡について因果関係を持つ。ただ、後述する客観的帰属の立場によると、行為者はすべて未遂の責任を負

10　Rudolphi, SK, vor § 1 Rdn. 42.

うことになる。

（**ウ**）仮定的因果関係においても、現実的な因果経過が重要である。したがって、行為と結果とが自然法則的連関を持っている限り、同じ時期に同じ結果が別の事情によっても発生したであろうという仮定によって因果関係を排除することはできない。

（**エ**）断絶した因果関係のように、第2行為が第1行為を追い越して第1行為の進行を断絶したとき、第1行為と結果との間の自然法則的連関性は否定され、第2行為と結果との間の因果関係のみが肯定される。ただ、第1行為の結果によって被害者の防御力が弱くなったため、第2行為が成功に至ることができたという場合には、第1行為についても結果に対する合法則的連関性を認めることができると言えよう。

（**オ**）因果関係の中断および非類型的因果経過においても因果関係は認められる。構成要件的行為が結果発生における唯一の条件または最も有力な条件である必要はないからである。ただし、客観的帰属論に従う立場からは、非類型的因果経過や因果関係の中断が問題となる事例については合法則的連関性によって因果関係は確定しうるが、これだけでは結果が行為者の仕業として帰属しうるものではないとする。

（**カ**）救助の因果関係の断絶例においても因果関係は認められる。たとえば、Aが水に溺れたOを救助しようとしているBを妨害したり、Oに与えられた救命帯を除去したりしたため、救助することができるOが溺死した場合、我々の経験知識に照らしてAが構成要件的結果の発生を阻止することができた因果経過を断絶させたのであれば、Aの行為とOの溺死の間には合法則的な因果関係がある。

（**キ**）不作為犯の場合にも因果関係は認められる。ある人の不作為が、仮に作為をしたら、結果を回避することができたという関係にある限り、不作為と構成要件的結果の発生のに合法則的連関があるとみるためである。

(d) 批判と理論上の限界　（**ア**）この理論も、実際には、因果関係の確定において満足しうる答えを常に与えるものではない。サリドマイド（Contergan）事件（1960年代、ドイツの製薬会社の鎮静剤であったサリドマイドを服用した女性たちが頻繁に奇形児を出産したあため、このような奇形児の出産がこの薬の副作用の結果であったのかが問題になった事件）の例のように、正確な自然科学的経験知識に基づいても判断を下すことができない事案においては、裁判官の主観的確信にのみ依存しなければならないため、合法則的連関性の存在それ自体も不明になるからである。

（**イ**）合法則的条件説において、行為と結果の間を繋ぐ核心概念である「合法則性」というのは、具体的内容が定められていない開かれた概念でしかないため、裁判官の規範的常識に依存する空虚な名称・基準に過ぎないという批判が可能である[11]。この点は、二番目の判断段階である具体的な因果関係の確定において、因果法則に包摂される具体的事案の確定（行為と結果の間の自然法則的な因果関連の存在を前提にして、再び日常的な経験法則としての合法則性による連関関係の確定）は、専ら裁判官の主観的確信に

11　裵鐘大・227頁。

110　第2編　犯罪論

かかっているという点から明らかになる。結局、合法則性というものも日常的な経験則に過ぎないため、以下の相当因果関係説における相当性の概念が曖昧であるという批判が、合法則性についても当てはまるのである。

（ウ）合法則的条件説は、その役割の範囲が因果関係の存否を確定することのみに厳格に限られている。つまり、この理論によって因果関係が認められた場合であっても、終局的にその発生した結果を行為者に帰属させて責任を問うことができるか否かについては、別途、法律的・規範的判断基準を要するのである。その理由は、たとえ合法則的関連性によって条件説の立場を修正するとしても、結論においては非常に広範囲にわたって因果関係が肯定されるためである。こうした問題点があるため、合法則的条件説に従う立場では、例外なく客観的帰属論によって再び責任の成立範囲を制限する方法を取っている[12]。

（3）相当因果関係説（Adäquanztheorie）

（a）意　義　　結果発生に関する様々な条件のうち、社会生活の一般経験法則に照らし、結果発生に相当する条件のみを原因とみなして因果関係を認める見解である。つまり、相当性という尺度を判断基準にして、条件説による因果関係の無制限な遡及を制約しようとする理論である。

（b）判断基準　　相当因果関係説から主張されている行為と結果との間の相当性ないし蓋然性の判断に関しては、様々な学説が分かれている。

①主観的相当因果関係説

行為者の個人的認識・予見能力を基準としつつ、特に犯行時（ex ante）に行為者が認識していた事情、または認識できた事情を基礎として相当性ないし蓋然性を判断する立場である。純主観的予測（reinsubjektive Prognose）の方法である。たとえば、特異体質を持っている被害者を殴打して死亡させた場合、行為者が被害者の特異体質に関して知らなかった、または認識できなかった状態であったら、殴打行為と死亡の結果との間の相当因果関係は否定される[13]。この説は、因果関係の認定範囲が著しく狭いという批判を受けている。

②客観的相当因果関係説

行為者が認識できなかった事情であっても、犯行当時に存在していた事情、および一般人であれば認識できた事後の事情を基礎として裁判官が客観的な観察者の立場に立

12　金成敦・179頁、金聖天/金亨埈・99頁、朴相基・106頁、孫ドン權/金載潤・125頁、孫海睦・280頁、申東雲・132頁、安銅準・71頁、李在祥・157頁、李廷元・110頁、李炯國・106頁、任雄・138頁、鄭盛根/朴光玟・173頁、曺俊鉉・160頁、陳癸鎬・208頁。

13　大判 1978. 11. 18. 78 ド 1691：「高校の教師である被告人が被害者の頬を打った瞬間、普段から衰弱していた状態に起因した急激な脳圧の上昇で被害者が後ろに倒れながら死亡した場合、上の死因は被害者の頭蓋骨が異常に薄く、脳水腫を患っていたことに由来するもので、被告人は被害者の虚弱さを知っていたが、頭脳に特別な異常があることは分からなかったのであれば、被告人の所為と被害者の死亡の間には因果関係がない、または結果発生に対する予見可能性がなかったということである。」

ち、相当性を判断する方法である[14]。客観的事後予測（objektivnachträgliche Prognose）の方法とも呼ばれる[15]。上述の例では、行為者は被害者の特異体質に関して知らなかったが、犯行当時にも被害者が特異体質であったことは事実である。したがって、裁判官は特異体質を持っている人を殴打するとその人は死亡するかを判断資料として相当性を判断することになり、かつこの場合には因果関係が肯定される。この説は、犯行時に行為者が認識できなかった事情と、一般人も認識できなかった事情まで考慮して相当性を判断するため、因果関係の認定範囲が広すぎるという批判を受けている[16]。

③折衷的相当因果関係説

犯行時に、行為者のみならず、洞察力のある人であれば、認識・予見することができた事情を考慮して、相当性ないし蓋然性を判断する方法である。相当因果関係説の支持者のなかでは、この折衷的予測方法に従う人が圧倒的に多い[17]。しかし、折衷的立場にしたがって相当性を判断すると、たとえば行為者が認識した事情と一般人が認識した事情とが異なる場合にはどちらの認識内容を基礎として相当性の可否を判断すべきかという問題に突き当たる。

④私　見

相当因果関係説を採る場合には、具体的な相当性の判断方法は客観的事後予測の方法に従うことが望ましい（客観的相当因果関係説）。すなわち、裁判官が注意力のある第三者の立場に立ち、犯行当時に存在していた事情、および認識できた事後の事情を基礎として相当性を判断する方法である。客観的相当因果関係説は、因果関係の認定範囲が広すぎるという批判を受けているが、これは主観的構成要件の判断段階で適切に制限し得るため、あまり問題にならない。また、この説が折衷的相当因果関係説とは異なり、行為者の主観的認識内容や認識可能性を相当性の判断資料としない理由は、犯罪体系論上、それが主観的構成要件要素（故意犯の場合）ないし責任要素（過失犯の場合）に該当するためである。

相当因果関係説は、合法則的条件説および客観的帰属論が知られる以前まで、我が国の多数説であった。そして、現在の判例の基本立場と言える。

【相当因果関係を認めた判例】

①被告人が拳で被害者の腹部を１回強打して被害者を胃破裂による腹膜炎で死亡させたのであれば、たとえ医師の手術の遅れなどの過失が被害者の死亡の共同原因になったとしても、被告人の行為が死亡の結果に対する有力な原因になった以上、その暴力の原

14　わが国において、客観的相当因果関係説を支持する学者としては、裵鐘大・229頁、沈在宇「刑法上의 因果關係（刑法上の因果関係）」月刊考試（1977. 8）45頁。

15　Tröndle/Fischer, vor § 13 Rdn. 16b.

16　この批判は、孫海睦・240頁。

17　従来、わが国の通説であった。權文澤「刑法上의 因果關係（刑法上の因果関係）」考試界（1972. 8）77頁、金鍾源「刑法에 있어서의 因果關係（刑法における因果関係）」考試界（1965. 4）87頁、南興祐・100頁、成時鐸「因果関係」194頁、廉政哲・431頁、李健豪・67頁、鄭暢雲・129頁。

112　第2編　犯罪論

因と致死の結果の間には因果関係があるとするが故に、被告人は被害者の死亡の結果に対して暴行致死の罪責を免れない（大判 1984. 6. 26. 84 ド 831）。

②被害者を2回にわたって両手で強く押して地面に倒す暴行を加えることで、被害者がその衝撃によるショック性心臓マヒで死亡したのであれば、たとえこの被害者がその当時、動脈硬化や心筋の線維化症状などの心臓疾患の持病があって、泥酔した状態であったため、それが被害者の死亡に影響を与えたとしても、被告人の暴行と被害者の死亡の間に相当因果関係がないとは言えない（大判 1986. 9. 9. 85 ド 2433）。

③被告人が被害者の胸ぐらをつかんで揺らしたり、拳で胸と顔を1回ずつ殴打したり、胸ぐらをつかんで倒したりするなど、身体の多くの部位に表皮剥奪、皮下出血などの外傷が生ずるほどに酷く暴行を加えることで、普段から右冠状動脈閉鎖や心室の虚血性筋線維化症状などの心臓疾患を患っていた被害者の心臓に更なる負担を与えて悪い影響をもたらしたのであれば、たとえ被害者が冠状動脈不全や虚血性心筋梗塞などで死亡したとしても、被告人の暴行の方法、部位や程度などに照らして、被告人の暴行と被害者の死亡の間に相当因果関係があったとみることができる（大判 1989. 10. 13. 89 ド 556）。

④暴力団員が振り回した凶器に刺されて負った傷によって急性腎不全症が発生して治療を受けていた被害者が、食べ物と水分の摂取を抑制しなければならないにもかかわらず、不用意に飲み物を飲んだため合併症が生じ、結局死亡したのであれば、暴力団員の犯行が被害者を死亡させた直接的な原因となったのではなく、被害者自身の過失が介在した場合である。しかし、殺人の実行行為が被害者の死亡という結果を発生させた唯一の原因であったり、直接的な原因であったりすべきものではない。したがって、殺人の実行行為と被害者の死亡の間に他の事実が介在し、その事実が死亡という結果発生の直接原因になったとしても、それは普通予見できる事実であるため、殺人の実行行為と死亡の結果の間に因果関係があるものとみなければならない（大判 1994. 3. 22. 93 ド 3612）。

⑤暴行や脅迫を加えて姦淫しようとする行為（強姦）と、被害者が極度の興奮および恐怖心にとらわれて、そこから逃げようとしたことで—客室の窓から脱出を試みて—死傷に至った事実との間には、いわゆる相当因果関係があるため、強姦致死傷罪に処することができる（大判 1995. 5. 12. 95 ド 425）[18]。

⑥賃借人が引っ越しのとき、自分の費用で設置・使用していたガス設備のヒューズコックを何の措置もせずに除去して引っ越しを行ったため、ガスの供給を個別的に遮断しうる主バルブが開かれガスが流入して爆発事故が発生した場合、旧液化石油ガスの安全および事業管理法上の関連規定の趣旨とその主バルブを誰かが開閉する可能性を排除できない点などに照らして、そのヒューズコックを除去する際、その部分に何の措置もせずに放置すると、主バルブが開かれて流入するガスを防ぐ安全装置がなく、ガスの流出によって大型事故が発生する可能性があることは、平均人の観点から客観的にみて十

18　ただし、これと類似した事例について予見可能性のないことを理由にして相当因果関係を否定した判例があることに注意しなければならない。「被害者が旅館の部屋の窓を通じての下に飛び降りた当時は、被告人が小便をするためにトイレに行ったときであり、被害者が一応差し迫った危機状態から脱していただけでなく、何よりも4階に位置した上の部屋から外に飛び降りたら、大怪我をしたり、さらには生命を失うかもしれないという点に鑑みれば、このような状況の下で、被害者が強姦を避けるため、4階の窓から飛び降りたり、またはこれによって傷害を負うことは予見することができないとみるほうが経験則に合致するものであるところ、」（大判 1993. 4. 27. 92 ド 3229.）

分予見できるという理由で、賃借人の過失とガス爆発事故の間に相当因果関係を認めた事例（大判 2001. 6. 1. 99 ド 5086）。

⑦先行車に続き、被告人が運転していた車が再び被害者を轢いた過程で被害者が死亡した場合に、被告人が被害者を轢いたことと被害者の死亡の間に因果関係を認めた事例（大判 2001. 12. 11. 2001 ド 5005）。

⑧担当医師が看護師に、膵臓の腫瘍を除去する手術を受けた直後の患者に対して1時間ごとに4回のバイタルサインを測定することを指示したが、一般病室に勤務する看護師甲は、重患者室でもない一般病室では、そのようにする必要がないと思い、バイタルサインを2回だけ測定し、3回目以後は測定しなかった。甲と勤務交代をした看護師乙もまた、自分の勤務時間内である4回目の測定時刻までバイタルサインを測定しなかった。この患者は、4回目の測定時刻から約10分後、心肺停止の状態に陥り、約3時間後過剰な出血で死亡した。この事案において、1時間ごとにバイタルサインを測定していたなら、出血を早期に発見して輸血、手術などの治療を受けて患者が死亡しなかった可能性が十分にあると思われるだけでなく、甲と乙は医師の上の指示を遂行する義務があるにもかかわらず、3回目の測定時刻以後から4回目の測定時刻までバイタルサインを測定しなかった業務上の過失があるとみるべきである。にもかかわらず、甲、乙に業務上過失があり、上のバイタルサインを測定しなかった行為と患者の死亡の間に因果関係があるとは断定しがたいとした原審の判断には、法令解釈の誤りという違法があるとした事例（大判 2010. 10. 28. 2008 ド 8606）。

【相当因果関係を否定した判例】

①強姦された被害者が家に帰って服毒自殺をするに至った原因が、強姦されたことによって生じた羞恥心と将来に対する絶望感などにあったとしても、その自殺行為をまさに強姦行為によって生じた当然の結果と見ることはできないため、強姦行為と被害者の自殺行為の間に因果関係を認めることはできない（大判 1982. 11. 23. 82 ド 1446）。

②被告人が運転していた車がすでに停車していたにもかかわらず、追いかけてきた車がこれに衝突し、それによって、被告人の車が前の車に追突する事故が発生した場合、たとえ被告人に安全距離を遵守しない違法があったとしても、それがこの事件の被害結果について因果関係があると断定することはできない（大判 1983. 8. 23. 82 ド 3222）。

③信号によって交通整理が行われているト字型の三叉路の交差路を緑の灯火に沿って直進する車両の運転者は、特別な事情がない限り、他の車両も交通法規を遵守して衝突を避けるために適切な措置を取るものと信じて運転することで十分であって、対向車線の他の車両が信号を無視して、直進する自己車両の前を横切って左折することまで予想し、それによる事故の発生を未然に防止するための特別な措置まで講じなければならないとする業務上の注意義務はなく、上の直進車両の運転手が事故地点を通過する頃、制限速度に違反して速度違反の運転をした過失があったとしても、そのような過失と交通事故の発生との間に相当因果関係があるとすることはできない（大判 1993. 1. 15. 92 ド 2579）。

④緑の信号に沿って往復8車線の幹線道路を直進する車両の運転者は、特別な事情がない限り、往復2車線の接続道路を走行している他の車両も交通法規を遵守して勝手に禁止された左折を試みないと信じて運転することで十分であって、接続道路を走行していた車両が、全く許容されていない左折を強行して、直進している自己の車両の前を横切って進む場合まで予想し、それによる事故の発生を未然に防止するために特別な措置

114　第 2 編　犯罪論

> まで検討する注意義務はないのであり、また、運転者が制限速度を守りながら進行していたら被害者が左折して進入することを発見して衝突を避けることができたなどの事情がない限り、運転者が制限速度を超過して進行した過失があったとしても、そのような過失と交通事故の発生の間に相当因果関係があるとすることはできない（大判 1998. 9. 22. 98 ド 1854）。

(c) 批 判　　相当因果関係説に対しては、次のような批判が加えられている。

第一に、相当因果関係説が提示している、社会生活上の一般的な経験に基づいた相当性という概念は、因果関係の判断のための明確な基準になり得ない。とくに、非類型的因果関係の場合は、事前に予測しづらい事情が介入することで結果発生に至ることになるため、相当因果関係説に従うと、この場合には常に因果関係を否定するしかないという結論になる[19]。

また、相当性が非常に曖昧な概念であるという問題点は、現在大法院が因果関係の判断において一貫性のない判決を下していることによく表れている。

> たとえば、被害者の特異体質が問題になった事例において、わが大法院は被害者の頭蓋骨が薄くて脳水腫を患っていたため死亡した事例では因果関係を否定したが[20]、被害者の高血圧[21]、持病[22]、心臓疾患[23]などが問題になった場合には相当因果関係を認めた。なお、被害者が強姦を避けるために逃げる途中に重い結果が発生した二つの類似する事例については、それぞれ重い結果の発生に対する予見可能性がある[24]、またはない[25]という理由で相当因果関係を認めたり、否定したりした。

第二に、相当因果関係説は、合法則的条件関係の確定という点と、そしてこの関係が

19　このような批判は、申東雲・164 頁、李在祥・142 頁、鄭盛根/朴光玟・166 頁。

20　大判 1978. 11. 18. 78 ド 1691：「高校の教師である被告人が被害者の頬を打った瞬間、普段から衰弱していた状態に起因した急激な脳圧の上昇で被害者が後ろに倒れながら死亡した場合、上の死因は被害者の頭蓋骨が異常に薄く、脳水腫を患っていたことに由来するもので、被告人は被害者の虚弱さを知っていたが、頭脳に特別な異常があることは分からなかったのであれば、被告人の所為と被害者の死亡の間には因果関係はない、または結果発生に対する予見可能性がなかったということである。」

21　大判 1970. 9. 22. 70 ド 1387：「被害者である○○○は、普段、高血圧の症状を持っていた人として、この事件において、被害者が脳溢血を起こしたのは精神的衝撃によるものにすぎないと断定しうる資料は見当たらず、上記のように○○○が脳溢血で意識不明になったが、一時好転して人の助けを受けて歩いて帰宅することができたとしても、彼が完治せずに死亡するに至った以上、その死因が脳溢血であるとした原審の判断には何の違法もなく、また先行死因が高血圧であったとしても、直接死因は脳溢血であって、上の脳溢血は被告人らから暴行を受けた被害者○○○が後ろに転倒する際、頭を戸だなにぶつかって起きたものである以上、この事件の死因と被告人らのこの事件の暴行との間に因果関係がないとはいえないであろう。」

22　大判 1979. 10. 10. 79 ド 2040.

23　大判 1986. 9. 9. 85 ド 2433；大判 1989. 10. 13. 89 ド 556.

24　大判 1995. 5. 12. 95 ド 425.

25　大判 1993. 4. 27. 92 ド 3229.

社会生活上の日常的な経験に含まれる相当なものなのかという点の二つの観点を内包している。このため、相当因果関係説は異質な二つの要素、すなわち自然科学的因果関係の存否の問題と帰属という規範的問題とを無理に結合しているとの批判を受けている[26]。

第三に、相当因果関係説は、合法則的因果関係と結果帰属の観点をともに内包しているため、因果関係理論としては発展した理論という評価ができるが、帰属の観点からは進化していない理論という批判も受けている。すなわち、結果帰属と関連して、この説は非類型的因果経過の結果帰属などを相当性の観点から排除することができるが、相当性という観点は客観的帰属の基準としては、未だに分化していない客観的帰属の一尺度にすぎないということである。

（4）因果関係中断論

因果関係が継続する途中、他人の故意行為や偶然の事情によって新たな因果関係が介入したのであれば、先行の因果関係は中断されるという理論である。これは、条件説の因果関係の拡張を制限するためのものとして、遡及禁止論（行為と結果との間に第三者の故意行為が介入した場合、結果の発生から遠い条件は結果を直接もたらした後行の条件によって、事後的にその原因性が排除されるという理論として、Frank が主張した）の内容と同様である。

しかし、これに対しては、先行の因果関係が後行の因果関係の介入によって断絶されることを証明することができず、後行の因果関係と先行の因果関係とに関連性がない場合、因果関係の中断もあり得ないという問題があるため、学説や判例の支持を受けていない。

4　結　論

わが刑法学界の議論状況と判例の立場とを考慮して判断してみると、因果関係に関する学説のうち、どの見解に従うべきかという悩みは、結局相当因果関係説を採るべきか、それとも合法則的条件説を採るべきかという問題に帰着する。このうち、圧倒的な多数説は、因果関係の確認は合法則的条件説によって解決し、具体的な帰属の問題は客観的帰属論によって解決しようとする立場である（二元的方法）。他方、相当因果関係説の相当性の観点にしたがって、因果関係の確認とその帰属の範囲とを具体的に制限するほうが望ましいという見解は少数説である（一元的方法）。

26　申東雲・164頁、鄭盛根/朴光玟・166頁。

116　第2編　犯罪論

　本書は、合法則的条件関係と客観的帰属の判断という2段階の判断を経て結果の帰属を確定する多数説の方法論に従う。ただし、多くの場合、相当因果関係説によって判断しても、多数説と同じ結論に至ることになる点に注意しなければならない。その主な理由は、合法則的条件説から提示されている合法則性という要素が、相当因果関係説から提示されている相当性の概念とあまり異ならないためである。行為と結果との間に合法則的連関があるかという判断は、結局、「日常的な経験」[27]に基づいた裁判官の主観的確信によって下されるのであって、行為と結果との間の相当性の判断もこれと異ならないからである。さらに、我々に知られている自然科学的知識が、相当性の判断の基礎となる社会生活上の経験から排除されることはない。この点に照らして、合法則的条件説も相当因果関係説の方法論とあまり異ならないことが分かる。

　結局、合法則的条件説が相当因果関係説と異なる点は、因果関係の確定とともに、結果の帰属まで確定しなければならない負担を負わないという点にある。すなわち、相当因果関係説は相当性の観点から因果関係の確認および帰属の範囲まで最終的に確定しなければならないが、合法則的条件説は比較的幅広く因果関係の成立を認めたうえで、具体的な結果の帰属の確定は客観的帰属論に任せているのである。客観的帰属論は結果の帰属のために、より細分化・具体化された基準を提示しようとする点から、専ら相当性の観点にのみ注目している相当因果関係説よりは一歩進んだものと評価することができる。

III　客観的帰属論

1　原則論
（1）意　義

　行為による結果の客観的構成要件への帰属、すなわち客観的帰属の理論は、現代刑法理論学における最も新しい分野の一つである。客観的帰属論は、因果関係が確定された結果を行為者の仕業として帰属させるための理論である。この理論によると、因果関係を判断する段階で、行為と結果との間に合法則的条件関係が確認されたとしても、それだけでは行為者に結果に対する責任を問うことはでき

27　金日秀『韓国刑法 I』333 頁（日常的な経験知識に基礎した自然法則的な連関性）、孫ドン權/金載潤・120 頁（日常的な経験法則としての合法則性）、Sch Sch Lenckner, vor § 12 Rdn. 75 (emprisch gesicherte Gesetzmäßigkeit).

ない。因果関係の確定は、行為と結果との間の自然的因果性を確認することに過ぎないのであって、これに対する法的な責任の可否・範囲は法的・規範的観点によって新たに判断しなければならないと考えられている。したがって、行為者の行為と刑法的に反価値的な結果だけが不法行為を構成するのではなく、結果が行為者の危険な行為によって創出された仕業として、その行為者に帰属することになってはじめて、客観的構成要件に該当するという評価を受けることになる。結局、客観的帰属論は因果関係の確定を前提としつつ、より細分化した観点によって結果帰属の範囲を構成要件の段階で制限しようとする理論であると言えよう。

　従来の因果関係論は、刑法において偶然と必然とを区別することに集中していたが、客観的帰属論は、客観的構成要件該当性の評価において不法と不幸を区別する目的論的機能を有している。結果犯（主に、侵害犯および具体的危険犯）における客観的帰属関係は、因果関係とともに「書かれざる構成要件要素」として客観的構成要件要素になる。

（2）客観的帰属関係の法的性質

　客観的帰属関係が存在すると、客観的構成要件該当性が満たされて、結果犯の既遂が成立する。他方、客観的帰属関係が欠けている場合、行為反価値ないし結果反価値が欠けることになるため、客観的構成要件該当性が否認される。この場合、法的評価の帰結は二つある。第一は、最初から可罰性それ自体が消滅する場合である。この場合は、たいてい行為反価値自体が欠けていることに起因する。第二は、単に既遂が成立しないだけで、未遂犯の処罰規定がある限り、未遂として処罰される場合である。この場合は、たいてい結果反価値の減少に起因する。もちろん、未遂が成立する場合は、故意の結果犯に限られる。

　過失の結果犯の場合は可罰的未遂というものがあり得ないため、客観的帰属関係が否認されると、常に可罰性全体が消滅する。

2　客観的帰属関係の尺度

　因果関係が確認された構成要件的結果の客観的帰属のための具体的な尺度に関しては、様々な見解があるが、その内容は次のようなものである。

（1）法的に許されていない危険の創出（一般的な客観的帰属の尺度）

　客観的構成要件への帰属のためには、構成要件に該当する法益侵害の原因を惹起することだけでは不十分である。刑法規範は、一般人に対して一般的な禁止ま

たは命令を課する。この規範の要求に反する社会的行為は、たいてい、社会生活上客観的に求められる注意義務に違反することと内容的に同一である。したがって、客観的構成要件は、行為者が客観的注意義務に違反して許されない危険を創出したり、強化したりする行為をしたことを前提とする。結局、一般的な客観的帰属の尺度としての危険の創出は、まさに客観的注意義務違反を称するものになる。この帰属原則は本質的に相当因果関係説と合致する。

　法的に許されない危険創出行為とみなすことができないため、最初から可罰性が排除される場合の基準としては、次のようなものがある。

　(a) 許された危険の原則　　危険を伴う行動様式のうち、多くのものが公共の利益という上位の根拠によって一般的に許される場合がある。これを許された危険（erlaubtes Risiko）と呼ぶ。代表的な例が道路交通の場合である。仮に、車の運転者が交通法規を遵守しながら運転していたが、いきなり歩行者が車に飛び込んで死亡したとき、客観的に運転者がそれを回避することができなかったのであれば、運転者は歩行者の死亡の原因を惹起したことは事実であるが、当該構成要件上の「殺害」をしたのではない。法的評価基準によると、この場合は不幸な事故が起きたのであって、殺害行為があるわけではない。不幸な結果は、運転者の行為の適法性を変えないため、客観的帰属は否定される。

　(b) 危険減少の原則　　行為者が既存の因果経過に介入したにもかかわらず、被害者に必然的に発生する危険を阻止することができなかったとしても、危険の程度を減少させたり、行為客体の状況を改善させた場合には客観的帰属は否定される。たとえば、被害者の頭に致命的な打撃が与えられる瞬間、被害者を押し出して肩にのみけがを負わせた場合や、火事のときに子どもを窓の外に投げて重傷を負わせたが、この方法のほかには子どもを救助する方法がなかった場合などがこれに該当する。

　(c) 社会的に相当で、軽微な危険の原則　　行為者が法益侵害の危険を減少させたのではないが、法的に意味を持つほどの危険を増大させたのでもない場合、客観的帰属は否定される。雷の日に、主人が召し使いを外で働かせたため、召し使いが雷に触れて死亡した場合や、法的に重要ではない日常生活の活動、すなわち階段を上がること、温泉、登山などに誘った場合などがこれに該当する。この行為がまれにある事故を誘発したとしても、これと連関した社会的に相当で軽微な危険は法的には意味のないものであって、それによって誘発された結果は不幸であるだけで、不法ではない。

　(d) 構成要件的結果の客観的支配不可能性の原則　　行為者の行為によって惹起される構成要件的結果が、一般人によっても客観的に支配可能なものでなければ、それを行為者の仕業として帰属させることはできない。ここでの客観的支配可能性というのは、客観的認識可能性と予見可能性を含む概念である。したがって、その内容は、従来過失犯において議論されてきた客観的注意義務違反の基準と同じである。

　客観的な支配から脱した偶然の結果や、現代の経験知識に照らして合理的・理性的判

断では到底予見することができなかった事件の経過は、客観的に帰属させることができない。たとえば、雷の事例の場合、または相続人の甥が被相続人である叔父を殺害するために安全性の低い飛行機に乗って旅行に行くことを誘い掛けたところ、あいにくその飛行機が墜落して叔父が死亡した場合などが、この例に該当する。

　　これらの場合は、刑法的に非難するほどの危険を創出したとみなすことができないため、客観的帰属が否定されるという見解もある。刑法規範は規範の名宛人の行為を規律するものであるから、客観的に予見不可能・支配不可能な結果の回避を、行為者に求めることができないからである。

（2）創出された危険の具体的実現（特別な客観的帰属の尺度）

　行為者によって創出された危険が、具体的な構成要件的結果においても実際に実現されたときには、客観的帰属を肯定することができる。ここでの危険の具体的な実現は、一般的な客観的帰属に続いて検討すべき特別な客観的帰属の尺度に該当する。

　危険実現の評価基準としては次のようなものが挙げられる。

　(a) 創出された危険の相当な実現の原則　　構成要件的結果が行為者によって創出された危険の相当な実現ではなく、予見することができなかった因果経過を通じてもたらされたものであれば、結果の帰属は不可能であり、未遂を考慮することができるに過ぎない。たとえば、行為者の殺害行為は未遂に止まったが、被害者は病院に移送される途中、交通事故に遭って死亡した場合である。この非類型的因果経過の事例においては、因果関係のみでは結果の帰属を認めることができない。危険の相当な実現がなかったことを理由として、結果の帰属を否認し、未遂のみを問題視すべきである。

　結果が当初の実行行為によって創出された危険の相当な実現である場合にのみ、その実行行為が相次いで発生した因果経過の危険を法的に重要なことと言えるほど増加させたことになり、かつ結果の客観的帰属を認めることができる。例えば、行為者が泳げない被害者を橋の下に落として溺死させようとしたが、実際にはその被害者は溺死せず、橋脚に頭をぶつかって脳震盪で死亡した場合、脳震盪による死亡の危険は、最初から当初の実行行為と相当な程度に関連しているものであるため、たとえ因果経過の相違はあるとしても、殺害行為は既遂になる。

　この帰属の原則も、その適用においては相当因果関係説の結論とほとんど一致する。行為者によって創出された危険が結果の段階で相当な程度に実現されたか否かに関する判断は、具体的に現れた結果に対する客観的予見可能性の尺度に従っている。したがって、全面的に非類型的な因果経過の場合、つまり被害者について軽傷を負わせたが、被害者が血友病のような特異体質であったために死亡した場合や［大判 1982 1. 12. 81 ド 1811（高血圧事件）；大判 1985. 4. 23. 85 ド 303（冠状動脈硬化および狭窄症状の患者事件）］、被害者をナイフで刺して重傷を負わせたが、被害者が入院した病院の火事で焼死

120　第2編　犯罪論

した場合には、結果の帰属は認められない。

> 《判例1》　お互いに悪口を言い合ったり、喧嘩したりしながら、行為者は被害者の肩
> をつかんで7メートルほど歩いた後に手放すなどの暴行をした。被害者はしばらく座っ
> ていた後に倒れて脳出血を起こした。被害者は外見上は健康に見えたが、普段から高血
> 圧症で、外部からの精神的・物理的衝撃に簡単に興奮して脳出血になりやすい体質で
> あった。それなら、行為者の暴言と暴行によって衝撃を受けて傷害を負ったとしても、
> 悪口を言い合ったり肩をつかんで少し歩いた後に放したりした程度に過ぎない暴行に
> よって、被害者がそれほどの傷害を負うものとは予見できなかったはずであるから、傷
> 害の結果に対する責任を問い、暴行致傷罪として処罰することはできない（大判1982. 1.
> 12. 81 ド 1811）。
>
> 《判例2》　お互いに胸ぐらを捕まえて争いながら、被害者を後ろに押しつける暴行を
> 加えたところ、被害者は地面に座り込んだまま、息を吐き出した後、倒れて心臓麻痺で死
> 亡した。ところで、被害者は外見上は健康に見えたが、実際は冠状動脈硬化症を持った
> 特異体質者であった。このような場合、押しつける程度の暴行による衝撃でも心臓麻痺
> を起こして死亡したのであれば、行為者に死亡の結果についての予見可能性があったと
> は言えない。したがって、結果的加重犯である暴行致死罪で処罰することはできない
> （大判1985. 4. 23. 85 ド 303）。

　(b) 法的に許されない危険実現の強化　　行為者の行為が法的に許されない危険の実
現を強化した場合には、結果の客観的帰属が可能である。たとえば、毒蛇に噛まれて危
篤に陥った人の治療に必要な解毒薬を廃棄したため、患者は治療を受けることができ
ず、死亡した場合のように、発生した危険な結果の防止を妨害することで危険を強化し
た場合、結果は行為者に客観的に帰属される。

　(c) 適法な代替行為と義務違反連関論または危険増加論　　行為者が禁止された行為
をすることで構成要件的結果を惹起したが、適法な代替行為をしていたとしても同じ結
果の発生が確実視される場合、客観的帰属は排除される。これは義務違反連関と呼ばれ
るもので、過失犯の結果帰属における重要な要素になる。

> 《判例》　行為者がトラックの左車輪で道路のセンターラインを踏みながら運行してい
> たところ、被害者の乗用車が反対方向からトラックの進行車線に走ってきた。乗用車は
> トラックを避けるため急いで自分の車線に戻ろうとしたが、トラックとぎりぎりのとこ
> ろを通り過ぎながら、またトラックの車線に入り、乗用車の前部の左車輪とトラックの
> 後部の左車輪がぎりぎりで衝突し、相次いでトラックの後ろに走っていた車両とも衝突
> した。このような場合、たとえ行為者がセンターラインを踏まずに正常に運転していた
> としても、事故を避けることができなかったため、トラックの左車輪でセンターライン
> を踏みながら運転したことだけでは、この事故の直接的な原因になったとは言えない
> （大判1991. 2. 26. 90 ド 2856）。

ところが、適法な代替行為をしていたとしても、同じ結果が発生する可能性や蓋然性のある場合の客観的帰属の可否に関しては、見解が分かれている。

　　貨物自動車の事例（BGHSt 11，1）：ある貨物自動車の運転者が自転車を追い越すときに75cmという法定間隔より狭い間隔で追い越したところ、これに驚いた被害者が自転車のハンドルを逆に切ったあげく、貨物自動車に轢かれて即死した。刑事裁判の鑑定人は、貨物自動車の運転者が法定間隔を遵守しながら追い越していたとしても、この事故は発生した蓋然性が高いと供述した。その理由は、被害者が泥酔した状態であって、その状態では行為者が法定間隔を遵守していたとしても、被害者の精神的・肉体的調整能力の薄弱により、追い越す車の下に巻き込まれた可能性が高いというものであった。

この事例において、仮に貨物自動車の運転手が法定基準を維持しながら追い越していたら、彼に結果を帰属させることはできない。しかし、この事例のように適法な代替行為をしなかったため、結果が発生した蓋然性が高い場合には、いかに扱うべきか。

ロクシンによって展開された危険増加論（Risikoerhöhungstheorie）は、上述の貨物自動車の不法な追い越し事例における不法な追い越しは事故発生の蓋然性を高める場合として、行為者が危険を増大させた結果という点から、結果を客観的に帰属させることができるとする[28]。

しかし、ロクシンの危険増加論については、次のような批判が可能である。すなわち、この理論のように、行為者が注意義務を尽くしたにもかかわらず、結果の不発生が確実視されない場合について結果の帰属を認めるのは、刑事法の大原則である、in dubio pro reo の原則（疑わしきは被告人の利益に！）に反するだけでなく、侵害犯を危険犯に変質させるものである[29]。

たとえ行為者の過失（注意義務違反）が結果発生の危険を増大させたとしても、その危険が結果内でほぼ確実に実現されたと言えるほど確認されない限り、結果発生に関する責任を問うことは無理と思われる。また、帰属の準拠となる危険の増加を量的に数値化・計量化することは不可能であるということも、危険増加論に賛成できない理由の一つになる。

（3）規範の保護目的

行為者が保護法益について許される危険の範囲を超える危険を創出し、かつ危険を実現したが、因果経過の進行を防止することが当該犯罪構成要件の任務（たとえば、殺害禁止）ではない場合には、結果の帰属は否定される。これを規範の保護目的と言う。

刑法上、構成要件規範の保護目的は、主に過失犯においてその帰属を排除する

28　Roxin, § 11 Rdn. 76.

29　李在・155 頁、李廷元・127 頁、Sch/Sch/Cramer, § 15 Rdn. 171; Wessels/Beulke, S. 676; Ulsenheimer, Erfolgsrelevante und erfolgsneutrale Pflichtverletzung im Rahmen der Fahrlässig-keitsdelikt, JZ 1969, S. 364; Hirsch, Die Entwicklung der Strafrechtsdogmatik nach Welzel, FS-Uni, Köln, S. 422.

ために使われてきた。故意行為については法益保護の措置を取ることが、構成要件の本来の任務であるからである。しかし、故意行為についても、次の三つの事例群においては、構成要件規範の保護目的は、帰属制限ないし帰属排除の役割を担当する。

　(a) 故意的な自損行為への関与　　故意的な自損または自傷行為が原則として不可罰である場合は、この行為に関与した者も同じく不可罰になる。なぜなら、この構成要件的結果は、当該構成要件規範の保護領域外で発生した場合だからである。

> 《事例1》　AとBは一緒にお酒を飲んだ後、酒の勢いでバイクレースをすることにした。Bは曲がりくねった道路で行われた二人だけのレースで自分の過失で倒れ、致命傷を受けてその場で死亡した (BGHSt 7、112)。

　ドイツ連邦最高裁判所は、Aが義務に違反して予見可能で、回避可能な結果を惹起したとして、Aに過失致死の有罪判決を下した。しかし、Aは単にBの故意的な自損行為に関与しただけで、危険はその当時責任能力のあったBの過失に起因するものである。したがって、その結果は危険の実現には該当するが、過失致死罪の構成要件規範の保護領域に該当しないため、客観的に帰属されない。結局、Aの行為には全く可罰性がない。

> 《事例2》　Aは賢くしとやかな女性Bを強姦したが、これに羞恥を感じたBが服毒自殺をしてしまった (大判 1982.11.23.82 ド 1446)。
> 《事例3》　警察官が、弾丸が装填されている拳銃をたんすの中に置いたまま、外出した間に、前途を悲観した彼の妻がその拳銃で自殺した。

　この場合にも、他人の故意的な自損 (自殺・自害など) について非故意的に関与したに過ぎない行為は、当該規範の保護目的外にあるため、客観的構成要件に帰属されない。この場合は、行為反価値が欠けた事例に該当する。

　(b) 了解した被害者に対する加害行為　　被害者が自ら故意的な自損行為を行い、自己危殆化をもたらしたのではなく、他人によって自分に危険が惹起されることを知りながらも、それを了解したため、被害者に危険な結果が発生した場合である。今日、このような事例は交通手段の利用の増加とともに頻繁に発生している。

> 《事例1》　タクシーの乗客が約束の時間を守るために、運転者にスピード違反の運転を懇請したところ、これに応じた運転者がスピードを出しすぎて並木を突き飛ばしたため、乗客が死亡した場合
> 《事例2》　運転できないほど泥酔した運転者に対して、ともに酒を飲んだ友達が車で送ってくれと強請したため、一緒に車に乗っていく途中、車が崖下に墜落して同乗した友達が死亡した場合

このような事例において、客観的帰属論は、殺人・傷害禁止の構成要件規範の保護目的が被害者の了解をどれ程まで考慮しているかという点に注目する。そして、次の三つの条件下で被害者の了解に基づいて実現された危険は、行為者の故意・過失による自損行為と同様に解決することができるとしている。第一に、被害者が加害者と同じ程度に自分に生じうる危険を見過ごしていて、第二に、危険の結果はこれに先立って行われた危険創出行為の結果であって、他の危険要因が加味されたのではなく、第三に、危険の実現について被害者と加害者が同じ程度の責任を持つ場合、被害者は危険を引き受けたのであり、したがって、この場合は結果を加害者の仕業に帰属させることができない。これによると、事例1は行為者の過失責任となるが、事例2は行為者の過失責任を排除する[30]。

　このような結論は、過失犯のみならず、故意犯においても広く適用することができる。了解した被害者に対して危険を実現した加害者は、たとえ危険の故意を持っていたとしても、可罰性全体が消滅することがあり得る。行為反価値および結果反価値が欠けるためである。

　(c) 他人の責任領域に属する行為　　規範の保護目的は、危険結果の防止義務が全面的に他人の責任領域に属するとき、行為者に危険結果を帰属させることを阻止する。

　　　貨物自動車の追突事例：Aは、夜中に後ろの照明が故障した貨物車を運転していたときに警察官らに摘発された。警察は貨物車を一旦停止させ、後ろから来る他の車両を保護するために赤い懐中電灯を車道の上に立てていた。警察はAについて一応貨物車を次のガソリンスタンドまで運転して行くことを指示した。そして、警察車で付いて行きながら、照明のない貨物車を保護しようと思っていた。ところが、警察官のうち一人が、Aが出発する直前に懐中電灯を道路から回収したため、あいにくその時に走ってきた貨物自動車がAの貨物自動車に追突する事故が発生し、その追突した貨物車の助手が致命傷を負って死亡した（BGHSt 4、360）。

　ドイツ連邦最高裁判所はAを過失致死で処罰した。しかし、学説は、この判例は間違っているという点で意見が一致している。一応、警察が交通の安全を引き受けた以上、その後、Aには警察の指示に従う義務があるだけで、運転者としての一般的な注意義務はないためである。したがって、その結果をAに帰属させることはできないという。この点は、信頼の原則の適用範囲と同じである。たとえAが、警察の過失を予見することができ、また相当性も認められるとしても、規範の保護目的は他人の責任の領域に属する行為による結果の帰属を否定する。この場合は結果反価値が欠如した事例に該当する。

　(d) 保護目的思想のその他の適用例　　構成要件規範の保護目的は、財産犯罪行為が被害者の精神の健康を害した場合とか、交通事故によって障害者になった人が、その障害による不自由な身体のせいで簡単に避けられる交通事故で死亡した場合などには、そ

30　他方で、了解した被害者に対する加害行為は、規範の保護範囲を脱したものとみなすことはできないため、結果帰属の問題として解決することは妥当でないという反論もある。李在祥、156頁。

124　第2編　犯罪論

の結果帰属を排除する。

第7節　主観的構成要件要素

Ⅰ　意義および沿革

　構成要件要素のうち、行為者の主観的態度にかかわる要素を主観的構成要件要素という。ここには故意犯の故意、過失犯の過失のような一般的な主観的不法要素が含まれ、さらに目的犯における目的、傾向犯における傾向、表現犯における表現のような特別な主観的不法要素、その他財産罪における不法領得・不法利得の意思のような心理的要因も含まれる。

Ⅱ　構成要件的故意

1　意　味

　構成要件的故意 (Tatbestandsvorsatz) は、構成要件の実現に関する認識および意思をいう。故意の概念には、認識と意思という二つの要素が含まれる。

　構成要件的故意が成立するためには、客観的不法構成要件要素に該当する事情を認識しなければならない。これを構成要件の実現に関する認識または故意の知的要素という。わが刑法第13条本文の前段の「罪の構成要素である事実の認識」とは、これを意味する。

　構成要件的故意には、構成要件の実現のための意思がなければならない。これを故意の意的要素という。わが刑法第13条は、この意的要素を明示しておらず、判例もほとんど認識要素としての故意のみを認めている。しかし、事物の論理上、故意の意的要素も当然前提していると考えなれればならない。したがって、構成要件的故意は、構成要件の実現に関する知的・意的要素の意味統一体と言える。

　わが刑法第13条は、「罪の構成要素である事実を認識し得なかった行為は」故意犯として罰しないと規定しているため、この点でわが刑法は認識説にしたがっていると考える立場もあり得る。しかし、故意の認識的要素のみをもって認識ある過失と未必の故意とを区別することは、不可能である。いずれも認識に基づいているためである。両者は意思の側面も考慮する場合にのみ区別することができ

るため、刑法第13条の文言とは関係なく（文理解釈に反対）、意的要素を故意の内容としなければならない。

　刑法は、原則として、構成要件の実現のための故意行為のみを処罰している（第13条本文）。ただ、過失犯の処罰規定の例のように、法律に特別な規定のある場合には、非故意的行為も例外的に処罰する（第13条但書き）。

2　区別される概念

　故意の認識の対象範囲によって、構成要件的故意、不法故意、責任故意に区分することができる。

（1）構成要件的故意（Tatbestandsvorsatz）

　構成要件的故意は、すべての客観的構成要件要素の主観的な反映である。これは主観的構成要件要素の一般的形態であり、特別な言及なしに一般的に故意と称する場合は、構成要件的故意を意味する。構成要件的故意の認識対象は、可罰性の基礎となるすべての客観的構成要件要素である。ここには、行為主体（公務員、医師、業務者）・行為客体（人、財物、文書）・構成要件的結果（死亡、身体傷害、生命・身体の危険）・因果関係・行為様態（欺罔、偽造、損壊）・行為状況（13歳未満の婦女、夜間に）・行為手段（凶器携帯、汚物混入）・行為方法（合同して、威力、偽計、資格冒用、放火して）などが属する。そのほか加重・減軽構成要件に属する加重・減軽事由（尊属、嘱託、承諾）も、構成要件的故意の認識対象である。構成要件に書かれている量刑事実も同様である。

（2）不法故意（Unrechtsvorsatz）

　行為者が積極的に客観的構成要件の実現についての認識・意思を有しているだけでなく、消極的に自らの行為がいかなる違法性阻却事由にも該当しないことを知っているという広い意味の故意を、不法故意という。

　そういう意味では、これを総体的不法故意と呼ぶほうがより正確な表現である。すなわち、不法故意は、構成要件事実と違法性阻却事由の前提事実を対象とする意識形態である。それゆえ、不法故意の対象は、構成要件的故意の対象範囲を超えて、違法性阻却事由の不存在の事実にも及ぶ。違法性阻却事由の前提事実に関する錯誤のある場合には、制限責任説のうち構成要件的錯誤を類推適用すべきであると主張する立場では、まさにこの不法故意の成立の可否を基準として重視する。

126 第2編 犯罪論

（3）責任故意 (Schuldvorsatz)

不法故意の心情反価値性を責任故意という。したがって、構成要件の実現についての認識・意思をもって、かつ内心的にも法秩序の全体について社会的な反抗の態度を見せたときに、責任故意が成立する。行為者を故意犯として処罰するためには、行為者に責任故意がなければならない。古典的・新古典的犯罪体系における責任故意は、事実の認識および違法性の認識を包括する責任形式であったが、目的的犯罪体系においては、違法性の認識を故意とは別個の独立した責任構成要素として扱っている。その結果、今日違法性の認識は責任故意に含まれない。

不法と責任の一致を求めている責任原則にしたがうと、不法故意と責任故意は原則として一致しなければならない。

3 故意の体系的地位

（1）責任要素説

（a）古典的犯罪体系は、犯罪の客観的側面と主観的側面を厳格に区分し、犯罪の客観的側面は構成要件該当性および違法性に、犯罪の主観的側面は責任に位置づけた。すべての客観的・外的なものは不法に、すべての主観的・内的なものは責任に属するという公式に従っているのである。故意は精神的・心理的状態として責任形式の一つとみなされている。

故意の体系上の位置も責任の領域に属し、不法の意識も責任形式たる故意内容の一つとみなされている。構成要件的錯誤と禁止の錯誤は、その要件のみが異なるだけであり、責任論の一部として故意の成立を排除するという法律効果は同一である。

（b）新古典的犯罪体系もなお、故意を責任形式とみなしているという点では、古典的犯罪体系と同様である。ただ、主観的構成要件要素の発見とともに「不法は客観的に、責任は主観的に」という厳格な図式が解体し始めたという点は特筆に値する。特に、メッガーは、目的犯・傾向犯・表現犯のほかに、未遂犯においても行為者の主観的要素が不法の構成要件要素になることを確認した。

（2）構成要件要素説

目的的犯罪体系における故意は、因果経過の操縦に限定された形式として構成要件要素になる。構成要件に該当する行為の目的性は、刑法的な故意の概念と同一であるとする。故意が一般的な主観的構成要件要素として、すべての特別な主観的不法要素とともに構成要件に属し、責任には属さないという目的的犯罪論の主張は、この限りでは古典的な犯罪体系とは正反対の立場に立っている。

古典的、新古典的犯罪体系では、故意を単なる責任形式としてのみ理解している反面、この体系では、故意は構成要件に該当する客観的要素の認識および意思に限られ、不法の意識は故意と分離された一つの独立した責任要素として責任の範疇に残されるためである[31]。

(3) 故意の二重の地位説

新古典的・目的的犯罪体系においては、故意を構成要件要素であると同時に責任要素とする。つまり、故意は不法の領域において行為の方向を決定する要因となる行為形式 (Verhaltensform) であるだけでなく、「外的な犯行経過についての行為者の知的・意的関連性」を包括する概念である。他方で、故意は、責任の領域においては、行為者の内心的な動機過程を決定する責任形式であるだけでなく、行為者の「法秩序についての意識的に誤った態度」を指す概念である。したがって、構成要件要素としての故意は行為反価値を、責任要素としての故意は心情反価値を担う。

故意を構成要件的故意と責任形式としての故意とに区別することは、一つの行為に完全に断絶された二つの故意があるという意味ではない。一つの故意が二重の地位を持ち二重の機能を果たすという意味である。したがって、責任形式としての故意、つまり故意責任 (Vorsatzschuld) は、行為形式としての故意、つまり構成要件的故意によって徴表される。構成要件的故意が認められれば、通常、故意責任も推定される。ただし、このような徴表は、誤想防衛などのように行為者が違法性阻却事由の前提事実に関する錯誤、すなわち許容構成要件の錯誤に陥ったときには、排除されるとする (多数説)。たとえば郵便配達人を盗犯と誤認して防衛行為を行い、郵便配達人に傷害を負わせた場合、構成要件的故意はあるが、故意責任はないということになる。

故意の二重の地位ないし二重機能を認めるのが韓国の多数説であり、かつこのような立場が妥当であると思われる。

4 故意概念の構成要素

(1) 知的要素

知的要素は認識を意味する。認識とは、客観的構成要件要素を具体化する事態

---

31 わが国で、故意の構成要件要素説に従っている立場としては、鄭盛根/朴光玖・178頁。

を把握すること、知ることまたは意識することをいう。認識は、客観的構成要件要素によってその内容が変わる。すでに経験的世界においてその意味が形成されている記述的構成要件要素に関しては、五官の作用による感知さえあればよい。因果関係のように書かれざる構成要件要素は、日常生活の経験則による思考を通じて把握すればよい。

しかし、法的・社会的評価を内包している規範的構成要件要素に関する認識は、その要素の社会的意味を精神的に理解したり、正しい評価をしたりすることを通じて行われる。このような理解ないし評価に必要な知的作用の程度は、専門家なみで行われる必要はなく、一般社会人の普通の水準で行われれば十分である。これを「行為者が属している素人仲間の平行評価」（Mezger）または「行為者の意識において一般人と平行した判断」（Welzel）であるともいう。

（2）意的要素

故意の意的要素とは意思を意味する。ここでの意思とは、単純な願い・空想・希望や単純な行為意思を意味するのではなく、構成要件の実現に向けた希望・行為決定または意欲を意味する。故意における行為意思が常に無条件的・確定的でなければならない理由は、それが常に構成要件の実現を志しているためである。フランクはこのような感情的状態を「事情はどうあれ、結果がどうなっても、私は必ずその行為をするつもりである」と表現している。

構成要件の実現意思（故意の意的要素）は、その概念上個々の構成要件要素の認識（故意の知的要素）を前提とする。したがって、故意は認識によって支配されている意思、または客観的な行為事情を認識し、かつ犯罪構成要件を実現しようとする意思であると定義することもある。

5　未必の故意
（1）意義および様態

未必の故意とは、行為者が客観的構成要件の実現を十分に可能なものと認識し、かつそれを甘受する意思を表明した程度の故意を意味する。未必の故意（dolus eventualis）は、結果の発生を意図的に追求するのではなく、ただそれを甘受する意思のみを内包している。したがって、故意の意的要素の程度が最も低いのが特色である。

また、未必の故意においては、結果の発生に関する認識の程度も確実性や蓋然

第3章 構成要件論 129

性まで必要とするものではなく、十分な可能性さえあればよい。したがって、故意の知的要素の程度も最も低いのが特色である。

未必の故意は、知的・意的要素が本質的に萎縮している状態という点で、最も弱い故意の形態に該当する。

（2）認識ある過失との区別

（ア）問題提起

未必の故意と認識ある過失との区別は、実務的な観点からも理論学の観点からも重要である。ここにいう認識ある過失とは、行為者が構成要件の実現は可能なことと認識していたが、結果発生の危険を甘受しようとする意思は全くなく、むしろ何事も生じないと信頼していた場合をいう。

我々の日常言語で表現すると、未必の故意は行為者が「そういうこともあり得る。どうでもいい。」と言っている場合に該当し、認識ある過失は行為者が「そういうこともあり得るかもしれない。しかし、まさか。」と過信している場合に該当する。

行為者が構成要件の実現の可能性を十分に考慮しているとすれば、これだけでも故意の知的要素は満たしている。しかし、行為者が構成要件的結果の発生を直接的には望んでいないときは、故意の意的要素が問題になる。すなわち、従来、未必の故意については、果たして意的要素が必ず必要かどうか、仮にそれが必要なら、どれほど必要なのかということが議論の対象となってきた。

（イ）学 説

（ⅰ）認容説（承諾説）

① **内 容** 行為者が発生し得ると予見した結果を内心から認容したときに、未必の故意が認められるという理論である。ここにいう認容とは、行為者が結果発生を内心から承諾して、それを快く受け入れる情緒的な態度を意味する。認容説（Billigungstheorie）は、是認説または承諾説（Einwilligungstheorie）とも呼ばれる。

認容説は、行為者が発生し得ると予見した結果を内心から認容する意的要素を、未必の故意の本質的な要素とみなす。したがって、行為者が結果発生を内心から拒絶した場合や結果の不発生を希望した場合には、未必の故意は認められず、認識ある過失を考慮し得るだけである。韓国の多数説[32]と判例（大判 1968. 11. 12. 68 ド 912；大判 1987. 2. 10. 86 ド 2338；大判 2009. 9. 10. 200 ド 5075）の立場である。

> 《判例》 警察官が街頭イベントの進行のために直進しているタクシー運転者に左折を指示したにもかかわらず、運転者がタクシーで直進してきたため、警察官がタクシーの30cm 前方で理由を説明していたところ、いきなり運転者がイライラしてタクシーを左折させたため、警察官が車のバンパーに突き当たって倒れた。この事件の経緯と事故当

---

32 金成敦・195 頁、裵鐘大・260 頁、孫海睦・321 頁、申東雲・192 頁、安銅準・81 頁、李炯國・138 頁、任雄・153 頁、鄭榮錫・169 頁、鄭盛根/朴光玟・188 頁、鄭英一・139 頁。

130 　第2編　犯罪論

> 時の状況、15年に及ぶ運転者の運転歴に照らしてみると、十分な知識と経験を備えた運転者は、安全に進行せずにそのまま左折する場合、警察官に衝突するという事実を容易に知ることができた。したがって、経験則上運転者には公務執行妨害の結果発生を認容する内心の意思、すなわち未必の故意があったとみることができる（大判 1995. 1. 24. 94 ド 1949）。

　② **批　判**　　この理論は、認容という内心の情緒的な態度を区別基準にしているため、責任段階で故意・過失を区別する古典的、新古典的犯罪体系においては考慮し得る見解である。しかし、構成要件の段階で故意・過失を区別する目的的犯罪体系ないし新古典的・目的的統合体系においてこの見解にしたがうことは困難であるという根本的な批判が加えられている[33]。これについて、以下のような具体的な批判が提起されている。

　第一に、認容という意的状態は、実際の意図的な故意の意的状態と明確に区別することができない内心の態度である。

　第二に、故意犯の構成要件の任務は、意識的に計算された法益侵害のみを制止しようとすることである。したがって、この段階で行為者の情緒的態度まで問題視する必要はない。

　第三に、内心の情緒的な態度によって故意の存否を判断することは、主観的構成要件要素としての故意と責任形式としての故意とを混同するおそれがある。

　（ⅱ）**無関心説**

　① **内　容**　　行為者が単に可能性はあると考えた付随結果を肯定的に是認したり、無関心な態度で受諾したりした場合には未必の故意が認められるが、その付随結果を希望しなかったり、その付随結果が発生しないように希望した場合は未必の故意を認めることはできないという見解が、無関心説（Gleichgültigkeitstheorie）である。

　これはエンギッシュが唱えた理論として、未必の故意が成立するためには認容説における認容に比べてより厳格な意味での保護法益に対する無関心を必要とする見解である。故意は過失より重い責任形式であるため、単なる認容だけでは足りず、少なくとも結果発生に対する冷酷な無関心の表現があってこそ未必の故意が認められるということである。

　② **批　判**　　この理論によると、無関心は行為者が故意的に行為をしたという点に対するより確実な徴表になるということで、この点は一理ある。しかし、逆に無関心が欠如する場合は常に故意も排除されるというのは正しくない。この理論は、無関心が欠如する場合として行為者の希望や願望を挙げているため、過失の成立が過度に容易になるおそれがあるからである。

　（ⅲ）**可能性説**

　① **内　容**　　行為者が結果発生を具体的に可能と認識していたにもかかわらず、そのまま行為をした場合は未必の故意が認められるという理論を、可能性説（Möglich-

---

33　金日秀『韓国刑法Ⅰ』387頁、李在祥・169頁。

keitstheorie）という。この場合は結果発生についての意的要素は問題にならない。第2次世界大戦後、シュレーダー（Schröder）が最初に主張して以来、多くのフォロワーを得たのであり、特にシュミットホイザー（Schmidhäuser）によってさらに発展した。

この理論の基礎は、単純な可能性の認識さえあれば、行為者は犯行を中断せざるを得ず、したがって、結果の不発生を信頼するということは、このような可能性の否定を内包すること、および従来の認識ある過失の存在を否定する観点から、シュレーダー（Schröder）は「すべての過失は認識なき過失である」と主張した。

②　批　判　　この理論は、仮に行為者が構成要件を実現する可能性を認識していたにもかかわらず行為をした場合には、行為者が常に結果の惹起を予見しつつ保護法益に有害な決定をしたものと断定することができる限りで、正しい見解である。しかし現実はそうではない。人から注意を受けたにもかかわらず、タバコの火を消さずにむやみに捨てた者は、法益侵害の可能性は認識しているが、放火の結果は発生しないだろうと信じながら行為をすることもありうるからである。このような場合に未必の故意を認めると、故意の過度な拡大という危険を避けることができない。故意を単なる知的要素に限定しようとする可能性説は、過度に主知的であるという批判を免れない。

（ⅳ）**蓋然性説**

①　**内　容**　　行為者が結果発生の蓋然性を認識したときは未必の故意が成立し、単なる可能性を認識したときは認識ある過失が成立するという見解が蓋然性説（Wahrscheinlichkeitstheorie）である。ヘルムート・マイヤー（H. Mayer）が主唱した理論である。彼によると、蓋然性とは、「単純な可能性以上」であり、「高度の蓋然性以下」を意味する。ヴェルツェルもまた、この蓋然性説によって、「結果の予想」を故意の根拠とみた。ロス（Ross）はこれを具体化して、「行為者が、犯罪構成要件が実現されるという点を予想していたとき」に故意を認めるものとする。

②　**批　判**　　行為者が、結果発生の蓋然性があると考えたときは、通常、結果発生の可能性を甘受するという態度の徴表になりうるという点から、蓋然性説もまた一理ある見解である。しかし、蓋然性の意味それ自体が不明確であるため、十分な可能性も蓋然性と言えるか、または単純な可能性との限界はどうなるかが問題になる。また、蓋然性の判断における決定的な基準は、純然たる知的な予測であるため、たとえば、回復する見込みが希薄な重症患者について、手術の成功のみを祈りながら執刀した誠実な医師には未必の故意が成立し、他方で、全く騙されなさそうな私債業者に適当に言葉をかけたが、意外にも多額の金を騙し取った欺罔者には認識ある過失しか成立しない結果になって不当である。

（ⅴ）**甘受説（黙認説）**

①　**内　容**　　甘受説においては、行為者が結果発生の可能性を認識したが、目指した目標のために結果の発生を甘受したり、黙認（Sich-Abfinden）したりする意思を持っていた場合には未必的故意を認めることができる反面、甘受意思のない場合、または結果が発生しないと信頼した場合には認識ある過失になるとする。また、慎重と軽率とを概念

132　第2編　犯罪論

的に区別し、行為者が結果の発生を慎重に考慮して行為したのであれば、それは未必的故意であって、行為者が結果発生の可能性は知っていたが、それを軽率に考えて行為した場合には認識ある過失になるという慎重説も、この説の範疇に含めることができる。

　甘受説は、今日ドイツ・オーストリア・スイスなどで通説の地位を占めており、我が国の有力説の立場である[34]。

　② **批　判**　　意思的側面で未必的故意と認識ある過失とを区別しようとする試みは望ましいが、甘受・黙認という意思的表現は認容説の認容と明確に区別されず、甘受もまた行為者の情緒的な態度のみを内包する概念であるという批判が提起されている[35]。

　（ウ）**結　論**

　もともと故意と認識なき過失は、結果発生についての認識の有無において一次的な違いがある。しかし、認識ある過失の場合は、結果発生の可能性に関する認識があるという点から、知的な側面では故意と事実上違いはない。結局、故意と認識ある過失の区別は意思的な側面に基づいて区別するしかない。その違いは、未必的故意が行為者に予見できる結果の発生を甘受するという意思があった場合であって、認識ある過失はそのような結果の発生についての甘受意思がなかった場合であるという点に表れる。すなわち、認識ある過失の場合とは、結果発生を消極的に甘受しようとする程度の意思も欠如している場合である。この点を可能な法益侵害の観点から把握すると、未必的故意とは可能な法益侵害に対する確定的な行為意思の実現であって、認識ある過失は可能な法益侵害に対する行為者の確定的行為意思がなかった場合である。

　ところが、わが国の多数説である認容説における結果発生に対する認容意思と、有力説である甘受説における結果発生に対する甘受意思が概念的・経験的に、確実に区分されうるものかという問題を、ここで考えなければならない。認容および甘受は日常言語的な側面から、いずれも、ある結果を喜んで受け入れるという意思や情緒的な態度を含んでいるという点から到底区分しえない概念であるといえる。この点に鑑みると、既存の認容説に甘受説を含めて、同じ見解に分類している立場も十分理解できる[36]。また、わが国で依然として認容説を取っている学者らも、認容と甘受が概念的・経験的に明確に区別しえないものであるため、あえて認容説を排斥する理由がないという論拠を提示している点も同じ脈絡で理解できる[37]。認容説が、古典的犯罪体系ないし新古典的犯罪体系に沿って故意を責任要素とすることを基本前提にして主張されたものであれば、故意と過失は構成要件の段階で意的要素によって区別されなければならないという甘受説の批判が妥当するが、現在は故意を構成要件要素とする新古典的・目的的統合体系に基

　34　金聖天／金亨埈・107頁、金日秀『韓国刑法Ⅰ』392頁、朴相基・128頁、孫ドン權／金載潤・157頁、李在祥・169頁、鄭鎭連／申梨澈・133頁、曺俊鉉・173頁、陳癸鎬・221頁。ドイツでは、たとえば、Jescheck/Weigend, S. 299；Roxin, §12 Rdn. 27；Rudolphi, SK, §16 Rdn. 43；Wessels, Rdn. 214.

　35　裵鐘大・256頁、任雄・150頁、鄭盛根／朴光玟・188頁。

　36　任雄、150頁がそういう立場を取っている。

　37　たとえば、裵鐘大・260頁、鄭盛根／朴光玟・188頁。

第3章　構成要件論　133

づいて認容説が主張されているため、そのような批判も妥当とはいえない。現在、認容説を主張している立場からも、構成要件の段階で意的要素によって故意と過失を区別しなければならないということについては異論がない。このような事実を考慮すると、現在議論されている認容説と甘受説は、同じ内容を異なった用語を用いて表現しているに過ぎず、実質においては差がないということが分かる。したがって、本書は甘受説を取るが、しかしそれは、今日の合一的犯罪体系を前提に主張されている認容説と比べて実質的な違いはないという点を指摘しておきたい[38]。

6　故意の時点

故意は、少なくとも実行行為時になければならない。したがって、行為者の故意が事前にのみあったとき（事前故意）、または事後に生じたとき（事後故意）には、故意は成立しない。ただし、故意が一連の継続した行為の中間に生じたとき（承継的故意）には、故意が生じた以後の行為について故意犯が成立する。このように、従来は故意を時間的次元によって事前故意・事後行為・承継的故意に分けてきた。

（1）事前故意

行為者がかつて一度だけ一定の構成要件を実現しようとする意思をもっていたが、実際の行為時には自己の犯行計画の実現に関して、まったく考えていなかった場合を事前故意（dolus antecedens）という。たとえば、二等兵 A は普段、自分を手加減せずにいじめた兵長 B を殺害する計画をもっていた。A は射撃術の訓練時間の機会に兵長 B を殺害しようと思っていたが、実際には射撃場に入る前、銃器の作動を点検していた際に銃を誤射して B を死亡させてしまった場合である。この事例において、A には殺人の事前故意はあったが、行為時には単なる過失のみがあっただけなので、過失致死が成立する。予備罪に関する特別な処罰規定のない限り、予備段階における犯罪実行の意思はすべて、事前故意に該当する。

（2）事後故意

行為者が故意なしに客観的構成要件に該当する事実を実現したが、その後これを認容した場合を事後故意（dolus subsequens）という。たとえば、A は B のコレ

38　他方で、認容説を支持している申東雲教授の見解によると、甘受は構成要件の実現を仕方ないこととして受け入れる消極的な態度を取っているが、認容は消極的な態度を超えて構成要件が実現しても良いという肯定的な態度を取っているという側面で区分することができるとする（刑法総論 192 頁）。しかし、この見解については、構成要件的故意の成立要件になり得ない結果発生に対する行為者の情緒的な態度を故意の意思的要素と同一視し、結果的に未必の故意を一般故意に変形させる恐れがあると批判することができる。

クションを見物していたときに、誤ってBの青磁の壺を割ってしまった。その直後、怒ったBがAに対して酷い悪口をしたため、Aは心のなかであんな人の物は壊してよかったと考えたとしても、器物損壊の故意は成立せず、不可罰になる。

　二行為犯においても、故意は両方の実行行為時になければならない。仮に、そのうち後の行為にのみ故意があって、前の行為には事後故意のみがあった場合には、後の行為に対する故意犯のみが成立する。たとえば、既に誰かによって縛られていたBから財布を取ったAは、たとえ暴行状態を事後的に認容して、その状態を自分の犯行計画に引き入れたとしても、それは窃盗罪の故意犯であって、強盗犯の故意犯になるわけではない。

7　故意の特殊形態

（1）侵害故意・危険故意

　犯罪構成要件が侵害犯なのか、それとも危険犯なのかによって、故意を侵害故意と危険故意とに分類する場合もある。侵害故意（Verletzungsvorsatz）とは、行為者が行為客体に対する侵害を認識しかつ願っていた場合を言い、危険故意（Gefährdungsvorsatz）とは、行為者が行為客体に対する具体的危険ないし抽象的危険を認識しかつ願っていた場合を言う（BGHSt 22, 73f）。侵害故意は危険故意を内包しているが、危険故意は侵害故意を内包していない。

（2）択一的・概括的故意

　独自の故意の種類ではないが、行為の客体に関する関連性から抽出することができる故意の形態として、択一的行為と概括的故意がある（二者択一型であれば、択一的故意。多者択一型であれば、概括的故意）。従来、このような故意は、未必的故意とともに不確定的故意とも呼ばれてきたが、この両者は独立した故意の類型ではない。意図としての故意、確定的認識としての故意、未必の故意、この三つはすべて択一的故意や概括的故意の形態になり得る。

（a）択一的故意

（ア）意　義

　行為者が二つ以上の構成要件または結果のうち、いずれか一つが実現することを願っているが、そのうちいずれの結果が発生しても構わないと考えながら行為した場合の故意を択一的故意（dolus alternativus）という。択一関係にある行為客体について成立する故意であれば、その故意が同種か異種かは問わない。

（イ）類 型
（ⅰ）一つの行為客体に対する択一的故意
行為者が二つの構成要件的意味を持つ一つの行為をする際、そのうちある一つの構成要件を実現することを望んでいるが、別の一つの構成要件が実現されても構わないと考えている場合である。たとえば、礼拝を妨害するために礼拝中の礼拝堂で蜂の巣を爆発させて大勢の人が蜂に刺された場合、路頭に倒れている人が死んだ人かあるいは意識不明者だと思いながら、彼のコートのポケットから財布を取り出して持ち去った場合、猟師が森の中に見える客体が獣でなければ人かも知れないと思いながら銃を撃つ場合、被害者が重傷を負うことを望んでいるが、もしかして被害者が死亡してもやむを得ないと思いながら銃を撃つ場合などが挙げられる。
（ⅱ）二つの行為客体に対する択一的故意
行為者が二つの行為客体のうち、ある一つの行為客体に結果が発生することを望むが、別の一つの行為客体に結果が発生しても構わないと考えている場合である。たとえば、行為者が銃を撃って獣に命中させようと思っているが、その付近に立っている人に的中する可能性も十分にあることを予見している場合、二人が通行中であることをみて、いずれか一人に的中させればよいと思いながら銃を撃つ場合、警察官と警察犬に追いかけられていた犯人が、警察官であれ、警察犬であれ、いずれか一つさえ的中させれば良いと思いながら銃を撃つ場合などが挙げられる。
（ⅲ）多くの行為客体に対する択一的故意
行為者が多くの行為客体のうち、いずれかから結果が発生すれば良いと考える場合である。たとえば、行為者が数百人の群衆が集まっている場所に爆弾を投げ、だれが死んでもよいと考える場合、色々な小包が入っている郵袋の中に密かに手を入れて小包の中にある一つを持ち去った場合などが挙げられる。従来は、この類型は概括的故意の一例として説明されていたが、理論的に概括的故意の意味が整理された今日では、それは択一的故意の一類型として扱われている。
（ウ）法律上の取扱い
（ⅰ）少なくとも一つの犯罪が既遂となった場合
すべての択一的可能性について、すべて故意が成立する。そのうち、実現された構成要件は故意既遂となり、実現されていない構成要件は故意未遂となるため、行為者は考慮したすべての事態について少なくとも未遂として処罰されることができる。したがって、実現可能であった結果のうち、ある一つの結果のみが発生した場合には、未遂が既遂に対して補充関係（殺人の既遂に対する殺人未遂としての傷害結果）にあるのでない限り、未遂と既遂の観念的競合になる。
（ⅱ）すべての犯罪が、すべて未遂に終わった場合
択一的な関係にある様々な事態のいずれも結果が発生しなかったとしても、すべて故意未遂となり、数個の未遂は観念的競合となる。

136　第2編　犯罪論

(b) 概括的故意

(ア) 意　義

概括的故意（dolus generalis）とは、二つ以上の行為が連続して一つの構成要件的結果に至った事例を称するための法形相を意味する。すなわち、行為者が一定の構成要件的結果を実現しようとしたが、行為者の考えとは異なり、連続した別の行為によって結果が発生した場合をいう。たとえば、加害者が殺意を持って被害者を殴って失神させた。失神した被害者をみた加害者は被害者が死んだと勘違いして死体を隠匿するために川に投げたが、実際に被害者は川の中で窒息死した場合が挙げられる。

> 《判例》　自分の妻に戯れる被害者に対する怒りが爆発し、被害者を殺害しようと思いつつ数回石で打ち下ろして脳震盪で失神させたが、被害者が死んだと誤認して死体を密かに埋めて証拠を無くすために、小川のほとりに埋めた結果、被害者は窒息して死亡した。このような場合、被害者が殺害の意図で行った殴打行為によって死亡したのではなく、罪跡を隠滅する目的で行った埋葬行為によって死亡することになったが、全過程を概括的にみると、被害者の殺害という当初の予見事実が結局実現されたために、殺人罪の罪責を免れない（大判 1988. 6. 28. 88 ド 650）。

(イ) 法律上の取扱い

概括的故意の事例は、一つの故意既遂犯となるか、それとも前後行為の部分に分けて故意未遂である第1行為部分と過失である第2行為部分の実在的競合（併合罪）となるかが問題になる。

(i) 概括的故意による単一行為説

概括的故意によって、一つの故意既遂犯として取り扱う見解である。すなわち、第2行為の部分についても、第1行為の故意が概括的に及ぶ単一行為の事件であるため、こういう事例は一つの故意既遂犯となるというのである。

この理論については、第1の行為（殺人）と第2の行為（罪跡隠蔽のため死体遺棄）が各々別の故意に基づいて行われたにもかかわらず、概括的な一つの殺人故意を認めるのは不当であるという批判が加えられる。行為者が第2行為時に、自分の第1行為による結果が既遂に達したと考えていたとしても、概念上第2行為に関連した故意と考えることができないためである。

(ii) 因果経過の非本質的相違説

概括的故意の事例を、因果経過の錯誤の一類型として取り扱う立場である[39]。これに

39　しばしば「因果関係」の錯誤という用語を使っているが、因果関係の錯誤は砂糖を使って人を殺害することができると信じることのように、因果関係（Kausalität）それ自体についての錯誤を意味するものであり、概括的故意の事例は具体的な事件の進行過程の相違を意味するものであるため、「因果経過」（Kausalverlauf）の錯誤と称するほうが正しい。このような指摘は、金永煥「소위 概括的 故意의 問題点（いわゆる概括的故意の問題点）」刑事法研究第 16 号（2001）8 頁脚注 17、呉英根「事件進行에 関한 錯誤（事件進行に関する錯誤）」漢陽大法学論叢第 11 輯（1994）127

よると、因果の過程は故意の認識対象であるため、因果経過の相違が非本質的なものである場合は故意の成立を妨げず、一つの故意既遂犯となるが、仮にそれが本質的な相違である場合は、未遂と過失の競合罪となるいうことである。本質的な相違がある場合に構成要件的錯誤を認めるわけである。

　その際、因果経過の相違が社会生活上の経験に照らして予見可能な範囲内にあり、連続した二つの行為に対して規範的に別々の評価を下すことが妥当でないときには、その相違は非本質的な相違である。わが国の多数説の立場であり、ドイツの判例や通説もこの立場に立っている[40]

(iii) 未遂説

　概括的故意の事例は常に未遂となり、場合によっては過失との実在的競合になり得るとする見解である（殺人未遂と過失致死の競合）。故意は常に行為時に存在すべきであるため、第1行為と第2行為はそれぞれ別個の故意に基づいた二つの独立した行為とみなければならないということである[41]。外見上、具体的な事件の経過に最も合致する理論とみえる。しかし、この立場に従うと、非本質な因果経過の相違がある場合にも常に故意既遂を否定し、未遂と過失を認めるしかないという批判が提起されている。のみならず、第1行為と第2行為の中でどちらの方が死亡の直接原因になったのかを明らかにすることができない場合にも、常に未遂と過失の責任のみを考慮することになる。第2の行為による結果発生の可能性が存在する限り、行為者に故意既遂の責任を負わせるためには必ず第1行為と結果の間の因果関係を先に立証しなければならないためである。たとえば、人を殺害した後、第2行為を用いて、原因行為を明らかにしえないほど死体を毀損・隠匿した場合には、常に殺人未遂と過失致死の責任のみを考慮するしかないのである。

(iv) 計画実現説

　この見解は、概括的故意の事例を解決するために、とりあえず行為者が第1行為時に取り返しのつかない意図的故意（必ず殺すという意図）を持っていたのか、それとも未必の故意（死亡に対する甘受ないし黙認の意思）を持っていたのかを区別する。仮に前

　　頁脚注1、李廷元「構成要件的 故意의 認識対象에 関한 小考（構成要件的故意の認識対象に関する小考）」刑事法研究第13号（2000）98頁以下。

40　權五杰・173頁、金聖天/金亨埈・117頁、朴相基・150頁、裵鐘大・286頁、成時鐸「構成要件的錯誤（下）」考試研究（1995. 7）128頁、孫ドン權/金載潤・160頁、孫海睦・324頁、申東雲・220頁、安銅準・87頁、李在祥・182頁、鄭盛根/朴光玟・187頁、鄭英一・174頁、鄭鎮連/申梨澈・148頁、河泰勳「因果関係의 錯誤類型과 故意帰属（因果関係の錯誤類型と故意帰属）」考試界（1996. 7）43頁以下、Dreher/Tröndle, § 16 Rdn. 7 ; Jescheck/Weigend, S. 312 ; Lackner/Kühl, § 15 Rdn. 11 ; Sch/Sch/Cramer, § 15 Rdn. 58.

41　金成敦・222頁、金昌君「概括的 故意에 対한 考察（概括的故意に対する考察）」安岩法学第13号（2001）176頁以下、吳英根「事件進行過程에 対한 錯誤（事件進行過程に対する錯誤）」漢陽大法学論叢（1994）34頁、李用植「소위 概括的 故意의 刑法的 取扱（いわゆる概括的故意の刑法的取扱）」刑事判例研究（2）（1994）35頁、Hruschka, Jus 1982, S. 319 ; Jakobs, AT 8/77 ; Maurach/Zipf, AT/I, 23/33.

者の場合であれば、構成要件的結果が第2行為によって惹起されたとしても、それは行為者の犯行計画の実現と評価することができるため、故意既遂が認められる。しかし、後者の場合であれば、たとえ第2行為によって結果が惹起されたとしても、それは失策の結果に過ぎず、行為者の犯行計画の実現とは評価し得ないため、未遂になるという。また、第2行為時に新たな犯行の決意をする場合にも、未遂と過失の競合犯を認める。ロクシンが主唱した理論である[42]。

この理論については、まず、第1行為時の行為者の故意が確定的故意であったか、それとも未必の故意であったかということが、なぜ第2行為によって発生した結果に対する故意の帰属を変えるかという点に対する必然的な理由が明らかでなく[43]、また原則として計画の実現と故意の帰属は別個の問題であるため、被害者の死亡が行為者の故意に帰属されるか否かは、行為者が自己の計画を実現したか否かにかかっているものではないという批判が提起されている[44]。

（ⅴ）客観的帰属説

概括的故意の事例は、故意の問題ではなく、客観的帰属の問題であるとする立場である。この場合、構成要件的結果が行為者の罪跡隠蔽のための行為である第2行為によって惹起されたもので、またそれを一般的な生活経験に照らして罪跡隠蔽のための典型的な行為と評価することができる限り、原則として客観的帰属が可能になる[45]。したがって、一つの故意既遂犯が成立する。しかし、罪跡を隠蔽するために某所に移動する途中に交通事故で被害者が死亡した場合のように、その結果が第2行為にも客観的に帰属されない場合には、合わせて第1行為の未遂になるに過ぎない。

この立場に対しては、客観的構成要件の段階において非類型的な因果経過についての帰属の評価があったとしても、それをもって主観的構成要件の段階における故意帰責の評価の代わりにすることはできないという批判が加えられている。つまり、非類型的な因果進行の事例について客観的帰属が認められていても、主観的構成要件の段階において行為者の認識と因果進行の間の違いによる故意の帰属の問題、言い換えれば因果関係の錯誤による故意帰属の問題は依然として残っているということである[46]。しかし、このような批判は妥当でない。客観的帰属論は、通説と異なり、因果関係と因果経過を区別して前者は故意の認識対象であるが、後者は故意の認識対象ではないとみている。したがって、非類型的な因果経過について客観的帰属が認められる場合には、主観的構成要件の段階において認識と進行の間の違いによる故意帰属の可否に関する論争は最初から発生しないからである。つまり、このような事例において、客観的帰属の認定は故意の成立に何らの影響も及ぼさないということである。もちろん、非類型的因果進行に

42　Roxin, dolus generalis, Würtenberger FS, 1977, S. 120；ders., § 12 Rdn. 162 ff. わが国では、金永煥・前掲論文 12～13 頁。

43　李廷元「概括的故意」刑事法研究第 15 号（2001）6 頁参照。

44　金昌君・前掲論文 169 頁、李用植・前掲論文 30 頁参照。

45　金日秀『韓国刑法Ⅰ』402 頁、李廷元・126 頁、李廷元・前掲論文 4 頁。

46　朴相基・151 頁、裴鐘大・286 頁、李在祥・181 頁。

よって客観的帰属が否定されれば、論理的に主観的構成要件の段階における概括的故意の問題は当然発生しないことになる。

(vi) 単一行為説

これは社会的・刑法的行為標準説に基づいて、第1行為および第2行為は全体の部分的な動作に過ぎず、二つの行為をまとめて一個の行為と評価（暴行行為＋埋葬行為＝殺害行為）し得るため、結局故意既遂犯を認めることができるという見解である[47]。

しかし、規範的観点とは言え、故意と構成要件を異にする二つの行為を一つの行為と評価することは過度に作為的であるという点に照らして、この見解は妥当ではない

(vii) 結　論

概括的故意の事例は故意の問題として取り扱うものではなく、客観的帰属の問題として取り扱うほうが正しい。もちろん、概括的故意の事例は因果経過に関する錯誤の事例の一つである。後者は前者より幅広い概念ではあるが、法的な取り扱いは同様である。概括的故意の事例は、客観的帰属の評価のうち、特に「危険の相当な実現の原則」によって解決するほうが望ましい。

> 《参考》　いわゆる概括的過失　　概括的故意のほかに、いわゆる概括的過失の事例も議論されている。概括的過失は、「被告人が、被害者に対して右胸骨骨折および肋骨の骨折、これによる右側心臓壁の挫傷と心嚢内出血などの傷害を負わせたため、被害者が床に倒れて瀕死状態に陥ったが、被告人は被害者が死亡したものと誤認して被告人の行為を隠蔽し、かつ被害者が自殺したように装うために被害者をベランダに移した後、ベランダから約13メートル下に落としたことで、被害者が左側頭部粉砕陥没骨折による脳損傷や脳出血などによってその現場で死亡したならば、被告人の行為は包括して単一の傷害致死罪に該当する」（大判 1994. 11. 4. 94 ド 2361）とした大法院の判決に由来するものである。
>
> 　重い結果が故意の基本犯罪行為ではなく、第2の過失行為によって引き起こされたにもかかわらず、全体として結果的加重犯の成立を認めることができるというのが大法院の判例の立場である。しかし、この事例において、被害者の死亡という重い結果を惹起した第2の過失行為（自殺を装うために被害者を下に落とした行為）は、通常、罪跡を隠蔽するための典型的な行為とみることはできず、また結果的加重犯における直接性の原則も満たしていない。この事例において、死亡という重い結果は故意の基本犯罪行為である傷害行為に内包している典型的な危険が実現したものではなく、行為者の追加的な過失が介入して発生したものだからである。したがって、行為者には傷害罪と過失致死罪の観念的競合の責任を問うのが妥当である。もちろん、このように判断すると、傷害致死罪の成立を認めるより軽い責任を問うことになるため、法感情に反するという問題も生じうるが、処罰に対する欲求を掲げて個人の責任を超える重い刑罰を科すことは、明確に責任原則に反するものである[48]。

47　任雄・178 頁。

48　この事例と関連して判例の立場を批判し、傷害罪と過失致死罪の競合を認める見解としては、張榮敏「概括的過失?」『刑事判例の研究 李在祥教授華甲記念論文集』（2003）241 頁。

140　第2編　犯罪論

Ⅲ　構成要件的錯誤

1　序　説
（1）意　義
　行為者が、法定構成要件に属する客観的事情について、故意の成立に必要な顕在的意識ないし認識を有していなかった場合を構成要件的錯誤（Tatbestands-irrtum）という。たとえば、行為者が死者の名誉に関する虚偽の事実を真実であると誤解して、公然とその事実を流して死者の名誉を毀損した場合や、行為者が他人の財物を無主物と思いつつ損壊した場合などが挙げられる。
　認識の欠如は、それが誤認か、不知かを問わない。
（2）法的効果
　構成要件的錯誤があれば、構成要件的故意は否定される。行為者側に、「構成要件の提än と警告」がきちんと及ばなかったためである。この場合、事情によって過失の有無のみが問題になり得る。そういう意味で、構成要件的錯誤論は故意論の一部に該当すると言えよう。
（3）刑法的規律
　わが刑法は第13条に「罪の構成要素である事実を認識し得なかった行為は、罰しない」と規定した上、さらに第15条第1項に「特別に重い罪となるべき事実を認識し得なかった行為は、重い罪としては、罰しない」と規定することで、行為者が法定構成要件に該当する犯行の客観的要素を認識し得なかったときには構成要件的故意の成立に支障が生じることを示している。

2　故意の認識対象
　わが刑法第13条は、故意の認識対象を「罪の構成要素である事実」と称しているだけで、その具体的な内容は提示していない。もともと故意は、構成要件のすべての客観的要素に及ぶものであるため、「罪の構成要素である事実」も故意の認識対象である客観的構成要件要素それ全体を意味する。これを体系的に分けると、次のようになる。
（1）特定の犯罪構成要件
　故意は特定の犯罪構成要件を対象とする。加重的構成要件や減軽的構成要件の場合には、故意は加重または減軽される事実を認識対象とする。

仮に行為者が錯誤に陥って実際に実現した構成要件的事実と異なる事実を認識していたのであれば、行為者が認識していた構成要件が、実現した構成要件に完全に含まれる場合、それとも実現した構成要件が勘違いして認識していた事実に完全に含まれる場合にのみ、故意が成立する。たとえば、占有離脱物と把握して横領したが、実際には、それは占有離脱物ではなく、他人の占有下にある財物であった場合には、把握していた範囲内で占有離脱物横領罪の故意・既遂犯が成立する。

（2）構成要件の本質的な部分

行為者は当該犯罪構成要件の本質的構成部分である行為・客体・結果・因果関係に関する認識を持っていなければならない。

（a）構成要件的行為

（ⅰ）実質犯であれ、形式犯であれ、すべての犯罪構成要件上の行為は犯罪行為であり、行為者はそれを認識していなければならない。

（ⅱ）構成要件の中には特別な行為様態を必要とするものがある。このような犯罪を行態依存的犯罪（verhaltensgebundenes Delikt）と呼ぶ。このような事例においては、行為者が構成要件的行為の存在のみならず、行為を取り巻く特別な事情までも認識していなければならない。

> 例：加重暴行罪（第261条）における「団体または多衆の威力を示すこと」、強姦罪（第297条）・強制わいせつ罪（第298条）における「暴行または脅迫」、準強姦・準強制わいせつ罪（第299条）における「人の心神喪失または抗拒不能の状態を利用」、業務上の威力等による姦淫罪（第303条）における「偽計または威力」、名誉毀損罪（第307条）における「事実の摘示」、信用毀損罪（第313条）における「虚偽の事実の流布またはその他の偽計」、詐欺罪（第347条）における「欺罔」、恐喝罪（第350条）における「恐喝」、背任罪（第355条第2項）における「任務違背行為」

（ⅲ）構成要件の中には、行為と主体・時間・場所・手段・方法とが結合しているものがある。このような事例においては、行為の構成要件該当性を検討する際、このような特殊な事情を優先的に検討しなければならない。

> 例：身分犯の特殊な犯罪主体としては、収賄罪（第129条）における「公務員または仲裁人」、横領罪（第355条第1項）における「他人の財物を占有する者」、
> 　犯行の時間と関連しているものとしては、夜間住居侵入窃盗罪（第330条）・加重窃盗罪（第331条第1項）・加重強盗罪（第334条第1項）などにおける「夜間」、
> 　犯行の場所と関連しているものとしては、法廷または国会議事堂侮辱罪（第138条）における「法廷もしくは国会議事堂またはその付近」、不退去罪（第319条第2項）における「住居、管理する建造物、船舶もしくは航空機または占有する居室」、海上強盗罪（第340条第1項）における「海上」、略取・誘拐された者の国外移送罪（第289条第2項）における「国外」、
> 　犯行の手段・方法と関連しているものとしては、加重窃盗罪（第331条第2項）における

「凶器の携帯・2人以上の合同」などがある。

（iv）構成要件の中には、行為が特別な行為状況と関連しているものがある。この場合には、行為者が行為状況に関する要素も認識していなければならない。

> **例**：戦時軍需契約不履行罪（第103条第1項）における「戦争または事変」、鎮火妨害罪（第169条）における「火災の際に」、名誉毀損罪（第307条）・侮辱罪（第311条）における「公然と」、騒擾罪（第115条）・多衆不解散罪（第116条）における「多衆の集合」

(b) 構成要件的結果

結果犯の構成要件的故意が成立するためには、構成要件的結果に対する行為者の認識が必要である。行為者が不法類型的に予見した結果である限り、行為者が具体的に意図・予想した結果と完全に一致しなくても、構成要件的故意は成立する。構成要件の中では、結果を詳細に記述しているものもある。たとえば、重傷害罪（第258条第1項・第2項）における「生命に対する危険」、および「不具または不治もしくは難治の疾病」などがある。この場合には、記述されている結果に対する行為者の不法類型的予見が必要になる。

(c) 行為の客体

行為の客体は行為および行為状況と関連しているが、この行為客体に構成要件的結果が発生するようになっている限り、構成要件的結果の発生も検討しなければならない。ここに言う行為客体とは、殺人罪（第250条第1項）における「人」、窃盗罪（第329条）における「財物」、背任罪（第355条第2項）における「財産上の利益」、住居侵入罪（第319条第1項）における「住居、管理する邸宅・建造物・船舶・航空機・占有する居室」などを指す。

行為と関連して、行為客体を一般的な場合より詳細に記述している場合もある。たとえば、未成年者等に対する姦淫罪（第302条）における「未成年者または心身薄弱者」、業務上の威力による姦淫罪（第303条）における「業務・雇傭その他の関係により自己の保護または監督を受ける婦女および法律により拘禁された婦女」、法定強姦・強制わいせつ罪における「13歳未満の婦女または人」（大判 2012. 8. 30. 2012 ド 7377）などがある。

行為者が行為客体を不法類型的に把握しているだけでも、故意は成立する。したがって、行為者は被害者が人であることを知っているだけでも十分であって、被害者が具体的に誰なのかまで知っている必要はない。また、行為者は行為客体が他人の財物であることを知っているだけで十分であって、盗品が誰の所有物なのかまで知っている必要はない。

(d) 行為と結果の関連性

結果犯の構成要件において、因果関係は欠かせない重要な構成要件要素であるため、故意の認識対象になる。他方で、因果関係の確定のための因果の経過（Kausalverlauf）や因果経過の規範的評価に該当する客観的帰属は、故意の認識対象ではない。相当因果関係説における相当性というのも、第三者（裁判官）の規範的な評価概念に属するものであるため、故意の認識対象になり得ない。

（ア）因果関係

因果関係それ自体は、行為と結果との間の自然法則的連関性として、故意の認識対象である。行為者は自分の行為がいかなる結果について因果的なものになり得るかという点を、十分に認識していなければならない。

すなわち、行為者は「AからBが発生した」とか、「BはAに起因している」という思考をしていなければならない。

（イ）因果経過

因果経過とは、因果関係の確定に必要な因果的連鎖の構成部分を意味する。我が国の通説は、因果経過も客観的構成要件要素の一つであり、故意の認識対象であるという。ただ、これは100％正確に認識できるものではないため、因果経過の「大体の輪郭」や「本質的な点」さえ認識していれば足りるとする立場である。つまり、本質的相違のない因果経過を故意の認識対象と見るのである。

この立場によると、因果経過が一般的な経験知識と行為者の特別な経験知識の範囲内にあり、少なくとも故意がこのような可能性を把握している限り、この因果経過に関する故意を擬制する。このようにすることで、殺人の故意で他人を橋の下に墜落させた場合、行為者は被害者が溺死することを期待したが、実際その被害者は溺死せず、橋脚に頭をぶつかって脳出血で死亡したとしても、行為者には殺人の故意既遂が認められる。

しかし、因果経過は主観的構成要件の認識対象ではなく、客観的構成要件の側面から結果の客観的帰属の問題として取り上げるのが正しい。本質的相違なのか、それとも非本質的相違なのかの判断は、相当性の観点から下すべき規範的評価であり、因果経過の相違は結果帰属に影響を及ぼす客観的帰属の判断対象としなければならないからである。我が国の通説は未だに因果関係と因果経過を区別せずに、両方を合わせて因果関係と称しつつ、これを故意の認識対象としているが、これは区別して論じることが望ましい。

（ウ）客観的帰属

客観的帰属は規範的評価を前提とするため、一種の規範的構成要件要素といえる。しかし、客観的帰属は因果関係そのもののように行為者の故意にそのまま反映されるものではないため、故意の認識対象ではない。行為者が殺人の故意で被害者を橋の下に墜落させた場合を考えてみよう。仮に行為者が、溺死以外の別の因果経過によって被害者の死亡という結果が発生することは非類型的でかつ客観的帰属は認められないと思っていたとしても、殺人の故意既遂になる。

（3）特別な主観的構成要件要素の問題

目的犯における目的のような特別な主観的構成要件要素は、構成要件的故意の認識対象にならない。

（4）客観的構成要件要素以外のその他の事情

法律上の構成要件には記述されているが、不法および責任と直接に関連してい

144　第2編　犯罪論

ない事情がある。客観的処罰条件、人的処罰阻却事由、訴訟条件などがそれに該当する。これは客観的構成要件要素ではないため、故意の認識対象ではない。

3　構成要件的錯誤の適用

（1）原則論

わが刑法上、構成要件的錯誤の規律に関しては刑法第13条と第15条第1項があるため、この法規定による解釈論を優先しなければならず、解釈だけでは解決できない限界事例に限って学説の適用を検討しなければならない。

（2）刑法第13条の適用

構成要件的故意は客観的構成要件に属する事情のみを対象とする。主観的な事情は対象ではない。すなわち、行為者が器物損壊（第366条）を犯すためには、客観的構成要件要素である「他人の財物を損壊または隠匿その他の方法により、その効用を害」するという点を認識・意欲することで足りる。故意のほかに不法領得の意思、目的犯の目的などといった他の主観的要素や、常習性などのような行為者的要素、そして客観的処罰条件や人的処罰阻却事由に該当する事情も構成要件的故意の認識対象になる必要がない。行為者がこのような客観的構成要件要素を認識せずに行為をした場合、構成要件的故意はない。

（3）刑法第15条第1項の適用

（a）不法加重事由を認識し得なかった場合

（ア）刑法的法律

わが刑法第15条第1項は、「特別に重い罪となるべき事実を認識し得なかった行為は、重い罪としては、罰しない」と規定している。つまり文言上、軽い事実を認識しながら重い事実を実現した場合を直接的な規律の対象としていることは明らかである。

（イ）規定の適用範囲

この規定の適用範囲に関しては、学説が分かれる。①一説では、軽い罪を認識しながら重い罪を実現した場合（損壊罪と傷害罪）には無条件にこの規定を適用しなければならないという意味に解釈する[49]。②他方、他説では、本規定は二つの構成要件が基本的構成要件と派生的構成要件の関係にある場合（普通殺人罪と尊属殺人罪）[50]、または前者の場合と罪質を同じくする犯罪間（占有離脱物横領罪と窃盗罪）[51]に適用することができるだけであるとする。

49　裵鐘大・281頁、任雄・180頁、鄭榮錫・190頁、陳癸鎬・241頁。
50　金日秀『韓国刑法Ⅰ』322頁、朴相基・123頁、河泰勳・110頁、黄山德・124頁。
51　劉基天・242頁、李在祥・173頁、鄭盛根/朴光玟・201頁。

前説によると、同規定は抽象的事実の錯誤のうち、軽い事実を認識しながら重い事実を発生させた場合に限り、重い犯罪事実に対する故意既遂を問うことができないという消極的な制限をするだけであって、具体的な処理に関しては学説に一任しているとしつつ、実際には同規定の直接的な適用範囲を比較的広範に把握している。

後説によると、同規定は抽象的事実の錯誤に関係しているが、法文上の「特別に」という文言を積極的に生かして、抽象的事実の錯誤のうち、二つの罪の構成要件が基本的・派生的関係にある場合にのみ、同規定が適用されると言う。つまり、第15条第1項の直接的な適用範囲を狭めて、残りの領域は学説によって解決しようとする。

（ウ）原則的適用

原則として後説に賛同する。したがって、刑法第15条第1項は基本的構成要件（ある刑法規範が本来的に処罰しようとする構成要件、普通殺人（第250条第1項）がその例）と加重的構成要件（基本的構成要件の上に刑罰加重事由を追加して規定する構成要件、尊属殺人（第250条第2項）がその例）の関係のように、同種・同質の構成要件のうち、特に不法加重事由を含めている不法加重的構成要件を実現しながらも、このことを知らずに基本的構成要件を実現すると認識しながら犯行をした場合を規律の対象とする。「特別に重い罪となるべき事実」とは、まさに不法加重の構成要件を意味するからである。たとえば、一般人を殺害しようとしたが、錯誤に陥って自己の父親を殺害した場合、これは不法加重事由に関する錯誤であるため、刑法15条第1項を直接適用して普通殺人罪（第250条第1項）の故意既遂として処罰しなければならない。

《判例》 被告人は、暗い夜中に大勢の人が集まって混乱した状況で、犯行の主導者が急に督促したため、犯行対象が妻の祖母と義母とは知らず、殺害した。このように配偶者の直系尊属であることを知らずに殺人をしたのであれば、刑法第15条の特別に重い罪となるべき事実を認識し得なかった行為に該当する（大判1960. 10. 31. 4293刑上494）。

この結論は、刑法第13条の基本的立場とも一致する。すなわち、各自は自ら認識していた範囲内で、自ら犯した罪について故意既遂犯として処罰を受けるべきであるという思想が、同条文の基本的立場である。加重的構成要件に該当する事実を錯誤によって認識し得なかった者に対しては、基本的構成要件に関する故意と結果の実現まで排除するわけではないため、基本的構成要件の故意既遂犯として処罰しなければならない。

基本的構成要件と不法加重的構成要件の関係が成立する場合の例としては、単純窃盗と凶器携帯および合同窃盗（第331条第2項）・夜間住居侵入窃盗（第330条）・夜間損壊後住居侵入窃盗（第331条第1項）、単純強盗（第333条）と凶器携帯および合同強盗（第334条第2項）、一般建造物放火（第166条第1項）と現住建造物

146　第2編　犯罪論

放火（第164条）、普通殺人（第250条第1項）と尊属殺人（第250条第2項）、同意堕
胎罪（第269条第2項）と不同意堕胎罪（第270条第2項）、業務上同意堕胎罪（第270
条第1項）と業務上不同意堕胎罪（第270条第2項）、一般遺棄（第271条第1項）と尊
属遺棄（第271条第2項）、一般虐待（第273条第1項）と尊属虐待（第273条第2項）、
単純名誉毀損罪（第307条第1項）と加重名誉毀損罪（第307条第2項）などが挙げら
れる。

（エ）反対事例への適用

　刑法第15条第1項は、前述した刑の加重事由を認識し得なかった場合とは反対の場
合、すなわち不法加重的構成要件を実現するという思いで犯行をしたが、実は基本的構
成要件に該当する事情を実現した場合をいかに扱うべきかについては、全く言及してい
ない。

　この場合は、刑法第15条第1項を適用する典型的な例ではない。しかし、刑法第15
条第1項の規律を反転して行為者に軽い犯罪の範囲内で故意既遂を認め、行為者を軽い
犯罪の故意既遂と重い犯罪の未遂の間の観念的競合として扱うことが正しい。同種・同
質の構成要件の間において重い罪の故意は当然軽い罪の故意を含んでいると言えるため
である[52]。たとえば、自己の父親を殺害する意図で銃を撃ったが、弟が撃たれて死亡し
た場合、普通殺人罪（第250条第1項）の故意既遂と尊属殺人罪の未遂（第250条第2
項、第254条）の観念的競合により、重い尊属殺人罪の未遂として処罰しなければなら
ない。

　この解決方法は、不法の主観的・客観的構成要件への帰属は、不法が相対的に実現さ
れた限度内で及ぶべきであるという原則に基づいているものである。

> 《参考》　この場合について、いわゆる具体的および法定的符合説によると、尊属殺人
> 罪の未遂と過失致死の観念的競合になるという。これは構成要件的錯誤理論の限界事例
> に適用すべき一般理論（これに関しては後で詳述する）である。刑法第13条と第15条
> 第1項によって解決することができる部分では、この規定の指示が一般学説より優先し
> て適用されなければならない。

（b）不法減軽事由を認識し得なかった場合
（ア）問題の提起

　わが刑法第15条第1項は、不法を減軽する要素が客観的に存在していないにもかか
わらず、行為者がそれを存在するものと誤認した場合、または不法減軽事由が存在して
いるにもかかわらず、行為者がこれを知らずに行為をした場合まで包括しているわけで
はない。その典型的な例は、基本的構成要件と不法減軽的構成要件とが共に規定されて
いる場合、その両者の関係であらわれる。この場合はいかに解決しなければならないのか。

52　河泰勲・111頁。

（イ）行為者に不法減軽事由がないにもかかわらず、それがあると誤認して行為をした場合

行為者が被害者の嘱託・承諾がないにもかかわらず、それがあると誤認したまま被害者を殺害した場合が挙げられる。不法減軽事由を認識し得なかった場合には、不法減軽的構成要件の故意既遂として処罰するという立法例もある（ドイツ刑法第16条第2項）。

わが刑法にはこのような規定がないため、理論的に解決するしかない。思うに、この場合にも、わが刑法第15条第1項の趣旨に照らして、行為者にはせいぜい軽い犯罪の範囲内で故意既遂が成立するという意味と解して、不法減軽的構成要件の故意既遂で処罰するほうが望ましい。すなわち、嘱託・承諾殺人罪として処罰される[53]。立法論的には、ドイツ刑法のように明確な立場を明示しておくことが望ましいと思われる。

> 《**参考**》　この場合について、刑法第15条第1項の適用を排除し、価値の異なる客体の間の錯誤問題として取り扱うと、嘱託・承諾殺人の故意既遂と普通殺人の過失犯との観念的競合となるであろう。しかし、これは刑法第15条第1項にしたがって解決し得る事案であるため、一般学説よりはこの規定の趣旨を優先して考慮することが合目的的である。

（ウ）行為者に不法減軽事由があるにもかかわらず、それを知らずに行為をした場合

上述の事例と反対の場合である。たとえば、行為者が普通殺人の意思で殺害したが、被害者の嘱託・承諾という事情が存在した場合である。解決方法としては、①客観的に存在する不法減軽事由により、基本的構成要件の結果反価値が不能未遂の結果反価値の程度まで減少したため、基本的構成要件（普通殺人罪）の不能未遂として扱わなければならないという説[54]と、②普通殺人罪の未遂と嘱託・承諾殺人罪の既遂の観念的競合になるという説[55]に分かれている。

思うに、この事例を単純にすると、結局重い罪の故意をもって軽い罪を犯した場合に該当する。したがって、この場合も刑法第15条第1項の規律を反転して、行為者にせいぜい軽い犯罪の範囲内で故意既遂を認めるという意味で、軽い犯罪（嘱託・承諾殺人罪）の故意既遂と重い犯罪（普通殺人罪）の未遂の観念的競合とするほうが望ましい。

(c) 責任減軽事由を認識し得なかった場合

構成要件的錯誤は責任減軽要素を含んでいないため、行為者が責任軽減事由を認識せずに行為をした場合、刑法第15条第1項を適用する余地はない。この場合は、行為者が主観的に考えていた表象によって問題を解決しなければならない。たとえば、妊婦が分娩した嫡出子を私生児と思い違いをして、分娩直後に殺害したとする。この場合は刑法

53　同旨、朴相基・125頁、李在祥・173頁。
54　金日秀『韓国刑法Ⅰ』425頁。
55　朴相基・125頁。

148　第2編　犯罪論

第15条第1項を直接適用することによってではなく、嬰児殺害罪の構成要件の解釈上、行為者が主観的に表象した内容によって普通殺人罪（第250条第1項）ではなく、嬰児殺害罪（第251条）を適用することになる。なぜなら、第15条第1項はその文言の解釈上、明確に不法構成要件に該当する場合（第13条）、または軽い不法構成要件を満たす（第15条第1項）状況に関する錯誤のみを取り扱っている反面、嬰児殺害罪の刑罰減軽事由は単に責任軽減に関するものだからである。

　このように嬰児殺害罪も、人を殺害するという点では普通殺人罪の不法故意と同様である。それにもかかわらず、嬰児殺害罪の可罰性が軽いのは、私生児という客観的な事由に関する問題ではなく、その嬰児を私生児と信じた妊婦（法文上では直系尊属）の斟酌し得る心情的な状態のためである。行為者の心情と関連した責任要素は、決して不法構成要件に属するものではない。

4　構成要件的錯誤の限界事例

（1）意　義

　従来、構成要件的錯誤と言えば、客体の錯誤、方法の錯誤、因果関係の錯誤が挙げられた。しかし厳密に言うと、このような種類の錯誤は構成要件的錯誤の問題ではなく、故意の認識内容の特定性・故意への帰属ないし故意の具体化と関連する問題である。言い換えれば、行為者が認識していた内容と発生した結果が異なる場合、両者がどの程度まで符合すれば、発生した結果について故意既遂を認めることができるかという問題を取り扱うものである。もちろん、これもまた故意論の一部ではあるが、錯誤論とは異なる側面からの故意論の一部であることに注意しなければならない。

（2）具体的事実の錯誤と抽象的事実の錯誤

　行為者が認識していた事実と現実に結果が発生した事実は同価値の行為客体に属するが、具体的に一致しない場合を具体的事実の錯誤と言う（甲を傷害しようとしたが、実際は乙が怪我をした場合）。これに対して、行為者が認識していた事実と現実に結果が発生した事実が異なった価値を持った行為客体に属する場合を抽象的事実の錯誤と言う（人を傷害しようとしたが、犬が怪我をした場合、または父親を殺害しようとしたが、兄を死亡させた場合）。つまり、行為客体の間の異なる価値によって認識していた事実と発生した事実が異なる構成要件に該当する場合が、抽象的事実の錯誤に該当する。

（3）客体の錯誤

（a）意　義

客体の錯誤（Irrtum über das Handlungsobjekt）とは、行為者が構成要件要素である行為客体の特性、特に同一性に関して錯誤した場合を言う。構成要件的行為客体である限り、それが人であっても、物であっても構わない。このような意味で、客体の錯誤は俗に「人および物の錯誤」（erro in persona vel in objecto）と呼ばれる。

（b）様　態

（ア）具体的事実の錯誤（同価値の客体間の錯誤）

行為時に行為者が認識していた行為客体と結果が発生した行為客体の間に、構成要件的に同価値性が認められる場合の錯誤である。たとえば、行為者がAを殺害するため、夜中にAの家の前をうろついている途中、だれかがその家に入るところを見た。行為者はその人がAだと思い、凶器で頭を殴りつけたが、実際被害者はAではなく、Aの弟であるBであった場合である。

（イ）抽象的事実の錯誤（価値が異なる客体間の錯誤）

行為時に行為者が認識していた行為客体と結果が発生した行為客体の間に構成要件的に同価値性が認められない場合の錯誤である。たとえば、闇が色濃く立ち込めている夕方、行為者がAを殺害するためにAの水田に接近し、そこで働いているAに向かって銃を撃ったが、実際はそれはAではなく、Aの水田の案山子であった場合である。

（4）方法の錯誤

（a）意　義

方法の錯誤（aberratio ictus）とは、行為の意外な進行によって行為者が意図していた行為客体ではなく、別の行為客体に結果が発生した場合を言う。これは打撃の錯誤と称するほうが、本来の意味により近い。

行為者が行為客体を特定して、その行為客体に犯行をしようとしたのであれば、行為者の故意がその特定の行為客体に及ぶことは当然である。ところが、仮に行為の進行が予想を外れて、特定した行為客体ではなく、全く意図してなかった別の行為客体に構成要件的結果が発生したのであれば、それに関する故意が行為者に帰属されるか否かが問題になる。

（b）様　態

（ア）具体的事実の錯誤

行為時に行為者が意図していた行為客体と結果が発生した行為客体の間に、構成要件的に同価値性が認められる場合の錯誤を言う。たとえば、Aを殺害するためにAに向かって銃を撃ったが、それがAに命中せずに隣に立っていたAの妻であるBが死亡した場合、または行為者がAを殺害するために毒入りパンをAの家に送ったが、Aの家に遊びに来たBがそのパンを食べて傷害を負ったり、死亡したりした場合などが挙げられる。

150 第2編 犯罪論

（イ）抽象的事実の錯誤

行為時に行為者が意図していた行為客体と結果が発生した行為客体の間に、構成要件的に同価値性が認められない場合の錯誤を言う。たとえば、Aに向かって銃を撃ったが、それが隣にあったAのペットの犬に命中して、犬が死んだ場合、自己の弟に向かって銃を撃ったが、それが隣の父親に命中して、父親が死亡した場合、またはその逆の場合などが挙げられる。

（5）構成要件的錯誤の限界事例を解決するための学説

客体の錯誤・方法の錯誤などによって、行為者が認識・意図していた事実と結果が発生した事実が異なる場合に、いかなる範囲内で発生した結果に対する故意・既遂の責任を行為者に負わせることができるかに関しては、わが刑法第13条および第15条は完全な解答を示していない。したがって、この問題の解決は学説に委ねられていると言えるが、これに関しては、伝統的に具体的符合説・法定的符合説・抽象的符合説が対立している。

（a）具体的符合説

具体的符合説は、行為者が認識・意図していた事実と結果として発生した事実が、具体的に一致する範囲内でのみ故意既遂犯を認める見解である。ドイツの通説および判例の立場であり[56]、わが国においても徐々に多数説となりつつある[57]。

具体的符合説は、ⅰ）具体的事実の錯誤のうち、客体の錯誤については認識していた事実と発生した事実が具体的に符合するため、故意既遂の成立を認める。この場合、客体を混同したことは刑法的に重要でない動機の錯誤に過ぎず、行為者の犯行意思は行為結果が発生した当の行為客体（BをAと勘違いして殺害したときのB）を狙っていたため、故意既遂を認めることには何の問題もないとする。ⅱ）具体的事実の錯誤のうち、方法の錯誤は意図していた事実と発生した結果が具体的に符合しないため、意図していた事実の未遂と発生した事実に対する過失の観念的競合を認める。犯行意思が目指していた客体と実際に結果が発生した客体が異なるためである。ⅲ）抽象的事実の錯誤においては、客体の錯誤と方法の錯誤を区別せずに、いずれも認識または意図していた事実に対する未遂と発生事実に対する過失の観念的競合として処理する。

具体的符合説に対しては、ⅰ）具体的事実の錯誤のうち、客体の錯誤についてのみ故

---

56 ドイツでは、具体化説（Konkretisierungstheorie）と呼ばれる。

57 權五杰・167頁、金成敦・214頁、金聖天/金亨埈・115頁、朴相基・135頁、朴陽彬「構成要件的錯誤」『成時鐸華甲記念論文集』153頁、裵鐘大・275頁、白亨球「構成要件的錯誤」考試研究（1989. 11）130頁、成樂賢「錯誤의 体系와 理論（錯誤の体系と理論）」『鄭盛根華甲論文集』465頁、成時鐸「構成要件的錯誤（上）」考試研究（1995. 7）119頁、孫ドン權/金載潤・148頁、吳英根・242頁、李榮蘭・193頁、李廷元・151頁以下、李炯國『研究Ⅰ』231頁、鄭英一「方法의 錯誤（方法の錯誤）」考試界（1997. 3）44頁、車鏞碩・932頁、935頁、河泰勳・121頁、許一泰「構成要件的錯誤」考試界（1993. 3）58頁。

意既遂犯の成立を認めるため、故意既遂犯の成立範囲が不当に狭まる、ⅱ）認識事実と
発生事実が具体的に異なるという点では、客体の錯誤と方法の錯誤の間に違いがないに
もかかわらず、両者につき法的に異った扱いをしなければならない理由が明確ではな
い、ⅲ）方法の錯誤において、殺人の故意をもって実際に人を殺害したにもかかわらず、
法的な評価においては殺人未遂と過失致死を認めることは、一般人の法感情に反するな
どの批判が加えられている。

　（b）**法定的符合説**　　法定的符合説は、行為者が認識・意図していた事実と発生した
事実が構成要件的に符合したり、罪質が符合したりする場合には、発生事実に対する故
意既遂犯を認める見解である[58]。具体的符合説に比べて故意既遂の成立範囲が広い。ま
た、これはわが国の従来の多数説であり、現在の大法院の立場である[59]。

　法定的符合説は、法定的に符合する事実の範囲をどこまで認めているのかによって、
さらに構成要件的符合説と罪質符合説に分けられる。ⅰ）構成要件的符合説は、認識し
ていた事実と発生した事実が構成要件的に同一の事実の範疇内に属する場合に故意既遂
の成立を認める立場である[60]。つまり、同じ構成要件に属する場合には故意既遂を認め
る。ⅱ）罪質符合説は、認識していた事実と発生した事実が同一の構成要件的事実に属
する場合のみならず、罪質が同一である場合にも故意既遂を認める立場である[61]。たと
えば、窃盗罪と占有離脱物横領罪は構成要件的には異なるが、罪質が同一であるため、
両者の間には故意既遂の成立を認めることができるという[62]。この説によると、構成要
件的符合説より故意既遂犯の成立範囲が拡大される。

　法定的符合説による場合、具体的には、ⅰ）具体的事実の錯誤のうち、客体の錯誤にお
いては認識事実と発生事実が法定的に符合するため、故意既遂の成立を認める。ⅱ）具
体的事実の錯誤のうち、方法の錯誤もまた、認識事実と発生事実が法定的に符合するた
め、故意既遂を認める[63]。ⅲ）抽象的事実の錯誤の場合には、客体の錯誤と方法の錯誤を

58　ドイツでは、同価値説（Gleichwertigkeitstheorie）と呼ばれる。

59　大判 1958. 12. 29. 4291 刑上 340 ; 大判 1984. 1. 24. 83 ド 2813.

60　金鍾源「構成要件的錯誤」法政（1977. 4）55 頁、白南檍・228 頁、申東雲・213 頁、李健豪・申
　東旭ほか・259 頁、鄭暢雲・240 頁、曺俊鉉・240 頁、陳癸鎬・233 頁。

61　李在祥・178 頁、任雄・169 頁、鄭盛根/朴光玫・201 頁。他方、申東雲教授は、罪質符合説にお
　ける罪質とは犯罪の性質ないし特質を意味するのであり、また罪質の内容は何かということが明
　らかではないため、立法者が定めた行為定型を基準としている「法定的」符合説の中に罪質符合
　説は含められないと批判している。すなわち、法定的符合説は構成要件的符合説のみを意味する
　ということである。申東雲・213 頁。

62　したがって、占有離脱横領物と考えて領得したが、実は他人の占有下にあるものであった場合、
　罪質符合説によると占有離脱物横領罪の故意既遂の成立を認めることになるが、構成要件的符合
　説によると構成要件が相異するため、占有離脱物横領の未遂と窃盗の過失になり、結局無罪にな
　るという結論に達する。

63　大判 1984. 1. 24. 83 ド 2813:「自分の甥を背負っている兄嫁を殺すために棒で殴りつけ、兄嫁が
　血を流しながら倒れると、もう一度棒で殴りつけたが、これが兄嫁の背中にあった甥の頭にあ
　たって、甥が頭蓋骨骨折で死亡してしまった。このような方法の錯誤は殺人の故意の成立に影響
　を及ぼさない。」

区別せずに、いずれも認識事実に対する未遂と発生事実に対する過失の観念的競合を認める。

法定的符合説に対しては、ⅰ）犯行意思（故意）の事実的基礎を無視しており、ⅱ）いわゆる併発事例について妥当な結論を提示していないなどの批判が加えられている。

（3）抽象的符合説

抽象的符合説は、行為者が認識・意図していた事実と発生した事実が抽象的に符合すれば、発生した結果に対する故意既遂犯を認める見解である。ここに言う「抽象的符合」の意味は、比較される両方の事実（認識事実と発生事実）の間に存在する事実的具体性や構成要件的定型性の異同を考慮せずに、両方の事実が単に刑法上の罪という一般的性質に符合すれば故意既遂犯の成立を認めるという趣旨で使われているのである。したがって、故意既遂犯の成立範囲が非常に広くなる。現在、わが国においてこの説を支持している見解はない。

具体的事例において、抽象的符合説は、ⅰ）具体的事実の錯誤の場合には客体の錯誤と方法の錯誤を区別せずに、いずれも故意既遂犯の成立を認める。ⅱ）抽象的事実の錯誤の場合には客体の錯誤・方法の錯誤に関係なく、軽い罪の故意既遂を認めるという趣旨に沿って、①軽い罪の故意で重い罪を実現した場合には軽い罪の既遂と重い罪の過失の観念的競合（損壊の意思で人を傷害した場合、損壊の既遂と過失致傷の観念的競合）を、②重い罪の故意で軽い罪を実現した場合には重い罪の未遂と軽い罪の既遂が成立（傷害の故意で財物を損壊した場合、傷害未遂と器物損壊の故意既遂）するが、重い故意は軽い故意を吸収しているため、両罪は競合せずに重い罪の未遂として処断するという結論に達する。

抽象的符合説に対しては、行為者の認識と発生事実が符合していないにもかかわらず、無理に故意既遂犯を認めるため、法論理的に全く妥当でないだけでなく──軽い犯罪については一律に故意既遂犯を認めているため、結局発生しない事実に対する既遂と意図しない事実に対する故意を認めるというおかしな結論に至っている──、行為者に対する過度な処罰の欲求にとらわれた見解という批判が提起されている[64]。

64　裵鍾大・274頁。

第3章　構成要件論　　153

《**参考**》　上述した三つの学説の結論を図表で示すと、以下の通りである。

		客体の錯誤	方法の錯誤
具体的符合説	具体的事実の錯誤	故意既遂	未遂＋過失
	抽象的事実の錯誤	不能未遂＋過失	未遂＋過失
法定的符合説	具体的事実の錯誤	故意既遂	故意既遂/時には 未遂＋過失
	抽象的事実の錯誤	不能未遂＋過失	未遂＋過失
抽象的符合説	具体的事実の錯誤	故意既遂	故意既遂
	抽象的事実の錯誤	重→軽(重い罪の未遂＋軽い罪の既遂)	
		軽→重(軽い罪の既遂＋重い罪の過失)	

　(d)　結　論　　故意の具体的認識内容と発生した事実の間の事実的・規範的相違を無視しつつ故意既遂犯の成立を認める抽象的符合説は、全く説得力を持っていない。したがって、具体的符合説と法定的符合説のうち、いかなる立場を取るべきかという問題が残る。ところが、両見解が異なる結論に達しているのは具体的事実の錯誤のうち、方法の錯誤の場合である。この場合、具体的符合説は認識事実の未遂と発生事実の過失を認めているが、法定的符合説は発生事実に対する故意既遂犯を認めている。したがって、両見解のうち、どちらの立場を取るべきかということは、結局具体的事実の錯誤のうち、方法の錯誤の事例についてどちらの見解がより妥当で、説得力のある解答を提示することができるかにかかっている。

　これを考慮すると、法定的符合説よりは具体的符合説がより説得力を持っていると言える。具体的符合説に賛成する根拠を、次の三つの場合に分けて検討してみる。

（ア）具体的事実の錯誤のうち、客体の錯誤

　この場合、具体的符合説が発生事実に対する故意既遂犯の成立を認めるのは、次のような理由に基づいている。

　（i）構成要件的同価値性がある場合、具体的な行為客体の同一性に関して錯誤したとしても、それは構成要件上重要でない個別化に対する錯誤に過ぎない。これは構成要件上重要でない対象の主観的意味に関する錯誤、すなわち動機の錯誤であるため、惹起された結果に対する故意既遂を認めることは差し支えない。このような錯誤は構成要件の実現における重要な要素に関する錯誤ではないため、構成要件的錯誤とみなす必要がない。

　（ii）認識対象が「他人」であれば、普通殺人罪の構成要件的故意は成立し、その他人が甲男なのか、乙女なのかは構成要件的故意の成立に何の影響も及ぼさない。

　（iii）行為者の犯罪実現の意思も、行為者が錯誤に陥って本物の行為客体と勘違いしている行為客体に向いているため、結果が発生した行為客体は結局行為者の意思によって被害を受けたことになる。

（イ）具体的事実の錯誤のうち、方法の錯誤

上述した客体の錯誤とは異なり、同価値客体の間に方法の錯誤が生じた場合には、意図していた行為客体に対する未遂と発生した結果に対する過失を認め、観念的競合の例によって処断するほうが責任原則により適合する。その理由は、次の通りである。

（ⅰ）方法の錯誤は客体の錯誤とは異なり、行為者の認識と構成要件的実在の不一致の問題ではなく、行為者の意図と構成要件的過程の不一致の問題に該当する。したがって、これは故意を排除する構成要件的錯誤の問題ではなく、故意の具体化と関連している因果経過に関する錯誤の特殊な例に該当する問題である。故意は特定の行為客体について具体化されていなければならないため、実際に結果が発生した別の行為客体に対しては故意を帰属させることができない。それにもかかわらず、意欲しなかった結果について故意を認めること（いわゆる故意の転用）は責任原則に反する。

（ⅱ）法定的符合説は、法感情ということを掲げて、殺人の故意を持って人を殺害して死亡の結果まで発生させたにもかかわらず、殺人の故意既遂を認めないことは、一般人の法感情に反すると主張する。しかし、この場合、むしろ意図しなかった行為客体に対する殺人の故意を認めるほうが一般人の法感情に反する。たとえば、敵を殺すために銃を撃ったが、実際には敵ではなく、愛する妻が撃たれて死亡した場合があり得る。一般人は愛する妻に対する殺人の故意既遂よりは過失致死という法的評価をより妥当なものと受け止める可能性が高い。法定的符合説は、殺人罪の場合に「人」を殺すという認識および意図さえあれば十分であり、具体的に「誰か」を殺すという認識および意図は要しないと主張するが、上述した事例から分かるように、このような主張が一般人の法感情に適合するものかに関しては、非常に疑問が残る。

（ⅲ）結果が惹起された行為客体に対する故意は成立しないとしても、その点に対する行為者の過失の可否という問題は残っている。また、行為が当初意図していた行為客体に命中しなかったとしても、その点に対する実行の着手は十分認められるため、未遂は成立する。仮に、未遂と過失の処罰がいずれも可能な場合であれば、観念的競合の例によって処断しなければならない。

（ウ）併発事故が発生した場合

法定的符合説は、方法の錯誤の事例において、いわゆる併発事故が発生した場合についても満足のいく解答を提示していない。発生した結果に対する故意既遂のみを認め、本来の行為客体を狙った攻撃行為に対する法的評価をしないためである（すなわち、Aを殺害しようとしたが、実際にはBを殺害した場合、Bに対する殺人の故意既遂のみを認めて、別途にAに対する殺人未遂は認めない）。併発事例としては、ⅰ）Aを殺すために発射した弾丸がAを貫通してBにも命中したため、いずれも死亡した場合、ⅱ）ⅰ）の事例でAは死亡し、Bは傷害を被った場合、ⅲ）ⅰ）の事例において、Aは傷害を被っただけで、Bが死亡した場合などが挙げられる。

このような事例について、具体的符合説が、より論理的な解答を提示することができるのはもちろんである。ⅰ）の場合には、Aに対する故意殺人とBに対する過失致死、

ⅱ）の場合には、Aに対する故意殺人とBに対する過失致傷、ⅲ）の場合には、Aに対する殺人未遂、Bに対する過失致死の責任を、それぞれ観念的競合の関係において問うことができる。

　他方、法定的符合説によると、上述のⅰ）およびⅱ）の事例では、意図していた行為客体であるAに対する死亡の結果が発生したため、Aに対する殺人の故意既遂を認め、予想しなかった結果であるBの死亡ないし傷害の結果に対しては過失致死ないし過失致傷の成立を認めることができるとしても、ⅲ）の事例（Aの傷害とBの死亡）については、満足のいく解答を示すことが困難である。仮に、この事例においてAに怪我もなかったら、Bに対する殺人の故意既遂のみを認めることは大したことではないかもしれない。たとえAに対する攻撃行為があったとしても、外観上Aに対する法益侵害は全く生じなかったからである。しかし、併発事故の例のように、Aが傷害を被った場合には外観上一身専属的な法益に対する重大な侵害があったため、Aに対する攻撃行為および法益侵害の結果を無視─Aに対する殺人未遂と傷害の結果は、Bに対する殺人罪に吸収されるというふうに─して、Bに対する殺人の故意既遂のみを認めるのはあり得ないことである。ある保護法益の主体に対する重大な法益侵害の行為があって、かつ侵害の結果が発生したにもかかわらず、これを刑法的に評価しないことは、重大な職務放棄と言わざるを得ない。事例をよりドラマティックにしてみよう。行為者が不当解雇されたことに恨みを抱いて、会議室に集まっている会社の重役5人を殺害するために爆弾を投げた。これら5人は重傷で済んだが、不幸にもその当時お茶を運んでいた女性職員が予期せぬ破片に当たって死亡した。このような場合について、法定的符合説の結論の通り女性職員に対しては故意殺人が成立し、重傷を被った5人に対しては刑法的に何もなかったのように評価することが果たして正しいのか。このような結論が道理に合わないのは自明のことである。

（6）因果経過の錯誤

（a）意　義
　因果経過の錯誤（相違）とは、原則として同一の行為客体に対して、行為者が当初表象していたものと異なる因果経過を通じて、異なる方式で構成要件的結果を惹起した場合を言う。

（b）様　態
（ア）行為の作用方式の相違
　行為者がAを溺死させるために橋の下に墜落させたが、Aは橋脚に頭をぶつけて脳震盪で死亡した場合、行為者がAを殺害するために拳銃を持ち出したが、それを見たAが恐怖の心的ストレスによる心臓麻痺で死亡した場合、または行為者が殺人の故意をもってAに銃を撃ったところ、Aが重傷を負って病院に搬送されている途中に交通事故で死亡したり、入院中の病院の火災で死亡した場合などがある。

（イ）実行行為の開始後の瑕疵の発生
　Aは普段悪い感情を持っていたKに復讐するために傷害の意思で、Kの頭を何度もハ

156 第2編 犯罪論

ンマーで殴打し、Kがひどい傷を負って床に倒れると、Aは自分の行為が発覚するのを恐れるあまり、いっそKを殺そうと決心してKをハンマーで殴り続けた。この際に、Aは「血に飢えた」(Blutrausch)状態に陥り、自分の行動を意識しないまま、偶然そばに置かれていた鉱夫用の斧を用いてKを殴り続けた。ハンマーや斧による攻撃がおよそ30回あったが、Kは斧による5回の攻撃によって致命傷を負って死亡した場合である。

《参考》 BGHSt 7, 325 (Blutrauschfall)：この場合、行為者は実際の因果経過と予想した因果経過に非本質的相違があるだけで、自分の最初の計画をきちんと実現したと言えるため、殺人既遂として処罰を受けることになる。

(ウ) 故意なしに行った二番目の行為による結果の惹起

いわゆる概括的故意の事例がこれに該当する。概括的故意は今日、故意の一形態として存在するものではない。これは、たとえば行為者が近所の人と口論の果てに相手を殺そうと思って拳で相手の腹部を一回強打したところ、相手が倒れたために行為者は相手が死んだと思って、そのまま森の中に埋めたが、実際には、被害者は殴打によって死亡したのではなく、生き埋めにされたために窒息死した事例を称する言葉として使われている。概括的故意も因果経過の相違に関する一様態であることは言うまでもない。

(c) 処 理　　因果経過の錯誤において、因果的進行過程が行為者の表象と本質的に異なっているのか、それとも非本質的に異なっているのかを基準として、本質的な相違がある場合には発生した結果に対する故意既遂を否認し、非本質的相違がある場合には故意既遂を認めるのが、多数説の立場である。

しかし、前述したとおり、因果経過の錯誤は客観的帰属の問題として解決することが正しい。因果経過の錯誤においては、因果経過と関連している行為者の主観的表象よりは、行為者の行為によって現実に生起した因果経過と現実に惹起された結果が一般人の観点から客観的に帰属されるか否かが、より重要であるからである。もちろん、この場合は、危険の実現（特別な客観的帰属）の観点から判断して客観的帰属が認められる場合は故意既遂、認められない場合は未遂としなければならない。

Ⅳ　特別な主観的不法要素

1　意　義

行為者の行為意思をより詳細に特定するものとして、故意とともに行為不法を構成する主観的不法要素を特別な主観的不法要素という。故意が「一般的な主観的構成要件要素」と呼ばれるのに対して、これは「特別な主観的構成要件要素」と呼ばれる。このような特別な主観的構成要件要素の例としては、窃盗罪における「不法領得の意思」、詐欺罪における「不法利得の意思」、各種の通貨・有価証券・切手・印紙・文書・印章に関する罪における「行使の目的」などが挙げられる。

2 特別な主観的不法要素の類型

構成要件は、特別な主観的不法要素によって体系的に区分することができる。かつて、メッガーがこれを目的犯・傾向犯・表現犯の三つに分類して以来、最近では、これに加えてイェシェック（Jescheck）が不真正心情要素（unechte Gesinnungsmerkmale）を主張している。

（1）目的犯

（a）意 義

行為者の主観的目的が、構成要件的故意の対象である客観的構成要件要素を超えて、より広範囲な効果に及ぶ犯罪構成要件を目的犯という。各種の領得罪における「領得の意思」、各種の偽造罪における「行使の目的」、内乱罪（第87条）における「国憲紊乱の目的」、営利目的略取誘拐罪（第288条）における「営利の目的」、各種予備・陰謀罪における「～の罪を犯す目的」などがこれに属する。目的犯における目的ないし意図は、一般的な不法要素である構成要件的故意とは異なり、犯罪事実の構成要件である客観的要素の認識を超過する意識形態であるため、これは「超過的内的傾向を有している犯罪」（Delikt mit überschießender Innentendenz）とも呼ばれる。

（b）種 類

（ア）目的の内容による区分

超過的内的傾向を持っている犯罪である目的犯は、その目的が構成要件的行為の実行によっていかに実現されるのかにしたがって「短縮された結果犯」（kupierte Erfolgsdelikte）と「不完全な二行為犯」（unvollkommen zweiaktige Delikte）に区分することができる。

（ⅰ）短縮された結果犯

本来の構成要件的結果を超過する目的の実現という付加的な結果を行為者の構成要件的行為そのものによって直接に惹起するもので、目的の実現という付加的な結果を発生させるための別の行為を要しない目的犯を意味する。

> **例**：内乱罪（第87条）における「国憲を紊乱する目的」、出版物等による名誉毀損罪（第309条）における「人を誹謗する目的」、準占有強取罪（第325条第2項）・準強盗罪（第335条）における「財物の奪還を防ぐ目的」、各種の偽造罪（第207条第2項）における「行使の目的」、財産上の利益に対する強盗（第333条）、詐欺罪（第347条第1項）・恐喝罪における「不法利得の意思」

（ⅱ）不完全な二行為犯

行為者の構成要件的行為のみでは、本来の構成要件的結果を超過する目的の実現と付加的な結果を惹起することができず、行為者や第三者による別個の行為を通じてのみそれを惹起し得る目的犯を意味する。

158　第2編　犯罪論

　　例：各種の予備罪のほか、誣告罪（第156条）における「他人に刑事処分又は懲戒処分を
　　受けさせる目的」、淫行媒介罪（第242条）・営利等目的略取誘拐罪（第288条）における
　　「営利の目的」、窃盗罪（第329条）・財物に対する強盗罪（第333条）における「不法領得
　　の意思」

　両者を区別する実益は、目的に関する認識の程度に差があるという点にある。

　すなわち、短縮された結果犯の場合は構成要件的行為だけでも目的が実現されるた
め、確定的な認識（確実性の程度）を必要とするが、不完全な二行為犯の場合は別個の行
為を必要とするため、未必的故意（十分な可能性の程度）のみで足りる。他方、判例はこ
れを区別せずに、目的の認識の程度に関して未必的故意のみで足りるとする立場に立っ
ている（大判 2010. 7. 23. 2010 ド 1189；大判 2009. 5. 28. 2009 ド 1446）。

> 《**判例**》　［旧証券取引法上の「相場調整等不公正取引禁止」］の違反罪が成立するため
> には、通情売買や仮装売買の事実のほかに主観的要件として「取引が盛況を呈している
> ように誤認させたり、その他他人にとって誤った判断をさせる目的」がなければならず、
> 同条第2項の違反罪の成立のためには、「人為的な操作を加えて変動させた有価証券の相
> 場を、投資者にとって自然的な需要・供給の原則によって形成されたものと誤認させて
> 投資者を有価証券の売買取引に引き込もうとする目的」を意味する「売買取引を誘引す
> る目的」が要求されるが、これらの各法条の所定の目的では、これが別の目的と共存する
> か否かまたはどちらの目的が主な目的なのかということは問題にならず、その目的に対
> する認識の程度は積極的意欲や確定的認識であることを要せず、未必の認識さえあれば
> 足りる（大判 2009. 5. 28. 2009 ド 1446）。

（イ）目的の性質による区分

　目的犯は、目的の性質によって真正目的犯（echte Absichtsdelikte）と不真正目的犯
（unechte Absichtsdelikte）に区分することができる。

　（ⅰ）真正目的犯は、目的の存在が犯罪成立の要件になる犯罪である。たとえば、各種
の偽造罪における「行使の目的」や各種の領得罪ないし利得罪における「領得ないし利
得の意思」など、ほとんどの目的犯はこれに該当する。

　（ⅱ）不真正目的犯は、目的の存在が刑の加重・減軽事由になる犯罪である。

　①阿片または阿片吸食器所持罪における販売の目的（第198条、第199条）は、阿片等
の所持罪（第205条）に対して不法加重による刑の加重事由になる場合である。他にも、
営利目的略取誘拐罪（第288条）における営利の目的、謀害偽証罪（第152条）・謀害証
拠隠滅罪（第155条）における謀害の目的などが挙げられる。

　②嘱託・承諾殺人罪（第252条第1項）は、行為者が被害者の嘱託・承諾した事実を知
りつつ、「被害者本人のために」行為遂行を決意するものであり、被害者の承諾と類似す
るため、普通殺人罪（第250条第1項）に比べて不法減軽による刑の減軽事由になる場
合である[65]。結婚目的略取誘拐罪（第291条）における結婚する目的も不法減軽事由で

　65　もちろん、ここでの「被害者本人のために」という目的要素は、わが刑法上の窃盗罪（第329

ある。

（2）傾向犯

行為者の主観的な行為傾向が構成要件要素になっていたり、犯罪類型に規定されている犯罪を傾向犯という。たとえば、虐待罪（第273条）の虐待行為、特別公務員暴行陵虐罪（第125条）の陵虐行為、公然わいせつ罪（第245条）のわいせつ行為、準強姦罪（第299条）・準詐欺罪（第348条）の利用行為などがそれである。

傾向犯においては、構成要件的行為が行為者の強い意思の方向によって支配されるだけでなく、このように強化された意思の方向が保護法益についての特別な危険性を誘発するという特徴も持っている。また、傾向犯は行為者の一定の内的な傾向の表出を内容とするため、「強化された内的傾向を持った犯罪」（Delikte mit intensivierter Innentendenz）とも呼ばれる。

（3）表現犯

行為が行為者の内面的な知識状態の屈折・矛盾を表す犯罪構成要件である場合を表現犯という。表現犯の構成要件としては、行為者に一定の内面的な知識状態が存在すること、そして行為者の外部的行為がその知識状態に矛盾している真意でない意思表示であることを要する。

代表的な例としては偽証罪（第152条）がある。ここでは、法律によって宣誓した証人が単に客観的に虚偽の事実を供述したという点ではなく、主観的に証人自身の記憶に反する事実を供述したという点が、行為反価値を構成する特別な主観的不法要素となる。虚偽の鑑定・通訳・翻訳罪（第154条）、国家保安法第10条の不告知罪なども、これに該当する。

第8節　不法構成要件における行為反価値と結果反価値

I　序　言

不法構成要件要素としては、主観的・客観的構成要件要素がある。そして構成要件該当性は、古典的犯罪論の時代に主張されたように結果反価値、すなわち法的に承認されていない結果を惹起することで足りるのではなく、構成要件的実行

条）の「不法領得の意思」のように書かれざる特別な主観的構成要件要素に該当する。

行為に対する否定的評価である行為反価値も考慮しなければならない。

　もちろん、行為反価値は、具体的な事例ごとに求められている故意と過失の形態、行為の傾向、行為の性質によってそれぞれ異なるのであり、結果反価値も、既遂と未遂、侵害犯と危険犯の場合にそれぞれ異なって形成される。それにもかかわらず、全ての可罰的行態の不法構成要件該当性は、それが故意犯であれ、過失犯であれ、作為犯であれ、不作為犯であれ、結果犯であれ、挙動犯であれ、侵害犯であれ、抽象的危険犯であれ、さらには既遂であれ、未遂であれ、常に行為反価値と結果反価値が結びついている場合にのみ認められる。たとえば、単純暴行罪（第260条）のような単なる挙動犯においても、外部的な結果を行為それ自体と分離することができないにもかかわらず、一種の結果反価値は存する。

Ⅱ　理論史的考察

1　ヴェルツェルの人的不法論

　古典的・新古典的犯罪体系においては、犯罪概念を客観的要素と主観的要素とに厳格に区分した上、「客観的行為の側面は構成要件該当性と違法性に、主観的行為の側面は責任に」という命題を確立した。したがって、不法は専ら客観的要素だけで構成され、すべての主観的要素は責任に属するとした。そして、不法の核心は客観的要素による結果反価値にあるとした。

　ヴェルツェル風の目的的犯罪体系は、人間の行為の目的的構造、すなわち目的性を犯罪体系の構成における決定的な要因として把握する。したがって、故意の作為犯においては、この目的性を故意と同一視するだけでなく、故意そのものを一般的・主観的不法要素として、構成要件の主観的要素にしている。つまり、故意犯における不法は、行為者の人格と関連している人的な行為不法という結論に達する。

　目的的犯罪体系においては、不法の核心は人的な行為反価値にあるとする。したがって、不法においては、行為反価値が第1次的な構成的部分であり、結果反価値は不法を構成することではなく、不法を制限する機能を担当する副次的要素に過ぎないとする。これを人的不法論と呼ぶ。

2 一元的・主観的な人的不法論

（1）内　容

刑法的不法および構成要件該当性を、専ら行為反価値のみで根拠づけ、結果反価値は不法とは無関係な客観的処罰条件と把握する見解が、ボン（Bonn）学派の一元的・主観的な人的不法論である。

これは、専ら行為反価値のみを不法のすべてとする点から、一元的な人的不法論と言う。また、行為反価値に客観的要素を含ませるヴェルツェルの人的不法論とは違って、行為反価値に主観的要素のみを含ませる一方、結果などの客観的要素を全面的に排除するという点から主観的な人的不法論と言う。

これを端的に表現しているのが、ツィーリンスキー（Zielinski）の次の言葉である。すなわち、「不法は義務違反の目的的行為であり、結果または結果反価値は不法において何の機能も果たすことはできない[66]。」と。

（2）批　判

ボン（Bonn）学派の理論を貫徹すれば、未遂と既遂の同一視、結果を不法から排除することによって起こる法感情との矛盾、正当化事由の理論構成上の問題点、量刑における問題などが生ずる。これは、刑事政策的に行為者にあまりにも過重な負担を負わせる結果となる。また、韓国刑法第25条の規律に反して未遂と既遂を同様に処罰しなければならず、不能未遂を不法の原型とみなすしかないという結論になってしまう。さらに、過失の場合にも、可罰性は結果の発生とは無関係なものになり、かつ注意義務違反のみに依存することになる。

禁止されるのは行為であって、結果ではないという命題は、結果が人間の行為とは無関係なものとして、単に偶然の産物で、かつ予見することができないものである場合に限って、一理ある主張になる。自然現象や避けられない偶然などを、規範で禁止しようとするのは無意味なことである。

しかし、刑法において、結果不法のない行為不法は最初から成立しない。したがって、行為反価値一元論の主張は、結果発生を要件とする過失犯体系や、未遂と既遂は行為反価値の観点においては同一であるという点に照らしてみると、すべて妥当なものとは言えない。

66　Zielinski, Handlungsunwert und Erfolgsunwert im Unrechtsbegriff, 1973, S. 5.

3 不法における評価規範と決定規範

規範論理的観点に基づいて、仮に刑法規範の本質を専ら評価規範とみなすなら、不法構成要件該当性は結果反価値の側面のみを評価しなければならないという結論に達する。他方、刑法規範の本質を専ら決定規範とみなすなら、不法構成要件該当性は行為反価値の側面のみを評価しなければならないという結論に達する。

しかし、本来、法規範は思考の世界と現実の世界との結合であり、評価規範の観点のみならず、決定規範の観点からも理解されなければならない。また、受範者に一定の意思決定を要求するためには法的な評価が前提とされなければならず、決定規範に違反した行為の結果は評価規範によって判断さなければならない。したがって、刑法上、不法の本質は決定規範と評価規範の結合という側面から出発する、行為反価値と結果反価値との結合として把握しなければならない。

Ⅲ　行為反価値と結果反価値の内容

1 行為反価値の内容
（1）客観的行為要素
実行行為の種類、方法、犯行の手段、行為の事情などが、これに属する。これを行為様態とも言う。
（2）客観的行為者（正犯）的要素
身分犯の身分または正犯の要素などが、これに属する。
（3）主観的行為要素
故意、注意義務違反としての過失は、一般的・主観的行為要素である。また、目的・傾向・表現など、特別な主観的不法要素は、特別な主観的行為要素である。故意犯の場合に限って、この特別な主観的行為要素と故意とを合わせて志向反価値とも言う。

2 結果反価値の内容
（1）法益侵害（第1の結果反価値）
現実的な法益侵害（Rechtsgutsverletzung）の結果を意味する。すなわち、結果犯における現実的な侵害の結果と危険犯における危険状態（Gefährlage）または危険の結果（Gefährdungserfolg）を言う。挙動犯においては、現実的な侵害行為それ自

体が行為客体ないし法益についての侵害の結果を内包している。この結果反価値が、既遂と未遂を区別する基準になる。

（2）法益の危殆化（第2の結果反価値）

現実的な法益侵害の結果に至らず、終了未遂と障害未遂の場合において結果発生それ自体は可能だったが、実際に結果が発生していないときを法益危殆化（Rechtsgutsgefährdung）という。侵害犯や危険犯の未遂は、この程度の結果反価値を内包している。

（3）法益平穏状態の攪乱（第3の結果反価値）

法益侵害や法益危殆化の程度まで至らなくても、一応法益侵害を目指した行為者の主観的犯罪意思が実行の着手の段階を経て客観化されれば、最初から結果発生が不可能だった場合であっても、社会的に法益の平穏状態は攪乱されてしまう。このような法益平穏状態の攪乱は、法益侵害や法益危殆化に比べて、最も弱い形態の結果反価値を構成する。したがって、これを第3の結果反価値とも呼ぶ[67]。

そして、これは可罰的未遂の形態のうち、不法の程度が最も低い不能未遂の結果反価値に該当する。したがって、障害未遂と不能未遂は、法益危殆化に至ったのか、それとも法益平穏状態を攪乱しているのかという結果反価値の程度によって区別しなければならない。

Ⅳ　行為反価値と結果反価値の機能

すべての犯罪形態は、それが結果犯であれ、挙動犯であれ、既遂であれ、未遂であれ、行為反価値と結果反価値をすべて備えて、はじめて不法構成要件に該当すると評価することができる。しかし、この両者が存在するとしても、不法それ自体が確定されるわけではない。両者は、ただ不法構成要件該当性の段階における評価に関連しているものに過ぎないためである。

不法の確定的な評価は、次のような検討を経て最終的に判断される。すなわち、上述した両者を備えている行為が、実質的に社会的な有害性を表す行為なのか、それとも違法性を阻却する正当化事由があるため、社会的な有害性のない行

67　Mylonopoulos, Über das Verhältnis von Handlungsunwert und Erfolgsunwert im Strafrecht, 1981, S. 84f.

164 第2編 犯罪論

為なのかを総合的に検討した上、最終的に不法を確定することができるのである。このような観点が、違法性の領域において、不法の実質的な内容を追求する実質的違法性論の立場であると言える。

第9節 構成要件該当性阻却事由

I 社会的相当性

社会的相当性の理論（Die Lehre von der sozialen Adäquanz）は、ヴェルツェルによって考案され発展してきた理論である。その内容は、「歴史的に形成された社会倫理的な共同生活の秩序内」に属する行為は社会的に相当であり、たとえ我々がそのような行為を特定の構成要件の文言に包摂させられるとしても、決して構成要件に該当しないというものである[68]。つまり、伝統的に社会的相当性は、構成要件該当性阻却事由とみなされてきたのである。

社会的相当性が認められる事例としては、許された危険の範囲内に属する行為や軽微な法益侵害行為が挙げられる。前者の例には、軌道・道路・航空交通への関与、工場・産業施設物の運営、学問・科学技術の進歩に向けた危険な実験、建築・鉱山などの作業においてやむを得ずに行われる爆発物の使用、人命・健康などの治療・維持のために医療上劇薬を使用すること、闘技その他の運動競技における競技活動などが属する。後者の例としては、郵便集配員に新年のお祝いとして手頃な価格の贈り物をすること、一時的に小銭を賭けて花札をすること、軽微な自由の制限、身近な家族の間で第三者に対する侮辱または名誉毀損的な話をしてふざけること、若干誇張した商品の広告や宣伝行為、勘違いして別のバスに乗ってしまった乗客がバスの発車後、途中でバスを停めてほしいと求めたが、運転手がバスを停めずに、そのまま次の停留所まで走行した場合における一時的な監禁行為などが挙げられる。

しかし、今日刑法理論学の領域においては、社会的相当性が有している機能ないし体系的地位について様々な見解が争っている。すなわち社会的相当性の原則は、概念の曖昧性や尺度の不明確性のために法的安定性を害する恐れがあるため、刑法理論学においては否認されるべきだとする見解[69]、構成要件的文言の意味適合的な解釈のための補助手段ないし一般的な解釈原理としての意味および機

68　Welzel, Studien zum System des Strafrechts, ZStW 58（1939）, S. 491 ff.（514）.
69　裵鐘大・330頁、孫ドン權/金載潤・98頁。

能を有しているとする見解[70]、技術や交通分野において日常的に発生する危険行為に限って一般的に適用される超法規的な違法性阻却事由として扱うべきだとする見解、客観的帰属論が社会的相当性に代替するとする見解[71]などがある。

　思うに、社会的相当性は構成要件該当性の問題領域に属する。なぜなら、刑法上のすべての不法構成要件は社会的に不相当な行態（sozialinadäquates Verhalten）のみを規律しているからである。社会的相当性論をこの問題領域に限局するなら、社会的相当性は構成要件該当性判断における「一般的な解釈原理」であると理解することが望ましい。解釈原理としての社会的相当性は、「文言の可能な意味」の範囲内では不法類型に包摂されざるを得ない軽微な事例を当該構成要件該当性から排除することによって、構成要件の成立を制約する機能を果たす。

　しかし、この問題領域から一歩進み、社会的相当性を構成要件の修正要素、つまり構成要件該当性の阻却事由として理解することになると、難点が生じる。すなわち、もともと社会的相当性の概念要素の幅は違法性阻却事由の領域とも接しているため、犯罪体系上、不法構成要件と違法性とを区別してそれぞれ独自の評価段階としている立場では、これが難点となる。

　仮に、社会的相当性の原理を構成要件の解釈の原理として扱うと、社会的に相当な行為の行為反価値が否定され、構成要件的行為と評価されることを一定程度制限することができる。犯罪構成要件の各要素を審査する際に、社会的相当性を重要な解釈の補助手段として用いることによって、法文の可能な文言の範囲内で構成要件の成立を制限することができるのである。

II　被害者の承諾

1　問題の提起

　わが国の旧刑法の時代には、被害者の承諾を超法規的な正当化事由と理解したこともあったが、現行刑法第24条は、正当防衛、緊急避難、自救行為に続いて規定されているため、その法的性格を違法性阻却事由（正当化事由）とみなすのが通説である。しかし、被害者の承諾は、わが刑法の解釈上、当然に違法性阻却事由であると断定してはならない。被害者の承諾は、法益の適法な処分権者がそれを

70　朴相基・176頁。
71　金日秀『韓国刑法 I』479頁以下、Roxin, § 10 IV Rdn. 38ff.

最初から放棄した場合に該当する。したがって、個々の刑法法規の保護領域に照らして、行為者の法益侵害結果ないし危険の結果が刑法的に意味のあるものなのかということを、ここで問題としなければならない。

これは、構成要件該当性の結果反価値および行為反価値の認定ができるか否かという問題であり、この点に照らしてみると、被害者の承諾は構成要件阻却事由の一つに該当する。

2　了解と承諾の区別

（1）意　味

韓国とドイツの多数説は了解と承諾を区別して、了解は構成要件該当性の阻却事由であるが、承諾は違法性阻却事由であるとする[72]。

了解とは、構成要件上の犯罪の記述において、その語意上、被害者の意思に反する場合にのみ行為が成立し、被害者の同意がある限りでは行為それ自体が成立し得なくなり、構成要件が阻却される場合を意味する。たとえば、強姦は被害者の同意がある場合は和姦になり、住居侵入も住居権者の同意がある場合は侵入にならない。他にも、窃取・強取・横領・背任などの行為における本人の同意は、最初から構成要件を排除する了解であり、違法性を阻却する承諾ではない。

他方、被害者の意思による犯罪行為の成立が可能な場合が承諾である。承諾は本質的に違法性阻却の効果をもたらす法益の放棄であり、法秩序が被害者本人に対して放棄の自律権を行使することができるようにした場合にのみ有効に認められる。その代表的な例としては、傷害・暴行・監禁・遺棄・名誉毀損・器物損壊の構成要件が挙げられる。

（2）区別の論拠

通説は、了解は事実的な性格を有している反面、承諾は法的性格を有しているという性格上の差異に着目して両者を区別しようとしている。

（ア）意思表示の様態

了解は了解者の内面的な意思さえあれば、たとえそれが外部的に表れなくても良いが、承諾は言語や行為によってそれを認識することができるように外部に表現されなけ

72　權五杰・244頁、孫ドン權/金載潤・235頁、申東雲・313頁、安銅準・125頁、劉基天・198頁、李在祥・265頁、李廷元・208頁、李炯國『研究Ⅰ』330頁、任雄・260頁、張榮敏「被害者의 承諾（被害者の承諾）」考試界（1994. 11）66頁、鄭盛根/朴光玫・284頁以下、陳葵鎬・357頁、崔又讚「被害者의 承諾（被害者の承諾）」考試界（1999. 10）109頁、黃山德・172頁。

ればならない。

（イ）洞察能力の可否

了解は了解者の自然的意思さえあれば十分であって、たとえ了解者が洞察能力のない未成年者や精神病者であっても構わない。他方、承諾は承諾者が賛成・反対を理性的に比較することができ、かつ自分の意思表示の影響について認識することができる程度の判断力と洞察能力を備えていなければならない。

（ウ）意思の欠缺・瑕疵のある場合

了解の場合は錯誤・欺罔・強要などの意思の欠缺・瑕疵があっても構わないが、承諾の場合にはこのような欠缺・瑕疵があれば成立し得ない。

（エ）社会常規違背禁止の適用の可否

了解の場合は、単純な事実的性格により、社会常規に反しない範囲内で許されるという制限は必要ないが、承諾はその目的や方法が反倫理的なときは許されない。

（3）区別に反対する見解

今日、新しい傾向は了解と承諾の体系上の違いを否定し、法益享有者の有効な同意がある場合には、それが了解的性格を有しているものであれ、承諾の性格を有しているものであれ、それを区別せずに、最初から構成要件阻却の効力を持ったり、または違法性阻却の効力を持ったりするという。

新しい傾向に従う立場からは、了解と承諾を体系上区別する実務的な理由はなく、性格上の違いも本質的なものというよりは相対的なものであるため、両者を体系的に同様に扱わなければならない。また、両者を峻別する一般的な基準もないため、了解かそれとも承諾かということは個々の構成要件の構造や特性に応じて個別的に判断すべき解釈上の問題に過ぎない[73]。本書はこの新しい傾向を支持する。

了解と承諾を区別する立場においても、最近の多数説は、了解の法的性格というものは一律に確定することができるものではなく、当該構成要件の違法の趣旨や保護法益の性質によって具体的・個別的に把握すべきものであるという立場を取っている（個別検討説）[74]。この立場に従うと、実際上、了解ないし承諾の有効要件（了解・承諾能力）は各構成要件の特性および保護法益によって変わるため、あえて了解と承諾を区別する意味がなくなる。

73　朴相基・208頁、裵鍾大・404頁、孫海睦・541頁。

74　金成敦・297頁、申東雲・313頁、安銅準・127頁、任雄・261頁、李在祥・265頁、李炯國・199頁、鄭盛根/朴光玫・286頁、陳癸鎬・360頁。

168   第2編　犯罪論

（4）被害者の承諾を構成要件阻却事由とみなすべき理由

　了解と承諾の区別に反対する見解の中でも、被害者の承諾を違法性阻却事由[75]と見るべきか、それとも構成要件阻却事由[76]と見るべきかに関しては、見解が分かれる。

　違法性阻却事由と解する見解は、被害者の承諾を他の違法性阻却事由とともに規定した刑法の体系上、構成要件阻却事由と見ることはできないという点、被害者の承諾を不法阻却事由とみなすことで行為者に法治国家的な人権保障を拡大することができるという点、被害者に刑法執行に関する処分可能性を与えることで自由領域の拡大をもたらすという点などを論拠としている。

　しかし、この論拠のうち、被害者の承諾が違法性阻却事由の一つとして規定されたという考え方は、法文の内容や法理より形式のみを皮相的に観察する余り、伝統的な偏見を踏襲してしまったという点、また行為者の人権保障と自由領域の拡大というのは、被害者の承諾を構成要件該当性阻却事由とみなすことで、より根源的に保障することができるという点などに照らして、納得しがたい。

　自由主義的法益論から見ると、個人が自由な意思により処分可能な法益を処分した場合、国家刑罰権は当初から関与する必要がないという点、被害者の承諾は他の違法性阻却事由と比べて異質であるため、あえて違法性阻却事由と見るべき実益がないという点、被害者の承諾は結果反価値の欠如をもたらすため、結果反価値と行為反価値の制限ないし排除の側面から構成要件該当性を評価する立場からは、被害者の承諾を当初から構成要件該当性阻却事由として扱うことが法理的により正しい。

（5）錯誤論における体系上の違い

　犯罪体系上、被害者の承諾を構成要件該当性阻却事由と見るか、それとも違法性阻却事由と見るかによってあらわれる実質的な違いは、錯誤論から確認することができる。

（ア）客観的に存在する被害者の承諾事実を行為者が知らずに行為した場合

　体系的に、被害者の承諾を構成要件該当性阻却事由と見る場合にのみ、この事例について不能未遂が成立する。

75　朴相基・222頁、裵鐘大・404頁以下。
76　具謨榮「被害者承諾과 犯罪体系論（被害者の承諾と犯罪体系論）」東亜法学 19（1995）94頁、金日秀『韓国刑法Ⅰ』476頁、孫海睦・540頁。

第3章 構成要件論 169

しかし、被害者の承諾を違法性阻却事由と見る場合には見解が分かれる。違法性阻却事由の成立要件として主観的正当化要素を必要としないという客観論者は、この場合、違法性が阻却されると判断する。反面、主観的正当化要素は違法性阻却事由の必須の要件という主観論者は、この場合、既遂犯になると判断する。消極的構成要件要素の理論やその他の折衷的立場からはこの場合、行為反価値はそのままであるが、客観的に存在する正当化状況によって結果反価値が著しく減少するため、これは不能未遂と類似するという点に着目して不能未遂になるという結論を導く。

（イ）被害者の承諾事実がないにもかかわらず、これがあると誤信して行為した場合

被害者の承諾を構成要件該当性阻却事由と見る場合には、この事例において故意を直接排除することができる。これに対して、被害者の承諾を違法性阻却事由と見る場合には、この事例は錯誤の一般例にしたがって処理される（違法性阻却事由の前提事実に関する錯誤）。まず、厳格責任説からは、この場合、禁止の錯誤になるとしつつ、錯誤を回避することができたら刑罰を減軽することが可能な故意犯として処罰するが、錯誤を回避することができなかったら責任が阻却されると判断する。そして、消極的構成要素の理論からは、この事例を構成要件的錯誤が直接適用される例と判断する一方、制限責任説のうち、法効果制限責任説からは、この事例について構成要件的故意は認められるが、責任は過失に制限されると判断する。

3 適用範囲

（1）処分可能な法益

被害者の承諾によって処分することができる法益は、原則として個人的法益に限られる。すなわち、所有権などの財産権、貞操、信書の秘密、身体の自由などである。個人的法益の領域を超える普遍的法益、すなわち国家的・社会的法益は、個人の処分権限の外にある法益であるため、原則として承諾の適用範囲外にある。

しかし、個人的法益と普遍的法益が重なっている構成要件の場合には、被害者の承諾は構成要件を排除する。なぜなら、この場合には、二つの法益が同時に侵害された場合にのみ、その犯罪類型を充足させることができるからである。たとえば、外国元首に対する暴行（第107条）、外国使節に対する暴行（第108条）の場合、被害者の承諾のあるときは不法構成要件該当性が排除される。私文書の偽・変造罪（第231条）においても、名義人の承諾がある場合は、罪の成立が排除される（大判 2011. 9. 29. 2010 ド 14587）。

（2）反倫理性による制限

個人的法益であっても、その処分ないし放棄などの承諾行為が反倫理的な場合

には、その行為を認めることはできない。特に、被害者が自分の生命を放棄して殺害行為を承諾したとしても、それは無効である。他殺の禁忌は法と倫理の基本的な要求である。刑法も被害者の承諾のある殺人・堕胎などを処罰しており、これについては、ただ普通殺人罪と比べて不法減軽を考慮しているだけである。積極的な安楽死や生命をかけた決闘の承諾も認められない。

　身体の傷害についての承諾の認否も問題になっている。ドイツ刑法は、憲法上の一般的行動の自由権（ドイツ基本法第2条第1項）の制限と同じ基準に基づいて、善良な風俗に反する傷害の承諾を制約している（ドイツ刑法第226条a）。他方、わが刑法にはこのような規定はないが、身体の完全性という法益は生命に続く重要な法益であるという点に基づいて、傷害についての承諾が反倫理的である場合はその効力を認められないとしている。したがって、むやみに腕や足を切断したり、五官を毀損する行為、その他の生命に危険をもたらす身体傷害についての承諾は認められない。

> 《判例》　被害者は、病魔を追い出してくれるという話を聞いて、これを承諾したが、鬼を退散させるとして被害者を捕まえて胸を力いっぱい押したり、踏んだりして結局、内出血で死亡させた。このように、被害者の承諾が個人的法益を毀損する場合には、法律上これを処分できる人の承諾があるだけでなく、その承諾が道徳的・倫理的に社会常規に反するものであってはならない。したがって、このような暴行致死の行為は、被害者の承諾によってその違法性を阻却されない（大判985.12.10.85ド1892）。

（3）特別な法律規定による制限

　個人的法益であっても、被害者の承諾が犯罪構成要件における特別の内容となっている場合には、被害者の承諾は認められない。刑法第24条は、この点を明示している。たとえば、嘱託・承諾殺人（第252条第1項）、嘱託・承諾堕胎（第269条第2項、第270条第1項）は、その行為の反倫理性によって承諾が制限される場合ではあるが、刑法上の特別規定による制限の一例とも言える。

　その他にも、兵役の義務を忌避したり、または減免を受ける目的で身体を毀損したり（兵役法第75条）、勤務を忌避する目的で身体を傷害した場合（軍刑法第41条）には、本人の承諾の可否に関係なく犯罪が成立するため、その限りでは承諾の適用が制限されると言える。

第3章 構成要件論 171

4 承諾の表示・対象・時期・撤回
(1) 承諾の表示
　承諾は、意思表示に関する民法上の基準を満たす必要はないが、いかなる方法によってでも外部に表示されなければならない。内心の意思にとどまっている限り、有効な承諾にはなり得ない。承諾を外部から認識することができる限り、その方法は明示的でも、黙示的でも構わない。
　この立場に立つと、被害者の承諾は必ずしも行為者について表示されたり、または行為者が必ずこれを認識していたりする必要はない。たとえば、物の所有者が日雇人夫にその物を廃棄してもいいと話したが、日雇人夫がその事実を知らずにその物を故意に毀損したとしても、物の所有者から有効に承諾を受けた事実は存在する。この場合は、客観的構成要件が阻却され、行為者は不能未遂として処罰されるだけである。このような観点に鑑みると、被害者の承諾とは、被害者の内心の立場が他人の立場と一致しているということである。しかし、それは単なる危険の放置や結果の甘受を意味するものではなく、それ以上のものを意味する。

(2) 承諾の対象
　承諾の対象には、行為者の行為のみならず、その行為の結果も含まれる。ただ、故意犯の場合は結果さえも承諾の対象になるという点は自明なことであるが、過失犯については見解が分かれる。つまり結果を承諾せずに、行為および危険のみを承諾することができるかどうかという点が問題になるのである。しかし、過失犯においても結果を構成要件の本質的要素と見る限り、結果も承諾の対象になると解すべきである。

(3) 承諾の相手方
　承諾の相手方が特定されている必要はない。しかし、承諾の相手方が特定されている場合には、その相手方を除いた第三者については承諾の効力は及ばない。

(4) 承諾の時期および撤回
　承諾は、行為前または少なくとも行為当時まで可能である。事後承諾、厳密に言えば事後の追認は構成要件を阻却する効力を有していない[77]。ただ、親告罪に

77　大判 2012. 1. 27. 2010 ド 11884：「公文書変造罪は、権限のない者が公務所または公務員が作成した文書の内容について同一性を害しない程度の変更を加えて新しい証明力を作り出すことで、公共の信用を害する危険性がある場合に成立し、事後に権限のある者の同意や追認などがあった

172 第2編 犯罪論

おける事後の追認は刑事告訴権を放棄する意味をもつ。

　また、承諾は原則として自由に撤回することができる。しかし、撤回以前の行為については承諾の効力はそのまま適用される。撤回も純然たる内面的な意思のみでは足りず、いかなる方法によってでも外部に表れなければならない。

5　承諾者の洞察能力

　有効な承諾になるためには、承諾者が法益の放棄・法益の侵害の意味および結果を理解し、かつ判断することができる理性的な判断能力を有していなければならない。承諾者が純然たる事実的・自然的な意思を表示することができる能力をもっているだけでは足りないが、民法上の法律行為能力まで求められているわけでもない。これを民法の法律行為能力と区別して、刑法上、自己の行為の意味を把握することができる「自然的洞察能力・判断能力」と言う。

　したがって、承諾行為の意味と結果を理解することができない年少者、精神病者、酩酊者の承諾は有効な承諾ではないため、構成要件を阻却する効力は生じない。たとえば、ここに属する者が名誉毀損や侮辱（第307条以下）、秘密侵害罪（第316条以下）の法益を放棄することを外部に表示したとしても、これは効力がない。

　　　通説は、了解の事例に該当する逮捕・監禁罪（第276条）、略取・誘拐罪（第287条以下）、強姦罪（第297条）、強制わいせつ罪（第298条）、住居侵入罪（第319条）、窃盗罪（第329条）、器物損壊罪（第366条）などにおいては、被害者の自然的な意思さえあれば有効な承諾になるとするが、これについては賛成することができない。このような罪においても、承諾行為の意味と結果を理解することができる洞察能力に基づいた承諾のみが有効な承諾になる。実行行為の意味を理解することができない者の承諾は有効な承諾ではなく、かつそのような承諾を理由として法秩序が保護を放棄することは職務怠慢にほかならない。

　ただ、この洞察能力というのは、承諾の第1次的な有効要件にすぎず、最終的な有効要件ではない。瑕疵のない意思表示があってはじめて、最終的な有効要件を備えることができる。

　具体的な洞察能力と判断能力はいつから備えていると判断することができるのか。これは、事実の問題であるため、特定の年齢上の制限はない。したがって、一律に刑事未成年者には承諾能力がないとは言えない。ただ、刑法は一定の場合、有効に承諾することができる年齢を制限している場合もある。たとえば、未

───────────

　　としても、既に成立した犯罪には何の影響もない。」

成年者姦淫罪（第305条）においては13歳未満（大判1970.3.31.70ド291）、児童酷
使罪（第274条）においては16歳未満の者の承諾があったとしても犯罪は成立する。

6　承諾の代理の問題

　承諾の意思表示は、被害者本人はもちろん、被害者が洞察能力を有していない
ときは法定代理人も被害者の本人のために承諾をすることができる。たとえば、
未成年者が生命に危険な手術を受けなければならないとき、この未成年者が手術
を承諾するに必要な洞察能力を有していない場合は、両親が親権者として代わり
に承諾をすることができる。

　法定代理人がいたとしても、未成年者本人が承諾に必要な洞察能力を有してい
る場合には、この未成年者の承諾が法定代理人の決定に優先する。なぜなら、承
諾という刑法上の意思表示は、民法上の法律行為とは異なる観点から出発してい
るからである。

　未成年者が具体的な洞察能力を有していない場合にも、法定代理人に未成年者
のための承諾の代理が無制限に許されるものではない。臓器移植の手術のための
身体の一部の寄贈などのような高度の一身専属的的・実存的な行為は代理に親し
む行為ではないため、原則として法定代理人の承諾代理は許されない。

　処分権が認められる範囲内では、原則として代理人が被害者の承諾を表示する
ことができる。主に、財産権の処分と関連してこれが可能である。しかし、人格
権は代理に親しむものではないため、代理人がこれについての侵害を承諾するこ
とはできない。

　他方、被害者が使者を通じて承諾を表示し、または承諾を伝えることは、承諾
代理の可能性とは関係なく、全面的に許される。

7　承諾における意思の欠缺

　刑法上の意思表示においても意思の欠缺は問題になる。民法上の用語として
は、虚偽表示・錯誤などを「意思の欠缺」または「意思と表示が一致しない意思
表示」と言い、詐欺・強迫による意思表示を「瑕疵ある意思表示」と言う。しか
し、刑法においては、被害者の承諾に関する意思表示をすべて「意思の欠缺」
（Willensmangel）と言う。

　被害者の承諾における承諾者は、自由な意思に基づいて真摯に承諾を表示する

174　第2編　犯罪論

ことができなければならない。仮に、欺罔・錯誤・強迫などがあったときは、意思の欠缺が生ずる。このように、意思の欠缺状態で行われた被害者の承諾は、有効な承諾ではない。

> 民法上の非正常な意思表示に関する規律をそのまま、刑法上の被害者の承諾における意思の欠缺について適用してはならない。なぜなら、民法においては錯誤・詐欺・強迫による意思表示も一応有効であり、事後的に意思表示を取り消すことができるにすぎない（民法第109条、第110条）。しかし、刑法においては行為者が法益を侵害する時に、その行為が可罰的であるか否か、または被害者の承諾が有効であるか否かを確定しなければならないからである。

医師の手術行為・治療行為などにおいて、被害者が医師から十分な説明を受けずに同意の意思表示をした場合にも、有効な承諾にならない。この場合は、一種の意思欠缺とみられる。

> 《判例》　医師が自ら行った試験診断の結果を過信したあまり、被害者の病気が子宮外妊娠であるか、それとも子宮筋腫（こぶ）であるかを判別するための精密検査も実施せずに、病名を子宮筋腫と誤診し、医学に関する専門知識のない被害者に子宮摘出の不可避性のみを強調した。その医師が誤診しなかったら、当然に説明を受けるべきであった子宮外妊娠の可能性についても、当該医師は説明せず、手術の承諾を受けて子宮を摘出する必要のない被害者の子宮を摘出することで、傷害に至らせたのである。このように、手術に関する内容につき事前に十分な説明を受けられなかった被害者の手術承諾は不正確で不十分な説明を根拠にしたものであるため、被害者の有効な承諾があったとみることはできない（大判 1993. 7. 27. 92 ド 2345）。

8　承諾の存否に関する錯誤

ここには二種類の錯誤があり得る。まず、客観的に存在する承諾事実を知らずに行為した場合がある。この場合には客観的構成要件を充足することはないが、行為者に構成要件的故意があったため、不能未遂の問題になる。

他方、存在しない承諾事実を存在すると誤信した場合がある。これは誤想された被害者の承諾とも呼ばれる。被害者の承諾自体を構成要件の阻却事由とみる限り、この場合は構成要件的錯誤に該当すると言える。したがって、構成要件的故意は阻却され、過失犯の成立の可否のみが問題になる。

第4章 違法性論

第1節 違法性の意味と機能

I 違法性の意味

　元々犯罪行為とは、構成要件に該当し、違法で、有責な行為である。違法性は構成要件該当性の次の段階として、可罰的行為が備えなければならない反価値属性である。

　違法性とは、構成要件に該当する人間の行為が法秩序全体の立場と矛盾・衝突することをいう。法秩序は、社会内の共同生活の基本的な前提条件を想定して、これに反する一定の行為態様を規範に基づいて禁止または命令することで、終局的に法益保護を実現する。法秩序の禁止または命令の要求を、特に行為規範と称する。一つの行為が法秩序内の規範と衝突することを、違法と言う。構成要件に該当する行為の違法性は、具体的な規範侵害の帰結である。

II 構成要件該当性と違法性

　構成要件は、たいてい抽象的な禁止または命令規範違反行為を内包している。構成要件該当性は、禁止または命令規範違反行為を行為反価値・結果反価値の実現という側面で評価した反価値判断である。反面、違法性は、構成要件該当行為がこのような反価値の実現を越え、法秩序全体と矛盾・衝突することで、結局刑法的な不法を実現したという事実に関する確定的な反価値判断である。

　具体的な規範侵害である違法性の確認は、まず構成要件該当性の検討の段階で暫定的に行われる。行為者が実現した殺人・傷害・侮辱・詐欺などのような行為は、程度の差はあるが、暫定的に違法行為として評価される。このような点から、構成要件該当性は違法性の存在根拠になる。

　仮に構成要件に該当する行為が違法性阻却事由、すなわち正当化事由のいずれかに該当すると、暫定的に違法と評価された行為が最終的には適法な行為と評価

される。構成要件該当行為の正当化は、具体的な場合、不法構成要件の基礎である禁止規範・命令規範と違法性阻却事由の基礎である許容規範との間の調節を経て確定される。このような点から、不法構成要件に許容構成要件は対置している。許容構成要件によって正当化された行為は、一応構成要件的な反価値を実現したが、不法を犯すものではないため、法秩序全体の立場から承認された行為と評価される。

　実際的な事件の解決において、違法性は積極的な確定の手続きを必要としない。むしろ消極的に違法性阻却事由が存在しないことを確認することで、これを判断する。まさにこのような性格のために、不法領域の核心は不法構成要件であって、違法性は、構成要件該当行為の適法・違法を違法性阻却事由の存否の確認を通じて消極的に評価する段階と言える。

Ⅲ　違法性と有責性

　違法性は一般的な当為規範（義務規範）に対する違反であり、有責性はこのような当為規範の違反に対する個人的な非難可能性である。

　ある行為が構成要件に該当し、違法と判断されると、次の段階ではその行為の有責性が問題になる。行為の有責性も可罰的行為の法的な反価値属性に属する。

　違法性は行為者よりも行為に対する反価値の評価に重点を置くが、有責性は行為よりも行為者に対する非難に重点を置く。

　構成要件該当性の判断は一般的・抽象的性格を有している反面、違法性の判断は一般的・具体的性格を有しており、責任の判断は個別的・具体的性格を有しているという点から、それぞれの特徴を見出すことができる。違法性の判断が一般的な性格を有しているというのは、一般的な誰かを基準としてその人に帰属される一般的な価値判断という意味である。そして、責任の判断が個別的な性格を有しているというのは、行為者自らを基準としてその行為者に特別に帰属される価値判断という意味である。

　違法性と有責性を区別すべきことに実益があるのは、刑法上違法でありさえすれば十分であって、有責である必要のない行為を前提とする制度があるためである。たとえば、共犯は正犯の違法な行為に加担する加担犯であるため、正犯の行為が有責なものである必要はない。また、正当防衛の条件の一つである攻撃行為も違法でありさえすれば十分であり、有責である必要はない。

IV 違法性と不法

違法性は、構成要件に該当する行為が法秩序全体の命令または禁止規範に違反するかどうかを評価する概念要素である反面、不法は、構成要件に該当する違法な行為に対する否定的な評価それ自体を表す概念要素である。

したがって、違法性は法秩序全体の立場から下される一般的な否定的価値判断である反面、不法は刑法規範に対する違反を前提とした、より具体化した特別な否定的価値判断である。違法性は刑法と民法において一致しなければならないが、不法は刑法と民法において必ずしも一致すべきものではない。たとえば、過失器物損壊は、法秩序全体の立場から違法な行為である。そして、民法上不法であるが、刑法上不法ではない。

V 形式的違法性論と実質的違法性論

形式的違法性論は、違法性を規範に対する形式的違反と見る見解である。これに対して、実質的違法性論は、違法性を権利侵害、法益侵害または社会秩序違反などのような実質的内容で把握しようとする見解である。

しかし、今日違法性の内容が実質化され、不法と同じ意味を有しているという事実を確認した以上、形式的・実質的違法性論の対立は別に実益があるわけではない。刑法においては形式と実質とは別々のものとして厳しく分離すべき性質のものではなく、合一して思考しなければならない。形式を内容を盛る器と仮定すれば、中身のない器や器に盛られていない内容物は、いずれも空虚なものにすぎないからである。

VI 主観的違法性論と客観的違法性論

主観的違法性論は、違法性を主観的意思決定規範に対する違反と見る見解である。もちろん法規範は、評価規範および決定規範の性格をともに有している。しかし、この理論によると、規範の命令を受けることができる精神能力を持っている者のみが法的な意思決定を下すことができ、また、その者にのみ法的な評価をすることができるという。したがって、責任無能力者は規範の受命者になれないために、そもそも違法を犯すことができないとする。

客観的違法性論は、法律の評価規範的性格に重点を置き、意思決定規範的性格

178　第2編　犯罪論

は単に副次的にのみ認めるという前提に基づいて、違法性を客観的な評価規範に対する違反であるとする見解である。

　法規範は意思決定規範とともに評価規範の性質を有しているという事実が確定された以上、両方のいずれかに優越的な地位を認めて不法を主観的または客観的にのみ把握しようとする試みは、もはや説得力がない。

Ⅶ　違法性の判断

1　違法性判断の性格

　違法性は、構成要件に該当する行為について法秩序全体の立場から下される否定的な価値判断である。このような否定的価値判断ないし反価値判断の主体は、裁判官のようなある個人としての人間ではなく、むしろ法秩序そのものである。

　違法性の判断は、一般的な価値判断という意味で「一般的」判断と言われる。なぜなら、構成要件に該当する行為について、法秩序の一般的尺度を持って違法かどうかを評価するためである。その他にも、違法性の判断は、具体的な個々の構成要件該当行為について確定的に不法を帰属させる判断という意味で「具体的」判断と言われる。このような点が、一般的・抽象的な観点から暫定的な反価値判断を下す構成要件該当性の判断とは異なる点である。

2　違法性判断の対象

　違法性の判断は、行為の構成要件該当性を前提としている。したがって、違法性の判断においては、一方では充足された構成要件該当性を念頭において、他方ではこの構成要件該当性によって徴表された暫定的な反価値判断の確定の可否を検討しなければならない。

　行為の構成要件該当性とは、結果を含めた構成要件の主観的（内的）・客観的（外的）要素の意味統一体である。したがって、違法性の判断も外部的な行為結果や客観的行為要素のみを対象とせずに、主観的な故意・過失・目的・傾向・表現・身分などもその対象とする。さらに、構成要件該当性によって徴表された暫定的反価値判断を、行為の許容（正当化）の可否を通じて確定しなければならない。つまり、違法性の判断は、客観的正当化事由と主観的正当化要素を検討の対象とする。

3　違法性判断の基準

　行為の違法性は法秩序の全体の立場から下される統一した否定的価値判断であるため、違法性阻却事由も法秩序の全領域から流入してくる。もちろん、重要な判断の基準は刑法に規定されている正当化事由であるが、ほかにも憲法・民法・労働法・刑訴法・行政法などのすべての成文法規や慣習法および国際法まで含まれる。

　加えて、この基準は、このような実定法規の次元を越えて、超実定法的な原理にまで及ぶ。このような超実定法的原理は、「法の一般原理」、「法の倫理的基礎」または「共同体の最上位の価値観を基礎にした超実定法的自然法」とも呼ばれる。わが国の学説・判例は、このような超実定法的原理を公序良俗・条理・社会通念などと称するが、わが刑法第20条はこれを「社会常規」と表現している。

> 《判例》　社会常規に反しない行為とは、国家秩序の尊重という認識に基づいた国民一般の健全な道義的感情に反しない行為として、超法規的な基準によりこれを評価する。したがって、行為者が税率60％に該当する物品を輸入する際、釜山税関では規定上の税率を適用しているが、ソウル税関では錯誤で40％の税率を適用しているという事実を知っていたとしても、ソウル税関が数年間、慣行的に適用してきたことに従って、税率40％の物品として申告したのであれば、たとえ外観上違法があるとしても、国民一般の道義的な感情に照らして、決して非難できない社会常規に反しない行為に該当する（大判 1983. 11. 22. 83 ド 2224）。

4　違法性判断の方法

　行為の違法性は、常に法秩序全体の立場から、関連しているすべての利害関係を評価・衡量し、かつ法律に現れているすべての秩序の観点や評価の観点を調整することによって確定される。

　このようなすべての基準を考慮して統一した違法性の判断を導き出さないといけないという要請を、法秩序の統一性と呼ぶ。これによると、刑法上意味のある違法性阻却事由は法秩序全体の領域から導かれるため、民法上・公法上の許容規範も刑法的構成要件該当行為の違法性を阻却する効果を持つ。

　ただ、ここで注意すべき点がある。それは、法秩序の統一性 (Einheit der Rechtsordnung) という要請は決して功利的な性格を持つものではないという点と、したがって刑法上の違法性阻却事由は他の法領域によって拘束されない可能性もあるという点である。たとえば、未成年者が自分の物に対する損壊を承諾したとして

180　第2編　犯罪論

も、彼の法律行為能力は制限されるため、損壊行為は民法的に違法であり得る。そして、その限りでは損壊者には損害賠償義務が発生する。しかし、刑法的には、その未成年者に事実上の洞察能力があったなら、違法性阻却事由に該当する（被害者の承諾を違法性阻却事由と見る通説の立場から判断する場合）。

5　違法性判断の時期

　違法性判断の時期は、実行行為の時期と同じ意味を持っている犯行時（Tatzeit）である。すなわち、実行の着手時期から既遂時期までである。つまり、犯行時に違法であった行為は、事後的に適法な行為になることはできず、また、その当時に違法でなかった行為が事後的に違法な行為になることはあり得ない。

　仮に、犯行後に立法者によって違法性阻却事由の適用範囲が拡張されたなら、刑法第1条第2項の適用によって変更された違法性阻却事由によって判断しなければならない。ただし、この場合にも、犯行時に存在した違法性はなくなるものではなく、行為者の処罰についてのみ、事前に違法性阻却事由が存在していたように判断することができるだけである。

第2節　違法性阻却事由の基本問題

I　違法性阻却事由の体系化問題

1　問題の提起

　違法性阻却事由の体系化作業は、未だに完結していない分野に属する。行為の実質的違法性を阻却する違法性阻却事由は、それ自体が多様であり、また全ての法分野から生じる正当化事由の数も無限にあるからである。

　構成要件に記述されている暴行・脅迫・傷害などのような犯罪類型は一定の静態的な性格を持っているのに対し、違法性阻却事由は社会の変動による動態的性格を持っている。千変万化する警察行政法規の変化によって、直ちに正当化事由を創設したり廃棄したりすることができるというのがその典型的な例である。それなら、このような動的性格を持っている様々な違法性阻却事由を一般原理として体系化することができる方法は何なのか。

2 体系化の試み

（1）体系化の方法論的前提

違法性阻却事由のような動的な性格を持っている法素材を体系化するためには、理念と素材の弁証法的合一が必要である。まず、個々の特殊性を包括する一般概念の抽出が、先行しなければならない。このような一般概念は、再び個々の違法性阻却事由という素材において、個別の原理で具体化されなければならない。

（2）一般原理としての社会調節的利益衡量

ロクシンは、違法性阻却事由の刑事政策的機能に着目して、すべての正当化事由は「衝突する利益と反対利益の社会的に正当な調節」を目的にしているという。これが、いわゆる対立状況における社会調節的利益衡量という一般原理である。

「葛藤状況にある利益の社会的に正当な調節」という包括的な一般原理は、葛藤状況における衝突している価値または法益がたとえ等価なものであったとしても、正当化事由が発生し得ることを予想している。そして、衝突している利益の社会的に正当な調節という点から、実質的違法性の観点を内包している。したがって、最終的な不法阻却の判断は、構成要件該当行為の社会的正当性（Sozialrichtigkeit）、または社会的有害性の欠如（fehlende Sozialschädlichkeit）という基準に依存する。

（3）個別原理としての社会的秩序原理

一般原理から出発して、個々の違法性阻却事由の範囲を具体的に体系化するためには、多元論的観点が避けられない。この多元論的観点は、実質的違法性の基礎となる様々な社会的秩序原理ないし社会的調節原理を導き出し、これを結合させたり、対立させたりする方法をいう。

ここでの社会的秩序原理は、個々の違法性阻却事由を内容的に具体化する解釈基準として作用するだけでなく、個々の正当化事由の構造を矛盾なく体系化することができる。このような社会的秩序原理は、ⅰ）正当化事由を推進する方向に作用する原理（推進原理）、ⅱ）正当化事由に一定の制限を加える原理（制限原理）、ⅲ）正当化事由によって積極・消極の両面的に作用する原理（共通原理）に分類される。

（ⅰ）推進原理に属するもの

①法確証の原理（Rechtsbewährungsprinzip）、②自己保護原理（Selbstschutzprinzip）、

182　第2編　犯罪論

③正当な利益擁護原理（Wahrnehmung des berechtigten Interesses）
（ii）**制限原理に属するもの**
①比例性・均衡性の原理（Verhältnismäßigkeitsprinzip・Proportionalitätsprinzip）、
②国家的強制手段優位の原理（Prinzip des Vorranges staatlicher Zwangsmittel）
（iii）**共通原理に属するもの**
①法益衡量の原理（Güterabwägungsprinzip）、②自律性原理（Autonomieprinzip）

　　　たとえば、正当防衛においては自己保護の原理と法確証の原理が推進原理になり、
　　比例性の原理は制限原理になるのであり、この三つの原理が社会調節的（実質的）秩序
　　原則となっている。緊急避難の場合、自己保護の原理と法益衡量の原理が推進原理に
　　なり、比例性の原理と自律性原理は制限原理になる。

Ⅱ　違法性阻却事由の競合

　一個の構成要件該当行為に対して、数個の違法性阻却事由が競合することがあ
り得る。違法性阻却事由は、原則として、互いに独立・別個のものとして存在す
る。したがって、それが競合する場合には、いずれか一つを優先的に適用するの
ではなく、並列的に適用するだけである。ところが、例外的に違法性阻却事由の
文言および目的を考慮して、いずれか一つの違法性阻却事由が特別規定となり一
般的性格を有している別の規定を排除する場合がある。

　わが刑法上、特に正当行為（第20条）と他の違法性阻却事由との間に、このよう
な場合が生じ得る。正当行為に関する規定は他のすべての違法性阻却事由に対し
て一般法としての性格を有しているため、正当防衛や緊急避難も法令による行為
であるが、正当行為に対しては特別規定であるために優先的に適用されなければ
ならない。そればかりでなく、民法上の自力救済（民法第209条）は法令による行
為として正当行為に該当するため、刑法上の自救行為（第23条）とは区別される
特別規定であり、民法上の正当防衛・緊急避難（民法第761条）も刑法上の正当防
衛（第21条）と緊急避難（第22条）に相応する特別規定であると解釈しなければな
らない。

　　　刑法第20条後段の「その他の社会常規に違背しない行為」という規定は最も包括的で一
　　般的なものでありながら、かつ違法性を阻却するか否かを決める最後の限界線であるため、
　　他の違法性阻却事由に該当しない行為であっても、直ちに違法な行為と断定してはならな
　　い。たとえば、物の所有者ではなく、単なる占有者であった窃盗罪の被害者が、相当な時間
　　が経った後、偶然に路頭で犯人に出会って犯人を一時的に逮捕した場合には、この逮捕行
　　為はたとえそれが正当防衛や自救行為、または刑事訴訟法上の現行犯人の逮捕（刑訴法第
　　212条）などに該当しなくても、その場ですぐに国家公権力の支援を受けることができず、

犯人を逃すと再び逮捕する機会も来ないという厳しい事情があったのであれば、刑法第20条後段の規定により最終的に違法性が阻却されると言える。

正当防衛と関連しても同じ問題が生じることがある。つまり、攻撃行為が違法でなく、現在性も認められないため、これに対する正当防衛を否認しなければならない場合にも、「その他の社会常規に違背しない行為」として正当化されるか否かを検討してみる余地が残っているのである。正当防衛の推進原理の一つである「法確証の原理」は正当行為の前提ではないため、正当行為のうち社会常規に関する基準がそのような場合に防御行為の正当化条件を緩和させることができるからである。

Ⅲ　主観的正当化要素

1　必要性

違法性阻却事由が成立するためには、客観的正当化状況が存在するだけでは足りない。行為者がこのような正当化事情が存在している点を認識し、かつこれに基づいて行った行為である場合に初めて正当化されるのである。違法性阻却事由のこのような主観的側面を主観的正当化要素（Das subjektive Rechtfertigungselement）と呼ぶ。

違法性阻却事由（正当化事由）は、客観的正当化事情および主観的正当化事情の二つの前提がすべて充足される場合に成立することができる。したがって、客観的および主観的要素が合致した場合にのみ不法阻却の前提条件が充足される（通説）。

2　主観的正当化要素の内容

（1）正当化状況の認識要求説

主観的正当化要素は、原則として目的要素にあるのではなく、個々の正当化事由の客観的要素に対する認識にあるという見解である。

しかし、このような理論構成は、個別的な正当化目的を主観的正当化要素として求めている実定法の規律に背馳するという難点を持っている。

（2）正当化意思要求説

主観的正当化要素は、行為者が主観的に各許容規範に含まれている正当化事由の実現の意思、たとえば、防御、避難、自救、法律執行など、合法的に行為する

184　第2編　犯罪論

目的を追求し、実現することを内容とするという立場である。

したがって、行為者がこのような意思を持たずに、ただ攻撃の危険に対する防御に因果的に連関された客観的行為をしたとしても、それは防衛行為にはなり得ない。

ただ、この意思が行為の唯一の意思である必要はない。その行為が別の意思によって遂行されたとしても、許容規範上の意思の実現が重要な地位を占めている限り、構わない。たとえば、防衛の意思で行為した者が怒り・復讐などの感情を持っていたとしても、正当防衛の成立には差し支えない。

（3）正当化状況の認識・正当化意思要求説

主観的正当化要素は、正当化状況の認識のほかに、特定の正当化意思も備えなければならないという見解である。通説の立場であり、この立場が妥当である。違法構成要件の行為反価値は、構成要件実現の認識と意思を内容とする故意によって本質的に構成される。このように、行為反価値を相殺し、法益侵害行為を正当化するためには、正当化事由の実現に対する認識と意思がなければならないということである。ただ、ここで正当化状況の認識が正当化意思の基礎に該当するとすれば、状況に対する確定的な認識のあるほとんどの場合は意思もともに存在するといえる。他方、自分が攻撃を受けているという事実をはっきりと認識していなかった者は、防衛の意思も持つことができない。このため、この場合には正当化事由は成立しえないことになる。

さらに、主観的正当化要素は、過失行為の正当化においても必要である。有意的な正当化行為の範囲内では、過失行為と故意行為との間に大きな差はないからである。

（4）良心的審査の追加要求説

事案によっては、個々の正当化目的に加えて、違法性阻却事由の客観的要件に対する良心的審査（gewissenhafte Prüfung）ないし義務適合的審査（pflichtmäßige Prüfung）も、主観的正当化要素の成立において追加的に必要であるという見解もある[1]。すなわち、行為者の追求する目的は正当であるが、行為当時の客観的事実の不確実性に基づいて行為が行われる場合には、特別な良心的審査が追加的な

1　裵鐘大・300頁、李在祥・219頁、任雄・204頁、Jescheck/Weigend, S. 331 ; Sch/Sch/Lenckner, vor § 32 Rdn. 19a.

主観的正当化要素として要求されるというのである。

> たとえば、推定的承諾における被害者の真意についての義務適合的審査、刑法第310条の適用事例における公表事実が真実か否かについての義務適合的審査、そして公務執行における対象者に間違いがないか否かについての義務適合的審査があってこそ、主観的正当化要素が認められるということである。

ところで、この場合、良心的な審査の要求は、それがなかったときに主観的正当化意思を否認する機能よりは、行為者が正当化状況の前提事実に対する錯誤を起こしたときにこの良心的な審査があった場合には、許された危険の思想に基づき、たとえ正当化の客観的条件が備えられていないとしても行為反価値を消滅させ、全体的に行為の違法性を阻却する機能を遂行することと見るのが望ましい。したがって、正当化状況の義務適合的審査は正当化事由の原則的な前提条件に属すると見る必要はなく、ただ正当化事由の客観的前提事実に対する錯誤の問題を扱う際、特別に考慮すべき事項と考えれば足りる[2]。

このように考えると、まず、行為者が良心的審査をせず、主観的認識と客観的正当化状況とが一致する場合は、当然全体的に行為の違法性が消滅する。他方、行為者が正当化状況に対する錯誤を起こしたときに良心的審査が先行した場合には、その錯誤があったにもかかわらず、全体的に違法性が消滅する。他方、このようなときに良心的審査がなかった場合には、正当化状況の客観的前提事実に関する錯誤の問題を検討することになる。

3　主観的正当化要素が欠けている場合の法効果

（1）問題の提起

違法性阻却事由が成立するためには、客観的正当化事由と主観的正当化事由を備えなければならない。仮に、客観的状況のみがあって主観的正当化要素がない場合は、正当化事由は成立しない。たとえば、被害者が練炭ガスで酸素欠乏状態に陥っている事実を知らずに、石を投げてガラス窓を割ったあと、そのまま逃げた行為者には緊急避難は成立しない。この場合、行為者をいかに扱うべきか。

（2）既遂犯説

主観的正当化要素はなく、客観的状況のみが存在する場合、正当化事由は成立せず、構成要件に該当する行為の違法性はそのまま残る。そればかりでなく、こ

2　同旨、孫ドン權/金載潤・174頁、鄭盛根/朴光玫・220頁。

の行為によって構成要件的結果まで発生したため、行為者を既遂犯として処罰しなければならないという立場である[3]。

この見解については、客観的に正当化事情のある場合とない場合とを同一に扱っているため、事態を純主観的に評価しているという批判が加えられている。違法性の判断は行為の具体的な不法内容にあわせて伸縮性のあるように判断しなければならないにもかかわらず、既遂犯説は不法の判断において柔軟性を失っている。

（3）違法性阻却説

客観的違法性論者は、違法性阻却事由の成立においては、主観的正当化要素を必要としないとするため、行為者が客観的正当化状況の存在を知らずに行為した場合にも違法性阻却事由は成立するとする。客観的正当化状況の存在がすでに行われた不法を中和するため、主観的な事情は単なる責任の問題になるというのである。シュペンデル（Spendel）の言葉を借りれば、悪い動機ではじめた行為であっても、良い結果を引き起こしたなら、法の立場では善良な意図で災難を犯した場合より良いということである。

この立場も行為者が客観的に存在する不法阻却の行為状況を知らずに行為した場合と、このような行為状況が客観的に存在し、かつ行為者が主観的にこれを知りながら行為した場合を法的に区別していない点、および「犯罪を犯すつもりで、直接に構成要件実現を開始した者も未遂犯」であるという未遂犯の規定に照らしてみると、この客観論的立場は過度に寛大という批判を免れない。

（4）不能未遂犯説（折衷説）

行為者が客観的正当化状況の存在事実を知らずに、かつ主観的正当化要素なしに行為した場合は、不能未遂として処罰すべきという立場である。この事態は主観的には違法であるが、客観的に存在する正当化状況によって結果不法が不能未遂と同じ程度になり、また不法構成要件該当性に関する行為反価値と結果反価値との構造においても不能未遂と類似する点があるため、不能未遂の規定を類推適用することができるという立場である（多数説）[4]。

3　李在祥・220頁。
4　金成敦・256頁、朴相基・162頁、孫ドン權／金載潤・175頁、安銅準・104頁、李炯國・160頁、任雄・197頁、鄭盛根／朴光玟・221頁。

（5）結 論

不能未遂犯として扱うのが理論的にも、実務的にも妥当である。主観説的な立場に立っている既遂犯説と客観説的立場に立っている違法性阻却説の中庸に立って不法構成要件該当性を適切に判断しているからである。ただ、この場合には、不能未遂の規定を類推適用することが、より論理的である。なぜなら、行為者の犯行において非難を受けるほどの不法内容は、客観的な事件発生にあるのではなく、法の要求に反抗した行為者の意思にあるという点が不能未遂の事情と類似しているからである。

Ⅳ 違法性阻却事由の効果

1 原則論

違法性阻却事由のすべての客観的・主観的要素が満たされれば、違法性は阻却される。行為の構成要件該当性が認められても、違法性がないと、その行為は適法かつ不可罰である。行為の適法性は、すべての違法性阻却事由が有している同一の効果である。違法性阻却事由がいかなる法領域に属しているものであっても、成文のものであれ、不文のものであれ、単に例外的な許容規範を意味するものであれ、それとも単に例外的な命令規範（たとえば、警察官の犯人逮捕）を意味するものであれ、その効果はすべて同一である。この行為の適法性は、言い換えれば、構成要件該当性によって徴表された行為の違法性が阻却されることで現われる効果である。

例外的ではあるが、正当化事由は行為の適法性という効果を超えて行為の許容と攻撃権（Eingriffsrechte）を保障する効果も持つ。その結果、相手方は、行為者の攻撃権に対して受忍義務（Duldungspflicht）を負わなければならない。したがって、正当化された攻撃行為については、相手方が正当防衛を行なうことができないことはもちろん（正当防衛は違法な侵害行為に対してのみ可能であるため）、緊急避難といった他の違法性阻却事由を援用することもできない。

なお、このように正当化された攻撃行為に対しては、可罰的共犯も成立しない。可罰的共犯も、正犯の違法な行為に対してのみ成立するのが原則だからである。

ある行為が違法性阻却事由に該当すると、その行為については有責性の有無を考える必要もなく、刑法だけでなく保安処分も排除される。たとえ正当化事由の下で行為をした者が精神疾患・麻薬中毒の状態であったとしても、行為者に保安

188　第2編　犯罪論

処分を加えることはできない。

2　いわゆる可罰的違法性論
（1）内　容

可罰的違法性論とは、ある行為が形式的には構成要件に該当するように見えても、犯罪として刑罰を科するに相当な程度の違法性（可罰的違法性）が欠けている場合は、直ちに違法とは言えないという理論である。この理論は他の法領域においては違法であるとしても、刑法においても常に違法であるとは言えないという側面と、形式的に構成要件に該当しても軽微な場合は直ちに違法とは言えないという、二つの側面を内包している。

（2）批　判

構成要件該当性と違法性、および有責性以外に、可罰的違法性を別に認める必要は全くない。軽微事件の処理については、構成要件該当性の阻却事由という側面から社会的相当性論を解釈原理として処理することで足り、刑法上の特殊な違法性として可罰的違法性という範疇を用いて違法性概念を相対化させる必要はない。刑法の側面から処罰する必要のない違法性というのは、実際に違法性阻却事由に該当する正当化された行為か、あるいは免責事由に該当する行為に該当するからである。

V　違法性阻却事由の概観

刑法上の正当化事由としては、正当行為（第20条）・正当防衛（第21条）・緊急避難（第22条）・自救行為（第23条）などが総則に規定されており、事実の証明（第310条）などの正当化事由は各則に規定されている。

ほかにも、民法上の正当防衛・緊急避難（民法第761条）、占有権者の自力救済（民法第209条）、親権者の懲戒権（民法第915条）、刑事訴訟法上の緊急逮捕権（刑訴法第200条の3）、現行犯人の逮捕（刑事訴訟法第212条）、民事執行法上の執行官の強制執行権（民事執行権第5条）などがある。そして、憲法理論上の政治的抵抗権や社会常規に反しない義務の衝突などもある。このように、正当化事由は法秩序全体の各領域に散在しているだけでなく、慣習法の形態や超法規的正当化事由として生成されることもあるため、その目録は常に伸縮自在である。

被害者の承諾（第24条）が違法性阻却事由に含まれるか否かに関しては論争に

なっているが、構成要件該当性阻却事由として把握するほうが望ましいと思われる。ただ、違法性阻却事由の一類型である推定的承諾は、刑法第24条に属するものではなく、第20条の正当行為に属するものとしなければならない。なぜなら、それは社会常規に反しない行為の一つとして、許された危険に基づいた正当化事由として理論構成をすることができるからである。

第3節　違法性阻却事由の客観的前提事実に関する錯誤

I　意　義

　この問題は、行為者が違法性阻却事由の客観的前提事実が存在すると誤信して、正当防衛・緊急避難・自救行為などの措置を取った場合に発生する。これは、許容構成要件の錯誤（Erlaubnistatbestandsirrtum）とも呼ばれる。ここには、誤想防衛・誤想避難・誤想自救行為などが含まれる。

　許容構成要件の錯誤は、違法性阻却事由の客観的正当化事由に関する錯誤という点から、構成要件的錯誤と類似している。また禁止規範の違反を許容規範によって許容されると勘違いした点では、これは違法性の認識のない場合であるため、禁止の錯誤とも類似する。したがって、これを構成要件的錯誤とみなすか、または禁止の錯誤とみなすか、それとも第3の錯誤形態とみなすかが議論の核心である。

II　区別すべき概念

1　違法性阻却事由の存在に関する錯誤

　法が認めている違法性阻却事由ではないにもかかわらず、そのような違法性阻却事由が存在すると誤信した場合を言う。たとえば、夫が妻に対する懲戒権を持っていると誤信して、妻に体罰を加えた場合がこの例に当たる。これは、許容規範の錯誤（Erlaubnisnormirrtum）とも呼ばれる。広い意味で許容の錯誤（Erlaubnisirrtum）の一種として、禁止の錯誤に関する規定を適用する。

2　違法性阻却事由の限界に関する錯誤

　行為者が違法性阻却事由の法的限界を勘違いした場合である。すなわち、行為

者が違法性を阻却する行為状況に関しては正しく理解していたが、許容されている限界を超過した場合である。たとえば、私人が現行犯人を逮捕する際、逮捕はもちろん、死なせても構わないと誤信した場合、懲戒権を行使する親が子どもを激しく殴って傷害を負わせても良いと勘違いしていた場合などが挙げられる。これは、許容限界の錯誤（Erlaubnisgrenzirrtum）とも呼ばれる。これもなお、広い意味で許容の錯誤の一種として、禁止の錯誤に関する規定を適用すれば良い。

3　二重の錯誤

　違法性阻却事由の客観的前提事実に関する錯誤と、その限界および存在に関する錯誤が結合した形態である。たとえば、小学校の教師である甲は、児童乙と丙が騒いでいるのに、ＡとＢが騒いでいると誤信してＡとＢを懲戒したが、この懲戒行為が懲戒権の限界を超えた場合である。これは、誤想過剰正当行為とも呼ばれる。この際、特異なのは、純粋な誤想正当行為である許容構成要件の錯誤のみならず、禁止の錯誤も問題になるという点である。

Ⅲ　学　説

1　消極的構成要件要素の理論

　消極的構成要件要素の理論は、違法性阻却事由の客観的前提事実に関する錯誤を構成要件的錯誤として扱う。違法性阻却事由を総体的不法構成要件を形成する消極的構成要件要素とみなしているため、違法性阻却事由に関する錯誤は当然に構成要件的錯誤を直接適用する事例になる。したがって、許容構成要件の錯誤については構成要件的錯誤の規律が直接に適用され、故意は阻却される。そして、仮に行為者に過失があり、かつ過失犯処罰規定のある場合には、過失犯として処罰される。

　ただ、ここで言う故意は、構成要件的故意ではなく、構成要件事実と違法性阻却事由の前提事実を認識対象とする不法故意であることに注意しなければならない。不法故意の対象は、構成要件的故意の対象範囲を超えて、違法性阻却事由の不存在の事実に及ぶ。したがって、違法性阻却事由の前提事実に関する錯誤がある場合は、不法故意の成立の可否が問題になるのである。

　この理論の結論および論理的構成に関する批判は、注目するほどのものではない。ただ、この理論は構成要件と違法性を一つの「総体的不法構成要件」と見て

いる二段階犯罪体系を前提としていることと、その体系の問題性が批判の対象になっている。したがって、今日確立されている三段階犯罪体系に従う以上、この見解を取ることはできない。

2　制限責任説 1：構成要件的錯誤類推適用説

　構成要件の段階から故意犯の成立を制限する立場である。すなわち、違法性阻却事由の客観的前提事実は、体系的に構成要件の客観的要素と類似性はあるが、同じものではない。したがって、許容構成要件の錯誤に構成要件的錯誤の規定を直接適用することはできないが、類推適用して解決することは可能であるとする。したがって、許容構成要件の錯誤に陥って行為した者は故意行為者にならない、という結論に達することになる。もちろん、過失の責任問題は残る。

　ところで、ここで阻却される故意は、構成要件的故意ではなく、不法故意を意味する。不法故意の認識対象は、客観的構成要件要素に関する認識のみならず、違法性阻却事由の不存在に関する認識も包括するため、錯誤によって正当化状況の存在を信じた場合には不法故意が阻却されることになる。この理論は、消極的構成要件要素の理論が想定している総体的不法構成要件を、体系構成要件としては否認するが、許容構成要件の錯誤問題を解決するための錯誤構成要件としては肯定・受容する立場である[5]。

　この立場に関しては、体系構成要件としては否認している総体的不法構成要件の不法故意を援用することは体系的に論理が一貫せず、二つの故意を認める結果になるという批判が提起されている[6]。また、正当化状況に関する錯誤に陥って行為した者を利用した場合に、正犯の故意が否定されるため、共犯者に対する処罰可能性が原則として排除されることになり不当であるという批判も提起されている[7]。なぜなら、共犯者は故意の正犯を前提に成立するからである。しかし、これに対しては、共犯者を処罰しなければならないという強迫観念に囚われる必要はないという反論を提起することができる。このような錯誤に陥った者を利用・援助した者は、間接正犯でない限り、あえて共犯として処罰すべき必要はな

　5　金日秀『韓国刑法 I 』530 頁、曺俊鉉・201 頁、河泰勳「誤想防衛」考試界（1994. 11）96 頁、孫ドン權/金載潤・203 頁、李廷元・271 頁も、構成要件類推適用説に従う。

　6　鄭盛根/朴光玟・356 頁。

　7　申東雲・429 頁、李在祥・323 頁。

192　第2編　犯罪論

いということである。

3　制限責任説2：法効果制限責任説

　これは責任段階での故意責任を否定し、過失責任に制限する立場である。法効果制限責任説は、許容構成要件の錯誤の場合、構成要件段階では故意犯の成立を認めるが、その法効果、すなわち処罰においては過失犯と同一に扱う。故意について、構成要件的故意と責任故意の二重の地位を認める立場からは、構成要件的故意は責任故意を徴表する機能を持つが、許容構成要件の錯誤がある場合にはその徴表が除去されるとする。したがって、構成要件的故意は認められるが、責任故意は否定され、その代わりに過失責任の可否が問題になるという。ドイツの通説であり、わが国の多数説[8]の立場である。

　故意行為者を過失犯として処罰する点では上記の構成要件的錯誤類推適用説と同様であるが、同説は許容構成要件の錯誤に陥って行為をした者を故意行為者と扱わないのに対し、法効果制限責任説においては許容構成要件の錯誤に陥って行為をした者を故意行為者として扱うことに違いがある。その結果、錯誤に陥った行為者に悪意の共犯者が加担したとき、共犯の処罰問題においても構成要件的錯誤類推適用説と異なる。教唆犯や幇助犯は、正犯の故意行為を前提とする。したがって、許容構成要件の錯誤に陥った行為者は故意行為者であるため、この者を教唆・幇助した共犯者を処罰することができるというのが、法効果制限責任説の観点である。

　この理論に対しては、許容構成要件の錯誤に陥って行為をした者について構成要件段階では故意の行為不法を認めながら、責任段階では過失不法を前提とする過失責任を負わせることは理論的に矛盾しているという批判が提起されている[9]。すなわち、不法と責任の一致という責任原則の要請に照らして妥当ではないということである。

4　厳格責任説

　厳格責任説は、目的的犯罪体系から主張されている理論である。この説は、許

8　金聖天/金亨埈・285頁、朴相基・268頁、裵鐘大・363頁、孫海睦・561頁、申東雲・430頁、李在祥・334頁、李炯國・155頁、任雄・329頁、鄭英一・289頁、鄭鎭連/申梨澈・271頁。

9　金日秀『韓国刑法Ⅰ』528頁、孫ドン權/金載潤・203頁。

容構成要件の錯誤に禁止の錯誤の規定を直接適用しなければならないという立場である。すべての違法性阻却事由は構成要件該当性を阻却するのではなく、違法性のみを阻却する。したがって、違法性阻却事由の客観的前提事実に関する錯誤も責任要素たる違法性の認識（不法の意識）を排除するに過ぎないため、禁止の錯誤に該当するという[10]。

　厳格責任説は、故意と不法の意識を分離して、構成要件事実に関する認識は構成要件的故意の問題とみなし、その他の事実、すなわち違法性阻却事由の前提事実は不法の意識に影響を与える免責事由とみなす。その結果、許容構成要件の錯誤は禁止の錯誤であるとする。したがって、錯誤を回避することが不可能な場合には免責されるが、錯誤を回避することが可能な場合には責任が減軽されるだけである。

　しかし、厳密に言えば、違法性阻却事由の客観的前提事実に関する錯誤に陥った行為者は「自分が何を行っているのか」について知らずに行為する場合であるのに対し、禁止の錯誤に陥った行為者は自ら何を行っているのかを分かっていて、ただそのような行為を行っても良いか否かに関して錯誤しているだけである。前者は行為事情に関する錯誤であり、後者は行為全体の社会倫理的評価に関する錯誤である。このように、両者は本質的に異なる。したがって、許容構成要件の錯誤の場合を禁止の錯誤として扱い、故意不法を犯すことを考えていない行為者も故意犯として処罰しなければならないという厳格責任説は、本質的に同一ではないものを同一視しているという批判を免れない。

Ⅳ　結　論

　結論的に構成要件的錯誤類推適用説を支持する。他に理論的な無理なくして、正当化状況を錯誤して行為をした者について過失責任を負わせることができるためである。

　厳格責任説が、事実的性格の強い行為状況に関する錯誤を、行為の禁止に関する錯誤と同一視し、錯誤に陥った行為者について故意責任の成立を主張することは、たとえ行為者に減軽の余地はあるとしても、法感情に反するものであると言える。

10　金成敦・382頁、鄭盛根/朴光玟・359頁。

194 第2編 犯罪論

　多数説である法効果制限責任説は、共犯の成立可能性を制限なしに開いているという点から刑事政策的な長所を持っているのは事実である。しかし、故意不法の成立を認めながらも、過失不法を前提とする過失責任を負わせることは理論的に矛盾している、という批判を免れない。不法と責任の一致というのは現代刑事責任論において最も基本的な要請である。故意不法を前提とする故意責任は責任状況によって減軽され、または阻却されるだけであって、性質が全く異なる過失責任に転換されるものではないのでなければならない。そして、共犯の成立可能性を念頭において正犯の故意を主張することも、共犯に対する正犯の優位という基本原則に基づいた理論展開の要請に反する。もともと故意の二重の地位というのは、不法と責任の領域ごとに故意に与えられている役割や機能が異なるために認められているのであって、正当化状況に関する錯誤の事例において過失責任を負わせるために認められているわけではない。結論的に、この理論は過度に作為的であり、過度に責任原則から逸脱していると批判せざるを得ない。

　構成要件的錯誤類推適用説を取り、正当化状況に対する錯誤の事例の事実的性格は構成要件的錯誤と類似しているという点をその根拠とすると、より説得力のある説明をすることができる。つまり違法性阻却事由の前提事実を錯誤した行為者は「自分が何を行っているのか」について知らずに行為しているため、たとえば、単に握手を求める恋敵が自分を害しようとしていると誤認して防衛の意思で反撃した行為者は、自ら正当防衛ではなく、不法な攻撃を行っていることを分かっていない。つまり、行為事情についての錯誤を起こしているという点から、構成要件的錯誤に類似していると認めることができる。このような点が、正当化状況に対する錯誤の事例について構成要件的錯誤の規定を類推適用することができる根拠となる。構成要件的錯誤の規定を類推適用することにすると、構成要件段階で行為者の故意は成立せず、過失のみが問題になるだけである。そして過失不法を前提として責任段階では行為者の過失責任を問うことができる。このような理論構成が責任原則の要請を充たしていることはもちろんである。

　そして、このように構成要件的故意が阻却されると、構成要件的錯誤類推適用説が援用している不法故意は当然阻却される。不法故意は構成要件事実と正当化事由の不存在を認識対象とする、より包括的な故意概念であるからである。したがって、従来の構成要件的錯誤類推適用説に基づいて不法故意が阻却されると主張する際は、その根拠は、構成要件的故意の阻却と正当化状況の不存在に対する

認識の錯誤という二つの点に求めなければならない。

　共犯の成立については、錯誤に陥って行為をした過失正犯者を利用・援助した者は、ほとんど、間接正犯として処罰することができる。仮にそれが不可能な場合には、必ずしも共犯としての処罰に固執する必要はないと思われる。

第4節　正当防衛

Ⅰ　序　説

1　正当防衛の意義

　自己または他人の法益に対する現在の違法（不当）な侵害を防衛するための相当な理由のある行為を、正当防衛（Notwehr）という（第21条第1項）。これは刑法が認めている違法性阻却事由のうち、最も代表的な正当化事由である。

2　緊急避難との異同

　正当防衛と緊急避難は、いずれも現在の危難に対する緊急行為という点では同様である。しかし、前者は違法な侵害に対する防衛である点で不正対正の関係であるが、後者は違法な侵害であることを要しないという点で正対正の関係である。

3　自救行為との異同

　正当防衛と自救行為は、いずれも違法な侵害に対する自力保護行為という点では同様である。いずれも不正対正の関係であるからである。しかし、前者は現在の侵害に対する事前的緊急行為という点から、既に侵害された請求権を保全するための事後的な緊急行為である自救行為とは区別される。

Ⅱ　正当防衛の構造

　正当防衛は、正当防衛状況（現在の不当な侵害）と防衛行為（防衛するための相当な理由のある行為）とで構成される。正当防衛状況は、過失行為および不作為によっても惹起される。また、防衛行為になるためには、主観的正当化要素が必須の要素である。

196 第2編 犯罪論

Ⅲ　正当防衛の根拠

正当防衛を違法性阻却事由たらしめる自然法的根拠としては、個人権的根拠と社会権的根拠とがある。

1　個人権的根拠

個人権的根拠は、自己保護思想に基づいている。個人的に享受する財貨と法的に承認された利益は保護される。これは必ずしも刑法に記述された意味での法益を意味するわけではない。

公共秩序ないし法秩序全体に対する侵害についての正当防衛は成立し得ないという命題は、この個人権的根拠から出たものである。したがって、無免許運転行為、交通法規の違反、法的取引の安全を侵害する文書偽造、個人の利益を侵害しない近親相姦、礼儀正しくない行動などについての緊急救助（第三者のための防衛行為）としての正当防衛は成立しない。

2　社会権的根拠

社会権的根拠は、主に法確証の思想に基づいている。自分の財貨と法的に承認された利益を防御する者は、その行動で法秩序の効力を強化する。この点を克明に示すのが、次のドイツ帝国裁判所の古典的な判決文言である。すなわち、「法は不法に譲歩する必要はない」（Das Recht braucht dem Unrecht nicht zu weichen）。

正当防衛の威力は、まさにこの社会権的根拠から出ている。原則として正当防衛の制度では、攻撃を受けた法益と防御によって侵害された法益とを衡量する必要はない。たとえば、財産的な価値を保護するために殺害することも可能である。正当防衛は回避可能な場合にも許容される。法は攻撃を受けた者に、卑怯にも逃げることを勧めることができないためである。

Ⅳ　成立要件

1　正当防衛の状況

（1）攻　撃

自己または他人の保護法益を危殆化するすべての人間の行態が、攻撃に該当する。

(a) 攻撃概念の幅

攻撃は人間の行態に限る。動物の攻撃は刑法第21条に該当せず、民法上の正当防衛（民法第761条第1項）に該当し得る。しかし、動物の攻撃であっても、それが人による場合は、その動物をそそのかした者の攻撃と見なすことができる。この場合、動物に対する防御、さらには射殺までも正当防衛とみなされる。

(b) 攻撃概念の質

行為概念に相当する行為でなければならない。この程度に至らない行為、すなわち、反射的または無意識的な行為による攻撃については、緊急避難のみが可能である。

(c) 保護法益

刑法典によって保護される個人的法益は、すべてここに言う保護法益に該当する。社会的法益であっても、個人の生命・身体・財産と密接な関連を有しているものは保護法益になる。放火罪、溢水罪、交通妨害罪などがその例である。

しかし、外見上個人の利益と関係のある利益であっても、本質的に社会秩序・性風俗などを内容とする場合は、正当防衛は許容されない。姦通罪の保護法益がその例である。被害者である配偶者が自分の配偶者および相姦者を殴っても、婚姻の純潔や配偶者の誠実義務を守ることができるわけではないからである。同様に、わいせつな文書の販売やわいせつな映画・演劇の上映などを阻止するための正当防衛も、許容されない。

他にも、刑法以外の法によって保護されるものも保護法益になり得る。たとえば、民法上の占有、民法上の一般的人格権の対象になる私生活の領域が、その例である。したがって、私生活の秘密を守るために、寝室をのぞき見する者に対する正当防衛も可能である。

(d) 不作為による攻撃

たとえば、賃貸借契約期間の満了後、賃借人が退去義務を負っているにもかかわらず、退去せずに借家に暮らしている場合がある。この不作為が賃貸人の所有権に対する攻撃になるであろうか、かつ賃貸人は正当防衛として賃借人を腕力で退去させても良いかどうかが問題になる。つまり、賃借人の不作為は、刑法第21条における攻撃になるであろうか。

これを攻撃とみなすためには、第一に、不作為行為者が作為の法的義務を有していなければならない。第二に、この義務の不履行は可罰的でなければならない。上述の事例は第二の条件を備えていないため、賃貸人は民法的な権利の救済に訴えるしかない。しかし、家主が客に退去することを求めたが、客がこの要求に応じなかった場合は、不作為による不退去罪が成立する。したがって、退去に応じない客に対する正当防衛は可能である。

(e) 攻撃があったと勘違いした場合

攻撃ないし攻撃に相応する行為がなかったにもかかわらず、攻撃に該当する行為があったと勘違いして防衛行為をした場合には、誤想防衛の問題になる。

（2）攻撃の現在性

攻撃の現在性は、攻撃が切迫していること、たった今攻撃が始まったこと、ま

たは未だに攻撃が継続していることを意味する。

(a) 攻撃が切迫していること

切迫している攻撃とは、攻撃を受けないためにはすぐに反撃をしなければならない状態に至っている場合になされる攻撃を言う。たとえば、装填された拳銃を手に取るのは生命に対する切迫した攻撃であり、森林警察が不法狩猟者に対して武器を捨てなさいと警告したにも関わらず彼が武器を捨てなかった場合、不法狩猟者は森林警察に対して攻撃をしていることになる。

(b) 現在性の存続期間

攻撃は、法益侵害が最終的に発生したと見られるときまで続く。場合によっては、本来的な犯罪の既遂（Vollendung）時点を経て、実質的な終了（Beendigung）時点まで継続することもあり得る。たとえば、窃盗犯が人の財布を盗んで逃げ始めたとすれば、窃盗罪は既遂になる。しかし、窃盗犯が追撃を受けている限り、犯罪が終了に至ったとは言えないため、この場合は攻撃の現在性（侵害の現在性）が認められるとすべきである（通説）。

(c) 攻撃の現在性が問題になる場合

過去の攻撃や将来の攻撃に対する正当防衛は成立しない。しかし、現在性を判断する時点は防衛行為時ではなく攻撃行為時であるため、将来の攻撃に対処するために設置した感電装置は、攻撃行為時に防衛効果を生ずる限り、現在性は認められる。

> 《参考》 暴力行為等処罰に関する法律第8条第1項は、「この法に規定した罪を犯した者が凶器その他危険な物件等で人に危害を加えたり、または加えようとするとき、これを予防または防衛するための行為は罰しない」と規定し、現在性の要件を緩和して、一定の範囲内で予防的正当防衛を認めている。

問題は、将来に繰り返して発生する危険のある攻撃に対する正当防衛（もしくは予防的正当防衛と称する）は可能であるのか、ということである。たとえば、妻が酒を飲むたびに暴力を行使する夫を殺害した場合、または娘が養父によって繰り返された強姦を避けるために養父を殺害した場合（大判 1992. 12. 22. 92 ド 2540）が、これに該当する。判例は、攻撃の現在性および防衛の意思は認めたが、相当性が欠如しているため正当防衛は成立しないと判示した。これに対しては、現在性を認める見解もあるが[11]、否定する見解が妥当である[12]。いわゆる継続的な危険というのは、緊急避難の事由にはなり得るが、攻撃の現在性を充足するものではない。予防的正当防衛や将来の危険に対する正当防衛というような概念は、攻撃の現在性とは調和し得ない概念である。

(d) 現在性を超過した防御行為

正当防衛の時間的な限界を脱したために攻撃の現在性がないにもかかわらず、これを

---

11 朴相基・181頁、孫ドン権/金載潤・181頁。
12 裵鐘大・345頁、李在祥・224頁。

無視したり、または看過したりして防御行為をした場合を外延的過剰防衛という。外延的過剰防衛も過剰防衛の一種であるか否かに関しては、見解が分かれている。通説によると、この場合は正当防衛の状況が存在せず、つまり過剰防衛の前提もなくなるため、過剰防衛に該当しないとする。ただ、場合によっては誤想防衛の問題が生ずるとする。

（3）攻撃の違法（不当）性

（a）違法な攻撃であること

ここに言う違法とは、刑法上の構成要件に該当する違法行為のみならず、法秩序全体に反する一般的な違法行為も含む。しかし、攻撃行為が違法なものになるためには、結果反価値と行為反価値とを備えなければならない。違法な攻撃に対する防衛行為は正当化されるため、正当防衛に対する正当防衛は絶対に成立しない。また、正当化された緊急避難やその他の正当化事由についても正当防衛は成立しない。

> 《判例》 警察官が、現行犯人の逮捕要件を備えていないにもかかわらず、実力を行使して現行犯人を逮捕しようとしたのであれば、適法な公務執行であるとは言えず、現行犯人の逮捕行為を適法な公務執行を脱した不法なものとみなさざるを得ない。そのため、現行犯が逮捕を免れようと反抗する過程で警察官に傷害を負わせたとしても、不法逮捕による身体に対する現在の不当な侵害から抜け出すための行為として正当防衛に該当し、違法性が阻却される（大判 2011. 5. 26. 2011 ド 3682）。

（b）不当な攻撃であること

たとえ構成要件には該当しなくても、客観的な義務違反行為であれば不当な攻撃になる。たとえば、構成要件には該当しないが、民法上の不法に該当する場合、処罰規定のない過失行為や未遂行為も不当な攻撃に該当する。

（c）当然無効である行政行為

重大で明白な法規違反の瑕疵があるために当然無効に該当する行政行為も、違法な攻撃に該当する。しかし、取消し事由がある行政行為は権限のある行政機関によって取消される前までは行政行為の公定力・不可争力を有しているため、違法・不当な攻撃とは言えず、これに対する正当防衛も不可能である。

（d）有責性は必要ではない

攻撃が有責なものである必要はない。もちろん攻撃行為者に主観的不法要素である故意・過失は必要であるが、責任条件である故意・過失まで要するものではない。ほかにも、攻撃行為者が、責任の構成要素である責任能力や不法の意識、免責事由の不存在などの要件をみたす必要もない。したがって、精神病者や癲癇性行為者、刑事未成年者の攻撃に対しても、正当防衛は可能である。なぜなら、ここで言う不当（違法）とは、攻撃者に何らの正当化事由もないことを意味するからである。

（e）けんかの場合

二人の間のけんかにおいては、お互いに攻撃の違法性はあるが、正当防衛は成立しな

200 第2編 犯罪論

い。けんかの場合には、攻撃と防御が交差しているだけではなく、どちらが正当でどちらが不当かという判断を下すことができないからである（大判 2011. 5. 13. 2010 ド 16970）。しかし、けんかにおいて当然予想できる程度を超えた行為、たとえば突然殺人の凶器を使用するなどの過激な攻撃行為に対する反撃は、正当防衛になり得る（大判 1968. 5. 7. 68 ド 370）。

(f) 攻撃の違法・不当性について錯覚した場合

適法な攻撃を違法・不当な攻撃と錯覚して防御行為をしてしまった場合には、誤想防衛の問題になる。

2 防衛の意思と防衛行為

防衛行為は、主観的には現在の不当な侵害を防御するための目的、すなわち防衛の意思がなければならず、客観的には防御に必要で、求められている相当な理由のある行為でなければならない。前者は主観的正当化要素であり、後者は防御の必要性と被要請性の問題である。

防衛行為には、純粋な守備的防御のみならず、積極的に反撃をする攻撃的防御の形態も含まれる。また、防衛行為の相手方は攻撃者に限られる。攻撃者以外の第三者に対する加害が防御に必要な、不可避な選択であった場合には、正当防衛ではなく、緊急避難の成立が問題になるだけである。

3 相当な理由のある行為（＝防衛行為の必要性）

正当防衛行為は、事実として防御に必要な行為でなければならない。事実として防御に必要な行為である限り、法益衡量は必要ない。したがって、防衛に必要なすべての行為が許される。なお、正当防衛については、原則として補充性・均衡性の原則を適用しない。

(1) 防衛必要性の原則的根拠

正当防衛の場合、補充性の原則は適用されない。したがって、防衛者は攻撃を受けた場合、原則として逃げ出したり、攻撃を避けたりする必要はない。正当防衛の二つの原則、すなわち自己保護の原則および法確証の原則に照らして、自己の法益保護に寄与し、かつ不法な攻撃さえあれば、法は不法に譲歩する必要がないためである。このように、正当防衛をする者は自己を防衛するだけでなく、法秩序の権威も共に確証しているわけである。たとえば、避難行為をするだけで現在の攻撃を避けることができる場合であっても、正当防衛は可能である。

第4章 違法性論 201

（2）防御手段の原則的な許容性

攻撃に対して、安全な防衛手段のみを用いる必要はない。たとえば、やたらに殴りつける攻撃者を防衛者が素手だけで退けるのに力不足なら、たとえその攻撃者が武器を使って攻撃してはいないとしても、防衛者は防衛のために武器を使用することができる。なぜなら、このような状況において、法は防衛者に対して専ら安全な手段だけを使い、防御することを期待しているわけではないからである。判例は、強制的にキスする男の舌を噛んで切断した女に防御手段の許容性を認めている（大判 1989. 8. 8. 89 ド 358）。

> 《判例》 被告人は、人跡まれな深夜に一人で帰宅していた被害者に急に後ろから掴みかかって、暗い路地まで連れて行った。反抗する被害者を蹴っ飛ばしながら無理やりキスをすると、被害者がとっさに行為者の舌を噛んで切断した。被害者が貞操と身体の安全を守るために舌の切断傷を負わせた行為は、被告人の身体に対する現在の不当な侵害から抜け出すための行為として違法性のない行為である。したがって、被害者の行為は暴力行為処罰法上の傷害罪に該当せず、正当防衛として無罪である（大判 1989. 8. 8. 89 ド 358）。

（3）防衛手段の均衡性

効果的な防御のために、すべての手段の使用が原則として可能であるが、防衛者は攻撃を防ぐために、できるだけ軽微な手段を選択しなければならない。また、使用しうる効果的防御手段が複数ある場合には、防衛行為は攻撃を効果的に防御するために必要な程度を超えてはならない（相対的最小防衛の原則）。

> このような検討は、合理的に行われなければならない。攻撃者を殺害することほど有効な防御手段はないであろうが、理性的に考察すると、それより軽微な手段を使っても同一の効果をもたらすことができるからである。したがって、守備的防衛（Schutzwehr）で十分なら、攻撃的防衛（Trutzwehr）は許されない。脅すことで十分なら、暴力は許されない。また、防衛装置を設置する際に無害な程度の電流を流すことで十分なら、感電死するほどの致命的な電流を流してはならない。

ただ、ここでは防衛手段の均衡性が問題になるのであって、攻撃を受けた法益と防衛行為によって侵害された法益との間の均衡性（法益均衡性）を問題としているわけではないことに注意しなければならない。

（4）必要以上の防衛行為

必要性を超えた場合は、正当防衛ではなく、過剰防衛になる。過剰防衛は正当化されず、場合によって責任減免ないし免責事由になるに過ぎない（第21条第2

項、第3項)。

4 正当防衛の社会倫理的制限（＝防衛行為の被要請性）

（1）問題提起

防衛行為は、法秩序全体の立場に照らして要請されている行為でなければならない。要請されていない防衛行為は正当防衛行為ではなく、権利濫用に該当する。これは、正当防衛権の厳格主義についての規範的観点からの制限である。

この規範的制限の検討は、上述した正当防衛の二つの根拠、すなわち個人権的根拠および社会権的根拠に由来する。個人権的根拠と関連している正当防衛の規範的制限の原則は、「比例性の原則」である。社会権的根拠と関連している正当防衛の規範的制限の原則は、法秩序が例外的に防衛行為による効力確証を必要としない場合には社会権的根拠は消滅し、防衛行為の被要請性も排除されるということである。このような防衛行為の被要請性による制限は、正当防衛の社会倫理的制限とも呼ばれる。

この社会倫理的制限が問題となる事例としては、「極端な法益の不均衡」、「責任のない、または責任が著しく減少した状態にある者の攻撃」、「有責に挑発された正当防衛状況」、「夫婦・親族間の攻撃」などが挙げられる。ここで問題になる正当防衛の社会倫理的限界を、正当防衛権の内在的限界とも呼ぶ。

（2）極端な法益の不均衡

防衛行為によって発生した損害と攻撃の危険との間に極端な不均衡がある場合には、正当防衛の個人権的根拠は消滅して防衛行為の被要請性も排除されるため、正当防衛は許されない。仮に、法益間の極端な不均衡があるにもかかわらず、そのまま防衛行為を実行してしまうと、それは権利濫用であって、正当防衛にはなり得ない。そして、ここでは「極端」という表現が重要である。なぜなら、正当防衛において、攻撃を受けた利益と防衛行為によって侵害された利益の間に、普通生じうるほどの不均衡は、正当防衛の成立を妨げないからである。極端な不均衡の例としては、攻撃が軽微で、些細な場合が挙げられる。

> たとえば、勝手に枝からリンゴを取っていた学生たちに対して怒りながら止めたにもかかわらず、学生たちがリンゴを取ることを止めなかったため、空気銃を撃った場合、100円の飲み物を盗んで逃げっている窃盗犯に対して致命的な射撃を加える行為、境界が明確になっていない私設道路に勝手に入った歩行者に対して銃撃を加えたり、猛犬を放つ行為など。

《**判例1**》 機動隊員である行為者が上官から激しい気合を受けていた最中に、これに激怒して上官を射殺した場合、自分の身体に対する侵害を防衛するための相当な行為と見ることはできない。正当防衛が成立するには、一連の具体的な事情を酌量して防衛行為が社会的に相当なものでなければならない（大判 1984. 6. 12. 84 ド 683）。

《**判例2**》 離婚訴訟中の夫が訪れ、はさみで暴行して変態的な性行為を強要したことに激怒し、妻がナイフで夫の腹部を刺して死亡させた場合、その行為は正当防衛や過剰防衛に該当しない（大判 2001. 5. 15. 2001 ド 1089）。

（3）責任のない、または責任が著しく減少した状態にある者の攻撃である場合

幼い子ども、未成熟な青少年、酩酊者、精神病者の攻撃および錯誤や過失または免責的緊急避難の状況で行為する者の攻撃がある場合にも、法秩序は防衛行為により、その有効性が確証されることを要求しない。したがって、防衛者は法確証の原則に基づいた社会権的根拠を援用することができず、単に自己保護の原則に基づいた個人権的根拠のみを最後の手段として援用することができるだけである。

すなわち、責任のない、また責任が著しく減少した状態にある者の攻撃については、むしろ防衛者が避けなければならない。これ以上避けられない場合にのみ防衛行為が許される。ただ、一般的に自らの行為について刑事責任を負うことができる青少年の攻撃については、正当防衛は制限されない。

（4）有責に挑発された正当防衛状況

（a）意図的挑発

意図的挑発（Absichtsprovokation）とは、行為者が正当防衛に名を借りて相手方を加害する目的で、相手方が先に違法な攻撃をするように意図的に相手方を挑発する行為を意味する。

> いわゆる若いツバメの男性が、情婦の夫の帰宅時間を予想して、その時間に合わせて情婦の家に行った。彼は、情婦の夫が自分を見ると先に攻撃するであろうと思いつつ、この機会を正当防衛を利用して情婦の夫を殺害することができるチャンスだと考えた。夫の帰宅時刻になり、家に帰ってきた夫が自分の妻と情夫が一緒にいる場面を目撃し、棒を持って妻の情夫を殴り始めた。それで、妻の情夫は防衛行為の手段として果物用ナイフを夫に投げて、夫を殺害した。

この事例のように、正当防衛に名を借りて他人の法益を侵害するために意図的に相手方を挑発した者は、正当防衛権を不当に濫用したものであるため、正当防衛を援用することができない（権利濫用論）。意図的挑発の場合には、むしろ法秩序の確証や自己保護の利益が失われるとしなければならない。そして、行為者は意図的に行った先行行為について保障人的義務を負うべきであるから、行為者の正当防衛権の援用は社会倫理的に

容認されない。

(b) 過失による挑発

夫が早く帰宅して、妻と彼女の情夫との情事の現場を目撃してしまった。それで、夫が情夫を殺すために包丁を手にして襲いかかったため、情夫が切羽詰まったあまり、夫を殴り殺した。

> この事例では、夫が情夫に対して不当な攻撃を開始していたため、情夫には正当防衛の状況が存在する。また、情夫には自分を防衛する別の方法もなかったため、殺害も必要な防衛行為であった。それにもかかわらず、この場合に正当防衛を援用することが社会的に容認されうる行為であるか否かは問題になる。この場合、防衛行為者は、自分も正当だと認められない状況に陥っていたため、法確証の原則を援用することができず、ただ自己保護の原則のみを援用することができるだけである。したがって、この場合、情夫は精一杯逃げなければならなかった。過失によって正当防衛の状況を引き起こした者は、防御行為で自分を保護してはならず、できるだけ攻撃を避けながら、自分を保護しなければならない。しかし、これ以上避けられない極限の状況であった場合には、最後の手段として正当防衛が許される。

(5) 夫婦・親族の間での攻撃

夫婦や親族のように、敵とは全く考えられない同一の生活圏に属している人たち（これらを保障関係にある人たちとも呼ぶ）の間では、一歩間違えれば、人を殺すことができる手段は相当な手段になり得ない。保障関係にある親密な家族の間で発生した、予想可能な攻撃に対して相手方は、法確証原則ではなく、自己保護の原則にしたがって自分を防衛しなければならない。防衛者は、とりあえずその攻撃を避けなければならず、避けることができない極限の状況においてのみ自己保護のための防衛手段を使っても良い。その場合にも、攻撃と同一の水準の防御手段を用いて攻撃を阻止するよりは、攻撃を防御することができる手段のうち、比較的危なくない防御手段を選択しなければならない。

問題は、夫婦のうち、一方が他方の生命・身体について、医師の治療を受けるほど重大な攻撃を加える場合、またはしばしば暴力を用いる場合にも被攻撃者の正当防衛を制限しなければならないかということである。このような攻撃は、夫婦の間の保障関係を破壊して、被攻撃者の攻撃者に対する保護義務を解除する。したがって、生命を危うくする極端な攻撃から自分を防衛するための正当防衛は、たとえ夫婦の間での問題であるとしても（夫婦げんかは犬も食くわないと言われているが）、常に相当な理由のあるものとして許される。

(6) 社会倫理的制限を超えた防衛行為

上述の事例において、その制限を逸脱した防衛行為は正当防衛にならない。ま

た、原則として過剰防衛の問題も生じない。また、責任能力のない者、または責任能力が著しく減退している者の攻撃、過失による挑発が原因になった攻撃においては、求められる防衛行為の程度を超えたときは、免責事由である過剰防衛になり得ない。

5 緊急救助 (他人の法益のための正当防衛)

　他人の法益のための正当防衛を、緊急救助 (Nothilfe) という。強姦の危険に直面している婦女を救うために強姦犯を撃退する場合が、その例である。この場合に、緊急救助者は、正当防衛の状況に直面している者と同一の権限を持つ。この場合、正当防衛は、自己保護の原則のみならず、法確証の原則をも根拠とする。

　国家のための緊急救助は可能であるか。国家のための緊急救助は原則として許されないが、仮に国家的法益に重大な危害を加えることができる攻撃行為に対して、国家が自ら対処することができないという例外的に緊急な状況下では、私人による正当防衛が許されるという見解がある[13]。しかし、緊急救助は、個人的な法益や個人的な権利が侵害されたときにのみ許されるとしなければならない。したがって、国家のための緊急救助、公共秩序または法秩序のための緊急救助は、いかなる場合であっても許されない。たとえば、スパイが国家の機密文書を持って、国境を越えて逃げようとする場合であっても、国家のための緊急救助は不可能である[14]。ただし、この場合、スパイを逮捕することは法令による正当行為 (現行犯逮捕) と評価する余地はある。また、国家の争乱の際、国家のための憲法上の防衛権ないし抵抗権も、国家のための緊急救助行為として正当化することはできない。他方、国家のための緊急救助を、正当防衛ではなく、緊急避難行為として正当化することはあり得る。

6 防衛の意思 (主観的正当化要素)

　防衛行為は、防衛の意思からなされたものでなければならない。法文では、これを「防衛するための行為」と表現している。防衛の意思は、防衛行為を正当化

13　金聖天/金亨埈・208頁、孫海睦・450頁、申東雲・274頁、李在祥・226頁、李炯國・175頁、任雄・237頁、鄭英一・191頁、鄭鎭連/申梨澈・185頁。
14　同旨、權五杰・193頁、金成敦・260頁、朴相基・184頁、裵鐘大・344頁、孫ドン權/金載潤・187頁、吳英根・332頁、李相暾・277頁、李榮蘭・238頁、李廷元・171頁、鄭盛根/朴光玟・241頁。

206 第2編 犯罪論

する主観的正当化要素として、防衛行為の行為反価値を取り除く役割をする。客観的正当化防衛状況が防衛行為の法益侵害的結果、すなわち結果反価値を除去するように、防衛の意思は防衛行為の行為反価値を除去するため、最終的に、正当防衛は防衛行為の違法性を阻却する正当化事由としての役割を果たすのである。

防衛の意思とは、正当防衛状況の認識に基づいて、防衛行為の目的を追求し、かつ実現する意思を意味する。防衛の意思が、故意の反対要素として作用するためには、単なる防衛状況に関する認識だけでは足りず、少なくとも防衛状況の認識に基づいて防衛行為を追求・実現しようとする意思がなければならない。

　　状況に関する認識に基づいた行為意識さえあれば、防衛の意思は認められる。ここに他の動機や目的、たとえば攻撃者が昔からの敵であって、仇を討つための目的などが介在するとしても、防衛の意思は排除されない。また、防衛の意思は、故意行為のみならず、過失行為による防衛行為にも必要になる。ただ、この場合には、一般的・概括的防衛の意思さえあれば十分である。

V　効　果

要件を備えた防衛行為は正当防衛になり、たとえ不法構成要件に該当するとしても、違法性が阻却される。違法性が阻却されると、実質的不法も排除される。そして、不法が成立しないと、犯罪不成立の場合に該当することになるため、処罰することはできない。ある防衛行為が正当防衛と認められると、この行為に対する正当防衛は許されない。

VI　効力の及ぶ範囲

正当防衛は、攻撃者にのみその効力が及び、攻撃に加担しない第三者には及ばない。たとえば、甲が政治家乙を殺すために拳銃で攻撃したが、乙の反撃によって甲だけでなく、隣にいた人まで射殺された事例において、乙が甲を殺害した行為のみが正当防衛として正当化され、隣人の犠牲については正当防衛は成立しない。この場合には、免責的緊急避難が成立するだけである。

VII　過剰防衛

防衛行為が相当性の程度を超えた場合を過剰防衛という。この場合、防衛行為者が相当性の超過に関して認識していたか否かは、過剰防衛の成立に影響を与えない。過剰防衛は違法性阻却事由ではなく、責任減軽による刑の減免事由（第21

第4章　違法性論　　207

条第2項）ないし免責による不可罰事由（第21条第3項）になる。過剰防衛は責任減軽ないし免責事由に過ぎないため、これについては責任論の段階で詳しく取り上げることにする。

Ⅷ　錯誤の問題

正当防衛者が錯誤に陥って、客観的に存在する正当防衛の状況を知らずに行為をした場合は、不能未遂を類推適用すべきである。他方、存在しない正当防衛の状況（正当防衛の前提事実）を存在すると勘違いして行為をした場合、すなわち誤想防衛（Putativnotwehr）の場合には、構成要件的錯誤類推適用説によって故意は阻却され、過失責任が認められる。

第5節　緊急避難

Ⅰ　序　説

1　緊急避難の意義

自己または他人の法益に対する現在の危難を避けるためにした、相当な理由のある行為を緊急避難（Notstand）という（第22条第1項）。たとえば、狂人や猛犬の追撃を避けるために、みだりに他人の家に飛び込んだ場合、教会堂の付近で火災が発生したため、これを知らせて人々を退避させるために礼拝中の教会堂に飛び込んで「火事だ！」と叫んだ場合などが挙げられる。

2　正当防衛との異同

正当防衛と緊急避難は、いずれも緊急状態下における緊急行為である。しかし、正当防衛は違法（不当）な侵害を前提としているため、「不正対正」の関係と表現することができるが、緊急避難は危難の原因が正か不正かを問わないため、「正対正」の関係とも表現される。

> 緊急避難について、「正対正」の関係と表現することは、正当防衛との違いを示すための表現に過ぎない。したがって、緊急避難が違法・不当でない攻撃についてのみ可能なものと勘違いしてはならない。緊急避難は違法・不当な攻撃とそうでない攻撃のいずれの際にも可能であることに留意しなければならない。

また、防衛行為と避難行為は、いずれも相当性の原理に立脚しているが、その

208　第2編　犯罪論

内容は同じではなく、避難行為の場合は防衛行為の場合よりはるかに厳しく制限される。

Ⅱ　緊急避難の法的性質

1　単一説

（1）責任阻却説

　緊急避難の状況における避難行為は、違法でない原因を惹起した者または違法とは全く関係のない第三者の法益を侵害するものであるため、それ自体は一応違法であるが、この場合には、適法行為についての期待可能性がないため、責任が阻却されるという見解である。

（2）違法性阻却説

　緊急避難の状況における避難行為は正当化されるという見解である。この思想は、ヘーゲルが初めて主張した利益衝突理論（Kollisionstheorie）に依拠している。その内容は、保護を受ける利益と侵害を受ける利益との間に一定の衡量を行わなければならないということ、そしてその衡量の結果、保護を受ける利益の価値的優越性が確認されれば、行為者の避難行為は正当化されるということである。

2　二分説

　緊急避難は、その具体的な内容に応じて、正当化的緊急避難と免責的緊急避難の性格を有しているという見解である。現在のドイツ刑法は、この二分説の立場を立法化したものである。

　　　ドイツ刑法第34条（正当化的緊急避難）：「生命、身体、自由、名誉、所有権、その他の法益に対する、他の方法では回避することのできない現在の危難の中で、自己または他の者から危難を回避するため行為を行った者は、衝突する利益、すなわち当該法益とそれを脅かす危険の程度とを衡量し、保護される利益が侵害される利益より本質的に優越する場合は、違法に行為したものではない。ただし、このことは、行為が危難を回避するのに適切な手段である場合に限り、妥当する。」

　　　ドイツ刑法第35条（免責的緊急避難）：「生命、身体または自由に対する、他の方法では回避することのできない現在の危難の中で、自己、親族またはその他自己と密接な関係にある者に対する危難を回避するため、違法な行為を行った者は、責任なく行為したものである。事情により、殊に、行為者が危難を自ら惹起したことを理由にして、または、行為者が特別な法的関係にあったことを理由にして、危難を甘受することがその者に期待し得た場合は、この限りでない。ただし、行為者が特別な法律関係を考慮しても、危難を甘受する必要がなかったときは、第49条第1項により、刑を減軽することができる。」

第4章 違法性論 209

3 結 論

単一説に立ちつつ、わが刑法における緊急避難は正当化的緊急避難のみである
という見解がある[15]。わが刑法の規定はドイツの規定とは異なり、二分説を取っ
ていないため、解釈上二分説に従うのは無理であるというのである。この立場に
よると、免責的緊急避難の事例は期待不可能性を理由とする超法規的責任阻却の
場合になる。

しかし、わが刑法第22条は、二分説に基づいて解釈するほうが望ましい[16]。二
分説の観点は、緊急避難の本質に、より適合する説明を可能にする。また、免責
的緊急避難に該当する事例は、期待不可能性という超法規的責任阻却事由を用い
て解決するよりは、二分説の観点に基づいて解決するほうが、より合理的である
からである。

正当化的緊急避難と免責的緊急避難の区別は、利益衡量が可能な価値の異なる
利益の間で優越的利益を確保するための場合を正当化的緊急避難とし、価値の異
なる利益の間で優越的利益を確保するための場合ではない場合、または同価値的
利益の衝突がある場合を免責的緊急避難とするべきである。そして、法文上の
「相当な理由」もまた、正当化的緊急避難と免責的緊急避難とに分けて、異なって
解釈しなければならない。前者の場合は利益衡量上の厳格な相当性を意味し、後
者の場合は規範適合的行為に対する期待可能性の欠如を意味する。

Ⅲ 緊急避難の正当化根拠

わが刑法において、緊急避難は、自己または他人の法益に対する現在の危難を
避けるための行為であることを前提とする。自己の法益保護については自己保護
原理および利益衡量の原理が正当化の根拠になり、他人の法益保護については連
帯性の原理および利益衡量の原理が正当化の根拠になる。ただし、このような正
当化の根拠は、比例性の原理および自律性原理を侵害しない範囲内で考慮されな
ければならない。

---

15 權五杰・213頁、金聖天/金亨埈・226頁、朴相基・202頁、孫ドン權/金載潤・210頁、吳英根・
  348頁、李相暾・302頁、李在祥・241頁、李炯國・184頁、任雄・242頁、鄭盛根/朴光玟・258頁、
  鄭英一・209頁、鄭鎭連/申梨澈・197頁、曹俊鉉・268頁。
16 わが国で、二分説を取っている学者としては、金成敦・278頁、裵鐘大・374頁、孫海睦・473
  頁、申東雲・296頁、李廷元・190頁、陳癸鎬・331頁。

210　第2編　犯罪論

Ⅳ　緊急避難の基本構造

　緊急避難は、緊急避難の状況（自己または他人の法益に対する現在の危難）と避難行為（危難を避けるための相当な理由のある行為）とから成る違法性阻却事由である。

　　　患者を移送するために他人の車を勝手に利用することや伝染病者の衣服を脱がせて燃やすこと、さらに、救急患者の手術のために急いで病院に行かなければならない医師が一方通行の交通規則に違反して逆行運転することなどが挙げられる。

　緊急避難の事例に共通する基本構造は、次の四つの点が明らかになって始めて侵害行為が正当化されるということである。すなわち、①保護される法益と侵害される法益が対立し、②保護される法益について現在の危難が存在し、③この危難の防止は他人の法益に対する侵害になり、④利益衡量の結果、保護された利益が侵害された利益より優越するものでなければならない。

Ⅴ　成立要件

1　緊急避難の状況

（1）自己または他人の法益

　緊急避難によって保護される対象は、自己または他人のすべての法益である。法律によって保護される利益である限り、必ずしも刑法上保護される法益に限らない。この点は、正当防衛の場合も同様である。したがって、生命・身体・自由・名誉・財産のみならず、安定した職場、勤労条件さえも緊急避難に適した法益の概念に含まれる。さらには、比較衡量が可能な義務も、ここでいう法益の概念に含まれる。

　他人とは、自己以外のすべての自然人・法人などを総称するものであり、他人の法益には個人的法益はもちろん、社会的・国家的法益も含まれる。この点は、正当防衛が個人的法益の保護に限られることとは異なる。

（2）現在の危難

　(a)　**危難の概念**　　危難とは、法益侵害が発生する可能性のある状態を言う。緊急避難における危難は、刑法において一般的に使われている危険概念とは異なる。危険犯の具体的危険は高いレベルの危難を意味するが、緊急避難における危難は救助措置が許されるか否かを決める概念であるため、著しく低いレベルの危険でも十分である。

　(b)　**危難の原因**　　危難の原因は問わない。人の行為によるものであれ、動植物によ

るものであれ、戦争や自然現象などによるものであれ、危難と言えるものであれば構わない。違法・不当な危難であることも要しない。適法な危難についての緊急避難も可能である。これも正当防衛と異なる点である。違法・不当な危難である場合は、正当防衛はもちろん、緊急避難も可能である。

(c) **危難の現在性**　危難は現在的でなければならない。現在の危難とは、法益に対する侵害が直ちにまたは間もなく発生しうると予見される場合を言う。たとえば、損害の発生が間近に迫っているわけではないが、もう少し遅れると危難を避けることができない場合、より大きな損害に見舞われる恐れのある場合、または既に発生した損害をそのままにしておくと損害が増大する危険のある場合は、現在の危難と言える。正当防衛における攻撃の現在性は攻撃が間近に迫っていること、またはたった今始まったことを意味するという点から、緊急避難の現在性とは区別される。そして、後者の範囲は前者のそれより広い。

継続的危難（Dauergefahr）も現在の危難である。継続的危難とは、長い間、危険の状態が継続または反復されていて、その損害が予想される場合をいう。たとえば、崩壊の危険がある建築物とか危険な精神病者の出入りなどが挙げられる。

(d) **危難の判断基準と時期**

(ア) **判断の基準**

現在の危難があるか否かは、行為者の特殊な知識、そして問題になった葛藤状態を解決することができるために適した専門家の判断を基準にしなければならない。仮に専門家の知識が葛藤状態の解決に何の役にも立たない場合には、行為者が属する社会の理性的観察者である裁判官の判断によらなければならないであろう。つまり、純粋に避難行為者の主観のみを基準にするものではないのである

(イ) **判断の時期**

危難を判断する時期は、避難行為より前の時点（ex ante）である。事後の裁判時（ex post）ではない。その時点で将来、危難があるか否かを客観的に予測しなければならない。このような判断基準および時期を「客観的・事前的基準」（objektiver ex-ante Maßstab）と呼ぶ[17]。

2　避難の意思および避難行為

避難行為になるためには、主観的には危難を避けるための目的、すなわち避難の意思が必要であり、客観的にはそれが相当な理由のある行為でなければならない。前者は主観的正当化要素であり、後者は避難の補充性と均衡性に関するものである。

17　Roxin, § 16 A Rdn. 12.

3 相当な理由のある行為の第1要素＝避難の補充性

正当防衛における防衛行為とは異なり、緊急避難においては被害者の法益を侵害する前に、危難を避けることができる別の措置があれば、それを先に取らなければならない。つまり、当該避難行為によらずには危難を避けられない場合にのみ、最後の手段として避難行為が許される。そして危難を避けるための方法もまた、被害者の法益に最小限の損害を与える最も軽微な手段を選択しなければならない（相対的最小侵害の原則）。たとえば、運転に差し支えるほど酔った医師が、タクシーを利用することができたにもかかわらず、救急患者の手術に赴くために、自ら運転して事故を起こした場合は、緊急避難として正当化されない。

防衛行為とは異なり、避難行為に厳格な補充性を求める理由は、緊急避難の場合には危難の惹起とは関係のない第三者の法益を侵害するためである。

> 《判例》 アカガイ養殖場の付近で停泊していた船舶の船長が養殖場の漁民らから船舶の移動を求められたが、船舶の移動には許可が必要であって、かなり費用も掛かるため、別の海上に移動できずにそのまま停泊していたところ、台風が接近した。船長は船舶の遭難を防ぐため、やむを得ずいかり綱の長さを長くしたことで、結局船舶が台風に押され、近くの養殖場に被害を与えることになった。このように緊急の状況で、船舶と船員の安全のために社会通念上最も適切かつ必要不可欠と認められる措置を取ったのであれば、これは緊急避難として違法性がなく、器物損壊罪は成立しない（大判 1987. 1. 20. 85 ド 221）。

4 相当な理由のある行為の第2要素＝避難の均衡性

緊急避難においては、保護利益と侵害利益との間に均衡性がなければならない。この均衡性を検討するためには、利益衡量が必要である。利益衡量の結果として、保護利益は侵害利益より本質的に優越しなければならない。

（1）利益衡量の観点

緊急避難においては、従来、主に法益の衡量を重視してきた。法益の衡量は、刑法第22条第1項に照らして最も重要な比較の因子であることは言うまでもない。しかし、法益の衡量は、それより包括的な利益衡量の一部の要素に過ぎないという点に留意しなければならない。したがって、利益衡量をする際は、衝突する法益のみならず、具体的な事案をめぐるすべての事情を考慮しなければならない。

(a) 法定刑の比較

利益衡量の際、法定刑の比較は重要な要素になる。殺人罪と堕胎罪の量刑を比較して
みると、立法者は人の生命権を胎児の生命権より高く評価していることが分かる（大判
1976. 7. 13. 75 ド 1205）。また、一人の命を救うために、遺族の意思に反して、亡くなっ
たばかりの遺体から腎臓を切除して移植手術を行った場合においても、殺人罪（第250
条第1項）と死体損壊罪（第161条第1項）の法定刑を比較して、人の生命が遺体の完全
性に対する遺族の思慕の情より優先するという結論を出すことができる。しかし、この
ような観点は、一般的に通用することができるわけではない。

(b) 法益の価値

利益衡量の際、重要な役割を担うのが法益の価値である。法定刑の程度も、法益の価
値関係に関する重要な補充資料になるのはもちろんである。また、刑法によって保護さ
れる法益は、一般行政規則や秩序罰によって保護される法益に優先する。人の生命・身
体・自由・名誉などの人格的価値は、所有権・財産上の利益のような財産的法益に優先す
る。その他にも、人の生命・身体の保護は、人が有している別の人格的価値、すなわち自
由・名誉などの保存に優越する利益である。

(c) 法益侵害の程度

個別的に利益衡量をする際には、法益の抽象的な価値関係に矛盾する例外的な事例も
ある。つまり、具体的な衝突状況においては、法益の価値以外に、法益侵害の程度も利
益衡量における重要な資料になり得る。たとえば、莫大な財産的損害を阻止するため
に、数分間、人の自由をはく奪した場合には、緊急避難として正当化され、監禁罪（第
276条第1項）は成立しない。

また、法益の相互間に本質的な価値を区別することができない場合にも、法益侵害の
程度は利益衡量の重要な要素になり得る。たとえば、財産的利益と財産的利益がお互い
に衝突している場合には、具体的な損害の大きさが衡量の重要な基準になる[18]。

(d) 生命対生命の衡量

生命は、人ごとに一回のみ与えられた至高の価値であるため、衡量の対象にならない。
憲法上保障されている人間の尊厳および価値は、すべての人の生命は法の前で平等であ
り、生命の価値というものに差はあり得ないことを謳っているためである。

「人間の生命は衡量することができない法益である」という命題は、いわゆる危険共同
体の場合にも適用される。危険共同体（Gefahrengemeinschaft）とは、共同の危難に直
面したすべての人が死ぬよりは、一部の人のみを死なせることで、残りの人を生かすこ
とができる場合を意味する。たとえば、一つのロープに頼って山を登る二人の登山者の
うち、一人が滑落したため、残りの一人がともに滑落することを免れるためにロープを
切った。このように、一人を犠牲にすることで残りの一人は無事であった場合、避難行
為の違法性は阻却されない。ただ、期待不可能性を考慮して、免責の可能性があるだけ
である。

18　BGHSt 12, 299.

214　第2編　犯罪論

　　人間の生命に対しては、その余命や価値などによって差をつけて評価してはならないということは、緊急避難において、人間の生命は一切衡量の対象にならないという意味ではない。いわゆる防御的緊急避難（Defensivnotstand）の場合には、故意的な殺人も緊急避難として正当化できる場合がある。

(e) 危険発生の程度

　法益侵害の危険が発生する可能性の程度も、利益衡量における考慮の対象になる。たとえば、練炭ガス中毒者を酸素呼吸器施設を備えた病院に搬送するために速度違反で走行した運転者については、緊急避難が成立する。中毒者が死亡する危険の程度が、速度違反に伴う危険より、はるかに大きいためである。他方、交通事故の被害者を病院に急いで搬送している途中、新たな交通事故を誘発して、さらに被害を被らせた場合には、緊急避難は成立し得ない。

(f) 自律性の原理・人間尊厳性の保障の要求

　個人的法益に対する侵害を惹起する緊急避難、とくに危難の惹起とは無関係な第三者の法益を侵害することになる攻撃的緊急避難（Aggressivnotstand）の場合には、その法益保持者の自己決定権、すなわち自律性が利益衡量の重要な観点を提供する。純粋な法益の衡量においては、保護される法益の価値が侵害される法益の価値より優越していれば、正当化される。しかし、危難の惹起とは無関係な第三者は、避難行為によって財産的損害のみならず、自律的な意思決定の自由まで侵害されるため、保護される法益の価値が侵害される法益の価値より比較できないほど著しく優越した価値を有している場合にのみ正当化される。とくに、避難の手段によって被害者の人間としての尊厳価値が侵害される場合には、法益の衡量それ自体が不可能であって、緊急避難としては正当化されない。

　たとえば、拉致されて命を脅かされている人質の生命を救うために、逮捕した犯人を拷問して人質の所在を把握することは、正当化的緊急避難として許されることではない。生命を救う目的であっても、犯人の身体に虐待を加えることは、人間としての尊厳を侵害する行為であるからである。このような場合には、被害者（犯人）の自律性および人間としての尊厳性が著しく侵害されるため、いくら生命を救う目的であるとしても、法益の衡量それ自体が許されない。

　同じ理由で、命を救う目的であっても、当事者の意思に反して第三者の身体に重い傷害を負わせることは正当化されない。たとえば、腎臓病の患者の生命を救うために第三者の意思に反して彼の腎臓を摘出し、かつ患者に移植手術をした場合、その手術をすることで、患者の命を救ったとしても、緊急避難として正当化されるわけではない。たとえ生命の価値が、腎臓の価値より大事な価値を有しているとしても、腎臓の強制移植行為は当事者の人格権に対する重大な侵害に該当し、かつ自律性の原理に反するものであるため、緊急避難にはなり得ない。

　つまり、自律性の原理と人間としての尊厳価値は、正当化的緊急避難における利益衡量の制限要素として作用するのである[19]。

　我が国においては、一般的に自律性の原理を利益衡量の観点ではなく、相当性の一要

素である手段の社会倫理的適切性という観点から見ている。より重要な利益を保護するためのものであっても、人間を目的ではなく、単純な手段として扱い、自律性を侵害することになってしまうと、それは結局、人間の尊厳を侵害することとなるため、緊急避難行為として正当化することができる適切な手段になり得ないということである[20]。

　強制採血も、自律性の原理に反するものとして、常に緊急避難から除かれるべきか。

　ドイツの通説および1962年政府の草案の立法理由によると、強制採血というものは、他人の自由権および倫理的な自己決定を強制する。そればかりでなく、強制採血は、たとえ望ましい目的であっても、ほかの目的のために他人の身体の一部を単なる手段として扱うことになるため、結局、人間の尊厳を侵害すると述べている。したがって、輸血を受けなければ死亡する珍しい血液型の患者に対して、同じ血液型の人が輸血を拒否するとしても、法は献血を強制することはできないということである。我が国においても、一般的に強制採血は手段の適切性を欠いているため、正当化的緊急避難に該当しないと判断されている。

　しかし、強制採血が患者の生命を救うための不可欠な手段であり、その血液を入手する他の方法がない場合には、自律性の原則に先立ち、利益の衡量をすることができると思われる。自分の身体に関する自律的な決定が重要な価値であることは間違いないが、すべての価値の衡量において優位を占める絶対的な価値ではないからである。人間は自律的存在であると同時に、他人と共に生きていく連帯的存在なのである。

(g) 自招危難の場合

　緊急避難状況の誘発に責任を負っている人にも、正当化的緊急避難の援用は許される。緊急避難を用いて他人の法益を侵害しようとした、意図的な故意または未必的故意をもって自ら危難を招来した者でない限り、正当化的緊急避難を援用することができる。

　たとえば、不注意で交通事故を起こした運転者が、激怒した被害者から殴られることを恐れて、暴行を避けるために、一旦事故地点から逃げた場合、逃走車両運転者の加重処罰規定における侵害（特定犯罪加重処罰等に関する法律第5条の3第1項）または道路交通法の違反の問題は、緊急避難によって正当化されうる。

　判例は自招危難の場合、緊急避難の成立を否定する（大判1995.1.12.94ド2781）。

> 《判例》 就寝中の被害者を強姦するために手を伸ばした瞬間、驚いて叫ぼうとする被害者の口を手で止めたが、被害者が指をかんで反抗したため、噛まれた指を引き抜く過程で被害者の歯を折った。このように行為者の犯行に対する反抗行為により誘発された被害者に対する傷害行為は、刑法上の緊急避難行為とみることはできない（大判1995.1.12.94ド2781）。

19　同旨、陳癸鎬・339頁。

20　權五杰・221頁、朴相基・211頁、金成敦・285頁、孫ドン權/金載潤・216頁、吳英根・354頁、李在祥・246頁、李廷元・196頁、任雄・246頁、鄭盛根/朴光玟・266頁、鄭英一・234頁。

(h) 特別な義務者的地位

刑法第22条第2項は、危難を避けてはならない責任がある者に対しては、緊急避難が許されないことを規定している。これに該当する者は、軍人・警官・消防官・医師・看護師・船員などのように、いわゆる特別な義務者の地位にある者として、その職務を遂行するに当たって当然一般人より高い危難甘受義務が課されている者を言う。このような特則を正当化的緊急避難には明示せず、免責的緊急避難にのみ規定している立法例もある（ドイツ刑法第35条第2項）。だが、この特別な義務者的地位に関する規定は正当化的緊急避難においても考慮しなければならないということについては、意見が一致している。

これに該当する特別義務者は、財産的価値を保護するために、または救助するために、自分の生命などに対する具体的危険を甘受しなければならない場合が多い。ところが、このような危険引受義務は、危険を回避してはならないという義務であって、決して犠牲になる義務ではない。それゆえ、特別義務者については緊急避難が絶対的に排除されるものではない。ただ、職務遂行上求められる義務の履行と関連して、一定の限度まで、普通の人に比べてその避難行為の相当性を制限しているだけである。たとえば、特別義務者であっても、自分が死亡や重大な身体傷害を被る危険が確実にある場合には、その危険を除去せずに回避したとしても、緊急避難として正当化される。

(i) 攻撃的緊急避難と防御的緊急避難の場合

避難行為によって侵害された法益の保持者が誰なのかを基準として、攻撃的緊急避難と防御的緊急避難との区別がある。攻撃的緊急避難（Aggresivnotstand）とは、避難行為者が自己又は他人の法益を危難から救うために、その危難とは無関係な第三者の法益を侵害する場合を言う。この場合は緊急避難の一般的な例であり、その解決においても別に問題はない。他方、防御的緊急避難（Defensivnotstand）とは、避難行為者が自己又は他人の法益を危難から救うために、危難を誘発した者を犠牲にして、危難誘発者の法益を侵害する場合である。攻撃的緊急避難が緊急避難の一般的な場合である。

> 人によって誘発された危難を、誘発者本人の法益を侵害することで回避するのが防御的緊急避難である。これは現在の違法な攻撃ではないため、誘発者本人に対する防御は正当防衛には該当せず、防御的緊急避難として評価するしかない。たとえば、妊婦の命を救うために胎児を殺害した場合、雪道で滑って歩道に突進した自動車を阻むためにした防御措置によって自動車の運転者が死亡した場合、または防御行為が遅れると、防御自体が不可能になったり、極めて難しくなったりするため、予防措置を通じて予見される攻撃を阻む、いわゆる予防的正当防衛（Präventiv-Notwehr）の場合などがある。

防御的緊急避難の場合には、利益衡量の際に本質的により価値のある法益でなくても、より優越した価値として評価される。なぜなら、危険の誘発者を優遇する必要はないからである。さらに、防御的緊急避難者が、生命と健康に対する脅威を避けるために、危難の誘発者に重傷を負わせたり、または極端な場合には誘発者を殺害したとしても、緊急避難として正当化されうる。

第4章 違法性論　217

（2）保護された利益の本質的な優越

　従来は、保護された利益と侵害された利益が等しい場合にも相当性が認められるとされたが[21]、最近は、保護された利益が侵害された利益より、「本質的に優越しなければならない」（wesentlich überwiegt）と規定しているドイツ刑法第34条の文言に基づいて、保護された利益の「本質的な優越」を主張する見解が増えてきた。

　ところで、保護された利益が本質的に優越しなければならないという点については、それが質的・量的な優越を意味するものと理解してはならない。なぜなら、すべての事情を衡量して、保護された利益が侵害された利益より保護する価値がある場合には、たとえ保護された利益の価値が侵害された利益の価値よりはるかに高い価値ではない場合であっても、正当化されるからである。したがって、保護された利益の本質的優越とは、保護された利益の価値優越性が、「疑いなく」（zweifelsfrei）明確でなければならないことを意味する[22]。

5　相当な理由のある行為の第3要素＝手段の適切性

　避難行為は、必ず危難を避けるための適切な手段でなければならないのか。この点を明文に規定してある立法例もあるが（ドイツ刑法第34条後段）、全く不要と考えている見解もある[23]。また、ただ法適用者について利益衡量の際に特別な注意を注ぐことを警告する統制条項としての機能を有しているだけであるとする見解もある[24]。我が国においては、手段の適切性を緊急避難の相当性を判断する独立した要素と説明するのが、一般的な見解である（多数説）。

　しかし、適切性の原則を、利益衡量の原則のように、相当な理由のある行為を評価する独立的・積極的構成要素と見る必要はないと思われる。危難を避けるために適切な手段の範囲は非常に広いため、危難を避けることができた行為は結果的に「適切性」を認められる可能性が高いからである[25]。他方、適切性の要求が自

21　南興祐・187頁、鄭榮錫・136頁、黃山德・166頁。
22　Dreher/Tröndle, § 34 Rdn. 8；Jescheck/Wekgen S. 362；Roxin, § 16 A Ⅲ, Rdn. 77～78；Sch/Sch/Lenckner, § 32 Rdn. 45.
23　Sch/Sch/Lenckner, § 34 Rdn. 46；Baumann, S. 360 f.
24　Hirsch, LK § 34 Rdn. 79；Krey, ZRP 1975, S. 98.
25　同じ指摘、裵鐘大・381頁。裵鐘大教授によると、適切性の要求は避難行為を法治国家的に制限し難いとしつつ、再び必要性の原則をもって手段を制限している。

218　第2編　犯罪論

律性の原理・人間の尊厳の保障の要求と結びついているときは、上述したとおり、利益衡量を制限する要素として把握することが合理的である。適切性の原則は、自律性の原理および人間の尊厳の保障の要求と結びついて法の適用者に慎重な利益衡量をすることを訴えるほかに、人間の尊厳や定義そのものを利益衡量の対象とし相対化してはならない、という点を確証する機能を持っている[26]。人間の尊厳や定義そのものは、いかなる場合にも、他の目的のための手段や補助的価値の水準に貶められない絶対的価値を持っているからである。

6　避難の意思（主観的正当化要素）

避難行為は、避難の意思に担われたものでなければならない。法文にはこれが、「危難を避けるための行為」と表現されている。避難の意思は、危難の状況についての認識を根拠として、避難の目的を追求し、かつ実現するという意思を意味する。単なる状況の認識や単純な動機だけでは足りない。しかし、避難の目的意思がある限り、行為者が他の目的を介在させても構わないのは、防衛の意思の場合と同様である。

Ⅵ　効　果

要件を備えている避難行為は緊急避難になり、たとえそれが不法構成要件に該当するとしても、違法性が阻却され、処罰されない。したがって、これに対しては正当防衛も許されない。しかし、緊急避難に対する緊急避難は可能である。たとえば、狂犬に追われていた甲は、他に避難する方法がなかったため、やむを得ずに乙の店舗に飛び込んだ。他方、乙は、甲のせいで、自分の店舗の窓や商品などが壊される恐れがあったため、甲を押し出した。それで、甲は狂犬に噛まれて負傷した。この場合、甲の行為は緊急避難に該当し、乙の行為は防御的緊急避難に該当する。

Ⅶ　過剰避難

避難行為が相当性の程度を超えた場合を、過剰避難と言う。過剰避難は、違法性阻却事由ではない。状況によって刑を減軽または免除され（第22条第3項、第

26　同旨、朴相基・211頁。

21条第2項)、または免責されて処罰されない事由（第22条第3項、第21条第3項）になるだけである。過剰避難は責任減免または免責事由に過ぎないため、責任論の段階で詳しく扱うことにしたい。

Ⅷ　錯誤の問題

避難行為者が、錯誤に陥って、客観的に存在する危難状況を知らずに行為した場合、不能未遂を類推適用すべきである。反対に、錯誤に陥って、存在しない危難状況を存在すると思いながら行為した場合、すなわち誤想避難の場合には、構成要件的錯誤類推適用説に基づいて故意を阻却し、過失責任を認めるべきことは、誤想防衛の場合と同様である。

第6節　自救行為

Ⅰ　序　説

1　自救行為の意義

自救行為（Selbsthilfe）とは、請求権を侵害された者が国家権力の保護を受けることが不可能な場合や、その保護を受けるのが非常に困難になっている緊急な事態に遭遇した場合、その権利を回復・保全するために直接自力を行使することをいう（第23条第1項）。民法ではこれを自力救済または自助と呼ぶ。

仮に正当な権利者の自救行為を絶対的に禁止すれば、適時に国家機関による保護を受けることができない場合があり、またその後に国家機関の保護を受けることができるとしても、もはや権利の救済実現が不可能な場合や非常に困難になる場合もあり得る。このような緊急な事情の下では、自救行為を認めるのが正義と公平の理念に合致する。

2　正当防衛・緊急避難との区別
（1）類似点
（ア）正当防衛・緊急避難・自救行為は、いずれも緊急状況で行われる緊急行為であるという点、およびそれぞれ主観的正当化要素を必要とし、かつ相当な理由のある行為でなければならないという点では類似している。

（イ）自救行為は不法な侵害に対する請求権保全行為として不正対正の関係にあるという点では、正当防衛と類似している。

（2）相違点

（ア）正当防衛・緊急避難は現在の侵害または危難に対する事前的緊急行為であるが、自救行為は侵害された請求権の実現のための事後的緊急行為である。

（イ）正当防衛・緊急避難は侵害または危難の緊急性を必要とするが、自救行為は適時に国家公権力の助けを得られないという緊急性と請求権の実行の不可能、または顕著な実行の困難という緊急性、この二重の緊急性を必要とする。

（ウ）正当防衛や緊急避難はすべての法益の保護のために行使することができ、他人の法益を保護するためにも行使することができる。しかし、自救行為は自らの請求権の実現に限られる。

（エ）自救行為には補充性の原則が厳格に適用される。しかし、正当防衛には厳格な補充性の原理が要求されず、緊急避難にも利益均衡性と最小犠牲性の原則は要求されるが、公権力による救済に対する補充性は必要としない。

（オ）現在の緊急性を要する正当防衛や緊急避難に比べて、自救行為は事後的緊急性さえあれば良い。

Ⅱ　自救行為の法的性質

違法性阻却事由は、社会的な対立状況を解決するための刑事政策的機能を有しており、それは、あくまでも事後的な利益の調節を目的にするだけで、積極的な権利の付与を目的とはしていない。したがって、自救行為は権利行為になり得ない。

違法性阻却事由としての自救行為は私人が自ら自分の権利を保全する行為であるが、国家権力の助けを得られない例外的な緊急状態における一種の国家権力の代行行為という性質のために正当化される（多数説）。

Ⅲ　自救行為の成立要件

自救行為は、自救行為の状況（法定の手続きにより請求権を保全することができない場合）と自救行為（請求権の実行不能または顕著な実行困難を避けるための相当な理由のある行為）とを成立要件とする違法性阻却事由である。

1 自救行為の状況

（1）請求権

（a）請求権の意義

請求権は、他人に一定の行為（作為または不作為）を求める私法上の権利である。代表的なものには債権があるが、占有回復請求権や所有物返還請求権のような物権的請求権も含む。また、婚外子の認知請求権（民法第863条）や夫婦相互間の同居請求権（民法第826条）のような身分法的請求権も含む。

（b）請求権の範囲

財産上の請求権に限られるという見解もあるが、必ずしも財産上の請求権に限定する必要はない。したがって、債権的・物権的請求権はもちろん、無体財産権・親族権・相続権などから生ずる請求権も含まれる。しかし、保全可能な請求権のみを保護の対象としているため、原状回復が不可能な生命・身体・自由・貞操・名誉などの権利は、請求権の対象になり得ない（大判 1969.12.30.69 ド 2138）。

（c）請求権の帰属主体

請求権は、必ず自己の請求権でなければならない。したがって、他人の請求権を守るための救済行為は自救行為ではない。ただし、請求権者から自救行為の実行を委任された者は、自救行為をすることができる。たとえば、旅館の主人が職員に対して宿泊費を支給せずに逃げ出した客を探して連れてこさせた場合、職員の行為は自救行為である。

（2）請求権に対する不当な侵害

（a）不当な侵害

この要件は法律上明示されていないが、請求権に対する不法・不当な侵害がなければらならない。正当防衛の「不当な侵害」と同じく解することができる。両者ともに不正対正の関係にあるためである。

> 《参考》 自救行為にいう侵害は、不法な侵害行為を意味するのではなく、不法な侵害状態を意味する。なぜなら、自救行為は事後的な救済行為だからである。不法な侵害行為が行われる直前の状況や現在行われている状況であれば、事前的緊急行為に該当する正当防衛が可能である。侵害行為が終了し、原状回復義務の不履行状態に置かれてはじめて、正当防衛の状況は自救行為の状況に変わる。

（b）問題になる事例

（ア）窃盗被害者の財物奪還行為

（ⅰ）窃盗犯人を現場から追跡して財物を奪還した場合

犯罪が形式的に既遂に達したとしても、現場で法益侵害が続いている状態であれば、現在の不当な侵害と言えるために正当防衛が可能である。この場合、窃盗の被害者が財物を奪還する行為それ自体は、窃取ないし強取の故意や不法領得の意思に基づいたもの

222 　第2編　犯罪論

ではないため、刑法上の構成要件に該当する行為とは評価し難い。しがたって、財物の再奪還の過程で伴われる暴行・脅迫・傷害などの加害行為についてのみ、相当性が認められる限りで正当防衛として違法性を阻却するほうが望ましい。

（ii）窃盗の被害者が相当な期間の経過後、その盗品を奪還した場合

この場合は、被害者が盗品の所有者であるのか、それとも単なる占有者であるのかによって結論が異なる。盗品の所有者が相当な期間の経過後、偶然にその盗品の所持者に会ってそれを奪還した場合には、自救行為が成立する。しかし、窃盗の被害者が占有者である場合は、たとえ保護法益の侵害はなかったとしても外的な占有侵奪行為があったと言えるため、刑法第20条の正当行為のうち、社会常規に反しない行為と判断するほうが望ましい。

盗品を奪還する際に暴行・脅迫・傷害などの加害行為があったときは、加害行為が相当な理由のある行為であって、盗品の奪還行為が自救行為である場合は、加害行為も自救行為に該当し、盗品の奪還行為が正当防衛である場合は、加害行為も正当防衛に該当すると解すべきである。

（iii）犯人の逮捕行為

現行犯人ないし準現行犯人（刑訴法第211条）である犯人を逮捕する行為は現行犯逮捕（刑訴法第212条）になるため、刑法第20条の正当行為のうち、法令による行為として正当化される。他方、現行犯人でない犯人に偶然に出会って逮捕した場合は、請求権保全のための相当な理由のある行為である場合に限り、自救行為として正当化される。

（イ）不退去者に対する強制退去行為

不作為による法益侵害については自救行為のみが認められるとする立場もある。しかし、正当防衛における不当な侵害は、必ずしも作為による積極的な侵害である必要はない。したがって、退去要求に応じないことを現在継続中である不当な法益侵害とみなして、正当防衛を認めるほうが望ましい。

（3）法定の手続きによる請求権保全の不能

（a）法定の手続き

法定の手続きとは、各種の権利保護制度および民事訴訟法上の仮差押え・仮処分のような保全手続き、警察やその他の国家機関によって法的救済を受けられるすべての手段・手続きを意味する。

（b）請求権の保全不能

自救行為は、上述した法定の手続きによっては請求権の保全が不可能な場合に限って許容される。自救行為は、法定の手続きによる権利保全に対して例外的に許容される。すなわち、通常の請求権保全が不可能で、緊急の事情がなければならない。これを自救行為の補充性と言う。

2　自救の意思と自救行為

（1）自救の意思（主観的正当化要素）

行為者は、請求権の実行不能または顕著な実行困難の状況を認識し、かつこれを避けるための意思で行為をしなければならない。

（2）請求権の実行不能または実行困難

自救行為は、請求権の実行不能または実行困難を避けるための行為である。したがって、まず、請求権の実行不能または著しく困難な事情がなければならない。法定の手続きによる救済は不可能であるが、債権に対する人的・物的担保権が確保されており、請求権の実現が可能な場合は、自救行為は許容されない。請求権の実行それ自体は不可能ではないが著しく困難である場合は、自救行為が許容される。

（3）自救行為の手段

刑法第23条は自救行為の手段を明示していない。ドイツ民法において自力救済の手段として提示している物件奪還、破壊、損傷、義務者の逮捕または抵抗の除去などを解釈上導入するほうが良いであろう。ほかにも強要・監禁・住居侵入・暴行・傷害などの手段も付随的に考慮し得る。

ただし、自救行為は請求権の実行不能または顕著な実行困難を避けるための行為でなければならないため、単に立証の困難を避けるための行為や自ら請求権を実行する行為は自救行為ではない。自救行為はあくまでも請求権の保全手段であり、充足手段ではない。

《判例1》　被告人は、売春婦と10マルクを対価とする売春の約束をし、10マルクを交付したが、売春婦が準備を終えた後、10マルクを上乗せしてくれなければ性交をしないと言ったため、被告人は売春婦の髪の毛を握ったまま10マルクを返せと強要し、それを返してもらった。この際、被告人は後で警察を呼んでも売春婦が白を切ると立証が困難になることを懸念して、金の返還に向けて暴行を加えたというものであるが、ドイツ連邦最高裁判所は、立証の困難を避けるための自救行為は正当化されないと判示した（BGHSt 17、331）。

《判例2》　被告人は、飲み屋の店主として、ある客から20マルク相当の売掛金を回収することができなかった。ある日、被告人はその客に偶然路上で出会うことになり、同行した人と一緒にその客の腕をつかんで彼のポケットから15マルクを奪った。ドイツ連邦最高裁判所は、自救行為の要件を満たしている場合であっても、その行為は債権の保全に限らなければならず、自ら処分権を行使して執行の満足を得ることにまで及ぶものではないとして、物件または金銭の自力での領得は自救行為によって正当化されない

224 第2編 犯罪論

と判示した（BGHSt 17、890）。

《判例3》 石膏を販売する商人が、画廊のオーナーに石膏を納品したが、画廊のオーナーがその代金を支払わずに画廊を閉鎖した後、逃走したため、商人は夜間に閉鎖された画廊の扉を事前に準備していたドライバーで取り外し、画廊のオーナーの物品をこっそり持ち出した。このような強制的債権取立てを目的とする物品の持ち出し行為は、刑法上の自救行為とは言えず、むしろ行為の手段および方法に照らして窃盗の故意を認めることができる（大判 1984. 12. 26. 84 ド 2582）。

3 相当な理由のある行為

自救行為には相当な理由がなければならない（相当性の問題）。相当性とは、客観的に社会常規に照らして当然許容することができる性質を意味する。その基準は、権利侵害行為と行為者の性質、救済手段の性質および順序、救済行為者の性質、法益の大小、緊急性の程度、その他法秩序全体の立場から諸般の事情などを考慮して判断しなければならない。

自救行為は、請求権の保全のために必要な範囲内で行わなければならない。また、その場合にも、行為時の具体的な事情を考慮して、相手方に最も少ない被害を及ぼす最小限の請求保全の方法を選択しなければならない。

請求権の保全に比べ、相手方にはるかに大きい損害を負わせた場合は、自救行為にならない。ほかにも、請求権保全行為が社会倫理的に容認されない場合や権利濫用に該当する場合にも、自救行為にならない。

ただし、取得する権利のある財物や財産上の利益に対して請求権の保全不能および実行不能、顕著な実行困難の事情がある場合は、その請求権の保全のために暴行・脅迫・詐欺・恐喝などの手段を用いても、相当な理由のある自救行為と判断することができる。

Ⅳ　効　果

自救行為が成立すると、違法性は阻却され、犯罪は成立しない。したがって、自救行為に対しては正当防衛をすることはできない。仮に、義務者が自救行為を暴力を使って阻止する場合には、それ自体が現在の不当な侵害になり、それに対する正当防衛が可能になる。

第4章 違法性論 225

V 過剰自救行為

自救行為が相当性の程度を超えた場合を過剰自救行為という（第23条第2項）。過剰自救行為は正当化事由ではなく、責任減軽による刑の減免事由である。ただ、過剰自救行為には、緊急避難とは異なり、過剰防衛に関する刑法第21条第3項が準用されないため、自救行為者の主観的状態によって責任を免除することはない。

VI 錯誤の問題

客観的に自救行為の状況が存在するにもかかわらず、行為者がその状況に気づかずに行為をした場合は、不能未遂の規定を類推適用すべきである。反面、自救行為の状況が存在しないにもかかわらず、その状況があると勘違いして行為をした場合（誤想自救行為）は、構成要件的錯誤類推適用説に基づいて過失責任を認めるべきである。

第7節　推定的承諾

I　序　説

1　推定的承諾の意義

推定的承諾（mutmaßliche Einwilligung）とは、被害者の現実の承諾はないが、被害者が行為当時のすべての客観的事情を知っていたとすれば、当然承諾したであろうと推定される場合である。たとえば、留守宅で水道管が破裂して浸水しそうになっているのを知った隣人が、住居に侵入して元栓を止める場合や、意識不明の救急患者の生命を助けるために、医師が必要な手術を行う場合などが挙げられる。

推定的承諾は現実の承諾ではないため、現実の承諾の意思表示がある被害者の承諾とは異なる。

2　推定的承諾の法的性質

推定的承諾を被害者の承諾と類似したものとみる見解[27]、独自の違法性阻却事

由とみる見解[28]、民法上の事務管理と類似したものとみる見解、緊急避難の一種とみる見解などがある。

思うに、わが刑法上個々に規定されている違法性阻却事由以外に、超法規的な違法性阻却事由として認め得るものは、すべて、第20条の「社会常規」に属する正当行為として正当化するしかない。したがって、許された危険の原理に基づいている違法性阻却事由の一つである推定的承諾も、社会常規に反しない正当行為の一種と解するほうが望ましい[29]。

Ⅱ 推定的承諾の類型

1 被害者の生活領域内で利益の衝突がある場合（他人の利益のための場合）

被害者の権利または法益の領域に危険が発生したが、被害者の措置を待つことができず、結局外部の介入を通じてのみ解決することができる事例をいう。ともかく、他人の利益のためにその人の法益を侵害することである。

> 医師がこれ以上手術を遅らせてはならない意識不明の重症患者を手術した場合、妻が夫の留守中に夫宛に届いた手紙を勝手に開封して夫の緊急の用事を処理した場合、または旅行中である隣人の家の水道管が破裂してそれを直すために、その隣人の住居に侵入した場合などがある。

この類型には、正当化的緊急避難と類似する点があるが、当該利益が法益の主体に帰属し、本来期待されなかった第三者による選択が行われ、また法益の主体の推定的意思が決定的な基準となるという点から緊急避難とは区別される。

2 行為者または第三者のための、被害者の利益放棄を推定しうる場合（自己の利益のための場合）

被害者の被害が軽微であり、または行為者との信頼関係を考慮して被害者が自分の利益を放棄するものとみなされうる事例である。

> 電車の時間に間に合わせるために、やむなく恋に親しい友達の自転車に乗って行った場合、家政婦が主人が捨てるつもりであった古い服を前もって処分するために乞食に与えた場合、果物の豊年の時期に子供たちが他人の果樹の下に落ちた果物を勝手に持ち去った場合、知人の家を訪れて応接室で知人を待ちながら、勝手にテーブルの上にあった果物を食

---

27 朴相基・213頁、裵鐘大・415頁。

28 安銅準・132頁、李廷元・222頁、李在祥・273頁、李炯國『研究Ⅰ』370頁、任雄・269頁、鄭盛根/朴光玟・281頁。

29 同旨、李基憲「推定的承諾」刑事判例研究（6）（1998）123頁。

べたり、タバコを吸ったりした場合などが挙げられる。

Ⅲ　成立要件

1　現実的な被害者の承諾と共通する要件
　（ア）被害者である法益主体は、法益を処分する能力を有していなければならない。被害者の処分は、代理権者が代理することができる。
　（イ）対象である法益の性格が、処分可能なものでなければならない。
　（ウ）推定的承諾であっても、承諾は行為時になければならない。事後承諾は認められない。事後の承諾を期待しながら行動したことだけでは、推定的承諾にならない。
　（エ）推定的承諾による行為は、法令に触れたり、社会倫理に反したりしないものでなければならない。

2　推定的承諾に固有の要件
（1）推定的承諾の補充性
　推定的承諾は、現実的な承諾を得ることが不可能な場合にのみ許容される。これが推定的承諾の補充性の要求である。ただ、死者の場合は最初から意思の表示を期待することができないため、推定的承諾の法理は適用されない[30]。
　ここにいう不可能とは、被害者の拒否を意味しない。むしろ克服し得ない障害があり、適時に被害者の承諾を得られない場合を意味する。そのため、医師が、単に気絶しただけであって、再び意識を回復して健康になり得る重症患者を手術した場合、それは推定的承諾に該当しない。

> **注意**：推定的承諾と黙示的承諾は区別しなければならない。黙示的承諾は、現実的承諾の一つに属するものである。たとえば、路上にある新聞の販売台の販売員が一時席をはずした際、人が300ウォンを置いて新聞一枚を持っていくことは、推定的承諾ではなく、現実的承諾の一例である黙示的承諾である。

（2）推定的意思の確定基準
　承諾の推定は、すべての事情を客観的に評価して、被害者が行為の内容を知っていたり、または被害者が承諾することができる状況であったなら、必ず承諾し

30　大判 2011. 9. 29. 2011 ド 6223：「死亡した人名義の私文書もまた、文書に対する公共の信用を保護する必要があるという点を考慮すると、文書の名義人が既に死亡しているにもかかわらず、文書の名義人が生存しているという点が文書の重要な内容になっていたり、その点を前提にして文書が作成されたのであれば、既に文書に関する公共の信用を害する危険が発生したと言えるため、そのような内容の文書に関して死亡した名義人の承諾が推定されるということを理由として私文書偽造罪の成立を否定することはできない。」

たと判断できる明らかな場合でなければならない。これを被害者の真意に対する仮定的な可能性の判断と言う[31]。承諾の客観的推定を確定するためには、以下のように分類するほうが良い。

(a) 他人の利益のための行為

この場合、推定的承諾のための条件は、次の各状況によって区別される。

(ア) 物に関連している決定である場合

行為者が客観的に明白な利益衡量にしたがって、法益侵害の行為をすることを決定した場合は、原則として推定的意思に対する蓋然性があると判断される。つまり、被害者本人の個人的な見解は、仮定的な蓋然性の判断において重要なものではない（たとえば、急に水道管を修理しないといけない場合）。

また、物に関連している決定である場合には、法益の主体による反対があったという事情を行為者が知らなかった場合でも、推定的承諾を認めることができる。もっとも、推定的承諾は、客観的な利益衡量の結果、それが明らかに法益主体の優越した利益のための行為であった場合にのみ、認められる。

(イ) 人に関連している決定である場合

行為者が人との特別な事情やごく個人的な関係を考慮して法益侵害行為を決定した場合は、原則として推定的意思に対する蓋然性がないと判断される。この場合、被害者本人の個人的な見解は、被害者の真意に対する仮定的な蓋然性の判断において重要なものとなる。したがって、被害者が法益の侵害に同意したであろうと判断される特別な事情がある場合にのみ、例外的に推定的承諾が認められる。

たとえば、隣に住んでいる夫婦が外出しているとき、その子供を懲戒する場合には、日ごろその夫婦が外出する度に、もし自分の子どもがいたずらをする場合は叱ってほしいとはっきりと頼まれたことがあるなど、行為者が隣の夫婦の教育原則を知っている場合にのみ例外的に推定的承諾が認められる。人の手紙を開封する場合も同様である。

人に関連している決定である場合は、行為者が法益主体の賛同があるだろうと思った特別な事情を念頭に置いて行為した場合でなければ、推定的承諾を援用することはできない。

(ウ) 実存的な決定の場合

人の生死と関連している重大な状況において、行為者が救命の手段として他人の法益を侵害する行為をすることを決定した場合は、原則として推定的承諾に対する蓋然性がある。たとえば、自殺未遂で意識を失った重体の患者を生かすために、患者の身体に重大な影響を与える手術を行う場合が挙げられる。

実存的決定の場合は、行為者がその当時、自分の意思を表現できる能力を持っていない患者の生命を救助するための手術をしたのであれば、推定的承諾が認められる。

---

31 Roxin, FS-Welzel 1974, S. 453.

(b) 自己の利益のための行為

行為者が自分の利益のために行為した場合は、「人に関連している決定である場合」と同様に扱うことで足りる。たとえば、列車の出発時刻に間に合わせるために、無断で人の自転車に乗って行った場合は、被害者が法益の侵害に同意したであろうと判断される特別な事情がある場合でない限り、推定的承諾は認められない。具体例としては、お互いに親交が厚い間柄であるとか、特別な信頼関係がある場合などが挙げられる。

《判例1》 行為者は、不動産所有権の紛争において、訴訟を自分に有利に導くために、自分を会長とする宗親会（監修者注——系譜関係の遠近にかかわらず、同じ地域に住む氏族員で組織されている組織）を構成し、紛争対象である林野は自分の長男所有であるが、これを宗親会に贈与するという内容の決議書を作成して、自分の弟と甥らで構成された宗親会の役員6人の名前を記載した。作成の当時、行為者の弟らは決議書の作成を承諾したが、残りの人はその作成を明示的・具体的に委任したり、承諾したりした事実はない。その後、事前に作っておいた役員6人の印章を用いて恣に捺印して事実証明に関する決議書1枚を偽造した上、郡庁の公務員にこれを提出して行使した。普段から、宗親会のすべての案件は、行為者と行為者の兄弟だけの議決によって執行しており、このような常態化した慣例によって決定された事項を執行するために宗親会員らの名義の書類を恣に作成したものであることに鑑みると、行為者の宗親会決議書の作成行為は、たとえ事前に一部の役員の承諾がなかったとしても、行為者の息子または甥である彼らは事情を知っていたなら当然承諾したと信じながら行った行為であると言える。したがって、行為者の行為に対する推定的承諾を認める余地がある（大判1993.3.9.92ド3101）。

《判例2》 解雇された労働者が、普段から、復職の協議または労組活動の名目で会社の警備室から出入証を受けて会社に出入りしていたところ、労使紛争が発生して労組員らが会社を占拠した状況で、労組の幹部らが無断占拠したところに開設した労組の臨時事務室に出入りしたのであれば、会社側の意思ないし推定的意思に反して建造物侵入罪を構成する。通常、解雇労働者の会社の出入りは、会社の業務が正常に行われている際に復職の協議など、必要な範囲内で会社に出入することに限られているとみるほうが相当であるから、労組の臨時事務室への出入り行為は、会社側の意思ないし推定的意思に反するものである（大判1994.2.8.93ド120）。

Ⅳ　審査義務と錯誤の問題

行為者が被害者の承諾を推定する際には、すべての状況に対する良心的な審査を経なければならないという見解がある。さらに、これを推定的承諾の主観的正当化要素とも称する[32]。

しかし、良心的審査は推定的承諾の成立要件でないとするほうが正しい。良心

32　朴相基・214頁、裵鐘大・417頁、申東雲・334頁、安銅準・134頁、李在祥・275頁、李炯國・206頁、任雄・258頁、鄭盛根/朴光玟・283頁、陳癸鎬・370頁。

230　第2編　犯罪論

的審査の問題は、上述した推定的意思の確定基準の中に含めて判断することができるからである。また、良心的審査の要求というのは、それがなかったら当然主観的正当化意思を否認するという機能よりは、行為者が推定的承諾の前提事実に関する錯誤に陥ったとき、良心的審査があったのであれば、たとえ正当化の客観的条件を備えていないとしても行為反価値を消滅させ、全体的に行為の違法性を阻却するという機能を遂行するものと解するほうが正しい。したがって、推定的承諾の状況に関する良心的審査は、正当化のための原則的な前提条件に属するとみなす必要はなく、単に推定的承諾状況に関する錯誤の問題を扱う際に特別に考慮すべき事項とみなすことで足りる。

　この立場によると、推定的承諾があり得る状況であると考えながら行為した者は、たとえ良心的審査を経ずに行為したとしても、現に推定的承諾を認め得る事情が存在するだけで正当化されることができる。仮に、行為者が推定的承諾の条件が備わっていないにもかかわらず、その条件が備わっていると勘違いしていたのであれば、これは誤想推定的承諾の例になる。この場合、行為者の良心的審査があったならば、錯誤があったにもかかわらず、全体的に違法性が阻却されて正当化されうる。反面、良心的審査がなかったならば、客観的前提事実に関する錯誤の成立問題を検討することになる。

Ⅴ　効　果

　推定的承諾が認められると、刑法第20条の正当行為の規定により、違法性が阻却される。これを被害者の承諾の一種として扱うのは、正しくない。

第8節　正当行為

Ⅰ　序　説

1　意　義

　正当行為は、法共同体のなかで支配的な法的確信や社会倫理に照らして、一般的に承認された価値のある行為を指す。わが刑法第20条は、これを「法令による行為または業務による行為、その他社会常規に反しない行為」と規定している。構成要件に該当しても、上記の事由に該当すれば、正当行為となり違法性が阻却

される。

わが刑法上、正当防衛・緊急避難・自救行為などは特別な個別的違法性阻却事由であり、正当行為は一般的・包括的性格を有している違法性阻却事由である。わが刑法は、このような正当行為を規定することで、すべての超法規的正当化事由を法規的正当化事由に含ませた。

2 構 造

正当行為は、法令による行為、業務による行為、その他社会常規に反しない行為である。この三つの行為の関係について、通説は、社会常規に反しない行為が正当行為の中心であり、法令による行為や業務による行為はその例示に過ぎないと解する。

もちろん社会常規に反しない行為が、違法性阻却事由のうち、最も包括的で最終的な正当化事由であることは間違いない。したがって、ある法益侵害行為について正当防衛や緊急避難の事由が成立しない場合でも、社会常規に反しない行為であるか否かを最終的に検討して不法の可否を確定しなければならない。法令による行為や業務による行為の場合も同様である。しかし、社会常規に反しない行為は包括的・最終的正当化事由であるとはいえ、その中に法令による行為や業務による行為まで包括しているわけではない。むしろ正当行為に明記されている三つの構成要素は、各々独自の意味・機能・役割を有していると理解すべきである。

3 正当行為の法的性質

正当行為の性質に関しては、違法性阻却事由と見るのが通説の立場である。正当行為は、一応構成要件に該当する行為について、違法性を阻却する正当化事由と見るのが体系に合致する。

Ⅱ 正当行為の正当化的根拠

正当行為を正当化事由にする根拠は、全法秩序の理念や善良な風俗、その他社会秩序の観点である。つまり、法秩序全体の理念や善良な風俗、その他社会秩序の観点に照らして具体的な構成要件該当行為が容認されることができる場合に、違法性を阻却するということである。これは結局、行為の実質的違法性と適法性を最終的に決定する評価の尺度である。そして、それを具体化する個別的な基準

232 第2編 犯罪論

は、利益および義務の衡量、目的の正当性や手段の相当性、緊急性、補充性など
である。また、このような基準の具体的な適用は、最終的には、正当行為の各構
成要素に対する解釈の問題になる。

《判例》 ある行為が正当行為に該当すると認め得るためには、その行為の動機や目的
の正当性、行為の手段や方法の相当性、保護法益と侵害法益との法益均衡性、緊急性、そ
の行為のほかに別の手段や方法がないという補充性の要件を備えていなければならない
（大判 1990. 4. 23. 99 ド 636；大判 1986. 9. 23. 86 ド 1547）。

Ⅲ 法令による行為

1 意 義

法令による行為とは、法令に規定している正当な権利または義務を行使するこ
と、ないし法令を執行する行為を言う。法治国家はすべての権利・義務を発生さ
せる生活事実を法令に規定し、それにしたがって執行することで、法的安定性、
予見可能性および法についての一般人の信頼を保護する。

ここに言う法令には、実定法律はもちろん、管轄権のある部署で制定・公布し
た一般的・抽象的な法規、行政命令なども含まれる。権利・義務を発生させる法
律には、刑法・民法・行政法以外にも、刑事訴訟法・民事訴訟法などすべての実
定法律が含まれる。

これは「法令上求められる行為」と「法令上許される行為」とに区別すること
ができる。

2 法令上求められる行為

法令上求められる行為とは、たとえその行為が構成要件に該当する法益侵害行
為であるとしても、受範者が遂行するように強制されているものをいう。した
がって、法令上求められる行為は、一般的に禁止されている法益侵害行為の違法
性を取り除き、正当性を確保させる。

（1）公務執行行為

(a) 意 義

公務執行行為とは、公務員が法令によって求められる職務を遂行するために、法益侵
害的な強制力を行使することを言う。職務遂行それ自体が法令の執行に該当するため、

業務による行為と重なる場合もある。

(b) 実 例

(ア) 刑法上の例

刑の執行と関連している死刑執行（第 66 条）、自由刑の執行（第 67 条、第 68 条）、財産刑の執行（第 69 条）、労役場留置（第 70 条）などが、その例である。保安観察法上の保安観察処分（同法第 4 条）および治療監護法上の治療監護処分（同法第 6 条～第 16 条）・保護観察処分（同法第 32 条）なども、同様である。

(イ) 刑事訴訟法の例

検察官または司法警察官の捜査上の強制処分と関連している緊急逮捕（同法第 200 条の 3）、拘束（同法第 201 条）、現行犯逮捕（同法第 212 条）、押収・捜索・検証（同法第 139 条）、召喚に応じない証人に対する勾引（同法第 152 条）、鑑定に必要な処分（同法第 173 条）などが、その例である。

(ウ) その他

民事執行法上の強制執行における執行官の強制力使用権（同法第 5 条）、集会およびデモに関する法律による管轄警察署長または地方警察庁長の集会またはデモの時間および場所の制限（同法第 8 条）、警察官職務執行法上の不審尋問（同法第 3 条）・保護措置（同法第 4 条）・犯罪の予防と制止（同法第 6 条）・手錠や捕縄または警棒などの警察装備の使用（同法第 10 条）・催涙弾の使用（同法第 10 条の 2）・武器の使用（同法第 11 条）、軍人の作戦遂行中の行為、戦時中の軍人の戦闘行為、憲兵の武器使用令による憲兵の武器使用（同令第 3 条）、税法上の各種の強制処分、行政代執行法上の代執行（同法第 2 条）などが、挙げられる。

(c) 正当行為としての要件

(ア) 公務執行は、正当でなければならない。まず、公務執行は、職権の事務的管轄の範囲内で行わなければならない。また、刑事訴訟法第 210 条（司法警察官吏の管轄区域以外の捜査）のような特別規定のない限り、管轄区域内で行わなければならない。

(イ) 公務執行は、根拠規定である法令の形式的要件に合い、かつ適正な手続きによって行われなければならない。

(ウ) 公務執行行為は、必要性および比例性の原則に従うものでなければならない。この要件を満たさないと、職権濫用になるため違法性は阻却されない。

(エ) 公務執行の際には、防衛の意思や避難の意思のような主観的正当化要素を必要としない。ただ、公務員として職務を遂行しているという意思さえあれば十分である。

（2）命令服従行為

(a) 意 義

上官の命令に対する服従行為も、法令上の根拠があれば法令による行為になる。たとえば、軍人服務規律第 3 章第 2 節および検察庁法第 7 条第 1 項または国家公務員法第 57 条では、このような命令や服務関係を規律している。したがって、法令上の根拠によっ

て適法に下された上官の命令に服従する行為は正当行為となり、違法性を阻却する。

(b) 拘束力のある違法命令に服従した行為

命令は違法であっても、拘束力を持つ。命令が拘束力を持つ限り、受令者は服従しなければならない。このように拘束力のある違法命令に服従した行為をどう扱うかについては、見解が分かれる。

(ア) 違法であるが、免責されるとする見解

違法な命令に従うことは違法な行為であるが、逆らうことのできない命令に従った行為については責任が阻却されるという見解である。我が国の通説[33]・判例[34]の立場である。拘束力のある命令が重大な違法である場合は、この見解が正しい。しかし、拘束力のある命令が軽微な違法である場合にも、その命令に従った行為が違法であると断定すべきかどうかに関しては、疑問がある。

(イ) 違法性を阻却するとする見解

服従義務のある命令受令者は命令履行義務を負っていることに着目して、この場合にいわゆる義務の衝突を援用しようとする見解である。すなわち、上官の命令に対する服従義務が一般的な法秩序に対する服従義務より重要な場合は、命令服従行為が正当化されるというのである。拘束力のある命令が軽微な違法である場合は、この見解が正しい。しかし、拘束力のある命令が重大な違法である場合にも、その命令に従った行為について違法性が阻却されるとしても良いかどうかに関しては、疑問がある。

(ウ) 結 論

命令の違法性の軽重を分けて検討するほうが望ましい。拘束力のある命令であっても、その命令の違法性が軽微な場合は違法性が阻却されるとする見解が、妥当である。この場合には義務と義務との間に衝突があるため、これを違法性の評価の観点から慎重に衡量して正当に調節する必要があるからである[35]。

ちなみに、わが刑法上拘束力のある違法な命令に服従した行為は、法令による行為とみなすことはできない。この場合は作為義務と不作為義務とが衝突する場合であるため、正当化的緊急避難の一種とみなすほうが望ましい。命令服従に伴う利益が本質的に優越せず、単に少しだけ優越した場合は、免責的緊急避難の観点から責任を阻却することができるかどうかを検討すべきであろう。

他方、拘束力のある命令の違法性が重大な場合は、免責事由として扱うことが望ましい。この場合は、免責的緊急避難や免責的義務の衝突または期待不可能性を理由とする免責の可能性を検討すべきであろう。

(c) 拘束力のない違法な命令に服従した行為

違法性はもちろん、責任も阻却されない（通説・判例）。このような命令服従行為につ

33　朴相基・165頁、裵鐘大・312頁、孫ドン權/金載潤・256頁、孫海睦・415頁、任雄・208頁、鄭盛根/朴光玫・223頁、鄭英一・212頁。

34　大判 1961. 4. 15. 4290 刑上 201.

35　同旨、孫海睦・415頁。

いては、正当防衛が可能である。命令の拘束性が認められない場合とは、刑法上の犯罪行為をすることや明白に人間の尊厳性を侵害することを内容とする命令をした場合をいう（大判 1967. 1. 31. 66 ド 1581；大判 1966. 1. 25. 65 ド 997；大判 1955. 1. 28.刑上 230）。

> 《判例》　公務員がその職務を遂行するに際して、上司が部下職員に対して犯罪行為などの違法行為をするよう命令する職権はなく、部下職員は上官の適法な命令に服従する義務はあるが、その命令が参考人として召喚された人に対して陵虐行為をさせるなど、明白な違法ないし不法な命令である場合は、職務上の命令とは言えず、これに従うべき義務もない。たとえ対共捜査団の捜査官は上官の命令に絶対服従しなければならないということが絶対的な不文律になっているとしても、国民の基本権である身体の自由を侵害する拷問行為などを禁止しているわが国の法秩序に照らしてみると、水拷問致死のように重大かつ明白な違法命令に従った行為を、正当行為に該当したり、強要された行為として適法行為に対する期待可能性がない場合に該当するものとみることはできない（大判 1988. 2. 23. 87 ド 2358）。

（3）精神病者の監護行為

精神病者を保護する法律上または契約上義務のある者がその監護を怠り、精神病者を屋外で勝手にうろつかせた場合には、一定の処罰を受ける。つまり、監護義務者は、法律上求められている監護行為をしなければならない。この行為は精神病者の自由を拘束し、身体を監禁することになるが、正当行為として認められる。

3　法令上許される行為

刑法上禁止されている行為であっても、刑訴法やその他の法令によって明示的に許されている行為は正当化される。たとえば、私人による現行犯人の逮捕行為や占有者の自力救済、学校長などの懲戒行為、労働争議行為、母子保健法上の堕胎行為などがこれに当たる。

（1）私人による現行犯人の逮捕行為

何人でも、令状なくして現行犯人を逮捕することができる（刑訴法第 212 条）。捜査公務員による現行犯人の逮捕行為は公務執行行為であるが、私人による現行犯人の逮捕行為はいわゆる「官憲のための行為」として法令上例外的に許される。ここで官憲のためという目的要素は、超過主観的正当化要素に該当する。

> 《判例》　被告人の車を損壊して逃げようとする被害者を、逃げられないように胸ぐらを取ってこづきまわしたことによって被害者に全治 2 週間の胸部擦過傷を負わせた場合には、現行犯逮捕行為として正当行為に該当する（大判 1999. 1. 26. 98 ド 3029）。

236 第 2 編 犯罪論

(2) 懲戒行為

(a) 意 義

懲戒行為は、法令上許された懲戒権の適正な行使とみなすことができる行為である。懲戒権は、特別な人的関係ないし特別な共同体内の秩序維持のために法令で認められる制裁手段であり、国家が犯罪を統制するために科する刑罰などの刑事制裁とは異なる。

正当行為が問題となる懲戒行為には、公務員の職務執行行為に伴って許される懲戒行為と一般人に許されている懲戒行為とがある。前者の例としては、小・中学校の学校長（監修者注——私立学校の校長も含む。）が教育上必要な時に学生に行うことができる懲戒または処罰（初・中等教育法第 18 条）、少年院長が規律に違反した保護少年に下すことができる訓戒・謹慎の懲戒（少年院法第 15 条）が挙げられる。後者の例としては、親権者が子女の保護または教養を図るために行う懲戒（民法第 915 条）、後見人が未成年者に対して親権の代行として行う懲戒（民法第 945 条、第 948 条）などが挙げられる。

(b) 懲戒権の適用と限界

(ア) 両親の懲戒権と体罰

両親が訓育の目的で子どもに行う体罰は、一般的に許される。ここでの訓育の目的は、超過主観的正当化要素に該当する。スウェーデンでは、1979 年に、両親の懲戒権を一切禁止する法律が制定された。これに影響を受けたドイツでも、一部では家族法上の両親の養育権から体罰権を完全に排除しなければならないという要請が提起されている。しかし、両親の体罰権が児童虐待に至る場合は、極めて例外であろう。また、刑法が家庭内のことに介入することは、むしろ刑法の補充性の要請に反すると思われる。

(イ) 学校長の懲戒権と体罰

判例は、初・中等教育法第 18 条に規定されている学校長の懲戒権には体罰権も含まれると解釈している[36]。しかし、現在、初・中等教育法施行令第 31 条は、初・中等教育法第 18 条の懲戒権を具体的に「学校内の奉仕、社会奉仕、特別教育履修、出席停止、退学処分」と明示しており、道具や身体などを利用して学生の身体に苦痛を加える方法を禁止している。このような条文を文理的に解釈すると、学校長の懲戒または処罰に体罰は含まれないとしなければならない[37]。

(ウ) 少年院長などの懲戒権

少年院法上、少年院長に認められている懲戒権も訓戒・謹慎の懲戒に限定し、体罰は含まれないと判断するほうが望ましいと思われる。従来は、いわゆる特別権力関係論に基づいて少年の基本権を過度に制約することも認められる傾向があったが、今日特別権力関係論は、法治国家論によってほぼ克服された。

---

36 大判 2004. 6. 10. 2001 ド 5380.
37 申東雲・338 頁。

(c) 問題になる場合
(ア) 他人の子どもに対する懲戒権
　他人の子どもに対する懲戒権は、いかなる理由でも認められない。親の懲戒権は親権者として持つ一身専属的権限だからである。したがって、民法上の事務管理論やいわゆる公共の利益に基づくとしても、親権者の意思に反して他人の子どもに懲戒権を行使することはできない。ただ、親の推定的承諾があるとみなされる場合には、例外的に認めることができる。
(イ) 懲戒権の委任の問題
　懲戒権は、一身専属的な権利である。したがって、原則としては、それを委任したり、代理したりすることはできない。しかし、親権者が特別な信頼関係や保護関係にある者に対して自分の懲戒権を代わりに行使することを頼んだり、一時的に委任したりすることは可能である。たとえば、親が外出する際、近所の人に対して自分の子どもがいたずらをしたら懲戒してほしいと頼んだ場合や、幼稚園の保育士や家庭教師に対して自分の懲戒権を一時的に委任した場合などがある。しかし、いかなる場合であっても、親の懲戒権が小・中・高校の教師に包括的に委任されていると解釈してはならない。

（3）占有者の自力救済
　民法第209条に規定されている占有者の自力救済は、刑法第23条の自救行為に含まれない独自の要件を有している法制度である。これは、民法が特に占有者に国家権力の代行を許している場合に該当するため、法令上許される行為の一種である。

（4）労働争議行為
　労働三権、つまり労働者の団結権、団体交渉権、団体行動権は、憲法上の基本権である。団体行動を具体化した法が「労働組合および労働関係調整法」である。同法第2条第6号は「争議行為とは、罷業、怠業、職場閉鎖その他労働関係当事者がその主張を貫徹する目的で行う行為と、これに対抗する行為としての業務の正常な運営を阻害する行為」と規定している。また、同法第4条（正当行為）は、「刑法第20条の規定は労働組合が団体交渉、争議行為その他の行為として第1条の目的を達成するために行った正当な行為について適用される。但し、いかなる場合でも暴力や破壊行為は正当な行為と解釈してはならない」と明示している。
　通説によると、憲法および労働関係法による争議行為は法令による行為であるため、違法性が阻却されるという。しかし、正当な争議行為は、外見上は法令による行為とみられるが、内容的には社会常規に反しない行為であるため、正当化されると解すべきである[38]。他方、労働法の学者のなかには、この場合、そもそも

238　第2編　犯罪論

構成要件該当性が排除されるという見解もあるが、この見解については疑問がある。

　判例によると、労働者の争議行為の正当性は、①主体が団体交渉の主体として適切な者であること、②目的が労働条件の維持向上に向けた労使間の自治的な交渉を造成するためのものであること、③使用者が労働者の労働条件の改善に関する具体的な要求について団体交渉を拒否していたときに開始したものであること、④特別な事情のない限り、組合員の賛成決定および労働争議の発生届出等の手続きを経たものであること、⑤その手段・方法が暴力や破壊行為を伴う反社会的行為ではなく、正当な範囲内のものであること、などの条件を備えたときに認められる（大判 1996. 1. 26. 95 ド 1959；大判 2001. 6. 12. 2001 ド 1012）。

> 《判例》　争議行為は、労働者が消極的に労務の提供を拒否したり停止したりする行為だけでなく、積極的にその主張を貫徹するために、業務の正常な運営を阻害する行為まで含むものである。したがって、争議行為の本質上、使用者の正常業務を阻害する場合があるのはやむを得ないものとして、使用者はこれを受忍する義務がある。しかし、労働者の争議行為が正当性の限界を逸脱する場合には、労働者は業務妨害罪などの刑事責任を免れない（大判 1996. 2. 27. 9 ド度 2970）。
>
> 《参考》　労働争議行為は、労働者の労働条件の改善と賃金の向上に向けて団結した力を基にして交渉し、交渉に失敗したときには使用者に対する最後の圧力手段として認められたものである。したがって、労働者の労働条件など経済的事項と直接関係のない政治的目的やイデオロギーのための争議行為は、正当行為ではない。また、正当な目的のための場合であっても、その手段が暴力や破壊活動である場合にも正当行為に当たらず、工場・事業場その他の職場に対する安全保護施設の正常な維持・運営を停止・廃止または妨害する行為も許されない（労働組合および労働関係調整法第 42 条）。

（5）母子保健法上の堕胎行為

　母子保健法第 14 条は、①本人または配偶者に大統領令で定める優生学的または遺伝学的精神障害・身体疾患・伝染性疾患がある場合、②強姦・準強姦され妊娠した場合、③法律上婚姻することができない血族または姻族の間で妊娠した場合、④妊娠を継続することが保健医学的理由で母体の健康を著しく害し、または害するおそれがある場合、医師は本人と配偶者（事実上の婚姻関係にある者も含む）の同意を得て人工妊娠中絶手術をすることができると規定している。したがっ

38　金日秀「勤労者의 争議行為와 業務妨害罪（勤労者の争議行為と業務妨害罪）」高麗法学第 36 号（2001）39 頁。

て、この規定による堕胎行為は、法令によって許される行為として、違法性を阻却される（同法第28条）。

> 《判例》 産婦人科の専門医が、妊婦の妊娠継続が母体の健康を害する恐れが非常に大きく、また奇形児出産の可能性もあると判断し、やむを得ずに中絶手術行為を行ったが、結局妊婦は死亡した。このように、医師が母体の健康維持と奇形児出産の防止という目的のためにした中絶手術行為は緊急避難ないし正当行為に当たるため、業務上堕胎致死罪に該当しない（大判 1976. 7. 13. 75 ド 1205）。

（6）臓器等移植に関する法律による脳死者からの臓器摘出行為

臓器等移植に関する法律第22条第3項は、脳死前に本人が同意し、かつ、その家族や遺族が明示的に拒否する場合でない場合、脳死前に本人が同意をしたか否かを確認することができない状況で、その家族や遺族が同意した場合（ただ、16歳未満の者の場合は、その親が同意した場合）には、臓器等を摘出することができると規定している。また、同法第21条によると、脳死者が臓器を摘出されて死亡したときは、脳死の原因となった病気や事故によって死亡したものとみなす。この規定は、脳死を死亡の時期と断定したものではない。しかし、これに基づいた臓器摘出行為によって死亡をもたらした場合は、法令によって許される行為として違法性を阻却すると解すべきであろう。

4　その他法令による行為

伝染病の予防および管理に関する法律第11条第1項による医師・漢方医師の伝染病の届出義務、韓国馬事会法第6条による乗馬投票券の発売行為、富くじおよび富くじ基金法第4条による富くじの発売行為などは、法令によって求められる行為または許される行為である。したがって、このような行為は、業務上秘密漏泄罪（第317条）または富くじに関する罪（第248条）に該当しない。

Ⅳ　業務による行為

業務による行為とは、職業義務ないし職務倫理の正当な遂行のために合目的的に求められる行為をいう。そもそも業務とは、人が社会生活上の地位にしたがって継続・反復する意思で行う事務である。この事務が営利を追求するためのものである場合は営業といい、専門的な活動である場合は職業という。

240 第2編 犯罪論

1 教師の懲戒行為および体罰

　教師の懲戒権は、親権者や学校長の懲戒権のように法律上許されている権限ではない。しかし、少なくとも小・中・高校で児童や生徒の教育を業務としている教師が効果的な教育目的を遂行するために必要な範囲内で適切な懲戒手段を用いることは、業務による行為として正当化されうる。たとえば、生徒に掃除をさせる場合や学生の理解が足りていない科目をより勉強させて学生を遅く帰宅させる場合、学生に両手を上げる罰を与える場合、または強制的に反省文を書かせる場合などが挙げられる。ここに言う教育目的は、超過主観的正当化要素に該当する。

　問題は、教師が児童や学生に対して体罰を課すことができるかどうかである。わが国の多数説[39]および判例[40]は、教師の体罰を懲戒権の行使とみなして許容する立場を取っている。しかし、初・中等教育法第18条および初・中等教育法施行令第31条を文理的に解釈すると、体罰行為は教師の懲戒行為になり得ないとしなければならない[41]。ただ、教師の体罰が教育目的のための必要・最小限の措置であった場合にのみ、業務による行為として正当化されうる。

2 弁護士または聖職者の職務遂行行為

(1) 弁護士の弁護活動

　弁護士が被告人のために弁護活動をすることは、正当な業務遂行に該当する。したがって、弁護士が法廷で弁護活動をしながら、弁論のために必要なときに他人の名誉を毀損する事実を摘示したり、またはその業務処理中に知り得た他人の秘密を漏泄したりすることで名誉毀損罪（第307条）ないし業務上秘密漏泄罪（第317条）の構成要件に該当する行為をしたとしても、業務による行為になり、違法性が阻却される。

(2) 聖職者の犯罪の不告知

　聖職者がゆるしの秘跡を通して他人の犯罪告白や秘密を聞いたにもかかわらず告発しなかったり、または黙秘したりするのは、業務による正当行為である。し

39　呉英根・304頁、劉基天・192頁、孫海睦・416頁、鄭盛根/朴光玟・224頁、鄭榮錫・144頁、曺俊鉉・185頁、黄山德・149頁、朴相基・167頁、孫ドン權/金載潤・167頁、任雄・209頁は、教師の体罰は社会常規に反しない行為として正当行為になるとする。

40　大判 2004. 6. 10. 2001 ド 5380.

41　同旨、裴鐘大・314頁、李在祥・279頁、陳癸鎬・300頁。

かし、積極的に犯人を隠匿したり、または逃走させたりするのは業務行為の範囲を超えるものであるため、業務による行為として正当化されるものではない。

> 《判例》 カトリック教会の司祭が、米国文化院の防火事件の後、身を隠すために来た大学生に対して食事および逃避資金を提供し、隠れ場所を探していたところ、捜査官らが大学生を逮捕しに来たが、かくまった事実を否認しつつ身柄の引き渡しを拒否した。聖職者の職務上の行為が社会常規に反しない行為として正当行為になるのは、それが聖職者の行為であるためでなく、その職務による行為に正当性を認めているためである。犯罪者について悔悟するように導くことは司祭としての役目であるが、犯罪者のために積極的に隠れ場所を設けたり、逃避資金を供給したりする行為は、その正当な職務範囲を超えたものであり、これは社会常規に反しない正当行為とは言えないのである（大判 1983. 3. 8. 82 ド 3248）。

3 医師の治療行為

医師が治療行為（とくに、外科手術）をしながら他人の身体を傷害したとしても、主観的に治療の目的があり、かつ客観的に医術（lege artis）にしたがって行為したのであれば、それは業務による行為として違法でないとするのが、従来の多数説および判例（大判 1978. 11. 14. 78 ド 2388）の立場である。

> 《判例》 産婦人科の医師が妊婦を診察した結果、骨盤の間隔が著しく狭かったため、自然分娩をすることができなくなり、人工分娩機を使用して妊婦と胎児に全治 1 週間の傷害を負わせた。しかし、人工分娩機を使用すれば通常その程度の傷害は生じうるため、人工分娩機を乱暴に使用した結果とは言えず、医師の正当業務行為を超えた違法行為とはみられない（大判 1978. 11. 14. 78 ド 2388）。

これに関して、医師の治療行為を被害者の承諾ないし推定的承諾の問題として扱う見解[42]および判例（大判 1993. 7. 27. 92 ド 2345）もある。ドイツの学説および判例も、医師の治療行為を被害者の承諾または推定的承諾の問題として扱っている。

> 《判例》 医師が誤診しなかったら当然に説明を受けるべきであった子宮外妊娠の可能性について、説明を受けずに手術の承諾をしたのであれば、上の承諾は不正確で不十分な説明を根拠にしたものであるため、手術の違法性を阻却する有効な承諾とみることはできない（大判 1993. 7. 27. 92 ド 2345）。

---

42 金成敦・322 頁、朴相基・169 頁、呉英根・310 頁、任雄・212 頁、鄭盛根/朴光玟・230 頁。

242　第2編　犯罪論

　思うに、医師の通常の治療行為は患者の健康を侵害するものではなく、改善・回復させるための行為である。したがって、被害者の承諾の有無によって結果反価値が欠如してるか否かを問う前に、最初から傷害の故意がないため傷害に該当しない。たとえ治療行為の効果がなかったとしても、客観的な医術に適合する医療行為であった場合は過失も成立しない。つまり行為反価値の欠如によって構成要件該当性が排除されると判断しなければならない[43]。

　ただし、手術のように重い結果を惹起する可能性がある特別な治療行為の場合は、患者の意思や自己決定権を重視しなければならない。手術に先立ち医師は患者に対して手術の過程、危険性に関して十分な「説明義務」を果たすべきであり、その前提に立って患者は手術に同意するか否かを自ら決定することができなければならない。患者の同意に基づいた医師の手術行為は、被害者の承諾によって構成要件該当性を阻却し、または推定的承諾によって違法性を阻却する。

　無免許医師の通常の治療行為も、患者の健康を回復させるための行為であった場合は、傷害の故意を認めることはできない。ただし、そのような行為が反復継続して行われた営業行為であった場合は、医療法第66条により無免許治療行為として処罰される。医療法による特別な規制があるためである。

4　安楽死

（1）積極的・消極的安楽死

　一般的に安楽死（Euthanasie）とは、回復できない死の段階に入った重篤な患者の苦痛を減らすために、生命の終期を人為的に繰り上げたり（積極的安楽死）、またはその可能な延長措置を中断する場合（消極的安楽死・不作為による安楽死）を意味する。

　このうち、死期が切迫している不治の患者について「患者の同意」を受けて生命の延長措置を取らない消極的安楽死は、社会常規に反しない行為として違法性が阻却されるとみるのが通説である。他方、患者の同意なしに、または患者の意思に反して医師が生命の延長措置を取らなかったときは、不作為による殺人罪の罪責を負うことになる。

　43　同旨、安銅準・138頁、李在祥・282頁、李炯國・170頁、陳葵鎬・304頁。

第4章　違法性論　243

　生命を短縮する積極的安楽死を許すことができるか否かに関しては、見解が分かれている。通説的な立場は、名古屋高等裁判所が判示した6つの条件、すなわち、ⅰ）病者が現代医学の知識と技術からみて不治の病に冒され、しかもその死が目前に迫っていること、ⅱ）病者の苦痛が甚しく、何人も真にこれを見るに忍びない程度のものであること、ⅲ）もっぱら病者の死苦の緩和の目的でなされたこと、ⅳ）病者の意識がなお明瞭であって意思を表明できる場合には、本人の真摯な嘱託または承諾のあること、ⅴ）医師の手によることを本則とし、これにより得ない場合には医師によりえないと首肯するに足る特別な事情があること、ⅵ）その方法が倫理的にも妥当なものとして認容しうるものであること、などの条件を備えている場合に、安楽死を一種の業務による行為とみて違法性を阻却するとしている[44]。

　しかし、積極的（監修者注――積極的直接的）安楽死は、いかなる状況であっても違法であるとすべきである。たとえ尊厳死または慈悲死のような甘い名を持っているとしても、生命を自然の消滅時期より繰り上げて人為的に短縮する行為は、すべて違法である[45]。

（2）純粋安楽死・間接的安楽死

　その他にも、生命の短縮を伴わない純粋安楽死、たとえば臨終の苦痛を除去するために適切な量の鎮静剤または麻酔剤を使用することで安らかに自然死するようにする場合には、最初から安楽死の問題に該当しない。そして、間接的（監訳者注――積極的間接的）安楽死の場合、すなわち生命の短縮の結果をもたらす恐れはあるが、不治や難治患者の瀕死の苦痛を緩和させる目的で処置（モルヒネの増量など）をした結果、その予想された副作用によって死亡した場合には、社会常規に反しないものとして正当化されうる（通説）。

Ⅴ　その他の社会常規に反しない行為

1　社会常規の意義

　社会常規とは、公正に思惟する平均人が健全な社会生活をするに際して、正しいと承認されている正常な行為規則を言う。判例は、「法秩序全体の精神やその

44　金成敦・330頁、劉基天・194頁、李炯國『研究Ⅰ』276頁、任雄・220頁、鄭榮錫・162頁、鄭盛根／朴光玫・287頁、陳癸鎬・307頁。
45　同旨、朴相基・161頁、裵鐘大・326頁、李在祥・284頁。

244　第2編　犯罪論

背後に置かれている社会倫理ないし社会通念」と定義している。

> 《判例》　刑法第20条所定の「社会常規に違背しない行為」とは、法秩序全体の精神や
> その背後にある社会倫理ないし社会通念に照らして容認される行為を言い、いかなる行
> 為が社会常規に違背しない正当な行為として違法性が阻却されるのかは、具体的な事情
> の下で合目的的、合理的に考察して個別に判断しなければならないものであり、このよ
> うな正当行為を認めるには、第一に、その行為の動機や目的の正当性、第二に、行為の手
> 段や方法の相当性、第三に、保護利益と侵害利益の法益均衡性、第四に、緊急性、第五に、
> その行為を除いては他の手段や方法がないという補充性などの要件を備えていなければ
> ならない（大判 2001. 2. 23. 2000 ド 4415）。

　刑法第20条後段は、「その他社会常規に反しない行為は罰しない」と規定し、正
当行為の三番目の構成要素として提示している。ここに言う社会常規に反しない
行為とは、法秩序全体の精神やその背後の支配的な社会倫理に照らして原則とし
て容認される行為、すなわち社会的な有用性が認められる行為、または少なくと
も社会的有害性を生じない行為を言う。

2　社会的相当性との区別

　社会的相当性は、構成要件を解釈する基本原理の一つとして、構成要件該当性
の判断の段階で行為反価値の成立を否定することで、行為の構成要件該当性を排
除する構成要件該当性の消極的側面である。反面、社会常規は、一応行為の構成
要件該当性を前提とした上、実質的違法性の段階で行為の違法性を排除する不法
の消極的側面という点から、両者は区別される。

3　社会常規の機能

　社会常規は、すべての違法性阻却事由のうち、最終的な正当化事由であり、最
も包括的な違法性阻却事由である。社会常規の機能を十分に把握するためには、
我が国の刑法理論において通用している一つの誤謬を正さなければならない。い
わゆる法令による行為または業務による行為であっても、それが社会常規に反す
る場合は違法性が阻却されないという主張がそれである。この見解は、法令によ
る行為および業務による行為を社会常規に反しない行為の例示的規定と見る立場
である[46]。しかし、法令上の行為および業務による行為は、社会常規とは別個の

46　たとえば、南興祐・154頁、孫海睦『刑事法講座Ⅰ』312頁、劉基天・195頁、李在祥・284頁、
　　李炯國『研究Ⅰ』267頁、鄭盛根/朴光玫・231頁、鄭榮錫・143頁、黄山德・151頁。

第4章　違法性論　　245

評価基準を持っている正当行為の構成要素である。法令上の行為に該当すると、一応正当行為になるのであって、その行為がさらに社会常規に反しない行為でなければならないものではない[47]。すなわち、法令上の行為および業務による行為は社会常規とは独立した規定であり、併存する要素である。

　社会常規に反しない行為というのは、違法性の評価の消極的な排除原理であって、積極的な介入原理ではない。社会常規は、社会的な葛藤を解決する最後の手段に該当する秩序原理として、社会常規に反しない行為を正当化することで、実質的な違法性の領域を最終的に確定する機能を担当している。

4　社会常規の判断基準

　社会常規は、刑法に列挙されている個々の典型的な違法性阻却事由と内容的に重なる部分も勿論あるが、それなりの独自の機能を有している。すなわち、これは、ある構成要件的行為がたとえ典型的な正当化事由に該当しないとしても、実質的な違法性があるとは言えない場合をすべて包括することができる最終的な正当化事由の基準である。したがって、社会常規に反しない行為の判断基準としては、利益および義務衡量の原則、正当な目的のための正当な手段の原則などが挙げられている。

　　わが大法院の判決は、これをより具体化した判断基準を提示している（大判 1986. 10. 28. 86 ド 1764；大判 1983. 3. 8. 82 ド 3248）。第一に、行為の動機や目的の正当性、第二に、行為の手段や方法の相当性、第三に、保護法益と侵害法益との法益の均衡性、第四に、緊急性、第五に、その行為を除いては他の手段や方法がないという補充性の要件を備えなければならない（大判 1999. 2. 23. 98 ド 1869；大判 1999. 1. 26. 98 ド 3029）。

　　《判例》　市場繁栄会の会長は、一部の店舗の主人らが市場繁栄会によって定められた商品陳列の管理規定に違反した事実を知ることになり、市場の機能を確保するために規定に違反した店舗について断電措置を取った。会員らの同意を得て施行している規定によって市場運営に向けた効果的な規制手段として電気供給を断った行為は、正当な事由があるだけでなく、諸般の事情に照らして法益均衡性、緊急性、補充性を備えた行為として社会通念上許される程度の相当性のある正当行為であるため、業務妨害罪に該当しない。いかなる行為が正当な行為として違法性が阻却されるかは、具体的な場合によって合目的的・合理的に判断しなければならない。正当行為を認めるには、第一に、その行為の動機や目的の正当性、第二に、行為の手段や方法の相当性、第三に、保護利益と侵害利益の法益均衡性、第四に、緊急性、第五に、その行為を除いては他の手段や方法がないと

47　同旨、裵鐘大・327 頁。

いう補充性の要件を備えていなければならない（大判 1994. 4. 15. 93 ド 2899、同じ趣旨
の判例としては、大判 2004. 8. 20. 2003 ド 4732）。

5 適用の対象

（1） 義務衝突の場合

(a) 義務衝突の意義

義務の衝突（Pflichtenkollision）とは、義務者に同時に履行しなければならない二つ以
上の作為義務が課されているが、義務者はある一方の義務しか履行できないとき、他方
の義務を履行しなかったことが構成要件に該当する可罰的行為となる場合を言う。たと
えば、交通事故で致命傷を負った2人の重症患者が近くの病院に搬送されたが、人工心
肺装置が一台しかなかったため、この病院では二人のうち一人しか治療することができ
なかった場合、または高層マンションに火事が起きたとき、父親が三人の子どものうち、
二人のみを両腕に抱えて脱出するしかなかった場合などが挙げられる。

　　　他方、作為義務と不作為義務とが衝突する場合にも義務の衝突を認めることができると
　　いう見解と、法的な作為義務についての侵害に限定する必要はなく、利益の衝突の場合も
　　含まれるという見解もある。しかし、義務の衝突においては、作為義務の間での衝突のみ
　　が問題になる[48]。なぜなら、義務の衝突は、本来、不作為犯の特殊な場合として作為義務の
　　侵害が問題になる場合だからである。
　　　他方、作為義務と不作為義務（法的命令と法的禁止）の衝突は、一般的な正当化原則、と
　　くに正当化的緊急避難によって正当化される。医師が患者を伝染病から保護するために
　　（命令の履行：引受関係による保障人の義務）業務上の秘密を漏らしたなら（第317条によ
　　る禁止の侵害）、医師は正当化的緊急避難行為によって正当化される。なぜなら、医師は漏
　　えい行為をすることで、秘密より優越した生命・身体という利益を保護したからである。
　　しかし、法益が同価値である場合には、不作為義務が作為義務に優先する。Tが他人を積
　　極的に殺害することで、自分の子供の生命を救うことができるとしても、他人を殺害する
　　行為は正当化されない。場合によって免責されるだけである。

(b) 法的性質

義務の衝突は、正当化的義務衝突と免責的義務衝突とに区別される。正当化的義務衝
突の場合には、法的義務の間での義務衝突の問題であるが、免責的義務衝突の場合には、
必ずしも法的義務の間での衝突の問題ではなく、法的義務と非法的義務との間での衝突
が問題になる。とくに、後者の場合は、超法規的免責事由の一例として責任論の領域に
属するものである。行為者が特別な身分または地位に立ち、自己の個人的信念や宗教的
確信にしたがって非法的義務を優先したため義務の衝突が生じた場合、行為者が他の選
択をすることを期待できるか否かが免責の基準になるためである。

48　同旨、柳仁模「義務의 衝突과 不作為犯의 行為可能性（義務の衝突と不作為犯の行為可能性）」
　　刑事法研究第 12 号（1999）103 頁、裵鐘大・391 頁。

正当化的義務衝突の場合、これを緊急避難の一種と見るべきか、それとも社会常規に反しない正当行為の一種と見るべきかに関しては、見解が分かれる。多数説は、正当化的義務衝突を緊急避難の一場合として扱っている。しかし、義務の衝突と法益の衝突とは明確に異なるため、義務衡量を基準とする義務衝突を、法益衡量を基準とする緊急避難に含めることはできないと思われる。したがって、義務の衝突は、社会常規に反しない行為の一種と見るほうが望ましい[49]。

(c) 種　類
(ア) 論理的衝突と実質的衝突
論理的衝突とは、義務発生の根拠となる法規の間に矛盾・抵触があるため、その法規から導かれる法義務の間に論理的な衝突が生ずる場合を言う。他方、実質的衝突とは、義務発生の根拠となる法規とは無関係に、行為者の一身上の事情と関連して二つの義務が衝突する場合を言う。たとえば、伝染病の予防および管理に関する法律第11条による医師の申告義務と刑法第317条の守秘義務との関係が、前者の例である。そして、ある医師が、生命の危機に瀕している二人の患者に同時に出会って、そのうち一人しか応急措置をすることができない状況に直面した場合が、後者の例である。

論理的衝突は、実際には作為義務と不作為義務との衝突であり、原則として正当化的緊急避難の適用対象になる。緊急避難の要件を満たさない場合であっても、これは法令によって求められる行為であるということで正当化されるため、義務の衝突から除外するほうが妥当である。

(イ) 解決できる衝突と解決できない衝突
解決できる衝突とは、行為者が適法行為をするか、それとも違法行為をするかを選択することができる場合を言う。他方、解決できない衝突とは、行為者が適法行為をするか、それとも違法行為をするかを選択する余地がなく、一方の義務を履行しても、他方の義務の不履行が法規に抵触すような場合を言う。行為者が義務の衡量をすることができたか否かという点が両者の区別基準になるため、衡量可能な衝突、衡量不可能な衝突とも呼ばれる。しかし、行為者が義務の衡量をすることができたか否かという問題は、さらに価値の異なる義務の衝突なのか、それとも同価値の義務の衝突なのかという問題に帰着するため、結局、重点は解決できない同価値の義務の衝突を、正当化的義務衝突と見るべきか、それとも免責的義務衝突と見るべきかにある。

思うに、解決できない義務衝突の場合も正当化的義務衝突の一例と見るべきである。不可能なことについては誰も責任を負わない（impossivilium nulla est obligation）という原則によって、法秩序は人に不可能なものを求めることができない。したがって、行為者がいずれの義務を履行したかに関係なく、同時に他方の義務を履行しなかったという不作為は違法でないものとしなければならないからである。たとえば、人工心肺装置が一台しかなかったため、医師が二人の重症患者のうち一人にのみ人工心肺装置をつけ

49　同旨、權五杰・225頁、金成敦・533頁、安銅準・121頁、任雄・249頁、吳英根・361頁。

248 第2編 犯罪論

た場合、医師が生命の危機に直面している二人の患者から、同時に往診してほしいという連絡を受けた場合、父親が川に落ちて溺死しそうになった二人の息子のうち、一人しか救助できない装備を持っている場合などが、解決できない同価値的義務衝突の例である。

(d) 要件

（ア）二つ以上の法的義務が衝突し、一方の義務を履行することによって、他方の義務を履行することが不可能になり、かつそれが刑法に抵触する場合でなければならない。

（イ）行為者は、高い価値の義務または同価値の義務のうち、いずれかを履行しなければならない。ここで問題になるのが、義務衡量の観点である。

（i）価値の異なる義務衝突の場合には、法益価値の大小が重要な役割を担う。財貨よりは人命が、より高い法益価値を持つ。また、危害の軽重や危険の程度も、考慮の対象になる。たとえば、重傷者を軽傷者より優先的に救助しなければならない。他にも、危険の切迫性、法益救済の可能性なども、考慮の対象になる。

（ii）保障人の義務が問題になる場合には、義務履行の可能性の可否も考慮しなければならない。たとえば、自分の息子と隣の子どもが一緒にそりで滑っている途中、氷が割れたため、二人とも川に落ちて溺死しそうになった場合、父親が自分の息子を救うのは正当である。

（iii）生命の救助義務が衝突する場合に、生命価値の質と量を比較するのは無意味なことである。たとえば、善人と悪人の生命、上司と部下の生命、または国家代表の運動選手と身体障害者の生命などにおいても、生命の軽重を比較することはあり得ない。たとえ行為者が悪人や、部下や身体障害者の生命を救助したとしても、その行為を正当化することに差し支えはない。

（ウ）衝突状況が引き起こされたことに、行為者の責任がある場合にはどうなるか。行為者の責任のある事由によって衝突状況が生じた場合に関しては、それを義務衝突の要件として考慮する必要はないとする見解[50]と、衝突状況は行為者の責任のある事由によって発生したものであってはならないとする見解[51]がある。

行為者の責任のある事由によって誘発された正当防衛の状況においては、一般的に防衛行為は制限されるが、緊急避難の場合には原則として避難行為は制限されない。同価値の義務の間に引き起こされた義務衝突の場合は緊急避難と類似するため、有責的義務衝突状況の惹起であっても、正当化的義務衝突の成立は制限されないとしなければならない。

（エ）行為者は、主観的に衝突状況を認識し、かつ義務衡量の観点からより重い義務、

---

50 裵鐘大・394頁、李在祥・252頁、鄭盛根/朴光玟・259頁。

51 南興祐・申東旭ほか・193頁、朴在允「義務의 衝突（義務の衝突）」考試界（1976.7）35頁、孫海睦「義務의 衝突（義務の衝突）」月刊考試（1988.8）115頁、安銅準・121頁、李烔國『研究I』328頁。結局、この見解によると、行為者の故意・過失によって義務の衝突状況が生じた場合には、履行しなかった部分について違法性が認められる。

第4章　違法性論　249

または同価値的義務のうちいずれか一つの緊急な義務を履行する目的をもって行為しなければならない。このような目的を持っている限り、倫理的に非難されるべき別の動機が行為者の内心にあったか否かは問題にならない。たとえば、父親は日ごろから、能力の低い一番目の息子を憎んでいた。ある日、家に火事が起きたが、父親は一人しか救助することができない状況であったため、二人の息子のうち、二番目の息子のみを救助した。この場合、父親は救命の目的をもって行為したため、彼の行為は正当化される。

（2）許された危険の場合

許された危険は、構成要件該当性を排除するという側面から、いわゆる社会的相当性の一類型ないし客観的帰属の一尺度としても扱われる。一定の危険を創出することができる行為は正常なものであって、かつ歴史的に形成された社会秩序の範囲内で一般的に許されるものであるため、構成要件的に意味のある危険創出行為とみなすことはできない。

違法性阻却事由として社会常規の一類型に属する許された危険は、社会秩序の範囲内で一般的に承認されている行為ではないため、原則として禁止されているが、これは利益衡量の観点から例外的に違法性が阻却される。

代表的な例としては、推定的承諾の場合、名誉毀損罪における事実の証明（第210条）、そして労働法における正当な争議行為（労働組合および労働関係調整法第4条）のように、いわゆる正当な利益擁護の場合などがある。また、ホテルに火事が起きたとき、屋上にいる遭難者にヘリコプターから綱を落として救助する方法は、遭難者の生命に危険を発生させる行為ではあるが、それは許された危険として正当化することができる。

（3）社会常規に反しないその他の行為

その他、判例によって社会常規に反しない行為と認められている行為には、次のようなものがある。①隣に住んでいる夫婦の子どもがいたずらをしていたため懲戒した場合のように、法令上懲戒権のない者の懲戒行為が客観的に懲戒行為の範囲内に属して、かつ主観的にも教育の目的を認めることができる場合[52]、②被害賠償義務を履行しない人に対して告訴すると脅した場合のように、権利を実行するための行為が脅迫に該当する行為であっても、それが社会常規に反する程度にまで至らない場合[53]、③相手方の挑発・暴行・強制連行などを避けるための消極

52　大判 1978. 12. 13. 78 ド 2617.
53　大判 1971. 11. 9. 71 ド 1629；大判 1977. 6. 7. 77 ド 1107.

250 第2編 犯罪論

的な防御行為であった場合[54]などがある。

VI 効 果

正当行為に該当すれば、行為の違法性は阻却される。正当行為は正当防衛や緊急避難、または自救行為に対して一般法（lex generalis）の性格を持っているため、これらと重なる場合は、正当行為に先立ち、これらを考慮すべきことは言うまでもない。さらに、正当行為を検討する段階においても、その他社会常規に反しない行為は、最も包括的・一般的性格を持っているものである。そのため、法令による行為や業務による行為に該当するか否かを検討したとしても、直ちに行為の違法の可否を断定してはならず、最終的にその行為が社会常規に反しない行為か否かも検討しなければならない。構成要件的行為が最終的に社会常規にも反する

---

54 大判 1992. 3. 10. 92 ド 37：「家庭の主婦が、酔っぱらっている被害者の暴力を阻止するために同人の肩を押したが、同人が転倒しながらセメントの床に額をぶつけて死亡した場合、上の行為は正当防衛に該当する。」
　　大判 1990. 1. 23. 89 ド 1328：「被害者がいきなり飛び出し、正当な理由なしに被告人の胸ぐらを捕まえて派出所に行こうと言いながら引き続き引っ張ったため、被告人は被害者の行為を制止するために彼の両腕部分の袖を握って押しのけたのであれば、このような被告人の行為は胸ぐらをつかまれた状態から脱するための消極的な抵抗行為に過ぎず、その行為に至った経緯などに照らして、社会通念上許容される程度の相当性のある行為として刑法第20条所定の正当行為に該当する。」
　　大判 1989. 11. 14. 89 ド 1426：「タクシー運転手が乗客の要求に沿ってタクシーを出発させようとするとき、被害者が夫婦喧嘩のあげく逃げて来たこの乗客をタクシーから強引に引っ張り出すために、タクシー運転手に暴言とともにタクシーの中に体をぶつけながら、両手で運転手の胸ぐらを強くつかんで運転手の上着のボタンが取れるほど激しく揺さぶった。これに運転手が被害者の手を撥ね除けながらタクシーを出発させて運行したにすぎないのであれば、運転手のこのような行為は社会常規に反しない行為と言える。」
　　大判 1985. 11. 12. 85 ド 1978：「被害者が債権の返済を要求しつつ、わめいたり悪態をついたりしながら家の室内にまでかけ込んできて、被告人がじっとしているにもかかわらず、被告人のランニングシャツを引っ張って破る行動をするなどの状況下で、被害者から逃れるために彼を部屋の外に押し出した行為は、社会通念上容認される行為として違法性がない。」
　　大判 1983. 5. 24. 83 ド 942：「被害者が被告人について回りながら面倒な喧嘩を売ってきたため、これを避けるために被告人が被害者の胸ぐらを掴んで押し倒したのであれば、これは社会通念上容認される行為として違法性がない。」
　　大判 1983. 4. 12. 83 ド 327：「数人から包囲・圧迫されることになった状況から脱しようとする過程で、そのうち一人の胸ぐらを引っつかんで倒したとしても（これによって傷害を負わせた）、このような行為は社会通念上、許される程度の相当性があるものとして、違法性を欠いた行為とみるべきものである。」
　　大判 1982. 2. 23. 81 ド 2958：「強制連行を免れるために肘で撥ね除けながら、胸板をつかんで壁に押した行為は、消極的な抵抗として社会常規に反しない。」
　　しかし、上述の事例はすべて正当防衛に該当する事例であるため、消極的防衛の事例を一貫して社会常規に反しない行為とみる判例の立場は問題を有している。

場合、その行為は実質的に違法な行為になり、次の段階でこの行為に対する責任
を判断することになる。

第5章 責任論

第1節 責任の概念

体系的犯罪概念のうち、最も重要な実質的要素は不法（Unrecht）と責任（Schuld）である。不法は構成要件該当性と違法性を包括する上位概念として責任に対する。しかし、論理上不法は常に責任に先行しなければならない。責任なき不法は成立し得るが、不法なき責任は成立しない。

それでは、果たして責任とは何か。ドイツ連邦最高裁判所は、これについて標準的な公式を提示した。すなわち、責任とは非難可能性である（Schuld ist Vorwerfbarkeit）[1]。責任は、行為者が規範に適った決定をしなければならないにもかかわらず、法規範に適った行動をせず適合しない行為をしたために加えられる非難可能性である。

議論の出発点として責任概念を簡単に要約すると、不法を選択した行為者の決定と言えよう。

第2節 責任論の基本問題

I 責任と意思の自由

1 意 義

責任原則は、人間の意思決定の自由を前提とする。なぜなら、行為者に適法な行為をする能力が存在する場合にのみ、犯罪衝動を抑制せずに違法な行為をしたことについて責任を問うことができるからである。果たして人間が、このような意思決定の自由を有しているのかに関しては、かねてから激しい見解の対立があった。いわゆる決定論（Determinismus）と非決定論（Indeterminismus）との対立

---

1 BGHSt 2, 194 (200).

254　第2編　犯罪論

がそれである。

2　決定論と非決定論

　決定論によると、人間の行態は全面的に因果法則によって決定されるものであり、犯罪は人間の素質や環境の必然的所産である。これに対して、非決定論によると、人間の意思は絶対的に自由であり、したがって人間は法と不法の中でいずれかを自由に選択することができる。

　しかし、決定論と非決定論に関しては反論がある。まず、決定論については、被造物のうち、人間は自ら本能的衝動を統制し、かつ自らの行動を価値によって決定することができる唯一の存在という存在論的・人間学的側面から反論が提起されている。また、非決定論については、意思自由というものはおおまかには立証することができるが、具体的に個々の事例においてはそれを経験実在的に立証することができない、という反論が提起されている。

　つまり、このような両極端の見解は、いずれも自分の論拠を説得的に主張することができないのである。なお、我々は、双方のうち、いずれがより正しいのかについて立証をすることも、反証することもできない。結局、決定論か非決定論かという立場の選択は、論証の問題ではなく、確信の問題である。

　人間の尊厳および価値の保障という側面からみると、意思自由の肯定は規範的・社会的価値の設定として正当である。なぜなら、人間の意思自由を認めることで、人間は自由と責任意識を有する存在であるという確信に至ることができるからである。その結果、国家は、法を通じて、個人がこのような自由のなかで自己実現をすることができるように保護しなければならない。刑法も、人間の自由の実現について部分的な任務のみを有している国家刑罰権が濫用されないように保障しなければならない。

3　刑法の人間像

　正常な人間には意思決定の自由および選択の自由が与えられているという点は、否認できない規範的前提であり、かつ出発点である。このような自由は、人間が自分の行為をその本来の意味に合わせながら自分の仕業として形成することができる能力と言えよう。言い換えれば、人間の自由は、本能的衝動の強制から脱し、意味に適った自己決定をすることができる能力を意味する。これは、「因果

的決定に対する消極的否定を意味せず、むしろこれに対する支配決定」を意味する。なお、このような自由は、決して、自由放任や無制約的恣意を意味することではない。それゆえ、自由には常に責任が伴うわけであり、自由と責任は常に人間にのみ固有なものである。

Ⅱ　刑法上の責任と倫理的責任

1　法的責任

　刑法上の責任は、倫理的責任（sittliche Schuld）ではなく、法的責任（Rechtsschuld）である。刑法規範が前提としている命令または禁止の内容は、倫理規範と相当程度一致しているが、本来、法規範と倫理規範は独立のものである。法的責任は、次のような性格をもつ。

　（ⅰ）刑法上の責任は法規範に関するものであり、責任非難の対象も法規範に反する心情反価値であるという点から、法的責任である。

　（ⅱ）刑法上の責任は、法の基準によって測定されるという点から、法的責任である。法の基準は形式的なものであるため、内面上の動機はどうであれ、行為者の行為が合法性さえ有していれば、刑法上の責任は発生する余地がない。

　（ⅲ）刑法上の責任は、法的な手続きによる司法上の裁判を通じて公的に確認されなければならないという点から、法的責任である。倫理的責任は、司法的手続きによる公的な確認を必要とせず、ただ行為者の良心によって確認されるだけである。

2　倫理的責任に対する批判

　法的責任と倫理的責任とを区別することについて反対する立場は、次のような反論を提起している。すなわち、真正な意味における拘束的義務というものは、それが人間によって倫理的義務として承認され、かつ人間の自由な選択によって行為の規則になるときに、法的義務にもなり得るというのである。

　しかし、法と倫理の混同は、法と正義の固有の価値を等閑視するおそれがあるだけでなく、責任確定の問題を法感情の要求に偏らせ、結局裁判の公平性を害するおそれもあるために拒否されなければならない。もちろん殺人・窃盗・偽証禁止などのような基本的倫理性（einfache Sittlichkeit）は、古くから法規範になっていたのであり、その限度で法と倫理との間に重なる点があるということは認められ

256　第２編　犯罪論

る。しかし、だからといって、法的責任と倫理的責任とが一般的に一致すると主張するのは無理である。イェリネクの言葉のように、「法は倫理の最小限」であるに過ぎない。

ただ、これと関連して確信犯の問題が議論されている。たとえば、エホバの証人という宗教の信徒が宗教的確信をもって、瀕死状態にいる子どもを霊的に救済するために輸血を拒否し、または妨害すること、平和奉仕団に所属している学生が政治的な理由で兵役義務を拒否することなどがその例である。この場合、善良な動機としての確信をもって行動したにもかかわらず、法的責任は免れない。

3　法的責任の限界

法秩序は個人の主観的確信の優位を認めない。原則として、刑法は基本的な倫理と一致する限度で法益保護の機能を担当するが、この基本的な倫理も単なる個人の良心にのみ依存するものではなく、他人と共有する公的な良心に基づいている。ゆえに、倫理法則は個人的良心に合致する行動であるとしても、共同生活の正当な秩序に照らして正当な法律に違反する行動まで許容しているわけではない。したがって、確信犯は、たとえ善良な動機および個人的な良心に基づいて行動したとしても、その行動は法秩序のみならず、倫理法則とも衝突するものである。

ただし、ある法律が明白に正義に反してそれが悪法ないし無法であると判断するしかない場合は、そうではない。たとえば、ナチス時代の反ユダヤ人法のような明白に反人道主義的な人種法律は、それ自体が悪法であるため、その法律に服従しない者は、犯罪者ではなく良心的な抵抗者である。このような抵抗者が法律によって処罰を受けるとしても、それは罪を犯して処罰を受けることとは異なり、強制的な暴力による抑圧に過ぎない。

問題は、いかなる法律が正義に反する悪法ないし無法なのか、という点にある。法治国家的憲法秩序に基づいて法律の違憲の可否を判別する憲法機関が機能している限り、ある法律が明白に正義や人間の尊厳性に反する法律でない以上、それは違憲判決によって取り消し・無効になるまでは、社会秩序の機能に適合する法律と推定するしかない。

第5章　責任論　257

Ⅲ　責任判断

1　責任判断の対象

　原則として刑法は行為刑法であって、行為者刑法ではない。したがって、責任判断の具体的な対象は行為者によって犯された犯行、すなわち構成要件に該当し違法な行為そのものである。言い換えれば、不法の意識があったにもかかわらず、違法な行為をした、行為者の非難可能な意思形成を責任非難の対象とみなす。こういう意味で、これを個別行為責任（Einzeltatschuld）とも呼ぶ。他方、このような犯行は、行為者ともつながっている。したがって、行為者が自ら犯罪的な人格になるように生活してきた点も、責任判断の際に一定の役割を担い得る。これをいわゆる人格責任（Persönlichkeitsschuld）、性格責任、または行状責任とも呼ぶ。

　刑法上、故意や認識ある過失の範疇においては行為責任概念を考慮することが適切であるが、認識なき過失、禁止の錯誤における回避可能性、累犯加重・常習犯加重などの量刑に関する規定、原因において自由な行為などの範疇においては、行状責任もともに考慮している。したがって、この両者の結合を責任判断の対象とするほうが最も望ましい。

　責任概念の核心は、個別行為責任にあることはもちろんであるが、刑事政策的必要によって、やむを得ずに結果責任の残滓を残しておいた現在の立法の状態を解明するためには、行状責任の立場から行為者の人格全体を考慮するしかない。言うまでもなく、責任原則の具体的現実化には限界があるためである。ただ、常習犯について刑罰を加重する場合には、責任原則を制限するほどの刑事政策的必要性もないため、行状責任を考慮せずに、行為責任ないし行為刑法の原則を厳守し、これを削除することが望ましい[2]。

2　責任判断の基準

　責任判断は、一般的尺度にしたがって判断する違法性とは異なるため、「完全な個別化」、すなわち個人的な特性や個々の行為者の能力を徹底的に考慮しなければならないと言われている（通説）。しかし、そのような個別化は、責任能力および禁止の認識の場合にのみ可能なものであって、責任要素である故意・過失およ

2　金日秀『韓国刑法Ⅲ』171頁。

258　第2編　犯罪論

び期待可能性の判断にまで、それを貫徹するのは疑問である。

　むしろ、後者の場合には、平均人が行為者の立場だったら、別の行為をすることができたかという、いわゆる「平均的可能性」(durchschnittliches Können) ないし「一般的当為性」(generelles Sollen) を標準としなければならない。つまり、行為者の意思能力の程度が平均的な国家市民に期待されている程度に満たないこと、まさにこの点が行為者に責任を問うことができる標準になる。言い換えれば、平均人が行為者の立場だったら、別の行為をすることができたにもかかわらず、行為者は平均人のように行為しなかったという点が、責任判断における行為者に対する非難の基準である。これは、責任非難の完全な個別化よりは、刑事政策的な考慮に基づいた規範的限界内での普遍化を意味する。

Ⅳ　刑事責任と民事責任

　民事上の責任 (Das Verschulden) と刑事上の責任 (Schuld) には、いかなる関係もない。両概念は、各々独立して規定される。双方の法領域を規律する対象や任務が、お互いに異なるためである。したがって、刑事責任と民事責任のモデル構造は、異なって構成されるしかない。民法上の故意・過失と刑法上の故意・過失は必ずしも一致する概念でないことに、注意しなければならない。

第3節　責任理論上の責任概念

Ⅰ　心理的責任概念

　古典的犯罪体系においては、行為および不法は犯行の客観的側面として、責任は犯行のすべての主観的要素を統合する精神的・心理的事情として把握された。責任概念の内容および具体的意味要素は解明されないまま、「責任とは、法的な有責性に関連する違法な結果に対する行為者のすべての主観的関連性」または「非難を受けるほどの意思の内容」と定義された。

　古典的犯罪体系においては、責任能力を「責任条件」として、故意および過失は責任を二つの種類に分ける「責任形式」として把握した。したがって、責任とは、犯行に対する犯人の心理的関係であった。故意は犯人が犯行を願ったときに成立する責任形式であり、過失は犯人が犯行を願っていなかったときに成立する

責任形式である。したがって、双方の責任形式は、意思という基準によって分けられた。

心理的責任概念についての批判は、次のようなものである。

（ⅰ）過失という責任形式は、犯人の犯行に対する心理的関係を定義した通りに示さない。特に、認識なき過失の場合がその例である。それは行為者が結果発生の可能性を全く考えてなかった場合であるが、この場合にも、ただ考えることは可能であったという理由だけで可罰性の対象としているためである。

（ⅱ）カルネアデス（Karneades）の板の事例やミニョネット（Mignonette）号事件のように、責任の前提条件をすべて備えたにもかかわらず、処罰することができない違法行為がある。このような例は免責的緊急避難の規律対象になるのであるが、このような免責事由を認める限り、心理的責任概念はもはや維持できない。

Ⅱ　規範的責任概念

新古典的犯罪体系における責任概念は、心理的責任から意思形成に対する非難可能性ないし規範的評価を本質的内容とする責任に変化した。これがいわゆる規範的責任概念である。ここでは、行為者が法に反して、不法への意思形成をしたことについて非難を加えられるかどうかが重要な論点になる。すなわち、「禁止されている行態は、それを犯した行為者を非難することができるときに、初めて行為者の責任に帰属させることができる」ということである。

規範的責任概念は、様々な責任要素を内包する。心理的な要素だけでなく、規範的・評価的要素も責任概念に属する。構成要件の実現に関する認識と意思を意味する故意も、ここでは単なる責任形式ではなく、責任概念を構成する一つの責任要素となる。その他にも、責任能力と特別な責任阻却事由の不存在も責任要素となる。ただ、ここでも違法性の認識は、故意の一要素として故意概念の中に含まれていた。このような要素は、犯行に対する行為者の内的関連性に関する価値判断を内包しているという意味において、規範的なものである。

Ⅲ　純粋規範的責任概念

古典的・新古典的体系における故意は、不法の意識を必要不可欠な構成要素とするものとして、単に責任形式（種類）ないし責任要素として理解されてきた。反面、目的的体系においては、不法の意識と分離された事実の認識・意思が構成要

件要素に転換される。これが犯罪体系上最も決定的な分岐点である。なぜなら、構成要件に該当する行為の目的性は、故意の概念と同一であるからである。故意がほかのすべての主観的不法要素とともに構成要件に属し、責任には属さないという主張は、体系上不法のより広範囲な主観化、責任のより一層の脱主観化・規範化を意味する。つまり、目的的犯罪体系は、古典的犯罪体系とは正反対の立場に立っている。

このようにして、目的的犯罪体系の責任概念は、故意・過失のような心理的要素を責任の構成要素とせず、行為ないし構成要件要素とする。したがって、責任は単に行為意思に対する評価ないし非難可能性として、'純粋な'規範的責任概念になる。そして、故意と違法性の認識を分離して、後者を独自の責任要素として再構成することで、従来、事実の錯誤（Tatsachenirrtum）と法律の錯誤（Rechtsirrtum）とで区分されてきた錯誤は、構成要件的錯誤（Tatbestandsirrtum）と禁止の錯誤（Verbotsirrtum）とに区分される[3]。

禁止の錯誤は違法性の認識を否定する場合であるが、ヴェルツェルは回避可能性と回避不可能性の尺度に従って、回避不可能な禁止の錯誤は責任非難を完全に阻却するが、回避可能な禁止の錯誤はその程度によって責任非難を弱めるだけであるという（いわゆる責任説）。したがって、この純粋な規範的責任概念においては、責任能力、違法性の認識および責任阻却事由の不存在としての期待可能性のみが、責任の構成要素となる。

しかし、純粋な規範的責任概念は、評価の対象と対象の評価を厳格に区別し、ただ評価、すなわち非難可能性のみをその要素とするために、規範的評価の対象は責任概念それ自体にあるのではなく、不法つまり'他人の頭の中にのみ'存在することになり、結局責任概念の空洞化に至ってしまうという弱点を抱えている。

Ⅳ　複合的責任概念

今日、ほとんどの刑法学者は、新古典的な犯罪体系と目的的犯罪体系の統合のために努力している。その具体的内容は、目的的行為論を行為論としては拒否するが、その最も重要な体系的成果、すなわち故意と過失（注意義務違反）を構成要件

3　Welzel, Aktuelle Strafrechtsprobleme in Rahmen der finalen Handlungslehre, S. 10 ff.；黄山徳・187頁。

要素と把握する着想を受け入れることである。

目的的行為概念を受け入れることを拒否する理由は、まず、一つの存在的行為概念は価値決定に基づいた刑法体系において何の拘束力も持つことができないからである。他方、故意と過失を構成要件要素とする目的主義のテーゼを受け入れる理由は、目的主義が考えていた存在論的目的性こそ、価値と関係した規範的・社会的目的性として展開されることができるためである。このようにして、主観的不法要素である故意と構成要件要素である過失は、同時に責任要素でもあるという二重の地位を認めている。

このような観点から、責任は純粋な規範的責任概念として存在することはできない。むしろ故意・過失のような責任要素を評価の対象と認め、この対象に対する評価としての非難可能性という尺度も共に考慮する、いわゆる複合的責任概念（komplexer Schuldbegriff）でなければならない。

責任概念は、非難可能性に限られてはならない。責任は、非難可能性以上の何かを構成要素として含んでおり、このような意味において責任は非難可能な行態それ自体を包括している。まさにこのような規範的責任概念は、行為者の行為に対する内面的関連性として故意・過失や違法性の認識、その他責任能力と責任阻却事由の不存在を構成要素とする。

第4節　責任の理論学的構造

I　責任構造の輪郭

責任の対称概念である不法は、構成要件該当性と違法性という下位概念に細分される。これに比べて、責任は不法のようなバランスの取れた細分化をすることができない複合概念である。しかし、責任概念においても五つの概念、すなわち責任能力・責任形式・不法の意識・免責事由の不存在・特別な責任要素は区別しなければならない。この点に関しては、次の図表を参照してほしい。

このような責任概念は、否定の側面からも影響を受ける。責任におけるこれらの要素が否定されれば、責任は排除され、または阻却される。したがって、責任の理論学的構造に鑑みれば、責任の存在を肯定する側面だけではなく、その存在を否定する側面も共に考慮しなければならない。なお、否定の側面は、個々の要

素の性格上、最初から責任それ自体の成立を排除するいわゆる責任阻却事由と、一応責任は成立するが、適法行為への期待可能性がないという理由に基づいてその責任非難を阻却するいわゆる免責事由とに構成される。この点に関しては、次の図表を参照してほしい。

他にも、今日の理論は、いわゆる特別な責任要素を独自の責任要素として認めている。個々の要素に関しては、以下で詳論することとする。

《責任の構造》

責任			
責任能力	責任形式	不法の意識 （＝違法性の認識）	免責事由の不存在 （適法行為に対する 期待可能性）
誰もが一般的に責任を負うことの前提として、14歳以上の犯罪者の精神的・心理的状態	主観的不法要素に対応するもので、責任領域における心情反価値の要素としてあらわれる故意・過失（故意・過失の二重の意味）	目的的犯罪体系以来、独立した責任要素になった。もちろん、責任の核心要素である（責任の核心要素であり、法的意識の欠如を端的に示すものである）	付随事情の正常性：非典型的な事情の不存在（非典型的な事情によって不法と責任は当罰性の範囲内で減軽される）

《責任阻却事由》

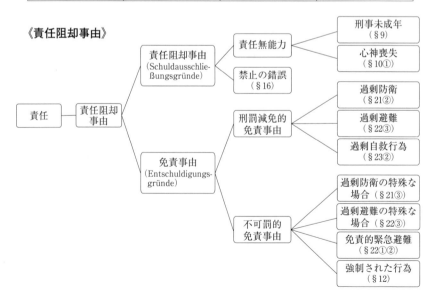

第5章 責任論　263

Ⅱ　責任能力

1　序

　責任能力とは、法規範に従って行為することができる能力（Normative An-sprechbarkeit）をいう。ある人が行為者として刑事責任を負うことができるか否かという問題については、まず、年齢（第9条）が標準になり、その次には、刑法第10条と第11条によって精神障害のない状態での洞察能力と操縦能力とが標準になる。

　一定の年齢条件に達しない刑事未成年者と精神障害によって洞察能力と操縦能力を喪失した心神喪失者（第10条第1項）を、刑事責任無能力者という。責任無能力の場合、最初から責任それ自体が成立しないという点では、いわゆる違法性に関する錯誤として不法の意識が欠如した禁止の錯誤と同一である（責任阻却事由）。

2　刑事未成年者

　刑法は、刑事未成年者に関する一般規定を置き、満14歳になっていない者の行為については責任能力の欠陥を理由に一切の刑事処罰を受けないようにすること（第9条）で、すべての刑事未成年者を絶対的刑事責任無能力者として扱っている。このように、刑事未成年者に対しては一切の刑事責任が排除されるため、刑罰も、保安処分も科せられない。しかし、そうはいえども、非行少年の健全な保護育成を主眼にする少年法上の保護処分まで排除されることは決してない。

　これに関して、少年法は特別規定を設けて刑罰法令に抵触する行為をした12歳以上14歳未満の少年（触法少年、少年法第4条第1項第2号）と、そのような行為を行う恐れのある12歳以上の少年（虞犯少年、同法第4条第1項第3号）については、保護処分をすることができるように規定している。他方、14歳以上の責任能力のある者であっても、20歳未満の少年である限り、当該少年の健全な保護育成の観点から、少年法は刑事処分について特別な措置を取っている。すなわち、少年が法定刑の長期2年以上の有期刑にあたる罪を犯したときは、その法定刑の範囲内において、長期と短期を決めて不定期刑を宣告するが、この場合、長期は10年を、短期は5年を超えることができないようにしている（同法第60条第1項）。ただ、刑の執行猶予、または刑の宣告猶予を言い渡すときは、長期刑を宣告するようにしている（同法第60条第3項）。その他にも、審理の分離（同法第57条）、換

刑処分の禁止（同法第62条）、分界を設けた場所での懲役・禁固刑の執行（同法第63条）、仮釈放の条件の緩和（同法第65条）、資格に関する法令適用の排除（同法第67条）などの特則を置いている。特に、罪を犯すとき18歳に満たない少年に対しては、死刑または無期刑を科すことができず、死刑または無期刑をもって処断すべきときは15年の有期懲役を科することとし、刑を緩和するように措置している（同法第59条）。ただし、特定強力犯罪（監訳者注──「特定強力犯罪の処罰に関する特例法」に定められた犯罪）を犯した18歳未満の少年に対して死刑または無期刑に処するときは、少年法第59条の規定にかかわらず、20年の有期懲役とする（特定強力犯罪の処罰に関する特例法第4条第1項）。

3　精神障害者
（1）刑法上の規律

　年齢が14歳以上の者に対しては、原則として責任能力が認められる。しかし、精神障害によって洞察能力と操縦能力がない場合、またはそれが制約されている場合には、責任能力に影響を及ぼす。

　わが刑法上、精神障害者として認められている者には、心神喪失者（第10条第1項）、心神耗弱者（第10条第2項）、ろうあ者（第11条）の三つの類型がある。

　このうち、心神喪失者は、刑事未成年者とともに責任無能力者と呼ばれる。心神耗弱者とろうあ者は、限定責任能力者と呼ばれる。限定責任能力者は、責任能力者と責任無能力者との中間形態にあたる。一応責任能力は認められるが、それが完全ではないため、責任を減軽するという点から責任無能力者とは異なる。

　刑法上、責任無能力ないし限定責任能力を規定する方法としては、①人体の生物学的異常ないし精神病理学的要因の有無によって決定する、いわゆる生物学的方法、②事物の弁別または意思決定の能力を基準とする、いわゆる心理学的方法、③両者を総合して、行為者の異常な状態を責任無能力の生物学的基礎として規定し、これがどれほど行為者の事物の弁別および意思決定の能力に影響を及ぼしたのかという心理学的問題を検討する、いわゆる混合的方法がある。

　刑法は、精神障害によって（生物学的方法）、事物を弁別する能力や意思を決定する能力（心理学的方法）がない場合、第10条第1項によって責任を消滅させる。また、精神障害によって事物を弁別する能力や意思を決定する能力が薄弱な場合には、第10条第2項によって責任を減軽し、なお、ろうあ者として上記のような能

第 5 章　責任論　　265

力が薄弱な場合にも、第 11 条によって責任を減軽する。

　刑法上の責任無能力または限定責任能力に関する規定が、生物学的・心理学的方法を混合した、いわゆる混合的方法に基づいていることは明らかである。混合的方法は、今日、各国の刑法において広く採用され、ドイツ、スイス、アメリカの模範刑法典においても、このモデルを採用している。

（2）生物学的要因（精神障害）の要件

　(a) 心神喪失の要件　　心神喪失の要因としては、精神病、精神薄弱、根深い意識障害またはその他重症の精神障害的異常が挙げられる。精神病には内因性精神病と外因性精神病がある。前者の原因としては統合失調症（大判 1983. 7. 26. 83 ド 1239）、躁うつ病などがあり、後者の原因としては進行性脳軟化症、脳損傷、てんかん（大判 1984. 8. 21. 84 ド 1510）などがある。精神薄弱とは、白痴などのような先天的な知能の薄弱を意味する。根深い意識障害とは、自己意識と外界の意識との間に正常な関係が断絶されている状態を意味する。後者の原因としては、失神、麻酔、昏睡状態、深い催眠状態、極度の疲労、ひどい衝撃や極度の激情状態、酩酊状態（大判 1974. 1. 15. 73 ド 2522）などが挙げられる。重症の精神障害的異常としては、激しいノイローゼ、重症の情動障害およびその他の重い精神神経症などが挙げられる。

> 《**判例**》　被告人は第 1 審に至るまで犯行の行跡について論理整然とした供述をしており、犯行の前後に精神異常の症状がなかったと言うが、犯行の当時高校生として、てんかん神経症の症状で精神病院に入院していた病歴があり、些細なことにも簡単に興奮したり、叱責にもてんかん患者のような症状を見せるなどの事情が認められる。したがって、専門家による精神鑑定の結果を参酌して、犯行当時の被告人の精神障害の如何を審理しなければならない（大判 1983. 7. 26. 83 ド 1239）。

　(b) 心神耗弱の要件　　心神耗弱も精神障害の一種である。心神喪失とは障害の程度に差があるだけである。したがって、軽微な脳性麻痺、軽い統合失調の状態、軽いてんかん、普通以上に酒に酔った状態、普通の中毒、普通の催眠状態、普通以上のノイローゼ、または普通以上の情動障害の状態が、限定責任能力の原因となる心神耗弱の要因に該当する。

　(c) ろうあ者の要件　　ろうあ者とは、聴覚器官と発声器官の両者ともに障害のある者であり、先天的であれ、後天的であれ、その原因は問わない。ろうあ者を限定責任能力者と規定しているのは、外国の立法例では見られない韓国の刑法に特有のものである。しかし、今日ろうあ教育の発達によって、すべてのろうあ者を限定責任能力者と規定することが望ましいか否かについては多くの疑問が提起されている。立法論としては、むしろろうあ者に関する第 11 条の規定を削除し、仮にろうあ者に精神障害があれば、その程度にあわせて心神喪失や心神耗弱のいずれか一つの規定によって解決するほ

266   第2編　犯罪論

うが望ましいと思われる。

(3) 心理学的要因の要件

　責任能力の心理学的要因とは、人間の精神状態が事物を洞察し、これによって意思を支配・操縦することができる一定の成熟に達していることを意味する。韓国刑法においては、このような能力を積極的に規定せず、代わりに行為者が行為時に事物を弁別する能力や意思を決定する能力のない場合には責任無能力者とし、その程度が薄弱な場合には限定責任能力者として扱うなど、消極的に規定している。

　(a) **事物を弁別する能力の欠陥**　　事物を弁別する能力とは、行為の不法を認識することができる洞察能力（ドイツ刑法第20条、第21条）をいう。これは責任能力の心理学的要因のうち、特に知的能力を意味する。事物を弁別することができない程、知的能力の欠如がある場合といえば、たいていは精神疾患や精神異常状態に陥っている場合であろう。

　知的能力が欠如すると、責任無能力者になる。しかし、全く欠如しているのではなく、単なる薄弱の場合には責任能力は排除されず、責任が減軽されるだけである（第10条第2項）。

　(b) **意思決定の能力の欠陥**　　意思を決定する能力とは、事物の洞察に従って自己の行為を支配・操縦することができる能力を意味する。これは、責任能力の心理学的要因のうち、特に意的能力を意味する。このような意的能力について、ドイツ刑法第20条は「不法の洞察によって行為することができる能力」と規定しており、アメリカの模範刑法典§4.01（1）は「行為を法の要求に合致させることができる能力」と規定している。

　意的能力が全く欠如している場合は、責任無能力者になる。しかし、それが全く欠如しているのではなく、単なる薄弱の場合には責任能力は排除されず、責任が減軽されるだけである（第10条第2項）。

　《判例》　刑法第10条第1、2項の心神喪失や心神耗弱は、精神障害の様態に関するものであり、その程度を異にする点に違いがあるだけで、心神喪失は精神障害によって事物の善悪を弁別する能力、またはその弁別したことに従って行動する能力がない場合を言い、心神耗弱はこのような能力がない程ではないが、その能力が薄弱な場合を言う。したがって、刑法上の心神喪失者であるとするためには、その犯行当時に精神障害によって事物の是非善悪を弁別する能力、またはその弁別したことに従って行動する能力がなくて、その行為の違法性を意識せずにそれに従って行為できない状態にいなければならない。犯行を記憶していないという事実だけでは、犯行当時に心神喪失の状態にあったと断定することはできない（大判 1985. 5. 28. 85 ド 261）。

第5章 責任論 267

（4）要点まとめ

わが刑法上、責任無能力と限定責任能力に関する規定は、生物学的・心理学的方法を混合した混合的方法に基づいている。この混合的方法においては、二つの包括的な要素群、すなわち生物学的要素群と心理学的要素群とに分けることができる。この両要素群が満たされるとき、刑法上の精神障害者の要件も満たされるわけである。しかし、この両要素群に列挙されている個々の要素は、当該要素圏内においては択一的意味を有しているため、その中からいずれか一つの要素のみを備えても当該要素群は満たされる。

法的・規範的判断による責任無能力や限定責任能力によって刑事処罰を受けない場合、または減軽される場合にも、治療監護法による治療監護を単独で、または択一的に科すことができる。

> 《判例》 行為者が患っていたてんかんの発作が深刻化し、偏執性精神病が発病することになり、その精神病の症状がさらに悪化し、殺人行為の当時は激しい妄想にふけって現実を判断する能力を喪失している状態であったことが認定されると、刑法第10条第1項の精神障害によって物事を弁別する能力と意思決定を行う能力がない者の行為として無罪である。ただし、治療監護要件の事実が認められるため、治療監護措置の対象になる（大判 1984. 8. 21. 84 ド 1510）。

4 立証の問題

刑事未成年者に該当するか否かは、純粋な生物学的方法によって、すなわち年齢が14歳未満であるか否かによって判断される。普通は本人の供述に基づいて決定するが、年齢が疑われる場合は家族関係証明書や住民登録謄本などの資料を参照する場合もある。このような公文書上の記載と実際の年齢とが一致しないことが立証されたときは、実際の年齢を基準として刑事未成年者であるか否かを判断しなければならない。

精神障害に該当するか否かを決定する際、裁判官は通常専門家の助けを必要とする。しかし、責任能力の存否の確定は、裁判官が最終的な責任を負わなければならない法的・規範的問題である（大判 1981. 5. 26. 81 ド 1344；大判 1985. 8. 20. 85 ド 1235 など、精神障害の判断において専門家の鑑定を必要としないとした判例は多い）。したがって、裁判官は専門家の精神鑑定や年齢鑑定の結果に必ず拘束されるものではなく、それを参考資料として当該行為の際に行為者に行為能力があったか否かを規範的に判断しなければならない。この場合、犯行の経緯、手段、犯行前後の被

268 第2編 犯罪論

告人の行動など記録にあらわれている諸資料や公判廷での被告人の態度などを総合して、裁判所が独自に精神障害の有無を判断することができる（大判 1991. 9. 13. 91 ド 1473）。

《判例》 被告人は、数回の窃盗行為によって刑を言い渡されて執行猶予中である状態で、大学図書館で学生らの財布を常習的に窃取した。ところが、この常習窃盗犯は衝動調節障害による病的な盗癖のある人として、普段は正常な社会生活をしているが、大学図書館に行くとそれだけで窃盗をしてしまうのである。刑法第 10 条の精神障害の有無は、裁判所が刑罰制度の目的などに照らして判断しなければならない法律問題として、その判断のためには専門鑑定家の精神鑑定の結果が重要な参考資料になるが、裁判所としては必ずしもその意見に拘束されるものではない。つまり鑑定の結果だけでなく、犯行の経緯、手段、犯行前後の被告人の行動など記録にあらわれた諸資料などを総合して、独自に精神障害の有無を判断しなければならない。原則としては、衝動調節障害のような性格的な欠陥は刑の減免事由である精神障害に該当しない。ただ、そのような性格的な欠陥が本来の意味での精神疾患を患っている人と同様に評価されうるか、または他の精神障害事由と競合した場合には、精神障害を認める余地がある（大判 1995. 2. 24. 94 ド 3163）。

　責任能力は、可罰性を根拠づける一つの要素である。このため、「疑わしきは行為者の利益に」という、いわゆる 'in dubio pro reo' の原則が適用される。したがって、最初から疑わしいときは行為者の責任無能力を認めるべきであり、疑わしいとしつつ限定責任能力を認めてはならない。また、判断の時点は行為時である。したがって、精神的障害のある者であっても、犯行の当時に正常な事物弁別能力や行為統制能力があった場合には、精神障害と判断することはできない（大判 2007. 2. 8. 2006 ド 7900）。そして、判断の程度は平均人の一般的能力を基準として、行為者が重い精神障害であるか、軽い精神障害であるかを判断しなければならない。

5　原因において自由な行為

（1）意　義

(a) 概　念

犯行当時、犯人は責任無能力ないし限定責任能力の状態に陥っていたが、それは犯人が故意または過失により自己を責任能力の欠陥の状態に陥れ、その状態において構成要件的結果を惹起したものであった場合を、原因において自由な行為（actio libera in causa）という。この場合、行為者は責任を免れず、むしろ刑法第10条第3項によって責任能力のある者とみなされる。

（b）沿革および立法例

原因において自由な行為は、もともと慣習法的に認められてきた原則であった。最初にこの概念が理論的に構成されたのは、18世紀末のクラインシュロート（Kleinschrod）によるものであった。彼は、原因において自由な行為を「自由に関連づけられている犯行」、すなわち直接的な実行行為においては（in actu）自由ではないが、その原因においては（in causa）自由な行為として理解したのである。これが最初に立法化されたのは、プロイセン一般ラント法（§§22、78）であり、今日では、各国において広く実定化されている。

（c）基本的な事例

原因において自由な行為の体表的な例としては、殺人をしようとする者が、勇気を出すために飲酒で深酔いしてから、その酩酊状態で犯行をなした場合、または自動車の運転者が、運転しなければならないという点を深く考えず、過度に酒を飲み、泥酔した状態で運転して業務上過失致死の事故を起こした場合などが挙げられる。

（2）可罰性の根拠に関する論拠

原因において自由な行為において、刑法上意味のある可罰的行為はいかなるものであろうか。この問題が可罰性の根拠に関する問題である。この点に関しては従来、犯行と責任能力の同時存在の原則と関連して、原因において自由な行為をこの原則と一致する範囲内で把握するのか、それともこの原則の例外として把握するのかをめぐって見解が対立してきた。

（a）一致説

原因において自由な行為においては、自己の責任能力を自分の意思で排除したり、弱めたりする原因行為が可罰性の根拠になるという立場である。この見解は、いくつかの観点からさらに細分されている。

（i）拡張モデル

行為者が責任能力のある自由な状態で構成要件的結果の惹起についての決定的な原因を提供したため、この自由な先行行為を可罰性が認められる行為時点とみる見解[4]。

（ii）間接正犯モデル

間接正犯と類似した考え方に基づき、自分を道具として利用する原因行為を可罰性が認められる行為時点とみる見解[5]。

---

4 Maurach/Zipf, AT Ⅰ, S. 470；Haft, S. 100.
5 v. Hippel, Bd. Ⅱ, S. 296 Anm. 1；Wezel, S. 156.

270   第2編　犯罪論

(iii) 構成要件モデル

行為者が故意または過失により自己を責任能力の欠陥状態に陥れ、その状態において事前に認識したり、または認識しえた犯行を犯すものであるため、自己の責任能力を排除するための原因設定行為を犯罪実行行為とみる見解である。この構成要件モデルは、韓国の従来の多数説の立場である[6]。

このような一致説については、次のような批判が加えられている。

第一に、構成要件の実現行為としえない原因行為が、刑事責任を認め得る犯罪実現行為とみなされることで、可罰性が拡張される危険がある。

第二に、原因において自由な行為は、自分を道具として利用するため、他人を道具として利用する間接正犯と構造的に同一視できない。間接正犯においては道具である第三者の責任を排除し得る何らかの事情さえあれば足りるが、原因において自由な行為においては道具である自己の責任能力を排除する必要がある。前者の場合は他人を道具として利用するため、その道具が行為者の手元を離れる。したがって、原因行為が重要である。他方、後者の場合は、行為者が自己を道具として利用するため、動機の連続性が認められる限り、道具は常に行為者の手元に残っている。したがって、原因行為それ自体は必ずしも重要ではないということである。

(b) 例外説

原因において自由な行為においては、責任無能力の状態で犯した実行行為が可罰性の根拠となるとする立場である。これは、不自由な行為について責任を認めるため、「犯行時の責任能力の同時存在」の原則に対する例外であるという立場である。

原因行為と実行行為の不可分的連関性モデルが代表的である。この見解は、行為者の有責な先行行為と連関性をもっている責任能力の欠陥状態での構成要件的実行行為が、責任を帰属し得る論理的根拠であるという立場である。すなわち、構成要件の実現行為は責任無能力状態での行為であるが、その行為は原因設定行為との不可分的関連性に基づいているものであるため、当然非難されるべき行為であるということである。現在、わが国の多数説であり、ドイツの通説の立場である[7]。

6　權文澤「原因에 있어서의 자유로운 行為（原因において自由な行為）」考試界（1970.1）20頁、金日秀『韓国刑法Ⅱ』59頁、南興祐・162頁、白南檍・178頁、孫海睦「原因에 있어서의 자유로운 行為（原因において自由な行為）」考試界（1963.3）63頁、廉政哲・328頁、李健豪・申東旭ほか・216頁、鄭榮錫・173頁、黃山德・199頁、Jakobs, S. 508（17/68）；Roxin, § 20 C Rdn. 55 ff.

7　權五杰・325頁、金成敦・355頁、金聖天/金亨埈・276頁、朴相基・246頁、裵鐘大・446頁、孫ドン權/金載潤・300頁、孫海睦・612頁、申東雲・380頁、安銅準・155頁、吳英根・414頁、尹龍奎「過失의 原因이 자유로운 行為（過失の原因において自由な行為）」刑事法研究第11号（1999）47頁、李基憲「原因이 자유로운 行為（原因において自由な行為）」考試界（1993.10）39頁、李用植「原因에 있어서 자유로운 行為（原因において自由な行為）」考試界（1994.5）122頁、李榮蘭・343頁、李廷元・257頁、李在祥・315頁、李炯國・225頁、任雄・298頁、鄭盛根/朴光玟・330頁、鄭英一・272頁、鄭鎭連/申梨澈・256頁、曹俊鉉・228頁、陳癸鎬・398頁、崔又讚「자유로운 原因에 의한 行為（自由な原因による行為）」刑事法研究第9号（1997）176頁、Jescheck/Weigend, S. 446；Rudolphi, SK § 20 Rdn. 28；Sch/Sch/Lenckner, § 20 Rdn. 34；Stratenwerth, S. 166；Wessels, Rdn. 415.

この見解については、次のような批判が加えられている。第一に、犯行時の責任能力の同時存在という責任原則の例外を認めることで、不必要に刑法の法治国家的制限を逸脱している。第二に、不自由な実行行為時には、行為者が規範命令に対する違反を知らないため、これを可罰性の根拠にすれば責任と規範命令の違反との関係が破壊される。

(c) 結 論

原因において自由な行為とは、厳密に言えば自由な原因から始まった不自由な行為を指すものである。したがって、責任能力のない不自由な行為をした時点に可罰性の根拠を求めるより、自分を責任能力の欠陥状態に陥れ、犯行の道具に利用する自由な原因行為に可罰性の根拠を求める一致説（特に、構成要件モデル）が、責任原則の要請に合致する。また、行為者は自由な原因設定時にのみ規範命令と衝突しているだけで、その後は規範命令の違反に対する意識もなく自動的に構成要件を実現するため、規範論の観点からみても、可罰性の根拠は自由な原因設定行為に求めるほうが、より適切である。

一致説は原因設定行為と予備行為を区別しないため、可罰性を拡張する恐れがあるという批判は、実行の着手時期を動機の連続性が及ぼす法益危害の近接点に設定することにより、解決することができる。

この際、法益危害の近接点をいかなる段階で判断するのか。行為者が自分を責任無能力状態に陥れて（先行行為）、動機の連続性が存在する範囲内で自分を道具として利用する一連の行為が、可罰性を認め得る犯罪の実行行為の範疇に属する。その範囲内で、実行の着手時期は原因設定行為を離れた、かつ法益危害に向けた進行を開始した時点と言わなければならないであろう。

（3）行為の類型

故意の原因において自由な行為と過失の原因において自由な行為がある。責任能力の欠陥状態で行われる行為者の法益危害行為が故意であったのか、それとも過失であったのかということはあまり重要ではない。原因設定行為時に構成要件の実現に対する故意があったか、それとも予見可能性（過失）があったかが、重要な判断基準になる。

(a) 故意の原因において自由な行為

責任能力のある行為者が故意で自分を責任能力の欠陥状態に陥れ、その状態でなす犯行（ここでの犯行は、故意犯・過失犯をすべて含む）について、少なくとも未必の故意の程度に認識して望んでいる場合をいう。行為者が一定の犯罪構成要件を満たしうる傾向を意識しながらも、自分をそのような状態に陥れる場合も、故意の原因において自由な行為となる。ここでの故意は、①責任能力の欠陥状態の惹起と、②その状態の下で行われる構成要件的行為実行の可能性に繋がっていなければならない。前者に関連した故意は確定的故意でなければならないが、後者に関連した故意は未必の故意で足りる（二重の故意）。

272 第2編 犯罪論

(b) 過失の原因において自由な行為

行為者が故意または過失で自ら自己を責任欠陥能力の状態に陥れながらも、その後、その状態で自分が犯行（この際の犯行には、故意犯・過失犯をすべて含む）を犯すようになるということを、過失によって予見し得なかったり、または結果が発生しないと過信した場合を言う。ここでも、責任形式は二重の連関性を持つ。すなわち、先行行為については故意または過失が、そして責任能力の欠陥状態で犯すことになる犯行の結果発生の可能性については、過失（予見可能性）がなければならない。

責任能力の欠陥状態でこれから行う犯罪に対する事前の故意はあったが、その状態自体を過失によって惹起したとき、すなわち過失で責任無能力の状態を惹起して、普段から計画していた犯罪を実現した場合も、事案によっては過失の原因において自由な行為の一類型になり得る。たとえば、酒や麻薬によって責任無能力の状態に陥る場合、普段からの犯行計画を実行するかもしれないことを過失による原因行為の設定時に既に予見し得た場合には、過失の原因において自由な行為になり得る。しかし、過失によって惹起した原因設定行為とは全く内的な連関性なしに、ただ責任無能力の状態で普段からの故意が発動して犯行が実現された場合には、単なる責任無能力者の行為として無罪と評価しなければならない。責任能力の欠陥状態で予見し得なかった故意犯罪を実行した場合には、ドイツ刑法第323条a（酩酊状態下での犯罪）のような特別規定が有効な対策になり得るであろう。

過失の原因において自由な行為は、過失犯の処罰規定がある場合にのみ処罰される。過失の原因において自由な行為は、構造的に一般過失犯の構成要件と同じ過失犯であるからである。これを根拠として、過失の原因において自由な行為を不必要な概念であるとする見解もあるが、不法構造の類似性に基づく責任能力に関する特別な規律を無用化しようとする観点は正しくない[8]。

（4）実行の着手時期

(a) 学　説

過失犯の未遂は、原則として認められないため、過失の原因において自由な行為については、実行の着手時期を論ずる実益がない。したがって、特に故意の原因において自由な行為にのみ、これが問題になる。原因において自由な行為の原因設定行為が予備行為と異なる点は、行為者が故意または過失で因果的連鎖を進めただけで、それ以上の事件の経過を掌握していないという点である。

実行の着手時期に関しては、学説の争いがある。（ⅰ）責任能力の欠陥状態に陥った自分を道具として利用する間接正犯の一種とみなし、実行の着手時期も原因行為時であるとしたのが従来の多数説であった。構成要件モデルを支持する見解から主張されている。（ⅱ）これに対して、責任能力の欠陥状態下での構成要件の直接的な実行行為時を実行の着手時期とする見解が、現在の多数説である。例外説の立場から主張されている。

8　李廷元・250頁。

(b) 私　見

思うに、原因行為それ自体は予備段階に過ぎず、また構成要件の実行行為の定型性も有していない。たとえば、酒を飲む行為が傷害や暴行の実行の着手であるとは言えないからである。したがって、実行の着手時期に関する従来の多数説は可罰性を著しく拡張する恐れがあるため、賛成できない。他方、責任能力の欠陥状態で構成要件的行為の実行の着手時期を認める現在の多数説は、原因において自由な行為の不法類型をあまりにも縮小する結果になるため、刑事政策的に望ましくないだけでなく、犯行時の責任能力の同時存在の要求にも反する。

結局、原因において自由な行為の実行の着手時期は、予備的な原因設定行為を完全に終えた後、責任能力の欠陥状態（責任無能力または限定責任能力の状態）に陥った行為者が実行行為に向けた進行を決定的に開始した、まさにその時点であると見るのが妥当である。たとえば、殺人の故意を持って酒を飲んだ後、酩酊状態または限定責任能力の状態で殺人の目標に向けて飛び出す時点が、まさに殺人罪の実行の着手時期である。実行の着手時期に関する通説的な見解である主観的客観説に鑑みても、まさにこの時点で行為者の主観的な犯行意思が明確に外部に現れ、保護法益に関する自動的な侵害も開始されたと見ることができるからである。

（5）刑法上の規律

わが刑法第10条第3項は、「危険の発生を予見しながら自己の意思により精神障害を惹起した者の行為には、前2項の規定を適用しない」と規定している。解釈上、次のような点が問題となる。

(a) 危険発生の予見および予見可能性

行為者は危険の発生を予見しなければならないと規定している。それなら、原因において自由な行為は故意的な場合にのみ成立するものであろうか。本来、原因において自由な行為は過失による場合がほとんどであり、故意による場合は例外的な事例であるという点に鑑みると、目的論的に危険の発生を予見した場合（故意）のみならず、予見し得る場合（過失）も含まれると解釈しなければならない（通説）。

(b) 自己の意思による精神障害の惹起

わが刑法は、自己の意思により精神障害（心神喪失、心神耗弱）を惹起することを規定しているため、自己の意思という意味をいかに理解すべきかが問題になる。過失によって精神障害の状態をもたらした者は、自己の意思によって精神障害の状態を惹起したとみなすことができないため、故意によって精神障害の状態を惹起して故意犯または過失犯の構成要件を実現した場合だけを規定しているという見解もある[9]。

しかし、自己の意思という言葉は、「行為者が責任能力のある状態で、自ら」という意

9　南興祐「原因에 있어서 자유로운 行為（原因において自由な行為）」法定（1975.10）75頁、裴鐘大・448頁、呉英根・421頁、李廷元・250頁、李在祥・319頁、鄭榮錫・161頁。

274　第2編　犯罪論

味であるため、これを故意または過失と関連して解釈することは望ましくない。むしろ、それは故意または過失とは直接の関連性を持っていない意識状態を意味するのであり、自己の意思によるものである限り、精神障害の状態は、故意または過失のいずれによっても惹起されうる[10]。

大法院も、刑法第10条第3項は、故意の原因において自由な行為のみならず、過失の原因において自由な行為も含んでいるものと見ている（大判 1992. 7. 28. 92 ド 999）。

《判例》　刑法第10条第3項は「危険の発生を予見しながら自己の意思により精神障害を惹起した者の行為には、前2項の規定を適用しない。」と規定しているところ、この規定は、故意による原因において自由な行為だけでなく、過失による原因において自由な行為をも含むものとして、危険の発生を予見することができたにもかかわらず、自己の意思によって精神障害を惹起した場合も、その適用対象になるものである。そのため、被告人が飲酒運転をする意思で飲酒し、かつ泥酔した後、運転をして交通事故を起こしたのであれば、被告人は飲酒時に交通事故を起こす危険性を予見したにもかかわらず、自己の意思によって精神障害を惹起した場合に該当するため、上記の法条項に基づいて精神障害による減軽などをすることはできない（大判 1992. 7. 28. 92 ド 999）。

(c) 責任無能力・限定責任能力の規定の排除

このような条件下で構成要件的行為を実行すると、たとえその実行行為が心神喪失の状態で行われたとしても免責されず、心神耗弱の状態で行われたとしても刑は減軽されない。

《判例》　被告人は、自ら車を運転して飲み屋に行ってお酒を飲んだ後、夜間に雨が降って前方が見えにくい状況で、飲酒状態で再び運転をして交通事故を起こし、そのまま逃走した。このような場合は、飲酒の当時、交通事故を起こしかねないという危険性を予見しつつも、自ら精神障害を惹起した場合に該当する。したがって、たとえその当時、心神耗弱の状態であったとしても、刑法第10条第3項によると、心神耗弱による刑の減軽をすることはできない（大判 1995. 6. 13. 95 ド 826）。

上の前提条件のいずれか一つでも欠けていれば、わが刑法では不可罰になるが、ドイツ刑法の場合は酩酊状態下での犯罪（ドイツ刑法第323条a）として処罰される。したがって、ドイツの学者らは、この酩酊状態下での犯罪に対する処罰を客観的処罰条件としつつ、責任原則の適用の外にある例外として認めており、また、それだけでなく原因において自由な行為とも区別している。つまり原因において自由な行為と酩酊状態下での犯罪との違いは、前者においては責任形式としての故意と過失が具体的に違法な行為と関連していなければならないが、後者においてはこのような関連性を要しないことにある。したがって、

10　同旨、成樂賢・346頁、朴相基・231頁、孫ドン權/金載潤・306頁、孫海睦・615頁、申東雲・387頁、李泰彦・310頁、李相敦・417頁、李榮蘭・347頁、李炯國・228頁、任雄・304頁、鄭盛根/朴光玫・334頁、鄭鎭連/申梨澈・259頁、曺俊鉉・236頁、陳癸鎬・400頁。

酩酊状態下での犯罪の処罰規定によると、何の理由もなく酩酊状態に陥った後、行為者が考慮し得なかったある犯行を犯した場合には処罰される。この点は、責任刑法において非常に疑問の余地がある結果責任の一類型であるが、刑事政策的必要によって立法を通じて特別に規律しているのが現状である。

　原因において自由な行為によって規律することができない責任無能力下での酩酊または中毒状態や極度の激情状態での犯行に対しては、ドイツ刑法第323条aのような例外的な立法措置を講じることを、刑事政策的に一度は考慮してみても良いであろう。

Ⅲ　責任形式（故意または過失）

1　問題の提起

　刑法的に重要なすべての行態は、故意または過失に由来しなければならない。今日の通説によると、故意と過失は二重の機能を有している。すなわち、故意と過失は行為反価値の表現である行態形式としての構成要件要素であると同時に、心情反価値の表現である責任形式としての責任要素でもある。したがって、故意と過失が事物論理上、責任より先に構成要件の領域でその存在を検討しなければならないものであるなら、その後の責任の領域では、いかなる独自の意味を持っているのかが問題になる。

2　責任形式としての故意

　責任形式としての故意とは、行為者が自ら自由に不法を構成する当為規範に反して決めた内心の決定を言う。

　多数説の見解によると、構成要件的故意は、主観的不法要素および行態形式として、それに相応する意味と機能を持つ故意責任（Vorsatzschuld）に対する徴表を提供する。このような徴表作用の結果、構成要件的故意が認められれば、一般的に故意責任の存在も認められる。しかし、このような徴表は、許容構成要件の錯誤（Erlaubnistatbestandsirrtum）がある場合に除去されるということである。

> Tは、和解の握手を求める恋敵Bが刃物を取り出すものと誤認して防衛行為を行いBに傷害を負わせた（誤想防衛）。この事例において、傷害罪の構成要件的故意は存在するが、それに相応する故意責任は成立しない。

　ここでの責任形式としての故意は、法的に承認されない犯行の心情反価値として現れる。このような心情反価値は、構成要件的故意と違法性阻却事由の不存在に対する故意（場合によっては正当化要素の欠如）を含め、行為者が法秩序全体に対

276　第2編　犯罪論

して現した社会的な反抗の心情的態度である。これには、構成要件的故意と不法故意の認識対象からは除かれた特別な責任要素（嬰児殺害罪における参酌すべき動機など）に対する内面的な認識と意思の態度が含まれる。

　この心情反価値としての故意は、軽重を区別し得る一つの実体的概念である。したがって、責任非難の程度は、不法の質と量の外に、本質的に責任要素（故意・過失）によっても形成される。

3　責任形式としての過失

　責任形式としての過失は、行為者が自己の義務と能力に照らして、不法を構成する当為規範の要請に従うことができるにもかかわらず、これを怠り、かつこれに反することをいう。通説によると、過失は構成要件的故意とは異なり、二重の地位ではなく、二種の形式を有しているという。したがって、構成要件的過失には責任過失に対する徴表作用を認めない。むしろ過失においては、二つの異なった尺度が問題になる。すなわち、構成要件の段階では客観的尺度（一般人に求められる注意義務）が、責任の段階では主観的尺度（行為者に個別的に求められる注意義務）が問題になるということである。そのため、故意の場合とは異なり、過失においては二つの種類を分離して考察しなければならないが、まずは構成要件の段階で、その次は責任の段階で、別々に過失の有無を考察しなければならない。

　田舎のおばさんが、幼い息子を連れて、生まれて初めて地下鉄に乗った。ところが、監視に不注意があり、息子が自動ドアの間に挟まって傷を負った。この事例に関して、まず構成要件の段階では客観的尺度が基準になる。それによると、過失を肯定し得る。しかし、責任においては主観的尺度が基準になる。この事例では、おばさんの主観的認識の程度が考慮されるが、これによると、過失責任は否定される。常に、このような二段階の過失の審査が求められているということである。

　過失犯の主観的構成要件要素である過失は、過失犯の構成要件該当性における行為反価値の表現であり、責任要素である過失は、責任故意が心情反価値の表現であるように、態度反価値（Einstellungsunwert）ないし性格の欠陥（Charaktermangel）の表現である。不法過失は、構成要件の実現に対する一般的な認識・予見可能性があったにもかかわらず、結果の実現に至った行為者の不注意を意味し、責任過失は、構成要件の実現に対する個人的な回避可能性があったにもかか

第5章　責任論　277

わらず、結果を実現した行為者の不注意を意味する。

Ⅳ　不法の意識

1　概念および体系的地位
（1）概　念
　不法の意識とは、自分の行為が社会的に有害なものであるため、法的に禁止されているという事実に関する行為者の認識である。これは違法性の認識とも呼ばれる。これを、自ら不法を行っていることに関する行為者の洞察であると規定した立法例は、不法の意識の内容を適切に示しているものである。不法の意識（Unrechtsbewußtsein）は、責任形式としての故意・過失とともに、責任非難の核心的な要素である。

（2）体系的地位
　目的的犯罪体系は、故意と不法の意識を異なる犯罪体系の領域に位置付ける。すなわち、故意は構成要件の領域、不法の意識は責任の領域に位置付ける。しかし、古典的、新古典的犯罪体系は、故意を責任要素とし、不法の意識を故意の一要素としている（故意説）。今日、通説である新古典的・目的的統合体系は故意の二重機能を認め、故意を主観的不法要素および責任要素としている。したがって、不法の意識は責任故意とは独立した、別の責任要素になる。したがって、新古典的・目的的統合体系においては、不法の意識がなければ禁止の錯誤の問題になり、かつ禁止の錯誤は故意の成立に影響を与えることはなく、単に責任に影響を与えるだけであるとする（責任説）。

2　不法の意識と故意との関係
　不法の意識と故意との関係については、予てより故意説と責任説が対立している。故意説は古典的・新古典的犯罪体系から、責任説は目的的犯罪体系から主張されてきた理論である。

（1）故意説
　故意説によると、不法の意識は故意の構成要素である。したがって、不法の意識のない禁止の錯誤の場合は故意が成立しない。ただ、禁止の錯誤が過失に起因している場合は、法律に別途の規定があれば過失行為として処罰することができる。

278 第2編 犯罪論

さらに、故意説は、どれ程の不法の意識があれば、故意を認めることができるかによって厳格故意説と制限故意説に分かれる。厳格故意説は、不法の意識が現実的意識の程度である場合に故意を認める立場であり、制限故意説は潜在的不法の意識さえあれば故意を認める立場である。

(2) 責任説

責任説は、不法の意識を故意とは無関係の、独自の責任の一要素と見る。したがって、不法の意識がなくても、故意の成立には何の影響もない。したがって、禁止の錯誤の場合、錯誤を回避することができなかったときには責任が排除されるが、錯誤を回避することができたときには故意行為による可罰性が残る。ただ、その程度に影響を与えるだけである。さらに、責任説は、不法の意識の程度および範囲によって、厳格責任説と制限責任説に分かれる。

(a) 厳格責任説

厳格責任説によると、不法の意識は潜在的な意識の程度さえあれば十分であり、違法性阻却事由の客観的前提事実に関する認識も不法の意識の一種と見る。したがって、許容構成要件の錯誤は禁止の錯誤の一種として扱う。

(b) 制限責任説

制限責任説によると、不法の意識は厳格責任説と同様に、潜在的な不法の意識さえあれば十分であるとするが、違法性阻却事由の客観的前提事実に関する認識については、不法の意識の一種でなく、客観的不法要素に関する認識の一種とする。したがって、許容構成要件の錯誤については、構成要件的錯誤の規定を類推適用しなければならないとする。

3 内 容

(1) 法的意識

不法の意識は、社会的意味での行為が持つ「法的」禁止性に対する認識である。したがって、行為が「倫理的」に非難されるという意識だけでは、不法の意識と言えない。行為者は、専門家のみが知っている特別な法規定を明確に認識している必要もない。法秩序の保護を受けているある実質的な利益を危害するという、おおまかな意識さえあれば十分である。ただし、科学技術・経済・行政分野の付随刑法における行為者の不法の意識は、自ら侵害した規範の認識を必要とする場合がある。

(2) 禁止の意識

不法の意識は、行為が法的に「禁止されていること」(Verbotensein) に関する認

識である。したがって、不法の意識は実質的違法性、すなわち侵害された法規範の実質的な内容価値を認識することと関連している。実質的違法性は社会侵害的な法益侵害を意味するため、不法の意識もまた、社会侵害的行為をして法益を侵害しているという点に関する認識を意味する。行為者の社会侵害性に関する認識は、行為者が一般人の日常言語的な意味理解に相応する程度の理解をしていることで十分である。たとえば、高額の商品券について、刑法上の賄賂と認識してなかったとしても、負担を感ずるほどの不自然なプレゼントであると理解したのであれば、賄賂罪の不法の意識はあるのである。

（3）良心との関係

行為者が、法に反するある行為を倫理的・宗教的、または政治的な確信に照らして、正しいものとみなして行為をしたり（確信犯）、あるいは良心に照らして、避けられぬことと感じて行為をしたり（良心犯）しても、不法の意識は排除されない。

> **注意**：他の法的な観点により、確信犯ないし良心犯の責任が減軽され、または排除されることはあり得る。たとえば、行為者が錯誤に陥り、自ら侵害した法規範が無効であると信じていた場合は、禁止の錯誤と認められうる。

4　形　態
（1）確定的不法の意識および未必的不法の意識

行為者が行為時に行為の違法性を確実に認識している場合が確定的不法の意識であり、自分の行為が違法かもしれないという可能性を認識しつつも、これを甘受するという認識がある場合が未必的不法の意識である。責任の構成要件としての不法の意識は、未必的不法の意識があることだけで十分である。

（2）現実的不法の意識および潜在的不法の意識

行為者が行為時に不法の意識を現実に持っている場合が現実的不法の意識であり、行為者が行為時に著しく低い程度の不法の意識のみを持っている場合が潜在的不法の意識である。責任要素としての不法の意識が認められるためには、潜在的不法の意識さえあれば十分である。

5　不法の意識の排除

不法の意識は行為時に存在しなければならない。行為時に不法の意識が存在しない場合、または不法の意識が排除される場合が、まさに禁止の錯誤の事例であ

る。禁止の錯誤における責任説によると、錯誤を回避することができなかった場合にのみ責任と可罰性とが排除される。しかし、責任の減少を理由とした刑罰の減軽はあり得る（責任説）。このような禁止の錯誤に関する規律に照らしてみると、不法の意識は現実的不法の意識だけでなく、潜在的不法の意識も責任要素になる。

過失犯にも、現実的不法の意識や潜在的不法の意識がなければならない。したがって、過失犯においても禁止の錯誤の問題は生ずる。不作為犯においては、不法の意識が作為の命令と関連していなければならない。したがって、不作為犯における違法性の認識に関する錯誤は、禁止の錯誤ではなく、命令の錯誤であると言わざるを得ない。

V　禁止の錯誤

1　意　義

禁止の錯誤（Verbotsirrtum）とは、行為者が錯誤に陥って、行為時に自己の行為が禁止・命令規範に違反する違法な行為であることを認識していなかった場合を言う。すなわち、行為者が、構成要件的事実に関する認識はあったが、錯誤に陥ってその事実の違法性を認識していなかった場合である。

> 《参考》　わが刑法の規定（第16条）は、禁止の錯誤に法律の錯誤という見出しをつけている。しかし、事実の錯誤は一般の事実ではなく構成要件的事実の認識に限られ、法律の錯誤は法規定に関する錯誤ではなく実質的な不法、つまり禁止に関する認識がないことを意味する。ヴェルツェルが目的的犯罪体系において、これを構成要件的錯誤と禁止の錯誤と称して以来、ドイツ連邦最高裁判所の判例（BGHSt 2、194）はこの立場に従っており、今日ではこの用語が学問の世界でも広く通用している。

禁止の錯誤は、大きく分けて、違法でない行為を違法な行為と誤解した違法性の積極的錯誤と、違法な行為を違法でないと誤認した違法性の消極的錯誤に分けることができる。前者はいわゆる「幻覚犯」を意味し、これは最初から構成要件該当性がないため、刑法上問題とならない。禁止の錯誤のうち、問題となるのは違法性に関する消極的錯誤である。

第5章　責任論　281

2　禁止の錯誤の対象と種類

（1）直接的禁止の錯誤

（a）禁止規範の存在に関する錯誤

行為者が禁止規範の存在を全く知らなかった場合である。この場合を抽象的禁止の錯誤と言う。いわゆる法律の不知に該当する場合である。

> アラブ人である甲が韓国で姦通をした。アラブでは姦通を禁止していないため、甲は韓国に姦通を禁止する規定があることを知らず、また姦通罪の規定で何を禁止しているのかも知らなかった。しかし、甲は姦通罪である行為状況それ自体については認識しながら行為をしたために、姦通罪の構成要件を満たしている。ただし、甲は禁止（規範）を認識せずに行為をしたため、不法の意識を欠いているだけである。

大法院の判例は、「第16条の法律の錯誤（禁止の錯誤）は、一般的には犯罪となる行為であるが、特殊な場合に法令によって許された行為として罪にならないものと誤解し、またそのように誤解したことに正当な理由のある場合には罰しないというものであり、単なる法律の不知を言うのではない」として禁止規範の存在に関する錯誤を否定する[11]。

しかし、禁止の錯誤は、行為が禁止されていることに対する錯誤を起こしたすべての場合を含まなければならない。したがって、禁止法規の存在を知らなかったため、自分の行為が禁止されていることに対する錯誤を起こした場合である法律の不知も、当然に禁止の錯誤の対象にしなければならない（通説）。特に、科学技術・経済・行政分野の付随刑法の分野においては、刑罰規定の反倫理的性格が弱く、行為者が禁止規範の存在を知らずに行為をする場合が多いが、この場合にも禁止の錯誤の成立可能性は当然に認められなければならない。

その他に、行為者がその禁止規範の効力がないとみなした場合（効力の錯誤）にも、禁止の錯誤が成立する。

> 事例：甲は自分が違反した刑法上の禁止規範は違憲であるため、効力がないと誤って考えたあまり、違反した。

（b）禁止規範の効力範囲に関する錯誤

行為者がある禁止規範を非常に狭く解釈して、自己の行為はその禁止規範とは関係のないものと考えた場合である。言い換えれば、錯誤で自己の行為は禁止規範に包摂されないと考えた場合である。これを包摂の錯誤（あてはめの錯誤）と言う。

> 事例：甲は貨物車の運行禁止区域に霊柩車を運転して入った。甲は、霊柩車が貨物車の概念に属さず、したがって、自分の行動も禁止されないものとみなしたためである。この場合、甲は包摂の錯誤を起こした。なぜなら、甲は、「貨物車」という構成要件要素を充足する行為の事情は正しく認識していたからである。甲の錯誤は、法的禁止を非常に狭く解釈したということにある。

11　大判 2001. 6. 29. 99 ド 5026；大判 1985. 5. 14. 84 ド 1271；大判 1985. 4. 9. 85 ド 25；大判 1980. 2. 12. 79 ド 285；大判 1979. 6. 26. 79 ド 1308 など。判例の立場に従っている学者としては、孫海睦・635 頁。

282　第2編　犯罪論

　他方、大法院の判例は、不動産仲介業者がマンションの分譲権の売買を仲介する際、仲介手数料の算定に関する地方自治体の条例を誤って解釈したことで、法で許容している金額を超えた仲介手数料を受けとった場合（被告人はマンションの分譲権の売買を仲介した当時、「一般住宅」ではなく「一般住宅を除いた仲介対象物」を仲介すると思って、受け取った手数料が法で許容している範囲内のものと信じた場合）は法律の錯誤に該当しないとした（大判 2005. 5. 27. 2004 ド 62）。

（2）間接的禁止の錯誤

(a) 許容規範の存在および限界に関する錯誤

　行為者は禁止規範に違反していることを知っていたが、現実には存在しない正当化事由が存在すると考えていたか（存在の錯誤）、またはその行為が例外的に許容されるとみなした場合である（限界の錯誤）。このような禁止の錯誤は、違法性阻却事由である許容規範と関連しているため、許容の錯誤、より正確には違法性阻却事由の錯誤または許容規範の錯誤とも呼ばれる。

> **事例**：公務員である甲は収賄禁止（第 129 条）を知っていたが、高価の新年のプレゼントを受けることは、慣習法上、例外的に許容されていると思った。存在しない慣習法上の正当化事由を誤って認めた場合である。

(b) 許容規範の効力範囲に関する錯誤

　行為者は禁止規範に違反していることは知っていたが、既存の正当化事由の効力範囲を拡大して解釈したため、自分の行為が例外的に許容されるとみなした場合である。行為者が知っていた正当化事由を非常に広く解釈して、自分の行為を正当化事由に包摂させたものである。許容包摂の錯誤とも言う。

> **事例**：甲は乙の攻撃を完全に終了させる決定的な防衛行為をすでに行っていた。しかし、甲は、さらに床に倒れた乙を足で激しく蹴った。その当時、甲はそのような行為も正当防衛（第 21 条）に含まれると考えた。

3　禁止の錯誤の効果

（1）原則論

　禁止の錯誤は、構成要件該当性や違法性を排除するものではなく、責任のみを排除し、または減軽する。不法の意識がないため、核心的な部分の成立に影響を与えるからである。

（2）見解の対立

(a) 故意説

　故意説によると、故意犯における故意は責任要素であり、故意の本質的構成部分は不法の意識、すなわち法的な当為命令に対する意識的な反抗である。したがって、故意的な犯罪の実現について科される刑罰は、犯行の故意に由来する不法の意識に関連してい

ると見る。その結果、行為者に犯罪事実についての認識と意思があるとしても、不法の意識がなければ故意の責任形式および故意犯の刑（Vorsatzstrafe）は脱落する。ただし、禁止の錯誤が回避可能なものであって、これに対する過失処罰規定があれば、過失犯として処罰する。結局、法律の錯誤は事実の錯誤と同様に規律される。判例は、故意説を取っているように見える（大判 1961. 2. 24. 4293 刑上 937；大判 1970. 9. 22. 70 ド 1206；大判 1974. 11. 12. 74 ド 2676）。

　故意説によると、行為者が最初から法秩序の要求に極めて無関心であったため、不法の意識がない場合も、故意犯の刑で罰しないことになり、これは事理に反する。また、客観的な秩序として存在する法の効力を、行為者の極めて主観的な表象に依存させることで、法的命令を犠牲にする難点もある。この点はまた、刑事政策的観点からみると、市民を法に目を向ける生活に導くのではなく、法に目をつむる生活に誤導する恐れがある。

> 《参考》　故意説の中では、厳格故意説に対して、いわゆる制限故意説も主張されている。すなわち、ⅰ）故意には違法性の認識可能性さえあれば十分であるという立場（違法性の認識可能性説）、ⅱ）故意の成立には違法性の認識を必要とするが、違法性を認識し得なかったことについて過失がある場合は、これを故意と同様に取り扱うという立場（法過失準故意説）、ⅲ）行為者が法敵対的ないし法無関心的態度を見せる場合は、現実的な違法性の認識がなくとも故意と同様に取り扱うという立場（法敵対性説）などがあるが、責任説の登場によってこのような主張は無意味なものになった。

(b) 責任説

　責任説は、構成要件的錯誤と禁止の錯誤の間に内容的な差があることを強調する。すなわち、不法の意識なしに行為する故意犯も、常に法的な禁止や命令が規律している犯行状況は認識している。それにもかかわらず、行為者が行為の違法性を認識し得なかったのであれば、そのような錯誤は構成要件的錯誤に比べ、より許されないことである。したがって、禁止の錯誤は、いかなる場合であっても、故意犯の刑の範疇を脱することはできない。ただ、具体的な事例において行為者が法的な禁止を認識しなかったという錯誤が、全く回避不可能なものであった場合は責任を排除し、回避可能であった場合はその程度によって責任を減軽することができるだけであるというのである。

(c) わが刑法の立場

　わが刑法は、故意説と責任説のうち、いずれの立場を取っているのかは明らかにしていないが、法的な無関心を示した行為者を法過失（いわゆる制限故意説の立場）ではなく、故意犯の刑で処罰し得る刑事政策的機能を持っている責任説の立場によって、第16条を解釈することが望ましい（通説）。

　したがって、禁止の錯誤が全く回避不可能であった場合は責任を排除し（犯罪不成立によって無罪）、回避可能であった場合は事情によって責任を減軽し得る。ところが、わが刑法上の禁止の錯誤の規律は、減軽の基準に関して何の言及もしていない。回避可能であった禁止の錯誤について刑を減軽する際には、行為者の責任の程度に相応しいよう

284　第2編　犯罪論

に、原則として法律上の減軽（第55条）をし、付加的に酌量減軽（第53条）を考慮しなければならないであろう。

　問題は、個々の事例において、禁止の錯誤の回避可能性をいかなる尺度によって判断し得るかという点にある。

（3）回避可能性の内容と判断基準

　禁止の錯誤における回避可能性（Vermeidbarkeit）は、行為者が自己の行為の具体的違法性を認識し得る可能性を前提とする。違法性を認識し得る可能性があったにもかかわらず、自己の知的な認識能力を尽くさなかったことで違法性を認識し得なかった場合には、結果的に誤った行為を決定した者が、回避可能であった禁止の錯誤に関して責任を取らなくてはならない[12]。しかし、知的な認識能力を尽くしたにもかかわらず、行為の違法性を認識し得る可能性がなかった場合には、回避不可能な錯誤になり、刑法第16条の正当な理由が認められる。

　　回避可能性の判断に関する基準としては、ドイツ連邦最高裁判所が提示した良心の緊張（Gewissensanspannung）がよく取り上げられる。良心の緊張は、熟慮する義務（Nachdenkenspflicht）と照会の義務（Erkundigungspflichrt）をその内容とする。すなわち、行為者が法状況の許容の可否に対して慎重に熟考したり、必要な照会をしたりしていたら不法を認識し得たのかを判断することで、禁止の錯誤の回避可能性の有無を決定しようとするのである[13]。良心犯や確信犯は、良心を緊張させればさせるほど、禁止の認識はおろか、故意が強化されるだけである。しかし、良心の確信と法は一致するものではないため、良心の緊張が不法を意識し得る唯一の契機（Anlaß）になることはあり得ない。したがって、すべての法律上の禁止、特に秩序違反法や付随刑法等の禁止が市民の良心に重ね合わされて禁止を認識することになったことを、良心の緊張の発露と把握するのは無理である[14]。そして、良心の緊張のように、自己の行為の違法性を不断に検討しなければならないという一般的な義務を想定することも合理的ではない。仮にそうであれば、回避不可能な錯誤はほとんど認められにくくなるからである。

　回避可能性の判断において最初に確認すべき点は、行為者が行為の違法性の可否に関して疑問を抱きうる具体的な契機（Anlaß）があったか否かということである。このような契機がなかったとすると、行為者は自己の行為の違法性について最小限の疑いも持たないのであり、かつその疑問を解消するための知的・精神的努力もしないはずだからである。このようにして、良心の緊張は、行為の適法性

　12　Arm. Kaufmann, Unterlassungsdelikte, S. 144 f.; Rudolphi, Unrechtsbewußtsein, Verbots-irrtum und Vermeidbarkeit des verbotsirrtums, 1969, 193 ff.

　13　BGHSt 2, 209；4, 5.

　14　金日秀『韓国刑法Ⅱ』84頁。同旨、孫ドン權／金載潤・324頁、李在祥・335頁。

の可否に疑問を抱く契機になる可能性もある[15]。一般的には、過失犯における行為者に課される注意義務の程度の不法洞察の注意義務が行為者に課せられているとみなして、違法性の省察に対する契機があったか否かを判断すればよい[16]。もちろん、これとともに、行為の情況、行為者の生活圏、職業領域、侵害された規範の特性なども、不法性を省察する契機の存否を判断する際に考慮される。

このような契機があったことを確認した後は、行為者が自己の知的な認識能力を用いて疑問を解消するための努力をしたか否かを評価しなければならない。このような行為者の努力には、事物の存否と是非を判断できる知的な認識能力と価値観念、熟考など、個人の精神的な力量を総動員しなければならず、必要な場合には関係機関や専門家の助言を求める照会の義務も履行しなければならない[17]。結局、自己の行為の不法性を省察する契機を全く持つことができなかったか、またはそのような契機があったとしても、疑問を解消するために努力したにもかかわらず違法性を認識し得なかった場合には、錯誤は回避不可能なものと認められる。

（4）回避可能性の具体的な判断の尺度

今までの議論に基づいて、個別事例ごとに回避可能性が認められる具体的な尺度を分析してみると、次のとおりである。

（ア）行為者が行為の違法性を簡単に判断することができる状況であった場合や、普通の人も行為の法的性質を容易に知ることができる状況であった場合は、違法性の認識のきっかけとして認められる。したがって、行為者の禁止の錯誤は回避可能な錯誤である。

たとえば、行為の違法性を暗示する事情があったり、責任意識のある人なら、自分の行為の法的性質に関して一度でも考えてみるような事情に直面していた場合、または行為者の行為が反道徳的・反社会的な場合などが挙げられる。

（イ）法律、最高裁判所の判決、法律専門家の信頼できる相談情報などは、行為者が自己の行為の違法性の可否を簡単に認識できるようになるきっかけになる。この場合、回避可能性の判断は、事案それ自体に対する行為者の認識能力を基準にするのではなく、立法者・最高裁判所または法律専門家の権威や信頼性に対する行為者の認識能力を基準にしなければならない。

大法院も、意匠法違反の存否に関して弁理士の答弁を信頼した場合[18]、債権の存否に

15　李在祥 336頁も、良心は違法性を認識する根源ではなく、認識の過程における動機の一つに過ぎないとしている。

16　裴鐘大・466頁、李在祥・336頁、Jescheck/Weigend, S. 458 ; Rudolphi, SK § 17 Rdn. 30a.

17　申東雲・416頁、李在祥・341頁、任雄・317頁。

18　大判 1982. 1. 19. 81 ド 646.

ついて弁護士および公務員の答弁を信頼した場合[19]は、第16条の正当な理由があるとき
に当たると判示した。

《判例》 靴下製造業者として1975年から生産してきた足の指の形の靴下について、別
の業者から意匠権の侵害を理由として製造中止の要請を受けたため、弁理士に問い合わ
せたところ、別に問題がないという返事をもらった。ところが、1977年の判例変更に
よって、これが意匠権の侵害として認められることになった。しかし、特許や意匠権関
係の法律については、門外漢である靴下製造業者としては、弁理士の答弁に従って、自分
が製造する靴下が他人の意匠権を侵害するものではないと信じるしかなかったため、足
の指の形の靴下を製造・販売する行為が法令によって罪にならないものと誤認したこと
に正当な理由のある場合に該当する（大判 1982. 1. 19. 81 ド 646）。

（ウ）許可または認可権を持つ官庁が法解釈を誤り、許可または認可を要しないという
内容の意思表示をしたことを、行為者がそのまま信頼した場合には、違法性の認識がな
い。したがって、行為者の禁止の錯誤は回避不可能なものである。

《判例》 食用油製造業者がはったい粉を製造する行為が、食品衛生法上の許可対象か
否かが問題になったため、食用油協同組合を通じて関係当局に照会した。これに関して、
ソウル市庁と管轄区役所から、天然原料である穀物を単純に炒めて加工・販売する行為
は食品衛生法上の許可対象とならないということを確認する回答を受けた。そのため、
食用油製造業者は、はったい粉を製造する場合には別途の許可を得る必要がないと信じ、
営業許可なしにはったい粉を製造した。このような事情を総合してみると、行為の当時、
自分の行為が食品衛生法上の罪にならないものと誤認し、またそのように誤認したこと
に何の過失もなかったため、刑法第16条の正当な理由のある場合に該当する（大判
1983. 2. 28. 81 ド 2763）。

（エ）判例は、一般人が信頼するに値するものである。その内容が高い正当性を有して
おり、かつ秩序の任務を充足することができるためである。したがって、判例の内容が
法律と一致しているか否かの審査まで行為者に期待することはできない。

《参考》 異なる判決が存在する場合、次の二つの事例に分けて考えられる。
　①多数の異なる判決が同級の裁判所で下された場合：多数の高等裁判所または最高裁
判所の刑事部で、類似する事案についてそれぞれ異なる判決を下した場合は、行為者が
自己に有利な判決を信頼したとしても、その信頼価値は認められない。
　②多数の異なる判決が異なる審級の裁判所で下された場合：この場合には上位の審級
裁判所の判決に、より高い信頼価値と秩序価値を与えなければならない。

（オ）情報は、専門家または適切な法情報を提供することができる人が、事件および法

19　大判 1976. 1. 13. 74 ド 3680.

的問題に関して説得力があるとみなされるほどの情報を提供した場合にのみ、信頼に値するものと評価される。したがって、行為者が著名な法律専門家によって主張されていて、かつ裁判所の中でも反対意見の余地のない情報を信頼した場合には、回避不可能な禁止の錯誤になるため、責任がない。

4　刑法第16条の解釈

刑法第16条は、「自己の行為が法令によって罪とならないものと誤認した行為は、その誤認に正当な理由があるときに限り、罰しない」と規定している。

（1）法令によって罪とならないものと誤認した行為

「法令によって罪とならないもの」とは、禁止・命令規範および許容規範の存否および効力の範囲によって罪とならない場合を言う。

ここでの「法令」とは、実質的不法の根拠づけと阻却に関するものである。判例も法令の範囲に含まれるか否かに関しては、これを否定するほうが望ましい。判例は法令でも法源でもないため、禁止規範や許容規範の源泉になり得ないからである。

> ただし、判例は「正当な理由」を判断する際に、誤認のきっかけないし回避可能性の尺度としては十分に考慮する価値があるため、判例を信頼したことで自己行為の違法性に対する認識を欠いた場合には、禁止の錯誤が成立し得るとしなければならない。したがって、判例は法令の範囲に含まれないことを理由に、判例を信頼した場合は禁止の錯誤の事例になり得ないという性急な結論を導き出すことは正しくない。

わが刑法は、単に「罪とならないものと誤認した行為」と記述しているだけである。そのため、免責事由に関する錯誤もここに含まれるか否かという疑問が生じうる。しかし、免責事由の存在や限界に関する錯誤は禁止の錯誤とは別個の問題である。この場合、行為の不法および責任内容の著しい減少を考慮して責任非難を阻却するかどうかという点は、立法者が別に決定すべき問題である。したがって、わが刑法上、免責事由の前提事実に関する錯誤には、禁止の錯誤に関する規律の形式を直接に適用することはできず、類推適用するしかない。

また、本文が積極的な法誤認の場合のみを規定しているため、消極的に法を知らなかった場合も禁止の錯誤に該当するか否かという点も問題になる。わが大法院の判例は、この場合には一貫して禁止の錯誤を否定する。法律の不知は言い訳にならないということである。しかし、今日の禁止の錯誤理論によると、法律の不知も正当な理由のある限り、当然禁止の錯誤に含まれる。

288　第2編　犯罪論

（2）正当な理由

　正当な理由とは、錯誤の回避が不可能なことを意味する。刑法第16条の解釈においても、故意説と責任説との議論があり得るが、責任説の立場に基づいて解釈すべきである。したがって、禁止の錯誤は錯誤に正当な理由があれば責任を排除し（回避不可能な禁止の錯誤）、錯誤に正当な理由がなければ責任を減軽することができるだけである（回避可能な禁止の錯誤）。刑法第16条は、「罰しない」とし、回避不可能な禁止の錯誤のみを明示しているが、これは一つの例示に過ぎず、回避可能な禁止の錯誤も含まれると解釈しなければならない。

Ⅵ　免責事由の不存在（適法行為の期待可能性）

1　免責事由の基礎の理解

（1）意　義

　責任能力の欠如および不法の意識の欠如（回避することができない禁止の錯誤の場合）は、最初から責任の成立を排除する責任阻却事由（Schuldausschließungsgründe）である反面、これと区別される免責事由（Entschuldigungsgründe）は、一応成立した責任に対する非難を免除することで、犯罪が成立しないようにする事由である。前者は責任の内在的制限事由であり、後者は責任の後発的減免事由であると言えよう。

（2）正当化事由と免責事由

　正当化事由に該当する行為は、法秩序全体から適法と是認されたものである。すなわち、特定の構成要件該当行為が、法秩序全体の理念に合致するため、法秩序全体の立場から許されるのである。免責事由に該当する行為は、法秩序全体の立場からは認められないが（非認）、行為者が遭遇した特別な内面的葛藤の状況に照らして、行為者自身の実践理性的な良心と合致するため、法秩序は行為者に寛容な態度を取る。免責事由があるにもかかわらず、可罰的な共犯が成立し得る理由は、まさにこのためである。

（3）免責事由の根拠

　今日、支配的な新古典的・目的的犯罪体系においては、非通常的な事情による不法および責任の減少から免責事由の根拠を探す。このような行為事情によって責任の内容のみが減少するのではなく、行為不法および結果不法も減少するとする。

第5章　責任論　　289

（4）わが刑法上の免責事由

わが刑法上認められている免責事由としては、第22条第1項の免責的緊急避難、第21条第2項の過剰防衛、第21条第3項の非通常的な状態での過剰防衛、第22条第3項の過剰避難および非通常的状態での過剰避難、第23条第2項の過剰自救行為、第12条の強要された行為、第26条の中止未遂における刑の減免事由などがある。

刑法各則も個別的な免責事由を規定している。すなわち、親族間の犯人蔵匿と証拠隠滅（第151条第2項、第155条第4項）、および犯人自身の犯人蔵匿と証拠隠滅は、期待可能性がないことを理由として責任が阻却される場合である。また、幇助的性格を持っている逃走援助罪（第147条）よりも犯人自身が逃走する単純逃走罪（第145条）を軽く処罰したり、偽造通貨収得後知情行使罪（第210条）を普通行使罪（第207条第4項）よりも軽く処罰したりすることは、行為の期待可能性の減少を理由として責任を減軽するからである。他にも、事情によっては、上述した超法規的免責事由も極めて例外的に認められる。

2　期待可能性

（1）意　義

期待可能性とは、行為者に適法行為を行うことを期待できる可能性を言う。これは、責任を非難可能性とする規範的責任論の核心的な内容である。非通常的な事態が発生しているため、行為者が適法行為を行うことを到底期待できないのであれば、非難することもできないからである。

（2）期待可能性思想と超法規的免責事由

以下の内容は、期待不可能性を超法規的免責事由とみなすか否かという問題をめぐる論争に関するものである。

（a）**故意作為犯**　　故意作為犯における期待不可能性を超法規的責任阻却事由とみなすか否かに関しては、肯定説と否定説が対立している。

（ア）**肯定説**

肯定説は、期待可能性の不存在を超法規的免責事由と見る[20]。肯定説によると、わが刑法では責任阻却事由に関する規定が不十分であるため、①免責的緊急避難に該当する

20　権五杰・365頁、金聖天/金亨埈・303頁、孫ドン権/金載潤・333頁、孫海睦・663頁、呉英根・438頁、李相暾・450頁、李榮蘭・378頁、李在祥・348頁、李炯國『研究Ⅱ』441頁、任雄・321頁、鄭盛根/朴光玫・365頁、鄭英一・294頁、陳葵鎬・423頁。

場合、②相当性が認められない義務の衝突、③拘束力のある違法な上司の命令に服従した行為、④生命・身体以外の法益に対する強制状態で行われた強要された行為の場合などにおいては、期待不可能性を理由とする超法規的責任阻却を認めざるを得ないとする。

（イ）否定説

否定説によると、期待不可能性は一般的・超法規的責任阻却事由ではなく、実定法の解釈における補助手段として、具体的事例において不法と責任とを限界付ける規制的法原則（Ein regulatives Rechtsprinzip）とみなされる。否定説が期待可能性の不存在を超法規的責任阻却事由としない理由は、「規範適合的な行態の期待可能性」という内容それ自体が曖昧であり、またその前提や限界が不明確な免責事由を一般的に承認することになると、法規範の一般予防的機能と法的安定性を害するだけでなく、法適用における平等を毀損する危険があるためであるとする[21]。

ドイツにおいては、ヘンケル（Henkel）が、期待不可能性は不法や責任の帰属に関する構成的・規範的原理ではなく、規制的法原則に過ぎないと指摘[22]して以来、現在は期待不可能性を超法規的免責事由と見るのではなく、個々の事例において具体的な事情によって不法と責任とを限界付ける規制的原理として理解することが通説になっている[23]。

（ウ）私　見

期待不可能性は実定法的な根拠がなく、その前提と限界が不明確であるため、一般的な超法規的責任阻却事由と認めることには問題がある。したがって、原則として、期待不可能性は実定化した免責事由との関係のなかで、解釈の原理として作用するほうが望ましい。しかし、法現実上、極めて制限された場合ではあるが、期待不可能性を超法規的な責任阻却事由として認めるべき必要性がある事例があることは事実である。したがって、この点を踏まえて、適法行為への期待不可能性を、厳格に制限された例外的な場合に限って超法規的免責事由として認める必要はあり、かつそれは可能であると思われる。

たとえば、拘束力のある上官の違法な命令に服従した行為、相当性が認められない義務の衝突、自由・貞操・財産など生命・身体以外の法益に対する脅迫によって強要された行為、比較衡量が不可能な緊急避難の事例などで、例外的に期待不可能性に基づいた超法規的免責の可能性を認めることができる。

（b）**不作為犯**　　作為犯とは異なり、不作為犯における可罰性は、一般的に規範適合的行態の期待可能性にかかっている。保障人が一定の作為を行ったなら自分に価値のあ

21　朴相基・273頁、裵鐘大・479頁、成樂賢・370頁、申東雲・437頁。

22　Henkel, FS Mezger, S. 267 f.

23　Hirsch, LK vor § 32 Vorbem. 196；Jescheck/Weigend, S. 504；Roxin, § 22 Rdn. 139 ff.；Rudolphi, SK § 19 Vorbem. 10；Sch/Sch/Lenckner, vor § 32 Vorbem. 122；Wessels, Rdn. 451など。

る利益が著しく危殆化されるとすると、この場合には保障人に対して作為を期待することは不可能である。したがって、行為者が不作為に至ったとしても、行為者を処罰することはできない。たとえば、仮に保障人が法によって命令された行為をすると自己または親族が刑事訴追の危険にさらされる状況であれば、保障人に命令された行為を期待することはできない。

　行為者が、倫理的な義務を課す良心の判断によって、規範に適合した行動をすることが自分の人格を非常に侵害すると感じたのであれば、この場合には良心の圧迫というものが存する。このような良心の圧迫が免責事由として認められるか否か、仮に認められるとしたら、いかなる前提に基づいて認められるのかということに関しては争いがある。良心の圧迫も、場合によっては期待不可能性の事例とみなすことができる。

　期待不可能性の観点は、不真正不作為犯の場合はもちろん、真正不作為犯の場合にも適用される。なぜなら、真正不作為犯においては、作為犯より広範囲に、法律それ自体が期待不可能性の思想に一定の領域を提供しているからである。

　結論的に、不真正不作為犯における期待不可能性は、典型的に個人的な非難可能性と関連しているものであるため、不真正不作為犯に対する超法規的責任阻却事由と見るほうが望ましい。

　(c) 過失犯　　故意犯においては、強い動機の圧迫がある場合であっても、厳格に制限された例外的な場合にのみ免責されるが、過失犯においては、規範に適合する行態の期待不可能性が一般的な免責の理由になる。すなわち、過失犯の場合、期待不可能性が一般的な超法規的免責事由として認められるため、行為者が個人的な注意義務を履行することを著しく困難にする葛藤状況があった場合には、行為者の責任は消滅する。

> 　《**判例**》　癖馬事件：馬車業者に雇用された御者が性質が乱暴な馬を用いて馬車を駆っていたところ、通行人に傷を負わせた。これ以前に、御者は馬車業者に同馬の乱暴さを話して、馬を交換してくれることを要請していた。しかし、馬車業者はこれに応じなかった。御者としてはこれ以上馬車業者と争うことはできなかった。なぜなら、主人である馬車業者に解雇されることを恐れたためであった。これに対して、帝国裁判所は次のように責任を否定した。「過失責任を認定するためには、被告人が通行人に傷を負わせるかもしれないと認識するだけでは足りず、雇用主に対して乱暴な馬の使用を拒絶できる状況にあることが必要である。しかし、被告人には、生活の根拠を失うことを懸念しながら雇用主の意思に反して馬の使用を拒絶することを期待することはできない」（RGSt 30、25）。

　上述の状況があった場合としては、一瞬の身体的・精神的な統制不能、興奮状態、過労などを考慮することができる。また、外的な状況に影響を受ける情緒不安定、ストレス状態なども、それが主観的な注意義務違反の判断において考慮されない限り、免責的期待不可能性の判断において考慮することができる。

292 第2編 犯罪論

（3）体系的地位

期待可能性の体系的地位に関しては、例外的に期待可能性がない場合に責任を阻却するという立場（消極的責任要素説）が多数説である。

（4）期待可能性の判断基準

(a) **行為者標準説**　行為者が遭遇した具体的な事情において行為者の能力を基準にして、行為者に適法行為を期待することができるか否かを判断しなければならないという立場である。

(b) **平均人標準説**　社会の平均人を基準として、行為者がその状況下でにおいて適法行為をすることができたか否かを判断する立場である（多数説、大判 2008. 10. 23. 2005 ド 10101）。

(c) **結　論**　今日、行為者標準説と平均人標準説との対立が先鋭化している。しかし、平均人標準説は、行為者標準説が内包している極端な個別化を除去し、責任判断の確実性と均衡性を維持することができるため、平均人標準説のほうが妥当である。

> 《判例》　偶然に姉から高校の入学試験の問題を入手し、その問題の正解を暗記したところ、実際の試験に暗記した問題が出題されたため、その正解を答案用紙に記入した。しかし、答案用紙にあらかじめ暗記した答えを記入してはならないということを一般受験者に期待するのは、受験生らの一般的な心理状態に照らして通常の場合、到底不可能なものと言える。したがって、業務妨害罪ではなく、無罪と判断する（大判 1966. 3. 22. 65 ド 1164）。

（5）期待可能性に関する錯誤

期待可能性の錯誤は、二つの事例に分けて検討することができる。

第一は、期待可能性の存在または限界に関する錯誤である。期待可能性の有無は法秩序が客観的に判断する。したがって、行為者が自ら期待不可能性を理由として免責されると判断したとしても、刑法上は全く恩恵を受けられない。

第二は、期待可能性の基礎となった事情に関する錯誤である。この場合は、禁止の錯誤と似ている。したがって、禁止の錯誤の規定を類推適用して、回避可能性のない場合にのみ責任を阻却するとしなければならない。

3　免責的緊急避難

（1）意　義

免責的緊急避難とは、著しく優越してはいない自己または他人の法益に対する現在の危難を避けるための行為ではあるが、行為者の適法行為を期待できない特

殊な事情を考慮して免責の効果を認める場合を言う。正当化的緊急避難のみを緊急避難と認める一元説の立場から見ると、免責的緊急避難の事例は、期待不可能性を超法規的免責事由とする場合に該当する。

免責的緊急避難と正当化的緊急避難は、その要件および効果において、次のように区別される。

第一に、その要件において、免責的緊急避難は一身専属的または同価値の利益が衝突する場合ではなく、価値を衡量できる価値の異なる法益の間で優越した利益を確保するための場合でもないため、原則として法益の衡量をする必要はない。また、自招危難者は自己の責任があるため、免責的緊急避難を援用することができないが、正当化的緊急避難は援用することができる。

第二に、その効果において、免責的緊急避難の状況における行為も違法であるため、それに対する正当防衛は可能であり、また共犯も成立し得る。

> 免責的緊急避難の事例において、法益衡量は何の役にも立たないということは、かつて古代でも議論されていた。カルネアデス（Karneades：ギリシャの哲学者、214～129.B.C.）の板の事例が良い例である。すなわち、二人の難破者が、一人だけが乗れる板を同時につかんだが、二人の中で力の強い者が弱い者を海中に落として溺死させた事例である。カントは、この事例を彼の「道徳形而上学」で取り上げ、無罪と主張した。
>
> ミニョネット（Mignonette）号の事例もまた、これに関する古典的な例である。ミニョネット号は1884年5月、オーストラリアに向けて航海していたところ、同年7月5日喜望峰から1,600里離れた地点で難破して船長ダドリー（Dudley）のほか3人の船員がボートに移り乗った。海上に漂流してから13日が過ぎると、食糧が完全になくなった。数日後、被告人はブルックス（Brooks）に一人の少年を犠牲にさせようと提案したが断られた。2日後、すなわち、食糧が完全になくなってから8日後に、被告人らの中の一人が生死の境をさまよっている少年を殺して4日間少年の肉を食べて救助された。被告人らは謀殺として死刑の宣告を受けたが、特赦により減刑され、禁錮6ヵ月に処せられた。

現実の世界で起こり得る実際的な例としては、家族の生命を危険にさらすほど長期にわたって飲酒の状態で暴行を行う兄を、他の兄弟たちが殺害した場合が挙げられる。他にも、殺害の脅しを免れるために偽証した場合などがあり得るが、これは、わが刑法では強要された行為として免責される事例である。

（2）構　造

免責的緊急避難も、正当化的緊急避難のように、現在の危難状況と危難を避けるための避難行為を必要とする。しかし、正当化的緊急避難の構造とは異なり、免責的緊急避難の構造においては利益の衡量を必要としない。

免責的緊急避難において、保護される法益を生命・身体・自由に制限し、保護

の客体も自己または親族、その他自己と密接な関係にある者に限っている立法例（ドイツ刑法第35条第1項前段）もある。立法論的には、免責的緊急避難と正当化的緊急避難とを区別して免責的緊急避難に関する別個の条文を規定し、その要件も上述のように制限するほうが望ましい。

（3）要　件

(a) 緊急避難状況

自己または他人の法益に対する現在の危難を避けるための行為でなければならない（第22条第1項）。免責的緊急避難における危難の現在性は、正当化的緊急避難のそれより概念の幅が広い。

いわゆる継続的な危難、すなわち危難の状況が現実的な危難に変わる可能性は常に存在するが、それがいつ現実化されるかは明確に言えない程度の危難の範囲も、正当化的緊急避難のそれより幅広く認めてよい。たとえば、義理の父に九才のときから強姦されてきた大学生には、このような現在の危難状況が認められる。

(b) 避難行為

（ア）避難行為は、最後の手段（ultima ratio）でなければならない。すなわち、他の方法で、自己または他人の法益に対する現在の危難を避けることができてはならない。

（イ）避難行為は、最も被害が少ない手段を用いなければならない。保護法益に対する侵害が急迫すればするほど、重い結果を惹起する避難行為をなし得ることになる（比例性の原則）。その限りでは、利益衡量が行われるが、正当化的緊急避難の場合のように厳格に行われるわけではない。

（ウ）救助する法益と避難行為によって侵害される法益の間に著しい不均衡があってはならない。たとえば、中国の抑圧状態から脱するために、中国人が中国民間航空機の操縦士を脅して中国を脱出したことは、緊急避難にならない。

（エ）主観的には、行為者は危難状況を認識し、危難を避ける目的で行為しなければならない（避難の意思）。

（オ）行為者は、他の手段を用いて危難を避けうる可能性を良心的に検討しなければならない（避難行為が重大な結果を惹起すればするほど、より良心的な検討が必要になる）。この点は、正当化的緊急避難とは異なり、免責的緊急避難に特有の要件である。

以上の条件を備えれば、危難を避けるための行為は、原則として他行為の期待可能性がないため、免責効果を持つ。

（4）効　果

この前提要件を充足すると、すべての利益の侵害が免責される。したがって、正当化的緊急避難とは異なり、殺害も免責することができる。

（5）期待可能性条項（Zumutbarkeitsklausel）による制限

避難行為は不法と責任の減少をもたらす。そのような不法と責任の減少にもか

かわらず、例外的に特別な事情が存在するために免責的緊急避難が否定され、む
しろ危難を甘受することが期待される場合がある。すなわち、わが刑法第22条
第2項は、「危難を避けてはならない責任がある者」と規定しており、またドイツ
刑法第35条第1項後段は、「その危難を自ら惹起したか、あるいは特別な法関係
にある行為者」と規定している。こうした規定の基本思想は、他の類似する事例
に類推適用することができる。

(a) **行為者が自ら危難を惹起した場合**　　自招危難者は自己の責任があるため、免責
的緊急避難を援用することができないが、限られた範囲内で正当化的緊急避難は援用す
ることができる。

(b) **行為者が危難を克服する義務がある特別な法的関係にある場合**　　消防士・警察
官・乗務員・軍人などは、職業活動で経験する危難（職業活動の典型的な危難）に直面し
たとき、その危難を甘受しなかった場合には免責されず、任意的な刑罰減軽が可能とな
るだけである。上述した通り、免責事由の目録は、完結したものではない。その他の類
似する事情が発生したときにも、危難の甘受が期待されうる。

（6）錯誤の場合

　客観的な免責的緊急避難の状況を誤想して行為をした場合、錯誤が回避不可能
なものであれば免責される。しかし、回避可能な錯誤であったにもかかわらず、
錯誤が行為者の過失に起因したのであれば、過失犯処罰規定がある限り、過失犯
として処罰しなければならない。

4　過剰防衛（第21条第2項・第3項）

（1）意　義

　過剰防衛とは、正当防衛時に防衛行為が防衛の相当性を超過した場合である。
刑法第21条第2項は、防衛行為がその程度を超えたときは、情況によりその刑を
減軽し、または免除することができる旨を規定しており、同条第3項は過剰防衛
行為が「夜間その他の不安を掻き立てられる状態の下で、恐怖・驚愕・興奮また
は狼狽によるものであるときは、罰しない」と規定している。

　正当防衛の構造から見ると、過剰防衛の状況は、構造的に明確に異なる二つの
状況に分けられる。つまり外延的過剰防衛（Der extensive Notwehrexzeß）と内包的
過剰防衛（Der intensive Notwehrexzeß）がそれである。通説によると、内包的過剰
防衛のみが免責事由に該当するという。この点に関しては、次の図表を参照して
ほしい。

296 第2編 犯罪論

《過剰防衛の構造》

	攻撃 ↔ 防御	
	外延的(拡張的)過剰防衛:攻撃の現在性の欠如、防衛者がこの点を意識的に無視したこと	内包的(強度の)過剰防衛:防衛行為が必要以上に強かった場合
実例	既に意識を失った攻撃者に足蹴りする行為	足を撃つことでも十分であるにもかかわらず、下腹部に銃撃を加える行為
取扱い	韓国、ドイツおよびオーストリアの通説によると、過剰防衛を援用することはできない。ドイツの少数説は、正当防衛の限界は、内包的(強度の)過剰防衛と同じく、時間的にも超過される可能性があるために、内包的(強度の)過剰防衛と同一に扱わなければならないと主張する。通説が妥当である。外延的過剰防衛は正当防衛状況の不存在によって過剰の前提を喪失するからである。	行為者は、いわゆる虚弱性衝動(Der asthenische Affekt)‐狼狽・恐怖・驚愕‐の場合は免責されるが、これに反して攻撃性情動(Der sthenische Affekt)‐怒り・憎悪・発狂‐の場合は免責されない。 根拠:攻撃の犠牲者である場合には不法と責任が減少するため、寛容を施すことが適切である。 ＊わが刑法第21条第3項は、興奮状態の行為も免責されると規定しているが、これは攻撃性情動行為に近いもので、この場合まで免責事由としたのは立法論的に疑問視される。

(2) 法的効果

過剰防衛は免責事由の一つである。したがって、当然に刑罰の適用において行為者に有利な効果をもたらす。その効果面で、刑法は刑罰減免的過剰防衛（第21条第2項）と不可罰的過剰防衛（第21条第3項）を区分している。

（ア）不可罰的過剰防衛は、不法減少のほかに、防衛行為が規範適合的意思形成をすることができないほどに恐怖・驚愕・狼狽のような虚弱性情動が著しく高い状態であったため、責任が阻却される程度にまで減少した場合である。この場合を責任消滅とみなす見解もあるが、責任それ自体は極度に減少しただけで、完全に消滅したと見られるものではない。なぜなら、軍人、消防士、警察官のように危険の甘受を期待しうる特別な身分者が、同じ程度の著しい虚弱性情動状態で過剰防衛をしたとしても、当然に不可罰になるものではないからである。

一般的に普通の人が深刻な虚弱性情動状態で過剰防衛をした場合を不可罰とする場合、極度の責任減少のみがその理由になるのではない。責任減少の他に、一般予防・特

別予防の観点からも処罰の必要性が全くないためである。特別な身分者には普通の人に比べて予防的処罰の必要性が高いため、不可罰的過剰防衛の適用は制限され、場合によって刑罰減免的過剰防衛を適用し得るだけである。

《判例1》 普段から粗暴な性格で家族らをいじめていた者が、真夜中に酒に酔って母親に包丁を突きつけ乱暴を働いた際、これを止めた弟の首を絞めると、一緒にいた妹が弟の生命が危ないと思って兄の首を力一杯絞めて窒息死させた。このような行為は、正当防衛の要件である相当性を欠いた過剰防衛行為に当たる。しかし、その当時、夜間に家族らの生命と身体を危険にさらす暴行を受け、不安な状態で恐怖、興奮、狼狽により犯されたものであるため、無罪である（大判 1986. 11. 11. 86 ド 1862）。

《判例2》 被告人が被害者とその仲間らから暴行を受けていたところ、被害者一行に反撃を加えるというよりは、彼らの攻撃から脱するために、ビール瓶を持って威嚇をしていた際、被告人を後ろから抱きしめた被害者と一緒に倒れて転びながらもみ合っている過程で、ビール瓶が割れ、その割れたビール瓶によって被害者が耳介折傷などの傷害を受けた。この事案では、被告人が被害者等に対抗してお互いに暴行を加えたものというよりは、被害者等が自分達を殴るなどの危害を加えたが、彼らに対抗して喧嘩するには数で劣勢に立っており、被告人一人で保護しなければならない女子2人も共にいた。さらに、特別な理由もなく被害者等から急に殴られるなどの暴行を受け、特に自分の妻まで脅迫を受けていたため、これ以上加害行為をしないように被害者等を怖がらせる目的で近くにいた空のビール瓶を取ったにもかかわらず、被害者等が退かずに被告人を捕まえて倒した後に暴行を続けた状況下で、瞬間的に恐怖、興奮または狼狽等によって、上記の行為に至ったと認められ、被告人の行為は刑法第21条第3項により罰しない場合に該当する（大判 2005. 7. 9. 2005 ド 2807）。

（イ）刑罰減免的過剰防衛は、不可罰的過剰防衛と比べて、不法減少の面では差がない。しかし、不可罰的過剰防衛に比べて責任減少の程度は低く、予防的処罰の必要性は高い。

刑罰減免的過剰防衛の場合は、行為者の一身に関連している免責的情況を優先して考慮する。行為者の知能・性格・経験・能力・身分などが、情況的考慮の対象になる。場合によっては、攻撃的状況と防御的状況の危険性も考慮の対象にならざるを得ない。たとえば、夜間、その他の不安な状態で行われた過剰防衛の情況は、考慮すべき対象である。刑罰減免的過剰防衛もまた、虚弱性情動の状況に基づいて行われる場合もあるが、不可罰的過剰防衛に比べてその程度が低いために行為者に対する非難可能性は消滅せず、減少するだけである。

5　誤想過剰防衛（Putativnotwehrexzeß）

（1）意　義

防衛者が、現在の不当な侵害がないにもかかわらず、そのような侵害があると誤信して（誤想防衛）、相当性の程度を越える防衛行為をした場合（過剰防衛）を誤

298　第2編　犯罪論

想過剰防衛という。これは誤想防衛と過剰防衛が結合した場合である。

（2）法的な取扱いに関する議論

誤想過剰防衛を誤想防衛の例として取り扱うか、それとも過剰防衛の例として取り扱うかに関しては、見解が分かれている。

これを誤想防衛と同様に扱うものの、厳格責任説によって故意犯における禁止の錯誤の一例として解決しようとする見解[24]、誤想防衛と同様に扱うものの、制限責任説によって過失犯の一例として解決しようとする見解[25]、過剰性を認識していた狭義の誤想過剰防衛は過剰防衛として、錯誤でその程度を超えた広義の誤想過剰防衛は誤想防衛として処理しようとする見解[26]などがある。

（3）種類による解決

故意的・攻撃性誤想過剰防衛の行為者には、過剰防衛はもちろん、誤想防衛も援用することができない。正当防衛の状況で行われた認識ある過剰防衛も故意の不法として評価するのに、それより一層不法な誤想防衛の状態で犯された過剰防衛について、それより良い評価をすることができないからである。したがって、行為者は故意犯として処罰される。

過失的・虚弱性誤想過剰防衛の行為者は、正当防衛の状況で過剰防衛をした者と比べて行為者の精神的に特殊な事情が類似しており、過失行為に過失的な要素があったため、誤想防衛と同様に扱うことが望ましい。この際には、厳格責任説に立って故意犯に対する禁止の錯誤の規定を適用するよりは、制限責任説に立って過失犯として扱う方が事理に適う。

6　過剰避難（第22条第3項）

過剰避難とは、正当化的避難行為が相当な程度を超えた場合、つまり補充性や均衡性を欠いた場合をいう。たとえば、危難を避けるための他の方法があるか、または同価値ではない法益の中で小さい法益を保全するために大きい法益を侵害した場合である。過剰避難（Notstandsexzeß）については、正当化的緊急避難は成立しないため、違法性は阻却されない。したがって、これに対する正当防衛も可

24　鄭盛根/朴光玫・253頁、陳癸鎬・328頁。

25　朴相基・190頁、裵鐘大・366頁、孫海睦・464頁、安銅準・111頁、李在祥・236頁、任雄・239頁、鄭英一・224頁。

26　車鏞碩・625頁。

能である。

　ただし、刑法は過剰防衛と同じく、過剰避難の場合にも、不法と責任の減少および予防的処罰の必要性という観点から、情況によりその刑を減軽し、または免除することができると規定し（第22条第3項、第21条第2項）、過剰避難行為が夜間、その他の不安を掻き立てられる状態の下で恐怖・驚愕・興奮または狼狽によるものであるときは罰しないとしている（第22条第3項、第21条第3項）。その理由は、こういう不安状態がその極に達した場合には、適法行為への期待可能性が全く無いと言えるほど責任が減少し、予防的処罰の必要性もないためである。

　また、誤想過剰防衛と同じく、錯誤による誤想過剰避難も成立しうる。法的な取扱いは、誤想過剰防衛の場合と同様である。すなわち、過失的・虚弱性誤想過剰避難に限って誤想避難と同様に処理する。

7　過剰自救行為（第23条第2項）

　過剰自救行為とは、請求権の保全手段である行為が相当性を超えた場合をいう。違法性は阻却されないが、情況により刑を減軽し、または免除することができる（第23条第2項）。ここでの「相当性を超過」したか否かは、自救行為者の主観的判断によって決定する問題ではなく、客観的考察によって決定しなければならない。

　ところが、過剰自救行為（Selbsthilfeexzeß）には、過剰避難とは異なり、過剰防衛に関する刑法第21条第3項の規定は準用されない。仮に自救行為者に恐怖・驚愕などの情況があったのであれば、これは刑罰免除的情況として扱うことができるだけである。

　ここでも、誤想過剰防衛と同じく、錯誤による誤想過剰自救行為が成立しうる。過失的・虚弱性誤想過剰自救行為に限って、誤想自救行為として扱う。

8　強要された行為
（1）意　義

　刑法第12条は、「抵抗することのできない暴力または自己もしくは親族の生命、身体に対する危害を防御する方法のない脅迫を用いて、強要された行為は、罰しない」と規定している。

　　　わが国において強要された行為は、北朝鮮の共産治下でやむを得ずに行われた、国家保

300 第2編 犯罪論

安法や反共法に対する違反行為（大判 1954. 9. 28. 4286 刑上 109；大判 1956. 3. 6. 4288 刑上 392 など）と、漁労作業中に北朝鮮に拉致された漁師らが抑圧された状態で、国家保安法・反共法などに違反した行為（大判 1960. 10. 7. 4292 刑上 829；大判 1961. 7. 13. 4293 刑上 194；大判 1968. 12. 17. 68 ド 1319 など）に数回適用されて多くの判例を残したのであり、今日では、期待可能性に基づいた責任阻却事由の重要な例になっている。

《判例1》 解放以前から沙里院市の鉄道駅で勤務し、解放以後も引き続き北朝鮮地域で勤務していたところ、民青委員長の命令にしたがってやむを得ずに民青委員会に加入し、大韓民国政府の転覆討論会にも参加したが、これは仮に民青委員長の命令を拒否すれば人民軍に徴兵されるため、不本意ながら強圧に耐えきれなくて行動したと認められるため、この場合の国家保安法違反行為は故意なき行為として無罪である（大判 1954. 9. 28. 4286 刑上 109）。

《判例2》 東海地域でスケソウダラ漁をしていたところ、機関の故障や風浪で漂流中に北朝鮮の艦艇によって拉致された後、北朝鮮地域に抑留されて、北朝鮮の工作員らの指示どおり、北朝鮮政権を称賛する感想文を提出し、かつ間諜活動の指令を受けた。このような反共法違反行為は、生命に脅威を感じた状態で、韓国に送還されないことを恐れたあげく、命令通り書いたものであり、また指令を受けたのも生き残るためにやむを得ないことであって、かつ指令を受けても実行しなければいいと思ったためである。したがって、自由のない北朝鮮地域内での拒絶できない行為であったため、無罪と判断することができる（大判 1967. 10. 4. 67 ド 125）。

《判例3》 兄に騙されて事情を知らないまま、北朝鮮の工作船に乗船して北朝鮮に行くことになったのは任意ではなかったとしても、北朝鮮から工作金を受けて韓国に潜入した後、直ちに捜査機関に自首しなかった点に照らしてみると、間諜の幇助行為は強要された行為ないし期待可能性のない行為と見ることはできない（大判 1967. 9. 24. 67 ド 481）。

（2）成立要件

(a) 抵抗することのできない暴力

（ア）暴力とは、相手方の抵抗を抑圧するために行使する力を意味する。これには絶対的暴力（vis absoluta）と心理的暴力（vis compulsiva）がある。

絶対的暴力とは、人を肉体的に抵抗できないようにする暴力であり、絶対的な暴力を受ける者は「意思のない道具」（willenloses Werkzeug）として利用されるだけである。たとえば、手を取られて文書に捺印させられたり、弱い女が力の強い男に手首をつかまれたまま、引っ張られていることなどがここに属する。このよう場合における被強要者の行為は、最初から刑法上の行為とは言えない。したがって、このような暴力は、本条における抵抗し得ない暴力に含まれていない[27]。

これに対して心理的暴力とは、被強要者の心理に作用するものとして、被強要者が一

---

27 他方、絶対的暴力を本条の暴力に含める見解としては、劉基天・247頁。

定の行為（強要された事実）をせざるを得ないようにする間接的な有形力の行使、つまり心理的暴力を意味する。心理的暴力による行為は、単なる道具としての行為ではなく、刑法上の行為と評価することができる。したがって、本条における暴力とは、まさにこのような暴力を意味する。

> 《判例》 自分の妻が職場の同僚と不倫関係にあるといううわさを聞いて、妻を疑ったあげく、妻を暴行・脅迫して虚偽の姦通事実を認めさせた後、姦通罪で告訴したが、裁判過程で妻が不倫の事実を否定して釈放されたため、再び妻を強要してその職場の同僚に対する虚偽内容の告訴状を作成・提出させたため、結局妻は誣告罪で起訴された。
> 刑法第12条の抵抗し得ない暴力は、心理的な意味で身体的にある行為を絶対にせざるを得ないようにする場合と、倫理的な意味で強制された場合を意味する。また、脅迫とは、自己または親族の生命・身体に対する危害を防ぐ他の方法のない脅迫行為を意味しており、強要とは、被強要者の自由な意思決定をし得ないようにしつつ、かつ特定の行為をするようにさせることを意味する。したがって、このように告訴状を作成・提出したのは、暴力や自分の生命・身体に対する危害を防御する方法のない脅迫によって強要された行為とみなければならない（大判 1983. 12. 13. 83 ド 2276）。

(イ) 抵抗することのできない暴力の基準

「抵抗が不可能である」というのは、暴力そのものを退けられないだけでなく、強要された行為を拒否し得ない状況を意味する。必ずしも被強要者が抵抗を試みなければならないものではない。たとえ暴力を排除する力があったとしても、それを拒否し得る境遇になかったら、ここでいう抵抗し得ない暴力に該当する。また、暴力の手段・方法には制限がない。暴力行使について抵抗することができたか否かに関する判断は、暴力の性質・手段・方法・暴力者と被強要者の性質など、すべての事情を総合的に考慮するものの、行為者を標準として決定しなければならない。

(b) 自己もしくは親族の生命・身体に対する危害を防御する方法がない脅迫

(ア) 脅 迫

脅迫とは、相手に恐怖心を引き起こすほどの害悪を告知することを意味する。これは自然に発生する吉凶禍福の到来を知らせる警告とは異なり、害悪それ自体を内包している暴力とも異なる。このような脅迫は、たとえ脅迫者が脅迫の内容を実現する意図がないとか、またはその実現自体は不可能な場合であっても、脅迫が真剣なものであることを相手に知覚させた以上、脅迫は成立する。

本条における脅迫は、「自己もしくは親族の生命・身体に対する危害」とつながっていなければならない（大判 1983. 12. 13. 83 ド 2276）。したがって、脅迫の内容が生命・身体以外の法益に対する危害に関するものである場合には、本条に該当しない。ただ、場合によっては免責的緊急避難や期待不可能性による超法規的免責事由の問題になり得る。

親族の範囲は民法の規定（民法第777条）によって決められるが、内縁関係の夫婦や私生児などは、親族に準ずるものとみなさなければならない。このような関係の有無

302 第2編 犯罪論

は、強要された行為の当時を標準として判断しなければならない。

（イ）危害防御の不可能性

危害を防御する方法がないということは、他に避ける方法がないこと、すなわちどうにも仕様がない脅迫のみを指す補充性の原理（Prinzip der Subsidiarität）を意味する。また、親族の生命・身体に対する危害が告知された場合、親族が自ら危害を避けることができる場合であっても、被脅迫者には防御する方法がない危害になり得る。そして防御する方法があるか否かの判断は、脅迫者の性質、脅迫の内容、手段、方法および被脅迫者の性質など、すべての事情を総合的に考慮して決定しなければならない。

（c）強要された行為

強要された行為とは、暴力や脅迫によって意思決定の自由または行動の自由が侵害された被強要者が、強要者の意図または要求にしたがって一定の行為を行うことを言う。

> 《**判例**》 北朝鮮で生まれ、思想教育を受けた後、対南工作員に選抜されて、特殊訓練の課程を履修し、北朝鮮の労働党から大韓航空旅客機爆破指令を受けて実行したのであれば、いわゆる「祖国統一」のための光栄な行動であると確信して遂行したのである。したがって、抵抗し得ない暴力や生命・身体に対する脅迫によって強要されて犯行に及んだものとみることはできず、そのような間違った確信が行為者の自由意思に反する成長教育過程から形成されたとしても、それに基づいた犯行を強要された行為や期待可能性のない行為と見たり、罰することができない行為と見たりすることはできない。
>
> つまり、刑法第12条における強要された行為は、抵抗し得ない暴力や生命・身体に危害を加えるという脅迫など、他人の強要行為によってなされた行為を意味するので、ある人の成長過程を通じて形成された内在的な観念ないし確信によって行為者が自らした意思決定が事実上強制された結果を生じさせる場合まで意味するとは言えない（大判1990. 3. 27. 89 ド 1670）。

（4）取扱い

（a）被強要者の責任　強要された行為は、適法行為への期待可能性がないため、責任が阻却され、処罰されない。ただ、責任が阻却されるだけであるため、これに対する正当防衛は可能である。

（b）強要者の責任　この場合、強要者は被強要者を優越的な意思で支配するため、間接正犯が成立する。もっとも、強要罪（第324条）と観念的競合になる。

9　関連問題

（1）拘束力のあるものとみなして、違法な命令に従った部下の行為

勤務の指示は、可罰的行為を正当化するものではない。しかしながら、それを免責事由として考慮する余地はある。すなわち、上司の指示が法的拘束力を持っていないことは明白に認識していたが、事実上の拘束力は持っており、それを回

第5章　責任論　　303

避する方法がなかった場合、違法な命令に従った行為については、免責的緊急避難の成立ないし期待不可能性を理由として超法規的免責が考慮されうる。たとえば、行為者が上司の命令を断る場合に罷免・左遷または刺殺されることを恐れたあまり、命令を遂行した場合などが挙げられる。

> 《**参考**》　判例は、第12条に該当しない限り、違法な命令による行為の免責を認めない（大判 1983. 12. 13. 83 ド 2543）。
> 《**判例1**》　軍用物であるガソリンを不法に売却したことが、上司である人事係の軍曹の指示によるものであっても、そのような指示が抵抗し得ない暴力や自己または親族の生命・身体に対する危害を防御する方法のない脅迫に相当するものであるとは認められない。したがって、強要された行為として責任が阻却されるとみることはできない（大判 1983. 12. 13. 83 ド 2543）。
> 《**判例2**》　ゴマケーキを 100％の原料としないにもかかわらず、胡麻油を生産・販売する過程で部下職員に胡麻油に対する製品検査の依頼書を変造するように指示された場合、職場の上司の犯罪行為に加担した部下職員には職務上の指揮服従関係があるとしても、犯罪行為に加担しない期待可能性はある（大判 1986. 5. 27. 86 ド 164）。

（2）法的に解決し得ない義務の衝突における超法規的免責事由

（a）**超法規的免責事由としての免責的義務の衝突**　　法的に解決し得ない非通常的な義務の衝突の状況が存在する場合には、超法規的免責事由を援用せざるを得ない。この場合は、衝突の状況を解決し得る他の法的可能性がもはや存在しない場合に属する。

（b）**問題となる事例**　　義務の衝突の状況においては、とりあえず法的な解決の可能性を検討し、超法規的免責事由は例外的に考慮しなければならない。たとえば、ある兵士が上官の命令に違反すると自分が射殺される危険があるため、上官の命令にしたがって捕虜を射殺した場合がある。この場合は免責的緊急避難が考慮されるため、超法規的免責事由を先に検討してはならない。特に問題となる事例は以下の通りである。

（ア）行為者が衝突する義務の法的な序列を勘違いした場合

この場合は、義務の意味について錯誤を起こした場合として禁止の錯誤に該当する。したがって、錯誤したことに正当な理由があれば、責任が阻却されうる。

（イ）行為者が価値の低い義務であることを知りながらも、これに関連しているやむを得ない事情を克服できず、この義務を履行した場合

この場合には、超法規的免責事由としての期待不可能性が問題になる。行為者に価値の高い義務の履行を期待することができないなら、責任は阻却される。

（ウ）行為者は、法秩序と社会の一般的価値観によっていずれの義務がより価値の高いものかを知っているが、自分の宗教ないし倫理的信念によって価値の低い義務を履行した場合

確信犯の問題である。この場合、価値の高い義務を犠牲にした行為は、原則として違

法・有責であるが、法秩序が寛容な態度が取り得るような、極めて例外的な状況においてのみ、超法規的免責を考慮することができる。

（エ）構成要件、違法性、法的に確定された免責事由、いかなる側面からも解決方法を探せない場合

この場合にも、超法規的免責事由を考慮し得る。判例のうち、ある興味深い事件がこれに該当する。すなわち、初婚の甲女は、前の妻と離婚した乙男と結婚式を挙げて婚姻届まで提出し終えた状態で同棲していたが、乙男の元妻が乙男との離婚を取り消す判決を受けたため、前婚関係が復活した。しかし、甲女はこの事実を知りながらも乙男と同棲を続けた。これに対して、乙男の元妻が甲女と乙男を姦通として告訴した場合、判例は、甲女の行為は姦通罪の構成要件に該当する違法行為であるが、適法行為に対する期待可能性がないため、罪にならないと判示した（仁川地判 1993. 1. 6. 92 高単 4640）。

これは、特に不作為犯において重要な役割を担っている。超法規的免責事由だけが、このような迷宮から脱出する出口を提供することができるからである。

（3）免責事由に関する錯誤

（a）行為者が免責事由の前提状況を錯誤した場合（免責的行為事情に関する錯誤）
たとえば、甲は拘束力のある命令が発せられたと誤信して、その命令を実行するために違法な行為をした。ドイツ刑法第 35 条第 2 項（免責的緊急避難）は、この場合を法律に定めて立法的に解決した。禁止の錯誤と結論は同じである。したがって、回避可能な錯誤か否かが、重要な基準になる。回避可能な錯誤であったなら、免責されずに刑罰の減軽を考慮しうる。回避不可能な錯誤であったなら、免責される。立法論としては、わが刑法にも導入する必要がある制度であると言える。

（b）行為者が、法秩序が承認しない免責事由を誤って認めた場合（免責事由の存在または法的限界に関する錯誤）　たとえば、甲は、精神病者である家族を殺害するのは期待可能性の観点から免責されうると誤信して殺害した。通説によると、このような錯誤は重要な錯誤ではないため、免責されないと言う。なぜなら、責任非難の是非と時期の決定は、行為者個人の主観的判断ではなく、客観的な法秩序の領域に属するものであるからである。通説が妥当である。

（4）良心犯の問題

（a）良心犯の意義　良心と法律が衝突する極端な宗教的・良心的な葛藤の状況において、人格の破滅を避けるために良心の命令に従って法律に反する行為をした行為者を、良心犯という。

　　たとえば、エホバの証人の信者である父親が、交通事故で重傷を負った息子に対して輸血と手術をしようとする医師の措置を、宗教上の理由により阻止した場合、または祈りの力で治すという理由により重病の妻に対する医療的な措置をまったく取らなかったため、死に至らせた場合、または良心の対立を理由に兵役義務を忌避したり、銃をとることを拒否した場合などが挙げられる。

良心犯は、確信犯の特殊な場合に該当する。確信犯とは、自分の内面的信条と宗教的・政治的・思想的確信のために法律の拘束力を無視し、法律に反する行為を行った行為者を示すものである。確信犯は主観的な確信のために法律に違反したため、不法と責任の成立に何の影響もなく、一定の場合に量刑の酌量事由になるだけである。また、場合によっては、確信が量刑上行為者に有利に作用することもあるが、不利に作用して重い刑罰を受ける恐れもある。

　しかし、良心犯は、良心の葛藤状況で、法律に従うと適法な行為はしうるが、良心の法廷から下される最も厳しい罰（呵責）のために人格の破壊や人間実存の没落に至ることもある。したがって、このような極端な良心の葛藤状況において、すべての人に良心を見捨てて法律に従うことを期待するのは不可能である。

　このように人格を破壊する良心の葛藤状況で良心の命令に従い、法律の命令に背反した良心犯について、免責的な考慮をすることができるであろうか。仮にそれが可能であれば、その根拠は何なのかということが、難しい問題になる。

　(b) 刑法上の取扱い　　ドイツでは、良心の困窮状態を免責事由として認めるのが、学説および判例の一般的な傾向である。かつてドイツ連邦憲法裁判所は、国家は信教と良心の自由を尊重しなければならないため、行為者が良心上の理由により精神的な困窮状態に陥っていた時、その行為者に対して刑法上の有罪判決を下すことは人間の尊厳を害する過度の社会的対応であるとして、これを拒否した[28]。同じ理由で多数の刑法学者らも、ドイツ基本法第4条第1項の良心の自由から、良心犯の免責事由を導いている。

　自由な法治国家の刑法秩序は、刑法規範違反者を容赦なく処罰することを求めない。かえって、彼らがたとえ一定の刑法規範を侵害したとしても、最上位の憲法原則と他人の基本権を原則として無視せず、また国家法秩序の安定を侵害しないのであれば、一定の範囲内の刑法規範の侵害について国家は寛容な態度を取ることができる。特に、個人の良心的な決定が現在の実定法を侵害したとしても、その実定法が社会の発展と進歩によってこれから改正されたり、多数決の支持が変更されうる状況なら、国家は良心犯の処罰について、より寛容を施すことが、法治国家理念にも合致するのである。特に、現在の実定法が良心との衝突を引き起こす悪法であるとすれば、これに抵抗する良心犯が続出することがありうる。今日、多元主義社会における国家は世界観の中立性を維持しなければならないが、特定の実定法が世界観的偏向性に固執して良心の抵抗を招来する場合には、司法部と憲法裁判所の支援が必要である。

　いかなる場合であれ、良心犯は本質的な側面からは法を承認しながらも、個々の現存する規範について良心上の理由により抵抗するものであるため、このような場合に限っては、良心犯に対する免責可能性を認めることが望ましい。信教と良心の自由を理由とした免責可能性は、実定刑法と衝突する信仰上の戒命や良心上の召命が、人格の破壊を回避するために、人に対して刑法が求めている一定の行動様式を拒否するように内面的

28　BVerfGE 32, 109.

306　第2編　犯罪論

な力を行使したため、行為者の意思決定能力が弱くなって責任が減少しており、さらに法治国家的刑事政策の観点からも予防的処罰の必要性がないという観点に求めるべきであろう。

第5節　特別な責任要素

I　意　義

　刑法各則の中には、特別な責任要素を充足してはじめて犯罪構成要件を満たす場合が多い。嬰児殺害罪（第251条）が代表的な例である。これは犯行の不法要素ではなく、単なる個人的な責任非難の要素に過ぎない。すなわち、具体的な犯罪に対する行為者の非難し得る態度と関連している。

　これらの犯罪において、行為者に通常の責任非難を加えるのか、それとも加重、減軽された責任非難を加えるのかは、このような特別な責任要素の存在、様態の性格に左右される。特別な責任要素は責任構成要素であるため、故意や不法の意識によって把握される必要はない。しかし、行為者の動機を形成するものであるから、この限りでは責任故意による意識を前提とする[29]。

II　種　類

1　純粋主観的責任要素（心情要素）

　行為者が自分の犯行について持っている内面的な態度をいう。たとえば、嬰児殺害罪における「斟酌することができる動機」などが挙げられる。

2　限られた主観的責任要素

　これは、行為者の内面的な態度とかかわっているという点では主観的な性格を持っているが、加えて法律がこのような内面的な態度に至るようになった一定の外部的動機状況を前提としている点では、純粋な主観的責任要素とは区別される。たとえば、嬰児殺害罪または嬰児遺棄罪における「恥辱を隠ぺいするため、

29　權奉洺「特別한 責任標識에 関한 研究（特別な責任要素に関する研究）」高麗大学校博士学位論文（2000. 6.）105頁以下。

または養育できないことを予想し」という要素、犯人隠匿罪（第151条第2項）または証拠隠滅罪（第155条第4項）において親族・戸主または同居の家族が本人のためにこのような罪を犯した場合における「本人のために」という要素がこれに属する。

3　客観的な特別の責任要素（推定的責任要素）

立法者が一般的な生活経験を基礎として、一定の付随的な行為事情があれば責任に影響を及ぼす動機状況を推定することができるように規定した一定の責任要素をいう。ここでは、一定の付随的な行為事情があれば、行為者の動機形成に影響を及ぼしたという推定がなされる。このような点に基づいて、客観的な特別の責任要素は推定的責任要素とも呼ばれる。

客観的な特別の責任要素の典型例としては、嬰児殺害罪における「分娩中または分娩直後」という要素、偽造通貨収得後知情行使罪における「収得後」という要素が挙げられる。また、犯人蔵匿罪や証拠隠滅罪における一定の家族関係の存在も、これに属する。他方、韓国の刑法では、各種の常習犯の常習性は、刑罰根拠的・刑罰加重的要素として使われている客観的な特別の責任要素の例である。したがって、この点は立法論的に批判の対象になっている。

Ⅲ　具体的適用

1　犯罪関与形態

犯罪の関与者は、共同正犯であれ狭義の共犯であれ、責任個別化の原則によってそれぞれ特別な責任要素を持っている者のみが、犯罪に対する責任を負う。産婦が恥辱を隠ぺいするために嬰児を出産直後から殺害したとき、幇助者にそのような動機がなかったら、幇助者は普通の殺人罪の幇助として処罰するしかない。

2　責任故意

特別な責任要素は構成要件的故意の対象ではなく、責任故意の認識対象である。ここで、行為者は、この特別な責任要素の存在を認識し、それを動機として行為をしなければならないために、少なくともこの要素についての意識は必要である。

3 錯　誤

　特別な責任要素に関する錯誤は、専ら行為者の非難し得る心情を消滅させることができるだけなので、故意と関連した構成要件的錯誤ではない。特別な責任要素は客観的な対象に関する準拠点を持っておらず、行為者の心情と関連するだけである。したがって、ここでは行為者が主観的に考えていたところに従って問題を解決しなければならない。嬰児殺害において産婦が私生児である嬰児を摘出の子と思い、将来教育費の負担をなくすために殺害した場合は、普通殺人罪で罰しなければならない。

　ただし、客観的な特別の責任要素（推定的責任要素）に関する錯誤は、客観的に存在する付随的な行為事情を基準にしなければならない。つまり、付随的な行為事情が客観的に存在するかどうかによって、特別な責任要素の存在の有無が決定される。たとえば、嬰児殺害における産婦が出産直後の嬰児と錯誤しても、出産してから数日が経った後なら、客観的で付随的な行為事情は存在しないため、その錯誤は刑法的に重要でない動機の錯誤に過ぎず、普通の殺人罪に該当する。他方、産婦が出産してから数日が経ったと勘違いして嬰児を殺害したとしても、分娩直後という客観的で付随的な行為事情が存在すれば、その錯誤は刑法的に重要でない動機の錯誤に過ぎないため、嬰児殺害罪として扱わなければならない。

第6章　客観的処罰条件・人的処罰条件

I　序　説

当罰性のある犯罪行為についても、刑罰の必要性や有用性に関しては再び政策的に検討しなければならない。たとえば、国会議員が開会中の議会の壇上で国家元首を冒涜する発言をしたとしてもむやみに刑罰権を発動することになると、権力分立に基づいた法治国家の原理は大きな打撃をこうむることになるであろう。したがって、犯罪が成立する場合であっても常に刑罰権を発動することができるのではなく、刑罰権の発動の条件を改めて検討しなければならない。このような条件と関連しているのが、客観的処罰条件および人的処罰条件である。

II　客観的処罰条件

これは、犯罪の成否に関係なく、一応成立した犯罪の可罰性のみを左右する外部的・客観的事情を指す。たとえば、事前収賄罪（第129条第2項）において、公務員または仲裁人になる者が、その担当することになる職務について請託を受けて賄賂を授受・要求または約束すれば、この犯罪は成立する。しかし、この行為が可罰的になるためには、行為者が実際に公務員または仲裁人になった事実を必要とする。この場合、処罰の条件となる「公務員または仲裁人になった事実」が、客観的処罰条件である。

客観的処罰条件は、故意・過失の認識対象ではない。不法の意識を含めた行為者の責任連関の対象でもない。したがって、故意や過失が客観的処罰条件に属する事実にまで及ぶ必要はない。客観的処罰条件は、従来、結果責任の残滓であると認識されたこともあるが、今日では、単に刑罰権を制限する刑罰必要性の条件として理解する傾向が一般的である。

III　人的処罰条件

1　意　義

これは、行為者の特別な身分関係などによって、成立した犯罪についての刑罰

310 第2編 犯罪論

権の発動を阻止する人的な事情を指す。このような例外的な事情は、最初から刑罰の必要性を排除する場合もあり、事後に消滅させる場合もある。

2 種 類
（1） 一身的刑罰阻却事由

犯罪は成立するが、行為当時に存在する特別な身分関係によって可罰性を排除する場合をいう。たとえば、親族相盗例（第344条、第328条）における直系血族、配偶者、同居の親族、同居の家族、またはその配偶者、そして国会議員の免責特権（憲法第45条）、外交使節の外交特権などが、これに属する。

このような事由を認めているのは、立法者が一般予防的な刑罰の目的より特別な身分上の地位や関係を尊重して、刑罰権の自制を求めようとする立法政策的な理由のためである。

（2） 一身的刑罰消滅事由

可罰的な行為後に発生した行為者の特別な態度によって、その可罰性を遡及的に消滅させる事情をいう。たとえば、刑法第90条第1項但書きおよび第101条第1項但書き所定の、自首による刑の免除などがこれに当たる。

3 効 果

一身的な処罰条件および刑罰消滅条件は、可罰性は排除するが、それは特別な人的事情によって個別的に適用されるものであるため、共犯の場合は、このような事情が認められる者にのみ、その効果がある（第328条第3項）。

Ⅳ 訴訟条件

客観的処罰条件および一身的な処罰条件は、実体法的要件である。刑事訴訟法の観点から公訴提起や訴追と関連する要件を訴訟条件という。たとえば、親告罪における告訴、被害者の意思に反しては処罰されない罪における不処罰の意思等が、これに当たる。その他、租税犯処罰法（第6条）・関税法（第200条）などの特別法上の告発も、訴訟条件の重要な一例である。

可罰性の客観的または一身的要件を欠いている場合は、実体関係的裁判である免訴判決（刑訴法第326条）を下すべきであるが、訴訟条件を欠いている場合は、公訴棄却などの形式裁判によって手続きを終結しなければならない（刑訴法第327条）。

第7章 過失犯論

第1節 序 論

I 刑法上の規律

過失に関する刑法第14条によれば、「正常の注意を怠ることにより罪の構成要件である事実を認識し得なかった行為は、法律に特別の規定がある場合に限り処罰する」と規定している。この規定に基づき、過失は「正常の注意を怠ることにより罪の構成要件である事実を認識し得なかった場合」に該当する。

故意は構成要件の実現に対する認識・意欲であるが、過失は、行為者が望まなかったにもかかわらず不注意により構成要件結果を惹起したため、不法及び責任の程度が故意より低い。したがって、過失は、故意と異なり常に処罰されるものではなく、法律によって特別の規定がある場合に限って例外的に処罰される。

II 過失の概念

1 過失の意味・内容

過失は、行為者が、具体的な行為状況において、構成要件結果の発生を避けるため社会生活上必要な注意義務に違反することを意味する。刑法第14条の法文は、これを正常の注意を怠ったことと表現している。過失は、過失犯 (Fahrlässigkeitsdelikete) の特徴を定める本質的な要素として、過失犯の不法要素に該当する。故意が故意犯を特定する主観的構成要件の要素であるように、過失は過失犯の構成要件要素である。このような過失概念における本質的な内容は、注意義務違反である。韓国では、結果予見義務と結果回避義務を注意義務の内容と解するのが、通説の立場である。

さて、過失犯を特定する本質的な要素である注意義務には、客観的注意義務と主観的注意義務がある。客観的注意義務は、社会生活を営む全ての人に一般的に要求される平均人水準の注意義務であり、主観的注意義務は、行為者の個人的能

力と特性に照らして行為者が遵守可能な水準の注意義務である。しかし、過失犯における客観的・主観的注意義務違反の機能と体系的な位置については、争いがある。

2 過失の体系的地位

(1) 構成要件・責任要素説 (客観的・主観的注意義務の二重の地位説)

新古典的・目的的統合的犯罪体系では、目的的犯罪体系の存在論的行為概念の方法論的要求を否定し、最も重要な体系的成果である故意・過失を構成要件要素として把握する考え方をそのまま受け入れている。そして、目的的犯罪体系において客観的注意義務違反 (過失) を過失犯の構成要件要素として把握したことをそのまま受け入れ、客観的注意義務違反は構成要件要素として過失犯の構成要件に位置付けた後、主観的注意義務違反 (主観的過失) は責任要素として過失犯の責任に編入させる。これが多数説の見解である[1]。

この場合過失は、二重の地位をもつ故意の構造と同様に、構成要件要素であり同時に責任要素として、二重の機能をもつ。ただ、過失は二重の客観的・主観的な尺度によって順次的に評価されなければならないため、構成要件要素としての客観的過失は、責任要素として主観的事実を徴表する機能をもつものではない。構成要件故意が責任故意を徴表すると解する学説では、この点が故意と過失がもつ二重の機能の差であると評価する。

(2) 過失犯体系の新傾向

近年、多数説の立場と異なり客観的注意義務違反は、過失の構成要素ではなく、ただ故意犯と過失犯に共通する客観的帰属の尺度として過失犯の客観的構成要件になり、その代わりに主観的注意義務違反が過失の本質的要素として過失犯の主観的構成要件要素になるという見解が唱えられている[2]。しかし、少数説におい

---

1 このような意味から、過失について不法要素と責任要素として二重機能を認める立場は、金聖天/金亨埈・162頁、朴相基・274頁、裵鐘大・668頁、孫ドン權・282頁、孫海睦・700頁、申東雲・227頁、吳英根・199頁、李相暾・152頁、李在祥・187頁、李廷元・462頁、李炯國・375頁、任雄・509頁、鄭英一・154頁、鄭盛根/朴光玟・421頁、曺俊鉉・276頁、Jescheck/Weigend, AT, § 54 I 3; Wessels, AT, Rdn. 664ff.,692; Schnemann, Neue Horizonte der Fahrlässigkeitsdogmatin, FS-Schaffstein, S. 160.; ders., Moderne Tendenzen in der Dogmatic der Fahrl ssigkets-und Gefhrdungsdelikt, JA 1975,S. 512ff; Donatsch, Sorgfaltsbemessung und Erfolg beim Fahrl ssigkeitsdelikt, S. 138; Hirsh, Der Streit um Handlungs-und Unrechtslehre, ZStW94 (1982), S. 266ff.

2 金成敦「過失概念における注意義務違反と予見可能性」刑事政策研究第6巻第4号 (1995)

ても過失犯の体系構成に対する若干の意見の差がある。具体的には、①客観的注意義務違反は、故意と過失に共通の尺度であり、主観的注意義務違反が過失犯の主観的構成要件要素であると主張する見解[3]、②客観的注意義務違反は、故意と過失に共通する客観的規則の尺度であり主観的注意義務違反は過失犯の主観的構成要件要素であるとともに責任要素としての二重の地位をもつと評価する見解[4]、③主観的注意義務違反に主観的構成要件要素及び責任要素としての二重の地位を認めながら、同時に客観的注意義務違反も過失犯の客観的構成要件要素として過失判断に寄与するとする見解[5]などがある。

（3）評価と結論

近年の少数説が客観的注意義務（客観的予見可能性）の役割と地位の変化を図る理由は、客観的帰属論の登場と無関係ではない。同理論によれば、客観的注意義務は、故意犯と過失犯に共通した一般的客観的帰属の尺度である「許されない危険の創出」の有無を判断するものとして機能する。すなわち、行為者が構成要件の実現について客観的に予見することができれば、危険の創出は法的に許されない危険として帰属することになる。このように客観的注意義務は客観的構成要件の結果帰属段階における許されない危険の創出を判断する一般的な帰属の尺度であると認め、その後に、客観的注意義務を過失行為の不法性を決定する構成要件要素として再び位置付けると、機能が重複してしまう[6]。したがって、過失犯において客観的帰属論を受容すると必然的に客観的注意義務の機能と体系的地位を変化させなければならない。このような論理的体系により、少数説は客観的注意義務を故意犯と過失犯に共通する客観的帰属の尺度として、過失の概念から排除

167-168 頁、金聖煥「過失の体系的地位に関する考察」『孫海睦教授還暦記念論文集』158 頁、金日秀『韓国刑法Ⅱ』388 頁、李昊重「過失犯の予見可能性」刑事法研究第 11 号（1999）73 頁以下、趙相濟「過失犯論の体系的再構成」考試界（1995）116 頁、Stratenwerth, AT I, Rdn. 1097; ders., Zur Individualisierung des Sorgfaltsmaßstabes beim Fahrlässigkeitsdelikt, FS-Jescheck, S. 285ff.; Jakobs, Studien zum fahrässigen Erfolgsdelikt, S. 48, 64ff.; ders., AT 9 / 1 ff.; Samson, SK Ahn 16 Rdn. 13ff.; Gössel, Norm und fahrlässiges Verbrechen, Fs-Bruns, S. 51f.

3 金成敦・前掲 179 頁、趙相濟「刑法における過失の体系的整序」考試界（1998）57 頁、李昊重・前掲 73 頁。

4 金日秀『韓国刑法Ⅱ』388 頁、Wolter, Objektive and presonale Zurechnuug, S. 156, 157. 故意犯における故意と異なり過失犯における主観的過失に構成要件要素および責任要素としての二重の機能を認定する実益はないとする批判的な見解をもっている者は金成敦・前掲 179 頁参照。

5 李用植「過失犯における注意義務の客観的尺度と個人的尺度」ソウル大法学第 39 巻第 3 号（1998）60～62 頁。

6 このような批判は、金成敦・前掲 165 頁、李用植・前掲 34 頁、李昊重・前掲 71 頁以下参照。

314 第2編 犯罪論

し、主観的注意義務違反を過失犯の主観的構成要素として認めるのである。

　客観的帰属理論の登場は客観的注意義務の地位の変化を考察する動機になったが、それにもかかわらず過失の体系的地位は多数説のように客観的・主観的注意義務の二重の地位説を支持することが望ましいと思う。ただ、体系論的観点からすれば、客観的注意義務が一般的帰属の尺度として機能することにより自動的に過失犯の構成要件要素としての地位は喪失すると解釈することが、一貫した論理である。しかし、過失犯の構成要件に客観的注意義務を構成要件要素として配置するのか、または、代わりに主観的注意義務を配置するのかは、不法構成要件段階において過失の本質を客観的に把握するのか主観的に把握するのかという重要な問題と係わっている。それゆえ、客観的帰属理論の登場とともに自動的に主観的過失が客観的過失に代替するという結論を導出してはならない。以下で検討するように、過失犯の不法構成要件段階における過失の本質は客観的注意義務違反であると判断することが妥当であるから、客観的注意義務は、過失犯の構成要件要素として位置づけるべきであろう。一方、主観的注意義務は、過失犯の責任要素として責任構成要件に位置する。

　したがって、過失犯における一般的帰属の尺度である危険の創出と客観的注意義務違反は並列的なものであると把握することができ、その判断も同時に行われるという結論にたどり着く。このような理由から、最近、過失犯の不法構成要件該当性の判断は、客観的帰属の判断により代替することができるという見解も登場している[7]。

Ⅲ　過失の種類

1　認識なき過失と認識ある過失

（1）認識なき過失

　認識なき過失（negligentia）とは、行為者に要求される注意義務に違反し、法的構成要件の実現可能性を認識できなかったことである。韓国の刑法第14条に規定されている「犯罪の構成要件である事実を認識し得なかった行為」とは、「認識なき過失」を意味する。行為者が法的構成要件に該当する事態の実現可能性について認識することができたにもかかわらず、不注意によって認識せず行為したこ

7　たとえば、Roxin,§ 24Rdn. 8 ～10.

とが、この過失の特徴である。

（2）認識ある過失

認識ある過失（luxuria）とは、行為者が法的構成要件の実現可能性を認識したが、注意義務に違反し、構成要件は実現しないと信頼した場合である。韓国刑法第14条は、認識なき過失に対して規定しているが、認識ある過失の存在は当然の前提としている。行為者は構成要件の実現可能性を認識したが、自分の能力を過信し、または不注意で構成要件的結果が発生しないと信頼したことが、この過失の特徴である。

（3）両者の区別の意義

刑法各側に規定された各過失犯の構成要件は、認識ある過失と認識なき過失とに区別されていない。したがって、過失犯の処罰を規定している限り、二種類の過失はすべて考慮される。また、両者は刑法上本質的な価値の差がない同等の過失であり、不法や責任の程度における明確な軽重の差もない。

したがって、認識ある過失が認識なき過失より、常に不法や責任が重いとは評価できない。認識なき過失によって発生した重い結果発生は、認識ある過失によって発生した軽い結果発生より一般に重い犯罪として評価されるからである。ただ、両者を区別する実践的意義は、認識ある過失と未必の故意とを区別することにより、故意に対する過失の限界が決められることにある。

2　通常の過失と業務上過失

業務上過失は、一定の業務従事者が当該業務の性質上または業務上の地位に基づいて特別に求められる注意義務に違反したことである。通常の過失に比して不法及び責任が加重され、重く処罰される。この場合、通常の過失犯と異なり、行為者の具体的な主観的認識や能力は当該過失の基準にならず、一定の業務従事者としての社会的身分や職業を標準にするため、具体的行為者の過失基準は高められる。

それゆえ、行為者が実際には業務上必要な注意を払う能力が欠けていても、自分が業務担当者である限り過失は否定されない。したがって、業務上過失は、当該業務の遂行上求められる注意義務を行為者が怠ることにより結果発生の予見及び回避ができない場合である。韓国刑法上、業務上過失交通妨害（第189条）・業務上失火（第171条）・業務上過失致死傷（第268条）・業務上過失贓物取得（第364

316　第2編　犯罪論

条）などがある。

3　軽過失と重過失

　民法上は、過失を重過失（Grobe Fahrlässigkeit）と軽過失（Leichte Fahrlässigkeit）
に区別する。従来、民法上の重過失に該当するものが、刑法上の重過失（Leicht-
fertigkeit）であるとする見解が支配的であった。これは、行為者が若干の注意を
払えば、要求される注意義務に違反しなかったという事情の下で行った軽率な態
度を意味する。しかし、近年、重過失を加重された不法及び責任内容をもってい
る過失の特殊形態として理解する立場が有力になった。

　重過失の存否は、具体的な場合に社会通念を考慮して決定しなければならない
というのが、大法院の見解である（大法院判決 1960. 3. 9、4294 ヒョンサン 761；1980.
10. 14. 79 ド 305）。たとえば、雪が降った後、凍った下り坂をブレーキが故障した
自転車で走って通行人を轢き傷害を負わせれば、重過失が認められる。その他、
構成要件が実現される重大な危険があることを認識しなかった場合、非常に可能
性が高い危険を意識的に看過した場合などが、例として挙げられる。業務従事者
の重過失は、業務上過失に含まれる。刑法には重過失失火罪（第171条）・重過失
交通妨害罪（第198条）・重過失致死傷罪（第268条）・重過失臓物罪（第364条）など
がある。

> 《判例》　被告人が84歳の老人（女性）と11歳の女児に対して按手祈祷（監修者注——
> 患者の体に手を当てながら祈る治療方法）をする際、彼らを床に寝かせて、祈祷した後
> 「悪魔、退去せよ」「なぜ退去しないの」などと大声で叫びながら片手又は両手で彼らのお
> 腹と胸を強く叩き、また押すなどの行為を老人に約20分間、女児には約30分間、繰り返
> した結果、両者が死亡した事案において、高齢の女性や、弱い児童は若干の物理力を加え
> ただけでも骨折や打撲傷を受けやすく、さらにお腹や胸などにそのような傷害が発生す
> る場合、致命的な結果をもたらす恐れがあることについて、被告人の年齢や経験・知識を
> もっている者は、若干の注意をすればたやすく予見することができた。それにもかかわ
> らず、注意を払わず人を死亡させた行為は、重過失致死罪に該当する（大法院判決 1997.
> 4. 22、97 ド 538）。

　重過失は、認識ある過失であることも、また認識なき過失であることもある。
認識なき過失と異なり、認識ある過失における重過失と軽過失の区別は、特別に
重い構成要件該当性の充足以外にも、量刑において重要な役割を果たす。

第7章　過失犯論　　317

第2節　過失犯の不法構成要件

　刑法上の不法構成要件該当性は、利益侵害としての結果反価値と規範侵害としての行為反価値がそろった場合に完全に成立する。結果反価値と行為反価値は、各々だけでは不法構成要件を充足することはできず、両者の相互関係においてはじめて不法構成要件を充足することが可能となる。これは、過失犯の場合もそのまま適用される。

　多数説によれば、過失犯の行為反価値は、客観的注意義務違反がその根拠になる。過失犯の結果反価値は、主に構成要件上類型化される結果発生によって成立する。この場合、結果の因果的惹起だけが決定的な基礎になるものではなく、このような結果が注意義務に違反した行為に基づいて実現されたか否かが重要である。

I　客観的注意義務違反

1　注意義務の内容

　注意義務には、結果予見義務と結果回避義務がある。すなわち、行為者が自分の不注意な行為から発生する可能性のある結果（法益侵害の危険性）を予見し、その結果発生を回避するために防止措置をとる義務がある。

2　注意義務の判断基準
（1）客観説

　多数説と判例[8]は、刑法14条における「正常の注意」の意味を社会生活上必要な客観的注意義務であると解する。したがって、注意義務の尺度は、客観的・一般的なものである。そして、標準になる一般人は「注意深い・慎重な・誠実な平均人」である。客観説によれば、社会生活上、一般的に要求される注意義務を払う個人的な能力が低い人の過失行為に対して構成要件該当性と不法性が認められ、行為者の個人的能力の欠如は責任段階において考慮されるとする。客観説が

8　大法院判決 1960. 4. 30、4292 ヒョンサン 618；1969. 10. 23、69 ド 1650；1971. 5. 24、71 ド 623（"…高速道路の走行線上に危険に関する措置をせず、路面補修のために砂を積み重ねていることは、一般的に予見できる事情ではないため…"）など参照。

318　第2編　犯罪論

注意義務の基準を客観的・一般的なものとして設定する主な理由は、法規範は誰
に対しても拘束力をもつ一般的な原則でなければならず、個人的な規範ではない
ことにある[9]。

（2）主観説

主観説は、行為者が自分の注意能力に基づいて可能な注意義務を果たさなかっ
たために成立する主観的過失だけが過失犯の不法要素であり、行為者個人の主観
的注意能力に基づいて注意義務違反を判断する。主観説が注意義務違反の尺度を
主観化・個別化する主な理由は、法規範は個人に不可能なことを求められないた
め、行為者の注意能力に基づいて可能な注意義務を付加しなければならないとい
うことである。主観説によって主観的注意義務違反が過失犯の構成要件要素とし
て位置付けられれば、故意が主観的構成要件要素であると把握される故意犯と構
成要件段階での犯罪の体系的論理が同じものになる。

（3）結　論

注意義務判断の尺度の一般化と個別化をめぐる客観説と主観説の議論は、法政
策的・規範要請的な立場から決定するべきである。このような観点からすれば、
主観説より客観説の方がより妥当であろう。

第一に、「法規範は一般的な原則であり、個人的規範ではない」という当為的な
要請を考慮すれば、過失行為の違法性は客観的・一般的尺度に基づいて判断すべ
きである。法規範の指導的・一般予防的機能を強化し法益保護任務を充実させる
ためには、行為を指導・評価する基準が一致しなければならないからである。

第二に、過失判断基準の主観化は、近年、多くの過失犯罪が業務上過失犯であ
る傾向に反する。交通・医療・産業・建設など過失事故が大量に発生する職業生
活領域においては、行為者が業務者として遵守しなければならない定型化・標準
化した注意義務が適用されており、個人的・主観的能力は、過失判断において重
要ではない。さらに、大量の法益侵害の危険性が含まれている業務上過失犯の領
域における一般的注意義務の付加を放棄し、規範遵守に関する判断を個人の主観
的能力に任せることは、事実上法規範の法益保護任務を放棄する結果をもたら
す。

第三に、不法構成要件—学者によって責任判断段階まで含む—の体系構成にお

─────────

9　鄭英一「過失犯における人的不法論に関する研究」ソウル大学博士論文89頁・93頁。

いては、故意犯と過失犯の両者を一致させる必要はない。故意犯と過失犯はその成立要件と構造において本質的な差があり、構造的にも両者を統一させる理由・必要性はない。故意犯と異なり、過失犯ではその特徴に基づいた成立要件と体系が要求されるためである。

3　客観的注意義務の根拠

（1）法規および行政規則

法規範に適合する行為は社会的に相当な行為であるだけでなく、許された危険の範囲内の行為である。したがって、予見できない方法によって結果が発生したとき、法規を遵守した行為では、客観的注意義務違反が排除される。許された危険の範囲内にある行為であるからである。

客観的注意義務違反を判断する基準になる法規は、道路交通法規の分野でみられる。たとえば、道路交通法第44条（安全運転の義務）は、「すべての車の運転者は、その車のハンドル、ブレーキその他の装置を正確に操作しなければならず、道路の交通の状況並びにその車の構造及び性能に従い、他人に危害を及ぼす速度又は方法で運転してはならない」と規定している。

（2）取引の慣行・規制および社会規範

行為要求について法的な規律がないときには、取引の慣行・規則や社会規範が客観的注意義務の発見若しくは制限の基準になる。このような基準は、書面上確定されている場合もあるが、口頭で伝えられる場合もあるであろう。これが取引の慣行規則であれ社会規則であれ、共通点は法的性格を持っていないことである。たとえば、運動規則、内部的な勤務指針、医療技術の規則、商人の慣行、商取引規則などが挙げられる。

（3）判決による制限

法規範や社会規範が欠けたとき、客観的注意義務若しくは許された危険の限界は、裁判官の判断により個別的に確定される。このような判断は、行為者の状況から規範的に想定された標準型を用いて行為者の行為を推定する方法で限界を確定する。すなわち、行為者の置かれた状況において洞察力を有する者が、法益侵害の危険を認識し回避するために払う注意が標準となる。

このような標準型が現実から離れた観念型にならないためには、行為者が属する取引の範囲によって個別具体的に判断しなければならない。具体的な事案にお

いて行為者は、法秩序と社会秩序に基づいて通常の運転者、通常の運動選手、通常の商人、通常の医師などに求められる程度の行動をしたか否かを検討すべきである。万一、行為者が通常の職業人として取引の慣行や社会規範に適合する行為をした場合には、予見できなかった法益侵害の結果が発生しても客観的注意義務違反が排除される。

Ⅱ　構成要件的結果の発生

過失犯は、原則的に構成要件的結果の発生を必要とする。したがって、過失犯は原則的に結果犯である。過失挙動犯も理論的にあり得るが、韓国の刑法においては、これに関する規定は存在しない。構成要件的結果に関する過失犯の構成要件は、刑法では過失作為犯・過失侵害犯・過失危険犯（刑法第181条の過失溢水罪）などが考えられる。

一方、過失結果犯では、その特性上、当該注意義務違反性が発生した構成要件的結果に実現されなければならない。すなわち、実現した構成要件的結果は注意義務違反によって発生したが、もし注意義務に違反しなくても同じ結果が発生する場合―すなわち、規範適合的行為があっても同じ結果が発生しうる事情があるとき―その結果は、注意義務違反性によるものではないため、過失犯の結果不法は認められない[10]。それは、発生した構成要件的結果が、洞察力を持っている平均人が客観的に予見できる範囲外にある場合も同様である。

Ⅲ　因果関係と客観的帰属

構成要件的結果は、少なくとも行為者の注意義務違反行為によって惹起されたものでければならない。原因と結果の間に合法則的条件関係が成立しなければならず、構成要件的結果は、過失行為者に客観的に帰属されなければならない。

注意すべき点は、因果関係と客観的帰属は、原則的に、故意犯と過失犯において同様に適用される規則だということである。したがって、故意犯の客観的構成要件において検討された客観的帰属の尺度は、過失犯の客観的構成要件において同様に適用される。

したがって、客観的注意義務違反を意味する危険の創出（許された危険の原則、危

10　Welzel, Das Deutsche Strafrtecht, S. 136.

険減少の原則、社会に相当で軽微な危険の原則、構成要件的結果の客観的支配可能性の原則）と特別な客観的規則の尺度になる具体的な危険の実現（危険の相当な実現の原則、法的に許されない危険実現の強化、合法的代替行為との義務違反連関性論または危険増加論）及び規範の保護目的（故意的な自損行為への関与、了解ある被害者に対する加害行為、他人の責任領域に属する行為、保護目的思想のその他適用例）が過失犯の客観的帰属の尺度としてそのまま適用される。

Ⅳ　主観的構成要件要素

　多数説によれば、主観的注意義務違反は責任の領域で検討されるため、過失犯の主観的構成要件要素は特に存在しない。したがって、過失犯の行為反価値は、もっぱら客観的注意義務違反により構成される。

　一方、少数説によれば、過失犯の行為反価値は、主観的構成要件要素である主観的注意義務違反により構成されるため、主観的注意義務違反が過失犯の主観的構成要件段階で検討される主観的構成要件要素になる。そして過失犯の行為反価値も主観的注意義務違反により規定され、故意犯が主観的構成要件要素である故意によって行為反価値が規定されることと構造的に相通ずることになる。

Ⅴ　客観的注意義務の制限原理

1　許された危険

（1）意　義

　現代社会における自動車・航空機の運航、工場の運営のような機械操作や企業活動は不可避であるが、運行上最善の注意を払っても回避できない様々な危険がある。それにもかかわらず、立法者は、危険を伴う多数の犯罪類型について個別具体的な事例を検討せず、公共の利益という上位の根拠から安全のための一定の規則を順守することを前提として許容している。それが、許された危険（Erlaubtes Risiko）である。これは人間の日常生活を自由かつ円滑にするために、または個人の決定と活動の自由を保障するために、社会的有用性と必要性の観点から一定程度の法益危殆化を社会が甘受するようにした結果である。

（2）法律上の取扱

　許された危険、すなわち社会的に相当な危険に対して客観的注意義務違反を否定することにより、構成要件該当性を阻却することが妥当である。許された危険

は、客観的注意義務を制限する原理だといえよう。ただし、社会的に相当な危険行為ではなく、もともと危険な行為として禁止されているが、利益較量の観点に基づいて例外的に許容される場合は、刑法第20条の正当行為のうち、「その他社会常規に反しない行為」に該当する違法性阻却事由であると解釈すべきである。

（3）適用上の基準

上述の客観的注意義務違反の範囲を限定した基準は、許された危険若しくは社会的相当性の限界を確定する基準となる。したがって、法規及び行政規則、取引の慣行・規制及び社会規範、判決などに従った行為が予見できない法益侵害の結果をもたらしたとしても、許された危険として客観的注意義務が否認され構成要件該当性が阻却される。

2　信頼の原則

（1）意　義

信頼の原則（Vertrauensgrundsatz）は、交通規則に従い行動する者は他の交通関与者も交通規則を守ることを信頼すれば足り、他人の交通規則違反行為を認識できる特別な状況がない限り、他人の交通規則違反行為をあらかじめ予見し注意を払う必要はないという原則である。たとえば、車線に従い規則通りに運転する者は、相手の車両が交通法規に違反して中央線を侵犯し、自分が運転する車両の前方に進入することを予見して減速するなどの衝突予防措置をとる業務上の注意義務はなく（大法院判決 1976. 1. 13,74 ド 2314）、交差点において広い道路を運転し優先通行権を有する運転者は、狭い道路を走行している車両が交通法規に従い適切に運転することを信頼して運転すれば足り、狭い道路から進入する車両が一旦停止せずに広い道路に進入することをあらかじめ予見し、これに対する安全措置を講じる必要はない（大法院判決 1977. 3. 8, 77 ド 409; 1984. 4. 24,84 ド 185）。

この場合、交通関与者は、自動車運転者だけでなく、歩行者まで含む概念である。もちろん、横断歩道ではない所で無断横断するすべての歩行車に対して運転者の信頼が認められるものではないが、たとえば、高速道路を無断横断する歩行者（大法院判決 1977. 6. 28,77 ド 403）、歩道橋の下を無断横断する歩行者（大法院判決 1985. 9. 103,84 ド 1572）、赤信号にもかかわらず横断歩道を渡る歩行者（大法院判決 1987. 9. 8,87 ド 1332）などに対して運転者の信頼が認められる。

信頼の原則は、道路交通に関する判例から発展した。最初の判例は 1935. 12. 9

ドイツ帝国裁判所の判決（RGSt70,71）であり、その後、ドイツ連邦最高裁判所の判例（BGHSt4,47;7,118;8,201; 9 ,93;12,83,13,173）により発展してきた。日本においても1950年後半から議論され、1966年判例により確立された。韓国では、大法院判決1957. 2. 22,4289 ヒョンサン 330 において、機関助手研修生が過失により起こした事故の被害に対して機関士に信頼の原則が適用され、業務上過失致傷罪が否定された後、大法院判決 1971. 5. 2471 ド 623 の判例においても、高速道路において自動車を運転するときには、原則的に徐行する注意義務がないという判決を下すことにより、信頼の原則が確立された。

　近年、この原則は、道路交通分野を超えて、責任が各自に分担された状態で分業活動が行われるすべてのところで適用されている。たとえば、医療的な共同手術、科学的な共同手術などがある。

> 《判例1》　夜間に車が頻繁に通る歩道橋下では、片道4車線道路の第2車線を走行中の自動車運転者は、無断横断者がないことを信頼して運転すれば足り、道路交通法規に違反し自動車の前を横断する者がいることまで予測し、注意して運転する注意義務はない（大法院判決 1989. 2. 28,85 ド 1689）。
>
> 《判例2》　自動車運転者として、交通量が多い幹線道路の横断歩道の歩行者信号が赤信号であるとき、歩行者が信号無視をして突然渡ることはないと信頼することは当然であろう。したがって、このような状況まであらかじめ予見し、注意して運転する業務上の注意義務はない（大法院判決 1985. 11,12 ド 1893）。
>
> 《判例3》　被告人は、左折禁止道路で横断歩道を通って反対車線に行き、中央線設置部分の反対車線を通過し左の路地へ左折しようとしたところ、反対車線から直進してきたバイクと横断歩道前の中央線設置部分で衝突した。道路に設置された中央線は反対方向に向かう車両との境界線であり、運転者は特別な事情がない限り反対車線の車両が境界線を超えないことを信頼して運転する。本事件は、やむを得ない事情がなかったにもかかわらず故意に中央線を越えて反対車両の運行者の信頼に反する走行をし、事故を起こした場合である。したがって、交通事故処理特例法上の中央線侵犯事故に該当する（大法院判決 1995. 5. 12,95 ド 512）。

（2）法律上の取扱い

　信頼の原則は、許された危険の一場合であり、社会生活上必要な客観的注意義務に対する限界を決めることにより、過失犯の構成要件該当性を阻却する原則である。

（3）適用上の制限

客観的注意義務を制限する原理である信頼の原則は、全ての事例において常に有効なものではない。具体的な事例に適用する場合、いくつかの制限が加えられる。

(a) 他人の交通規則違反事実を認識できる特別な事情が存在する場合

他人が客観的注意義務に違反し法益侵害の恐れがあるとき、交通規則を守って運行する者がこの事情を認識できれば、事故を回避するための措置を取らなければならない。仮にそのまま運行し事故が発生すれば、先行の原因を提供した他人の客観的注意違反は否定されないが、規則通りに運行した者の客観的注意義務違反も排除されない。たとえば、20メートル前方の反対側から中央線を超えて運転する車両を発見した運転者は、衝突を回避するための措置を取らない限り、客観的注意義務違反を免れ難い。

> 《判例》　一般的に黄色の中央線が設定された道路において自分の車線に沿って走行する自動車運転者は、反対方向から来る車両も車線に沿って運行することを信頼する。したがって、中央線を越えて来ることまで予見して運転する注意義務はない。ただし、反対方向から来る車両がすでに中央線を侵犯し規則に反して走行していることを目撃したときは、自分の車線を侵犯する恐れがあることを予見し、その車両を注意深く観察して速度を落とすなどの適切な措置を取ることにより事故を未然に防ぐ業務上の注意義務がある（大法院判決 1986. 2. 25,85 ド 2651）。

(b) 他人の客観的注意義務違反を認識できる特別な事情がある場合

身体障がい者、高齢者、年少者などは、具体的な状況のもとで、交通規則に基づいて運行することが期待できない場合が多い。このような事情を認識・予見できた交通関与者には、信頼の原則が排除され客観的注意義務違反が成立する。

他の交通関与者が飲酒などの理由により、交通規則に従って運転することが困難な場合も同様である。たとえば、先行車の運転者が飲酒運転中であることを運転方法などを通じて確認できるとき、後続車の運転者が追い越す際、先行車の運転者が規則通りに運転することを信頼してはならない。飲酒した歩行者が道を横断しているときも、同様である。

交通事故が頻繁に発生する地域であることを表す標識を見たときは、これを考慮して運転しなければ、信頼の原則は適用されないであろう。特別な事情が道路交通の危険を加重させ、または前方注視が困難である横断歩道では、信頼の原則は適用されない。

> 《判例》　夜間、高速道路を運転する者は、通常の天候の昼間に高速道路を運転するときと異なり、路面状態や視認可能距離等に応じて高速道路の制限速度以下の速度で減速・徐行する注意義務がある。したがって、夜間に先行事故により前方に停車していた乗用車とその横に立っていた被害者に衝突した事件においては、運転者に高速道路の制限速度を守って減速運転しなかった過失が認められる（大法院判決 1999. 1. 15,98 ド 2605）。

第7章　過失犯論　325

(c) 注意義務が他人の行動に対する保護・監督または監視に係わる場合

業務分担者の間に指揮・監督の関係がある場合、監督の注意義務のある監督者に対しては、信頼の原則は適用されない[11]。この場合、監督義務を他人の失敗に対する一般的な予見可能性と単純な侵害の可能性に基づいて評価してはならない。他人の失敗を防ぐための特別な指揮・監督責任を負う特別な事情が存在すれば、信頼の原則が制限される。このように解釈しなければ、危険な手術の場合、効果的な分業が不可能になるからである。

その他、子どもの引率責任または精神障がい者の監護責任や身体障がい者の保護責任および患者の治療責任を負っている者にも特別な注意が求められるため、被保護・被監護者に対する保護・監督責任者の信頼の原則は制限される。特に、患者の治療における医療措置は、生命・身体に対して重大な結果をもたらす可能性があり、患者は、一般的に治療措置の合目的性と有害性に対して判断できない立場にあるため、医師の特別な注意が必要である。したがって、医師が治療措置を取る際、患者が適切な行動をすることを信頼しても客観的注意義務違反は排除されない。

(d) 自ら注意義務に違反した場合

交通規則に違反した者に対して信頼の原則は適用されない。客観的注意義務に違反して、自ら惹起した危険を他人が解決してくれるだろうと信頼することは許されないからである。信頼の原則は、このように客観的注意義務の限界を設定するだけであり、他人の注意を信頼し、行為者が客観的注意義務に違反しても良いということ意味するものではない。

Ⅳ　被害者の承諾

1　要件及び法律上の取り扱い

故意犯と同様に、過失犯においても被害者の承諾は、構成要件該当性の阻却事由である。承諾は、過失行為と過失結果に影響を及ぼすべきである。しかし、過失犯における被害者は、行為者の注意義務に反する行為とこれによる危殆化を承諾するのであり、過失的な侵害の結果について承諾するのではないため、被害者の承諾により過失犯の構成要件該当性が否定される場合は多くない。

11　大法院判決 2007. 2. 22,2005 ド 9229:「医師が他の医師と医療行為を分担するとき、担当患者に対して主な治療を担当する医師の地位にあり、または他の医師を事実上指揮・監督する地位にあれば、その医療行為の領域が自分の専攻ではなく他の医師の専攻に属する場合や、他の医師がすべてを委任されている場合ではない以上、医師は自己が主に担当する患者に対して他の医師が行う医療行為の内容が適切であるか否かを確認して監督する業務上の注意義務があり、このような業務上の注意義務を怠り患者に危害が発生すれば、同医師は過失責任を免れることはできない。」

326　第2編　犯罪論

2　適用上の制限

過失致傷（刑法266条1項）や業務上過失贓物取得（同法364条）に対して被害者が承諾することにより構成要件該当性が阻却されることについては、疑問はない。しかし、失火（同法170条）・過失溢水（同法181条）・過失交通妨害（同法189条）に対する被害者の承諾は、有効に成立しえない。社会的法益に対する侵害の場合には、承諾による結果反価値を排除することができないためである。

死亡に至る恐れがある生命の危殆化に対する承諾は有効であろうか。通説は有効性を否定している。他方、一定程度内で生命を危うくする手術に対する承諾は有効であるという少数説もある。この場合、死亡に対する承諾の問題ではなく、危険な行為自体に対する承諾であることを根拠とする。しかし、通説が妥当であろう。そもそも法益としての生命は放棄できるものではない。被害者の承諾は、行為と結果に対する承諾があるとき、成立する。単純な危険行為自体を承諾したことで、死亡した生命の危険全体を承諾したものと解釈することはできない。死亡の結果に対する過失がある限り、これが医療過失であっても、過失致死行為の構成要件該当性を否定することはできない。

第3節　過失犯の違法性

I　一般原則

1　違法性の徴表

故意犯と同様に、過失犯においても不法構成要件が実現されることにより違法性が徴表される。すなわち、違法性は例外的に正当化事由が存在しないときに認められる。したがって、過失犯の違法性が正当化事由により阻却されることは、故意犯と同様である。原則的に過失犯に対しても、すべての正当化事由が考慮される。特に、正当防衛・緊急避難などがよく問題視される正当化事由である。

2　主観的正当化要素

過失犯の正当化事由を認めるためには、主観的正当化要素が必要である。少なくとも行為者は、許容構成要件を充足させる状況を認識し、この許容に基づいて行動しなければならないからである。

過失による正当化行為は、主観的正当化意思から出発すべきであるが、具体的な行為結果も主観的正当化意思により惹起されなければならないかが問題になる。このような要件を徹底すれば、過失による正当防衛者などに不利益になることは言うまでもない。したがって、行為者が、一般的な防意思若しくは防衛傾向により、予見できる結果を発生させたが、その結果が故意的な法益侵害を正当化できる範囲に留まることができるならば、正当防衛により正当化される。

一方、過失犯に正当化状況、すなわち、許容構成要件を充足させる状況自体に対する認識が欠けているときは、一般的な防衛意思や防衛傾向が存在しえないことは明確である。たとえば、Bが自分（A）を殺害しようとしていることに気付かない状態で、Aの過失により銃を発射し、Bを殺害した場合、Oが過失により屋上から植木鉢を落としたが、他人を殺害しようとしているPがそれに当たって気絶し、殺人が失敗した場合（過失による緊急救助）などが、これに該当する。この場合、過失犯には一般的な防衛意思が欠けているため過失行為は正当化されない。

ただし、この事例において、過失犯として行為者を処罰できるか否かは、別の問題である。正当化状況を認識せず、故意により正当行為をした行為者には、不能未遂の責任を問うことが論理的である。結局、過失による不能未遂として無罪になる。

II 個別的な正当化事由

1 過失犯における正当防衛

過失犯において考慮できる正当化事由の中では、正当防衛が最も重要な役割を果たしている。一つの行動が注意義務に違反し、それにより構成要件に該当するが、正当防衛権の範囲内で行われた場合は正当防衛が成立する。

> 例：違法な攻撃を受けた者が警告のために拳銃を撃つつもりだったが、不注意によって拳銃の弾丸が攻撃者に命中し、傷害を負わせた。このような過失致傷（同法第266条）の防衛行為は故意的な反撃にもとづいておこなわれた場合であっても正当化されるため、正当防衛に該当する。

過失行為が、行為と結合された危険を含めて、防衛のために必要であれば、刑法第21条第1項により防衛的過失行為は正当化される。

> 例：物を盗んで逃げている窃盗犯の逃走を防ぐために、その手段として単純傷害程度が適当であり、必要であったが、窃盗犯との距離が遠かったために銃を発射して、致命傷を負わせた場合。

328　第2編　犯罪論

　　この場合においても、射撃が必要であれば、刑法第21条第1項により正当化される。

　防衛行為が、刑法第21条第1項に基づいて検討した結果、必要性が欠けていることなどを根拠として正当化できなかったとき、過失による法益侵害の防衛行為は、正当化できない。この場合刑法第21条第2項・第3項による責任減軽または免責的過剰防衛が考慮されるだけである。

　もし、防衛行為をしている際に、誤って第三者が被害を受けた場合、第三者に対する攻撃行為は、正当防衛として評価できず、免責的緊急避難に該当する。これは過剰防衛の問題ではないことに注意しなければならない。

2　過失犯における緊急避難

　過失行為は、緊急避難（同法第22条第1項）によって正当化することができる。これは主に道路交通分野で発生する。すなわち、行為者が交通規則違反により保護しようとした利益が交通安全規則の遵守利益に優越したとき、緊急避難が成立する。

　　例：行為者が危篤の負傷者を自分の車で病院に運ぼうとした。この場合、高速で走行しつつ注意義務に違反し、交差点で過失交通妨害罪（刑法第189条）を犯しても、緊急避難として正当化される。

3　許された危険の場合

　許された危険は、客観的注意義務の制限を通じて、特に過失犯においては主として構成要件該当性阻却事由になる。しかし、認識ある過失に係わる許された危険が、過失犯の違法性阻却事由になる場合もある。一般に、推定的承諾の場合が代表的な例である。その他、たとえば医師が事故現場において、医療手段が不十分であることを理由として、重傷者の治療を一旦中止する場合、パイロットが、着陸予定地である空港が雪のため使用不可能になり、滑走路が短い簡易着陸場に着陸する場合などが挙げられる。

第4節　過失犯の責任

Ⅰ　責任要素の構成

過失犯における責任は、故意犯と同様に一般的に承認されない構成要件に該当する違法な行為に対する個人的非難可能性である。責任非難をするためには、過失犯において故意犯と同様に、責任要素として責任能力、責任過失および特別な責任要素、（少なくとも潜在的な）不法の意識、そして責任阻却事由の不存在が要求される。過失犯の特有の責任要素として、個人的過失（Die individuelle Fahrlässigkeit）がこれに加えられる。

Ⅱ　責任能力と不法の意識

1　責任能力

故意犯と同様に過失犯には責任能力が要求される。責任能力については故意犯の部分を参照してほしい。

2　不法の意識

故意犯だけではなく過失犯においても、現在的・潜在的な不法の意識（回避可能な禁止の錯誤）が責任の要素になる。過失犯の不法の意識が成立するためには、行為者が主観的に違反した注意義務が法的義務として認識されているか、認識することができるのでなければならない。

認識ある過失は、行為者が自分の行為による危険性の実質的な違法性を故意犯の不法の意識と同じくらい認識できなかったとき、禁止の錯誤になる。

認識なき過失は、潜在的な不法の意識を有すれば責任非難が可能である。この場合、行為者の行為に対する具体的違法性の認識は、潜在的な場合が多いからである。認識なき過失の行為者は、構成要件の実現に関する事実を認識していないため、具体的な行為の特別な違法性について認識できない場合が普通である。行為者に抽象的不法の意識若しくは具体的違法性の潜在的認識が欠けているとき、禁止の錯誤が発生する。したがって、行為者に対する責任非難は、減軽または完全に阻却されなければならない。

Ⅲ　責任阻却事由の不存在

　故意犯においては強い動機の圧迫があれば、厳格に制限された例外的な場合に限って責任が阻却される一方、過失犯においては規範に従う形態の期待不可能性が一般的な免責の理由になる。故意犯と同様に、過失犯でも期待不可能性が一般的な超法規的免責事由として認められる。したがって、行為者に個人的な注意義務の履行を極めて困難にする葛藤情状が存在したときは、責任が阻却される。

　このような場合は、瞬間的な身体的・精神的統制不能、興奮状態、過労などが考慮され、外的状況によって影響を受ける情緒不安定、ストレス状態も、これが主観的注意義務違反において考慮されない限り、免責的期待不可能性の判断において考慮しうる。

　認識ある過失の場合、故意犯の場合と同様に行為者の認識により行動することが期待できたかが判断基準になる。認識なき過失では、行為者に自分の認識によって行為できたか否か以外に、その行為を回避することが期待できたか否かも判断基準となる。

　多数説は、主観的注意義務違反を過失犯の責任要素と解釈し、期待可能性に独自の意味を与える。主観的注意義務違反を主観的構成要件要素と責任要素の二重の意味を持つものとして把握する少数説も、責任領域において両者を区別する。

Ⅳ　主観的注意義務違反（責任過失）

1　意　義

　主観的注意義務違反は過失犯の責任要素である。不法要素としての客観的過失が一般人の能力を基準とする構成要件的事実の認識・予見可能性を論じる一方、責任要素としての主観的過失は後者個人の能力に照らして構成要件結果の認識・予見が可能だったにもかかわらず回避しなかたことを意味する。

2　行為者の個人的能力

　行為者が、個人的に（主観的に）注意義務を履行する立場に置かれていたのでなければならない。すなわち、行為者は、洞察力のある慎重な人間に与えられた規範の要求を個人的に認識し、履行できたのでなければならない。行為者の個人的能力、すなわち、行為者の精神力と体力、行為者の知識そして経験がこれに対す

第7章　過失犯論　331

る基準となる。

(a) 行為者の能力が欠けている場合

行為者が身体的または精神的な問題により、正しくない知識または経験不足により注意義務を履行できなかった場合、注意義務に違反することに対して非難できない。

> 例：過労または不十分な運転練習による交通事故惹起の場合（第266条、第267条）、医師が職業教育を継続的に受けず、それによって職業上求められる一定の医療水準に至らなかったため手術で患者を死亡させた場合（第267条）

(b) 引受責任の場合

以上の事例においても行為者の能力範囲を超える仕事を引き受けたことについて非難することができる（Übernahmeverschulden）。行為者が引き受けた仕事を履行できないことを個人的に認識できたときには、危険行為を避けなければならない。それにもかかわらず、この危険行為をしたとき、引受行為は有責である。これが引受過失である。

上で検討した交通事故と手術の事例における引受行為は有責である。先行行為と責任非難をつなぐという点で、引受責任は原因において自由な行為と類似している。

第5節　関連問題

I　過失犯の未遂と共犯

過失犯においては、未遂と共犯は成立しえない。認識ある過失の場合に未遂の成立可能性を認める少数説もあるが、学説と立法はこれをまだ認めない。

II　過失犯の共同正犯

過失犯の共同正犯成立の可否については、本書第5節共同正犯の中の、過失犯の共同正犯成立に関する議論を参照すること。

III　過失の不作為犯

過失によって不作為犯が成立することはありうる。もちろん、真正不作為犯における過失犯構成要件は少ない。道路交通法により故障等の場合の措置（第148条）、シートベルト着用（第156条第6号）などの例があるだけである。

過失の不真正不作為犯（忘却犯）は、過失犯の処罰規定が存在する場合、常に考

332 第2編 犯罪論

慮しうる。過失による不真正不作為犯の要素は、特に保障人的地位（Garantestel-lung）を必要とする点で、故意による不真正不作為犯の要素と一致する。したがって、過失は、保障人的地位を含むすべての構成要件要素に及ばなければならない。保障人的地位の発生根拠は、故意犯においても過失犯においても同様である。その他、どのような法益が保護すべきであるか、またはどのような危険を防ぐべきであるかは、保障人的義務および注意義務から発生する。両義務は、刑法的責任を規定しまたは制限する。

第6節　結果的加重犯

Ⅰ　序　説

1　意義および種類

可罰的故意の犯罪行為が本来の構成要件結果を超えて行為者が予見できなかった重い結果を惹起したとき、これに準じて重い刑罰が加えられるように規定した犯罪構成要件が結果的加重犯（erfolgsqualifizierte Delikte）である。刑法第15条第2項は、これに関して「結果により刑が重くなる罪において、その結果の発生を予見し得なかったときは、重い罪としては、罰しない。」と規定している。

ここで基礎となる可罰的な故意の犯行部分が基本構成要件または基本犯罪であり、重い結果が発生した部分が結果構成要件である。刑法上の基本構成要件は、常に故意による場合に限られる。これに対して結果構成要件は、過失による場合が大部分である（故意＋過失）。しかし、いくつかの構成要件の解釈において、過失による場合はもちろん、故意によって重い結果が発生した場合も想定しうる（故意＋過失／故意＋故意）。前者を真正結果的加重犯、後者を不真正結果的加重犯と呼ぶ。

真正結果的加重犯の例は、傷害致死罪（第259条）・暴行致死罪（第262条）・堕胎致死罪（第269条第3項、第270条第3項）・遺棄致死傷罪（第275条）・逮捕監禁致死傷罪（第281条）・強姦致死傷罪（第301条の2、第301条）・人質致死傷罪（第304条の4・第304条の3）・強盗致死傷罪（第337条、第338条）等であり、不真正結果的加重犯の例としては、特殊公務妨害致死傷罪（第144条第2項前段）・現住建造物放火致死傷罪（第164条第2項）・現住建造物溢水致死傷罪（第177条第2項）・交通妨害致死傷罪（第188条前段）・重傷害罪（第258条）・重権利行使妨害罪（第326条）・

重損壊罪（第368条第1項）等が挙げられる。後者の例のうち不真正結果的加重犯の認定は、故意と故意の観念的競合より法定刑がより重い該当構成要件の解釈上不可避な措置であるが、真正結果加重犯の成立可能性がすべて排除されるものではない。

2　法的性質

結果的加重犯は、故意犯と過失犯が一つの構成要件として結合された結合犯であるが、構成部分である故意犯と過失犯の単純な加重的構成要件ではなく、独立した不法内容をもつ独自犯罪（delictum sui generis）である。ここでの重大な結果は、独自犯罪の構成要件要素であり、不法と責任に存在する客観的処罰条件とは異なる。

結果的加重犯において過失による重い結果に対して単純な過失犯より重く処罰する理由は、重い結果が故意的な基本犯罪に典型的に内包されている潜在的な危険の実現であり、単純な過失犯の結果惹起より行為反価値が大きいことにある。

3　立法態度

刑法第15条第2項は、「その結果の発生を予見し得なかったときは」結果的加重犯の成立を否定している。これは重い結果が予見できないときは結果的加重犯が成立しない趣旨であり、逆に少なくとも重い結果が予見可能な場合、すなわち、過失があった場合または例外的に重い結果を予見した場合、すなわち故意があったときも、結果的加重犯の成立を一般的に認めるという意味が含まれている。

4　責任原則との調和

今日、結果的加重犯は、基本犯罪に対する故意と重い結果に対する過失があるとき成立する「故意と過失の結合形式」により、責任原則との調和を図っている。責任原則との調和のために努力したにもかかわらず、結果的加重犯における刑罰の加重の程度は、多くの場合、基本犯と結果構成要件上の過失犯の刑を合わせたものより重い場合が多いため、これだけでは責任原則の要請を充足していないという批判が後を絶たない[12]。

12　このような理由から、スウェーデンは、1965年以降、刑法典において結果的加重犯を全部削除

334 第2編 犯罪論

　最近のドイツの立法例は、結果的加重犯に関する各則規定において、重い結果
に対して単純な過失ではなく主観的にその注意義務の程度を高めた重過失または
軽率性（Leichtferigkeit）を要求することによって、立法的な解決を図る傾向にあ
る[13]。一方、ドイツの判例は、重い結果が基本犯罪の直接的な結果である場合に
限ってその結果の客観的帰属を認めようとし、いわゆる直接性の原則と重過失の
要請を、結果的加重犯の制限のための付加的要件として考慮している[14]。

　韓国では、重過失の要請について否定的な見解もあるが[15]、結果的加重犯の重
い刑罰を責任原則と調和させるために、重い結果が行為者の重過失・不法によっ
て発生した場合に限って結果的加重犯の成立を認めることは、適切な方法であろ
う。また、直接性の原則は、結果的加重犯の重い処罰の根拠を、基本犯罪に含ま
れている特別な危険、すなわち、基本犯罪行為と直接的に結合された典型的な危
険に限定し、結果的加重犯を責任原則とより密接に調和させる機能をしているた
め、当然要請される原則であると評価できる[16]。

II　構成要件該当性

1　基本犯罪行為

　結果的加重犯において本質的な構成部分は、基本犯罪行為である。韓国刑法
は、基本犯罪が故意的な場合に限って結果的加重犯の成立を認めるため、基本犯
罪行為も故意に基づいたものでなければならない。基本犯罪行為と係わる行為主
体・行為客体・行為手段・場所・時間等に関して構成要件上特別な規定があると
きは、同じ要素を備えなければならない。たとえば、遺棄致死傷罪（第275条）の
基本犯罪行為である遺棄行為は、法律上または契約上保護義務ある主体だけが行
うことができるように特定されている。通常の場合には、一般的な犯罪行為と違

　した。
13　StGB § 176　Ⅳ（重過失により児童を死亡させた場合）、§ 177 Ⅲ（重過失により被害者を死
　亡させた場合）§ 178 Ⅲ、§ 239a Ⅲ、§ 239b Ⅱ、§ 310b Ⅲ、§ 311 Ⅲ、§ 311a Ⅲ、§ 316c Ⅱ
　など。
14　BGHSt 19, 387; 20, 230; 22, 362; Geilen, FS-Welzel, S. 655ff.; Küpper, Der unmittelbare
　Zusammenhang, S. 45ff.
15　金日秀『韓国刑法Ⅱ』446頁、裵鐘大・707頁。
16　裵鐘大・707頁、安慶玉「結果的加重犯の直接性の原則」刑事法研究第12号（1999）137頁以
　下、安銅準284頁、李在祥・201頁、趙相済「結果的加重犯の制限解釈」刑事判例研究3（1995）
　49頁以下。

いはない。

　基本犯罪行為により、その行為の固有の行為結果が発生しなければならないのが原則である。しかし、基本犯罪行為が未遂にとどまる場合であっても、重い結果が発生したら結果的加重犯の既遂が成立することに差し支はえない（通説）。たとえば、強姦が未遂に留まっても、これによって被害者が傷害に至った場合、強姦致死傷罪（第301条）が成立する。しかし、結果的加重犯において責任原則をより徹底するためには、基本犯罪の既・未遂によって不法と責任の量を区別することが、立法的に望ましい。

2　重い結果の発生

　基本犯罪行為により重い結果が発生したときには、結果的加重犯が成立する可能性がある。ここでは、重い結果は既に基本犯罪行為に含まれている典型的な危険の実現であるため、結果的加重犯の本質的不法内容を構成する。この点では、一定の結果発生は、可罰性の前提条件を形成するばかりでなく、不法や責任とは関係ない客観的処罰条件とも区別される。

　重い結果は、法益侵害に該当する場合が多いが、具体的な危険結果に該当する場合もある。たとえば、重傷害罪（第258条第1項）や重権利行使妨害罪（第326条）などが挙げられる。

　重い結果の発生は、過失による場合が多いが、不真正結果的加重犯の例では故意による場合もある。

3　因果関係と客観的帰属
（1）因果関係

　結果的加重犯において客観的に重い結果を行為者に帰属させるためには、まず故意の基本犯罪行為と重い結果発生との因果関係が必要である。その際、因果関係は合法則的条件関係を意味する。

　相当因果関係説で足りるとする見解もある[17]。相当因果関係説によると、因果関係が認められれば客観的帰属の問題を検討する必要はない。相当因果関係説は

17　權文澤「結果的加重犯」考試界（1972）65頁、南興祐・179頁、廉政哲「結果的加重犯論」プサン大学法学研究4　278頁、劉基天・161頁。

336 第2編 犯罪論

自然的因果関係の確定と評価的帰属問題を同時に解決する因果関係の確定方法だからである。

（2）客観的帰属関係

基本犯罪行為・結果と結果構成要件の重い結果発生の間に合法則的条件関係が存在するだけでなく、重い結果を行為者に客観的に帰属させることができるとき、結果的加重犯の構成要件が認められる（多数説）。ただし、結果的加重犯の結果帰属では、直接性の原則がこのような犯罪形態に対して特別な客観的帰属の観点において検討される（多数説）。客観的帰属関係が否定されると、重い結果が発生しても客観的構成要件該当性は否定され、重い結果発生に関する行為者の過失の有無を論じることなく結果的加重犯の成立は否定される。

4　直接性の原則

結果的加重犯においては、基本犯罪は重い結果を惹起する可能性がある犯罪に限定されているため、重い結果は中間原因を経ることなく、基本犯罪行為・結果から直接惹起されたものでなければならない。これを直接性の原則という。

これによれば、少なくとも中間原因が介入した重い結果発生に対しては、結果的加重犯の成立が制限される。たとえば、傷害の被害者が逃げる途中、高いところから落ちて死亡した場合、強盗の被害者が強取を免れるため逃げるときに大怪我を負った場合、傷害の被害者を第三者が再び暴行することにより死亡させた場合、あるいは強姦の被害者が自殺した場合は、結果的加重犯は成立しない。

しかし、被害者が列車の中での暴行を避けるため他の車両に逃げる途中、列車から転落して死亡した場合、逮捕・監禁、強姦・強制わいせつなど行為の一部実現でも加重結果に対する原因になりうる犯罪から被害者が行為者の基本犯罪行為を避けるためにした行為により死亡した場合には、直接性が認められる。判例も同様である（大法院判決 1990. 10. 16, 90 ド 1786; 1991. 10. 25, 91 ド 2085; 1996. 7. 12, 96 ド 1142）。ただし、判例は、直接性の要求を相当因果関係の判断に含ませて検討する。

> 《判例1》　被告人らが共同で被害者を暴行し、ビリヤード3階にあるトイレに隠れていた被害者を再び暴行するため、被告人甲はお手洗いに待ち伏せし、被告人乙は棒を使ってドアを壊したため、生命の危険を感じた被害者はトイレの窓の外に逃げようとしたが、失敗して転落したため死亡した場合は、被告人らの暴行行為と被害者の死亡の間には原因関係が成立するため、暴行致死罪の共同正犯が成立する（大法院判決 1990. 10.

16. 90 ド 1786）。

《判例2》 アパートのある部屋に監禁された被害者が逃げるために窓を通って下の芝生に飛び出した際に死亡した場合、重監禁罪と被害者の死亡の間に因果関係が認められるため、重監禁致死罪が成立する（大法院判決 1995. 10. 25. 91 ド 2085）。

《判例3》 脅迫や暴行を加えて姦淫しようとする行為と、当該行為のために被害者が恐慌状態となり、これを避けようとした過程で死亡した場合、結果と行為の間には、いわゆる相当因果関係が認められるため強姦致死傷罪で処罰できる（大法院判決 1995. 5. 12. 95 ド 425）。

《判例4》 暴行又は脅迫を用いて他人の財物を強取する行為と、当該行為のために被害者が恐怖を感じて逃げようとした際に発生した傷害の結果の間には相当因果関係が認められ、強取行為が傷害結果の発生を予見しうるものであるなら、これを強盗致死傷で処罰しうる（大法院判決 1996. 7. 12. 90 ド 1142）。

5 予見可能性

刑法第 15 条第 2 項は、重い結果に対する予見可能性を結果的加重犯の要件として定めているが、これを過失の意味で理解するのが通説である。

問題は、この予見可能性の内容をどのように把握するかにある。

過失犯の一般的体系によれば、結果に対する客観的予見可能性は、結果的加重犯の構成要件要素として、主観的予見可能性は責任の要素として解釈するのが妥当であろう。ただし、相当因果関係説（客観的または折衷的相当因果関係説）や客観的帰属論には客観的予見可能性が含まれているため、結局、相当因果関係および帰属の判断と過失の判断は同時に行われるであろう[18]。予見可能性の判断時点は、基本犯罪の実行時点である。

Ⅲ 違法性

故意の基本行為には、違法性が認められなければならない。仮に基本的犯罪行為に違法性阻却事由があれば、結果的加重犯は成立しない。基本行為時、これに含まれている典型的な危険の実現と関連した過失に対して違法性阻却事由が成立しうるのであれば、全体としての結果的加重犯は成立せず、基本犯罪だけが問題になる。

18　このような理由から、刑法第 15 条第 2 項においては過失の判断さえあれば足りるのであり、因果関係の判断は必要でないという主張もある（朴東熙・170 頁、黄山徳・139 頁）。

338　第2編　犯罪論

Ⅳ　結果的加重犯の責任

　結果的加重犯の責任においても、一般犯罪論上の責任要素が必要である。責任要素としての過失は、構成要件要素である客観的過失と異なり、結果発生に対する主観的予見可能性、すなわち主観的過失を意味する。これは、行為者個人の精神的・身体的能力と認識による主観的予見可能性を意味する。

　結果的加重犯の法定刑は故意の基本犯罪より重いが、重い結果発生に対して故意があるときと比べると原則的に軽い（不真正結果的加重犯の場合は、必ずしもそうではない）。責任原則を考慮して、責任帰属の軽重に故意・過失などの責任要素により基本な差異を付すためである。しかし、現行刑法上暴行致傷罪の刑は傷害罪の例によると規定していること（第262条）が問題である。暴行致傷罪は結果的加重犯であり傷害罪は故意犯であることに鑑みれば、前者の法定刑は後者より軽く規定することが立法的に妥当であろう。

Ⅴ　結果的加重犯の正犯および共犯

1　共同正犯

　過失犯の共同正犯を否定する多数説は、結果的加重犯の共同正犯も否定する。結果的加重犯は故意と過失が結合した結合犯であるため、故意の基本犯罪については共同正犯原理の適用が可能であるが、結果構成要件に対しては、行為者に各々の過失がある場合、過失の同時犯が成立するだけである[19]。他方、過失犯の共同正犯成立を肯定する見解によれば、基本犯罪行為に参加した者に重い結果発生に対する注意義務の共同が認められる場合、結果的加重犯の共同正犯が成立する[20]。

　理論的には、過失犯の共同正犯は成立しうるため、重い結果発生に対する共同の注意義務違反を要件として結果的加重犯の共同正犯成立を認めることは不可能ではない。ただし、結果的加重犯の場合、基本犯罪の関与者に重い結果発生に対する過失があったことを個別的に確認し、過失のある者を結果的加重犯の正犯として処罰すれば足りるため、行為関与者相互には、必ずしも共同正犯関係を認め

　19　たとえば、金日秀『韓国刑法Ⅱ』296頁、朴相基・320頁、裵鐘大・718頁、任雄・545頁。

　20　過失犯の共同正犯は注意義務の共同を要件とするため、結果的加重犯においても重い結果に対する共同の過失があるときは、結果的加重犯の共同正犯になりうるとする見解（李在祥・206頁）。

る特別な理論的・実務的必要性が存在するものではない。

　共謀共同正犯と過失犯の共同正犯を認める韓国の大法院は、結果的加重犯の共同正犯に対しても基本犯罪を共同に実行する意思があれば成立すると判示したが（大法院判決 1991. 11. 12.91 ド 2156;1988. 9. 13,88 도 1046）、その後、重い結果を「予見できなった場合でなければ」結果的加重犯の罪責は免れることができないと判示した（大法院判決 1991. 11. 12 ド 2156）。過失がない者も結果的加重犯の責任を負わなければならないとすれば可罰性をあまりにも拡張することになる、という批判を意識した、判例の態度変更だと言える。

> 《判例》　強盗の共犯者の一人が強盗の機会に被害者に傷害または暴行を加えて殺害したときは、他の共謀者が殺人の共謀をしなかった場合であっても、殺人行為や致死の結果を予見できなかった場合でなければ強盗致死罪の罪責を免れることはできない（大法院判決 1991. 11. 12 ド 2156）。

2　教唆犯・幇助犯

　結果的加重犯は、基本構成要件が故意犯である限り、結果構成要件が過失であっても全体として故意犯の一種として取り扱うことができる。したがって、過失犯に対する教唆・幇助は成立し得ないが、この範囲内で結果的加重犯に対する教唆・幇助は考慮しうる。すなわち、基本犯罪に対する教唆者または幇助者が重い結果発生に対して過失があった場合、結果的加重犯の共犯として処罰しうる。この場合、正犯が重い結果発生について故意若しくは過失があったか、さらにはまったく過失がなかったかは、問題にならない。

Ⅵ　結果的加重犯の未遂

　結果的加重犯においては、責任原則を徹底するため、基本犯罪の既遂・未遂により不法と責任の量を区別することが立法的に望ましいであろう。この問題に関連して、結果的加重犯の未遂を認めるのか、認める場合、概念についてどのように定義するのか、そして現行刑法規定の解釈上、結果的加重犯の未遂犯処罰が可能か否かについて、意見が分かれている。

　結果的加重犯の未遂として考えられる類型は、以下の通りである。

(a)　真正結果的加重犯において重い結果が未遂である場合

　真正結果的加重犯において重い結果が発生しなかった場合、結果的加重犯は成立しな

い。したがって、このような類型における結果的加重犯の未遂は考えられない。刑法上過失犯は既遂を前提としているためである。

(b) 不真正結果的加重犯において重い結果が未遂である場合

結果的加重犯において重い結果に対して故意がある場合、すなわち不真正結果的加重犯（たとえば第258条の重傷害罪、第164条第2項の現住建造物放火致死傷罪、第177条第2項の現住建造物溢水致死傷罪、第188条の交通妨害致死傷罪）の場合、理論上結果的加重犯の未遂は成立しえない。この場合、刑法に未遂犯処罰規定がなければ、解釈上未遂犯は成立しないが、現住建造物溢水致死傷罪には未遂犯（第182条）が定められているために問題となる[21]。不真正結果的加重犯が成立するためには重い結果の発生が重要であるため、重い結果が発生しなかったにもかかわらず、あえて不真正結果的加重犯により処理する理由はない[22]。この場合、基本犯罪の故意と重い結果の未遂の観念的競合に基づいて処理すれば足りるためである（すなわち、現住建造物を放火し人を殺害しようとしたが、殺人が未遂に留まった場合、現住建造物放火罪と殺人未遂の観念的競合で処理すればよい）。したがって、第182条は溢水罪に限って適用され、刑法上不真正結果的加重犯の未遂は成立しないと解釈するのが妥当であろう[23]。

(c) 基本犯罪が未遂である場合

現在の多数説は、基本犯罪行為の未遂により重い結果が発生したときは、全体として結果的加重犯の既遂が成立すると解釈している。たとえば、強盗に着手した者が財物を強取する前に被害者を殺した場合、強盗行為は未遂であるが全体として強盗致死罪（第338条）の既遂となる。しかし、このような結論は、責任原則を超えて可罰性を拡張させたと評価するしかない。強盗行為が未遂に留まったときと既遂に至ったときを未遂・既遂として区別し異なる取り扱いをするのが責任原則に適うのであれば、強盗行為により重い結果が過失によって惹起された場合、故意的な基本行為の未遂・既遂により異なる取り扱いをすることが、責任原則を充たす結論であろう。

基本犯罪が既遂に至ったか否かは、結果的加重犯全体の不法の量と行為者の責任の程度に相当な影響を及ぼすため[24]、基本犯罪が未遂で重い結果が基本犯罪の未遂行為から直接発生したときは[25]、結果的加重犯の既遂ではなく未遂を認めて処罰に差をつけるこ

21　肯定説は、孫ドン權/金載潤・384頁、任雄・545頁。

22　裵鐘大・724頁では、不真正結果的加重犯の本質的な概念要素は「重い結果の発生」であるから、故意があっても重い結果が発生しなかったときは、結果的加重犯の範囲に入らないと指摘する。

23　否定説の見解は、裵鐘大・724頁、申東雲・538頁、李在祥・375頁、鄭盛根/朴光玟・463頁。

24　強盗致傷罪において、（被害者が）職員の給料1億ウォンを強取されて負傷した場合と、負傷はしたが現金は守った場合とで、犯行の不法の量と行為者の責任の量が異なることは当然であろう。婦女が実際に強姦されて負傷した場合と、抵抗する過程において負傷はしたが性暴力は免れた場合とで、不法の量と責任の評価が異なることは当然であろう。

25　たとえば、AがBを強姦するため、彼女の首を絞めて性交する前にBを窒息させた場合、強姦致死の未遂が成立するが、CがDを殴打しようとしたが、それを見たDが後ろに下がり、転落して死亡した場合、傷害致死の未遂は成立せず、傷害未遂と過失致死の観念的競合が認められる。

第 7 章　過失犯論　　341

とが妥当であろう[26]。

　問題は、現行刑法に基づいて、このような類型の結果的加重犯の未遂処罰が可能であるか否かであろう。この問題に関して改正刑法は、強盗致傷（第337条）・強盗致死（第338条）、海上強盗致傷（第340条第2項）・海上強盗致死（第340条第3項）、人質致傷（第324条の3）・人質致死（第324条の4）などの罪においても結果的加重犯の未遂について規定（第342条、第324条の5参照）しているため、未遂犯処罰が可能であると解する意見もある[27]。しかし、第342条と第324条の5の未遂犯規定は故意結合犯である強盗傷害（第337条）・強盗殺人（第338条）、海上強盗傷害（第340条第2項）・海上強盗殺人（第340条第3項）、人質傷害（第324条の3）・人質殺害（第324条の4）等に対して制限的に適用されると評価すべきであろう[28]。故意犯罪（強盗傷害、強盗強姦など）においては、基本犯罪が既遂であろうが未遂であろうが重い結果が発生すれば既遂犯と評価し、結果的加重犯においては、重い結果が発生したにもかかわらず基本犯罪が未遂であれば全体を未遂犯として処理する見解は、一貫性を欠いている。基本犯罪が既遂なのか未遂なのかにより全体に対して異なる評価をすることには賛成するが、それは、故意犯と過失犯に共通して適用されなければならない。したがって、結果的加重犯の未遂は否定するのが妥当である。改正刑法の未遂犯規定が結果的加重犯を含むことは、立法上の誤りであろう。

　この場合には、重い結果は基本犯罪行為の直接的な結果ではないからである。

26　金成敦・501頁、金日秀『韓国刑法Ⅱ』458頁、任雄・544頁。

27　權五杰・409頁、金日秀『韓国刑法Ⅱ』458頁、朴相基・323頁、任雄・545頁、李廷元・478頁、鄭英一・178頁。

28　同様の見解は、金成敦・501頁、申東雲・539頁、呉英根・225頁、鄭盛根/朴光玫・462頁。

第8章 不作為犯論

I 序 論

1 意 義

　不作為犯は、ある者が作為可能であり、行わなければならないと規定されている作為をしないことにより成立する犯罪行為の形態である。すなわち、不作為犯（Unterlassungsdelikt）は、何もしない単純な無為（Nichtstun）ではなく、法規範において命令された作為を消極的にしないことにより実現される。この点で、禁止されて作為を積極的にすることにより実現する作為犯（Begehungsdelikt）と区別される。不作為犯は、行為者がなしうる一定の作為への期待に違背する（Enttäuschung der Erwartung）という意味をもつ。

2 不作為と作為の区別

　作為犯と不作為犯の可罰性の要件には相違がある。したがって、個別の事例において、どのような行為が作為になるかまたは不作為になるかという問題は、実務的に重要な意味をもつ。具体的な事案の解決のためには、行為者の行為過程の中で、刑法的に重要な部分が作為なのか不作為なのかを、事前に確定しなければならないからである。

（1）一般的な場合

　一般的な事例においては、作為と不作為の区別は問題にならない。事件を自然的に理解することにより、容易に解決しうるためである。この場合には、外的現象としての行為形態に基づいて区別しなければならない。身体的エネルギーを投入することにより、事件の進行を変更させた者は、何かを行うことになるが、事件の進行を変更させることができたにもかかわらず、身体的なエネルギー投入しないことにより進行を放置した者は、何かをしなかったことになる。たとえば、妊婦が嬰児の首を絞めて殺した場合は作為であり、嬰児にミルクをあげずに餓死させた場合は不作為である。

344　第2編　犯罪論

（2）多義的な行為形態の場合

（a）**問題提起**　一つの行為形態が、作為要素と不作為要素を同時にもっている場合がある。このような多義的行為態様の場合は、故意犯と過失犯の二つの事例が考えられる。過失犯では注意義務が安全義務（注意深く行動しろ）であるとともに不作為義務（危険なことはするな）であるため、作為と不作為が同時に発生する可能性もある。故意犯においても作為が先行し、その後に不作為が続いた場合が問題となる。たとえば、溺れている妻を救助する義務がある夫が救助道具を隠して溺死させた場合、夫の行為を作為と評価するのか不作為と評価するのかが問題になる。このように、一つの行為形態の中で作為と不作為が同時に存在する場合、いずれを刑法的判断の基準とするのかが問題である。

（b）**判断基準**　作為と不作為の区別が難しいときには、まず作為について検討し、作為が成立しない場合に不作為について検討することが妥当であると主張する見解（作為優先原則[1]）、または一定の方向へのエネルギー投入があれば作為、エネルギー投入がなければ不作為であると主張する見解（エネルギー投入説[2]）がある。しかし、作為と不作の区別は自然科学的・因果関係的分類でなく、構成要件の解釈と適用を考慮し、その行為形態に対する法的非難の要素が主に作為にあるか不作為にあるかによって規範的に区別すべきである（規範的評価説[3]）。もちろん不作為は、作為の補充的地位をもっているため、多義的行為形態の作為・不作為を区別するときには「作為優先の原則」が補充的に考慮されうる。

（c）**具体的な適用例**

（あ）**過失犯の場合**　過失犯における作為要素、すなわち、過失行為の遂行は、常に不作為要素、すなわち、必要な注意義務の違反を随伴する。この場合、必要な注意義務はもっぱら作為要素の無害性を維持するためのものであるため、主に作為が評価対象になる。なぜなら、過失犯においては、行為者が惹起しうる結果の認識が要求されず、認識可能な結果の予防に適合した注意の欠如ある行為が禁止されているためである。したがって、多義的な行為形態すべてが作為として評価される。

　　《事例》　①夜間にヘッドライトをつけずに走行した者が通行人を轢いたとき、傷害に対する非難は、不作為、すなわち、ヘッドライトを点けなかったことではなく、作為、すなわち、ヘッドライトを点けずに運転したことに焦点が当てられる。②スプリンクラーなど防火設備や非常階段などの避難設備を揃えずにホテルを経営して、ホテルの火災により死傷者が発生したときは、ホテル経営者に対する主な非難の根拠は、安全設備を揃えなかったという不作為ではなく、火災事故予防に対する監督不注意という作為にある。③その他、

1　裵鐘大・730頁、呉英根・256頁、李在祥・115頁、李廷元・433頁、Jescheck/Weigend, S, 603; Rudolphi, SK, vor § Rdn, 7.

2　金成敦・509頁、朴相基・326頁、孫ドン權/金載潤・395頁。

3　同様の見解としては、申東雲・119頁、李炯國・396頁、任雄・549頁、鄭盛根/朴光玟・469頁、陳棨鏞「刑法上不作為犯論」『成時鐸還暦記念論文集』34頁以下、Sch/Sch/Stree, vor § 13 Rdn, 158; Wesels, Rdn, 700.

消毒しなかった中国製のヤギの毛を加工するように雇用人に指示し、従業員が炭疽病に感染し死亡した事例（RGSt 63, 213）、および法定の側面間隔に違反しながら前の車を追い越そうとしたとき事故を起こした運転者の事例（BGHSt 11, 1）も、同様の根拠から作為として評価される。④しかし、健康を害する危険性のある製品を提供した者は、このような危険を防止する保障人的地位にあることはもちろん、このような地位からその有害な製品を回収する保障人的義務が発生するため、不作為による死傷（未必の故意がある場合）または不作為による過失死傷（注意義務違反がある場合）として評価される。

（い）他人の救助活動の阻止　他人の救助活動を積極的に阻止または中止させた行為は、不作為の要素が存在しても、法的には作為として評価される。法的非難の中心が因果的な事象進行への積極的操縦あるいは変形にあるからである。加えて、行為者に保障人的地位がある場合においても、原則的に不作為犯は作為犯に対して補充的地位にあり、「作為の優先（Primat des Tuns）」が妥当するためである。

《事例》①Tが、溺れているOに浮き袋を投げて救助しようとしたRに対して暴力を振るうことにより救助行為を阻止したり、Rが投げた浮き袋を取り上げたりした場合、Tには作為による殺人罪が成立する。この場合、Tに保障人的地位があったとしても、不作為による殺人ではなく作為による殺人罪が成立する。②上記の事例と類似した例として、救命ボートの持ち主が、溺れているOを救助するためにそのボートを使用しようとしているRにボートの使用を拒むことにより、Oが溺死した場合が考えられる。この場合、救命ボートの持ち主はボートの使用を許可しなかったため、非難の中心は不作為であろう。

（う）原因において自由な行為　ある者が積極的な作為により自身の救助行為を不可能にした場合を、原因において自由な不作為（omissio libera in causa）という。この場合、原因時に作為における作為要素があったにもかかわらず、不作為として評価しなければならない。なぜなら、行為者がなぜ作為をしたのかではなく、行為者に要求された活動をしなかったという事実が重要だからである。

《事例》踏切番Tは、汽車が通過したとき酒に酔って遮断機を下ろさないことにより、衝突事故を発生させるという未必の故意をもって、酒を飲み遮断機を下ろさなかった。その結果、踏切を渡っていた車と汽車が衝突して運転者が即死した。この事例においてTは、不作為による殺人罪として処罰される。

（え）自身の救助活動の効果を積極的に無効にした場合　ある者が自分が行った救助活動の効果を維持せず、事後の積極的な行為形態により阻止または無効にした場合である。この場合、作為として評価するのか不作為として評価するのかが問題となる。

《事例》井戸で溺死させた事例：(a) Tは、井戸で溺れているOを救助するため縄を下したが、Oが自分の娘を暴行した者であることに気づき、Oが縄をつかむ前にそれを引き上げた。(b) Tは、同様の状況で、Oが縄を掴んだときその縄から手を離した。

《事例》郵便物回収事例：(a) Tは、反国家団体結成に関する共謀計画を密告する内容の手紙を検事総長宛てに投函したが、その後、考え直して手紙を取り出して燃やした。(b) Tは、同様の状況下で、配達された手紙を検事総長が読む前に回収して燃やした。

このような事例を解決するための具体的な判断基準として、救助手段がすでに被救助者の領域に到達したか否かが重要である。すなわち、救助手段が救助を受ける者の領域

に到達した後、行為者がとった無効化若しくは阻止行為は相手から自分の救助活動の効果を奪うことであり、結果的に他人の救助活動を無効化させることと同じことになる。したがって、このような場合、作為として評価しなければならない。他方、救助手段が救助を受ける者の領域に到達しえなかったとき、または効果を発揮する以前に行為者がその救助手段を無効化させた場合は、不作為として評価すべきである[4]。

上記の井戸溺死事例（a）の場合、不作為が成立し、行為者に特別な保障人的地位がない場合には、その死亡に対して少なくとも殺人罪の責任を負わない。他方、井戸溺死事例（b）の場合は作為が成立し、殺人罪の責任を負わなければならない。また、郵便物回収事例（a）の場合は、不作為として評価され、単純な不告知罪（国家保安法第10条）になるが、郵便物回収事例（b）の場合には作為として評価され、反国家団体結成罪（国家法案法第3条）の幇助犯が成立しうる。

（お）消極的安楽死または治療中止の場合　医師が、治療中である患者につけた延命装置である人工心肺装置を外したり、延命可能性のある患者に人工心肺装置をつけるなどの措置を取らなかったりして死亡させた場合には、どのように扱うべきであろうか。

単純な因果関係的基準により人工心肺装置を外した行為に焦点を合わせると作為になる（通説）。判例も、患者の家族の要求に応じて医療行為を中止し、レスピレーターを除去したことが原因になって患者が死亡した事件（ボラメ病院事例）において、この行為を作為として評価した（大法院判決2004.6.24,2002ド955）。しかし、治療を担当した医師が治療を諦めて患者の生命を短縮させるために人工心肺装置を除去した場合には、人工心肺装置の除去に対する非難より医師としてすべきである治療行為を中止したことが非難される。したがって、医師の消極的安楽死は、作為でなく不作為として評価すべきである。

《判例》　ある犯罪が積極的作為により成立しうることはもちろん、結果発生を防止しない消極的不作為により実現しうる場合、行為者が自分の身体的活動や物理的・科学的作用を通じて積極的に他人の法益状況を悪化させ、結局、他人の法益を侵害したなら、これは作為による犯罪として評価することが原則であり、作為により悪化した法益状況を元に戻さなかった点に注目してこれを不作為犯として評価するものではない。また、悪化する以前の法益状況がその行為者の過去に行った他の作為の効果によって維持されていたとしても、これと異なる評価をする理由はない（大法院判決2004.6.24,2002ド995）。

3　不作為犯の種類

（1）真正不作為犯

真正不作為犯は、行為者に対する命令規範に不作為により違反する犯罪であ

4　同様の見解は、任雄・550頁。

る。すなわち、法的に命令された活動を単純に行わず、または拒否することにより成立する犯罪である。作為犯における挙動犯が、これに相当する。

真正不作為犯の例として、戦時軍需契約不履行罪（第103条）、多衆不解散罪（第166条）、戦時公需契約不履行罪（第117条第1項）、集合命令違反罪（第145条第2項）、不退去罪（第319条第2項）などがあり、国家保安法上の不告知罪（第10条）、軽犯罪処罰法上の様々な行為形態（第1条7号・36号・42号・51号など）などが挙げられる。

> 《判例》 被告人は、礼拝の目的でなく、これを妨害する目的で教会に入ったが、これが分かった教会は教会の出入禁止を議決し、教会管理人が退居を要求したが応じなかった。このように教会の出入を統制する協会の意思が明確である以上、これに従わず退去しない行為は不退去罪に該当する（大法院判決1992. 4. 28,93ド2309）。

（2）不真正不作為犯

不真正不作為犯は、結果防止の義務がある保障人が不作為により作為犯の構成要件を実現する犯罪である。これを不作為による作為犯（delicta commissiva peromissionem）とも呼ぶ。不真正不作為における可罰性の法的基礎は、積極的な作為による結果の惹起が前提とされた刑法各則上のすべての構成要件である。特に、韓国刑法第18条（不作為）は、一定の前提において、結果を防止しなかった不作為を積極的な作為による結果の惹起と同様であると評価することによって、刑法各則上の構成要件の適用範囲を二倍以上拡張する役割を担う。

このように、作為と不作為は存在論的に有と無の差があるにもかかわらず、刑法的には対等な基本的行為形態であることが、不真正不作為において明らかになる。たとえば、殺人罪の「人を殺害する行為」は、ナイフで刺す積極的な作為ばかりでなく、ミルクをあげないという不作為により行われることが可能なため、作為犯形式で規定された殺人罪は、不真正不作為犯の行為形態により二倍に拡張されることになる。

> 《判例》 爆薬を運送する者が、貨車内で禁止されたろうそくを付けたまま寝たため爆薬に火がついたが、その瞬間に発見していたら容易く火を消すことができたにもかかわらず逃走した。この場合には、不作為による爆発物破裂罪が成立する（大法院判決1978. 9. 26,78ド1996）。

348 第2編 犯罪論

　　法律の明確性要求があるにもかかわらず、立法者はなぜ、不真正不作為のような方法を
使わなければならないのであろうか。不作為領域においては、その現象形態は非常に多様
であり、作為犯と同じ水準で可罰的な行為形態の要件を完全に記述することができないた
めである。作為犯では、記述可能な作為態様（たとえば、殺害・窃盗・強盗など）が常に存
在する。しかし、不真正不作為犯では、このような方法で記述しうる現象形態が存在しな
いため、刑法総則上の一般条項とこれに対する学説・判例の具体化作業を通じて、法律の明
確性要求を満足させるしかない。

（3）両者の区別基準

　(a) 実質説　　命令された行為をしないことにより実現させる犯罪を真正不作為犯、
不作為以外に構成要件的結果の発生がある限り成立する犯罪を不真正不作為犯と称する
立場が、実質説である。この区別は作為犯における挙動犯と結果犯に対応するもので、
真正不作為犯は単純な挙動犯、不真正不作為犯は結果犯に相応する。したがって、真正
不作為犯における結果防止は立法者の立法動機であるが構成要件要素ではない一方、不
真正不作犯における結果防止は構成要件要素である。これが、現在のドイツおよびオー
ストリアの判例および多数説の立場である[5]。

　(b) 形式説　　実定法の規律形式により区別する立場である。すなわち、真正不作為
犯は構成要件的結果の発生が構成要件要素であるか否かを問わず、法律によって不作為
を処罰するように定められた場合であり、不真正不作為犯は不作為の処罰が法律により
定められてない場合である（韓国の多数説[6]）。すなわち、法律上の規定形式は作為犯で
あるが、総則上の一般的な不作為犯規定を解釈・適用することによって実行しうる犯罪
が不真正不作為犯である。

　(c) 結論　　韓国刑法の解釈上、多数説と同様の形式説の立場を原則にして、例外
的な場合に実質説の観点をともに考慮し両者を区別することが合目的的である。このよ
うな立場から、不退去罪や不告知罪が真正不作為犯であることはもちろん、詐欺・背任
なども作為犯と真正不作為犯の結合行為形態として理解することができる。また、遺棄
および嬰児遺棄などは作為犯の形式で規定されているが、行為態様によって作為犯、真
正不作為犯または不真正不作為犯として理解することもできる。

Ⅱ　不作為犯の構造

1　不作為犯に共通する構造

　真正不作為犯または不真正不作為犯、すなわち、不作為犯が成立するためには、
作為犯の体系と同じように、構成要件該当・違法性・責任が必要である。

5　朴相基・336頁、成樂賢・449頁、李廷元・492頁。
6　權五杰・419頁、金成敦・513頁、裵鐘大・731頁、孫ドン權/金載潤・393頁、吳英根・259頁、
　李在祥・121頁、任雄・551頁、鄭盛根/朴光玟・4頁、71頁、鄭英一・99頁、鄭鎭連/申梨澈・101頁。

不作為犯の構成要件該当性について検討する前に、行為形態の一つとして不作為自体の成立問題が検討されなければならない。これは、一般的作為可能性または一般的作為能力の問題である。この一般的作為可能性があれば、不作為犯の構成要件該当性について検討することになる。

2　不真正不作為犯の特別な構造

不真正不作為犯は、刑法上作為形式で規制された構成要件を不作為により実現することで、その際、作為義務者の不作為による犯行が作為を通じた法的構成要件の実現に相応しなければならない。これが不真正不作為犯の同置性（Gleichstellung）の問題である。同置性の問題は、今日、不真正不作為の構成要件該当性の問題であると解釈することが一般的である。

同置性には二つの要素がある。同置性の第1要素として保障人的地位がある。この保障人的地位とは別に保障人的義務があるが、両者の関係および保障人的義務の体系上の位置に関しては見解が分かれる。同置性の第2要素として行為態様の同価値性（Gleichwertigkeit）がある。これを相応性（Entsprechung）とよぶ。この同価値性の体系上の地位及び適用範囲については、見解の対立がある。しかし、同置性の問題は、不真正不作為の構成要件該当性の問題である、したがって、保障人的地位と同価値性の要素は不真正不作為犯の客観的構成要件要素であると解することが一般的である。

3　一般的作為可能性に関する検討

不作為犯の構成要件該当性の検討に先立ち、行為者の一般的作為可能性を検討しなければならない。この段階では、行為者がある積極的な作為により自分の消極的な不作為から解放される一般的な状態に置かれていたか否かが、検討されなければならない。これは一般的作為能力だと言われるが、厳格なドグマーティクの立場からは、一般的作為可能性と呼んだほうがよいであろう。

一般的作為可能性は、一定の時間的・場所的状況と関係がある。たとえば、漢江で溺れている息子を城北洞の自宅にいる親は救助できない。その他に、人間一般に可能な行為であるか否かを基準として不作為の成立を否認することができる。たとえば、人質犯に監禁されている父親が、同じ人質犯に監禁されて死にかかっている息子を救助できない場合のように、絶対的な暴力の下では作為の不存

350　第2編　犯罪論

在は不作為になることができない。

　　一般的作為可能性は不作為の概念成立の問題として不作為の構成要件該当性以前の検討
　　対象であるため、不作為の構成要件該当性の要素である個別的作為可能性（Individulle
　　Handlungsmöglichkeit）と区別しなければならない。

《不作為犯の構造》

	Ⅰ. 構成要件該当性		Ⅱ. 違法性		Ⅲ. 責任
一般的作為可能性に対する検討	1. 客観的構成要件要素	2. 主観的構成要件要素	違法性阻却事由の検討		
	a)構成要件的不作為 ・構成要件的状況 ・命令された行為の不作為 ・個別的作為可能性 ＊不真正不作為犯に限り ・保障人的地位 ・同価値性 b)構成要件的結果 c)不作為と結果の間の因果関係及び客観的帰属関係	a)故意 （又は過失） ・構成要件的不作為 ・構成要件的結果 ・不作為と結果の間の因果関係及び客観的帰属関係 b)特別な主観的不法要素	客観的正当化要素	主観的正当化要素	1. 責任能力 2. 故意・過失などの責任形式 3. 不法の意識 4. 特別な責任要素 5. 免責事由の検討 6. 期待可能性

不作為犯の構造は、以上の通りである。

Ⅲ　不作為犯の不法構成要件

1　客観的構成要件要素

（1）構成要件的不作為

　不作為犯の客観的構成要件として、作為犯の構成要件的行為に相応する構成要件的不作為が存在しなければならない。この構成要件的不作為には、構成要件的状況、命令された行為の不作為、個別的作為可能性の要素が属する。これは、全ての不作為一般に共通する構成要件的不作為の要素である。その他に、不真正不作為犯において要求される特別な構成要件的不作為の要素がある。すなわち、保障人的地位と同価値性の問題である。

（a）構成要件的状況

　不作為犯における作為義務の内容と作為義務者の身分を認識させる状況が、構成要件的状況である。構成要件的不作為が成立するためには、下記のような構成要件的状況が存在しなければならない。

（ⅰ）真正不作為犯の場合、構成要件的状況は構成要件の中で詳細に規定されている。たとえば、戦時軍需契約不履行罪（第 103 条第 1 項）における「戦争または事変」、戦時公需契約不履行罪（第 117 条第 1 項）における「戦争・天災その他事変」、集合命令違反罪（第 145 条第 2 項）における「天災・事変その他法令により一時的に解禁された場合」などがある。

（ⅱ）不真正不作為犯の場合、構成要件的状況は構成要件的結果発生の危険、すなわち、法益侵害または法益危殆化を意味する。

（ⅲ）作為犯において特定の行為者だけが正犯になることができるように、不作為犯においても特別な行為者要素が構成要件的状況の中に含まれる場合がある。真正不作為犯の場合、多衆不解散罪（第 116 条）における「多衆」、集合命令違反罪（第 145 条第 2 項）における「法律によって逮捕または拘禁された者」がその例であり、不真正不作為犯の場合、嬰児殺害（第 251 条）や嬰児遺棄（第 272 条）における「直系尊属」などがある。言い換えると嬰児殺害の場合、恥辱を隠蔽するため嬰児を殺害する直系尊属、特に妊婦だけが正犯になることができるように、不真正不作為犯においても、このような行為者要素をもった者だけが正犯になることができる。

（b）命令された行為の不作為

行為者が具体的な状況において構成要件の実現を回避するように命令された行為をしない場合に、構成要件的不作為が成立する。この命令された行為は、作為犯と同様に定型性をもってないため、複数の行為類型も可能である。この場合、行為者が命令された複数の行為を何も行わない場合、構成要件的不作為が成立する。命令された複数の行為のなかで一つの行為をした場合不作為は成立しない。

行為者が命令された作為をしたが、構成要件実現を阻止できなかった場合には、少なくとも故意による不作為犯は成立しえない。行為者に過失があれば過失による不作為犯だけが成立する。

（c）個別的作為可能性

個別的作為可能性または個別的作為能力は、行為者が客観的な危機状況において命令された作為を個人的に実行することが可能だったことを意味する。一般的作為可能性は不作為概念成立の要素になる一方、個別的作為可能性は不作為犯の客観的構成要件要素である構成要件的不作為の要素である。

個別的作為可能性は、命令された行為を遂行するための外的条件（たとえば、現場性、適切な救助手段の存在など）および身体的能力（たとえば、身体的条件を備えること、技術的な知識、一定の知能など）を必要とする。したがって、半身不随または全く泳ぐことができない父親は、息子が溺れかけている現場において救助行為ができなかったとしても、構成要件的不作為は成立しえない。

個別的作為可能性の判断は、洞察力ある第三者の立場から事前に（ex ante）事態を検討する客観的基準に適合しなければならない。

(d) 保障人的地位 (同置性の第 1 要素)

(あ) 意　義

不真正不作為犯において構成要件の実現を防ぐための行為者の特別な地位を、保障人的地位という。たとえば、洞窟案内員は、洞窟観光において発生しうる危険を防止する保障人的地位にある。保障人的地位は、不真正不作為犯の構成要件的不作為の要素となる。法的性格は、不真正不作為犯の記述されていない規範的構成要件要素である。この保障人的地位という客観的行為者要素により、不真正不作為犯は真正身分犯の特徴をもつ。

保障人的地位には、一般的に以下のような特徴がある。①保護法益の主体に法益に対する侵害の脅威に対処する保護能力が欠けており、②不作為行為者に迫り来る危険から法益を保護すべき特別な法的義務があり（保障人的義務）、③不作為行為者がこのような保護者の地位から法益を侵害する事態を支配している。

この三つの要因により、不作為行為者は、他人の法益侵害に対して積極的に行為する作為行為者と同様の影響を及ぼすため、作為と不作為の同置が可能になる。これが、保障人的地位を同置性の第 1 要素と評価する理由である。しかし、この三つの要因のうち、特に重要なものは、作為義務、すなわち保障人的義務である。

(い) 保障人的義務との関係

（ⅰ）保障人的義務の意義　　保障人的地位を理由として、行為者には構成要件実現の回避または防止のための特別な法的義務がある。これが保障人的義務（Garantenpflicht）である。保障人的義務は、少なくとも次の要件を満たさなければならない。

第一に、少なくとも法的義務でなければならない。立法者は、保障人的義務を各々の構成要件において明記せず、一般的な法秩序から引き出されるようにしている。

保障人的義務が法的義務であることを求める限り、単純な道徳的義務や倫理的義務では不十分である。

第二に、保障人的義務は、行為者の身分上の地位によって特別に与えられたものでなければならない。一般人に付加しうる義務は、もちろん法的義務であるが、保障人的義務ではない。したがって、全ての者が負担している一般的な救助義務のような法的義務は保障人的義務ではない。たとえば、軽犯罪処罰法第 3 条第 6 号（管理場所に存在する要扶助者などの不申告）および第 29 号（災害又は火災、交通事故など犯罪が発生したとき、公務員からの援助要請に応えないこと）は、ドイツ刑法第 323 条やオーストリア刑法第 95 条の善きサマリア人規定と類似した性格の一般的な救助義務規定として真正不作為犯であり、不真正不作為犯の特別な保障人的義務ではない。このような事実から、不真正不作為犯の保障人的義務は、すべての者に適用される過失犯の客観的注意義務と区別される。

（ⅱ）保障人的義務の体系的位置

①学　説　　保障人的地位は保障人的義務の基礎になる事実的・規範的な事情であり、保障人的義務はこれらから発生する具体的な結果防止の作為義務である。今日で

は、保障人的地位と保障人的義務を区別し、前者は構成要件要素として評価されている。結果防止義務を含む保障人的地位は、真正身分犯の性格をもつ不真正不作為犯の行為主体に関する要件であるため、構成要件要素であると評価しなければならない。

　しかし、保障人的義務は保障人的地位と同様に構成要件要素であるのか、それとも違法性の要素であるのかについては、見解の対立がある。

　ⓐ**構成要件要素説（保障人説）**　　保障人的義務とその基礎になる保障人的地位を一括して、構成要件要素であると考える立場である。保障人的地位にある者の不作為だけが作為により構成要件を実現したことと同価値性が認められ、作為犯の構成要件に該当することが可能になることを、その理由として挙げる[7]。たとえば、幼児に授乳をしなかったことにより餓死した場合、幼児が餓死しないように保障する一定の法律的地位にある者（保障人）だけが刑法上の作為義務者として授乳義務を負うことになり、その者の作為義務違反行為だけが構成要件に該当する[8]。

　ⓑ**二分説**　　保障人的地位は構成要件要素であるが、保障人的義務は違法要素であると解する立場である。作為犯において一定の違法行為をしない義務（不作為義務）は違法性の要素であり、これに対する錯誤は違法性の錯誤として取り扱われるため、不真正不作為犯における結果防止義務（作為義務）も違法性の要素として把握することが、一貫した論理展開であると評価する。二分説による場合、保障人的地位に対する錯誤は構成要件的錯誤になるが、保障人的義務に対する錯誤は禁止の錯誤になるという結論にたどり着く。二分説が今日の通説である[9]。

　②**結　　論**　　二分説が妥当である。保障人的地位を構成要件要素として把握し、保障人的義務をこれと分離させる限り、後者を犯罪体系内で構成要件と異なる犯罪要素とすることが理論的・実務的に望ましい。保障人的義務は、体系的に、構成要件の故意の認識対象である構成要件要素ではなく、もっぱら違法性と関わる一般的犯罪要素として不法の意識の認識対象になるだけである。作為犯においては禁止義務違反に対する認識が不法の認識になるように、不真正不作為犯においては命令義務違反に対する認識が不法の意識になる。結局、保障人的義務に対する命令の錯誤（作為犯の禁止の錯誤に該当[10]）は、責任説に立脚した場合、責任阻却または責任減軽の理由になる。保障人的地位は構成要件的故意の認識対象であり、それに対する錯誤は構成要件的錯誤の問題となることと区別される[11]。

7　金成敦・527頁、南興祐・93頁、李健豪・61頁、李廷元・505頁、鄭榮錫・107頁、鄭英一・94頁、黄山德・67頁、Nagler, Die Problematik der Begehung durch Unterlassung, Gerichtssal, Bd Ⅲ, 1938, S. 1 ff.

8　鄭榮錫・107頁。

9　權五杰・424頁、朴相基・310頁、裵鐘大・631頁、孫ドン權/金載潤・401頁、孫海睦・793頁、安銅準・296頁、李在祥・126頁、任雄・556頁、鄭盛根/朴光玟・464頁。

10　作為犯の場合には、禁止規範（Verbotsnorm）に対する錯誤であるため禁止の錯誤（Verbotsirrtum）というが、不作為犯の場合には、命令規範（Gebotsnorm）に対する錯誤であるため命令の錯誤（Gebotsirrtum）という。

354　第2編　犯罪論

（え）保障人的地位の発生根拠

（i）**分類方法**　刑法各則に規定された不真正不作為犯の一例である遺棄罪（第271条第1項）は、「扶助を要する者を保護する法律上または契約上の義務を有する者」といい、遺棄罪の保障人的地位を形式説の観点によって分類する明確な立場をとる。これに対して、刑法第18条は「危険の発生を防止する義務があり、または自分の行為により危険発生の原因を惹起した者」と定め、保障人的地位の分類に関する特定の基準を提示していない。したがって、分類方法は学説に任せられている。

①**形式説**　保障人的地位およびここから導出される作為義務は形式的な三つの類型、すなわち、法令・契約・先行行為・条理から発生するという見解である。法源説ともいう。従来の通説である[12]。

ⓐ**法令による作為義務**　民法上の親権者の保護義務（第913条）・親族間の扶養義務（第974条）、夫婦間の扶養義務（第826条）などがある。法令は、私法に限られず、公法によって作為義務が発生することもありうる。警察官職務執行法による警察官の保護措置義務（第4条）、医療法による医師の診察と応急処置義務（第15条）、道路交通法による運転者の救護義務（第54条）は、公法によって作為義務が発生する場合である。

ⓑ**契約による作為義務**　契約によって養育または保護の義務を負う場合にも、作為義務が発生する。雇用契約による保護義務、看護師の患者看護義務、信号係の職務上の義務などが、契約による作為義務の例である。

ⓒ**条理による作為義務**　通説は、法令や契約以外にも、社会常規または条理によって作為義務が発生することを認めており、同居する被雇用者に対する雇用主の保護義務、管理者危険発生防止義務、目的物の瑕疵に対する信義則上の告知義務などが、これに該当する。判例も、条理による作為義務を認めている[13]。これに対して、作為義務は

11　ただし、保障人的義務は、違法性の積極的な構成要素として解釈するよりは、専ら不真正不作為犯において不法の意識の関連対象及び禁止の錯誤問題を規律するための準拠点である。違法性論は、実質的違法性概念の承認にもかかわらず、実際には違法性阻却事由の存否を消極的に検討することが重要であるため、保障人的義務を違法性の積極的な構成要件要素として位置づける必要性は多くない。

12　裵鐘大・737頁。

13　①大法院判決 1996. 7. 30,96 ド 1081；1984. 9. 25,84 ド 882：「詐欺罪の要件としての欺罔は、財産上の取引関係におけるお互いに遵守しなければならない信義誠実の義務を破るすべての積極的又は消極的行為をいい、取引の相手が一定の事情に関する告知を受けた場合には当該取引を行わないことが経験測上明確である場合、その取引により財物の交付を受ける者には、信義誠実の原則上、事前に相手にこのような事情を告知する義務があるため、これを告知しないことは、告知すべき事実を黙秘することによって相手を欺罔することになり、詐欺罪を構成する。」②大法院判決 1988. 12. 8, 98 ド 3263：「詐欺罪の要件としての欺罔は、財産上の取引関係におけるお互いに遵守しなければならない信義誠実の義務を破るすべての積極的又は消極的の行為を行為をいい、このような消極的行為すなわち不作為による欺罔は、法律上告知義務ある者が、一定の事実に関して相手が錯誤に陥ることが分かったにもかかわらずこれを告知しない事であり、一般取引の経験測上、相手がその事実を知った場合には当該法律行為をしなかったことが明確な場合、信義則に基づいてその事実を告知する法律上の義務が認められる。」③大法院判決 1993. 7. 12,93 ド 14：「土地

倫理的義務でなく法的義務であるため、条理による作為義務を認めることは、作為義務を不明確にするだけでなく、条理による作為義務は実際上他の類型に含まれることを理由に、条理による作為義務を否定する見解もある[14]。

　　ⓓ**先行行為による作為義務**　　自分の行為により危険発生の原因を惹起した者には、その危険が構成要件的結果を発生させないようにする作為義務がある（刑法第18条）。したがって、自動車を運転し他人に傷害を負わせた者は、被害者を救助しなければならない保障人になり（HGHSt 7, 287）、過失により火事を出した者は消火措置をとる保障人になり（大法院判決 1978. 9. 26,78 ド 1996）、未成年者を監禁した者は衰弱状態に陥っている被害者を救助する保障人になり（大法院判決 1982. 11. 23,82 ド 2024）、幼い甥を貯水池に連れて行き滑りやすい堤防の方へ歩くようにした者は水に溺れた被害者に対する保障人になる（大法院判決 1992. 2. 11,91 ド 2951）。

> 《判例1》　被告人は、自分が担当しているクラスの学生を誘拐し、自分の家に監禁して、生徒が衰弱状態に陥ったにもかかわらず病院に連れて行かず、死亡させた。このように未成年者を誘拐して監禁した後、その状態を維持しただけではあるが、被監禁者が死亡すれば監禁致死罪の責任を負うことになる。しかし、その監禁状態が継続された時点で殺害の犯意が生じ、危篤な状態の被監禁者に対する危険発生を防止せず、そのまま放置することにより死亡させたなら、このような不作為は殺人罪の構成要件的行為に該当すると評価すべきである。したがって、不作為による殺人罪を構成する（大法院判決 1982. 11. 23、82 ド 2024）。
> 《判例2》　被告人は、甥たちを殺害するため、予め下見をした人通りが少ない貯水池に連れて行き、急な坂道で滑りやすい堤防に誘い出し一緒に歩いている際に、甥のうちの一人を水で滑らせて溺れるようにし、もう一人は袖を引っ張って貯水池に落とし、二人を溺死させた。刑法が禁止している法益侵害の結果発生を防止する法的作為義務ある者が、その義務を果たすことにより結果発生を防止することができたにもかかわらず、その結果発生を容認し、義務を果たさない場合である。その不作為が作為による法益侵害と同等の刑法的価値があるもので、その犯罪の実行行為として評価されるものであれば、作為に対する実行行為と同様に不作為犯として処罰することができる。したがって、殺害の犯意をもって溺れている被害者らを救助しなければならない法的作為義務が存在するにもかかわらず、溺死することを容認し放置すれば、直接落として溺死させる行為と同様の刑法的評価をすることができる殺人行為である（大法院判決 1992. 2. 11,91 ド 2951）。

　②**実質説**　　形式説と異なり、実質的基準によって保障人的地位および義務が認められるモデルの開発を図る立場である。実質説の創始者であるアルミン・カウフマン（Armin Kaufmann）は、保障人的地位および義務が発生しうる二つの実質的指導的観点

　に対しても都市計画が立案されていて協議買収され又は収用される事実を買収人に告知しなかった行為は、不作為による詐欺罪を構成する。」
14　金聖天/金亨埈・164頁、呉英根・268頁、任雄・260、陳癸鎬・180頁、車鏞碩・307頁。

から、保護義務（Obhutspflicht）と安全義務（Sicherungspflicht）を提示した。この二つの基本義務は保障人的義務の機能的観点から導出されたため、実質説を機能説とも呼ぶ[15]。

③**結論（折衷説）**　多数説によると、この問題を正しく解決するためには、形式説と実質説を結合した折衷説を取らなければならない。形式説は、作為義務と内容の限界を明確化することができないという問題があり、実質説は、保障人的義務の範囲が拡大される恐れがあるため、両者を結合した折衷説が妥当である。折衷説が韓国の通説である[16]。

折衷説をとれば、様々な保障人的地位と義務をどのように構成し、分類するかは、各自の観点により多様になる。したがって、方法論が先に検討されなければならない。

方法論としては、まずアルミン・カウブマン（Armin Kaufmann）の二大分類である保護義務と安全義務を、保障人的地位の規律のための指導的観点として前提とすることが最も望ましいであろう。

多数の学者が支持している形式説の分類と実質説の分類を単純に並列する方法は、正しくない。両者の範囲は、一部重なるが、必ずしも一致するものではなく、体系と思考の混同を加速させるためである。特に、警察官職務執行法第4条は「適切な措置をすることができる」と規定しているが、ここから警察官の保障人的地位と義務が直接導出されると解釈することは難しい。警察官が他人の法益のための保護者の地位や安全監視者の地位にあることは、実質的な事実関係により決定されることであり、法律によって形式的に決定されることではない。同様に医療法第15条による医師の診療と応急措置義務、および応急医療に関する法律第6条による応急医療義務も、不真正不作為犯における保障人的地位の発生根拠ではない。

この二大分類の基準は、保障人的地位または義務をさしあたり総合し、集合事例群に応じて大別する指導の役割を担当する。この指導的観点から個別的な事例群を評価することができる、より細分化された観点の目録を発見することが重要である。

今日保護義務の指導下にある観点の目録としては、自然的な結合関係・緊密な共同関係・危険の任意的引受が、そして安全義務の指導下にある観点目録としては、先行する危険行為・自分の支配領域内にある危険源に対する監視・第三者の行為に対する監督責任などが挙げられている。

このような二大指導的観点と細分化された観点目録を発見する方法論は、韓国刑法第18条の解釈に係わる保障人的地位および義務を分類する際も有益であろう。すなわち、刑法第18条の「危険発生を防止する義務」は法益に対する保護義務を、「自分の行為に

15　機能説を支持する学者は、李廷元・507頁、李炯國・414頁。

16　權五杰・425頁、金成敦・523頁、朴相基・316頁、孫ドン權/金載潤・401頁、申東雲・138頁、吳英根・270頁、李相暾・239頁、李在祥・127頁、任雄・563頁、鄭盛根/朴光玫・480頁、曺俊鉉・301頁、陳癸鎬・179頁。

よって危険発生の原因を惹起した者」は危険源に対する安全義務を指しており、この指導的観点の具体化・細分化のための観点目録は学説に委ねられている。

（ⅱ）**保障人的地位の類型**

①法益に対する保護義務とそれに関わった保障人的地位　法益の主体と保障人の特別な結合関係、連帯関係または保護関係などの依存関係があるため、保障人が法益または法益主体に対して特別な保護責任を負う場合である。これは、再び三つの観点目録から細分化しうる。

ⓐ特別な結合関係　自然的な結合関係によって特別な相互依存関係に置かれている者の間には、相手の法益に対する危険を防止する保護保障人的地位が生じる。

a）家族的血縁関係　まず、血縁関係により生じる保障人的地位がある。夫婦間の相互扶助義務（民法第826条第1項）、親権者の子に対する保護義務（民法第913条）、および子の固有財産管理義務（民法第916条）、禁治産者後見人の監護義務（民法第947条第1項）および財産管理義務（民法第949条第1項）、親族間の相互扶養義務（民法第974条）など、法律規定により家族間において生命と身体の危険防止および一定の条件下における財産管理の保障人的地位が成立する。特に依存関係にある親と子、祖父母と孫または夫婦間の生命・身体対する保障人的地位が重要である。

ただし、家族的な血縁関係による保護保障人的地位は、保護法益または被保護者に対する法的関係以外に、事実的な関係が前提にならなければならない。したがって、相互の信頼と依存関係が現実に存在しない別居中の夫婦間では、保護保障人的地位が認められない[17]。他方、胎児に対しては、このような法的・事実関係は不明確であるが、依存関係は存在するため、妊婦の自己堕胎に対して夫は阻止する保障人的地位にある[18]。

b）緊密な自然的結合関係　法律により保護される家族的血縁関係は存在しなくても、緊密な自然的結合関係によって保障人的地位が認められる場合がある。たとえば、事実婚関係にある夫婦、同居者・婚約者・兄弟姉妹の間に密接な個人的紐帯および信頼関係が存在する場合には、相互間の個人的な保護的保障人の地位が認められるべきである[19]。

もちろん、この場合には、法的義務として定められていないため、形式説の観点に基づく限り、これに対する保障人的地位を認めることは困難であろう。しかし、韓国の刑法のように善きサマリア人規定がなく、一般的な救助義務不履行を処罰しない法制下では、緊密な自然的結合関係によって実質的な信頼および依存関係がある限り、保障人的地位を広げることが望ましいであろう。

ⓑ特別な連帯関係　探検・登山のように、危険を共にする者の間に危険状況を克服するための危険共同体が任意に形成された場合には、構成員の間には危難時の助力に関する信頼が期待される。このような信頼関係から、相互間に一定の保護的保障人の地位

17　同旨、鄭盛根/朴光玟・481頁。

18　同旨、鄭盛根/朴光玟・481頁。

19　同旨、裵鐘大・741頁、鄭盛根/朴光玟・481頁。

が生じる。たとえば、登山および海底探検隊の事実上の責任者は、所属する構成員が危険共同体生活の中で発生する生命・身体上の危険に対して保護責任を負う。さらに、各参加者も、他人の安全のために期待された措置を執るべき保護責任がある。

危険状況の克服を目的としない単純な生活共同体、釣り・囲碁などのグループ、単純な社団法人や権利能力なき社団などの団体は、特別な連帯関係に基づいた危険共同体ではない。

任意でない連帯関係は、それが特別な連帯関係的共同体を形成しても危険共同体ではないため、保護保障人的地位は生じない。たとえば、矯正施設内の在所者相互間、軍内務班の同僚軍人相互には、保障人責任はない。また、船の難破や自然災害により多数の者が一つの救命ボートにおいて運命共同体を形成した場合のように、偶然に共同の危険に置かれた事実だけでは保障人的地位は生じない[20]。

ⓒ**任意の引受による保護関係**　被害者の法益に対する保護機能を契約や事務管理又は事実上の関係から任意に引き受けたことにより被害者と引受人との間に保護および依存関係が生じた場合、引受人に保障人的地位が発生する。たとえば、雇用契約による保護義務引受人、患者を看護する看護師やホスピス、登山の案内を担う登山案内人、洞窟観光の案内を担う洞窟案内人、水泳指導を担うインストラクター、患者の治療を担当する医師などに、保護的保障人の地位が認められる。

ここで重要なことは、引受人が一定の保護義務を現実の意思に基づいて引き受けたか否かである。したがって、引受関係は通常は契約又は事務管理によって生じるが、必ずしも契約上またはその他の私法上の根拠を必要とするものではない。契約の無効・取消しの場合や契約の有効期間が終了した後も、事実として保護機能を担っていれば、保障人的地位も継続する。

医師が患者の治療を担当したときには、通常は契約によって保護関係が発生し、患者が治療を拒絶したときには契約による保護関係は終了する。しかし、医療的観点から退院するとすぐ死亡することが明確であり、昏睡状態である患者に対して家族の治療費負担を理由として退院を望む場合には、これを放置した医師は、任意の引受による保護義務違反として、不作為の殺人または傷害の責任が問われる（ボラメ病院事件：ソウル地法南部地院判決 1998. 5. 15,98 고합 9）。

一方的に保護機能を担った場合においても、保障人的地位は認められる。しかし、このような保障人的地位は、それによって被害者に対する他の救助可能性が排除され、または、新たな危険が発生した場合に限って認められる。たとえば、医師が治療を開始することで他の医師による治療する機会が排除され、または手術により被害者に対する新たな危険を生じさせた場合がある。

医師の診療と応急措置義務（医療法第15条）、応急医療従事者の応急医療義務（応急医療に関する法律第6条）などは、以上で言及したように医療人などに対する一般的法

20　鄭盛根/朴光玫・481頁。

的義務であり、他人の法的義務と関わる特別な保障人的義務ではない。したがって、このような義務違反では、不真正不作為は成立しない。引受関係による保障人的地位が認められるときに、不真正不作為犯が問題となる。

事実上の契約関係にある場合、または公務員の採用手続きが無効であったにもかかわらず事実上就任したときには、保障人的地位が生じうる。他方、いくら契約上の義務があっても、事実上の保護関係に基づいて活動を開始しなければ、保障人的地位は生じない。たとえば、登山案内を担当した者が待ち合わせ場所に来なかったため、登山者が案内人を同伴しないまま危険な登攀コースを登ったところ事故に遭った場合には、現場にいなかった案内人は、その事故防止に対する保護責任を負わない。

②危険源に対する安全義務と関連した保障人的地位　不特定多数人の法益を侵害する恐れがある特定の危険があるとき、この危険に対して特別な統制および支配関係を持っている者に保障人的地位が生じる。保障人は、その危険から法益侵害の結果が発生しないように安全措置をとり、または監視する責任を負う。危険に対する安全義務と関連した保障人的地位を、三つの観点目録に基づいて細分することができる。

ⓐ先行行為　自分の行為によって法益に対して近接した相当な危険を創出した者には、その法益が侵害されないように危険を除去し、または結果を防止する保障人的地位が発生する。韓国刑法第18条において「自分の行為によって危険発生の原因を惹起した者」とは、先行行為（Ingerenz）による保障人的地位を指すものである。たとえば、地下施設物を構築するため、深い穴を掘った者は、周囲に通行禁止の表示板を設置し、または夜間においては照明施設を設置して危険が構成要件的結果に実現しないようにしなければならない。また、他人に故意または過失により傷害を負わせた者は、保障人として被害者に対する医療措置や生命救助のために必要な援助をする責任がある。交通事故運転者の救護義務（道路事故運転者の救護義務（道路交通法第54条）が、その例である。

近接した相当な危険の創出とは、先行行為が新たな危険源の発生にとって直接的であり、一般的に適性をもっており、または危険に典型的に関連したことを意味する。したがって、煙草の火を消さないまま煙草を森に捨てたことは、近接した危険の創出ではないが、落ち葉に火がついたにもかかわらず、消火措置をとらなかったことは、火災に対する近接した危険の創出である。

近接した相当な危険の創出には、先行行為者の放置が危険の程度や災害の大きさを増大させた場合が含まれる。たとえば、運転者が泥酔状態になるように酒を勧めた者は、運転行為を阻止する責任がある。

重要な争点は、先行行為は客観的な観点から義務に違反した違法な行為でなければならないか否かである。たとえば、交通規則を遵守しながら進行していた自動車運転者が、急に車道へ飛び出した通行人を轢いて傷害を負わせた場合、または、路上強盗に遭った通行人が、正当防衛によって強盗に重傷を負わせた場合が考えられる。信頼の原則が適用される運転者や正当防衛によって傷害や重傷を負わせた者に被害者を救助する保障人の義務があるか否かに関しては、これを肯定する見解[21]もあるが、否定すべきで

ある[22]。被害者に対する一般的な救助義務（Hilfspflicht）はあっても、それを超える特別な救助義務（Rettungspflicht）は発生しないため、適法な先行行為から保障人的地位若しくは義務は発生しないからである。したがって、適法な先行行為がある場合には、保障人的義務は発生しない。ただし、先行行為は違法であれば足り、有責な行為である必要はない。

ただし、韓国の道路交通法は、違法ではない事故であっても、事故運転者に必要な救護措置をとる一般的な救助義務を法的に定めている。したがって、違法ではない事故を起こした運転者であっても一定の救助義務を果たさなければ、真正不作為犯として道路交通法第148条・第54条第1項（交通事故運転者の救護義務）により処罰される。また、過失のない事故運転者が道路交通法上定められた救助義務を果たさずに現場を離脱すれば、救助義務を果たさないことになるため、刑法上の遺棄罪（第272条）に該当し、両罪は観念的競合関係におかれる。

しかし、特定犯罪加重処罰法第5条の3に規定されたいわゆる「轢逃げ犯罪」は、刑法第268条に規定された業務上過失致死・致傷罪を犯した者だけが行為主体になりうるため、事故に対して過失がない運転者は救護義務を果たさずに現場を離脱しても、轢逃げ罪には該当しない。

ⓑ**危険源の監視**　自分の管轄支配領域内に一定の危険源を占有し、又は所有した者は、この危険源から他人の法益が侵害されないように安全措置をとり、または監視する保障人的地位を持つ。ここにいう一定の危険源とは、危険な物、施設、機械または動物・植物をいう。

このような監視・安全義務は、法令または契約によって発生する場合が多い。その他、事実上の生活関係において発生する場合もある。たとえば、警察官、消防士、整備検査義務がある自動車所有者、暗い階段に照明を設置する賃貸建物の所有者の義務、生産企業内における安全管理責任者などは、前者の場合である。凍った私道に砂をかけることを事実上引き受けた者、危険な物に他人が接近しないように監視することを引き受けた者、又は危険な犬を所有した者などは、後者の場合である。

危険源に対する監視責任の場合は、現実の侵害より将来発生する可能性ある危険に対する事前監視という観点から、先行行為による保障人的地位と区別される。すなわち、工作物または、動物・植物の所有者・占有者および管理人は、これから直接発生することがありうる危険をあらかじめ統制し、防止する義務、すなわち、社会安全義務を負う。たとえば、建物の所有者が崩壊する危険のある建物を修理しないことによって、その一部が落ちて通行人に傷害を負わせたことは、安全義務違反であり、不作為による過失致

21　Lackner, § 13 Rdn. 13; Sch/Sch/Stree, § 13 Rdn. 43.
22　金成敦・525頁、朴相基・314頁、裵鐘大・740頁、孫ドン權/金載潤・409頁、申東雲・145頁、李在祥・130頁、李廷元・512頁、任雄・558頁、鄭盛根/朴光玟・482頁、陳癸鎬・194頁、Celle VRS 41, S. 98; Gallas, 「Studien zum Unter-lassungsdelikt」, 1989, S. 92; Hirsch, ZStW Beiheft 81, S. 30; Rudolphi, JR 1987, S. 162; Wessels/Beulke, § 16Rdn. 725.

傷の責任を負わなければならない。

危険源が住居・建物のような場所的性格を持っている場合、これに対する支配関係に基づいた保障人的地位の範囲は、危険源の場所を閉鎖する義務に局限される。したがって、適法に入ってきた外部の人を危険から保護するにとどまり、違法に侵入した者に対して安全の保障人になることはない。

このような場所が第三者の犯罪場所として利用されないように監視する義務があるか否かについては、見解が分かれる。その場所自体が場所的な性格のため犯罪遂行に適した場所として提供された場合、保障人的地位を認めても良いであろう。たとえば、自分の家で高額の賭博が行われることを阻止しなかった家主は、賭博場開帳罪（第247条）はもちろん、場合によって不作為による賭博幇助の責任を負うであろう。

ⓒ**他人の行為に対する監督**　管轄権や支配領域に基づいた特別な身分上の権威によって他人を統率する責任のある者は、このような行為によって他人の法益が侵害されないように監督する保障人的地位を持つ。たとえば、責任無能力者の親権者または後見人、学生を指導・監督する教師、部下である職員を監督する上司、船員を統率する船長、部下である私兵を指揮する軍指揮官、在監者を監督する看守などが挙げられる。

責任無能力者に対する監督は、法令上の根拠がある場合に限られる。たとえば、禁治産者に対する後見人の監護義務（民法第947条第1項）、未成年者に対する親権者の保護・教育義務（民法第913条））などがある。その他、法令上の根拠のあるものが多いが契約上または事実上の引受行為による場合もある。たとえば、弁護士が、法律事務所職員の弁護士法違反行為に気が付いたにもかかわらず放置したときには、不作為による幇助が成立しうる。この場合、職員に対する監督責任は契約上のものであろう。また、知的障害児を任意で引き受けて保護する場合、事実上の引受行為による監督責任が発生する。

監督権による保障人的義務の範囲は、被監督者の犯罪行為を防止することに止まり、すでに、被監督者の行為により被害を受けた被害者を救助する義務までは要求しない。したがって、未成年者である息子による傷害行為を知っていたにもかかわらず放置した親は、不作為による傷害幇助犯として処罰されるだけであり、不作為による傷害の責任は負わない。部下である職員の犯罪事実を知っていたにもかかわらず放置した上司に対しても、不作為による幇助犯が成立する。しかし、同じ作業場で勤務する労働者の間には、先輩の労働者であっても後輩労働者の犯罪行為を阻止する法的義務はない。

夫婦にも、他方の犯罪行為を阻止する義務はない。婚姻によって発生する夫婦相互間の責任は他方の法益を保護するための保護義務であり、他方を監督する安全義務ではないからである。夫婦間の安全義務を認めることは、今日の婚姻観念に反する。

③**保障人的地位の競合**　保障人的地位が、様々な原因により二つ以上重複することがる。これが、保障人的地位または義務の競合である。たとえば、自然的結合関係から保護義務を負う父親が未成年者である息子を危険に晒した場合、先行行為から発生する安全義務が競合する。この場合、義務自体が強化されることはない。義務は加重される

概念ではないためである。しかし、救助行為の期待可能性は高くなる。

(e) 行為態様の同価値性（同置性の第2要素）

（あ）意義　構成要件的不作為と作為が同置性をもつためには、保障人的地位にある者の行為違反だけでは足りず、不作為が構成要件において類型化された行為態様と同価値性または相応性をもたなければならない。これを、不真正不作為犯における行為態様の同価値性という。もともと不真正不作為犯の同置性は、保障人的地位（第1要素）と行為態様の同価値性（第2要素）を包括する概念である。前者は構成要件的結果と関連した作為と不作為の同置であり、後者は構成要件的結果惹起の態様と関連した作為と不作為の同置である。

ここで行為態様の同価値性の意味については、不作為が作為と同様に評価しうる行為であるという強力な要素が必要であると解する立場[23]、不作為が作為による構成要件の実現と同じ程度の違法性（不法性）が必要である解する立場[24]などがある。しかし、このような立場は、行為の「態様または定型の同価性」（結局手段・方法などの同価値性）に対する評価を行為態様の「不法性の程度」に対する相応性評価に格上げし、過度な負担を与える一方、具体的にはどのような基準に基づいて不作為の不法性が作為の不法性と同等なものと評価されうるのかという問いに対する明確な基準を提示することができない。行為態様の同価値性の意味は、不作為による構成要件的結果が構成要件において要求される手段と方法によって行われることを要するという意味に過ぎないことに注意しなければならない[25]。

韓国刑法第18条には同価値性の条項はないが、これは、今日確立された不作為犯理論に照らして、立法上の不備であると評価せざるを得ない。したがって、解釈による補充が必要な部分である。実際、韓国刑法の解釈においても、同価値性が認められる場合に、不作為は作為犯の構成要件に該当しうる（通説）。

（い）適用対象　同価値性という基準は、行為態様と関連した行為反価値の形相であるため、その適用対象はすべての結果犯でなく、そのなかで特別な行為態様が構成要件的に重要な意味を持つ犯罪に限定される。すなわち、殺人罪・傷害罪・損壊罪・放火罪のような「純粋な結果惹起犯（Reine Verursachungsdlikte）では、行為により結果の惹起があれば処罰することになるため、行為態様の同価値性基準は適用する必要がない。したがって、このような結果犯の不真正不作為犯では、保障人的地位にある者の作為義務違反だけで構成要件的不作為は成立する。

これと異なり、構成要件上行為手段や方法が特定されており、一定の行為態様によって構成要件的結果が発生するようになっている犯罪が「行態依存的結果犯」（Ver-

---

23　劉基天・126頁。

24　車鏞碩・309頁、任雄・564頁（特に任意の結果犯において不法の相応性を要求することにより、結局作為の不法の程度に相応する不作為の不法を要求している）、Lackner/Kühl, § 13 Rdn. 16（すべての結果発生における同価値性が必要であることを主張している）。

25　金成敦・461頁、朴相基・338頁、裵鐘大・744頁、孫ドン權/金載潤・411頁、申東雲・145頁、李在祥・133頁、鄭盛根/朴光玟・484頁、曺俊鉉・309頁。

第8章 不作為犯論 363

haltensgebundene Delikte) である。ここでは、不作為は作為犯の構成要件的行為態様に相応したものである場合に、構成要件的不作為になりうる（通説）。このような、行態依存的結果犯は、各則の各々の構成要件の解釈により決定されるべき問題であるが、詐欺罪（第347条）の「欺罔」、侮辱罪（第311条）の「侮辱」、強要罪（第324条）の「強要」、恐喝罪（第350条）の「恐喝」、強制醜行罪（第298条）の「暴行・脅迫」・「醜行」、特殊暴行罪（第261条）の「団体または多衆の威力」・「危険な物の携帯」などの行為態様が、これに属する。このような行為形態依存的結果犯の構成要件では、不作為は結果惹起事態と同価値性を持たなければならず、さらに結果惹起行為の構成要件的態様と同価値性を持った場合に、構成要件的不作為として評価しうる。

同価値性を要求することは、行為形態依存的結果犯において不作為が積極的作為に匹敵しうる形状を持っているか否か、すなわち、同一の種類の方法によって行われたか否かを審査することにより、刑事処罰を制限する機能を持っているといえる。

（う）体系上の位置　同価値性の要素が体系上もつ位置については、同価値性の要素は、結果犯のうち行態依存的結果犯に制限的に適用されると解する限り、保障人的地位と体系上の位置を同じくしながら、構成要件的不作為の成立を制限する客観的な不法構成要件要素として解することが妥当である。

（え）判断の基準　不作為の態様がどの程度に至った場合に、作為犯の行為態様と同一視することができるのであろうか。一般に、同価値性の審査は、判断対象になった不作為の社会的意味内容の検討から出発する。すなわち、不作為行為形態がもつ社会的反価値の内容をまず確認するのである。さらに、不作為が、積極的な作為犯の行為形態とその行為反価値の側面から、社会的に同じ意味を持つか否かを検討しなければならない。もちろん、このような検討は、刑法各則上の個別具体的な構成要件的行為態様の解釈と同時に行われるべきである。

たとえば、詐欺罪における欺罔が成立するためには、単純に相手の錯誤を生じさせることを超えて、その行為自体が通常の取引上要求される信義則に反すると評価しうるものでなければならない。したがって、不作為による詐欺罪においては、告知義務の不履行が取引において求められる信義則に反すると評価しうる程度に至った場合に、欺罔として評価しうる。

> **《判例》**　物の国内独占販売契約を締結する時、取引上の告知義務違反があれば詐欺罪が成立する。なぜなら、詐欺罪の要件としての欺罔は、財産上の取引関係において互いに守るべき信義誠実の義務に違反するすべての積極的または消極的な行為を意味するからである。したがって、取引の相手が一定の事情に関して告知を受けたら当該取引に応じなかったことが経験則上明確である場合には、その取引によって財物を受け取る者には信義誠実の原則上、事前に相手にこのような事情を告知する義務があるであろう。これを告知しなかったことは告知事実を黙秘することにより相手を欺罔したことになり、詐欺罪を構成する（大法院判決 1996. 7. 30、ド 1081）。

364 第2編 犯罪論

（2）構成要件的結果

刑法各則の各構成要件における結果犯の結果は、作為犯と同様に不真正不作為犯の構成要件に属する。客観的構成要件の結果に関する限り、作為犯と不真正不作為犯との間に相違はない。したがって、この構成要件的結果が刑法上もつ意味も、作為犯と不真正不作為犯において同じである。重い結果によって加重効果が生じる問題や既遂・未遂に関する問題も、同様である。

ただし、真正不作為犯の場合、単純挙動犯に該当する場合が多いため、注意しなければならない。単純な挙動犯は、結果の検討、行為と結果の間の因果関係および客観的帰属に関する検討を要しないため、単純な挙動犯に該当する真正不作為犯では、結果の検討および不作為の結果との関連性は問題とならない。

2 主観的構成要件要素

不作為犯の主観的構成要件要素として、故意、過失、特別な主観的不法要素（例：目的犯の目的など）が必要である。しかし、当該不作為がどのような主観的構成要件要素を必要としているかに関する検討は、各則の命令構成要件の内容によって決定する。

（1）故 意

作為犯であれ不作為犯であれ、故意犯における不法の内容は、行為者が構成要件的不法を実現するための決定をしたという点で、本質的に同一である。

原則的に不作為の故意も、各々の命令規範における客観的な不法要素の認識を必要とする。不作為行為者が、すべての客観的構成要件要素を認識したにもかかわらず何もしなかった（不作為）時、構成要件的不法の実現のための決定があったといえるからである。

(a) **認識の対象**　すべての不作為犯における故意は、客観的構成要件要素、すなわち、構成要件的状況の存在、命じられた行為の不作為、および個別的な作為可能性に関する認識が必要である。その他、結果惹起が可能な真正不作為犯および不真正不作為犯においては、構成要件的結果および構成要件的不作為と結果との間の関連性に対する認識も必要である

(b) **不真正不作為犯における特別な認識の対象**　不真正不作為犯における故意には、保障人的地位および同価値性についての認識も必要である。

保障人的地位は、不真正不作為犯の客観的構成要件要素であるが、そこから導出される保障人的義務は、故意と関係のない一般的な犯罪要素に過ぎない。したがって、保障人

的地位に関する錯誤は故意を阻却する構成的錯誤になるが、保障人的義務に関する錯誤は故意と関係のない命令の錯誤（Gebotsirrtum）である。保障人的義務に対する命令の錯誤（作為犯の禁止の錯誤に相当する）は、責任説に基づく場合、責任阻却または責任減軽の事由になる。

(c) **意的要素問題**　　故意の犯行または目的実現のための犯行の実質的不法の内容は、行為者が結果を自分の行為の目標としたところにある。このような不法の内容は、作為によっても不作為によっても実現しうる。したがって、不作為犯においても、原則的に故意による意図的・目的的行為の遂行が可能である。

ただし、すべての目的犯が不作為によって実現されるわけではない。その限界は、目的犯における目的を実現しようとする行為態様が、客観的に不作為によっても実現しうる行為態様か否かによる。韓国刑法における内乱目的殺人罪（第88条）・多衆不解散罪（第116条）はもちろん、逃走援助罪（第147条）・犯人蔵匿罪（第151条第1項）・詐欺罪（第347条）・背任罪（第355条第2項）などの場合、不作為による目的犯が成立しうる。しかし、窃盗罪の領得意思や偽造・変造罪における行使の目的などは、不作為によって実現され難い目的である。

(d) **未必の故意の問題**　　作為犯と同様に、不作為犯においても未必の故意が認められ、認識ある過失との限界も作為犯の場合と同様の基準が適用される。したがって、不作為行為者が構成要件的不法結果の惹起が可能であるとみなし、さらに、このような可能性を甘受する意思がある場合、未必の故意が認められる。一方、このような結果が惹起されないと過信した場合は、認識ある過失になる。

(2) 過　失

過失による不作為は、刑法第14条により、真正不作為犯と不真正不作為犯において過失処罰の特別規定がある時に限り考慮される。過失の本質は、不作為犯であっても作為犯であっても客観的注意義務違反を意味する。ただ、過失行為の構成要件的不法は、構成要件実現の危険に対する行為者の客観的注意義務違反である一方、過失による不作為は、このような危険を行為者が客観的注意義務に違反して防止しなかったことである。このような注意義務違反は、行為者が把握すべき構成要件的状況の認識と関わっており、保障人的地位の誤認とも関係がある。

Ⅳ　不作為犯の違法性

不作為犯においても作為犯と同様に、構成要件が実現されると違法性が徴表される。したがって、徴表された違法性は、正当化事由があるとき、阻却される。正当化事由のなかで、構造上、特に不作為においては義務の衝突（複数の作為義務の衝突がある場合）が重要である。

V　不作為犯の責任

　一般的な責任要素は、不真正不作為犯においてもそのまま適用される。したがって、責任能力、故意・過失などの責任形式、嬰児殺害罪における「酌量しうる動機」のような特別な責任要素、不法の意識、免責事由の不存在などの要件が必要である。他方、不作為犯の可罰性は、責任無能力、回避できない命令の錯誤、若しくはその他免責事由の発生によって阻却しうる。不作為犯の免責事由として特に重要なものは、期待不可能性である。

VI　不作為犯の処罰

　不作為犯の処罰に関し、消極的な不作為は積極的な作為に比して一般的に「不法の程度」および責任が低いため、行為態様・定型の同価値性が認められても立法論的には不作為の刑を任意的減軽事由として規定するべきであると主張する者がある[26]。たとえば、契約の重要な部分に対して相手を積極的に欺くよりは、みずから錯誤に落ちた取引の相手に単純に告知しなかった場合のほうが、そして積極的に人を水に落として溺死させるよりは、自ら水に落ちたものを放置し溺死させる場合のほうが、一般に不法および責任の程度が低い。実際、ドイツ刑法第13条第2項とオーストリア刑法第35条は、不真正不作為犯の刑を任意的減軽事由として規定している。

　不真正不作為犯において違法な行為をしない反対動機形成を作為と同じ程度に期待することは難しいため、不法と責任の程度は比較的低い可能性が高いことは事実である。しかし、不真正不作為犯においてそのような不法および責任の減軽事由が存在するときは、酌量減軽などの方法で量刑の段階においていくらでも考慮される可能性があるため、必ずしも立法で刑の減軽規定を置く必然的な理由はないと思われる[27]。

26　李在祥・134頁。
27　裵鐘大・745頁、曺俊鉉・310頁。

第9章 未遂論

第1節 故意犯の時間的進行過程

　すべての犯罪は、進行過程の時間的順序によって段階別に説明しうる。特に、故意犯は、事件の経過により、①決意段階、②予備段階、③未遂段階、④既遂段階、⑤完遂段階などさまざまな段階に区別することが合目的的である。

（1）決意段階

　ある犯罪を行うことを内心で決意する段階である。すべて故意犯罪は、行為者の構成要件的実現決意が必要である。一人で、犯罪に対して決意することは、刑法的に問題とならない。しかし、唆された者が犯罪実行を承諾しただけでも、刑法第31条第2項（教唆の未遂）により処罰される可能性がある。

（2）予備段階

　予備は、決意した犯罪を効果的に遂行するために事前に行う人的・物的準備行為である。たとえば、対象の物色、犯行場所の実地調査、犯行道具の準備などである。予備行為は、原則的に処罰しない。法益に対する危害がないためである。ただし、行為者に特別な危険性があるときには、例外的に処罰する（第28条）。

（3）未遂段階

　犯行の主観的構成要件要素は充足されたが、客観的構成要件要素が充足されない場合が未遂である。刑法は、これを、犯罪の実行に着手して、行為を終了させず、または結果が発生しない場合であるとする（第25条第1項）。未遂の種類とその処罰の差は、刑法第25条〜第27条に定められている。この段階においては、共犯の成立も可能である。

（4）既遂段階

　全ての構成要件要素が充足された段階である。法律の条文は、これを行為の終了という（第25条第1項）。既遂を形式的な犯行の完成といい、実質的な犯行の完成である完了段階と区別される。既遂段階が過ぎると教唆の成立は不可能であるが、幇助（事後幇助）および犯罪庇護は可能である。

368　第2編　犯罪論

（5）完遂段階

　犯行目的の達成、犯行目的の完全な達成のように、犯罪の実質的な完成、完了を完遂という。目的犯において目的が達成されたときである。法律の条文では、これを犯罪行為の終了という（刑事訴訟法第252条第1項）。完遂概念を刑法的に認めなければならない理由は、正当防衛または幇助の成立可否、公訴時効の起算時点などのためである。完遂段階に至ると公訴時効が始まり、正当防衛や幇助は成立しえない。ただし、犯人庇護（犯人蔵匿や証拠隠滅）のみは、可能である。

　継続犯の場合：住居侵入において甲が乙の住居に侵入することにより既遂になる。しかし、甲が乙の住居に留まる限り行為は完了せず、出たとき侵入罪は完了する。他方、完了理論は罪刑法定主義に違反するという批判もある[1]。

第2節　未遂犯

I　未遂の概念

　未遂とは、主観的構成要素は充足されたが、行為の未終了や結果の未発生により客観的構成要件要素が充足されない場合である。すなわち、犯罪実行の着手はあったが、犯罪の既遂（終了）に至らなかった場合が未遂である。未遂は、犯罪実行の着手以降に認められる。未遂は、実行の着手以前の行為である予備・陰謀と区別される。

　未遂は、刑法各則に、これに対する処罰規定がある場合に限って処罰する（第29条）。比較的重い犯罪の未遂犯だけが処罰される。また、未遂犯は、少なくとも既遂犯より減軽することができる（第25条第2項）。このように、未遂犯は既遂犯の形式で定められた対象と処罰範囲を修正する形式である。したがって、未遂犯は共犯と共に、構成要件の修正形式または修正された構成要件である。ただし、刑事政策的考慮により、未遂犯を既遂犯と同じ刑で処罰する場合がある（特定犯罪加重処罰等に関する法律第5条の4第1項）。

1　朴相基「犯行段階としての終了理論」刑事法研究（1988）169頁以下、Hruschka, JZ 1983, S. 216.

II 未遂犯の処罰根拠（本質論）

未遂犯の本質とは、未遂犯の処罰根拠と可罰性に関する議論である。この議論をめぐって、主観説と客観説が対立してきた。

1 客観説

客観主義犯罪論に基づいた客観説は、未遂犯の処罰根拠を、行為者意思でなく、構成要件的結果実現に近接した危険だとする。客観説によると、未遂犯の不法は、行為反価値より特別な事態反価値によって決定される。ここで、決定的に重要な意味を持つのは、行為反価値ではなく結果反価値である。

このように、客観的危険性を念頭に置いた客観説は、リスト／ベーリングの古典的犯罪体系の結果であるといえる。なぜなら、この体系は、犯罪行為のすべての主観的要素を責任に配属し、不法を具体的な法益危殆化または侵害という客観的要素として構成したからである。

2 主観説

主観主義の犯罪論に基づいた主観説は、未遂犯の処罰根拠を、犯人がその行為を通じて実際にみせた法敵対的意思に求める。これによると、未遂犯の処罰のためには犯罪意思によって表した行為違反価値で足り、保護法益に対する危険を惹起させなかった行為形態も可罰的である。

ここでは、未遂行為が法益を客観的に危殆化させたか、危険に至るまでの行為が適切なものか否かは重要ではない。したがって、手段や客体が不可能な未遂も、行為者がこれを可能なものと思って行為した以上、未遂で処罰することができる。したがって、主観説の立場からは、未遂犯の不法は行為反価値だけで構成され、事態反価値は不要であるとの結論に至る。

3 折衷説・印象説

主観説と客観説を相互に結合させて両者を折衷させる立場である。現在の韓国の多数説である[2]。

---

2 權五杰・447頁、金成敦・405頁、金聖天／金亨埈・322頁、朴相基・354頁、裵鐘大・501頁、

370 第2編 犯罪論

　折衷説にもさまざまな形態があるが、そのうちでは印象説（Eindruckstheorie）が代表的であり、現在のドイツ多数説[3]の立場である。印象説は主観説から出発するが、ここで犯行が一般人に与えた犯罪的印象という客観的要素を結合させることによって、主観的出発点を客観的観点から修正・補完する。そのような理由から、未遂犯の処罰根拠を犯罪意思に求めるが、その意思が犯罪志向的な意思表示により法秩序の効果に対する一般人の信頼を損ない、法的安定感と法的平和を阻害する程度に至ったという点も考慮する。本説では、未遂犯の可罰性を、主観説のように法敵対的意思による行為反価値だけに求めたり、客観説のように犯行の特別な事態反価値だけに求めたりせず、主観的な犯人の犯罪意思（行為反価値）が、少なくとも客観的に法的平和を混乱させ（結果反価値）、「犯罪的印象（Der verbrecherische Eindruck）」または「法動揺的印象（Der rechtserschütternde Eindruck）」を引き起こしたことに求めるため、これを印象説という。したがって、印象説は、行為反価値と法益平穏状態の攪乱という第3の結果反価値の折衷と結合から、未遂犯の不法を把握する。

　この理論は、構成要件的法益侵害・危殆化行為を、すでに既遂以前の段階において主観的・客観的基準により構成しうるという点において論理一貫性がある、というメリットを持つ。印象説が妥当であると思われる。

第3節　未遂の種類と内容

Ⅰ　障害未遂（狭義の未遂）

1　意　義

　障害未遂は、行為者が、自分の意思に反して、犯罪を完成できなかった場合をいう（第25条第1項）

　孫ドン權/金載潤・430頁、孫海睦・844頁、安銅準・177頁、李在祥・360頁、李廷元・299頁、李炯國・272頁、任雄・355頁、曺俊鉉・253頁、陳癸篇・446頁。

3　Maurach/Gessel/Zipf, Ⅱ, § Rdn. 40 ff. ;Jescheck/Weigend, SS. 541, 522;Roxin, JuS1979, S. 1 ; Sch/Sch/Eser, Vorbem. 23 vor § 22; Rudplphi, SK, Vorbem. 1314, vor § 22; Wessls, Rdn. 594 など。

第9章　未遂論　371

2　成立要件

（1）主観的要件

(a) 故意　　未遂犯は既遂犯と同様に客観的構成要件要素を認識し、構成要件を実現しようとする故意を必要とする。

既遂犯は未必の故意だけで成立しうるため、未遂犯の故意も未必の故意で足りる。しかし、単純な未遂の故意（Versuchsvorsatz）は、構成要件的故意（Tatvorsatz）ではないため、未遂犯の故意は既遂の意思（Vollendungswille）でなければならない。したがって、おとり捜査（Lockspitzel, agent provocateur）における行為者の意思は、既遂の意思ではないため、原則的に不可罰である。

未遂犯の故意は、犯行実現意思を内容とする犯行故意でなければならないため、過失犯の未遂はあり得ない。

(b) 確定的行為意思　　既遂犯と同様に、すべての未遂犯においても、故意と区別される確定的行為意思（Unbedingter Handlungswille）が必要である。ここにいう確定的行為意思は、「無条件的」犯行意思をいう。したがって、行為者が犯行を行うか否かについて決意していない状態である未必的行為意思（Bedingter Handlungswille）は、未遂犯の成立を主観的に充足させない。

(c) 特別な主観的不法要素　　構成要件的故意以外に当該犯罪の種類によって特別な主観的構成要件要素が必要とされているときは、主観的不法要素も未遂犯の主観的構成要件要素になる。したがって、窃盗罪のように、故意以外に特別な目的、すなわち、不法領得の意思が求められる場合、仮に、犯人がこの意思を持っていなかったなら、または他の目的を追求していたなら、犯行決意が欠けているため未遂も成立しない。

仮に、犯人が当該財物に関して請求権（監修者注——所有権）があると誤信していた場合には、構成要件的錯誤になる。この場合には、すでに構成要件的故意が欠けるため、未遂は成立しない。

（2）客観的要件

(a) 構成要件実現の直接的開始（実行の着手）　　未遂の客観的要素として重要なものは、実行の着手である。実行の着手とは、行為者が構成要件実現を直接的に開始することである。ここにいう直接的開始（Unmittelbares Ansetzen）とは、中間の準備手続を経ることなく、直ちに構成要件を実現する何らかの行為に出ることを意味する。

実行の着手時期を中心に、不可罰の予備と可罰的な未遂の間を時間的に区別する基準に関して、従来から客観説と主観説が論争してきた。

(あ) 形式的客観説　　形式的客観説は、行為者が法律に定められた構成要件的行為を開始したときに、実行の着手があったとする。このとき、各々の犯罪構成要件的結果を含んだすべての挙動要素の文言によって把握される行為の一部が行われたなら、実行の着手が認められる。たとえば、窃盗罪では、財物を掴んだときに実行の着手が認められる。これが最も古い学説である。同学説は、罪刑法定主義の要請には応じるが、不可罰的予備の領域を拡張する一方で、処罰しうる未遂の範囲を狭くすることにより、刑事政

372 第2編 犯罪論

策的に満足できない結果に留まる。

　(い) **実質的客観説**　　実質的客観説は、形式的客観説と異なり、実質的観点により可罰的未遂の領域を構成要件実現の前段階まで広げることを意図する立場である。ここには二つの形態がある。

　(ⅰ) **フランクの公式**　　フランクによると、構成要件的行為と必然的に結合されるため、構成要素とみえる挙動があれば、構成要件実現の前段階 (Das Vorfeld der Tatbestandsverwirlichung) に属した行為であっても、実行の着手はあるという。たとえば、金庫のドアを開けるための行為を開始したときには、すでに金庫に入っている物に対する窃取の実行の着手があったと認められる。

　(ⅱ) **危険な法益侵害の公式**　　保護法益に対する直接的な危険をもって実行の着手を論じる立場であり、たとえば、金庫の扉を開けたときには、すでに開けた金庫に入っている物に対する実行行為があったと認められる。ここでは、形式的な構成要件の代わりに、法益侵害の危険性が、予備と未遂を区別する実質的な基準となる。

　しかし、実質的客観説に対しては、行為者の主観的観点 (主観的犯行計画) を全く考慮せずに法益侵害に対する実質的危険の有無を確定することはできないと批判される。

　(う) **主観説**　　主観説は、行為者の意思 (Der Ville des Täters) により、実行の着手の有無を決定しなければならないとする。たとえば、金庫に入っている物を盗むために建物に入ったときには、すでに窃盗の実行の着手があったとされる。しかし、主観説では、客観的基準が無視され、未遂の可罰性の幅が拡大されるという問題がある。不可罰でなければならない予備まで処罰される恐れがあるためである。

　(え) **個別的客観説 (主観的客観説)**　　純粋な客観説や純粋な主観説は、今日支持できないという観点から、両者を折衷するのが学説と判例に支配的な傾向である。このこのような傾向を代表している見解が、いわゆる個別的客観説である。

　同見解によると、行為者の主観的な犯行計画に鑑みれば (主観的企図) 犯罪意思が表明されたと認められる行為が、個々の構成要件の保護法益に対する危険に直接に至った場合 (客観的基準)、実行の着手があったとされる。すなわち、実行の着手は本質的に保護法益に対する直接的な危険が開始されたとき認められるが、その直接的な危険が開始されたか否かは行為者の主観的犯行計画により確定されるのである。たとえば、特定の金庫に入っている物を盗むために金庫がある建物の中に入って金庫が置いてある部屋の錠を外して入ったときには、窃盗罪の実行の着手があったとされる。ドイツ刑法は、その第22条において「その表象によれば、直接に構成要件が実現される行為を開始した者は未遂である」と定め、個別的客観説の立場を明らかにしている。現在の韓国[4]とドイツの通説であり、未遂犯の実行の着手を決定するには最も妥当な見解であると考える。

4　金成敦・411頁、金聖天/金亨埈・327頁、朴相基・361頁、孫ドン權/金載潤・434頁、吳英根・484頁、孫海睦・851頁、安銅準・181頁、劉基天・257頁、李相暾・501頁、李在祥・366頁、李廷元・305頁、李炯國・276頁、鄭盛根/朴光玫・396頁、鄭英一・307頁、鄭鑛連/申梨澈・289頁、陳癸鎬・450頁。

第9章　未遂論　　373

　（お）**具体的適用の基準**　　具体的な実行の着手時期は、原則的に、各則にある個別的構成要件の実行行為に対する解釈を通じて決まる。そして、実行の着手時期に関する構成要件解釈は、個別的客観説の立場に基づいて行われるべきである。

　（ⅰ）構成要件該当行為またはその一部に該当する行為が始まると、当然、実行の着手がみとめられる。この点は、形式的客観説と同様である。

　（ⅱ）保護法益侵害の直接的危険を内包する行為には、構成要件該当行為だけでなく構成要件実現に直接繋がる構成要件前段階の行為も含まれる。これを構成要件実現に密接した行為または接近した行為という。このような行為は、被害対象と時間的・場所的に接近しており、または、これ以上の中間行為がなくても直接保護法益の侵害に至ることが可能な行為を意味する（いわゆる密接行為説）。このような点は、実質的客観説と同様である。韓国の判例の中には、密接行為説の観点から実行の着手を認めたものもある[5]。

　（ⅲ）保護法益侵害の直接的危険を内包した行為であるか否かは、客観的に決まるものではなく、行為者の主観的犯行計画を参考にして決まる。この点は実質的客観説と異なる。したがって、客観的に保護法益侵害に密接な行為であっても、行為者の犯行計画によっては、実行の着手として認められない場合もある。

> 《判例1》　路上に止めた車の中に入っている物を盗むために車のガラス窓から内部をライトで当ててみたに過ぎない場合、ドアを開けるために手袋をはめて、ナイフを持っているのであれば窃盗の予備行為は成立するかもしれないが、他人の財物に対する支配を侵害する密接な行為をしたとは解釈できない。すなわち、窃盗行為の実行の着手に至ったとは判断できない（大法院判決 1985. 4. 23,85 ド 464）
>
> 《判例2》　窃盗罪の実行の着手時期は、財物に対する他人の事実上の支配を侵害する行為が開始されたときであり、被害者の自動車の中に入っているミンクのコートを発見し、窃取するために、共犯者が自動車の横で見張りしている間に、右側のドアを開けようと取っ手を引っ張っているところを被害者に発見されたのであれば、窃盗の実行に着手したと認めうる（大法院判決 1985. 12. 23,86 ド 2256）。
>
> 《判例3》　窃盗の目的で被害者の家の玄関を通って家の床に上がり、倉庫のドアの方に行ったが、被害者に発見され、逮捕された場合には、まだ窃盗行為の実行の着手に至ったとはいえない（大法院判決 1985. 10. 28,86 ド 1753）。
>
> 《判例4》　牛を売買のために交渉している被害者の後ろに接近し、持っていたかばんと金が入っている被害者のズボンのポケットを接触させた。このような行為は、被害者の注意力を低下させ、ポケットに入っている金を窃取するための、予備段階の行為に過ぎない。したがって、窃盗の実行の着手に至ったとは認められない（大法院判決 1985. 11. 11,86 ド 1109）。
>
> 《判例5》　強盗の目的で、夜間他人の家に侵入し、下見をしているとき、化粧室から出てきた被害者を発見し、急にナイフを突きつけて部屋まで連れて行き、被害者を押し倒して反抗を抑圧した後、強姦した。刑法第334条の特殊強盗罪における実行の着手は、強盗の実行行為、すなわち人の反抗を抑圧しうる程度の暴行または脅迫を行ったときで

5　大法院判決 1985. 4. 23, ド 464、1986. 12. 23,86 ド 2256、2001. 7. 27,2000 ド 4298。

374　第２編　犯罪論

ある。しかし、夜間に他人の家に侵入し、家の状況を把握することは、特殊強盗罪の実行に着手したといえない。したがって、特殊強盗の着手前に行われた強姦行為を、旧特定犯罪加重処罰法上の特殊強盗強姦罪に該当すると評価することはできない（大法院判決1991. 11. 22,86 ド2296）。

《判例６》　強姦罪の実行の着手があったと評価するためには、強姦の手段として暴行や脅迫を行った事実が必要である。しかし、強姦の目的で被害者の家に侵入して、部屋で睡眠中であった被害者の胸を触りながら強姦しようとしたが、被害者が叫んだため、逃げただけでは、強姦罪の実行の着手に至ったとは評価しにくい（大法院判決1990. 5. 25,90 ド607）。このような場合には、強姦罪の実行の着手があったとは認められないが、準強姦罪（第299条）の実行の着手は認められる。

《判例７》　外国為替取引法第28条第１項第３号において定められた申告をせず、または、虚偽の申告をして支払手段・貴金属または証券を輸出する行為は、支払手段などを国外に搬出するための行為に近接・密着する行為が行われたときには、実行の着手があったと評価しうる。被告人が500万円は委託荷物として送り、400万円は手荷物としてかばんに入れて国外に搬出しようとした場合、500万円に対しては、委託荷物として送ったときに国外に搬出するための行為に近接・密着した行為が行われたと評価すべきであるため実行の着手があったと認められるが、かばんに入れて飛行機に搭乗しようとした400万円に対しては、その携帯用のかばんを保安検査台に置き、または、かばんを持って通過したとき、実行の着手があったと評価すべきであり、被告人が携帯用のかばんを持って保安検査台を通過せず、空港内で搭乗を待っているときに逮捕されたのであれば、400万円に対しては実行の着手があったとは評価できない（大法院判決2001. 7. 27,2000 ド4298）。

（か）犯罪類型による実行の着手時期

（ⅰ）**共同正犯**　多数説は、共同正犯者の全体行為に基づいて総合的に判断しなければならないと解する。しかし、各自の行為が予備段階を超えたか否かは、個別的に判断すべきである。

（ⅱ）**間接正犯**　多数説は、利用者が被利用者を利用し始めたとき、実行の着手があったと評価する。しかし、利用者の優越した意思による行為支配を正犯性の要素とする間接正犯の場合、少なくとも利用行為が道具に影響を及ぼし、被利用者が利用者の優越した意思による支配の影響下に入り、それによって自動的に保護法益に対する侵害が開始されたと認められたときに、実行の着手があったと評価しうる。このような時点は、利用者の利用行為が実質的に完了し、被利用者が利用者から離れ、独自の行為を開始したときであろう[6]。

（ⅲ）**原因において自由な行為**　実行の着手の時期は、構成要件的定型により定められるため、半無意識状態で構成要件的行為を開始したときに、着手があったと解釈する見解が多数説である。しかし、間接正犯と同様に、行為者が半無意識状態を惹起し、責任能力欠如状態である自分を道具にして実行行為を始めたときに、実行の着手が認めら

6　金日秀『韓国刑法Ⅱ』168頁。

れるべきである（原因行為→自分を道具にして、行為者が原因行為から離脱し、進行を始めた段階→責任能力のない道具としての構成要件実行行為）。

（iv）**離隔犯**　構成要件的行為と結果発生の間に時間的・場所的間隔がある犯罪を、離隔犯（Distanzdelike）という。爆発物が入っている小包を遠いところにいる他人に郵送し、受取人を殺害する場合である。客観説は、少なくとも小包が配達されたときに、実行の着手が認められると解する。主観説は、小包を発送したときに、実行の着手が認められるとする。個別的客観説においては、原因設定行為が終了した時点（たとえば、郵便局に委託したとき）に、実行の着手が認められる。

（v）**結合犯**　独立して各々の犯罪が成立しうる数個の行為を、一つの犯罪構成要件によって実現する犯罪を結合犯という。強盗罪、強盗殺人罪、夜間住居侵入窃盗罪などが、その例である。客観説は、第一行為の着手時に実行の着手があるという。主観説は、結合犯全体に対する故意が明確に発現したときに、実行の着手があると評価する。個別的客観説は、結合犯全体の故意をもって第一行為に着手した時点が、実行の着手時期であるという。夜間住居侵入窃盗罪は窃盗の故意で住居に侵入したとき、強姦罪は強姦の故意で暴行を開始したときに、実行の着手が認められる。

（vi）**不作為犯の実行の着手**　不作為犯においても、未遂は可能である。したがって、原則的には、未遂の一般的規律（第25条〜第29条）により処罰される。ただし、不作為犯においては、直接的な犯行は作為の行為形態で開始されたものではないため、いつから実行の着手を認めるのかについては争いがある。

①**最初の救助可能性基準説**　不作為行為者が最初の救助可能性を過ぎたとき、すなわち、行為に対する法的義務が発生するとき、実行の着手があったといえる[7]。たとえば、水に溺れている人を発見し、救助義務者が助けることができる状況におかれたときに、実行の着手が認められる。

②**最後の救助可能性説基準説**　不作為行為者が最後の救助可能性を過ぎたとき、すなわち、行為者を基準にして直ちに行為を遂行しなければ救助の機会を見逃す状況におかれたときに救助しなかったら、犯行に対する直接的な開始があったといえる。たとえば、水に溺れている人と手が届かないくらい距離が離れてしまい、これ以上救助ができないときに、実行の着手が認められる。

③**法益に対する直接的な危険惹起・増大基準説**　行為者を基準として「作為行為を遅滞することにより、行為をしなくても法益に対する直接的な危険が惹起・増大されたとき」に、実行の着手があったと評価する見解である。したがって、前の例において遅滞行為が作為を必要とせずとも、法益に対する直接的な危険を惹起させたか否かが、決定的な基準になる（多数説[8]）

④**結論**　行為者の作為義務は要保護者に対する危険の除去をその内容とするため、

7　裵鐘大・749頁。

8　金成敦・537頁、金聖天/金亨埈・329頁、朴相基・322頁、孫ドン權/金載潤・417頁、孫海睦・807頁、李在祥・372頁、李炯國・278頁、任雄・568頁、鄭盛根/朴光玟・489頁、陳癸鎬・187頁。

376　第2編　犯罪論

法益に対する直接的な危険惹起および増大を基準とする多数説が妥当である。被害者が泳げない場合、救助の遅滞は、被害者の法益に対する直接的な危険増大として実行の着手になる。したがって、救助義務者が直ちに関与しなかった場合には、少なくとも未遂が成立する。他方、被害者が泳げる場合には、状況によって救助義務者の遅滞が不可罰的予備段階に留まることがありうる。しかし、救助義務者が逃げたため、因果過程を支配できなくなった場合には、非常に遅い時点で現実的な危険が増大しても、救助義務者は既に未遂段階に到達していたことになる。

(b) **法益危害（結果反価値）**　　未遂と予備を区別する実質的基準として危険事態という観点を受け入れると、包括的かつ不確定な危険要素を各々の未遂行為の形態に合わせてどのように具体化しうるかという点が重要になる。法益危害の質的・量的差異は、その程度が最も高い法益侵害と中間的度である法益危殆化、およびその程度が最も低い法益平穏状態の攪乱とに分類しうる。

法益危害の中間形態である法益危殆化は、第2の結果反価値形態として、障害未遂であれ中止未遂であれ、全ての未遂の不法を規定する要素になる。したがって、障害未遂の結果不法は、構成要件実現の直接的な開始として法益危殆化に陥ったという点にある。

(c) **行為の未終了または結果の不発生**　　実行の着手段階を過ぎたが、他律的な事由によって、行為者が行為を終了できなかったり、その他の事由によって構成要件的結果が後発的に発生しなかったりした場合、または発生してもその結果を行為者の所為に帰属できない場合には、障害未遂が成立する。その際、原因（手段の錯誤、客体の錯誤）と行為者の目的達成の可否は問わない。結果が発生しても因果関係が存在しない場合、または通説に基づいて客観的帰属関係が欠ける場合には、犯罪は未遂になる。

3　処　罰

韓国の刑法では、未遂犯を処罰する罪は各条に定める（第29条）そして、その処罰は、既遂犯より減軽することができる（第25条）。任意的減軽の対象は主刑に限られる。付加刑や保安処分は減軽できない。任意的減軽は、主観的未遂論の論理的帰結であるといえるが、印象説（eindruckstheorie）に基づいた場合、中間的解決を試みた結果であると理解しうる。

II　不能未遂

1　意　義

(1) 不能未遂の概念

不能未遂（Untauglicher Versuch）は、最初から結果を発生させることはできないが、その危険性から未遂犯として処罰する場合である。韓国刑法第27条は、これ

を「実行の手段又は対象の錯誤により結果の発生が不可能でも危険性があるとき」であると規定している。

> 《判例》 被告人は、向精神薬であるヒロポンの製造を共謀した後、その原料である塩酸に様々な種類の薬品を混ぜてヒロポンの製造を試みたが、薬品配合が未熟で完製品を製造できなかった。不能犯は、犯罪行為の性質上、結果発生の危険が絶対に不可能である場合を意味するが、上記の行為は、その性質上、結果発生の危険があるため、習慣性医薬品製造罪の不能未遂犯になる（大法院判決 1985. 3. 26,85 ド 206）。

（あ）不能未遂と不可罰的不能犯の区別

不能犯は実行の着手段階以前の状態で、刑法的意味のない行為であり、不能未遂は実行の着手段階を経たが、実質的不法を形成することができる危険性のある犯罪現象である。

（い）不能未遂と迷信犯の区別

迷信犯は、非現実的な手段（マジック道具）、非現実的行為（殺害を願うこと）で犯罪を行い、あるいは非現実的対象（霊）に対して犯罪を行う行為である。したがって、迷信犯は刑法的に行為反価値がない行為である一方、不能未遂は実質的不法に至った犯罪現象である。

（う）不能未遂と幻覚犯との区別

不能未遂は、対象または方法が不可能な場合である。幻覚犯は、現実には許容されている行為を、禁止又は処罰される行為であると誤解して犯行を行った場合である。対象または方法が欠けている不能未遂を、裏返しの構成要件的錯誤という。刑法において構成要件的事実に関する錯誤を行為者に不利に適用する唯一の例である。これに対して、幻覚犯は、裏返しの禁止の錯誤に当たり、処罰されない。

（え）不作為犯と不能未遂

不真正不作為犯の不能未遂は、理論的に可能である。しかし、このような場合多くは、主体の不能として、保障人的地位をもっていない者がそのような地位にあると考えたとき、または自分の実行行為によって危険が惹起されたと錯誤した場合である。このような場合は、幻覚犯の範疇に入る。したがって、不真正不作為犯の不能未遂は、不可罰になるべきである。

（2）不能未遂と障害未遂の区別

障害未遂は、構成要件的結果が発生する可能性がある場合である。したがって、このような可能性が最初（実行の着手時期に）からなかった不能未遂と異なる。障害未遂は、行為違反価値以外に法益危殆化という第2の結果反価値がある場合として、未遂の行為形態の中で不法の程度が最も高い。

> **《判例》** 被告人は、夫を殺害するためにスープに農薬を入れて毒殺しようとしたが、被害者がスープを吐いたことによってその目的を達成できなかった。犯行に使われた毒の量は致死量にはまったく足りなかった。刑法は、犯罪の実行に着手して結果が発生しなかった場合である障害未遂と、実行手段の錯誤によって結果発生が不可能であっても危険性がある場合である不能未遂とを区別して処罰しているため、この事件においては、農薬の致死量について審理し、犯行がどのような未遂の類型に当たるかを評価しなければならない（大法院判決 1984. 2. 14,83 ド 2967）。

（3）不能未遂と中止未遂の区別

　中止未遂は、構成要件実現の決意をして犯罪の実行に着手した者が、自ら犯行を中止したり、結果発生を防止したりした場合である。障害未遂や不能未遂においても中止未遂は成立しうる。中止未遂は心情価値によって責任が減少するため、障害未遂と不能未遂の不法を超えて刑の必要的減免まで可能である。

　したがって、不能未遂の行為者が結果発生は可能であると誤った判断をした上で犯行を始めたが、自ら中止または防止すれば（不能未遂の実行未遂の中止）、中止未遂規定が不能未遂規定より先に適用される。従来の多数説は、この場合行為者の中止行為のために結果が不発生に終わったのではないため、不能未遂の中止未遂を認めず、不能未遂が成立するだけであるという立場であった。しかし、中止未遂は不能未遂の不法減免事由を超えて、心情価値による責任減免事由を含んでいるため、不能未遂の中止未遂を認めることが妥当であり、行為者にも有利である。現在の多数説も同様である。

2　成立要件

（1）主観的成立要件

　障害未遂と同様である。

（2）客観的成立要件

(a) 構成要件実現の直接的開始　　不能未遂も未遂犯の一種であるため、構成要件実現の直接的開始という客観的要素が必要である。構成要件実現は客観的に不可能であっても、当該構成要件が要求している行為者の犯行決意が実現される段階でなければならない。

(b) 法益平穏状態の攪乱　　危険事態という観点からすれば、法益平穏状態の攪乱は、第三の結果反価値として、最も弱い危険の程度である。これは、不能未遂と不可罰的不能犯を内容的に区別する要素である。

（c）**結果発生の不可能性**　　この要素が、不能未遂と障害未遂を区別する決定的な基準である。韓国刑法第27条は、結果発生が不可能となる原因を実行の手段、対象の錯誤であると明記しているが、これは例示に過ぎない。したがって、対象の不能（＝客体の不能）、方法の不能による不能未遂も考えられる。結果発生の不可能性を判断する時点は、実行行為の直接的開始時点である。この時点の行為が、事実的または法的理由ないし行為の性質または状況による制約のために、既遂に至ることができなかったか否かを判断しなければならない。

（あ）**実行手段の錯誤**

行為者が試みた犯行手段や方法が、構成要件的結果を発生させない場合である。たとえば、最初から誤っておかれた遮断機を、交通妨害の目的で正しい位置に移動させた場合である。

（い）**対象の錯誤**

行為客体が全くないか、あるいは侵害されない状況に置かれていたにもかかわらず、行為者が構成要件的行為をする場合である。たとえば、殺人の故意で死体に向かって発砲した場合、自分の物を他人の物であると勘違いして窃取したり破壊したりする場合である。

（う）**行為主体の錯誤**

（ⅰ）**問題提起**　　韓国刑法第27条は、結果発生が不可能であった原因として、主体の錯誤と主体の不能を規定していない。したがって、主体の錯誤による結果発生の不可能を不能未遂として評価しうるのかが、解釈論的に問題になる。たとえば、公務員採用が無効とされた者が、その事実を知らないで賄賂を収受したり、公務員でない者が自分を公務員であると勘違いしてわいろを収受した場合、保障人的地位をもってない者が不真正不作為犯により実行行為をする場合などが問題になる。

（ⅱ）**主体の不能が対象の不能に起因した場合**　　主体の不能が対象の欠陥または対象の不能に起因すれば、不能未遂である。たとえば、自分の保護監督下にいない婦女であるが、業務・雇用・その他の関係により自分の監督を受ける婦女であると勘違いして、威力で姦淫をしようとした場合（第303条1項）は、保護監督職でないことにより、不可罰的不能犯になるものではない。この場合、犯罪主体としてもつ資質は行為客体の特性と共に考慮される。したがって、可罰的不能未遂を認めるべきである。

（ⅲ）**真正身分犯の場合**

①**不能未遂説**　　真正身分犯の行為主体は構成要件要素であり、主体の錯誤も裏返しの構成要件的錯誤だとして不能未遂として取り扱う[9]。刑法第27条の実行の手段または対象の錯誤は例示規定であり、身分も手段・対象と同等の構成要件要素であるため、錯誤においてこれらを異なって扱う必要はなく、危険性のある限り不能未遂として処罰することが妥当であるとする。ドイツの多数説である[10]。

9　朴相基・384頁、李廷元・338頁、李炯國・298頁。

10　Jescheck/Weigend, S. 535; Maurach/Gössel/Zipf, S. 35; Rudolphi, SK § 22 Rdn. 26;

②**不能未遂否定説**　身分は不法構成要件を構成するため、身分のない者は行為反価値を欠き処罰する必要がなく、また、手段または対象の錯誤ではない主体の錯誤については刑法第 27 条に定められていないため、仮に不能未遂を認めると罪刑法定主義に反することになるという主張である。韓国の多数説である[11]。

③**幻覚犯説**　行為者が身分をもっていない場合、それに対して錯誤していても不能未遂でなく幻覚犯であるという見解である。その理由は、真正身分犯の身分は特別な義務要素であるため、現実にそのような身分をもつ者に限り適用しうるからである[12]。

④**結論**　主体の錯誤を不可罰的幻覚犯として扱う見解が、妥当である。なぜなら、主体の錯誤を処罰しないことは、法の客観的目的に適合するからである[13]。しかし、処罰されないという点は否定説と同様であるため、結局、幻覚犯説は不能未遂否定説に含ませることも可能であろう。

（3）危険性

(a) **問題提起**　刑法第 27 条は、結果発生が不可能であっても危険性があれば処罰すると規定している。危険性は、韓国刑法上、不可罰的不能犯と可罰的不能未遂を区別する要素である。危険性の内容に対して多数説は、「構成要件的結果発生の可能性」を意味するとするであろう。しかし、結果発生が不可能な不能未遂において「結果発生の可能性」という概念を使うことには、問題がある。したがって、不能未遂の危険性は「法敵対的な行為者の意思実行が、法的平穏を撹乱して、法秩序に対する一般人の信頼を低下させる法動揺的印象」を意味するのであろう（印象説の立場）。

問題は、このような危険性の有無を、どのような基準と方法により判断するかである。これに対しては、学説が分かれる。

(b) **危険性の判断基準と方法**

(あ) **旧客観説（絶対的不能・相対的不能区別説）**　裁判官が事後（ex post）に認識した事情に基づき、結果発生の不能を絶対的不能と相対的不能とに区別して、相対的不能だけが危険性のあるものと解する見解である。絶対的不能は、概念的に結果発生が不可能な場合であり、相対的不能は、一般的には結果発生が可能であるが、個別的に特殊な事案において結果発生が不可能な場合を意味する。韓国の判例が原則的にとっている

Sch/Sch/Eser, § 22 Rdn. 76; Wessels, Rdn. 623. ただし、ドイツでは、身分の錯誤の場合も裏返しの包摂の錯誤がある場合、たとえば、公務員ではない者が自分を公務員であると思って賄賂を受け取り、または、保障人地位のない者が自分を保障人であると思い不作為をした場合は幻覚犯が成立するとしている（Jescheck/Weigend, S. 535）

11　權五杰・481 頁、金成敦・417 頁、裵鐘大・535 頁、金聖天/金亨埈・357 頁、成樂賢・520 頁、孫ドン權/金載潤・486 頁、孫海睦・905 頁、申東雲・517 頁、安銅準・201 頁、吳英根・534 頁、李在祥・401 頁、任雄・385 頁、鄭英一・334 頁、河泰勳「不能未遂」刑事法研究第 4 号（1991）79 頁。

12　鄭盛根/朴光玟・418 頁は、幻覚犯の一種で最初から構成要件該当性がないという。

13　申東雲・517 頁は、身分犯は一定の身分関係にある者に一定の法的義務を課した犯罪類型であるため、特に立法者が身分犯に対する不能犯を処罰するという意思を明らかにしていない限り、実行主体の錯誤は処罰できないとしている。

立場である（大法院判決 2007. 7. 26,2007 ド 3687；1984. 2. 28,83 ド 3331；1985. 3. 26,85 ド 206[14]）。たとえば、手段の錯誤の場合、風邪薬を毒薬だと思って飲ませたときは絶対的不能になるが、致死量に足りない毒薬を飲ませた場合は相対的不能になる。対象の錯誤において死体を生きている人であると誤認し、発砲した場合には絶対的不能になるが、射程距離外にある人に向けて発射した場合、または、不在中の事務室に爆弾を投げて爆破させた場合などは、相対的不能になる。

　しかし、絶対的不能と相対的不能の区別が必ずしも明確ではなく相対的である点が、本見解の弱点である。なぜなら、相対的不能も、個別的事例においては絶対的に結果の発生が不可能であるため、絶対的不能であると解することもでき（たとえば、射程距離外にいる人は絶対に射殺できず、不在中である人も事務室に爆弾を投げることによっては絶対に殺すことができない）、絶対的不能も、見方によって相対的不能として判断することができるからである（たとえば、風邪薬を毒薬であると錯誤せず、本物の毒薬を飲ませたなら、結果発生は可能である）。現在、この見解を支持する学者はいない。

　（い）具体的危険説（新客観説）　　行為時（ex ante）に行為者が特別に認識した事情と一般人が認識しうる事情に基づいて、一般人の立場から日常の経験法則により判断し、結果発生の具体的危険性があると判断されたら不能未遂であると解する見解である[15]。日本の多数説と判例の立場である。行為者が認識した事情と一般人が認識した事情が異なる場合には、一般人が認識し得た事情に基づいて行為者が特別に知っていた事情を考慮して危険性を判断する。具体的には、①一般人と行為者が誤認しうる事情に基づいた行為は、通常、具体的危険性が認められる。たとえば、一般的に妊娠したように見えるが、実際には妊娠していない女性に対する堕胎行為、装填されているように見える空砲で射殺する行為、致死量に達しない毒で毒殺する行為などには、具体的危険性が認められる。②一般人が知っている事情を行為者が誤認した場合には、一般人の認識事情に基づいて危険性を判断した結果、通常は具体的危険性が認められない。たとえば、一般人は死亡したと認識したが、行為者だけが生きていると誤認して射殺しようとした場合、明らかに射距離外にいる者に対して射距離内にいると誤認して銃撃する場合、一般人は太っている者だと認識していたが、行為者だけが妊婦だと誤解して堕胎しようと

14　大法院判決 1984. 2. 28,83 ド 3331：「この事件における農薬の致死推定量につき、ネズミに対するものを人体に対して推定することは極めて一般的、抽象的であり、飲む人の年齢、体質、栄養その他の身体状況によって差異があるため、被告人がヤクルト一本あたりに混ぜられた 1. 6ccの農薬がその致死量に至らなかったとしても、これを飲む場合には死亡の結果発生の可能性を排除できない。」
　　大法院判決 1985. 3. 26,85 ド 206：「不能犯は犯罪行為の性質上結果発生の危険が絶対に不能な場合をいうため、向精神性医薬品であるメタンフェタミン、いわゆる『ヒロポン』の製造のためにその原料である塩酸にペトリンおよび数種の薬品を混ぜて『ヒロポン』の製造を試みたが、その薬品配合が未熟で、完製品を製造できなかった場合には、その性質上結果発生の危険があるといえるため、これを習慣性医薬品製造未遂犯として処罰したことは正当である。」
15　金鍾源「不能未遂」『刑事法講座Ⅱ』628 頁、朴相基・387 頁、裵鐘大・539 頁、安銅準・204 頁、吳英根・540 頁、李在祥・404 頁、鄭鎭連/申梨澈・313 頁、河泰勳・343 頁。

した場合などは、具体的な危険性が認められず不能犯になる。③一般人は認識できなかったが、行為者だけが特別に知っている事情があるときは、行為者の特別な認識に基づいて危険性を判断する。たとえば、一般人は死亡したと誤認したが、行為者はまだ被害者が生きていることを知って発砲しようとし、しかし銃弾がなかった場合は、行為者が認識した事実に基づいて具体的危険性が認められる。

具体的危険説に対しては、主に行為者が認識した事実と一般人が認識した（認識できた）事実が異なる場合に、誰の認識事実に基づいて危険性を判断するのかが不明確であるという批判がある[16]。しかし、このような批判は、以上で言及した原則によって解決しうるため、説得力をもたない。他方、不能未遂においては、常に行為者の認識水準が一般人の認識水準より低い場合だけが問題になり、行為者の認識水準が一般人の認識水準より高い場合には不能未遂の問題にならないという批判がある[17]。しかし、このような批判は、必ずしも妥当なものではない。たとえば、一般人は被害者が明らかに射程距離外にいると思ったが、行為者は射距離が長い特殊な銃であることを認識して発砲した場合、または一般人は空砲であると思ったが、行為者は装填された銃であることを知って発砲した場合などでは、明らかに手段の錯誤の問題は発生しない。しかし、一般人は被害者が死んだと思ったが行為者は被害者がまだ死亡してないことを知って射殺するため銃を発射し、しかしそれが空砲であった場合のように、行為事情の一部に限って行為者の認識が一般人より優越している場合は、不能未遂の問題が発生しうる。

（う）抽象的危険説（主観的危険説）　　行為時に（ex ante）行為者が認識した事実に基づいて、もしこのような事実が実際に存在したら危険性が認められるかを一般人の立場から判断する見解である[18]。この立場に基づいた判例もある（大法院判決 1978. 3. 28、77 ド 4049；2005. 12. 8, 2005 ド 8015[19]）。たとえば、行為者が砂糖を毒薬であると誤認し、

16　孫海睦・910頁、任雄・395頁。

17　任雄・396頁。

18　權五杰・485頁、金成敦・422頁、金聖天/金亨埈・361頁、孫ドン權/金載潤・472頁、任雄・397頁、李相暾・529頁、鄭榮錫・225頁、鄭英一「不能未遂」考試研究（1998. 5）62頁、鄭盛根/朴光玟・432頁、陳榘鎬・476頁、黃山德・240頁。

19　大法院判決 1978. 3. 28、77 ド 4049：「不能犯の判断基準としての危険性の判断は、被告人が行為時に認識した事情を基礎に、客観的に一般人の判断を基準として結果発生の可能性があるか否かを判断しなければならないため、ヒロポン製造のためにエフェドリンに氷酢酸を混ぜた行為が不能犯ではないと解するためには、このような事情を基礎に、製薬方法を知っている科学的一般人の判断を基準にして、結果発生の可能性が存在しなければならない。」
大法院判決 2005. 12. 8, 2005 ド 8015：「不能犯の判断基準としての危険性の判断は、被告人が行為時に認識した事情が客観的な一般人の判断であると解して、結果発生の可能性があるか否かを評価しなければならず、一方、民事訴訟法上の訴訟費用の請求は訴訟費用額確定手続きによるものであると定められているため、この手続きによらずに損害賠償金請求の訴訟などにより訴訟費用の支給を求めることは、訴の利益のない不適法な訴として許容されない。したがって、訴訟費用を騙取する意思で訴訟費用の支払いを求める損害賠償請求の訴を提起しても、これは客観的に訴訟費用の請求方法に関する法律的知識をもっている一般人の判断であるため、結果発生の可能性がなく危険性が認められないと解すべきである。」

毒殺を試みた事件において、抽象的危険説に基づいて判断すれば、行為者が認識した事情が実際に存在したと仮定し、一般人が危険性を判断することになるため、行為者が認識した通り砂糖が実際に毒薬であれば、毒薬を飲ませた行為は危険性があると認められるので、不能未遂が成立する。一方、行為者が風邪薬を用いて人を殺害することができると信じており、または迷信により人を殺害できると信じていても、一般人の立場からは危険性が認められないため、不能犯が成立する。

　抽象的危険説は、行為者が軽率に判断した事情も危険性判断の資料になるため、不能未遂が不当に拡大される恐れがあると批判される[20]。

　（え）純主観説　　行為者が認識した事実に基づいて、行為者の立場から、危険性を判断する見解である。ドイツの通説と判例の立場である。迷信犯を除いて不可罰的不能犯の概念を認めない。したがって、死体に対する殺害行為（RG 1、451）、頭痛薬を利用した堕胎行為（RG 17, 158）、妊娠していない婦女の堕胎行為（RG 8,198;47、65）、臓物ではない財物に対する取得行為（RG　64、130）、致死量不足の毒薬を使った毒殺未遂（BGHSt　11、324）などは、すべて不能未遂になる。

　純主観説に対しては、行為者の主観的認識を基礎としながら迷信犯は不能未遂から除外する根拠が明確でなく、また、客観的要素をまったく考慮せず、主観的要素により危険性を判断するため、不能未遂の成立範囲が過度に広がるという批判がある。

　（お）印象説　　印象説は、行為者の法敵対的意思の実現が法秩序と法的安定感に対する一般人の信頼に動揺をもたらした場合に、危険性が認められるとする[21]。印象説は、行為者が実際に認識した構成要件的事実及び客観的に実現された法益平穏状態の攪乱を、危険性判断の基礎資料とする見解である。仮に行為者が一般人より高い事実認識力をもっている場合には（たとえば、医師または銃器専門家）、これを基準とする。そして、判断の基準は、洞察力ある平均人を想定する[22]。

　しかし、印象説は不能未遂、さらに未遂犯一般の処罰根拠を説明するためには適しているが、危険性の判断方法または法的平和攪乱の確定方法は未解決の状態であるため、危険性を判断する説明としては不適当であるという批判が可能である[23]。印象説が法動揺的印象を危険性とすれば、どのような基準と判断方法によって法動揺的印象が発生したと評価するかに関して明確な基準を提示しなければならないからである。そして、印象説は、行為者の主観的認識に基づいた犯罪実行が社会一般の法的信頼に動揺をもたらしたか否かに基づいて危険性を判断するため、結局、抽象的危険説の立場に接近することになる。

　（か）結論　　具体的危険説が、危険性判断の基準にとって適切である。行為者の主観

20　李在祥・405頁、李炯國「不能未遂」考試研究（1983. 7）91頁、河泰勳・342頁。

21　　金日秀『韓国刑法Ⅱ』190頁、孫海睦・914頁、申侔均「不能未遂の法的性格」『金鍾源・華甲記念論文集』425-426頁、李炯國・302頁。

22　　金日秀『韓国刑法Ⅱ』190頁。

23　　任雄・398頁、河泰勳・343頁。

的認識を考慮しながら一般人が認識しうる事情を考慮して、合理的範囲内で不能未遂の成立範囲を制限することができるからである。抽象的危険説は行為者の主観的認識だけに基づいて判断するため、不当に可罰性が拡大される不合理をもたらすという点で賛成できない。

（C）要約

具体的危険説の立場から問題解決のための基準をまとめると、次のようになる。

（あ）真正身分犯における主体の錯誤または欠缺の場合は、常に不可罰である。錯誤した場合には幻覚犯、欠缺がある場合は不能犯になるためである。公務員が退職後、在職中の行為に対して謝礼を受け取っても不能犯である。

（い）対象の錯誤または欠缺の場合は、実行手段が不可罰的不能犯に相当するものでない限り、多くの場合は不能未遂になる。想像妊娠した妊婦が多量の濃いコーヒーを飲んで堕胎を試みた場合は、不能犯である。しかし、他人の空ポケットに手を入れて窃取を試みた場合や死体を生存者であると誤認して銃器で殺害を試みた場合は、不能未遂になる。

（う）実行手段の錯誤ないし欠缺は、それが法益平穏状態を破壊する程度の潜在的危険性があり、または行為者の危険性が立証されたなら不能未遂であり、その程度に至らなかったなら不可罰的不能犯である。アスピリンを用いて傷害させることができると信じて飲ませた場合は、不可罰的不能犯になるが、毒薬を食べ物に混ぜるつもりだったのに、勘違いして砂糖を入れた場合や、着弾距離外で発射して殺害を試みた場合などは、不能未遂になる。

3　処　罰

刑法第 27 条は、不能未遂の処罰について、「刑を減軽または免除することができる」と規定している。韓国の刑法が障害未遂を任意的減軽、中止未遂は必要的減免であると定めたことと比べると、不能未遂の処罰程度は、その中間に位置する。

Ⅲ　中止未遂

1　意　義

（1）中止未遂の概念

中止未遂（Rücktritt vom Versuch）は、犯罪の実行に着手した者が、その犯罪が完成する前に自ら犯行を中止し、またはその行為による結果の発生を防止する場合である（第26条）。中止未遂の核心要素は任意性である。これは、責任減免事由として犯罪体系論上責任領域に属する。したがって、中止未遂（第26条）は免責事

由の一種である。

（2）立法例

英米法においては、犯罪意思の放棄（abandonment of purpose）も原則的に責任があると解し、中止未遂と障害未遂を区別せず処罰する。他方、ドイツ（第24条）・オーストリア（第16条）・ギリシア（第44条）などの刑法は、中止未遂を処罰しない。韓国刑法（第26条）は、中止未遂を処罰するが、必要的に減免しなければならないと規定している。

（3）必要的刑罰減免の法的根拠

（a）刑事政策説

（あ）「退却のための黄金の橋」理論（Eine golden Brücke zum Rückzug）　実行に着手した者が自ら犯罪の既遂に至ることを阻止するように刑事政策的考慮をすることが、中止未遂の制度である。

これに対しては、第一に、多くの行為者が行為時にはこのような考慮をせず、第二に、中止未遂を罰しないドイツ刑法と異なり、必要的減免事由としている韓国刑法の解釈上、この効果は大して考慮されず、第三に、減軽と免除の基準が具体的に提示されていないという批判がある。

（い）功績説（Verdienstlichkeitstheorie）または報償説（Prämientheorie）　結果発生を防止し合法性の世界に戻ったことに対して、法律が行為者に恩恵を施すという県外で恩赦説（Gnadentheorie）ともいう。しかし、恩赦という表現は刑法的（規範的）問題を説明するのに適切ではない。

（う）刑罰目的説　中止未遂は一般予防や特別予防の目的に照らした際、処罰が不要であり、または、その必要性が減少した場合であるという主張である。刑事政策的考慮が前面に表れた理論である。しかし、処罰根拠は客観的に考慮すべき規範的事項であり、行為者の個別的事情まで考慮した純政策的な問題だけではないという批判が可能である。

刑事政策説の各理論は、いずれも、刑法という規範問題を単に刑事政策的効果を用いて説明していることについて批判されている。

（b）法政策説

中止未遂は具体的な処罰の必要性の観点から処罰を排除する制度であるため、これを人的処罰阻却事由ないし客観的処罰条件の一種であるとみる見解である（ドイツの多数説）。

（c）法律説

中止未遂は犯罪構成要件の一つを消滅または減少させると理解する見解である。

（あ）違法性消滅・減少説　未遂犯の故意は主観的不法要素でありながら違法性の要素であるため、これに対する中止の決意は違法性を消滅・減少させる主観的要素である

という理論である。同見解に関する批判は以下の通りである。第一に、一旦発生した不法は、違法性阻却事由がない限り消滅・減少しえない。第二に、共犯者の一人の中止効果は本人に限って及ぶため、このような一身専属的性格に反する。第三に、違法性が消滅すると無罪であり、刑を減軽することは刑法の態度に合わない。

(い) **責任消滅・減少説**

中止未遂の軽減は、責任の減少・消滅のためであるとする見解である。同見解に関する批判は、以下の通りである。第一に、任意の中止で責任は事後的に一定の程度まで相殺されるだけである。第二に、責任が消滅すると罪がないため無罪判決が下されるべきで、刑罰を減軽することは刑法の態度に合わない。

(d) **結合説**

刑事政策説と法律説を折衷した見解である。これには、ⅰ）違法性消滅・減少説＋刑事政策説、ⅱ）責任消滅・減少説＋刑事政策説、ⅲ）違法性消滅・減少説＋責任消滅・減少説＋刑事政策説を折衷して結合した立場がある。韓国では、責任消滅・減少説と刑事政策説を折衷した結合説が多数説である。

(e) **結論（刑罰目的論的責任減少説）**

韓国刑法上の中止未遂に対する処罰減免の法的性格は、刑罰目的説を加えた責任減少として把握するのが妥当である。実行の着手によって既に発生した責任を事後的な中止行為により消滅させることはできないが、中止行為において現れた任意性のために責任が減少する。責任と刑罰目的は相関概念であるため、責任減少によって必要的刑罰減軽が可能になる。必要的刑罰免除は、任意性以外に、一般予防および特別予防という刑罰目的論的観点から処罰の必要性が減少した場合に可能である。予防的処罰の必要性が全くないときは、刑罰を科す答責性がなくなり、無罪になる。

2 成立要件

(1) 主観的要件

(a) **一般的主観的要件**　　中止未遂も未遂の一種であるため、一般的・主観的要件である故意、確定的行為意思、そして場合によって特別な主観的不法要素が必要である（これについては本書の障害未遂部分を参照されたい）。

(b) **特別な主観的要件—任意性**

(あ) **任意性の意味と性格**　　中止未遂が成立するためには、犯人が犯行を自ら放棄しなければならない。任意性は、行為者が自律的動機によって、実行に着手した犯行を中止し、または結果の発生を防止することを意味する。任意性は、中止未遂の不法と関わる主観的要件ではなく、責任減少と関わる主観的要件として中止未遂に特有の主観的要件である。

(い) **「任意性」判断の一般的基準**　　「任意性」要素をどのような基準に基づいて判断するのかに関しては、様々な見解がある。心理学的理論と規範的理論に分かれる。

(ⅰ) **心理学的理論**　　中止動機の倫理的性格を無視し、その動機が行為者の自由な選

択に影響を及ぼしているか否かによって任意性を判断する。したがって、自由意思を排除する心理的圧迫があった時は不任意と解する。従来、韓国において任意性の基準として言及されてきた、客観説、折衷説、フランク（Frank）の公式、主観説などがこれに属する。

①**客観説**　外部的事情と内部的動機を区別し、犯罪の未完成が外部的事情によって発生したときは障害未遂、内部的事情によって発生したときは中止未遂であると解する。しかし、内部的動機は多くの場合外部的事情により触発されるため、客観説は外部的事情と内部的事情を明確に区別しにくいという問題点がある。また、行為者の内部的動機を重視すれば、たとえば、警察官が来ていないのに、来ていると勘違いして中止した場合も中止未遂を認めざるを得ないため、中止未遂の成立範囲が過度に拡大される恐れがある。

②**主観説**　客観説と異なり、後悔・同情・憐憫その他これと類似な倫理的動機によって中止した場合が中止未遂であり、その他の場合は障害未遂であると解する。同説については、中止未遂を認める範囲が過度に狭くなり、任意性と倫理性を同一視しているという批判がある。

③**折衷説**　社会一般の経験上、通常の外部的障害による中止は障害未遂、外部的障害であるといえない事情によって中止した場合は中止未遂であると解する見解である。韓国の多数説である[24]。しかし、判断基準である「社会一般の経験」「一般社会通念」などの概念が不明確であり、判断者の主観により異なる結果をもたらすという問題がある。判例も折衷説を支持しているようにみえる。

《判例1》　中止未遂は、犯罪の実行行為に着手して、その犯罪が完了する前に自分の自由な意思に基づいて犯罪の実行行為を中止することであり、障害未遂と対比される概念であるが、中止未遂と障害未遂を区別する際、犯罪の未遂が任意による中止であるか、またはある障害による未遂であるかによって区別しなければならず、特に任意による中止のうち、一般社会通念上障害による未遂であると認められる場合を除いたものを中止未遂であると解するのが、一般的である（大法院判決1985.11.12,85ド2002）。

《判例2》　被告人甲、乙、丙が強盗行為をしている途中、被告人甲、乙は被害者を強姦するために部屋に連れて行き、強制的にパンツを脱がせて陰部を触ったが、被害者が手術したばかりであり、腹痛があると言いながらやめるよう説得したため、犯行が完了できなかった場合、強盗行為の継続中、恐怖状態であった被害者を強姦しようとした以上、強姦の実行に着手したものであり、被告人らが姦淫行為を中止したことは、被害者に対する同情ではなく、被害者の身体条件上、強姦することに支障があるという事実に基づいた判断であったため、これは、一般の経験上、強姦行為を遂行する際障害になる外部的事情によって犯行を中止したことになり、中止犯の要件である任意性が欠けている（大

24　權五杰・462頁、金聖天/金亨埈・339頁、裵鐘大・519頁、孫ドン權/金載潤・448頁、安銅準190頁、吳敬植「犯行中止の任意性と共同正犯の行為帰属」法廷考試（1996.1）81頁、吳英根・513頁、李相暾・509頁、李在祥・381頁、李廷元・316頁、李炯國・289頁、鄭英一・318頁、鄭鎮連/申梨澈・296頁、陳癸鎬・460頁。

388　第2編　犯罪論

法院判決 1992. 7. 14,92 ド 917)。

《判例3》　被告人は、被害者を強姦するため、暴行した後強姦しようとしたが、被害者に、親しくなれば次回応じると言われながら強姦しないように頼まれて、被害者を自分の車に乗せ家に送った。このような場合には、任意に強姦を中止したものであり、被害者の依頼は社会通念上犯罪実行に対する障害であるとは認めがたい。したがって、このような場合は中止未遂に該当する（大法院判決 1993. 10. 12,93 ド 1852）。

《判例4》　被告人は、建物に放火するため、タンスにある服を燃やしたが、炎を見て怖くなり、消火した場合は、炎に驚いたり、自分の身体の安全に対する危害または犯行発覚時の処罰に対する恐怖を感じたときは、一般社会通念上犯罪の完了の障害になる事情に該当すると認めなければならないため、任意による中止未遂に当たらない（大法院判決 1997. 6. 13,97 ド 957）。

④フランクの公式　この見解によれば、「可能であったが望まなくて」中止した場合は中止未遂、「しようとしたができなくて」中止した場合は障害未遂になるという[25]。フランクの公式は、任意性判断に対する基準が明確であるというメリットはあるが、判断基準を専ら行為者の主観的な心理状態に合わせているため、行為者の主張により結論が異なる場合があり、行為者が可能性に対して判断せずに中止する場合は、この公式によって任意性を判断できないという問題がある。

（ⅱ）規範的理論　「任意性」を純粋な刑法上の評価問題であると把握し、犯人が犯行を中止した内心の態度を規範的に評価して、中止行為の任意性を決定する立場である[26]。

規範的理論には、①「任意性」判断の基準を犯罪人の理性（Verbrechersvernunft）であるとして、非理性的理由により犯行を中止したときは任意性が存在し、理性的理由すなわち、発覚や処罰の危険性があることを理性的に判断して中止したときは任意性がないと判断する立場（BGHSt 9,50）、②中止が「合法性に戻ろうとする意思の表現」であれば、任意であり、中止がもっぱら犯罪目的に奉仕する行為形態の他の表現（たとえば、より良い犯行の機会のため中止した場合）であれば不任意であると評価する立場（Roxin）などがある。

（ⅲ）結論　「任意性」は単純な心理的事実だけではないが、行為者の心情価値の表現であるため、心理学的解釈すなわち自律性と関わっている。また、当罰性の存在と範囲に関わる規範的評価の対象であるため、規範的解釈すなわち合法性への回帰とも密接な関係がある。したがって、心理学的要件と規範的要件、すなわち、自律性と合法性への回帰を統合して、具体的事案における任意性を判断することが妥当である[27]。

（う）心理学的・規範的な折衷的方法による「任意性」基準の具体的な尺度　核心は、自律性と合法性への回帰を総合して判断することにある。

25　韓国でフランクの公式を支持している学者は、申東雲・497頁、任雄・373頁。
26　韓国で規範説を支持する学者は、朴相基・369頁。
27　同見解は、鄭盛根/朴光玫・407頁。

（i）**自律性**　　自律性と関わる自律的動機と他律性動機を区別して判断すべきである。

①**自律的動機**　　中止は自律的動機によるものでなければならない。この場合、犯罪者が立てた計画を客観的に貫徹しうるか否かがという客観的側面より、行為者の主観的態度、すなわち、自己の決意を支配したか否かを重視する。したがって、行為者が可能性を確信し、その結果、犯行をまだ完成させることができると信頼していた場合は、不能未遂の中止も可能である。しかし、行為者が犯行の終了が不可能であり、または意味がないと確信したため中止した場合は、任意性は認められない。

> **注意**：意思形成の契機は、内心（良心の呵責、羞恥心、能動的後悔、より良い洞察、やる気の喪失）から可能であるが、外部事情（妨害・発覚）からも可能である。その外部事情が行為者の本来の意思支配力を麻痺させるほどに作用したのであれば、任意性は否定されるが、そうではない状態で自発的に犯行を中止したのであれば、任意性は認められる。したがって、外部からの契機であっても、任意性を排除する必然的な理由にはならない。

②**他律的動機**　　行為者が他律的事由によって犯行を中止した場合は、不任意のものになる。

③**行為者個人が克服できない障害**　　行為者がショックでこれ以上の行為ができなくなったのであれば、不任意の中止である。また、心理的不安や情緒的障害によって行為者が犯行を貫徹できなくなるようにする強制的な事由になると、その中止も不任意である。心理的無能力による不任意性は、内心的障害要因が行為者に犯行を放棄せざるを得ないようにする強制的な事由である場合に認められる。

> 《判例》　被告人は、被害者を殺害するため、首と胸を数回刺したが、被害者の胸から多量の血液が出たことを見て怖くなり中止したため、未遂に留まった場合、これは一般社会通念上犯罪の終了に傷害になる事情に該当すると解釈すべきであるため、これを任意による中止未遂とは認められない（大法院判決 1999. 4. 13,99 ド 640）。

⑤**本質的事態の変化**　　事態が本質的に変わったために犯行を中止したときは、不任意の中止になる。行為者は、まだ犯行を既遂にすることはできると考えたが、犯行の最終目的に到達できないので中止し、あるいは犯行の終了がかえって重大な不利益をもたらすと考えて中止した場合が、その例である。

> **例**：行為者が他の先行犯罪の発覚を恐れて詐欺行為を中止した場合、行為者がある婦女が生理中であったため強姦を中止した場合、行為者が、犯行実行中に第三者が突然現れて犯行を中止した後、逃走した場合は、不任意の中止である。しかし、被害者が強姦者に自分の家に来てくれたら性交に応じようと言ったために強姦が中止された場合は、任意の中止である（もちろん、この場合も、被害者が約束を守らなかったら、再び暴行して、強姦しようとした場合は、中止未遂ではない）。

> 《判例》　強盗が、抗拒不能の状態にある被害者の両手を縛って強姦しようとしたが、娘が起きて泣いたため一旦逃げ、再び他の家に侵入し強姦しようとしたが、被害者が妊

390 第2編 犯罪論

娠中で、夫が直ぐ帰ってくると話しながら、強姦をやめることを頼んだためそのまま逃走した。このような場合は、任意に強姦行為を中止したとは認めがたい（大法院判決1993. 4. 13,93 ド 347）。

ⓒ**犯行発覚に対する不安**　　犯行発覚に対する不安、告発と捜査手続きまたは刑事処罰に対する不安も、中止の決定的動機になりうる。しかし、このような不安から犯行を中止した場合は、たいてい不任意の中止になる。

《判例》　密輸を共謀したが、犯行当日、犯行について通報を受けた税関職員が犯行場所の近所に潜伏勤務をしていることを目撃し、犯行発覚を恐れて自分が分担している実行行為をせず、躊躇しているとき、事情が分からない他の共犯が犯罪実行をした。この場合、任意による犯行中止とは言えないため、脱税罪の未遂が成立する（大法院判決1986. 1. 21,85 ド 2339）。

（ⅱ）**合法性への回帰**　　合法性への回帰は、法敵対的意思を放棄し、内面的に合法性の世界に復帰することをいう。言い換えれば、法敵対的意思により危険に直面した法益危害を防止しようとする結果回避意思である。これは、犯行意思の終局的放棄を含む。行為者がより良い機会を得るため犯行を中止した場合は、法敵対的意思の放棄とみなすことができる。

（2）客観的要件−実行中止または結果防止

中止未遂は、行為者が客観的に実行行為を中止し、または既に終了した実行行為の結果を防止した場合に成立する。すなわち、犯人の任意的中止行為または防止行為が求められる。したがって、犯人に任意的中止行為ない結果防止のうち一つが欠けていた場合には、中止未遂ではなく障害未遂が成立する。

中止未遂の客観的要件は、未終了未遂と終了未遂によって異なる。具体的には、未終了未遂は実行中止が問題になるが、終了未遂（終了したが結果が発生しなかった未遂）は結果防止だけが問題になる。

（a）**未終了未遂（着手未遂）と終了未遂（実行未遂）の区別**　　未終了未遂と終了未遂は、実行行為を終了したか否かによって区別される。しかし、ある時点が実行行為の終了なのか否かについては、見解が分かれる。

①**主観説**　　行為者の意思によって実行行為の終了時点を決める見解である[28]。したがって、結果発生に必要な行為がすでに終わっていても、行為者の犯行計画では行為が

28　金聖天/金亨埈・345頁、成樂賢・510頁、孫ドン權/金載潤・451頁、李在祥・386頁、李廷元・273頁、李炯國・290頁、鄭鎭連/申梨澈・299頁。

継続しているとされていたなら、実行行為の終了は認められない。しかし、主観説は、着手時期と中止時期との間に行為者の意思（犯行計画）が変更される可能性があることを看過している、という批判がある。たとえば、銃弾二発を発射し、殺害しようとしたが、第1弾を発射して傷害を負わせ、被害者が医師の治療によって死ななかった状態で、行為者が第2弾を発射しなかったという場合、主観説の立場からは、まだ実行行為が終了しなかったため着手未遂（未終了未遂）の中止犯になるという不当な結果になる。

②**客観説**　行為者の意思と関係なく、客観的に結果発生の可能性がある行為がなされたら、実行行為の終了を認める見解である[29]。しかし、結果発生の可能性がある行為があっても、まだ結果が発生しなかった状況では、実行行為の中止が可能であるため、客観説は不当である。たとえば、第1弾は発射されたが、被害者がまだ死んでない場合、第2弾の発射を中止すれば実行行為の中止として評価すべきである。

③**折衷説**　行為者の犯行計画を考慮しながら、行為当時の客観的事情とこれに関する行為者の認識を総合して、結果発生に必要な行為が終わったとき、実行行為の終了を認める見解である[30]。実行行為自体が、すでに主観的犯罪意思の客観的表現を意味するため、折衷説が妥当である。

(b) 未終了未遂の中止　未終了未遂の中止は、実行行為を中止・放棄することにより成立する。しかし、不作為犯の場合には、命令充足（真正不作為犯）や危険防止（不真正不作為犯）のために義務付けられた作為をすることにより中止未遂になる。

実行の中止とは、すでに行われた具体的な実行行為をこれ以上続けないことを意味する。したがって、以降の行為が前の行為と単一な行為でなければ、有利な機会に再度実行するため潜在的に犯罪実行を保留しても中止未遂である。

実行の放棄は、必ずしも終局的放棄のみを意味しない。ドイツ刑法は中止未遂を不可罰として取扱うため、終局的放棄を要求するという立場が有力であるが、韓国刑法は必要的減免として取扱っているため、実行行為の放棄だけで未終了未遂の中止は認められる（通説）。

(c) 終了未遂の中止　行為者が任意に、犯行の既遂に属する結果の発生を積極的に防止しなければならない。

(あ) 積極的な結果防止　結果防止のための行為者の挙動には、行為者の意思に従うすべての結果防止行為が包括される。行為者自身の直接的な結果防止行為だけを意味するものではない。したがって、第三者の行為も、行為者によって誘発された場合には、ここに含ませることができる。たとえば、医師の治療を受けさせたり、消防士に消火させたりする行為などがある。もちろん、結果防止は行為者の主導下に行われなければならず、かつ、これは真摯なものでなければならない。したがって、服毒させた者を病院に連れて行った後すぐ逃げた場合、または放火後近隣住民に消火を頼んで逃げた場合に

29　李相暾・514頁。

30　權五杰・466頁、朴相基・373頁、裵鐘大・523頁、安鋼準・192頁、吳英根・516頁、任雄・377頁、鄭盛根/朴光玟・409頁、鄭英一・320頁、陳癸鎬・463頁。

は、行為者が自ら防止したものであるとは認められないため、中止未遂は成立しない。

　(い) 結果の不発生　　終了未遂が成立するためには、行為者は構成要件に該当する結果を防止しなければならない。そして、行為者の中止努力は成功しなければならない。したがって、行為者の真摯な努力があったにもかかわらず結果が発生してしまったのであれば、既遂の責任を負わなければならない。しかし、実際の因果経過と行為者が考えた因果経過が本質的に一致しなかったときは、発生した結果は行為者に帰属されない。

　(う) 因果関係　　行為者自身や補助人の防止義務の履行と結果不発生の間には、因果関係が必要である。このような防止行為ではない他の原因によって結果が発生しなかった場合には、中止未遂は成立しえない。

　(え) 終了不能未遂に対する中止未遂の可否　　不能未遂は結果発生が不可能である。しかし、終了未遂の任意的中止に結果発生防止との因果関係が必要とされるなら、概念上、終了不能未遂に対する中止未遂は可能かという問題が発生する。否定説は、終了未遂において任意的中止行為と結果防止の間の因果関係を強調し、中止未遂に対する特権を与えることはできないとする[31]。他方、肯定説は、因果性の要件を緩和し、任意による真摯な中止努力がある限り、その行為によって結果が防止されたのではなくても、結果発生はなかったため行為者の利益になるように中止未遂を認めなければならないという考え方である（多数説）[32]。

　ドイツ刑法第24条第1項第2文（中止行為者の関与がなくとも行為が既遂に至らないとき、中止行為者が、行為が既遂に達するのを妨げるよう任意かつ真摯に努力をした場合には、罰せられない）と同様の規定がない韓国刑法においては、行為者の真摯な努力がある限り必要的減免の特権を与えることが刑罰目的論的責任減少説の趣旨に符合する。

3　処　罰

　中止未遂が成立すると、刑を減軽または免除する（第26条）。刑の必要的減免事由である。しかし、第26条は、未終了未遂と終了未遂を中止未遂に包含するとし、処罰において区別しない。したがって、刑を免除するかまたは減軽するかは、具体的な場合における諸般の事情を考慮して合理的に決定すべきである。ただし、その決定に際しては、ⅰ）中止の動機、ⅱ）中止した犯罪の軽重、ⅲ）実行行為を通じて発生した中止時までの被害者に対する損害などを考慮しなければならない。特に、犯罪の軽重と関わって障害未遂から中止未遂に発展したときは、不能未遂から中止未遂に発展したときより重く処罰すべきである。

　31　金成敦・438頁、金鍾源ほか・295頁、劉基天・264頁、鄭榮錫・215頁、河泰動・369頁。

　32　權五杰・469頁、金聖天/金亭埈・347頁、朴相基・375頁、裵鐘大・525頁、成樂賢・513頁、孫ドン權/金載潤・456頁、孫海睦・889頁、安銅準・194頁、吳英根・520頁、李相暾・519頁、李榮蘭・418頁、李在祥・389頁、李炯國『研究Ⅱ』509頁以下、任雄・378頁、鄭盛根/朴光玟・410頁、曹俊鉉・261頁。

《参考》 中止犯は犯行を中止したが、他の罪名に該当する結果が発生した場合には、どのように取り扱うべきか。

①法条競合の場合、たとえば、殺人行為を中止したが傷害の結果が発生した場合、単純に重い罪の中止未遂犯として処罰し、軽い罪を独立して処罰することはできない。

②観念的競合は、数罪であるため、一罪の中止は他の罪の可罰性に影響を及ぼさない。したがって、刑法第40条に基づいて解決すべきである。

4 関連問題

（1）予備の中止

予備の中止において中止未遂の必要的減免規定を適用しうるか否かについては、見解が分かれる。これに関しては、予備罪を参照してほしい。

（2）正犯的加担犯と中止

（あ）正犯的加担行為形態（共同正犯・間接正犯）で実行に着手したときには、正犯者のうちの一人が自分の犯行を中止したことだけでは、中止未遂にならない。全体の結果を防止した場合に、中止未遂が成立する。たとえば、共同正犯において共同正犯者のうちの一人が自分の行為を中止するとともに、他の共同正犯者の行為を中止する場合に限って、中止未遂が成立する（大法院判決 1954. 1. 30,4286 ヒョンサン 103；1969. 2. 25,68 ド 1676）。

《判例》 軍隊のエンジンオイルの処分を共謀した後、甲はこれを売却し、乙は帳簿を偽造するようにした場合、乙の行為は、事後の犯行が発覚しないようにする手段であり、甲が軍用物を横領する際に必要なものではない。さらに、乙が犯意を撤回して帳簿整理を拒絶した場合であっても、共犯者である甲の犯罪実行を中止しなかったのであるから、乙に中止未遂は成立しない（大法院判決 1969. 2. 25,68 ド 1676）。

（い）中止未遂においては、任意性という心情価値のために刑が減免される。したがって、加担者に対する中止未遂の効果は、責任の個別化によって、任意かつ真摯に犯行を中止した者のみに及ぶ。他の犯罪加担者には、障害未遂が成立する。

（3）共犯と中止

共犯（教唆犯・幇助犯）も、正犯的加担犯行為形態の場合と同じく、共犯者のうちの一人が自分の犯行を中止しただけでは中止未遂は成立せず、全体結果を防止しなければならない。したがって、教唆者や幇助者が正犯の実行を中止させ、また

は結果を防止したときに限り、中止未遂の共犯が成立する。もちろん、この場合、正犯は障害未遂になる。他方、正犯が任意で実行を中止し、または結果発生を防止したときは、正犯だけが中止未遂になり、教唆・幇助犯は障害未遂の処罰を受ける。

第4節　予備罪

I　一般的考察

1　意　義

　予備は、特定犯罪を実現する目的で準備する行為として、未だ実行の着手に至らないすべての行為をいう。しかし、心理的決意ないし表明だけでは不十分であり、外部的準備行為が必要である。

　予備は、本犯の実行に時間的に先行し、将来の行為を可能・促進・容易にすることであるから、実行の着手に至ってはならない。これは予備と未遂を区別する基準となる。

　すべての可罰的行為には、行為反価値と結果反価値が求められる。未遂は、この要件を充足するため、原則的に処罰が可能な行為である。これに対して、予備は実行の着手以前の行為であるため、第3の結果反価値（法益平穏状態の攪乱）はなく、もっぱら行為反価値のみがある。可罰的予備は行為反価値だけで処罰しうる例外的現状であるため、実定法は法益の重大性を考慮し、いくつかの構成要件に限って予備罪を処罰している。これによって、現行刑法は「犯行の陰謀または予備行為が実行の着手に至らなかった時は、法律に特別な規定がない限り罰しない」（第28条）と規定し、原則的に処罰しない。

2　陰謀との区別

　陰謀とは、二人以上が一定の犯罪を実現しようとする合議である。一方的に相手に対して犯罪意思を伝えることや、相互間に犯罪意思の交換があっても、合議に至らなかった場合には、単純な犯罪意思の表現であり、陰謀ではない。実行の着手以前の行為である点で、予備と同様である。刑法は、予備と陰謀を同等に取扱っている。

Ⅱ　予備罪の性格

1　法的性格

（1）構成要件の修正形式説（発現行為形態説）

現行刑法は予備行為を独立した犯罪類型として規定せず、「…罪を犯す目的で」という形式をとっているため、基本的構成要件の修正形式であると解しなければならないという見解である。すなわち、多様な犯罪行為の発現形態を処罰対象としていると解する立場である（多数説）[33]。

（2）独立した構成要件説

「本罪の未遂犯は処罰する」と規定されているため構成要件を実体化しない未遂犯と異なり、多くの予備罪は「…罪を犯す目的で、その予備をした者は…に処する」と規定されているため、予備行為自体を独立させた犯罪類型であるとする見解である[34]。

（3）結　論

予備罪は、基本犯罪からある程度距離をおいている独自の犯罪構成要件の骨格を整えた、独立した犯罪類型として把握すべきである。不法の内容と質は、未遂より不完全であるが、予備罪の不法類型の定型性を考慮して、立法者は予備罪を独立した犯罪構成要件として定型化した。主たる構成要件の周囲を回っている一つの衛星が予備罪であるといえる。独自の不法類型性を揃えた独立した構成要件と解することが、可罰性の明確な限界設定のための立法意図にも符合する。

2　予備罪の実行行為性

予備罪の法的性質が独立犯罪であるとすれば、予備罪の実行行為性を認めざるを得ない。しかし、修正形式説の場合は肯定説と否定説に分かれる。否定説は、実行行為は基本的構成要件に該当する正犯の実行行為に限定されるため、実行の着手以前の予備行為には実行行為性がないとする[35]。予備行為の無定形性も、実行行為性を否認する一つの理由になる。他方、肯定説は、このような形式論理的

---

[33]　權五杰・491頁、金成敦・444頁、金聖天/金亨埈・365頁、朴相基・356頁、孫ドン權/金載潤・478頁、安銅準・206頁、吳英根・493頁、李在祥・410頁、李廷元・351頁、任雄・359頁、鄭盛根/朴光玟・381頁、鄭英一・337頁、鄭鑌連/申梨澈・318頁、陳癸鎬・437頁。

[34]　裵鐘大・544頁、成樂賢・529頁。

[35]　金聖天/金亨埈・366頁、申東雲・547頁、吳英根・494頁、任雄・360頁、鄭英一・338頁。

396 第2編 犯罪論

思考から離脱して、実行行為概念を相対的・機能的に把握し、予備罪の実行行為
性を認める。予備罪の構成要件がある限り実行行為性を認めることができる[36]。
この議論は、予備罪の共犯の成立ないし可否と関連して意味をもつ。

3 予備罪の正犯適格

予備罪の正犯適格とは、自己予備と他人予備の問題を意味する。自己予備と
は、予備者が自らまたは他人と共同で実行する目的で準備した行為であり、他人
予備は、他人に実行させる目的でした準備行為である。他人予備行為者が予備罪
の正犯になりうるかについては、肯定説[37]と否定説[38]が対立する。

そもそも予備行為は、自己予備であれ他人予備であれ、基本犯罪の実行を容易
にする行為である点で差異はない。しかし、法的評価の観点からは、「準備する行
為」と「準備に役立つ行為」を区別しなければならない。また、その基準になる
行為者の主観を無視することはできない。この点で、否定説の立場が妥当であ
る。

Ⅲ 予備罪の成立要件

1 主観的成立要件

(1) 予備に対する故意

予備行為者には、予備行為自体に対する故意が必要である。故意の内容に関し
ては、見解が分かれる。

(a) 実行の故意説　　予備の故意は「実行の故意」すなわち、基本的構成要件に該当す
る事実の認識を意味するという見解である。この見解によると、ⅰ)予備は未遂のよう
に構成要件の修正形式であり、ⅱ)予備・未遂・既遂は一つの故意に基づいた一連の行為
の発展段階であるため、各段階に相応する特有の故意があるものではないという。

---

36 權五杰・492頁、金成敦・445頁、白亨球「予備罪」考試研究（1988.5）80頁、孫海睦・824頁、
李在祥・411頁、鄭盛根/朴光玟・382頁、陳癸鎬「予備罪」考試研究（1986.5）69頁、鄭鎮連/申
梨澈・319頁、車鏞碩「予備罪」考試界（1985.5）72頁。

37 權文澤「予備罪」『刑事法講座Ⅲ』556頁、孫海睦・830頁、車鏞碩「予備罪」考試界（1985.5）
6頁・8頁。

38 權五杰・493頁、金成敦・448頁、裵鐘大・547頁、吳英根・497頁、李在祥・414頁、李廷元・
354頁、李炯國・263頁、任雄・362頁、鄭盛根/朴光玟・384頁、陳癸鎬・440頁、白亨球・前掲
79頁。

(b) **予備の故意説**　実行の故意と区別して、準備行為自体に関する認識を意味するという見解である。同見解によると、ⅰ）予備行為は正犯による構成要件的違法性を直接実現することでなく、直接正犯の実行の着手のための準備に過ぎない。ⅱ）予備自体の固有の故意が存在する。ⅲ）予備自体に対する故意が存在する場合に限って、現実に予備行為に留まった場合に、その責任を問うことができる。ⅳ）法文上「…罪を犯す目的で」と規定したことは、予備罪の故意に準備行為自体の認識を求める目的犯の構造をとっている。

(c) **結　論**　予備罪を独立犯罪として認める限り、故意の内容として予備行為自体に関する認識を意味するという予備の故意説が妥当である。

（2）目　的

予備罪は、予備自体に対する故意とともに、基本犯罪を行おうとする目的が必要である[39]。ここでも、目的要素により一次的な生活世界と犯罪の準備行為を区別することができる。予備罪は基本犯罪の実行目的がある場合に成立しうるため、メッガーが目的犯分類として提示した短縮された結果犯と不完全な二行為犯の中では、予備罪は後者に属する。

2　客観的成立要件

（1）外部的行為があること

客観的には、犯罪実現のための外部的準備行為が必要である。これは物的準備に留まらない。むしろ、その手段・方法・態様は制約されず、非限定的・無定形的である。ただし、単純な犯行意思または計画だけでは予備は成立しえず、犯罪の実現に実質的に寄与しうる外的行為が求められる（大法院判決 2009. 10. 29,2009 ド 7150)。これに対する評価は、各論の解釈論と具体的な事例における裁判官の判断活動に委ねざるを得ない。犯罪実行の着手に時間的・場所的に密接にかかわった準備行為は、予備罪の外部的行為として評価しうるであろう。

（2）実行の着手以前の行為であること

予備行為者が基本犯罪の実行に着手すれば、予備罪は本犯の未遂または既遂に吸収されるため、予備行為は少なくとも基本犯罪が実行の着手に至る前に行われるべきである。

39　權五杰・492 頁、金成敦・449 頁、裴鐘大・545 頁、吳英根・498 頁、任雄・361 頁。

398   第2編　犯罪論

3　処罰規定の存在

法律に特別な規定がある場合に限って、予備罪として処罰する（第28条）

Ⅳ　関連問題

1　予備罪の中止

刑法第26条（中止未遂）は、実行に着手した後中止した場合に適用される規定である。したがって、実行の着手以前の予備行為を中止した場合には、直接適用できない。しかし、予備行為を経て実行に着手した後に中止すれば刑を減軽または免除しなければならない一方、実行の着手以前に中止した場合は予備・陰謀として処罰すると、刑の不均衡が生じる。これをどのように解決するかについては、見解が分かれる。

　(a)　**成立否定説**　　予備の中止という観念は認められないため、予備を犯罪として処罰する場合は、刑の均衡を考慮し、中止未遂に対しても刑の免除を許すべきではないという立場である（大法院判決 1991. 6. 25,91 ド 436；1966. 7. 12,66 ド 617）。このような見解は、中止未遂規定の意義をなくすと批判されている。

> 《判例》　中止犯は、犯罪の実行に着手した後、自ら中止した場合であり、実行の着手の前である予備・陰謀の行為を処罰する場合は、中止犯の概念を認めることはできない。したがって、クーデターの計画を中止・断念させることについて合議しても、中止未遂に該当しない（大法院判決 1966. 7. 12,66 ド 617）。

　(b)　**中止未遂規定準用説**　　予備の中止に対して未遂規定を準用するという立場には、二つの見解がある。

　第一は、予備の刑が中止未遂の刑より重いとき（第90条、第101条）に限って、刑の不均衡を避けるために、中止未遂の規定を準用する見解である。これが多数説である[40]。しかし、この見解は、以下のように批判される。まず、刑の免除に関しては一括して中止未遂の規定を類推適用し、刑の減軽に関しては場合によって中止未遂を類推適用することは、理論上一貫性を欠いている。次に、刑法は予備・陰謀の刑を各則において別に規定しており、これは予備の危険性と不法を各則において具体的に判断すべきことを意味しているため、中止未遂の刑と予備の刑は、その軽重を比較できない。

　第二は、全ての予備の中止に対して中止未遂の規定を準用し、予備の中止は常に刑を減軽または免除しなければならないとする見解である[41]。そして、減軽または免除しな

---

[40]　金鍾源ほか・298頁、朴相基・379頁、裴鐘大・527頁、安銅準・195頁、李榮蘭・420頁、李在祥・392頁、李廷元・355頁、李炯國『研究Ⅱ』87頁、鄭盛根/朴光玟・386頁、鄭榮錫・232頁、鄭英一・324頁、鄭鎮連/申梨澈・304頁、曹俊鉉・263頁、陳癸鎬・442頁。

ければならない刑も、予備・陰謀について規定されている刑であるという。予備の中止は、既遂の中止でなく、予備行為の中止であるためである。

(c) 結　論　予備は、未遂以前の犯罪実現段階である。ただし、刑事政策的考慮によって、独立した犯罪構成要件の形式として、刑法各則に個別的に規定されている。したがって、予備の未遂は形容矛盾（contradictio in adjecto）である。予備行為の終了は、絶対的基準によって決まるものではなく、基本犯罪の実行の着手によって相対的に決まる。したがって、予備の中止を中止未遂として処罰すれば、結果的にすべての予備行為は中止未遂として取扱われる恐れがある。したがって、予備行為者が自首に至ったり、行為による悔悟（Tätige Reue）の表現をしたりした場合に限って、予備罪の自首に対する必要的減免規定（第90条第1項但書、第101条第1項但書など）を類推適用しなければならない。中止未遂規定より自首の必要的減免規定を一般的類推（法の類推）形式によって類推することが、理論的に妥当である。

2　予備罪の共犯

ある犯罪の予備をしたが、まだ基本犯罪の着手に至らなかった共同予備者を、予備罪の共同正犯として処罰しうるであろうか。また、正犯を教唆または幇助したが、正犯が単純に予備段階に留まった場合、その教唆者や幇助者を予備罪の教唆犯または幇助犯として処罰しうるであろうか。

教唆の場合は、教唆の未遂（第31条第2項・第3項）に該当する。したがって、被教唆者が予備に留まった場合であっても、教唆者は予備・陰謀に準じて処罰しうる。教唆の未遂のような規定がない共同正犯と幇助犯においては、予備罪の問題は特に重要である。

（1）予備罪の共同正犯

予備罪の共同正犯は、二人以上が共同で基本犯罪を実現しようとしたが、可罰的予備行為に留まった場合である。予備罪の実行行為性を否定する場合には、この概念を認めることはできない。否定説は、基本犯罪に対する陰謀罪が成立するという[42]。

しかし、予備罪の実行行為性を認めると、二人以上の実行行為を通じた予備罪の共同正犯も、当然成立しうる[43]。判例は、肯定説を支持している。

41　權五杰・471頁、金聖天/金亨埈・349頁、白南檍・259頁、成樂賢・534頁、吳英根・526頁、李相暾・512頁、任雄・365頁。

42　任雄・362頁。

43　肯定説が多数説である。權五杰・494頁、朴相基・358頁、裵鐘大・548頁、成樂賢・535頁、孫ドン權/金載潤・483頁、李在祥・415頁、李炯國・268頁、鄭盛根/朴光玟・387頁、鄭英一・

400　第2編　犯罪論

> 《判例》　刑法第32条第1項は、他人の犯罪を幇助した者は従犯として処罰すると定めており、そして他人の犯罪とは、正犯が犯罪を実現するため着手した場合を意味する。したがって、従犯の処罰は、正犯の実行の着手がある場合に限って可能であり、正犯が実行の着手に至らず、予備に留まった場合には、幇助行為が予備の共同正犯になる場合を除いて、従犯として処罰することはできない。なぜなら、刑法第28条によれば、犯罪の陰謀または予備行為は実行の着手に至らなかった場合は、法律において特別な規定がない限り罰しないと定められており、刑法各則の予備罪を処断する規定を独立した構成要件概念に包含させることはできないと解釈するのが、罪刑法定主義の原則に適うからである（大法院判決1976. 5. 25,75 ド1549）。

（2）予備罪の共犯

（a）**問題提起**　予備段階において教唆・幇助をしたが、正犯が実行に着手しなかった場合、教唆者と幇助者はどのように処罰すべきであろうか。

（b）**最近の学説動向**

（あ）**不可罰説**　予備罪の共犯成立を否定する立場である。その論拠は以下のようである。第一に、教唆犯や幇助犯が成立するためには正犯の実行行為が前提されなければならないが、予備罪においては実行行為が存在しない。第二に、刑法は狭義の共犯の認定に対して消極的であるため、予備罪の教唆犯や幇助犯は成立しえない。第三に、予備罪の実行行為は不明確であり、これに対する幇助犯まで処罰することは困難である。第四に、予備罪の処罰自体も、社会通念上法感情を無視したものであり、予備・陰謀の幇助まで処罰することは過酷である。これが、現在の多数説[44]と判例の立場である（大法院判決1976. 5. 25,75 ド1549；1979. 11. 27,79 ド2201）。

（い）**予備罪説**　予備の教唆・幇助は「正犯の実行行為に対する独立した行為」であるため、予備罪が成立するという見解である。

（う）**二分説**　独立した予備罪と修正形式である予備罪に分け、前者においては予備罪の教唆犯・幇助犯を認め、後者の場合は共犯成立を否定する。しかし、独立予備罪と修正形式としての予備罪を区別する基準と根拠が不明確であるだけでなく、区別の実益もないため、法文上このような区別がない韓国刑法の解釈としては受け入れ難いという批判がある。

（え）**共犯説**　予備罪の共犯成立を認める[45]。この説の論拠は以下のようである。第

341頁、陳癸鎬・442頁。

44　權五杰・495頁、朴相基・359頁、裵鐘大・549頁、孫ドン權/金載潤・484頁、孫海睦・836頁、吳英根・501頁、李在祥・416頁、李炯國『研究Ⅱ』490頁、鄭盛根/朴光玟・389頁、鄭英一・342頁、鄭鎭連/申亮澈・323頁、陳癸鎬・443頁、黄山德・前掲91頁。

45　權文澤『刑法問題研究』161頁、成樂賢・536頁、安銅準・210頁、廉政哲・356頁、劉基天・303頁。

一に、予備罪も基本的構成要件に相応した独立した構成要件であるから、これに加担する行為も共犯になりうる。第二に、行為段階としての予備と未遂の区別は可罰的行為の限界を仕切る問題であるため、可罰的行為の共犯の可否に関する問題とは区別しなければならない。

　(お) **結論**　　予備罪の実行行為性を肯定し、他人予備を正犯の客観的要素として認めない立場からすれば、共犯説が妥当である。予備は行為の危険性・法益の重大性に基づいて例外的に処罰されるため、予備罪の共同正犯を認める限り、正犯に対する教唆犯・幇助犯の可罰性も肯定することが一貫性をもつ。否定説は、予備罪に対する幇助犯の成立を認めると予備罪処罰の範囲が過度に拡張すると主張しているが、予備罪の共同正犯を認めながらその幇助犯の成立のみを否定すると、多くの幇助行為が共同正犯として評価される恐れがある。幇助犯は、総則においてその処罰が緩和されているため、処罰範囲拡張に対する憂慮は不要と思われる。

3　解釈上の問題

(1) 予備罪と不能犯
基本的犯罪行為に到達できない予備行為は、行為者が当該行為を危険な行為であると思って準備しても、不可罰の不能犯である。

(2) 予備罪と罪数
　1個の正犯実行のために数個の準備行為が行われた場合であっても、一個の予備罪として扱う。複数の予備行為は互いに補完し合い、一つの準備行為を構成する一個の行為だからである。予備行為が基本犯罪の実行行為に発展すれば、予備罪は基本犯罪に吸収される (法条競合)。

第10章　正犯および共犯の理論

第1節　序　論

I　犯罪関与形式と正犯および共犯

構成要件の実現に関与する犯罪主体が単独であるか複数人であるかにより、犯罪形式は単独正犯と犯罪関与形式に大別される。

単独正犯 (Alleintäterschaft) は、一人が犯罪を行う場合であり、犯罪実行の最も単純な基本形式である。ところで、二人以上の者が、それぞれ程度の異なる寄与をしながら、協力して構成要件を実現する場合がある。共同正犯、間接正犯、教唆犯、幇助犯などである。このような場合が、犯罪関与形式 (Beteiligungsform) である。犯罪関与形式は、原則的に故意犯において問題になる。

犯罪関与形式は、正犯 (Täterschaft) と共犯 (Teilnahme) とに区別される。この二つの形式内で、正犯と共犯各々に特殊な犯罪関与形式が、再び区別される。刑法各則の構成要件は、主に正犯の行為形式として規定されている。行為者が単独で直接構成要件を実現する単独正犯、および直接正犯の行為形式が多いが、合同犯、必要的共同正犯、同時犯の特例もある。刑法総則に定められた共同正犯・間接正犯・同時犯などの正犯形式は、このような各則上の正犯行為形式を拡大して、補充的に適用されるにすぎない。

他方、共犯は、独立した意味よりも、正犯概念を前提にして、それに依存して成立する犯罪関与形式である。もちろん、共犯も、その独自の不法内容を実現するものであることは否定できないが、正犯の構成要件に該当する違法な犯行の不法に依存して成立する。したがって、正犯の概念が明らかになれば、共犯の概念も確定される。すなわち、正犯がなければ共犯もないのである。犯罪関与形式のうち、このように正犯概念が中心になっていることを、正犯概念の優位性、共犯概念の従属性という。

404　第2編　犯罪論

II　犯罪関与形式の規律方法

多数人の犯罪関与形式を理論的または立法技術的にどのように取り扱うかについては、二つの立法形式がある。すなわち、正犯・共犯分離方式と統一的正犯方式である。

1　正犯・共犯の分離方式

これは、刑法総則上の正犯と共犯を構成要件論の一部に編入し、構成要件領域において異なった犯罪関与形式を区別する。そして、各則の構成要件を総則の正犯および共犯論を通じて補充し、刑罰に影響を及ぼす構成要件上の細分化を図る方法である。

このような分離方式は、常にある犯罪関与形式が正犯であるか、共犯であるかを区別しなければならないという厄介な側面がある一方、構成要件中心の刑法（Tatbestandsstrafrecht）という法治国家的要請に適合した方法であるため、法政策的に支持される。正犯と共犯の区別基準が理論的に確立された今日では、分離方式の厄介な問題が解決されたため、いっそう支持されている。

2　統一的正犯体系

構成要件領域を犯罪関与形式によって細分化せず、構成要件実現の原因となる寄与行為をしたすべての者が正犯になると解し、個人の具体的な刑量は、各則の構成要件において統一的に規定された法定刑の範囲内で、個別的な犯罪寄与度によって定める方法である。原因によって区別せず全員が正犯になり、量刑上の細分化方法を通じて処罰の個別化を図る方法である（例えばオーストリア刑法）。

この方法は、故意犯において犯罪関与の複雑な形式を区別しなければならないという問題を解決するため、立法的に考慮する価値がある。実際、正犯・共犯の分離方式を取っているドイツや韓国においても、故意犯と異なる特別な構造をもっている過失犯においては、過失犯に対する共犯の成立はそもそも不可能であり、事情に応じて正犯として扱うことができる点で、部分的に統一的正犯原則が適用されていると言える。

韓国刑法の解釈論では、立法者が分離方式を採用したため、統一的正犯原則は考慮しえない。

第2節　正犯と共犯の区別

Ⅰ　正犯と共犯の意義

　犯罪構成要件の実現に二人以上の者が関与した場合、分離方式を採用している法制下では、関与行為形態を正犯と共犯とに区別しなければならない。正犯と共犯の区別は、構成要件該当性の判断および量刑の具体的な適用のために極めて重要である。特に、間接正犯と教唆犯の区別および共同正犯と幇助犯の区別は、実務的にも問題になっている。従来の正犯・共犯の理論は、正犯と共犯の区別に関して展開されてきた。

　方法論的には、正犯の優先的確定を要求する正犯概念の優位性ないし共犯概念の従属性という命題も、共に考慮対象になる。したがって、正犯と共犯の区別は、共犯の概念規定に先立って正犯の概念要素を確定した後に行われるべきである。

　たとえば、11歳の刑事未成年者に対して父親の財布を盗むように唆した場合、極端従属形式によると共犯が成立しえないため行為者は間接正犯になり、制限従属形式によると教唆犯が成立可能であるという理論展開は、正犯概念の優位性を念頭に置かず共犯概念の優位性によって問題の解決を図る誤った方法である。この場合、行為者にどのような正犯要素があったかをまず検討して正犯の可能性を確認した後、これに対して補充的に共犯成立を検討すべきである。

　多数人が犯罪行為に関与したとき、これを正犯と共犯とに区別するためには、以下の概念に注意しなければならない。

　（あ）自分の犯罪を直接行う者は正犯である。正犯には、理論上、単独正犯・間接正犯・共同正犯が含まれる。単独正犯は自分で犯罪を行う者で、間接正犯は他人を利用して自分の犯罪を実現する者であり、共同正犯は複数の者が共同して罪を犯す場合である。

　韓国刑法は、第2章第3節の共犯の節において共同正犯（第30条）・間接正犯（第34条）を規定しており、単独正犯に関しては別に規定していない。

　（い）共犯は他人の犯罪を教唆または幇助する者である。これは、教唆者または幇助者として、他人の犯行に故意で関与することである。教唆犯は他人に故意の違法行為を遂行するように決意させた者であり、幇助犯は他人の故意的な違法行

為の遂行に幇助する形で関与した者である。

刑法第31条は教唆犯、第32条は幇助犯について規定している。

（え）正犯と共犯は、このように法制度上または概念上区別されるが、個別具体的な事案において間接正犯と教唆犯を区別し、または共同正犯と幇助犯を区別することは難しい。長期間にわたって、正犯と共犯を区別するために様々な努力が行われてきた。両者の区別の難しさから、統一的正犯体系という方法が生じた。

Ⅱ　区別基準に関する学説

19世紀初頭から、正犯と共犯の区別に関して主観説と客観説が対立してきた。しかし、1933年にローベ（Lobe）によって行為支配説が構成されて以来、今日では行為支配説が、主観説と客観説を結合した折衷説として絶対的な優位を占めている。

1　主観説

主観説は、犯罪関与者の意思、目的、動機、心情のような主観的基準によって区別する立場である。これは、意思説と利益説に分かれる。

（1）意思説

正犯と共犯を行為者の特別な意思の種類によって区別する見解である。すなわち、正犯意思（animus auctoris）をもっている者が正犯であり、共犯意思（animus socii）を持っている者が共犯である。ここにいう正犯意思とは、犯行を自分のものとして行う意思であり、共犯意思は、犯行を他人のものとして惹起または促進する意思をいう。

意思説（Dolustheorie）は、正犯意思に関する徴表が恣意的なものであるため、個々の事例に対し裁判官が恣意的に判断する恐れがあるという実務上の難点がある。

《参考》　意思説によって恣意的な結論が生じた代表的な事例が、ドイツ帝国裁判所の浴槽事件である（RGSt 74, 85）。未婚の母の姉が、未婚の母の承諾を得て、分娩直後の赤ん坊を浴槽に入れて溺死させた事件であり、この事件に対してドイツ帝国裁判所は、未婚の母の姉は「自己の罪を犯す意思」で行ったものでないため共犯に過ぎず、未婚の母に正犯の成立を認めるという不都合な結論を出した。

（2）利益説

結果に対する利益を基準に正犯と共犯を区別する見解である。すなわち、自分の利益のために罪を犯した場合は正犯になり、他人の利益のため罪を犯した場合は共犯になる。

利益説は、正犯意思を確定するための正しい基準にはなり得ない。行為者が利他的な理由から行為したときも正犯性は認められるだけでなく、構成要件のうち、立法者が利他的な行為を正犯として規律する場合もある。たとえば、嘱託殺人（第252条第1項）・嘱託堕胎（第269条第2項）、その他、第三者のための詐欺（第347条第2項）・恐喝（第350条第2項）・背任（第355条第2項）などがある。

2　客観説
（1）形式的客観説

各則の構成要件に記述された行為の全部または一部を自ら行った者が正犯であり、実行行為以外の方法によって条件を提供した者が共犯であるという見解である。たとえば、金持ちであるCの家の前までAとBが自動車に乗って来た後、Bは家に入り、Aは自動車に乗って見張りをしながら指示した場合、構成要件的な窃盗行為を直接行った者はBであるため、Bは正犯になり、Aは共犯（幇助犯）に過ぎないことになる。形式的客観説によれば、制限的正犯概念が採用される。したがって、刑法上認められる共犯の処罰規定は、体系上、刑罰拡張事由に該当する。

この見解によれば、直接実行行為をしない間接正犯と犯罪集団の背後で実質的に重要な犯罪活動をコントロールする犯罪団体の親分も、外形上、直接犯罪を行う者ではないため、共同正犯とは認められない。特に、立法者が間接正犯を正犯の一つとして実定化している法制下では、形式的客観説は立法者の目的設定と対立するという難点に直面する。

（2）実質的客観説

因果的方法に基づいて、因果関係論のうち原因説の立場から正犯と共犯を区別し、結果に対する原因力の差異から基準を決めようとする見解である。

（a）**必要性説**（Notwendigkeitstheorie）　犯罪の遂行において犯行に必要不可欠な寄与をした者を、直接犯行をした正犯と同視する見解である。すなわち、その行為がなかったなら犯行が実現できなかったという関係にある必要不可欠な寄与行為をした者は

正犯であり、そうでない単純加担者は共犯に過ぎないという見解である。

しかし、因果的方法で必要不可決な因果の原因を明らかにして正犯と共犯を区別することは、法的意味の差異によって区別すべき対象にふさわしくない方法論である。また、この理論は、行為者の意識によってその寄与が必要不可欠なものであるか否かを確認するため、実務上適用しがたいという難点がある。

(b) 優越性説（Überordnungstheorie）　個々の事例の事情を考慮して、犯罪関与者の法益侵害行為が協同的（同価値的）であったのか、従属的（劣位的）であったのかに応じて、前者の場合は共同正犯であり、後者の場合は幇助犯であるとする見解である。

しかし、このような基準は一般的・抽象的なものであるため、具体的な事例において正犯と共犯を区別するときに役に立たず、判断者に広い裁量をあたえるという短所がある。

3　行為支配説

行為支配（Tatherrschaft）を正犯と共犯の区別に関する指導原理としている理論を、行為支配説（Tatherrschaftstheorie）という。ここにいう行為支配は、故意によって包括された構成要件的事象過程の掌握を意味する。

行為支配は、このように主観的・客観的要素によって構成された概念であり、これに基づいて、行為支配説も主観的観点と客観的観点を実質的に総合した観点である。これによれば、行為支配をしたものが正犯であり、自分の行為支配なく、犯行を惹起したり、促進したりした者は共犯になる。

（1）ヴェルツェル（Welzel）の行為支配説

ヴェルツェルは、目的性を事物論理的構造といい、立法者まで拘束する存在論的所与（存在論的にすでに与えられたもの）として把握した結果、行為が目的的行為であるように、正犯の要素も目的的行為支配に求めるべきであるという。すなわち、自分の意思決定に基づいて目的的に犯行を実行した者が正犯であり、このような要素を欠如した単純な加担者を共犯という。ヴェルツェルのいう目的性は故意と同じものであるため、正犯と共犯の問題も、もっぱら故意犯において問題になる。

しかし、この観点からすれば、故意的に活動する共犯にもすでに目的的行為支配があるといえるため、正犯と共犯の区別が難しくなる。

（2）ロクシン（Roxin）の行為支配説

同説によると、正犯は具体的な犯行事象の中心形態として、行為支配の要素により特定される。このような特定のためには、方法論的にまず犯罪構成要件の審

査から出発しなければならない。すなわち、正犯と共犯の区別を含んだ犯罪関与論は、独立した犯罪成立要素ではなく、犯罪体系論内における構成要件の問題であるため、各則の法定構成要件を検討し、個々の構成要件が正犯と共犯の区別を予定しているのかを確認しなければならない。

その際、義務犯と自手犯はこのような区別を予定していないため、行為支配という基準の適用は不要である。他方、正犯の範囲が特別に制限されてない一般犯罪においては、何人も禁止された行為および結果を支配することによって正犯が成立する。したがって、このような一般犯罪を、義務犯や自手犯と区別して、支配犯と称する。

支配犯の正犯性判断のための有形的基準として、ロクシンは行為支配（Handlungsherrschaft）・意思支配・機能的行為支配を提案する。すなわち、行為支配（Handlungsherrschaft）は直接正犯の正犯要素であり、意思支配は間接正犯、機能的行為支配は共同正犯の正犯要素である。

ロクシンの行為（Tat）支配説は、今日、ドイツはもちろん、日本と韓国の正犯および共犯論においても適用される支配的な見解である。ただし、ロクシンの行為支配説は、すべての構成要件に対して、正犯と共犯の区別基準として適用できるものではない。犯罪主体に対する特別な制限がない限り、一般犯罪・支配犯に限って行為支配説を適用することができ、義務犯に対しては適用できないからである。

4　結　論

正犯と共犯の区別は、主観的・客観的要素を包括している行為支配説によって解決すべきである。正犯は、具体的犯行事象の中心形態として、直接または他人を通じてもしくは共同で犯行を支配する者である。

共犯は、このような核心形態である正犯に従属し、周辺形態として犯行を支配せず、正犯が違法な故意行為を遂行するように正犯の故意を誘発し、または正犯の犯行に加功してそれを促進する者である。

410 第2編 犯罪論

第3節　正犯論の基本的理解

I　正犯性の基礎

1　法定構成要件の問題

　正犯は、犯罪主体と関連したものである。犯罪主体は客観的構成要件要素であるため、正犯も他の構成要件要素とともに構成要件に記述される。刑法上すべての犯罪に通用される単一の概念は存在しない。故意的正犯、過失的正犯はもちろん、作為の正犯、不作為の正犯も可能であり、また犯罪関与者の態様によって単独（直接）正犯・間接正犯・共同正犯として分類される場合もある。ただし、共犯が成立することができる正犯は故意犯に限定され、過失犯においては不可能である。

2　構成要件の審査

　正犯と共犯に関する犯罪関与論は、独立した犯罪成立要素に関するものではない。犯罪体系論内の構成要件該当性の問題である。正犯性の要素は、主に各則の構成要件の解釈を通じて確定されなければならない。したがって、問題になっている構成要件が義務犯・身分犯・自手犯に該当するのか、または支配犯に該当するのかを、まず検討しなければならない。これらの犯罪態様を特定する正犯性の要素は、それぞれ異なるためである。支配犯の場合、一般的な正犯の要素である行為支配の態様によって総論の正犯規定を適用する。特に問題になるのは、身分犯、義務犯と自手犯の確定である。

（1）身分犯

　身分犯（Sonderdelikte）においては、法律が求める身分主体としての資格を揃えた者だけが正犯になりうる。身分犯の種類は以下の通りである。

(a)　真正身分犯・不真正身分犯

　行為者の身分が可罰性の存否を決定する要因になる犯罪を真正身分犯という。たとえば、収賄罪（第129条）における公務員または仲裁人という身分、横領・背任の罪（第355条）における他人の事務を処理する者という身分などが挙げられる。この場合、身分がなければ犯罪は成立しないため、この身分を構成的身分ともいう。

他方、行為者の身分が、身分がなくても成立する犯罪の可罰性の程度を減軽または加重する機能を有する犯罪を不真正身分犯という。たとえば、業務上過失致死傷罪（第268条）における業務者という身分、尊属殺害罪（第250条第2項）における直系卑属という身分、嬰児殺人罪（第251条）・嬰児遺棄罪（第272条）における直系尊属という身分などが挙げられる。この場合、身分がなければ通常の罪が成立するため、この身分を加減的身分ともいう。

身分犯をこのように真正身分犯と不真正身分犯に分ける理由は、非身分者が身分者である正犯の犯行に加担したとき両者に対して異なる取り扱いをしなければならないためである。すなわち、真正身分犯に加担した非身分者は真正身分犯の構成要件によって処罰し（第33条本文）、不真正身分犯に加担した非身分者は通常の犯罪の構成要件によって処罰しなければならない（第33条但書）ためである。

真正身分犯の身分を構成的身分、不真正身分犯の身分を加減的身分と称するとともに、いわゆる消極的身分について議論がある。これは、行為者に一定の身分があるときに、犯罪成立を排除したり処罰が阻却されたりする場合の身分である。この身分には三つの種類がある。

（ⅰ）違法性阻却的身分：業務者の業務行為（医師の診察行為、弁護士の有料法律相談行為など）、法律による行為のように、一定の身分をもっている者には、一般人に禁止されている行為が許容される場合である。

（ⅱ）責任阻却的身分：犯人蔵匿罪（第151条第2項）、証拠隠滅罪（第155条第4項）における親族関係の身分のように、行為者に一定の身分があるときには、責任が阻却される場合である。

（ⅲ）処罰阻却的身分：親族相盗例（第328条、第344条など）のように、行為者に一定の身分があるときには、犯罪は成立するが、家族間の情誼を考慮して処罰だけを阻却する場合である。

(b) 法的身分犯・自然的身分犯

公務員犯罪のように、一定の法的・社会的地位・資格をもっている者に限って可罰性が認められる犯罪を法的または社会的身分犯という。これに対して、強姦罪における男性、自己堕胎罪における婦女のように、身分が自然の性別によって決まる犯罪を自然的身分犯という。

身分犯をこのように分類する理由は、法的身分犯より自然的身分犯のほうが、非身分者による間接正犯や共同正犯の成立可能性が、理論的・性質的な観点からすれば、容易に認められるためである。

(c) 行為者関連身分犯・結果関連身分犯

一定の職務犯罪のように、法律が行為者の特性を特別に区別し、この特性をもつ身分によって正犯が成立しうる犯罪を、行為者関連身分犯という。これに対して、尊属殺人（第250条第2項）における直系卑属という身分、虐待罪（第273条第1項）、児童酷使罪（第274条）における保護者または監督者という身分、そして強姦（第297条）、業務上の

威力などによる姦淫（第303条）や婚姻に名を借りた姦淫罪（第304条）における男性という自然的身分のように、結果の阻止が法律の主な目的になり、非身分者も共犯や共同正犯として加担すれば処罰しうるようにした犯罪は、結果関連身分犯である。

このような分類の目的は、行為者関連身分犯では非身分者の正犯性が排除される一方、結果関連身分犯では非身分者の間接正犯や共同正犯の成立が認められ、処罰ができることにある。

（2）義務犯

（a）意　義

義務犯（Pflichtdelikte）は、構成要件より前に存在する刑法外的な特別義務（Außerstrafrechtliche Sonderpflicht）を侵害した者だけが正犯になる構成要件をいう[1]。

公務員の職務上の犯罪は、ほとんどこれに属する。公職者には公法上の特別な義務があるからである。たとえば、公職者の職務放棄（第122条）、不法逮捕・不法監禁（第124条）、暴行・苛酷行為（第125条）、被疑事実公表（第126条）、公務上秘密漏泄（第127条）、選挙妨害（第128条）、収賄罪（第129条）、虚偽公文書等の作成（第227条）などが、これに属する。

その他、私人の業務上の秘密漏泄（第317条）や横領罪（第355条第1項）、背任罪（第355条第2項）のような職務上の身分犯罪、一般遺棄（第271条第1項）のように義務のある者の遺棄行為および不真正不作為犯などが挙げられる。この場合、業務上他人の秘密を知った者は、その秘密を慎重に扱い、みだりに公開しない義務、他人の財物を保管する者は、その委託物を不法に領得しない義務、他人の財産関連事務を処理する者は、任務に違反する方法で事務を処理し、他人に財産上の損害を負わせない義務、遺棄者は、法律上・契約上保護すべきである者を保護のない状況下に置かない義務、不真正不作為犯は、構成要件的結果発生を阻止する作為義務などの刑法外的義務がある。

（b）特　性

義務犯の特性は、刑法外的特別義務の侵害がある場合に限って正犯性を認め、行為支配のような他の要素の存在は不要であるという点にある。したがって、構成要件的に特別な義務侵害がない限り、行為支配があっても行為者は正犯ではなく、幇助犯に過ぎない。たとえば、ソウルに住んでいる他人の財産管理人が、海外に一時居住しながら、友人にその財産の処分を頼んで、送金してもらった金を使った場合、背任罪の正犯は義務違反をした財産管理人であり、財産を処分してくれた友人には、行為支配があったにもかかわらず幇助犯が成立するだけである。

前刑法的な特別義務を負担しない者（Extraneus）がこの義務負担者（Intraneus）を利用して間接正犯を行うことができないのはもちろん、両者の間では共同正犯の成立も原

1　義務犯の概念は、現在、ドイツ刑法学界において多くの学者たちの支持を得ている。Bloy, Zurechnungstypus, S. 229; Herzberg, Täterschaft, S. 33; Jakobs, AT, 21/116; Roxin, § 10 Rdn. 128; ders., Tatherrschaft, S. 353; Sch/Sch/Cramer, vor § 25 Rdn. 62; Samson, SK § 25 Rdn. 34.

第10章 正犯および共犯の理論 413

則的に不可能である。このような義務がない者に、加担した程度によって共犯が成立することはありうる。

韓国刑法の解釈上、特に義務犯の存在を認めなければならない理由は、刑法（第33条）が、前刑法的な特別義務を有しない者（非身分者）に対しても、一般的に正犯になる可能性を認めているように読めるためである。これは、刑法外的特別義務を前提とする犯罪の特性を看過し、単純に法律によって正犯性を創設することができると信じる法律万能主義の一断面であるといえる。ドイツ刑法（第28条）は、非身分犯罪が正犯になることができる可能性を認めていない。共犯の成立可能性を認めているだけである。

その他、身分なき故意ある道具を利用した間接正犯の認定を説明しうることや、不真正不作為犯の正犯性を、刑法外的義務侵害を規定することによって不真正不作為犯と作為犯が協働した場合、原則的に作為犯の正犯性を否認し幇助犯だけを認めることになる点である。たとえば、重病にかかった息子の治療を拒否する父親の義務侵害に、第三者が託された医薬品を廃棄することによって加功した場合などがある。しかし、第三者が父親と意思を通じて、この息子を殺害する場合は、単純な共犯ではなく共同正犯になる。

(c) 身分犯との関係

韓国刑法上、義務犯は真正身分犯の特殊行為形態として、多くは結果関連身分犯ではなく、行為者関連身分犯である。公務員の職務上の犯罪、職業的秘密遵守義務侵害犯罪、背任罪、不真正不作為犯など義務犯的真正身分犯は、同時に行為者関連身分犯に該当する。

真正身分犯を義務犯（行為者関連身分犯）と非義務犯（結果関連身分犯）として区別することは、共犯と身分に関する刑法第33条本文のうち、共同正犯の適用範囲に関して意味がある。すなわち、義務のない者は、義務犯の身分を有する主体と共同しても義務犯の共同正犯になることはできない。この限度内で、義務犯は第33条本文のうち共同正犯の適用範囲を制限する。

(3) 自手犯

(a) 意義および本質

自手犯（Eigenhändiges Delikt）は、正犯が構成要件的行為を直接実行することによって成立しうる犯罪をいう。したがって、自手犯の本質的な特性は、直接・単独正犯はありうるが、間接正犯や自手的実行がない共同正犯の成立は不可能である点だといえる（大法院判決 2003. 6. 13, 2003 ド 889）。自手犯の利用者には、教唆または幇助犯の成立が問題になる。

自手性が比較的確実な軍刑法第92条の鶏姦は、ある兵士が他人の鶏姦行為を助けるために被害者を抑えている場合、機能的行為支配は存在するが、協力者が共同正犯になることはできない共同の行為遂行である。また、絶対的暴力下で、部下にこのような行為をさせる上官は間接正犯として評価できない。

自手犯は、行為支配思想や義務違反思想では理解できず、独自の基準によって判断しなければならない犯罪類型である。今日、自手犯の存在を認めることに対しては異論は

414　第2編　犯罪論

ないが[2]、その理論的根拠と適用範囲に対しては争いがある。

(b) 自手犯の認定根拠

(あ) 文語説（Wortlauttheorie）　　刑罰規定の語意に照らして、外部者が協力した場合であっても構成要件上の行為を実行したといえない場合に限って、自手犯としてみなすことができるという見解である。

たとえば、医師が事情を知らない看護師に毒入り注射器を用意し、注射するようにした場合は、殺害という文言に照らして医師が患者を殺害したとみなすことができるため、殺人罪は自手犯ではない。他方、他人に姦通のような風俗犯罪をするように仕向けた者は、構成要件上の淫行を犯したとみなすことができないため、自手犯が成立する。

しかし、立法において使われている言語（言葉）の表現は多様であり、また言葉も正犯と共犯の限界を考慮したものではないため、自手犯認定の基準になりうる詳しい基準を、法律文言を通じて得ることは難しい。

(い) 挙動説（Körperbewegungstheorie）　　単純挙動犯と結果犯を区分し、前者が自手犯になると解する立場である。すなわち、構成要件充足が結果発生を前提せず、もっぱら身体挙動だけで発生する場合が自手犯であり、この場合には間接正犯と共同正犯の成立可能性が排除される。

しかし、全ての挙動犯が自手犯になるものではなく、住居侵入罪（第319条第1項）・公務員資格詐称罪（第118条）などの場合は、間接正犯が成立しうる。

(う) 二分説（真正自手犯・不真正自手犯）　　二分説は、自手犯の範囲に含まれる犯罪を、①行為者刑法的犯罪：個々の行為が問題になるのではなく、行為者の一定の生活様式が処罰対象になる場合、常習賭博（第246条第92条）などの常習犯、②法益の侵害がない反倫理的行為形態の犯罪：行為による法益侵害性はないが、反倫理性のために犯罪として規律される場合（売買春行為禁止違反、鶏姦（軍刑法第92条）、姦通（第241条））、③一身専属的義務によって行為者の自手的実行だけが可能な犯罪（逃走罪（第145条）・偽証罪（第152条）、虚偽公文書作成罪（第227条）、軍務離脱罪（軍刑法第30条）、敵前逃亡罪（軍刑法第33条））を区別し、前者二つは真正自手犯、最後の犯罪は不真正自手犯として分類する[3]。

二分説は解釈論上妥当であるが、今日法益侵害のない風俗犯罪ないし性犯罪の非犯罪化思想と適合しにくく[4]、反倫理性・法益侵害の欠如・義務などは自手犯の実質的基準になり得ないと批判される[5]。

その他、身分者であっても非身分者であっても間接正犯の行為形態で犯すことができない犯罪を「真正自手犯（たとえば、偽証罪・姦通罪）」、身分者は非身分者を道具として

2　韓国刑法上、自手犯を認めない見解は、車鏞碩「間接正犯」『刑事法講座II』717頁。

3　二分説を支持する学者は、金日秀『韓国刑法II』253頁以下、申東雲・683頁。ドイツでは、Roxin, LK § 25 Rdn. 35.

4　任雄・468頁。

5　裵鐘大・637頁、李在祥・452頁。

利用して間接正犯を成立させることができるが、非身分者が身分者を利用して間接正犯を成立させることはできず、教唆犯または幇助犯が成立しうるにとどまる犯罪を「不真正自手犯（たとえば、業務上秘密漏泄罪・背任罪・逃走罪）」であると解する分類もあるが、このような区分は意味がないと思われる。なぜなら、自手犯は直接・単独正犯の成立だけが可能であり、間接正犯や自手実行のない共同正犯の成立を否定するため、身分者が非身分者を道具として利用し、間接正犯を成立させることができるとする不真正自手犯は、自手犯ではないからである。

（え）三分説　　三分説はヘルツベルク（Herzberg）が主張した学説で[6]、自手犯を、①犯罪の実行に、行為者の身体的加担が必要な犯罪（姦通罪（第241条）・鶏姦罪（軍刑法第92条）・婚姻に名を借りた姦淫罪（第304条））、②必ずしも身体的行為がなくてもよいが、行為者の人格的行為（人格的態度の表現）は必要とされる犯罪（名誉棄損罪（第307条）・侮辱罪（第311条）・業務上秘密漏泄罪（第317条））、③犯罪自体の性質のためではなく、訴訟法その他の法律が、行為者が自ら実行することを求める犯罪（偽証罪（第152条）、軍務離脱罪（軍刑法第30条））に分かれる。現在三分説が韓国の多数説である[7]。

（お）結論と刑法上の自手犯　　自手犯は、行為者による直接的な実効支配だけが可能であり、他人による意思支配（間接正犯）や機能的行為支配（共同正犯）は不可能であることを特性としているため、結局、自手犯の判断基準を決める場合、行為者による自手的な実行が要求されるか否かを中心に検討しなければならない。このような点で、二分説は、特に真正自手犯において常習などの行為者の特性や行為形態の反倫理性に焦点を当てるために、自手犯の本質について十分に説明ができない。三分説は、行為者の自手的行為に焦点を当てているため、比較的無難であるが、第二の基準（必ずしも身体的行為ではなくてもよいが、行為者の人格的行為・人格的態度表現は必要とされる）は、自手犯の基準としては不適当である。なぜなら、身体的挙動ではない人格的行為や人格的態度表現は、意思支配の下に第三者による実行も可能だからである。たとえば、名誉毀損・侮辱・業務上秘密漏泄などは、間接正犯による犯罪実行が可能であるため、自手犯の領域から除外されなければならない[8]。そして、刑法以外の法律によって行為者が自ら実行行為をすることを要求されるという第三の基準は、行為者自らの身体的加担を要求するため、結局、第一の基準に包括される。そうすると、三分説において残るのは、行為者「自らの身体的加担（自手的身体的実行）」という基準だけである。

結論的に、自手犯は犯罪の特性に起因するか法定構成要件の要求に起因するかを問わず、「行為者の自手的な身体的加担」によって行われる犯罪という一つの行為形態に限っ

6　Herzberg, Eigenhändige Delikte, ZStW 82（1970）, S. 913 ff.

7　権五杰・626頁、金成敦・560頁、朴相基・96頁、裵鐘大・638頁、成樂賢・604頁、安銅準・247頁、李在祥・452頁、任雄・469頁、鄭盛根/朴光玟・540頁、鄭鎭連/申梨澈・346頁。これに対する批判的見解は、李廷元・395頁。

8　業務上秘密漏泄罪の間接正犯成立が可能であると主張する者は、李廷元・394頁。

て存在しうると解することが妥当である。自手犯の機能は行為者以外に犯行に関与した者に対する正犯（特に間接正犯）の成立を排除することにあるため、このような基準以外に追加的な要素を設定する必要はない。この要素によると、韓国刑法・特別刑法上の姦通罪、鶏姦罪、偽証罪、逃走罪、虚偽文書作成罪、軍務離脱罪、性売買行為禁止などが自手犯である。他方、準強姦・準強制わいせつ（第299条）は間接正犯が成立しうる支配犯であり、被拘禁婦女姦淫（第303条第2項）は義務犯的な真正身分犯であり、自手犯ではないと解すべきである。

（か）実質的自手犯・形式的自手犯　　犯罪の性質に照らして一定の主体の一定の行為による限りで犯行が可能であり、その他の主体による場合は、外見上結果が発生しても犯罪成立が認められない場合を実質的な自手犯という。ここには真正身分犯、目的犯、真正不作為犯、単純挙動犯および形式犯が含まれる。

> 《判例》　不正小切手取締法の目的は、不正小切手発行に対する取締・処罰である。同法第4条の虚偽申告罪は、小切手金額の支払いまたは取引停止処分を免れる目的を要件としているが、小切手金額の支払責任を担っている者または取引停止処分を受けた者は、発行人に限られる。したがって、発行人でない者は虚偽申告罪の主体になることができず、虚偽申告の故意のない発行人を利用して間接正犯の形で虚偽申告罪を犯すこともできない（大法院判決1992.11.10.92ド1342）。

他方、法律が一定の犯罪類型を独立構成要件の間接正犯の行為形態として規定することによって、法律上、他の方法によっては間接正犯の犯行形式が成立しえない場合を形式的自手犯という。ここには、公正証書原本などの不実記載罪（第228条）が該当する。

（4）支配犯

正犯の範囲と資格に制限がない一般犯罪（Allgemeindelikte）においては、何人も禁止された行為・結果を支配することによって正犯になりうる。これを支配犯（Herrschaftsdelikte）と呼ぶ。

支配犯の正犯性判断には、ロクシンが主張した行為支配の基準、すなわち、行為支配（Handlungsherrschaft）、意思支配、機能的行為支配が今日通用している。

II　制限的・拡張的正犯概念

1　制限的正犯概念

構成要件に該当する行為を自らなした者だけが正犯であり、構成要件的行為以外の行為によって単に結果惹起に加功した者は共犯（教唆または幇助）に過ぎないという立場が、制限的正犯概念（restriktiver Täterbegriff）である。

この概念によると正犯だけが可罰性をもつため、教唆者または幇助者は特別な

処罰規定がなければ不可罰である。刑法に共犯に対する特別な処罰規定を定めた理由は、構成要件以外の行為まで可罰性を拡張した刑罰拡張事由（Strafausdehnungsgründe）になる。

2 拡張的正犯概念

二人以上の犯罪関与者を区別せず、構成要件実現に寄与した者は正犯であり、処罰を受けることになるとするのが、拡張的正犯概念（extensiver Täterbegriff）である。この場合、構成要件的結果の発生に影響を与えた全ての者が正犯になる。

> **例**：被害者を拳銃で射殺した者はもちろん、その者を手伝うために拳銃を貸した者、殺害の意思を生じさせた者は、全て殺人罪の正犯になる。

拡張的正犯概念は原則的に正犯と共犯の区別を必要としないため、統一的正犯概念（Einheitstäterbegriff）に至るのが、論理的な帰結である。したがって、共犯（教唆または幇助）も正犯の刑で処罰すべきであろう。それにもかかわらず、法律が共犯行為形態の可罰性を別に規定し、正犯より軽く処罰していることは、拡張的正犯概念からすれば、正犯の処罰範囲を縮小した刑罰制限事由（Strafeinschränkungsgründe）になる。

3 両概念の対立の意義

正犯概念に関する上記の諸見解は、正犯概念を完璧に説明することはできない。特に今日、正犯概念は、正犯と共犯の区別に関する行為支配説のような新たな理論の発展によって、その独自の意味と機能を失った。

Ⅲ 正犯の種類とその要素

正犯と共犯の区別における正犯概念の優位性を維持するためには、まず正犯の種類とその要素に関する確定が必要である。韓国刑法上認められている正犯である、単独・直接正犯、間接正犯、共同正犯の要素が明白に表れているのは、支配犯である。支配犯において正犯と共犯を区別するための正犯の要素は、行為支配（Tatherrschaft）である。行為支配とは構成要件的事象全体に関する支配をいう。

1 行為支配（Handlungsherrschaft）

自ら犯行を為すことによってすべての構成要件要素を充足させた者は、構成要

件該当行為を支配する者である。このように行為支配（Handlungsherrschaft）をする正犯を直接正犯または単独正犯という。したがって、行為支配（Handlungsherrschaft）は、直接・単独正犯の行為支配の要素になる。行為者が他人の利益のために構成要件的行為を自ら実現した場合、または多数人が同時もしくは異なる時に各々構成要件的行為を実現しても、行為支配（Handlungsherrschaft）による単独・直接正犯の認定を妨げない。

2　意思支配

意思支配（Willensherschaft）は、優越的な意思をもって「他人を通じて」または「他人を支配して」罪を犯す場合である。意思支配をする者も正犯である。このような正犯は、犯行媒介者（Tatmittler）を自分の道具として利用することによって構成要件的行為自体を掌握する特性があるため、間接正犯とよぶ。したがって、意思支配は、間接正犯の行為支配の要素になる。

3　機能的行為支配

機能的行為支配（Funktionelle Tatherrschaft）は、他人と共に各人の役割分担に基づいて共同で罪を犯す場合をいう。このように他人と役割分担をし、犯行を支配する者は、正犯の一種である共同正犯である。ここで、役割分担は、全体としての犯行計画の遂行に本質的に重要な部分を対象とする。非本質的な部分の寄与は、幇助に過ぎない。たとえば、見張り行為は、その行為がなければ全体としての犯行計画の遂行が不可能になる場合に限って、機能的行為支配と解すべきである。

4　身分犯・義務犯・自手犯の正犯要素

このような犯罪類型においては、自ら犯行をする者が直接正犯になり、単独であった場合は単独正犯が成立する。身分犯は身分がある者だけが正犯性を獲得でき、義務犯は刑法外的・前刑法的義務の侵害がある場合に限って正犯になり、自手犯は自手的な身体的実行があれば正犯になるという特徴がある。したがって、義務犯と自手犯における間接正犯および共同正犯の成立に際しては、身分犯とは異なる制限が加えられる。

第10章　正犯および共犯の理論　419

第4節　間接正犯

Ⅰ　意義および性質

1　意　義
　他人を利用して犯罪を実行する者が、間接正犯（Mittelbare Täterschaft）である（第34条第1項）。たとえば、精神障害者を利用して放火させたり、事情を知らない看護師を利用して患者に毒物を注射させたりした者は、間接正犯に該当する。韓国の判例では、文書偽造および同行使罪が、間接正犯としてよく登場する。

2　性　質
　間接正犯も正犯の一種であることは、いうまでもない。問題は、間接正犯の正犯性要素をどのように把握しうるか、という点である。間接正犯は、行為支配の一種である意思支配を正犯性要素とする正犯形式である。すなわち、優越的な意思をもって「他人を通じて」、「他人を利用して」または「他人を支配して」犯行をする者が間接正犯であり、正犯である。その過程で他人の意思を不当に抑圧すれば間接正犯が成立するというものではない（大法院判決 2008. 9. 11, 2007 ド 7204）。

Ⅱ　成立要件

1　構　造
　間接正犯は、正犯としてその優越的な意思支配によって犯行媒介者を人的道具（menschliches Wekzeug）として利用する。韓国刑法第34条は、ある行為によって処罰されない者または過失犯として処罰される物を利用した場合に間接正犯が成立すると規定しているが、実際に間接正犯が成立するためには、犯行媒介者（道具）の行為類型は多様である。

（1）構成要件に該当しない行為を利用する場合
(a) 犯行媒介者の行為が客観的構成要件要素を充足しない場合　　道具である被利用者が利用者の強要または欺罔によって自殺または自傷した場合は、その自殺または自傷が傷害罪の構成要件に該当しないため利用者は間接正犯になる。しかし、強要または欺罔によって被害者を自殺させた場合には、理論上は殺人罪の間接正犯になるが、刑法各

420　第2編　犯罪論

則に偽計・威力による自殺決意罪（第253条）があるため、同条によって処罰される。

　(b) 客観的構成要件要素には該当するが主観的構成要件要素を充足しない場合　　故
意のない道具または過失のない道具を利用した場合である。また、構成要件錯誤に陥っ
た者を利用するときは、場合によって故意のない道具を利用したことになる可能性があ
る。

> 《判例1》　警察署保安課長が甲の飲酒運転を見逃すために、飲酒運転者摘発報告書を
> 破り、部下に同じ番号の偽の飲酒運転摘発報告書に乙の飲酒運転事実を記載させ、情を
> 知らない担当警察官に飲酒運転者飲酒測定処理簿に乙に対する飲酒運転事実を記載する
> ようにした場合は、虚偽公文書作成及び同行使罪の間接正犯になる（大法院判決1996.
> 10. 11,95 ド 1706）。
> 《判例2》　監禁罪は間接正犯によって成立しうるため、人身拘束に関する職務を行う
> 者または補助する者が被害者を拘束するため、虚偽の供述調書などを作成して拘束令状
> を申請し、虚偽の供述調書などが作成されたことを知らない検事と令状専担判事を欺罔
> して拘束令状を発付してもらった後、その令状によって被害者を拘禁すれば刑法第124
> 条第1項の職権乱用監禁罪が成立する（大法院判決2006. 5. 25,2003 ド 3945）。

　韓国の刑法では、これに該当する間接正犯の類型を刑法各則に規定した条項がある。
すなわち、刑法第228条（公正証書原本等の不実記載）は、不実記載をする故意のない公
務員の行為を利用して罪を犯す点で、刑法第34条の間接正犯に対する特別規定だとい
える。

　(c) 真正身分犯において身分者が「故意のある非身分者」を道具として利用する場合
公務員ではないが、全事情を知っている妻や親族を利用して賄賂を受け取った場合であ
る。行為支配説の立場からすれば、この場合、道具は身分という特殊な行為者的不法要
素はないが、故意という一般的行為不法要素をもっているため、利用者に優越的な意思
支配があると認め難く、また、被利用者も純粋な道具と認められないため、結局、間接正
犯の正犯要素は認められない。したがって、利用者の間接正犯の成立可否については意
見が分かれる。

　第一に、多数説は、この場合間接正犯の成立を肯定する[9]。被利用者の行為は構成要
件に該当しないため利用者を共犯として処罰できず、また、厳格な意味における意思支
配ではないが、規範的・社会的観点から利用者の被利用者に対する行為支配が認められ
るからであるという。被利用者の刑事責任に対しては、構成要件該当性が欠けているた
め無罪であると評価する見解[10]と幇助犯であると評価する見解[11]がある。しかし、これ

9　金聖天/金亨埈・409頁、朴相基・447頁、裵鐘大・625頁、孫ドン權/金載潤・511頁、孫海睦・
　　955頁、申東雲・659頁、吳英根「間接正犯」考試界（1992. 10）98頁、李在祥・447頁、李廷元・
　　383頁、李炯國・343頁、鄭盛根/朴光玟・512頁、曺俊鉉・529頁、陳癸鎬・527頁。
10　李在祥・441頁。
11　裵鐘大・625頁、孫ドン權/金載潤・511頁、孫海睦・956頁。

第 10 章　正犯および共犯の理論　　421

に対しては、間接正犯の正犯性要素である意思支配がないにもかかわらず過度に擬制的な行為支配を認めて結論を導いているという批判が可能である。

　第二に、身分なき故意ある道具を利用する場合には意思支配が成立しえないため、利用者は教唆犯になり、被利用者は第 33 条によって幇助犯になると評価する見解がある[12]。しかし、この見解は、正犯のない教唆犯を認める結果になり不当である。このような批判に対しては、「身分なき故意ある行為[13]」または「事実上の正犯[14]」などが前提とされているため問題はないとされる。しかし、共犯は法律上の正犯（制限的従属性説に基づいた場合、構成要件に該当し、違法な正犯の行為）を前提した場合に限って成立しうるため、事実上の正犯を前提とした理論構成は不当であると解さなければならない。

　間接正犯の正犯性要素である優越的な意思支配は、支配犯においては妥当である。他方、犯罪類型が異なる義務犯的真正身分犯における正犯要素は、特別な前刑法的・刑法外的義務の違反によって決まる。したがって、後者の犯罪類型においては、間接正犯を含めた正犯の要素は、現実の行為支配ではなく、規範的な義務違反である。したがって、義務犯的真正身分犯に該当する場合には、身分なき故意ある道具を利用した身分のある背後者だけが、優越的な意思支配と無関係に、この義務犯の間接正犯になりうる。ただし、この場合、身分のない被利用者には、場合によって幇助犯が成立するだけである（第33 条本文）。

　ただし、この場合、被利用者が処罰されず、または過失犯として処罰されるときは間接正犯として処罰するように規定している韓国刑法第 34 条の解釈と一致しないという問題が発生する。それにもかかわらず、間接正犯は正犯概念の優位性原則によって、被利用者の処罰の可否や行為形態に左右されることなく、自ら間接正犯の要素を持っているか否かによって決定されるべきである[15]。

　そして、義務犯における直接正犯と間接正犯の区別は、犯行媒介者が間に介入したか否かによる。また、義務犯における共同正犯と間接正犯の差は、前者は数人の義務違反者が共同する場合であり、後者は刑法外的特別義務負担者（Intraneus）が非身分者者（Extraneus）を通じて犯行結果に至るという点にある。

　(d)　目的犯における「目的なき故意ある道具」を利用する場合　　行使目的のない者を利用して貨幣を偽造し、または不法領得意思のない者を利用して窃盗させる場合である。ただし、注意すべき点は、この場合、被利用者は利用者の目的意思まで知っていなければならないことである。仮に、被利用者が、行為に対する事実上の故意はあるが、利用者の不法目的を知らずに利用される場合には、「行為全般に対する情を知らない道具」として利用されるため意思支配下にあることを理由に間接正犯が成立すると解すべきである。

12　任雄・461 頁、孫ドン權/金載潤・511 頁、孫海睦・956 頁。
13　任雄・461 頁。
14　車鏞碩・前掲 191 頁。
15　同様の見解は、孫ドン權/金載潤・512 頁。

422　第 2 編　犯罪論

この点で、映画監督が映画の小道具として使用すると誤信させ、美術を専攻している学生に偽造紙幣を描くように仕向けた場合、これを目的なき故意ある道具を利用した事例としたこと[16]は間違いであったと思われる。行使目的のない学生が偽造紙幣を描き、行使目的のある映画監督に渡した場合には、行為状況全般に対する錯誤があるため、当然、間接正犯が成立する。

目的なき故意ある道具の場合、被利用者に目的は欠けているが、行為全般について把握しており、構成要件的行為に対する認識・認容をもっているため、利用者の一方的な意思支配は認めがたい。したがって、背後の利用者の間接正犯の成立については、学説が分かれる。

第一に、多数説は、この場合には、身分なき故意ある道具を利用する場合と同様に、被利用者の行為に構成要件該当性がなく、事実上の行為支配は認め難いが、規範的な側面からの行為支配は認められるため、間接正犯が成立するという[17]。

第二に、少数説は、目的なき故意ある道具を利用する場合、事実として優越的な意思による行為支配は不可能であるため、間接正犯の成立は不可能であるという[18]。この場合、利用者が教唆犯の責任を負うことに対しては意見が一致するが、被利用者は正犯になると解する立場[19]と被利用者は目的犯に対して幇助の意思を有するとは認め難いため、多くの場合、幇助犯さえ成立しないと解する立場[20]がある。

一般支配犯において意思支配を間接正犯の正犯性要素として認める限り、目的なき故意ある道具を利用した間接正犯の法形象は否定すべきである。利用者の優越的な意思を通じて行為を支配することは、事実上不可能だからである。むしろ、このような場合は、個々の目的犯の構成要件を解釈しながら犯罪関与者のうちの誰に超過された内的傾向、すなわち目的があったかを判断し、その者に間接正犯ではなく直接正犯を認め、その他の関与者に対しては、加功の有無に基づいて、共犯成立などを検討しなければならない。

たとえば、行使する目的のある友人に頼まれ、自ら行使する目的のない学生が、スキャナーとカラープリンターを利用して、偽造紙幣を作り、友人に渡した場合、行使する目的のある者のために偽造紙幣を作る行為には第 207 条の行使の目的が含まれていると認められるため、偽造紙幣を作った学生には貨幣偽造罪の正犯、頼んだ友人には教唆犯が成立する[21]。また、領得する意思のない者が友人に頼まれて財物を窃取して渡した場合には、財物を窃取した者が窃盗罪の正犯になり、頼んだ友人は教唆犯になると解す

16　孫海睦・952 頁。
17　裵鐘大・625 頁、孫海睦・953 頁、李在祥・441 頁、李炯國・343 頁、鄭盛根/朴光玟・527 頁、曺俊鉉・332 頁。
18　朴相基・442 頁、任雄・461 頁、韓正煥「間接正犯の故意のある道具」『鄭盛根教授還暦記念論文集』(1997) 194 頁、Roxin, Täterschaft, 5. Aufl., S. 345 f.
19　朴相基・442 頁。
20　任雄・461 頁。
21　同様の見解は、朴相基・443 頁。韓国の判例も、行使する意思が明確な者に交付することも行使として評価できると解している（大法院判決 1995. 9. 29, ド 803；1983. 6. 14,81 ド 2492)。

べきである。他人のための窃取行為は刑法的判断において重要ではない窃取の動機に過ぎず、領得の意思は財物に対する他人の所有権を排除し、自分が持ち主のように財物を処分すれば認められるため、領得の最終主体が他人であっても否定されえない[22]。現在、ドイツの多数説および窃盗罪の改正条項も、第三者のための領得意思を正面から認めているため、窃取行為をした者を窃盗罪の正犯として評価している。

他方、韓国の判例は、12・12軍人反乱に係わった内乱罪事件において、目的なき故意ある道具を利用した場合に間接正犯を肯定している[23]。

> 《判例》 犯罪は「ある行為によって処罰されない者」を利用しても実行しうるため（刑法第34条第1項）、内乱罪の場合「国憲紊乱の目的」を有する者が、このような目的なき者を利用して実行することも可能である。しかし、被告人らは、12・12軍人反乱によって軍の指揮権を獲得した後、国政全般に対する影響力を及ぼして国憲をコントロールし、憲法機関である国務総理と国務会議の権限を事実上排除しようとする国憲紊乱の目的を達成するため、非常戒厳を全国的に拡大することが全軍指揮官会議において決議され、軍部の意見であることを口実にして、そのような措置をとるように大統領と国務総理を強圧し、兵器を携帯した兵力で、国務会議場を包囲し、外部との連絡を遮断して、国務委員たちを強圧し、畏怖させるなどの暴力的不法手段を用いて非常戒厳の全国拡大を議決・宣布させたことが分かる。このような状況は、以上の非常戒厳の全国拡大は、国務会議の議決を経て大統領が宣布したため外形的に適法であっても、これは被告人らに対する国憲紊乱の目的を達成するための手段であるため内乱罪の暴動に該当し、また、これは被告人らによって国憲紊乱の目的を達成するために、このような目的のない大統領を利用して行われたものであるため、被告人らは内乱罪を間接正犯によって実行したと解すべきである（大法院判決1997.4.17,96ド3376）。

しかし、このような場合は目的なき故意ある道具を利用する典型的な事例に該当せず、むしろ、強要罪や「正犯の背後の正犯」の事例のように、強制に基づいた優越的な意思支配が認められることを理由に間接正犯の成立が肯定されるであろう。

（2）道具に違法性がない場合

他人の正当行為を利用する場合（警察公務員をだまして無実の者を逮捕・拘禁した場合）、他人の正当防衛を利用する場合（Oを殺害するためにOにTを攻撃するように仕向け、Tの正当防衛を利用してOを殺害した場合）、他人の正当化的緊急避難行為を利用した場合（堕胎に着手した妊婦が、生命の危険を惹起したために、医師を訪れて自分の命を救うための緊急手段として堕胎手術をさせる場合）のように、適法な行為をする道具を利用する場合である。

22　同様の見解は、朴相基・442頁。
23　鄭盛根/朴光玟・527頁。

424 第2編 犯罪論

　この場合、背後者は、間接正犯として処罰される場合と不可罰である場合とがある（たとえば、上述の堕胎事例においては、妊婦が自ら招いた危難が、場合によって妊婦の緊急避難を成立させうる）。しかし、共犯の成立可能性はない。なぜなら、共犯は、常に、正犯の違法な犯行を前提とするからである。

（3）道具が構成要件に該当し違法に行為したが責任が欠けている場合

　強要された状態にいる者の行為を利用した場合、または責任無能力者を利用した場合などがある。絶対的責任無能力者である未成年者を利用した場合は、例外なく間接正犯の成立を認めなければならない。刑事未成年者を絶対的責任無能力者であると規定した立法の趣旨（ratio legis）を考慮し、刑事未成年者を利用した者は、被利用者である刑事未成年者が具体的・現実的にもっている知能・意識を問わず、優越的な意思支配をしていると判断する目的論的根拠があるためである。

　その他の場合には、間接正犯の成立可能性以外に教唆犯の成立可能性も、共に考慮しなければならない。なぜなら、制限従属形式による場合、共犯は正犯行為が構成要件に該当し、違法であれば責任がなくても成立しうるからである。この場合、正犯概念の優越性を思考の出発点とし、まず、意思支配の原則による間接正犯の成立を検討すべきである。

　多くの場合、次のようなルールが問題解決のために適用できる。すなわち、背後者が道具の責任非難を脱落させる事情を認識している場合は、一般に間接正犯が成立し、そうではない場合は、教唆犯の成立が考慮できるのである。

（4）道具が構成要件に該当し違法および有責な行為をした場合

　この場合は、原則的に間接正犯は成立しない。それにもかかわらず、限られた例外的な状況では、有責に行為した（volldeliktisch）故意の正犯も、背後者によって支配されることがある。その際に参考にされるのが、正犯の背後の正犯理論（Die Lehre vom Täter hinter dem Täter）である[24]。次のような場合が考えられる。

　(a) **行為者の回避可能な禁止の錯誤を利用した場合**　　この場合、直接行為者は第16条によって責任が阻却されない。

　(b) **自己の行為の具体的意味に対する行為者の錯誤を利用した場合**　　たとえば、Hは、TがOを殺害するために待ち伏せしていることを認識し、Oの代わりにXを落とし穴に落としてXを殺害した場合である。この場合、Hは間接正犯であり、直接正犯であ

24　正犯背後の正犯理論を肯定する立場は、朴相基・448頁、孫ドン權/金載潤・518頁、孫海睦・961頁、呉英根・633頁。

るＴには法的に重要ではない客体の錯誤が存在するだけである。

（c）組織的な権力装置の意思によって無制限に犯行の進行をコントロールしうる場合
ナチ・旧東独・旧ソ連の政府権力犯罪やマフィアなどの組織犯罪の首脳部と、その命令に絶対服従する下手人の間においても、間接正犯が成立する。キムヒョンヒと北朝鮮の対南工作部の間においても、同様の関係が成立する。

これに関するドイツの判例としては、ソ連の秘密警察の一員であったシュタシンスキー（Staschynskij）が、秘密警察の暗殺指令にもとづいて、ソ連の政治亡命家を殺害した事件（Staschynskij-Urteil）がある。この事件において、ドイツ連邦通常最高裁判所は、極端な主観説によってシュタシンスキーを幇助犯として処罰した（BGHSt 18,87）。しかし、この場合、シュタシンスキーは正犯であり、その背後のソ連の秘密警察は間接正犯であるというのが、学説の見解である。

一方、このような場合、処罰されない者を利用する行為に対して間接正犯の成立を認める韓国刑法の解釈では、「正犯の背後の正犯」は認められず、刑法第34条第2項の特殊教唆・幇助罪の規定によっても、組織犯罪集団の首脳に対する加重処罰などの刑事政策的目的を達成しうるという点で、「正犯の背後の正犯」理論を否定する見解が多数説である[25]。

（d）過失犯を利用した場合　この場合、直接正犯として道具に該当する過失犯は、過失犯処罰規定がある可罰的な過失はもちろん、過失犯処罰規定がない不可罰的な過失（たとえば、過失財物損壊罪）であっても、間接正犯の成立は可能である。

構成要件的錯誤に陥った者を利用する場合、錯誤者がその事実を認識できなかったことに過失がある場合も、これに該当する。

2　利用行為

（1）「教唆または幇助」の意味

間接正犯は、被利用者を道具として利用することによって構成要件を実現する正犯である。刑法第34条第1項は、「教唆または幇助して犯罪行為の結果を発生させること」が必要であると定めている。

ここにいう教唆または幇助は、教唆犯・幇助犯のそれと異なり、単に利用するという意味である（通説）。

教唆または幇助は、利用者の優越的な意思支配という間接正犯の正犯性の要素に関連させて利用行為の二つの態様として理解し、実質的に区別しなければなら

25　權五杰・610頁、金成敦・624頁、金聖天/金亨埈・412頁、裵鐘大・629頁、成樂賢・597頁、李相暾・543頁、申東雲・666頁、李在祥・445頁、李廷元・386頁、李炯國・347頁、任雄・458頁、鄭盛根/朴光玫・533頁、鄭鎭連/申梨澈・341頁。

426   第2編　犯罪論

ない。すなわち、間接正犯の利用行為としての教唆は優越的な意思支配による操縦行為であり、幇助は優越的な意思支配による援助行為である。

（2）不作為による間接正犯の成否

不作為犯を道具として利用した間接正犯は可能である。たとえば、保障人を逮捕・監禁し、不作為によって結果発生の危険を惹起した場合である。

しかし、不作為による間接正犯は、常識からすれば成立し難い。ここにおける利用行為は、積極的な介入として、少なくとも作為を意味する程度のものでなければならないからである。

たとえば、精神病者の監護者が、その精神病者の他人に対する攻撃を意図的に放置し、他人が傷を負うように放置すれば、傷害の不作為による間接正犯ではなく、不作為による傷害の幇助犯、すなわち、不作為犯となる。他方、この場合に看護者が精神病者に対する他人の攻撃に介入し結果惹起に寄与すれば、これは不作為による間接正犯ではなく作為による間接正犯になり、不作為による間接正犯の成立は不可能である[26]。

（3）実行の着手時期

間接正犯に関する韓国の多数説は、利用者が被利用者を利用し始めたときに実行の着手があったと解する。

可罰的行為の構成要件的定型性を考慮すれば、被利用者の行為を基準とするのが妥当であるが、間接正犯においては利用者の優越的な意思による行為支配が正犯の要素であり、被利用者の行為は利用者の意思支配下に置かれた自動的行為に過ぎないため、原則的に背後の利用行為を基準とすることが妥当である。しかし、多数説のように利用者が利用行為を開始した時点から実行の着手を認めることは、不合理である。利用行為の開始だけでは、被利用者が優越的な意思支配の影響下にあるとは認め難く、保護法益に対する侵害危険が惹起されたと解することはできないからである[27]。したがって、少なくとも利用行為が道具に影響を及ぼして、被利用者が利用者の優越的な意思支配の影響下に入り、それによって、自動的に保護法益に対する侵害が開始されたと認めるときに、実行の着手があ

26　Roxin, Täterschaft und Tatherrschaft, S. 472; 崔又讃「間接正犯」考試界（1994. 3）27 頁。

27　たとえば、医師が看護師に毒が入っている注射器を渡して患者に注射するように指示したが、看護師が忙しいため拒絶した場合、看護師が医師の指示だけで、意思支配下にあると解することはできないため、実行の着手も認められない。同様の見解としては、孫海睦・967 頁。

る。このような時点は、利用者の利用行為が実質的に完了し、被利用者が利用者から離れて独立に行為を開始したときである。

（4）結果発生の意味

犯罪結果を発生させたときとは、構成要件該当事実を実現して既遂に至ったことをいう。しかし、その結果が発生しなかったときも、間接正犯の未遂は成立しうる。したがって、直接正犯の犯罪に未遂処罰規定がある限りでは、間接正犯の未遂も処罰される。

Ⅲ　処　罰

1　教唆または幇助の例による処罰

教唆または幇助の例により処罰する。正犯として処罰すべきであるが、これを共犯の例で処罰すると規定したのは間違いである。立法論（de lege ferenda）としては、ドイツ刑法第 25 条第 1 項のように、積極的に間接正犯を正犯として規定し処罰するようにすることが正しいであろう。ただし、解釈論（de lege lata）としては、間接正犯が優越的な意思によって被利用者を支配・操縦した場合には教唆の例によって正犯と同一の刑で処罰し（第 31 条第 1 項）、優越的な意思支配によって被利用者を利用・援助した場合には幇助の例によって正犯の刑より減軽する（第 32 条第 2 項）という趣旨で理解すべきである。このように解すれば、間接正犯が処罰において共犯化するという理論上の矛盾を防ぐことができるであろう。

2　間接正犯の未遂の処罰

間接正犯を共犯の例によって処罰するようにしたのは、間接正犯の処罰における共犯化を意味することではない。したがって、間接正犯の未遂は、間接正犯の処罰基準に関する未遂の一般的処罰により、任意的減軽（第 25 条）、任意的減免（第 27 条）、必要的減免（第 26 条）などを考慮して処罰すべきである。間接正犯の未遂を教唆の未遂（第 31 条第 3 項）の例によって処罰すれば、実行に着手した正犯を実行の着手以前の予備・陰謀として処罰する結果になり、犯罪理論上の矛盾を解決できないからである。

428　第2編　犯罪論

Ⅳ　関連問題

1　錯誤の場合

背後者も道具も錯誤がありうる。構造上二つの可能性が議論しうる。

（1）背後者の被利用者に対する錯誤

（あ）利用者が被利用者を、事情を知らない道具であると認識し利用したが、実際は悪意のある道具であった場合　　この場合、背後者の観点からすれば背後者は間接正犯になるが、客観的には共犯に該当する。実際には、被利用者が正犯として行為した以上、利用者の行為は優越的な意思支配が存在したと解釈できず、加功程度にとどまると解し、利用者を教唆犯として取り扱うことが合理的である[28]。

（い）被利用者は事情を知らない道具であるが、背後の利用者は悪意のある道具として誤認し教唆または幇助した場合　　この場合、背後者の観点からすれば背後者は教唆または幇助犯であるが、客観的には間接正犯に該当する。実際に利用者が被利用者を悪意のある道具として認識した以上、間接正犯として優越的な意思支配をする程度の行為支配が不可能なため、背後の利用者を教唆犯として取扱うのが合理的である[29]。

（2）被利用者の実行行為の錯誤

（あ）被利用者が道具として実行行為をする際、客体若しくは対象の錯誤または方法の錯誤が発生した場合、これを背後から利用しようとした者からすれば、常に方法の錯誤が問題になる。たとえば、甲が精神病者である乙を利用して丙を殺害しようとしたが、乙の錯誤によって丁を殺害した場合が考えられる。この場合、法定的符合説により、甲は殺人罪の間接正犯として責任を負わなければならないとする見解もある[30]。しかし、具体的符合説により、甲は丙に対する殺人未遂と丁に対する過失致死の観念的競合として取扱うべきであり、重い殺人未遂に対する間接正犯が成立する[31]。

28　金成敦・625頁、金鍾源「教唆犯」考試界（1975.6）10頁、裵鐘大・635頁、李在祥・448頁、李廷元・391頁、任雄・465頁、鄭盛根/朴光玟・536頁、Jescheck/Weigend, S. 671; Wessels, Rdn. 546.

29　裵鐘大・635頁、李在祥・448頁、任雄・465頁、鄭盛根/朴光玟・536頁。

30　申東雲・669頁、李在祥・448頁、鄭盛根/朴光玟・536頁。

31　權五杰・621頁、朴相基・450頁、裵鐘大・635頁、孫ドン權/金載潤・526頁、孫海睦・969頁、

第 10 章　正犯および共犯の理論　　429

（い）被利用者が、背後者が意図した範囲を超えた行為を実行した場合には、背後者に超過部分に対する間接正犯は成立せず、実現された部分に限って間接正犯が成立する。ただ、超過された結果に対して背後者に未必の故意があるときは、全体に対する間接正犯が成立しうる。その超過された結果が結果的加重犯に該当するときには、背後者が重い結果について予見することができる場合に限って、結果的加重犯の間接正犯が成立しうる[32]。

2　間接正犯の限界
（1）身分犯の場合

真正身分犯においては、身分なき者は正犯になることができない。ただし、真正身分犯であっても、結果関連身分犯の場合は、刑法第33条によって身分なき者も身分のある者のように共犯または共同正犯になりうる。

間接正犯も正犯であるため、間接正犯が成立するためには間接正犯者に正犯適格が求められる。したがって、身分なき者は、身分のある者を利用して真正身分犯の間接正犯になることはできないと解するのが通説である。判例も、否定説を支持している。

> 《判例》　甲は、友人の乙に70万ウォンを貸し、乙が発行した白地小切手一枚をほかの所に割引しないという条件で交付してもらった。しかし、甲はこの白地小切手の金額欄に70万ウォンと記載して割引を依頼した。これに対して、割引依頼を受けた者は再び他者に割引を依頼し、この者は白地小切手を銀行に支払いを求めて提示した。銀行から連絡を受けた乙は、このような事実について不満を言い、甲は責任を免れるため白地小切手を紛失したと嘘をいい、紛失申告をすることを要求した。そこで乙は、銀行に小切手紛失申告をした。しかし、不正小切手取締法上、発行人でない者は虚偽申告の主体になることはできず、虚偽申告の故意のない発行人を利用した間接正犯の行為形態では虚偽親告罪を犯すことはできない。したがって、甲は無罪である（大法院判決1992.11.10,92ド1342）。

（2）義務犯の場合

義務犯において、非義務者を利用した間接正犯が成立しうるのは、義務のある者に限られる。従来、義務犯に関する理論がなかったときは、この問題も、真正

吳英根・642頁、李廷元・392頁、李炯國・348頁。
32　申東雲・670頁、鄭盛根/朴光玖・536頁。

430　第2編　犯罪論

身分犯のように身分なき故意ある道具の利用問題として扱われた。しかし、意思支配を間接正犯の正犯性を決定する要素としてみる限り、議論の余地が残る。義務犯の概念を導入すれば、意思支配がなくても、義務違反さえあれば正犯性が認められるために、この問題を容易く解決できる。

　他方で、義務犯においては、義務のない者が義務ある者を利用する間接正犯は成立しえない。ただし、共犯は成立しうる。

（3）自手犯の場合

　自手犯とは、自らの手で構成要件を実行した者だけが正犯となる犯罪であり、自手犯に対しては、間接正犯や共同正犯は成立しえない。ある者が自手的正犯を利用して間接正犯を実現することもできない。

（4）具体的な問題

　(a) 強姦罪　　強姦罪における性的意思決定の自由を侵害した結果反価値に焦点を当てれば、これは身分犯（結果関連身分犯）であり自手犯は成立しないが、強制的手段によって性欲を満足させる行為反価値に焦点を当てれば真正自手犯になる。しかし、強姦罪は具体的な法益侵害犯であるため、結果反価値を念頭に置いた通説が妥当である。したがって、身分者である男性が非身分者である女性を利用して強姦罪を犯すことはできないが、身分者である男性が責任無能力状態にある他の男性を利用し、または非身分者である女性が男性を利用して強姦の結果を惹起したときには、間接正犯が成立する（結果関連身分犯）。

　(b) 虚偽公文書作成罪　　虚偽公文書作成罪は自手犯の一種であるため、第三者が自手的正犯を利用して間接正犯を犯すことはできない（公務員ではない者の間接正犯を否定した判例：大法院判決 1976. 8. 24,76 ド 151）。

　大法院判例は、例外的に公文書の作成権限のある公務員を補佐して公文書の起案を担当する公務員が、その職位を利用して虚偽の内容の公文書を起案し、事情を知らない上司の決裁を受けて公文書を作成した場合は、虚偽公文書作成罪の間接正犯になるとする（大法院判決 1977. 12. 13,74 ド 1900；1978. 12. 26,78 ド 2777）。しかし、刑法は補充的な法益保護手段であることを考慮すれば、この場合は行政罰である懲戒罰であれば十分であり、間接正犯で処罰する必要はないであろう。

　《判例》　村役場の戸籍係長が、虚偽事実を記載した文書を作成して公文書を起案し、情を知らない村長に決済させ、虚偽の内容の戸籍簿を作成した。このように、公文書の作成権限のある公務員の職務を補佐する者が、その職位を利用し、行使の目的で虚偽の内容が記載されている文書の草案を上司に提出して決済させるようにすることによって虚偽公文書を作成させる場合は、虚偽公文書作成罪の間接正犯が成立する（大法院判決 1990. 10. 30,90 ド 1912）。
　《判例》　甲は、予備軍訓練を受けた事実がなかったが、所属予備軍中隊の防衛兵であ

る乙に、予備軍訓練を受けたことを証明する確認書を発給するように頼んだ。これに対して乙は、予備軍中隊長に甲が訓練を受けたと報告し、確認書を発給するように指示を受け、乙は前もって中隊長の職印を押して保管していた訓練確認書用紙に甲が頼んだ内容を記載して交付した。公文書の作成権限のある公務員の職務を補佐する者が、その職位を利用して、行使の目的で、虚偽の内容が記載された文書草案を、その事情を知らない上司に提出して決済させる方法で作成権限のある公務員に公文書を作成させた場合は、間接正犯が成立する。また、これに対して共謀した者も間接正犯の共犯として責任を負うことになり、必ずしも公務員に限定されない。したがって、甲は、乙の虚偽公文書作成の間接正犯に対する共犯の責任を負う（大法院判決 1992. 1. 17, 91 ド 2837）。

3 特殊な間接正犯

刑法第 34 条第 2 項は、「自己の指揮、監督を受ける者を教唆または幇助して前項の結果を発生させた者」を加重処罰している。不法加重によって刑が加重される場合である。これに関して、特殊な共犯説、特殊な共犯・特殊な間接正犯説などの見解があるが、特殊な間接正犯だけを規定していると解すべきである（特殊間接正犯説）。立法論としては、量刑の参酌事由に委ねるようにこの規定を廃止すべきであろう。

指揮・監督の根拠は、法律または事実上のものであっても成立する。指揮・監督関係の例としては、上司と部下、工場主と工場の労働者、家主と家政婦、医師と看護師などがある。

第 5 節　共同正犯

I　意義および本質

1　意　義
（1）概　念

二人以上が、共同の犯行計画によって、各人が実行の段階において本質的な機能を分担して履行することによって成立する正犯形式を、共同正犯（Mittäterschaft）という。

たとえば、A と B はともに銀行の強盗を計画したが、場合によって凶器を使用することに合意した。強盗現場において、A は銀行員を凶器で刺して重傷を負わせ、B は窓口に置かれているお金を持って逃げた。この場合、B も A の傷害行為

432　第2編　犯罪論

に対する正犯として責任があり、AとBは強盗傷害の共同正犯になる。共同の犯行計画のため、一部の犯行だけを犯した者も犯行全体の正犯として同様に扱われる。このように、共同正犯には、不法の量で同時犯の算術的な不法の合計を超える法律的な加重評価の側面もあるように思われる。

　刑法第30条は「二人以上が協同して罪を犯したときは、各人をその罪の正犯で処罰する」と定め、共同正犯の核心を成す内容を規定している。

（2）概念の区別

　共同正犯は、二人以上が共同して機能的に犯行を支配するという点で、単独で行為支配をする単独正犯（Alleintäterschaft）と区別され、また二人以上が直接的に行為支配をするという点で、意思支配によって間接的に犯行を支配する間接正犯と区別される。

　共同正犯の各共同行為者には共同の犯行の決意が必要であるため、これがない同時犯（Nebentäterschaft）と区別される。

　共同正犯は、一人でも実現可能な構成要件を二人以上が共同して実現する任意的共同正犯という点で、犯罪団体の組織（第144条）や多衆不解散（第116条）のように、構成要件上一定の目的での二人以上の共同を必要とする、いわゆる必要的共同正犯と区別され、状況の制約がないという点で、現場という状況によって制約を受ける共同正犯である合同犯（第331条第2項、第334条第2項、第146条）と区別される。

　その他、機能的行為支配を要素とする正犯という点で、単純に他人の犯罪に加担する狭義の共犯である教唆犯・幇助犯と区別される。

2　本　質

（1）犯罪共同説と行為共同説

　犯罪共同説は、二人以上が共同して特定の犯罪を実現することを共同正犯とする。すなわち、共同正犯においては、共同で行為する対象は特定の犯罪である。刑法第30条も「二人以上が共同して罪を犯したとき」と規定しているため、同説は法文に忠実な立場である。

　行為共同説は、二人以上が行為を共同して各人の犯罪を遂行することが共同正犯であると定義する。すなわち、共同正犯において共同で行為する対象は、特定の犯罪や特定の客観的構成要件事実ではなく、事実としての行為自体である。刑

法第 30 条も「二人以上が行為を共同して各人の罪を犯したとき」と解釈することによって、実定法上の根拠を提示する。

従来、行為共同説は、前構成要件的・前法律的または自然的意味の行為を共同ですれば足りるとすることによって、共同正犯の成立範囲を過度に広く設定する傾向にあった。この立場は、異種の故意犯の間はもちろん、故意犯と過失犯、さらに過失犯の間においても共同正犯が可能であると解する。このような難点を避けるために、最近は行為の意味を制限して、共同行為は各構成要件に該当する実行行為の全部または一部の共同だとする (構成要件的行為共同説)。

（2）本質論の再構成

犯罪共同説は、共同正犯の成立を厳格に制限することによって責任原則には忠実である一方で、刑事政策的な合目的性が欠けている。これに対して、行為共同説は、共同正犯の成立を拡大することによって、刑事政策的な合目的性は充足されるが、責任原則を害する恐れがある。犯罪共同説と行為共同説は、このような理論的問題を解決することができない。

これによって、共同正犯に関する論争は、「何を共同して行うのか」の問題に焦点を当てた犯罪共同説と行為共同説の論争から、行為支配論の観点によって、「共同正犯をどのような条件と範囲において認めるのか」という問題に移った。したがって、共同正犯の本質問題も、この行為支配理論によって解決すべきである。

II　成立要件

共同正犯が成立するためには、主観的要件である共同の犯行決意と客観的要件である共同の実行行為が必要である。両要素が充足されたとき、共同正犯は成立する。

1　主観的要件

（1）共同の犯行決意（犯行計画）

（a）**意　義**　二人以上が対等な資格で犯罪に関与することによって共同で立てた計画に基づいて、共同で罪を犯そうとする意思をいう。これは、機能的な行為支配によって成立する共同正犯の本質的な要件であり、これによって個別的な行為が全体的に結合され、分業的に実行された行為の全体に対する構成要件帰属がすべての行為者に認められる。二人以上が罪を犯しても、共同の意思がなければ単独正犯の併存に過ぎないた

434 第2編 犯罪論

め、同時犯が成立する。

> 《判例》 甲は、自分が代表（取締役）である映画社において、法的登録手続きをせずに小型映画を製作した後、これを上映するために劇場の所有者と貸館契約を締結した。しかし、映画を上映する頃、劇場運営権が乙に移り、結局、同映画は公演倫理委員会の審議を受けずに乙の劇場において上映された。
> 　共同正犯が成立するためには、二人以上が共同して罪を犯さなければならない。これには、主観的要件である共同加功意思と、客観的要件である共同意思による機能的行為支配を通じた犯罪の実行事実が必要である。共同加功意思は、他人の犯行を認識しながら、これを防止せず容認することだけでは不十分であり、共同の意思に基づき、特定の犯罪行為をするために一体になって他人の行為を利用し、自己の意思を実現することを内容とする。したがって、前代表と締結した貸館契約に基づいて映画が上映されることを積極的に阻止しなかった乙には、映画法違反罪の共同正犯は成立しない（大法院判決1993. 3. 9,92 ド3204）。

(b) **片面的共同正犯**　　共同正犯には、原則的として、各人の役割分担と共同作用に対する相互了解が必要である（大法院判決1987. 9. 22,87 ド347：互いに協力し共同の犯意を実現する意思の連絡）。この相互了解が欠け、一人だけが犯行意思をもっている片面的共同正犯（Einseitige Mittäterschaft）は、共同正犯ではない。

> 《判例》 甲と乙が一緒に酒を飲み、さらに酒を飲むために甲が先に立って居酒屋に向かう途中に、通行人である丙とけんかを始めたところ、後ろからついて来た乙がこれを目撃し、丙を暴行し、さらに転倒させて死亡させた。甲は、乙が加勢することを認識・意欲せず、乙の暴行に加担しなかったため、この過程においては、甲と乙の間に黙示的な共同実行意思が形成されたと評価することはできない。共同正犯は、行為者相互間に犯罪行為を共同にするという共同加功意思をもって犯罪を共同実行する場合に成立する。ここで、共同加功の意思は共同行為者相互間に存在しなければならず、一方の行為者の加功意思だけでは、傷害致死罪の共同正犯関係は成立しえない（大法院判決1985. 5. 14,84 ド2118）。

(c) **黙示的意思連絡**　　共同加功の意思は、必ずしも明示的である必要はなく、黙示的な意思連絡があれば足りる（大法院判決1979. 9. 25,79 ド1968；1986. 1. 25, 85 ド2421）。

> 《判例》 甲は、乙が被害者を強姦するために誘拐することを知りながら、その後について行き、乙が強姦のために暴行する頃に、乙が強姦を終えることを待って再び強姦をした。この場合、乙の後をついて行ったときには、強姦の謀議があったとはいえないが、乙が強姦の実行に着手するときには、黙示的に犯行を共同する意思の連絡があったといえる。すなわち、共同正犯が成立するためには、必ずしも共犯者間に事前謀議が存在しなければならないものではなく、偶然の機会に、互いに協力し共同の犯意を実現しよう

第 10 章　正犯および共犯の理論　　435

とする黙示的な意思連絡によって犯行に共同加功しても、共同正犯は成立する（大法院判決 1984. 12. 26,82 ド 1373）。

(d) 順次的・間接的意思連絡　　一人または二人以上の順次的意思連絡や間接的意思連絡も、その内容に関する個別的または包括的意思連絡や認識があれば、全員に共同の犯行決意が成立する（大法院判決 1983. 3. 8,82 ド 2873）。共同行為者全員が一定の場所に集まり直接謀議しなければならないものではない。

《判例》　被告人は、大学教授と教務長に不正入学を請託し、その対価として学校の寄付金名目で金品を提供した。これに対して、教務長は、入学試験の成績を勝手に改ざんして合格できるように虚偽の書類を作成した。そして、情を知らない入学査定委員にこれを提出し、合格者として処理されるようにした。このような場合、不正入学斡旋が依頼された教授と実際に不正入学を主導した教務長の間には、黙示的な意思連絡による順次的な共謀関係があると評価すべきである。二人以上が共謀し、犯罪に共同加功する共犯関係において、共謀は法律上特定の定型を必要とするものではなく、共犯者相互間に直接的または間接的に、犯罪の共同実行に関する黙示的意思連絡があれば足りる。したがって、一堂に会した謀議過程が存在しない場合であっても、複数人の間に意思の結合があれば共同正犯が成立しうる（大法院判決 1994. 3. 11,93 ド 2305）。

(e) 過剰行為　　各共同行為者は、自分が認識・意欲した共同の犯行計画の範囲内で、他の関与者の行為に対する帰属主体になる。この共同の犯行計画以外に他の関与者が行った部分は過剰行為であり、この部分はその行為者本人に帰属されるだけであって、他の共同行為者には帰属されない。たとえば、二人が窃盗を計画したが、一人が殺人または強姦をした場合、この過剰部分は、その行為者の単独犯行になる。

（2）正犯の主観的構成要素

(a) 主観的不法要素　　すべての犯罪関与者には、構成要件の主観的不法要素（故意、特別な目的など）が求められる。共同正犯各人は自分の行為と他人の行為に対しても故意の範囲内で帰属されることは、刑法（第 13 条）および構成要件的錯誤の規定に照らしてみると当然のことである。この場合、構成要件的故意は共同の犯罪決意の中に含まれることが原則であるため、構成要件的故意は共同の犯行決意の一つの要素として取扱われる。

共同正犯の錯誤に対しては、構成要件的錯誤の理論がそのまま適用される。そして、共同行為者のうち、ある一人に故意の帰属に関する客体の錯誤があるときは、他の共同正犯者には、そのような錯誤は故意への帰属を阻害しない。

(b) 共謀関係からの離脱　　他の共同行為者の実行行為開始前に明示的または黙示的な方法によって故意を撤回した場合、原則としてその撤回者（離脱者）は共同正犯として責任を負わない。しかし、この場合、撤回者の寄与度が有効に存続する限り、機能的行為支配の観点から共同正犯は成立する。したがって、共謀関係からの離脱に基づいて

436 第2編 犯罪論

共同正犯の責任を免れるためには、実行の着手以前に故意を撤回し、自分の寄与度が残っている場合には、これを除去するために努力しなければならない[33]。

《判例1》 被告人は殺害謀議に加担したが、他の共犯者が被害者を縛って湖に投げる前に犯行を断念し、犯行現場を離脱した。共謀共同正犯の共謀者の一人が、他の共謀者が実行する前にその共謀関係から離脱したときには、その後の他の共謀者の行為に対しては共同正犯として責任を負わない。そして、離脱は必ずしも明示的なものである必要はない（大法院判決 1986. 1. 21,85 ド 2371；1995. 7. 11，95 ド 955；1996. 1. 26，94 ド 2654）。

《判例2》 共謀共同正犯の共謀者の一人が、他の共謀者が実行する前にその共謀関係から離脱したときには、その後の他の共謀者の行為に対して共同正犯として責任を負わないが、共謀関係からの離脱には共謀者が共謀に基づいて担当した機能的行為支配を解消する必要があるため、共謀者が共謀し主導的に関与し、他の共謀者の実行に影響を及ぼしたときは、犯行を阻止するために積極的に努力する等実行に及ぼした影響力を除去しない限り、共謀者が拘束されたことだけを理由に共謀関係から離脱したとはいえない（大法院判決 2010. 9. 9,2010 ド 6924）。

　共謀関係からの離脱問題は、行為寄与のない単純な共謀だけで共同正犯の責任を認める共謀共同正犯理論や、機能的行為支配説の立場によっても共同正犯の実行の着手を共同正犯者全体の行為に基づいて判断する全体的解決方法を用いるときに、意味をもつ。本書のように、共同正犯の実行の着手の可否を共謀関係に関与した者の機能的役割遂行の着手によって判断する個別的解決方法を用いる場合には、共謀関係の離脱は各人が担当した機能的役割遂行を断念することと事実上差異がないため、共同正犯全体の責任について判断する際に、独自の意味をもたないからである。

（3）共同的犯行計画の成立時期

　共同正犯においては、共同の犯行計画が成立する時期によって、共謀共同正犯（共同の犯行決意が実行行為の着手以前に成立した場合）、偶然的共同正犯（共同の犯行決意が実行行為時に成立した場合）および承継的共同正犯（共同の犯行決意が実行行為の一部終了後、その全部の既遂以前に成立した場合）として区別される。

　(a) **原則論**　共同正犯における共同の犯行決意（計画）は、少なくとも実行行為以前または遅くとも実行行為時に存在しなければならない。このような基準に基づけば、事前に二人以上の行為者の共同謀議がある場合に成立する共謀共同正犯（予備の共同正犯）や（大法院判決 1985. 12. 24,85 ド 2317；1987. 9. 22，87 ド 347）、偶然に実行行為時、意気投合して成立する偶然的共同正犯（Zufälige Mittäterschaft）は、問題なく認められる。しかし、共同の犯行決意が実行行為の一部終了後その全部の既遂以前に成立した場

33　同様の見解は、申東雲・513頁、李在祥・478頁。

合、犯行全体に対する共同正犯を認めることができるか否かに関する問題が生じる。これが承継的共同正犯の問題である。

（b）承継的共同正犯

（あ）意　義　　共同の犯行決意が実行行為の途中、すなわち実行行為の一部終了後既遂前に成立する場合が、承継的共同正犯である。たとえば、Ａが強盗の故意で被害者に暴行を加え、抗拒できない状態になった後、この事実を知ったＢが加担し、Ｏの金品を奪った場合が考えられる。

このような承継的共同正犯（sukzessive Mittäterschaft）は、一行為犯のように単純な行為から成立した犯罪より、多行為犯のような結合犯や罪数論上の科刑上一罪・実在的競合のような数罪の場合に問題になる。

（い）承継的共同正犯の成否　　従来、承継的共同正犯をめぐる議論では、承継的共同正犯を認める立場から、後行者が介入する前の先行者の行為を含んだ全体行為に対する共同正犯の成立を認めるか（積極説[34]）、または後行者には自分が介入した後の共同実行部分に対して共同正犯が成立するのか（消極説[35]）という共同正犯の成立範囲が主に議論された。しかし、この消極説の結論は、承継的という概念を用いなくても導出しうるため、これは事実上承継徹共同正犯を否定することになる。

積極説と消極説の対立において重要なことは、承継的共同正犯の成立範囲ではなく承継的共同正犯を認めることができるか否かである。承継の本来の意味は、後行者が先行者の実行部分を認識・認容し、後行事実に加担したとき、先行事実が承継され後行行為と結合して、全体に対して共同正犯関係が認められるからである。

（う）結　論　　承継的共同正犯の概念を認める必要はないであろう[36]。特に機能的行為支配の観点からすれば、共同正犯を帰属させるためには、共同の犯行決意と機能的役割分担に応じた共同の実行行為が存在しなければならない。

しかし、承継的共同正犯の事例では、①後行者が先行者の一部行為の実現を認識・認容した後、介入しても、全体行為に対する共同の犯行決意があったとは認め難く、②すでに実現された行為部分と後行者の行為寄与の間には因果関係が存在せず、③後行者は介入前の先行行為を機能的役割分担の観点から支配できないため、これに対して共同正犯としての帰属を認めることはできないからである。

韓国の大法院においても、包括一罪の一部に正犯として加担した者に対しては、その加担後の事実に限って共同正犯の成立を認めている（大法院判決 1997. 6. 27,97 ド 163；

34　權文澤「承継的共同正犯」考試界（1972.4）40 頁、金成敦・581 頁、金鍾源「承継的共同正犯」司法行政（1969.7）25 頁、孫海睦・1010 頁、李普寧「承継的共同正犯論考」『金鍾源・教授華甲記念論文集』83 頁、鄭榮錫・253 頁、黃山德・266 頁。

35　孫ドン權／金載潤・541 頁、李在祥・462 頁、任雄・431 頁、鄭盛根／朴光玟・554 頁、陳癸鎬・500 頁、河泰勳・442 頁。

36　權五杰・537 頁、金聖天／金亨埈・399 頁、朴相基・414 頁、裵鐘大・578 頁、安銅準・230 頁、吳英根・578 頁、李榮蘭・474 頁、李廷元・403 頁、李炯國・333 頁、鄭英一・364 頁、鄭鎭連／申梨澈・354 頁。

438 第2編 犯罪論

1982. 6. 8, 82 ド 884)。このような観点は、本来数罪である科刑上一罪や実在的競合に対しても、そのまま適用すべきである。

《判例》 ユ・チュンウォンは、すでに 1981 年 1 月初旬からヒロポン製造行為をしていたが、1981 年 2 月 9 日、被告人がユ・チュンウォンのヒロポン製造に加担した事実が認められる。このような連続した製造行為途中に共同正犯として犯行行為に加担する場合には、すでに行われた犯行を知っていても、その加担以降の行為に限って共同正犯としての責任を負う（大法院判決 1982. 6. 8,82 ド 884）。

2 客観的要件

（1）共同の実行行為

共同の実行行為は、全体的な共同の犯行計画を実現するために、共同関与者が分業の共同作業原理によって相互役割を分担し、各々実行段階における本質的な機能を遂行することをいう。たとえば、二人以上が銀行強盗のために、一人は拳銃で銀行職員を威嚇し、もう一人は金庫から金を取り出すなどの役割を分担することである。

共同の実行行為は、犯罪の実行段階における分業的共同作業を必要とする。したがって、この実行段階以前の予備・陰謀段階における寄与行為は、共同正犯の客観的要件である実行行為としては不十分である。共同正犯は、各人自分の客観的な犯行寄与を超過する全体事象に及ぶ共同支配のゆえに正犯性をもつ。したがって、単純な予備行為者は、まだ犯罪実行に対する支配をしていないため、本質的な寄与と非本質的な寄与とを問わず、行為支配があったとは評価できない。

分業的な共同作業は実行段階において行わなければならないが、犯行寄与が常に同時に行われることは要しない。少なくとも、実行の着手以降から犯行の実質的な完了までの間は、全て実行段階に属する。したがって、実行の着手以降はもちろん、犯行の既遂後も、実質的行行の完了前であれば共同正犯は成立しうる。

実行段階における犯行寄与は、犯罪遂行の本質的な機能をもたなければならない。本質的とは、犯行寄与が、分業的な役割分担の範囲内で、重要な機能をすることを意味する。すなわち、犯行寄与がなければ全体的な犯罪遂行が不可能でありまたはほとんど不可能な場合、共同正犯者のうちの一人の寄与は本質的な機能をもつと評価しうる。

たとえば、贓物運版者（第 362 条第 1 項）に飲み物を提供する行為、詐欺師を扮装

第10章　正犯および共犯の理論　　439

させる行為などは、行為者が主観説において重視される正犯者の意思をもって行為しても、本質的な機能遂行ではない。したがって、共同の実行行為にはなりえない。他方、夜間、住居侵入窃盗の現場で見張りをする行為は、それが全体的な犯行過程において成功のために不可欠な行為である限り、本質的な寄与になる（大法院判決 1968. 3. 26,68 ド 236；1971. 4. 6, 71 ド 311）。

　犯罪現場にいる場合に限って、共同の実行行為として評価されるというものではない。たとえば、犯罪現場から遠く離れている場所から無線電話などで銀行強盗を指揮した場合も、共同の実行行為が認められる。その指揮自体が、犯罪遂行において本質的な寄与をしているからである。

　集団犯罪組織においては、親分の役割をどのように扱うのであろうか。親分は、実行段階においては犯行の指揮ないし他の本質的な寄与がなくても、全体的な犯行計画を立てて犯行を指示すれば、機能的観点から全体犯行の遂行に本質的な寄与をしたものと評価し、教唆犯や幇助犯でなく、共同正犯として評価すべきである。ただし、組織の特徴と親分の強制により、子分の行動に対する意思支配関係が認められれば、親分に特殊間接正犯が成立する。

　共同の実行行為は、作為・不作為を問わない[37]。故意行為と過失行為との間には、共同の犯行決意に基づいた行為実行の共同は存在しない。

（2）実行行為の主体

　原則として、実行行為の主体には制限がない。ただし、実行行為の共同主体のうちに刑事未成年者が含まれている場合、刑事未成年者には一般的に弁別能力と意思決定能力がないため、背後者の間接正犯を認めるべきである。構成要件において客観的行為者要素（身分・義務など）を必要とする犯罪の実行のためには、このような客観的要素を完全に揃えた者でなければならない。身分犯の共同正犯が成立するためには、原則として各々に身分が必要である。

　これに関して刑法第 33 条本文は、身分関係によって構成される犯罪に加功した行為では身分関係のない者に対して共同正犯の規定まで適用させることによって、真正身分犯の違法連帯効果を共同正犯まで拡張している。しかし、これは妥当ではなく、改正が求められる。

37　たとえば、甲が A を危殆化し、A に対する救助義務のある乙が甲と事前に共謀して救助行為をしないことによって A が死亡した場合には、甲の作為と乙の不作為の間には行為の実行共同が認められる。

440　第2編　犯罪論

不真正身分犯に対しては、刑法第33条但書が適用される。身分なき者は、身分者とともに不真正身分犯の共同正犯になることはできない。基本犯罪の共同正犯または教唆犯・幇助犯が成立するに過ぎない。

（3）共謀共同正犯の問題

単純に謀議に加担した実行行為を分担しない共謀者に対して、共同正犯は成立するのであろうか。

（a）**意　義**　　共謀共同正犯理論は、二人以上の者が共謀し、共謀者のうち一部だけが犯罪を実行したとき、その実行行為を分担しない共謀者にも共同正犯が成立するとするものである。

この理論を適用すれば、責任原則に反する共同正犯適用範囲の拡大という問題が生じる。しかし、集団犯・知能的組織犯の背後で実行行為に加担せず、犯行を計画し指示する者を、直接実行行為に加担した部下とともに共同正犯として処罰しうるというメリットがあるため、多くの学説はこれを否定しているにもかかわらず、判例はこれを肯定している。

（b）**判例の変化**　　従来、大法院は「犯罪行為を共謀した後、その実行行為に直接加担しなくても他人の行為を自己意思の手段として犯罪を実行した場合、共同正犯の責任を免れることはできない」と判示し、共謀共同正犯理論を肯定してきた（大法院判決 1955. 6. 24,4288 ヒョンサン 145；1967. 9. 19, 67 ド 1027；1983. 3. 8, 82 ド 3248；1988. 4. 12, 87 ド 2368 など）。

> 《判例》　甲と乙は共謀して、軍部隊敷地を、権力のトップにいる者を通じて特別に払い下げることができるかのように丙を欺いて、丙をして適法な業務権限のない丁と払下契約を締結するように仕向けた。そして、丙から払下代金を騙取したが、乙はこのような犯行の実行を直接分担しなかった。共謀共同正犯における共謀は、法律上一定の定型を要するものではなく、二人以上が共謀して犯罪に共同加功し犯罪を実現させるという意思の結合があれば足りる。すなわち、一堂に会した共謀過程がなくても、順次的または黙示的に共謀し、その意思の結合が行われれば共謀関係が成立する。そして、このような共謀が行われた以上、実行行為に直接関与しなかった者も、他の共謀者の行為に対して共同正犯として刑事責任を負う。したがって、乙も特定経済加重処罰法上の詐欺罪の共同正犯として責任を負う（大法院判決 1994. 9. 9,94 ド 1831）。

しかし、最近、大法院は、行為寄与が全くない単純共謀者に対する共謀共同正犯の成立を制限するために、単純共謀を超える客観的な行為寄与を求めている。すなわち、構成要件的行為を直接分担・実行しなかった共謀者が共謀共同正犯と認められるためには、犯罪全体において自己が占める地位・役割や犯罪経過に対する支配などを総合的に考慮し、単純な共謀者ではなく、犯罪に対する本質的寄与を通じた機能的行為支配が存在すると認められなければならない（大法院判決 2009. 8. 20,2008 ド 11138）。

第 10 章　正犯および共犯の理論　　441

《判例》　被告人は、会社を唯一支配する代表として長期間にわたって現場所長の賄賂供与行為について報告を受けていたが、これを確認・決済するなどの方法で現場所長の賄賂供与行為に関与すれば、被告人は事前に現場所長に具体的な対象および金額を定めて賄賂供与を指示しなかったとしても、この事件における賄賂供与の核心的経過を計画的に促進するなど、現場所長の賄賂供与行為に対して本質的な寄与をすることにより機能的行為支配をしたと評価しうる（大法院判決 2010. 7. 15,2010 ド 3544）。

　(c)　結　論　　共謀共同正犯の概念は、否定すべきである。機能的行為支配説によれば、一定の役割分担に基づいて本質的な犯行寄与をすることのない単純共謀者を、共同正犯として評価することはできないからである。機能的行為支配のない単純共謀者を共同正犯として評価することは、個人責任原則と衝突する団体主義思想ないし心情刑法的発想だからである。
　単純共謀を超える組織犯罪集団の首謀者に対しては、機能的行為支配の観点から共同正犯成立の可能性が存在し、また、刑法第 34 条第 2 項の特殊間接正犯として処罰することができるため、共謀共同正犯理論を用いて解決する必要はない。

（4）実行の着手時期

　(a)　全体的解決方法　　これは、共同正犯の実行の着手時期は、共同正犯者全体の行為に基づいて総合判断しなければならないとするものである。すなわち、共同正犯のうち、一人が実行行為を開始したときには、共同正犯の実行の着手があることになる。多数説の立場である[38]。
　(b)　個別的解決方法　　共同正犯の実行の着手時期は、機能的役割分担に関与した各人の行為支配が予備段階を経過し実行の着手に至ったか否かを、個別的に判断して決定する見解である。同見解は、共同正犯の実行の着手を全体的解決方法によって認める場合、まだ実行の着手に至らず犯行の一部を機能的に支配できなかった単純共謀加担者も共同正犯として扱い、結果的に共謀共同正犯を認めることになるため不当であることを論拠として挙げている[39]。
　(c)　結　論　　機能的行為支配という共同正犯の正犯性要素を考慮すれば、個別的解決方法が妥当であろう。既遂犯の共同正犯になるためには、犯行決意の関与以外に各人の機能的役割遂行（機能的行為寄与）が不可欠であるが、未遂犯の共同正犯成立については、謀議に関与したことだけで共同正犯が成立すると評価することは矛盾だからである。客観的に未遂段階の行為不法をまだ自ら実現していない者に対しては未遂の共同責任を負わせないことが、共同正犯の法形象が追求する刑事責任の基本原則に適う[40]。し

38　申東雲教授は、個別的解決方法によって処罰している（『刑法総論』600 頁）。
39　金日秀・499 頁、李廷元・409 頁、Roxin, Zur Mittäterschaft beim Versuch, FS-Odersky, 1996, S. 491 ff; Rudolphi, SK, § 22Rdn. 19a. 申東雲教授は、全体的解決方法を支持するが、個別行為者の処罰において個別的解決方法を支持している（『刑法総論』600 頁）。

たがって、未遂段階の共同正犯成立についても、各人の機能的役割分担によって実行の着手があったか否かを個別的に検討し、成立範囲を定めるべきである。個別的解決方法による場合、謀議のみに関与し、実行の着手に至らなかった者は、規定により予備・陰謀罪として処罰される。

（5）相互補完的帰属

共同正犯の実行行為における役割分担の本質的な意味は、個別的な犯行寄与度が、結局、全体的な犯罪成立に相互補完的に帰属されることにある。すなわち、各人の犯罪意思が共同の犯行決意を通じて結合され、それに基づいて各人の役割分担が機能的に相互に補完されることによって、各人の役割は犯罪の一部を実現したにすぎないが、他人の実現部分まで含まれた全体に対する帰属が可能になる。

行為者相互間の補完的帰属の論理的帰結は、極端な場合、共同正犯者の一人が他の共同正犯者の犠牲者になっても、共同正犯の成立に差し支えないということである。

> **例**：多数の共同正犯者が、夜間住居侵入窃盗を行っている途中に発見され、逃走したが、共同の犯行決意に基づいて、一人が殺害の故意で他の共同正犯者を追跡者と勘違いして銃を発射し重傷を負わせたときには、銃器発射の犠牲者である共同正犯者も、相互帰属論理上、強盗殺人未遂の正犯に該当する。

（6）共同正犯の過剰

共同正犯者のうち一人が共同の犯行決意を超えた犯罪を実行したときには、過剰部分に対して他の共同正犯者は責任を負わない。また、結果的加重犯においては、基本犯罪の各共同正犯者に重い結果において過失がある場合に限って、結果的加重犯として処罰しうる（第15条第2項）。

3　過失犯の共同正犯

（1）論点の整理

二人以上の共同過失によって人を死傷させた場合、共同正犯に関する刑法第30条の規定を適用しうるのであろうか。従来、行為共同説は過失犯の共同正犯を認め、犯罪共同説はこれを否定してきた。これについては、解釈に委ねられている。

かつて判例は、過失犯の共同正犯を否定した（大法院判決 1956. 12. 21,4289 ヒョンサン 276）。

他方、日本は1953年に従来の判例の立場を変えて、過失犯の共同正犯を認め始めた。韓国の大法院は、1962年に行為共同説によって過失犯の共同正犯を認めた

40　Roxin, FS-Odersky, SS. 492. 494.

後、同説を支持している（大法院判決 1962. 3. 29,4294 ヒョンサン 598；1978. 9. 26, 78 ド 2082；1994. 5. 26,94 ド 660；1996. 8. 23, 96 ド 1231；1997. 11. 28,97 ド 1740）。

> 《判例1》 列車が、運行頻度が高く山によって視野が確保されないなど、列車同士の追突事故が予測されるため、注意を払わなければならないにもかかわらず、踏切に進入する際に一時停止をせず、列車を運行し追突事故を起こした。このような場合、正機関士の指揮監督を受ける副機関士は、列車の運行について議論し、同意した以上、過失責任を免れない。共同正犯は、故意犯または過失犯を問わず、意思の連絡が存在すればその成立が認められる（大法院判決 1982. 6. 8,82 ド 781）。
> 《判例2》 トンネル掘削工事を担当している建設会社の現場所長と工事発注会社の所長は、工事の進捗状況を的確に把握し岩盤状態などを確認して発破時期を決めるなど、事故を事前に予防するための業務上の注意義務を怠り、運行していた列車を転覆させた。二人以上が意思連絡をした後、過失による犯罪として評価しうる結果を発生させれば、過失犯の共同正犯が成立する（大法院判決 1994. 5. 24,94 ド 660）。
> 《判例3》 建物（サンプン百貨店）崩壊の原因は、建築計画、建築設計、建築工事工程、完工後の維持管理などにあり、過失が複合的に作用したため、各段階の関連者らが業務上過失致死傷罪の共同正犯として処罰された（大法院判決 1996. 8. 23, 96 ド 1231）。
> 《判例4》 ソンス大橋のような橋梁は、その寿命を維持するために、建設業者の完璧な施工、監督公務員の徹底した製作・施工上の監督および維持・監督を担当している公務員の徹底した維持・管理などの条件が一致しなければならないため、各段階の過失だけでは崩壊原因にならないとしても、それが合わされば橋梁が崩壊する恐れがあることは、容易く予想でき、したがって各段階に関与した者は、全く過失がなく、または過失があっても橋梁崩壊の原因にならない等特別な事情がある場合を除いて、崩壊に対する共同責任を免れない（大法院判決 1997. 11. 28,97 ド 1740）。
> 《判例5》 タグボート定期備船者の現場所長である甲は、事故の危険性が高い海上において鉄骨構造物および海上クレーンの運搬作業をするにあたって、船積み作業が遅延し凪の時間に合わせて出港できなかったにもかかわらず、出港を延期し、または対策を講じることなく、タグボートの船長である乙の出港を延期すべきだとする意見を無視し、出港するように指示した。乙は甲の指示に従って、事故の危険性が高い時に出港して、強い潮流の中でタグボートを運行した結果、無動力艀船に積載されている鉄骨構造物が海上に墜落し、海上の船舶交通を妨害した事案において、甲と乙を業務上過失一般交通妨害罪の共同正犯として処罰した（大法院判決 2009. 6. 11, 2008 ド 11784）。

（2）肯定説

（a）**行為共同説**　　行為共同説は、過失犯の共同正犯および故意犯・過失犯の共同正犯を認める[41]。韓国の大法院も同様の立場である。

これに対して、否定説の立場からは、①過失犯の構成要件的行為は存在論的事実としての「事実行為」ではなく、評価概念としての「過失行為」であるため、共同の意思を事

41　鄭英一・361 頁。

444　第2編　犯罪論

実行為に対する意思の共同と理解すれば、過失犯の共同正犯の成立要件としては無意味であり[42]、②意思の共同を評価概念としての「過失行為」に対する共同として理解すれば、過失の概念上過失行為をするという意思の共同は認められず、③過失犯において事実行為に対する意思の共同を要求するのであれば、故意犯においても事実行為に対する意思の共同を要求すべきであるが、故意犯においては「犯罪意思の共同」を要求[43]するというのは、論理的に一貫性を失っていると批判[44]される。

　(b)　**過失共同・行為共同説**　　過失犯の共同正犯には過失行為をともにするという意思の連絡は不要であり、故意犯の共同正犯では故意の共同が要求されるように、過失の共同だけあれば足り、この過失の共同において構成要件的行為の共同があれば過失犯の共同正犯の成立を認める見解である[45]。

　これに対して、①行為の共同を自然的・法律的事実行為ではなく、構成要件実現行為として理解すれば、事実上犯罪共同説における犯罪（行為）の共同になり[46]、②このような意味での犯罪（行為）の共同が存在するためには、構成要件的行為に対する故意が必要であるという点から、結局、過失犯においては構成要件実現行為の共同はできないという結論に至る。この理論は、過失犯の本質上不可能な構成要件的行為の共同を要求する点から、過失犯の共同正犯を説明する理論としては不適切であると批判される。

　(c)　**注意義務の共同・機能的行為支配説**　　機能的行為支配が故意犯と過失犯とにおいて共同正犯を構成する共同の成立要素であることを前提として、故意犯の共同正犯においては「犯行意思の共同」と「機能的行為支配の共同」、過失犯の共同正犯においては「注意義務の共同」と「機能的行為支配の共同」が共同正犯の成立要素であると評価する見解である[47]。

　これに対して、①「機能的行為支配」は、関与者が客観的に「機能的行為支配」をしているだけでなく、このような「機能的行為支配に対する認識」も必要であるという主観的観点が含まれている概念であるが、このような主観的観点が欠けている過失犯において機能的行為支配という用語を使うことは、一般的概念の理解に混乱を惹き起こす[48]。②故意の共同正犯における共同の犯行決意は、各人の客観的寄与を行為者的観点から統合する存在論的土台であることを前提にして、過失犯の共同正犯において各人の行為寄与が客観的に犯行全体に対して機能的役割支配をしても、それが共同の犯行決意による行為ではないときは、機能的支配役割は「偶然」に過ぎず、したがって、客観的寄与を媒

42　裵鍾大・584頁、沈在宇「過失犯の共同正犯」考試界（1980. 4）36頁。

43　大法院判決 1990. 6. 22,90 ド 767；1990. 6. 26,ド 765 参照。

44　全智淵「過失犯の共同正犯」刑事法研究第 13 号（2000）35 頁。

45　李在祥・468頁、鄭盛根/朴光玟・573頁。

46　全智淵教授は、この立場を「行為共同説という名称を借りた犯罪共同説」であるとした（前掲47頁）。

47　沈在宇「過失犯の共同正犯」考試界（1980. 4）37～38頁、「過失犯の共同正犯」高麗大学判例研究第3集（1984）117頁・122頁、鄭盛根・571頁。

48　全智淵・前掲49頁。

介にして犯行全体を行為者にすべて帰属させることは妥当ではないと批判[49]される。

（3）否定説

(a) 犯罪共同説　犯罪共同説は、同一の故意犯の範囲内で共同正犯を認めるため、過失犯の共同正犯および故意犯・過失犯の共同正犯を否定し、同時犯にする[50]。

これに対しては、ⅰ）立法に根拠がない主張であるため、解釈に委ねられていること、ⅱ）犯罪共同説に基づいて過失犯の共同正犯を否定すべきであるとする主張と、行為共同説に基づいて過失犯の共同正犯を認定すべきであるとする主張には、同等の論証上の地位が与えられているため、過失犯の共同正犯を否定すべきであるとすることに関する特別な論証が欠けていること、ⅲ）犯罪共同説は、共同正犯の本質的な問題からはずれた方法論的誤りであることが指摘されている。

(b) 機能的行為支配説　支配犯の共同正犯は、機能的行為支配があるときに成立する。機能的行為支配は、「共同の犯行決意」に基づいて機能的に役割を分担するときに成立する。しかし、過失犯では共同の犯行の決意が不可能なため、機能的行為支配が成立しえない。したがって、過失犯の共同正犯を否定する（多数説[51]）。

（4）折衷説

刑法上の犯罪を支配犯と義務犯とに分けて、義務犯に限って過失犯の共同正犯が可能であるとする見解である[52]。

（5）結論（制限的肯定説）

過失犯の共同責任を認める刑事政策的必要性が認められ、理論的構成ができることも事実である。しかし、過失犯の共同正犯をすべて肯定する場合、濫用により可罰性が拡大する危険があるため、本書においては、制限された事例においてその成立の可能性を認める。

(a) 過失犯の共同正犯を認める必要がある事例
(あ) 単独では結果発生が不可能な数個の過失行為が累積的因果関係によって結果を惹起した場合

ソンス大橋崩壊事件[53]およびサンプン百貨店崩壊事件[54]などがある。このように単独

49　文採圭「過失犯の共同正犯に対する論証道具としての機能的犯行支配」『法治国家と刑法　沈在宇教授定年記念論文集』（1988）379頁、全智淵・前掲49頁。

50　韓国では、申東雲教授が犯罪共同説に基づいて過失の共同正犯を否定している（『刑法総論』593頁）。

51　權五杰・594頁、金成敦・587頁、金聖天/金亨埈・403頁、朴相基・421頁、裵鐘大・584頁、孫ドン權/金載潤・544頁、孫海睦・1028頁、李普寧・刑事法研究第4号（1991）99頁、李榮蘭・4689頁、李廷元・402頁、李炯國『研究Ⅱ』595頁、任雄・435頁、鄭鎭連/申梨澈・356頁、陳癸鎬・503頁、Dreher/Tröndle, § 25 Rdn. 10; Jescheck/Weigend, S. 676; Roxin, LK § 25 Rdn. 221; Samson, SK § 25 Rdn. 54, 41; Sch/Sch/Cramer, § 25Rdn. 101; BGH VRS 18, 415 など参照。

52　金日秀・493頁。ドイツでは、Roxin, LK, 11. Aufl., § 25 Rdn. 221.

446 第2編 犯罪論

では結果発生が不可能な数個の過失行為が重畳的因果関係（kumulative Kausalität、相互補充的であり、連帯的関係）によって結果を惹起した場合、「合法則的条件説」によれば各過失行為と結果発生の間に因果関係は認められるが、客観的帰属が否定され行為者は不可罰になる（通説）。多数の注意義務違反行為が次々に累積し、多数人が犠牲になったソンス大橋崩壊事件・サンプン百貨店崩壊事故などを考えれば、客観的帰属が不可能となることによって行為者が無罪になるという不当な結論になる。他方、このような事例において過失犯の共同正犯成立を肯定すれば、過失行為者の刑事処罰が可能となる。合法則的条件説によって因果関係が認められ、相互補充的であり連帯的関係において結果が惹起されたため、機能的役割分担と協力関係を認め、結果全体に対する各過失行為者の帰属ができるからである。このような事例のように、分業的役割分担を通じて結果発生全体に寄与した過失行為者の刑事責任を問うためには、過失犯の共同正犯成立を認めざるを得ない。

（い）**多数人が過失で誤った意思決定をすることによって法益侵害が発生した場合**

（ⅰ）**皮革スプレー事件**　健康が害される恐れのある皮革スプレーを製造・販売する会社の重役会議で、この製品によって健康を害したという結果が報告されたにもかかわらず、会議関与者は製品の回収を決定しなかった。製品を使った消費者の健康が害された[55]。

（ⅱ）**記事公開の違法**　編集員らは共同決定で特定の記事を載せたが、その記事の公開は法律で禁止されたものであった。

（ⅲ）**行政当局の誤った決定**　都市の美観のため一定の所に安全措置をとらないように決めたが、それによって人が死傷した。官庁では公務員が関与し法に違反した許可をしたが、それによって子供が死傷した。

このような事例においては、一人の行為者の過失行為（作為または不作為）は他の関与者の過失行為と相互補充的・連帯的関係に置かれているため、因果関係は肯定されるが客観的帰属は否認され、一人の結果寄与行為を他の関与者に帰属させる方法―すなわち、過失犯の共同正犯を認める方法―を用いなければ惹起された結果に対して各人に刑事責任を問うことは不可能になる[56]。

現代社会では集団による共同過失事例が増加しているため。組織的無責任（organisierte Unverantwortlichkeit）が発生することを防ぐために、共同正犯の法理を用いて各過失行為者に対する刑事責任を問うことが刑事政策的に望ましい。

以上のように多数の過失行為が相互連帯的であり、補充的関係、すなわち、重畳的因

53　（大法院判決 1997. 11. 28,97 ド 1740）。

54　（大法院判決 1996. 8. 23，96 ド 1231）。

55　BGHSt 37, 106ff.

56　李用植「過失犯の共同正犯」刑事判例研究第7号（1999）93頁。皮革スプレー事件においては、会社幹部らは、他の同僚が同意しなければ、自分だけで製品を回収することはできないため、結果は自分に帰属されないと主張したが、ドイツ連邦通常裁判所は、過失犯として処罰した（BGHSt 37, 106ff）。

果関係において結果発生に寄与した場合には、不当な刑事不処罰を防ぐために、例外的に過失犯の共同正犯の成立を認める必要がある。

(b) 理論的成立可能性の検討　　過失犯の共同正犯の成立を否定する主な論拠として、過失犯では共同の犯行決意がなく、機能的行為支配が不可能なことが挙げられる。以下では、このような論拠が過失犯の共同正犯の成立を否定できるかという妥当性について検討する。

(あ) 共同の犯行決意が存在しないことについて

過失犯罪は、故意犯罪と異なる成立要件を有することを念頭に置かなければならない。過失犯では、故意犯と異なり、結果発生に対する認識と意欲という要素が欠けている。このような過失犯と故意犯の構造的な違いは、刑法理論上認められている。したがって、故意犯罪における共同正犯と過失犯罪における共同正犯も、当然異なる要件によって成立しなければならない。このような本質的な違いを無視し、故意犯罪の共同正犯の成立要件である共同の犯行決意が欠けているため、過失犯の共同正犯成立が不可能であると評価することは妥当ではない[57]。結果発生に対する認識と意欲を正犯の要素として求めない過失犯罪は、共同正犯の成立においても犯行決意を必ずしも要求しない。

(い) 機能的行為支配が不可能であることについて

刑法上の行為支配の概念は、故意犯において「故意による構成要件的な事象過程の掌握」を意味するため、過失犯に対して行為支配という用語を使うことによって混乱が起きることは事実である。しかし、過失犯における「機能的行為支配」の概念は、故意犯と同様の構成要件的行為に対する認識と事象の支配・コントロールを意味するものではなく、法律的事実行為に対する「機能的役割分担」または「機能的分業遂行」を意味すると解釈すれば、このような意味の「機能的行為支配」は過失犯においても可能である。過失犯において行為支配という用語を使うことは、概念上の混乱を招く恐れがあるかもしれないが、「法律的事実行為に対する機能的役割分担」という意味として使えば問題ない。

(c) 過失犯の共同正犯の成立要件　　以上の議論に基づくと、過失犯の共同正犯が成立するための要件は以下のようになる。

(あ) 客観的注意義務の共同 (＝注意義務の同質性)

過失によって結果の発生に寄与した各行為者に共同の責任を問うためには、各人に与えられた客観的注意義務が関与者全員に共同のものでなければならない。すなわち、行為者らに同様の態様と程度の注意義務が存在しなければならず、その質的・量的評価において著しい差異が存在してはならない。このように、同質・同量の注意義務が前提されている場合に限って、同一の犯罪が問題とされ、結果発生に寄与した各行為の相互帰属が考慮される。注意義務の同質性は、結果実現に至る行為過程が相互補充的・相互連帯的であり、または各行為参与者の注意義務が同一の対象に係わっており、同一の目的

57　同様の見解は、李用植・前掲87〜88頁、Otto, Jura 1990, S. 48; ders., Täterschaft und Teilnahme im Fahrlässigkeitsbereich, FS-Spendel, 1992, S. 281, Weißer, JZ 1998, S. 232.

448 第2編 犯罪論

の注意義務がある場合に、原則的に認められる[58]。

（い）共同行為計画の実行（機能的行為寄与）

第二の要件は、各関与者が共同の各計画を実現するために自分に与えられた役割を遂行することによって、客観的に結果発生に寄与しなければならないことである。すなわち、各過失行為者に注意義務に違反した過失行為が存在しなければならない。ある共同の行為計画に共に関与するとき、部分的な役割の遂行によって結果発生全体に対して共同責任を負わせる必要条件が揃うようになる。

（う）共同目標達成のための行為共同の意識

第三の要件は、各過失行為者に、共同の目標を達成するために一緒に行為するという協力意識があることである。過失犯罪の結果発生に対する主観的要素は不要であるが、構成要件的事実行為のための主観的要素が必要である。それは、構成要件的事実行為に対する共同遂行の意思を意味する[59]。たとえば、共同または分業によって大型建築物を建て、患者を手術するなどの共同協力意識が各人に存在しなければならない。取締役会の結果、人体に有害なスプレー製品を回収しないように決定した事例において製品回収に賛成した者は、このような共同の協力意識が欠けており共同責任を負わない[60]。ただし、伝統的行為共同説のように、各人が他人と共同で自分の犯罪を実行してはならない。共同の目標（共同の行為計画）を達成するための共同の協力意識でなければならないからである。したがって、故意犯罪と過失犯罪の間には、共同正犯は成立しえない。

4 不作為犯の共同正犯

真正不作為犯の共同正犯は、多数人が意思を通じて不作為をすることによって成立する。しかし、多衆不解散罪（第116条）は、すでに多数人が主体になっているため、別途共同正犯を認める必要はない。

不真正不作為犯は純粋な義務犯であるため、共同実行の意思がある限り、機能的な犯行の実行分担まで要せず、義務違反の共同性があれば共同正犯が成立する。

---

58 このような点から、過失の共同正犯は義務犯に限って成立しうるという見解も説得力を失う。義務犯の場合、行為者の間に存在する特別な刑法外的な義務が過失行為によって共同に侵害されたときに、過失犯罪の共同正犯の成立が認められるが、義務犯の範疇に入らなくても、一般犯罪において刑法上の注意義務—たとえば、過失致死傷罪における他人の生命・身体の完全性を侵害しないように注意する義務—があり、このような義務が数人に共同に存在し、その共同の義務が共同で侵害された場合、過失犯の共同正犯を否定する合理的な理由はないからである。注意義務の共同と共同違反の観点からは義務犯と一般犯罪を区別する理由はなく、むしろ、この見解は、共同の注意義務と共同違反の観点から、過失の共同正犯成立を幅広く認めるための手がかりになる。

59 李用植・前掲105頁、Weißer, JZ 1998. 5, S. 172 ff; 類似の意見として Küpper, GA 1998, S. 519; Otto, Jura 1998, SS. 409, 412 は関与者間の合意（eine Übereinkunft der Beteiligten）を要求する。

60 李用植・前掲105頁、Weißer, JZ 1998. 5,5. 236.

第10章　正犯および共犯の理論　　449

　義務犯である不真正不作為犯と作為犯の間には、原則的に共同正犯は成立しえ
ず、作為犯には共犯の成立が可能である。しかし、両者間の意思の一致によって、
一人は積極的な作為をし、もう一人はこれを阻止する法的義務を履行しなかった
時は、共同正犯が成立しうる。たとえば、父が重病の息子の治療を拒否し、義務
を侵害する行為に、第三者が医薬品を廃棄することによって加功したときは共犯
になるが、第三者が父との意思の一致に基づいて息子を直接殺害するときは、共
犯ではなく共同正犯が成立する。

Ⅲ　処　罰

　（あ）各人は正犯として刑事責任を負う。たとえば、AとBがCを殺害するこ
とを共謀し、各々Cに向けて銃を撃った結果、Aが撃った弾丸によってCが死亡
し、Bが撃った弾丸ははずれたとき、既遂に至ったAと未遂に留まったBは、み
な殺人罪の既遂犯として処罰される。このように、共同正犯における一部実行、
全部帰属の原理には、未遂犯と既遂犯を全て既遂犯として扱うという特徴があ
る。しかし、これは、実行に着手できず、予備段階に留まった共謀者と、実行に
着手した既遂犯または未遂犯を、全て既遂犯として処罰することではない。

　（い）第33条本文は「身分関係により成立する犯罪に加功した行為は、身分関
係がない者にも前3条の規定を適用する」と規定している。その結果、非身分者
は単独で真正身分犯の正犯になることはできないが、身分者と共同で真正身分犯
になることができる。しかし、第33条本文を目的論的に制限し、このような違法
連帯は結果関連身分犯に限定し、行為者関連身分犯である義務犯の共同正犯は成
立しえないと解すべきである。したがって、男女は、ともに強姦罪の共同正犯に
なることができるが、非公務員と公務員は、収賄罪の共同正犯になることはでき
ない。

　（う）共同正犯における一部実行、全部帰属による共同責任は、不法構成要件の
実現に対する不法帰属を意味する。共同正犯の責任帰属に関しては、責任個別化
の原則が適用される。したがって、共同正犯者のうち、責任阻却事由や処罰阻却
事由に該当する者がいれば、これらの事由は、その者に限って適用される（第33
条但書）。

　（え）共同正犯は、共同意思の範囲内で成立する。各々の構成要件が変形・重
複・類似関係にあるときは、各人が異なる動機によって構成要件を実現しても、

450　第2編　犯罪論

共同正犯は成立する（部分的犯罪共同説）。ただし、各人が実現した構成要件によって刑事責任が帰属される。たとえば、殺人と尊属殺害、殺人と傷害、傷害と暴行、窃盗と強盗、恐喝と収賄の間に共同正犯が成立し、各人が実現した構成要件によって責任を負う。

　しかし、共同正犯のうち、一人が故意行為によって共同意思の範囲を超過した場合、その部分は共同正犯ではなく単独正犯になる。

　もっとも、大法院はこの問題に対して混乱した見解をみせている。すなわち、①重い結果発生に対する過失（予見可能性）がない場合にも、基本犯罪に対する共謀だけで重い結果に対する「故意責任」を認める判例（過失なき故意責任認定）[61]、②基本犯罪に対して共同した場合、重い結果に対する「故意責任」を認め、過失を要求する判例（過失ある故意責任認定）[62]、③基本犯罪に対する共謀がある場合、重い結果に対する過失がないときも「過失責任」を認める判例（過失なき過失責任認定）[63]、④基本犯罪に対する共謀がある場合、「過失（予見可能性）」を前提条件として重い結果に対する「過失責任」を認める判例（過失ある過失責任認定）[64]などが混在している。最近は、裁判所は④に基づいて判断している。

61　大法院判決 1998. 4. 14,98 ド 356（強盗傷害）:「強盗合同犯の一人が、被告人と共謀した通り、強盗のためにナイフをもって被害者の家に入り、被害者に向けてナイフを振り回した以上、強盗の実行行為に着手したことは明らかであり、被害者らをナイフで突き刺して傷害を負わせれば、玄関の外から見張りをした共犯である被告人が具体的に傷害を負わせることまで共謀しなくても被告人は傷害の結果に対して共犯としての責任を免れることができない」（同旨： 大法院判決 1990. 10. 12,90 ド 1887；1981. 7. 28、81 ド 1590；1983. 3. 22、83 ド 210；1987. 5. 26,87 ド 832；1988. 12. 13、88 ド 1844；1991. 11. 26,91 ド 2267）。

62　大法院判決 1984. 2. 28、83 ド 3162（強盗殺人）:「数人が合同して強盗をしたとき…被告人が被害者を殴打、殺害することに関して他の被告人が予見できなかったとは判断できないため、被告人らを全て強盗殺人罪として処罰すべきである」 大法院判決 1988. 2. 9,87 ド 2460（準強盗による強盗殺人）:「二人以上が合同して窃盗した場合、犯人のうち一人が逮捕を免れるため暴行し傷害を負わせたときは、他の犯人もこれを予見することができなかったと評価できなければ、強盗傷害罪の責任を免れることができない」（同旨： 大法院判決 1982. 7. 13,82 ド 1352；1984. 2. 28,83 ド 3321；1984. 10. 10、84 ド 1887）。

63　大法院判決 1998. 9. 13,88 ド 1046（強盗致死）:「強盗の共犯者の一人が強盗の機会に被害者を暴行または傷害して殺害したとき、他の共犯者は、強盗の手段としては暴行または傷害が加えられることに対して相互認識が存在したため、殺害に対する共謀がなくても強盗致傷罪の責任を免れることはできない」。

64　大法院判決 1991. 11. 12,91 ド 2156（強盗殺人）:「強盗の共犯者の一人が強盗の機会に被害者を暴行または傷害を負わせて殺害したとき、他の共犯者が殺人の共謀をしなくても、その殺人行為や致死の結果を予見できなかった場合でなければ強盗致死罪の責任を免れることができない」。

第 10 章 正犯および共犯の理論 451

《判例》 強盗の共犯者の一人が強盗の機会に被害者を暴行または傷害して殺害したとき、他の共謀者は、殺人の共謀をしていなくても、その殺人行為や致死の結果を予見できれば、その共犯者は結果的加重犯である強盗致死罪の責任を免れることができない（大法院判決 2000. 12. 8,2000 ド 4459）。

第6節　合同犯

I　合同犯の意義

　二人以上が合同して罪を犯すように規定されている場合、これらの合同犯行を合同犯という。この合同犯も、共同正犯的な関与形式の一種である。

II　現行法上の合同犯の例

　刑法上の合同犯には、加重窃盗（第 331 条第 2 項）・加重強盗（第 334 条第 2 項）・加重逃走（第 146 条）の三種類がある。

III　合同犯の概念

1　共謀共同正犯説

　共同意思主体説によれば、共謀共同正犯は、現行法上の共同正犯のうちに当然含まれないことを前提とした上で、もっぱら合同犯の規定の中に、刑法総則の共同正犯と共謀共同正犯の概念が含まれていると解する。そして、合同犯の規定により「刑法上判例が認めている共謀共同正犯は罪刑法定主義に反する、という多数説の攻撃に対して実定法の根拠を示し、また従来の判例がその理論を拡大適用するとういう非難に対しては、以上の 3 種類の合同犯に限って共謀共同正犯を認めることになるため、そのような非難は意味がない」と説明する[65]。

　しかし、合同に共謀共同の概念が含まれていることは法文の意味を超えた類推解釈になる恐れがあり、また、この立場によると、合同犯の範囲が拡大され、刑法総則上の教唆犯・幇助犯の規定は、合同犯に限っては、考慮される余地がほと

---

[65]　金鍾壽「共謀共同正犯」法曹（1965. 2）20 頁以下。

んどないことになる。

2 現場説

刑法は、合同犯に対して一般的な共同正犯より刑を加重しているため、その成立範囲を制限する必要があり、したがって、合同は共同より狭い概念として合同者の時間的・場所的な協働を意味するとされる（多数説[66]）。共同正犯が成立するためには、実行行為の分担態様に対する制約はないが、合同犯は、必ず時間的・場所的な協働、すなわち、現場において実行行為を分担した事実が認められる場合に限って成立する。合同犯は総則上の共同正犯より狭い概念である。

しかし、現場説によれば、合同犯規律の範囲を過度に制限する結果になり、たとえば、合同しなかったが、機能的行為支配をした加重窃盗の首魁、背後者などが、違法が加重された加重窃盗の共同正犯として処罰されず、教唆若しくは幇助または単純窃盗罪の共同正犯として処罰されるという不当な結果に至る。

3 加重的共同正犯説

正犯の基準に関する目的的行為支配説によれば、共同正犯・共謀共同正犯・合同犯は本質上同様である立場から、「合同犯は本質上共同正犯であるが、集団犯罪の対策上特別に刑を加重した者であると解釈…現場において共同する場合ではなく、現場で共同しなかったが共同実行の事実が共同正犯になる程度に至れば、これを合同犯であると評価して、刑を加重したものである」と解する[67]。

刑法上、集団的な窃盗・強盗・逃走への強力な対策を講じたことを理由に、総則上の共同正犯と区別するため合同犯を加重的共同正犯であるとすれば、その限りで合同犯の範囲は共謀共同正犯説よりは狭くなるが、現場説よりは広くなり、両説の中間に位置するようになる。

しかし、合同と共同が本質上同様であるのなら、法文は「二人以上が共同して」ではなく「二人以上が合同して」と規定したであろうか。さらに、集団犯罪への対策上刑を加重するための加重的共同正犯として合同犯を規定したのであれば、

---

66 權五杰・562頁、金成敦・608頁、金聖天/金亨埈・399頁、朴相基・406頁、裵鐘大・607頁、孫ドン權/金載潤・557頁、孫海睦・1034頁、申東雲・717頁、吳英根・553頁、李在祥『刑法各論』287頁、李炯國・339頁、任雄・448頁、鄭盛根/朴光玟・578頁、陳癸鎬・511頁。

67 金鍾源『刑法各論（上）』194頁、黃山德『刑法各論』269頁。

第10章　正犯および共犯の理論　453

どうして、現行法上、窃盗・強盗・逃走に限ってその対策が求められるのかが疑問である。

4　私見（現場的共同正犯説）

韓国刑法上の「合同」の概念は、加重的共同正犯説と現場説の中間に位置するものと把握すべきである。すなわち、合同犯は、主観的要件としての共謀以外に、客観的要件として現場における実行行為の分担が必要である[68]。実行行為の分担は、必ずしも同時に同一の場所において実行行為を特定して分担することだけを意味するものではなく、時間的・場所的に協働関係にあれば足りる（大法院判決 1992.7.28,92ド917）。したがって、合同犯は共同正犯より狭い概念である。

> 《判例》　合同犯は、主観的要件としての共謀以外に、客観的要件として現場における実行行為の分担が必要であるが、この実行行為の分担は、必ずしも同時に同一の場所において実行行為を特定して分担することだけを意味するものではなく、時間的・場所的に協同関係にあれば足りる（大法院判決 1992.7.28,92ド917）。

しかし、合同犯も本質上共同正犯の一種である。現場性があっても、共犯と正犯の一般的区別基準によって正犯になり得ない者は合同犯になれない。二人以上が現場で犯行を実現したが、一人だけが正犯要素を備えて実行をし、他の一人は単に共犯の要素だけをもって実行すれば、両者に現場性があっても合同犯になることはできない。このような意味から、本書においては、合同犯を現場的共同正犯と称する。この見解によれば、現場の範囲をどのようにとらえるかによって合同犯の成立範囲が異なる。現場を時間的・場所的協働関係と理解すれば、現場説と差異がない。現場説が現場において幇助的な寄与をした者まで合同犯として評価するのと異なり、現場において機能的役割分担をした者だけを合同犯として扱うことが、私見の特徴である。他方、加重的共同正犯説は正犯要素として目的的行為支配説をとったために正犯の範囲が拡張され、合同犯の範囲も拡大されたが、これは現場要素によって一定程度制限すべきである。したがって、合同犯は、現場的共同正犯の場合に成立する。

その他、この合同犯に機能的行為支配をした背後者や共犯は、共同正犯の正犯

68　李榮蘭・61頁。

454　第2編　犯罪論

性要素である「機能的行為支配」の基準によって「合同犯の共同正犯」として規律する点が、現場説との相違である。

IV　合同犯の共犯と共同正犯

合同犯は、現場において合同する二人以上の正犯が必要であるため、必要的共同正犯の一種である。ただし、現場性の制限を受ける共同正犯であるため、合同犯に対する共同正犯ないし共犯の成立問題は、これを区別して考察しなければならない。

1　共犯の成立

合同犯が成立する限り、別途、共同正犯や教唆・幇助犯の成立可能性を検討する必要はない。しかし、外部から教唆または幇助という方法で関与することはできる。従来、大法院判例は、外部から加功した合同犯の幇助を一般犯罪の共同正犯として扱った。たとえば、A・B・Cが牛を窃取して運搬することを共謀し、Aが共謀した通りに国道に止めたトラックに、B・Cが窃取した牛を載せて移動したとき、Aは合同窃盗の幇助であるが、従来、大法院判例は一般窃盗の共同正犯または合同窃盗の幇助が成立するとした（大法院判決1976.7.27,75ド2720：同判決は以下の大法廷判決によって変更された）。

2　共同正犯の成立

外部から共同正犯によって関与ができるか否かに対しては、現場説を支持する多数説はこれを否定する。しかし、現場的共同正犯説によれば、その成立可能性を制限的に認めることができる。すなわち、現場外で合同犯関係全体を機能的役割分担の観点から主導的に支配した背後者や共犯には、犯行に対する共同支配が認められる限りで、共同正犯が成立する。

大法院大法廷判決（大法院判決1998.5.21,98ド321）は、居酒屋の支配人甲が、被害者に酒を飲ませた後クレジットカードを奪って暗証番号を聞き、従業員乙・丙・丁と引き出した現金を分配することを共謀し、甲が被害者を監視している間、乙・丙・丁がATMから現金を引き出した事件に対して、甲にも合同窃盗の共同正犯を認めた。それによって、現場以外の場所においても、合同犯の共同正犯が成立することになった。

第 10 章　正犯および共犯の理論　　455

《判例》　二人以上が合同窃盗の犯行を共謀した後、そのうちの一人が単独で窃盗を実
行したときには、合同窃盗の客観的要件が揃わず、合同窃盗は成立しないが、三人以上の
犯人が合同窃盗の犯行を共謀した後、少なくとも二人以上の犯人が犯行現場において時
間的・場所的に合同し分担して窃盗を行ったときは、共同正犯の一般理論に照らして、そ
の共謀には関与したが現場において窃盗の実行行為を直接分担しなかった他の犯人に対
しても、現場で窃盗を実行した二人の行為を、自分（他の犯人）の意思の手段としての合
同窃盗であると評価できる正犯性の要素が揃わっていると評価できる限り、他の犯人に
対して合同窃盗の共同正犯の成立を否定する理由はない（大法院判決 1998. 5. 21, 98 ド
321）。

第 7 節　同時犯

Ⅰ　意　義

　同時犯（Nebentäterschaft）は、多数人が相互の意思連絡がないまま同時または異
なる時に、同一客体に対して構成要件的結果を実現することである。単独犯が競
合した同時犯における各人の行為は単独犯である。また、同時犯においては、必
ずしも多数人が同時に実行することを要しないため、同時犯という用語は適切な
言葉ではない。正確な意味では、「独立行為の競合」と称することが、より妥当で
ある。このような意味から、刑法第 19 条においては、「独立行為の競合」という
用語を使っている。
　同時犯は共犯ではなく、単独犯が並列競合した場合である。故意犯においても
過失犯においても成立が可能であり、特に、過失犯の共同正犯の成立を否定する
立場からすれば、多数による過失的共同作用は、同時犯として扱われる。
　このような意味から、同時犯は共同正犯ないし共犯を補完する。同時犯は、故
意犯もしくは過失犯、同時・異時を問わず、二人以上の正犯が共同の犯行決意や
共同の注意義務が欠けて共同正犯にならないすべてのものを指す。単独正犯が偶
然に併存する場合であり、独自の価値をもつ犯罪要素ではない。

Ⅱ　種　類

　同時犯には、原因行為が明確な同時犯と原因行為が不明な同時犯がある。同時

犯を韓国刑法第 19 条（独立行為の競合）と概念上混同してはならない。刑法 19 条は、同時犯のうち原因行為が明らかでない場合を独立行為の競合と呼び、特別な扱いをするように定めるだけであり、原因行為が明確な二人以上の正犯としての同時犯（多くの同時犯の場合）は含まれていないからである。

　原因行為が明確な同時犯の場合、それが故意行為であれ、過失行為であれ、各行為者はその原因行為によって各々正犯として処罰される。しかし、結果発生の原因行為が明確でないときには、どのように扱うのかが問題になる。以下では、原因行為が不明な同時犯について規定した刑法 19 条を中心に検討する。

Ⅲ　成立要件

　刑法第 19 条は、原因行為が不明な同時犯を「独立行為の競合」てあるとしたうえで、「同時または異なる時の独立行為が競合した場合に、その結果発生の原因となった行為が判明しないときは各行為を未遂犯で処罰する」と規定している。以下では、未遂犯として評価される同時犯の要件について検討する。

1　行為主体・行為

　同時犯における行為者は多数人でなければならず、多数人の行為は実行行為でなければならない。同時犯は独立行為が競合したこと、すなわち、単独犯が競合した場合であり、行為者は多数人であることを要する。したがって、一人が単独で様々な行為を実行しても、それは単独犯であり同時犯にはなれない。行為者の数は二人以上であれば足りる。また、多数人の行為は実行行為である必要がある。この場合、実行行為は未遂犯（第 25 条）の要件に該当する実行行為であり、その段階に至らない予備罪・陰謀罪における実行行為ではない。理論上は、予備・陰謀段階における実行行為は存在しうるが、刑法が同時犯に関して結果の発生を要件としている趣旨からすれば、実行行為は未遂犯の要件である実行行為として理解すべきである。

2　時間的同一性の問題

　同時犯における多数人の行為は、同時に行われる必要はなく、異なる時に行われた場合も含まれる。この場合、異なる時とは時間的連続性または行為の継続性を意味するものではないため、必ずしも同時に近接した前後関係または行為並列

性を要しない。したがって、多数人による実行の着手時期の間もしくは終了時期の間に時間的差があり、または結果発生時の間に時間的間隔があっても、同時犯における異なる時であると評価しうる。したがって、先行者の行為が終了した後、意思連絡がない後行者が加功した場合も、結果発生の原因が判明しない同時犯であると解される。

3　場所的同一性の問題

同時犯における多数人の行為は、必ずしも同一場所において行われることを要しない。したがって、甲はプサンで、乙はテグで同時または異時にソウルに住んでいる丙に脅迫状を発送したが、被害者丙が誰の脅迫状により畏怖を感じたかが不明な場合、甲・乙の行為は脅迫罪の同時犯になる。

4　客体の同一性

同時犯における多数人の行為は、同一客体に向けられたものでなければならない。この場合、客体は行為の客体、すなわち、攻撃の目的物を意味する。同一客体は、多数人が同一の犯罪目的物に向けて実行する場合、すなわち、同一の犯罪客体を意味する。この場合、客体の同一性は、事実上の概念ではなく、法律上の概念である。したがって、必ずしも数的・量的同一性を要せず、構成要件上客体が同一であれば足りる。たとえば、同一の場所にいるA・Bを殺害するため、意思の連絡なく甲はAに、乙はBに発砲したが、Aだけ死亡した場合、死亡させた行為が判明しない限り、甲と乙の行為は殺人罪の同時犯であると評価しうる。また、行為の客体が同一であれば足り、各行為が構成要件的に同一である必要はない。たとえば、殺人と傷害の同時犯も成立しうる。

5　意思連絡の不在

同時犯における多数人の行為は、独立行為が競合したものでなければならない。独立行為の競合は、多数人が相互の意思連絡のないまま、独立して単独で同一客体に対して犯罪を実行する場合である。同時犯においては、多数人の相互の意思連絡の不在が要件になる。この点において、意思連絡を必要とする共同正犯と区別される。すなわち、意思の連絡という要素を前提にした場合、それが存在すれば共同正犯になるが、それが欠けている場合は同時犯になるため、意思の連

458 第2編 犯罪論

絡を基準とした共同正犯の成立の可否は、同時犯の成立範囲に重要な影響を及ぼす。

共同正犯の法理によって、異なる故意をもっている多数人の故意犯相互間、故意犯と過失犯相互間に共同正犯が成立することはできず、片面的共同正犯の概念も認められないため、このような範囲内では同時犯が成立する。過失犯は、事実行為に対する意思の連絡があり注意義務の共同があれば、共同正犯の成立が認められるため、この限度では、同時犯の成立が排除される。

6　原因行為の不明

結果が発生しなければならず、結果発生の原因が判明しない場合でなければならない。たとえば、甲と乙が意思の連絡のないまま丙を殺害するために同時に銃を撃ち、一つの弾丸が命中して丙が死亡したが、命中した弾丸を発射した者が明らかにならない場合が挙げられる。結果発生の原因が判明しないときとは、誰の行為が原因になって結果が発生したかに関する因果関係の証明ができない場合である。

Ⅳ　刑法上の取扱い

同時犯において結果に対する原因行為が不明なときには、それが故意行為であれ過失行為であれ、各行為者は独立して自己責任の限度内で原因行為に基づいて正犯として処罰される。

他方、刑法第19条に係わって原因行為が不明な同時犯は、次のように区別して考察することができる。

（あ）故意行為と故意行為が独立行為として競合するときは、各人に未遂犯処罰規定がある場合に限って、故意行為の未遂犯で処罰する。すべての同時犯を未遂犯で処罰することは、因果関係の不成立ないし個別責任の原則を考慮した当然の結論である。

（い）故意行為と過失行為が競合したときは、故意行為は未遂で処罰され、過失行為は未遂の処罰規定がないため不可罰である。

（う）過失行為と過失行為が競合したときは、刑法第19条によれば、各人を未遂犯で処罰すべきである。過失犯の一般理論によれば過失犯の未遂はあり得ないため、各人は不可罰になる。刑法は、このような場合、刑事政策的空白状態を埋

めるために第263条の傷害罪同時犯特例を認め、傷害の結果に対して各人を共同
正犯の例によって処罰する。

第8節　共犯論の基本理解

I　共犯の処罰根拠

1　責任共犯説

　共犯の処罰根拠に関する理論のうち、最も歴史の長いものは責任共犯説であ
る。同説によれば、共犯者が正犯を犯罪に巻き込んで有責な罪を犯すようにした
点から、共犯の処罰根拠を把握する。これは理論上、極端従属形式と同様の結論
に至る。しかし、この理論は、制限従属形式を採用している韓国刑法の実定法規
定に反する。

2　不法共犯説

　責任共犯説を制限従属形式の原則を考慮して変更させたものが、不法共犯説で
ある。この理論は、教唆者が正犯の犯行を誘発し正犯と社会の一体性を解体する
ことによって法的平和を害することを、可罰性の根拠にする。したがって、弁別
能力のない責任無能力者に罪を犯すようにした者も、正犯である責任無能力者と
社会的環境との関係を悪化させたことに処罰根拠がある。しかし、この理論によ
れば、教唆犯の処罰根拠については説明しうるが、従犯には積極的な不法加担が
ないため、共犯の処罰根拠を統一的に把握できないという問題がある。

3　惹起説

（1）純粋惹起説

　この見解は、共犯の不法を、正犯の不法から完全に独立させて、自ら法益侵害
を惹起したことに求める。この立場は、共犯の可罰性の前提は正犯の不法から導
かれるものではない点を強調する。従来の共犯独立性説と同じ立場である。

（2）従属的惹起説

　従属的惹起説は、共犯の処罰根拠を専ら従属的な結果惹起に求める立場であ
る。従属性思考により、共犯の不法を正犯の不法から導出することによって共犯

の独立的な不法要素を無視する点で、純粋惹起説と区別される。このような意味から、従属的惹起説を従属性思考により修正された惹起説と呼ぶこともある。従来の共犯従属性説と同じ立場である。現在、韓国とドイツの多数説である[69]。

しかし、従属的惹起説には、韓国刑法上、教唆の未遂の処罰根拠が説明できない事、陥穽教唆の不可罰性が説明できないことなどの弱点がある。正犯の未遂も法的意味からすれば一種の結果の惹起であるが、従属的惹起説によれば、この未遂に加担した行為も処罰しうるという結論に至るからである。未遂を教唆する陥穽教唆の不可罰性は、教唆行為自体に独立した法益侵害として評価しうる実質が備わっていない点を認める時に限って説明しうる。

（3）混合惹起説（従属的法益侵害説）

ロクシンが主張したものであり、純粋惹起説と従属的惹起説の一面性を止揚し、共犯の不法は一面では正犯の行為から（従属的惹起説の立場）、他面では共犯者の独自の法益侵害（純粋惹起説の立場）から導出され、全ての可罰的共犯は従属的であるが、同時に独立した法益侵害性を内包していると解する見解である[70]。従来の共犯独立性説と共犯従属性説を混合したのと同様の立場である。純粋惹起説と従属的惹起説を弁証法的に合一したため、混合惹起説と呼ぶ。

同説の要点は、従属的法益侵害である。すなわち、共犯者は自ら構成要件該当行為を実現することなく、正犯の構成要件該当行為に加功することにより処罰対象になるが、その不法の内容は、共犯者の行為から構成要件上保護された法益を正犯を通じて間接的に侵害したことにより自分の不法を実現することである。

（4）行為反価値・結果反価値の区別説

混合惹起説の一種であり、共犯の不法のうち、行為反価値は共犯の教唆・幇助行為において独立的に認められ、結果反価値は正犯に従属する立場である。すなわち、共犯の教唆行為・幇助行為は正犯の犯行を惹起・促進する点からそれ自体に反価値性が認められ、共犯の結果反価値は教唆行為・幇助行為だけでは惹起されないため正犯の法益侵害に従属することである[71]。

69　金聖天/金亨埈・389頁、裵鐘大・569頁、孫海睦・1060頁、安銅準・225頁、李在祥・436頁、李廷元・362頁、李用植・314頁、鄭英一・350頁、鄭鎭連/申梨澈・333頁、曺俊鉉・320頁、Baumann/Weber/Mitsch, S. 554; Jescheck/Weigend, S. 620; Maurach/Gössel/Zipf, S. 283; Sch/Sch/Cramer, vor § 25 Rdn. 22;Wessels, Rd. 552.

70　Roxin, LK, vor § 26 Rdn. 17. 韓国では、權五杰・519頁、金日秀『韓国刑法Ⅱ』323頁、孫ドン權/金載潤・572頁。

第 10 章 正犯および共犯の理論 461

混合的惹起説は共犯の行為反価値を従属的、結果反価値を独立的であると評価するが、この見解は行為反価値を独立的、結果反価値を従属的であると評価する。

4 結 論

韓国刑法は、他人の犯罪を教唆・幇助した者を教唆犯・幇助犯として扱い、その刑も正犯の刑を基準とするため共犯従属性説から出発する。しかし、唆された者が犯行の実行を承諾しなかった場合も教唆者を予備・陰謀に準じて処罰し（第31条第3項）、唆された者が犯行を承諾しながら実行の着手に至らなかったときは、すべての教唆者・被教唆者を予備・陰謀に準じて処罰するようにした（第31条第2項）。このように、韓国刑法は、一定の限度で共犯独立性を考慮したとみられる。したがって、刑法の解釈においては、混合惹起説が共犯の処罰根拠を解明する最も妥当な見解だと思われる。

Ⅱ 共犯の従属性

1 序 説

教唆犯と幇助犯は、正犯の存在を前提にして正犯を教唆または幇助し、正犯に犯罪を実行させることである。従来は、共犯は正犯に従属して成立するのか独立して成立するのかが問題になったが、今日では、共犯の処罰根拠に関する理論が確立されたことにより、両者の対立の意味はなくなった。

現行刑法上、様々な共犯規定の解釈に関して、韓国の刑法では、共犯独立性説や共犯従属性説の一方だけでは解決できない問題が多い。このような問題を解決するために一方の理論だけを用いて解決すれば、個別具体的な事例において妥当な解決方法は得られない。

共犯の処罰根拠に関して混合惹起説をとるかぎり、このような難点を避けることができる。この観点からすれば、共犯はそれ自体の独自の不法を実現する一面をもっている一方、正犯の実行行為に従属して成立する別の一面ももっている。

共犯の独立性と従属性は、択一または対立関係ではなく、混合的であり、個々の具体的な問題の解決においては、ある面が他の一面より重要な機能を担当するだけである。ただし、機能面で従属性が独立性より大きな比重を占めていること

---

71 金成敦・572頁、成樂賢・610頁、李榮蘭・448頁、任雄・421頁、鄭盛根/朴光玟・521頁。

462　第2編　犯罪論

は事実である。したがって、従属性の程度について検討しなければならない。

2　従属性の程度

（1）共犯の従属形式

　共犯従属性説の観点から正犯がどの程度まで犯罪を実行したときに共犯が成立するのかが、従属性の程度に関する問題である。その程度は、立法者が共犯規定においてみせた意図を考慮して決定すべきである。これに関して、今日では、エム・エ・マイヤーが提示した従属形式が、決定基準として通用している。

　(a) **最小従属形式**　　正犯の行為が構成要件に該当すれば、違法・有責ではなくても共犯が成立する。

　(b) **制限従属形式**　　正犯の行為が構成要件に該当して違法であれば、有責でなくても共犯が成立する（通説）。

　(c) **極端従属形式**　　正犯の行為が構成要件に該当し違法で有責なとき、共犯が成立する。

　(d) **超極端従属形式**　　正犯の行為が構成要件に該当し違法で有責なばかりでなく、さらに可罰性のすべての条件が備わったとき、共犯が成立する。

（2）韓国刑法の立場

　以上の共犯の従属形式のうち、制限従属形式と極端従属形式が、現行刑法の解釈上、立法者の意図に合致する。

　制限従属形式は、1943年5月29日にドイツにおいて立法化され、現行ドイツ刑法第26条、第27条および第29条においてもその趣旨が明示されている。制限従属形式が韓国の多数説である。極端従属形式は、1943年に立法されるまで有力な立場であり、日本の通説であった。韓国の刑法第31条、第32条では「他人の犯罪」という言葉が用いられていることに着目して、正犯行為の完全な犯罪性という観点から一部の学者が支持している。

　制限従属形式が、韓国刑法の解釈上、より妥当であろう。共犯が不法構成要件の変形ないし修正形式であること、さらに正犯概念の優位性と共犯の従属性という命題に従わなければならないことを念頭に置けば、正犯の行為は構成要件に該当して違法であれば足りるからである。正犯行為の有責性は必要条件ではない。

3　共犯従属性の帰結

　教唆は時間的に正犯行為の着手前に成立しうるが、幇助は正犯行為の着手前は

もちろん、既遂後完了前まで成立しうる。しかし、共犯者は、正犯行為が未遂に留まったのか既遂に至ったかが分らない場合が多い。このように偶然性が作用する限り、共犯従属性による共犯処罰には、避けられない結果責任の残滓が一定程度残っている。

共犯が問題になるときには、まず正犯行為から審査しなければならない。

（ⅰ）正犯行為が行われない場合：この場合は、共犯の未遂が問題となる。教唆は、未遂に対して第31条第2項により、予備・陰謀の例で処罰される。しかし、幇助の未遂は不可罰である。

（ⅱ）正犯行為が行われたが、既遂に至らなかった場合：この場合は、正犯行為の未遂に対する共犯（教唆犯・幇助犯）が成立する。正犯行為の未遂が処罰されるときには、共犯も未遂で処罰される。たとえば、正犯が殺人未遂に留まった場合、殺人を教唆した共犯は殺人教唆未遂になる（殺人未遂教唆と呼ぶこともある）

（ⅲ）正犯行為が既遂に至った場合：この場合は、正犯の既遂行為に対する共犯が成立する。既遂以降から完了までは幇助行為だけが可能であり、教唆は不可能である。

（ⅳ）正犯行為が完了した場合：正犯行為が既遂に至った場合と同様である。しかし、犯罪完了以降は幇助は不可能であり、犯罪庇護だけが問題となる。犯罪庇護は、一般に、別の構成要件（犯人蔵匿、証拠隠滅など）によって規律される。

Ⅲ　必要的正犯および共犯

1　意　義

必要的共犯は、構成要件を実現するために二人以上の関与が必要とされる犯罪類型である。これは、単独で実行しうる犯罪を二人以上が共同して実現する任意的共犯と区別される概念である。必要的共犯が成立するためには、行為の共同が必要であるが、すべての協力者に刑事責任が存在する必要はない（大法院判決2008. 3. 13,2007 ド 10804）。

2　種　類
（1）集合犯

集合犯（Konvergenzdelikte）は、多数の行為者が、同じ目標に向かって同じ方向から、共同で作用することを前提としている構成要件である。これは、処罰基準

464 第2編 犯罪論

によって二つの類型に細分化しうる。

(a) **多数人に同一の法定刑が規定されている場合**　二人以上の合同が必要な加重逃走（第146条）・加重窃盗（第331条第2項）・加重強盗（第334条第2項）のような合同犯と、多衆または団体の存在を必要とする騒擾（第115条）・加重公務妨害（第144条）・加重住居侵入（第320条）・海上強盗（第340条）・加重損壊（第369条）などが挙げられる。

(b) **多数人に異なる法定刑が規定されている場合**　犯罪主体の集団性・群衆心理という点に特徴があるが、関与者の役割遂行には差異があるため、この点に着目して、関与者の機能・地位・行為態様・役割の重要性に応じて異なる法定刑を定めた場合である。たとえば、内乱罪（第87条）・反国家団体構成罪（国家保安法第3条）などが挙げられる。

（2）対向犯

対向犯（Begegnungsdelikte）は、二人以上の関与者が、異なる方向から異なる役割遂行により、同一の目標に向かって共同作用することを前提としている構成要件である。これは、処罰基準に基づいて三つの類型に細分化される。

(a) **対向者に対する法定刑が同じ場合**　姦通罪（第241条第1項）・賭博罪（第246条第1項）・児童酷使罪（第274条）・婦女売買罪（第288条第2項）などが挙げられる。

(b) **対向者に対する法定刑が異なる場合**　賄賂罪における収賄者（第129条）と贈賄者（第133条）、堕胎罪における自己堕胎（第269条第1項）と医師などの堕胎（第270条第1項）、背任収贈罪における背任収財者（第357条第1項）と背任贈財者（第357条第2項）および逃走罪における単純逃走者（第145条第1項）と逃走援助者（第147条）などが挙げられる。

(c) **対向者のうち一方だけが処罰される場合**　対向者のうち、一方は構成要件実現に必要な程度を超えない場合、当該構成要件が保護する法益の享有主体である場合、犯人蔵匿または犯人逃避罪（第151条第1項）のように犯人は特別な動機から処罰されず、他方だけ処罰される場合である。淫画販売等（第243条）における買い手の不処罰、嘱託・承諾殺人罪（第252条第1項）における嘱託・承諾者の不処罰、犯人隠匿罪（第151条第1項）における犯人の不可罰などが挙げられる。

3　共犯規定の適用

必要的共犯は、構成要件上二人以上の関与を要する共犯関係である。したがって、集合犯であれ対向犯であれ、内部関与者の間には、任意的共犯を前提とした総則上の共犯規定は適用されない。

《判例》 甲が乙に外貨取得の対価としてウォン貨を支給し、乙がこれを受領したとき、甲と乙にのみ、対価の授受を禁止している外国為替管理法違反罪が成立し、相手の犯行に対しては共犯関係は成立しない。対向犯は、対立的な犯罪として、二人以上による対向行為の存在を必要とする共犯関係にある犯罪である。この場合、共犯関係に関する刑法総則規定は適用できない（大法院判決 1985. 3. 12,84 ド 2747）。

　ただし、必要的共犯関係ではない外部の者がこれに関与するときには、総則上の共犯規定の適用が問題になる。この場合、個々の必要的共犯に関する構成要件を検討し、その適用について検討しなければならないが、いくつかの一般原則がある。

（1）集合犯の場合

　(a) 多数人に同一の法定刑が規定されている場合　　犯罪関与者を区別し、それに基づいて刑罰を定めているものではないため、外部の者が関与した場合、総則上の共犯規定が適用される。外部の者には、必要的共犯に対する教唆・幇助が成立しうる。ただし、共同正犯成立の可否は、各構成要件の解釈によって決まる。

　(b) 多数人に異なった法定刑が規定されている場合　　内乱罪（第 87 条）が典型的な例である。内乱罪を教唆・幇助した者を教唆犯または幇助犯で処罰しうるかについては、見解が分かれる。内乱罪の構成要件は、すでに相当な範囲の教唆・幇助行為を細分化して規定しているだけではなく、教唆より広い意味の扇動行為も第 90 条第 2 項に規定している。したがって、共犯は処罰しないという趣旨で解釈すべきであり、否定説が妥当である。

（2）対向犯

　(a) 対向者に対する法定刑が同じ場合　　各対向者に同一の刑罰が規定されているため、対向者相互間の内部的関与行為に対しては、正犯以外の総則の共犯規定は適用されない。しかし、対向者以外の者が対向者に教唆・幇助したときは、共犯規定によって処罰しうる。たとえば、姦通教唆や収賄幇助などが挙げられる。

　(b) 対向者に対する法定刑が異なる場合　　この場合、以上の対向犯の場合と同様に扱う。

　(c) 対向者のうち一方だけが処罰される場合　　対向関係ではない外部の者の教唆・幇助行為を共犯として処罰しうる。しかし、処罰規定のない対向者に対する共犯規定の適用については、見解が分かれる。全面否定説もある[72]。判例も否定説を支持している。

72　申東雲・709 頁。

466　第2編　犯罪論

> 《判例》　二人以上の対向行為の存在を必要とする対向犯に対しては、共犯に関する刑
> 法総則規定は適用できないが、刑法第127条は、公務員または公務員であった者が法令
> による職務上の秘密を漏洩する行為を処罰しているだけであり、職務上の秘密を漏洩す
> る相手を処罰する規定がない点に照らしてみると、職務上の秘密を漏洩した相手に対し
> ては、共犯規定を適用できないと解すべきである（大法院判決 2001. 4. 28,2009 ド 3642）。

　これに関して以下の原則が適用しうる。
　（ⅰ）処罰規定のない対向者が構成要件実現に必要な最低限の程度を超えないときは、
不可罰である。しかし、その程度を超える加功行為をしたときは、共犯が成立しうる。
たとえば、猥褻物の買受者が単純に買い受けることに留まったときは不可罰であるが、
積極的に加担し、販売者を教唆・幇助して買い受けたときは、販売罪の教唆犯・幇助犯が
成立する。
　（ⅱ）処罰規定のない対向者が当該構成要件の保護法益の主体であるときは、不可罰で
ある。たとえば、嘱託殺人罪の被害者が積極的に懇請・勧誘して行為者の犯罪意思を誘
発させても教唆犯は成立しえず、また、13歳未満の婦女が姦淫を積極的に誘導しても教
唆犯にならないのは、当該構成要件が保護しようとする法益の主体であるからである。
　（ⅲ）処罰規定のない対向者が特別な動機により単独正犯として処罰できないときは、
共犯も不可罰になる。これを、正犯として処罰できない者は共犯としても処罰できない
と表現する。たとえば、犯人蔵匿罪における蔵匿を望み、ある犯人が刑事訴追や執行か
ら免れることを希望するのは当然であり、犯人蔵匿罪は犯罪のこのような動機を無視し
て刑罰権を実現しようとするものではないため、犯人自身は蔵匿・逃避の共犯として処
罰しない。

第9節　教唆犯

I　教唆犯の意義と構造

1　意　義

　教唆犯（Anstiftung）は、他人に犯罪を決意させて実行させる者である（第31条
第1項）。教唆犯は、自ら機能的行為支配に関与せず機能分担がない点で共同正犯
と区別され、正犯の存在を前提としている点で意思支配をする正犯である間接正
犯と区別される。
　教唆犯・幇助犯は狭義の共犯であるが、教唆犯は他人に犯罪を決意させる点で、
他人の決意を前提とし、実行を有形・無形に援助する幇助犯と区別される。

淫行媒介罪（第242条）・自殺関与罪（第252条第2項）も犯罪決意に影響を及ぼした教唆行為であるが、別に規定されており、自殺を教唆する行為は自殺関与罪の実行行為に該当する。

2　構　造

教唆犯は、故意で他人を教唆して被教唆者に故意の具体的な違法行為を実行させることが、構造的特徴である。したがって、過失による教唆や過失犯に対する教唆、不作為による教唆は構造的に不可能である。

Ⅱ　成立要件

1　教唆者の教唆行為

（1）教唆行為

（a）意義　　教唆行為は、罪を犯す意思のない正犯に犯行を決意させることを意味する。したがって、具体的に犯行を決意している者に対する教唆は成立しえない。この場合、幇助または教唆の未遂が成立しうる。しかし、正犯者の決意が固くないときや漠然と一般的犯罪計画をもっているときは、教唆が可能である。

すでに犯罪の決意をしている正犯に加重の構成要件を実現させるように教唆したときは、超過部分だけではなく、全体に対する教唆が成立しうる。たとえば、強盗を決意した正犯に凶器をもって強盗するようにした場合は、加重強盗の教唆が成立する。しかし、すでに犯罪を決意した者に対して、より軽微な犯罪をするようにした場合は、幇助が成立する。

> 《判例1》　甲が乙と丙が窃取した物を常習的に買い受けたが、乙と丙にドライバーを渡しながら「もし、仲間が拘束され逃走することになれば、金が必要となるだろうから、頑張って仕事しなさい」と言った。これは、窃盗をすれば、継続して贓物を買うことを意味するため、乙と丙に対する窃盗の教唆が成立する。すなわち、教唆犯は他人（正犯）に犯罪を決意させ、犯罪を実行させたとき成立し、被教唆者は教唆犯の教唆によって犯罪を決意したのでなければならない。したがって、被教唆者がすでに犯罪を決意しているときは、教唆犯は成立しない（大法院判決1991. 5. 14,97 ド542）。
> 《判例2》　智異山内の国有林において不正林産物などの製材業をしている者に対し、具体的に盗伐して箱を生産するように頼んだうえ、その盗伐資金を提供したときは、山林法違反の教唆罪が成立する（大法院判 1969. 4. 22 決,69 ド255）。

（b）手段　　教唆行為の手段には制限がない。たとえば、命令・指示・説得・哀願・要請・誘惑・利益提供・欺罔・威嚇などが可能であり、明示的または黙示的であっても成立する（大法院判決1969. 4. 22,69 ド255；1967. 12. 19,67 ド255）。

ただし、強要・威力または欺罔による場合、意思を支配した程度に達するときは、間接正犯が成立する。また、教唆は特定の犯罪に対して決意させることを意味し、漠然と罪を犯すように犯罪一般を教唆することは、教唆ではない。

> 《判例》 漠然と犯罪または窃盗を唆す行為には、教唆は成立しない。教唆は、他人に一定の犯罪を実行することを決意させる行為であり、手段・方法には制限がない。したがって、教唆犯が成立するためには、犯行日時、場所、方法などの詳細まで特定して教唆する必要はなく、正犯に一定の犯行を実行することを決意させる程度であれば成立する（大法院判決 1991. 5. 14,91 ド 542）。

(c) **教唆行為の完結性**　　教唆行為の完結性は、教唆犯成立において重要な要素ではない。教唆行為が不完全であり、または中止された場合であっても、正犯に犯行を決意させるのに十分な程度であれば教唆犯は成立する。教唆行為を基準にして既遂・未遂を評価するのではない。

(d) **教唆が不可能な場合**　　不作為による教唆または過失に対する教唆が成立しうるか否かについては、成立できないと解するのが通説である。過失犯に対する利用行為としての教唆は、間接正犯となるだけである。

(e) **共同教唆の場合**　　教唆者が二人以上のときには、機能的行為支配の観点に基づいて、犯行決意の惹起において本質的な機能を共同で遂行した限り、寄与度が低い者も共同教唆者と認められる。

（2）　教唆者の故意

教唆者は、被教唆者（正犯）に犯行を決意させ、被教唆者が犯行の終了（＝既遂）に至ることまでの故意が存在しなければならない。このような意味から、教唆者の故意は、教唆の故意と正犯の実行行為に対する故意を必要とする二重の故意でなければならない。ただし、未必の故意であっても足りる。過失による教唆は認められず、場合によって過失犯の正犯として処罰しうる。

(a) **具体的な特定の故意**

教唆者の故意には、具体性と特定性がなければならない。すなわち、特定の犯罪と特定の正犯に対する認識が求められる。具体的な犯行を特定せず、可罰行為一般または構成要件に該当する程度の犯行をするように唆す意思だけでは、教唆の故意があるとは評価できない。被教唆者が特定されていれば、多数人であっても可能である。被教唆者が特定されていれば（空間・状況など）、被教唆者が誰かわからなくても成立しうる。たとえば、刑務所において隣の受刑者に脱獄を教唆する場合が考えられる。

教唆された犯罪が特別な主観的不法要素を必要とする犯罪であれば、教唆者は被教唆者にそのような要素が存在するという事実を認識しなければならない。目的犯は被教唆者だけではなく教唆者にも目的があることを要するが、教唆者は被教唆者が一定の目的

の下に行為することを知りながら教唆すれば、目的犯の教唆が成立する。

(b) 既遂の故意

教唆者の故意は、犯罪の既遂、すなわち、構成要件的結果を実現する意思でなければ
ならない。未遂に留まる意思であれば、故意があるとは評価できない。すなわち、教唆
の未遂は処罰されるが、未遂の教唆は不可罰である。刑事が、麻薬事犯の取締りのため
に被疑者に麻薬購入の意思を表明し、麻薬を売り渡すときに現行犯として逮捕する陥穽
教唆（agent provocateur）は、未遂の教唆として、教唆者の可罰性は否定される。

(c) 特に問題になる場合

教唆者は未遂を教唆したが、被教唆者の実行行為が既遂に至ったときには、結果発生
に対する教唆者の過失の有無によって過失責任（認識ある過失責任）を負うことになる。

2　被教唆者の実行行為

(1) 被教唆者の正犯性

被教唆者は、教唆により犯行を決意したにもかかわらず、犯行過程全体を支配
して遂行する正犯である。したがって、教唆者は正犯に従属する共犯に過ぎな
い。被教唆者が正犯として犯罪を実行する場合、教唆者の教唆が唯一の条件であ
る必要はない。正犯に犯罪の性癖や常習性があり、その性癖と教唆が原因になっ
て正犯の犯行が行われたときでも、教唆犯成立には差し支えない（大法院判決 1991.
5. 14,94 ド 542）。

(2) 被教唆者の決意

被教唆者は、教唆者により犯行を決意しなければならない。正犯が犯罪実行を
承諾しなかったときは教唆犯は成立せず、刑法第 31 条第 3 項により陰謀・予備に
準じて処罰する。正犯の決意が不要である過失犯罪に対しては、教唆は成立しえ
ず、間接正犯が問題になる。

教唆行為と被教唆者の決意の間には因果関係を要する。因果関係が欠けている
場合には、すでに犯行の決意をしている者に対する教唆と片面的教唆（被教唆者が
唆されていることを認識していない場合）になる。前者は、失敗した教唆として刑法
第 31 条第 3 項によって処罰し、後者は不可罰である。片面的幇助も可能である
が、片面的教唆は不可能なためである。

(3) 被教唆者の実行行為

教唆犯の従属性により、正犯の実行行為が存在するときに教唆犯が成立しう
る。正犯（被教唆者）は、少なくとも実行の着手に至らなければならない。実行行

470 第2編 犯罪論

為をした以上、未遂・既遂・完遂を問わず成立する。したがって、教唆者の実行
の着手は、被教唆者の実行の着手が基準になる。

正犯の実行行為が存在しなければ教唆犯は成立せず、第31条第2項により陰
謀・予備に準じて処罰される。教唆行為と実行行為の間に因果関係がないときも
同様である（大法院判決 2013. 9. 12,2012 ド 2744）。正犯の行為は構成要件に該当し違
法でなければならないが、有責であることを要求しない（制限従属形式）。身分犯
および目的犯においては、正犯に身分または目的を要する。

Ⅲ　教唆の錯誤

教唆者は、被教唆者によって実行された犯行と自分の故意が一致する限度内で
責任を負う。錯誤があるときには、教唆者の責任に影響を及ぼす。教唆の錯誤
は、被教唆者に対する教唆者の錯誤と、被教唆者の実行行為に対する錯誤を内容
とする。

1　実行行為の錯誤

教唆者の教唆内容と被教唆が実行した行為が一致しないことが、実行行為の錯
誤である。

（1）教唆内容より過少な実行

被教唆者が教唆されたことより少ない行為をしたとき、教唆者は被教唆者が実
行した範囲内で責任を負う（共犯従属性の結果）。既遂を予測したが未遂に留まっ
た場合、または加重構成要件を唆したが基本的構成要件を実行した場合などがあ
る。たとえば、殺人を唆された正犯が殺人未遂に留まったときには、教唆者は殺
人教唆の未遂犯として責任を負い、また加重強盗を唆された正犯が単純強盗罪を
犯したとき、もしくは尊属殺人を唆された正犯が普通殺人を行ったときには、教
唆者は単純強盗罪の教唆犯、普通殺人罪の教唆犯の責任を負う。

しかし、刑法解釈上、このような原則が厳格に適用できない場合がある。特に、
両者の間に類似性はあるが「量的減少（既遂・未遂）や質的減少（不法または責任の
加重・減少）」がなかったときは、失敗した教唆と実行犯罪の教唆の間の観念的競
合になる。たとえば、強盗を教唆したが窃盗を犯したときには、教唆者は窃盗の
教唆犯になるが、刑法第31条第2項により強盗の予備・陰謀と観念的競合関係に
なり、刑が重い後者によって処罰する。

（2）教唆内容を超過した実行

（a）**量的超過**　実行された犯罪は教唆された犯罪と共同の要素をもっているが、その程度を超える場合が量的超過である。この場合は、教唆者は、唆された内容を超過する部分に対して責任を負わない。たとえば、窃盗を教唆したが、被教唆者が強盗を犯したとき、教唆者は窃盗教唆の責任を負う。

他方、被教唆者が結果的加重犯の重い結果を実現した場合には、教唆者に重い結果に対する過失があるときに（第15条第2項）、結果的加重犯の教唆が成立する。この場合、過失の有無は教唆者を基準にして判断し、被教唆者である正犯の結果に対する故意または過失の有無は、考慮の対象とならない。

> 《判例》　教唆者は、自分の営業を妨害し、脅迫をする者に復讐するため、不良を雇って重傷害を負わせ活動をさせないように教唆したが、不良が被害者をナイフで刺して殺した。このように教唆者は被教唆者に傷害または重傷害を教唆したが、被教唆者がこれを超えた殺人をしたときには、一般に、教唆者に傷害または重傷害の教唆犯が成立する。しかし、教唆者に被害者が死亡することについて予見可能性があれば、傷害致死の教唆犯として責任を負わせることができる。

（b）**質的過剰**　実行された犯罪が教唆した犯罪と全く異なる場合が質的過剰である。傷害を教唆したが被教唆者が窃盗をした場合、または強盗を教唆したが被教唆者が強姦をした場合がその例であり、実行された犯罪が教唆者の故意と一致しないため、教唆者には教唆責任がない。教唆者は、刑法第31条第2項によって、教唆した犯罪の予備・陰謀に準じて処罰されうる。

しかし、質的に超過された教唆犯の免責は、質的差異が本質的である場合に限定される。たとえば、詐欺を教唆したが被教唆者が欺罔に基づいて恐喝したとき、恐喝を教唆したが強盗をしたときは、質的過剰に本質的優越がない場合は量的過剰と同様に、教唆した犯罪に対して教唆犯が成立する。

（3）同一構成要件内の錯誤

教唆者の教唆内容と被教唆者の実行が具体的に一致しなくても、両者が同一の構成要件の範囲内にあるときは、両者の不一致によって教唆者の故意が阻却されることはない。したがって、被教唆者の犯行が日時、場所または方法において教唆者の予想と異なっても、教唆者の故意は成立する。

被教唆者（正犯）の客体の錯誤は、教唆者にとって方法の錯誤になり、意図した事実の未遂に対する教唆犯になる（具体的符合説の立場）。被教唆者の方法の錯誤は、教唆者にとっても方法の錯誤になる。

472 第2編 犯罪論

2 被教唆者に対する錯誤

被教唆者の責任能力に対する認識は、教唆者の故意の内容に含まれないので、これに対する錯誤は教唆犯の故意を阻却しない。したがって、被教唆者が責任能力者であると認識したが、責任無能力者であったとき、または、責任無能力者であると認識したが責任能力者であったときは、教唆犯の成立には差し支えない。

Ⅳ 処 罰

教唆犯は正犯と同一の刑で処罰する（第31条第1項）。被教唆者が未遂に留まったときには、未遂犯処罰規定がある限りで、教唆者も未遂で処罰される。真正身分犯においては非身分者も教唆犯になることができるが（第33条本文）、身分関係による刑の加重・減免（監訳者注——法文上は「減軽」の意味と思われる。）は、当該身分者に限って適用される（第33条但書）。

Ⅴ 関連問題

1 予備・陰謀の教唆

最終的に目標とした犯罪行為に至ることを意図せず、予備に留まらせる意思で教唆したときには、未遂の教唆と同様に不可罰である。しかし、最終的に目標とした犯罪を実行させる意思で予備行為を教唆した者は、予備罪の教唆で処罰される。

2 教唆の教唆

間接教唆と連鎖教唆とがある。これに対しては刑法規定がないため、解釈と学説によって解決しなければならない。

（1）間接教唆

①被教唆者に第三者を教唆させて犯罪を実行させた場合、②他人を教唆したが被教唆者が自ら犯罪を実行せず、第三者を教唆して実行させた場合、③第三者を道具として使い行為者を教唆する場合（間接正犯の規律に相当）などがある。

間接教唆に対して可罰性を否定する見解[73]もある。しかし、間接教唆者が直接教唆者は行為事情を良く知っていると思って教唆し、かつ、間接教唆と直接教唆

---

73 鄭榮錫・261頁、黃山德・283頁。

者の教唆行為および正犯の実行の間に因果関係がある限り、間接教唆者に対する可罰性が認められる。現在、通説と判例（大法院判決1967.1.24,66ド1586；1974.1.29, 73ド3104）は、間接教唆の可罰性を認めている。

> 《判例》　被告人は、甲から、所属部隊の貯蔵倉庫にある軍用物を不正に引出して処分することを乙に伝えるように頼まれ、その要請は軍用物を違法に処分することを教唆することであるという事実と趣旨を伝えられ、乙が犯行を決意して軍用物を処分することを知りながら容認して乙に軍用物処分を要請した。犯罪を実行ように要請することを知りながら、他人に頼まれた通りにこの要請を乙に伝えて乙に犯罪を決意させることは、教唆に該当する（大法院判決1974.1.29, 73ド3104）。

（2）連鎖教唆

連鎖教唆は、再間接教唆およびそれ以上の教唆の教唆を意味する。間接教唆と同様に再間接教唆が前の間接教唆者も行為事情を知っていると思いながら教唆し、中間教唆者らと正犯の実行の間に因果関係が認められる限り、可罰性があると評価しうる（通説）。

3　教唆の未遂

被教唆者が実行に着手したが未遂に留まったとき、すなわち「狭義の教唆未遂」と、「企図された教唆」の場合を合わせて、教唆の未遂という。企図された教唆とは、「失敗した教唆」と「効果ない教唆」を意味する。失敗した教唆とは、教唆したが被教唆者が犯罪の実行を承諾しなかった場合（第31条第3項）と、教唆前にすでに犯罪を決意していた場合である。効果のない教唆とは、被教唆者が犯罪の実行を承諾したが、実行の着手に至らなかった場合（第31条第2項）を意味する。

刑法は、効果のない教唆に対しては教唆者と被教唆者を予備・陰謀に準じて処罰（第31条第2項）し、被教唆者が犯罪実行を承諾しなかった失敗した教唆に対しては教唆者だけを予備・陰謀に準じて処罰（第31条第3項）する。

刑法が企図された教唆の可罰性を認めることは、共犯の独立した法益侵害性を一定程度考慮したためであるが、教唆の未遂で処罰せず、予備・陰謀に準じて処罰するとしているのは、共犯の従属性を考慮したためである。結局、韓国刑法は、共犯の本質に対して、共犯独立性説と共犯従属性説の折衷説である混合的惹起説をとっていると思われる。

474　第2編　犯罪論

第10節　幇助犯

I　幇助犯の意義と構造

1　意　義

幇助犯 (Beihilfe) は、正犯の犯罪実行を幇助した者である (第32条第1項)。幇助は正犯の構成要件実行を可能若しくは容易にする行為または正犯による法益侵害を強化することを意味する。

幇助には言語幇助と挙動幇助がある。言語幇助は、知的・精神的幇助であり、すでに犯罪を決意している者に対して決意を強化させ、助言する点で教唆犯と区別される。挙動幇助は、技術的・物理的幇助を意味し、行為支配がない点で共同正犯と区別される。

いくつかの場合、各則に幇助行為が特別構成要件として規定されている。たとえば、逃走援助 (第147条)、阿片吸食など場所提供 (第201条第2項)、自殺幇助 (第252条第2項) などはそれ自体が正犯の実行故意であり、第32条は適用されない。

2　構　造

幇助犯は故意で他人を幇助して、被幇助者に故意による具体的違法行為を実行させることが構造的特徴である。したがって、過失による幇助や過失に対する幇助は不可能であるが、保障人的地位にある者の不作為による幇助は可能である。

II　成立要件

1　幇助犯の幇助行為

(1)　幇助行為

(a) **意義**　幇助行為は、正犯の構成要件実現を可能にし、若しくは容易にする行為、または正犯による法益侵害を強化するすべての行為を意味する。すでに犯行を決意している者の実行を援助する行為である点で教唆行為と区別され、不法の質と程度も教唆より弱い。

(b) **方法および態様**　幇助行為は、精神的もしくは物理的方法によって可能であり、また作為もしくは不作為によっても可能である。正犯の実行を手伝うことであれば足り、方法は何ら限定されていない。たとえば、言語による助言・激励、犯行道具の貸与、

犯行場所の提供、犯行資金の提供など正犯に安心感を与え犯行の決意を強化する場合、および窃取した贓物を処分する約束などが含まれる。

(c) 幇助行為の完結性　幇助行為自体の完結性は、教唆行為と同様に幇助犯成立においても重要ではない。幇助行為自体が不完全であり、または中止された場合であっても、正犯の実行行為の法益危害を増大させ、因果関係が認められれば幇助犯が成立する。幇助行為を基準として未遂・既遂を判断する必要はない。

> 《判例》　証券会社の従業員である甲は、株の入出金手続きから株の管理に必要な手続を的確に知りながら、乙に丙の株を引き出してくれれば管理すると約束し、乙は株の引出手続きに関する出庫伝票を偽造して、これを引き出した。甲は、自分が管理する証券口座に入庫して管理・運用した。刑法上、幇助行為は正犯の実行行為を容易にする直接・間接の行為を意味する。しかし、幇助は有形的・物理的幇助だけではなく、正犯の決意を強化させる無形的・精神的幇助まで含まれる。したがって、甲は私文書偽造罪の幇助犯の責任を負う（大法院判決 1995. 9. 29, 95 ド 456）。

不作為による幇助が成立することは、不作為による教唆が否定されることと対称的である。

> 《判例》　従犯の幇助行為には、作為だけではなく、不作為によることも含まれ、法律上正犯の犯行を防止する義務のある者が、犯行について知りながら防止せず、その犯行を容易にしたときには、不作為による従犯が成立する（大法院判決 1985. 11. 26, 85 ド 1906）。

（2）幇助行為の時期

幇助行為は、正犯の実行行為の着手前後ともに可能である。すなわち、着手前である予備行為の幇助、正犯の決意強化も可能であり、実行行為が終了した後、結果発生前までは幇助が可能である。

正犯の行為が既遂（Vollendung）になっても終了（Beendigung）前までは幇助犯が成立可能であり、放火によって建物に火がついた後ガソリンをまいて全焼させた場合、監禁された者の監禁状態が続くようにする場合、窃盗犯を追跡している者を妨害して逃走を助ける行為などは、すべて幇助に該当する。犯罪が終了した後は、幇助犯は成立しえないため、犯罪完了後の犯人隠匿、証拠隠滅などは、事後幇助ではなく、独立した犯罪庇護になる（第151条、第155条）。

（3）幇助行為と因果関係

幇助行為と正犯の実行行為の間に因果関係が必要か否かについては、通説は必要説である。

476　第2編　犯罪論

　さらに、同説は、①合法則的条件説（幇助行為が正犯の実行行為または正犯の構成要件的結果発生に合法則的条件関係が成立する程度の影響を及ぼし、または寄与したときに、因果関係が充足されると評価する立場[74]）、②相当因果関係説（幇助行為が正犯の実行行為において厳格な条件であるかを問わず、蓋然的な原因行為であれば因果関係が充足されると評価する立場[75]）、③機会増加説（可罰的幇助行為が成立するためには、通常の因果関係や修正された因果関係だけでは不十分であり、幇助行為が特定の構成要件的結果発生の機会を増大させなければならないと解する立場[76]）などがある。

　因果関係必要説が妥当であろう。因果関係が求められるとすれば、その内容が問題になる。幇助犯において要求される因果関係の内容は、日常的な生活経験に照らして有形・無形の幇助行為が正犯の実行行為を容易にし、実行意思を強化させたと認められることで足りる。これは機会増大説の結論に該当する。

　他方、正犯の実行行為と直接関係のない行為を援助したときは、幇助は成立しない。たとえば、間諜に頼まれて手紙や写真を伝送すること[77]、間諜であることを知りながら宿食を提供したこと[78]には、間諜幇助行為は成立しない。甲が乙に犯罪のために使う凶器を提供したが、乙がそれを使わずに犯罪を実行したときは、甲の物理的幇助は成立しないが、例外的にこの凶器提供が乙の犯意を強化させたことが立証できれば、精神的幇助として可罰的幇助になる。

（4）共同幇助

　幇助者が二人以上のときは、機能的行為支配の観点から、正犯の犯罪実行において本質的な機能を共同で遂行した限りで、幇助者相互間に寄与度の差異があっても、全員に共同幇助が成立する。

（5）幇助者の故意

　幇助者には、正犯の犯罪実行を幇助する認識すなわち「幇助の故意」と、正犯が犯罪を実行し既遂に至って結果が発生することを認識する程度の「正犯の故意」が必要である。これを二重の故意という。過失による幇助は成立しえず、場

74　李在祥・498頁、李炯國・363頁。

75　裵鐘大・656頁。

76　金成敦・658頁、金日秀『韓国刑法Ⅱ』351頁、朴相基・484頁、孫ドン權/金載潤・600頁、孫海睦・1095頁、申東雲・649頁、安銅濬・259頁、李廷元・438頁、任雄・448頁、鄭盛根/朴光玟・602頁、Roxin, LK § Rdn. 2 ff.

77　大法院判決 1966. 7. 12,66 ド 470。

78　大法院判決 1965. 8. 17,65 ド 388；1967. 1. 31,66 ド 1661。

合によって過失犯の正犯で処罰しうる。

正犯によって実現される犯罪の本質的要素を認識しなければならないが、具体的な内容まで認識する必要はない。直接的な幇助だけではなく、間接幇助も可能である。間接幇助は正犯が誰かまで知らなくても成立する[79]。

幇助者の故意は、教唆者の故意と同様に、正犯の犯罪の既遂を内容とする故意でなければならず、未遂の幇助は幇助ではない。

幇助犯と正犯の間には、意思の一致は不要である。したがって、片面的教唆犯や片面的共同正犯は成立しえないが、片面的幇助は成立しうる。

2　正犯の実行行為

幇助犯の従属性のために、正犯の実行行為が必要である。正犯は、少なくとも実行に着手しなければならない。幇助犯の実行の着手は、正犯の実行の着手を基準にしなければならない（共犯従属性説）。制限従属形式によれば、正犯の実行行為は構成要件に該当し、違法でなければならない。

正犯の行為は、既遂に至り、または、少なくとも処罰される未遂段階に至らなければならない。正犯が可罰的未遂に留まったときには、狭い意味での幇助未遂が成立して幇助者も未遂で処罰される。しかし、企図された幇助（効果ない幇助と失敗した幇助）、未遂の幇助は、原則的に不可罰である。

正犯が予備段階に留まったときには、その予備の幇助犯は成立するのであろうか。予備は独立した構成要件ではなく既遂という構成要件の修正形式に過ぎないため、予備に対する幇助は成立しえないというのが、大法院の一貫した立場である（大法院判決1976. 5. 25,75ド1549；1978. 2. 28，77ド3406；1979. 11. 27,79ド2201）。

しかし、正犯が既遂に至るために実行の決意をし、その客観化の表現として予備行為をすれば、実行の着手を未然に防止する立法者の意図に照らしてみれば独立の犯罪とみなされる。この場合、予備の不法は独自性をもつため、予備罪が成立する限り、それに対する幇助の処罰も可能である。

79　大法院判決2007. 12. 14,2005ド872；「著作権法が保護する複製権の侵害を幇助する行為は、正犯の複製権の侵害を容易にする直接・間接の行為であり、正犯の複製権侵害行為中に幇助する場合はもちろん、複製権侵害行為に着手する前に将来の複製権侵害行為を予想して、これを容易にする場合も含まれ、正犯によって実行される複製権侵害行為に対する未必の故意があれば十分であり、正犯の複製権侵害行為が行われる日時、場所、客体などを具体的に認識する必要なく、さらに正犯を確定的に認識する必要はない。」

478　第2編　犯罪論

III　処　罰

　幇助犯の刑は正犯の刑より減軽する（第32条第2項）。幇助犯は必要的減軽である。正犯が可罰的な未遂に留まったとき、幇助犯の刑は二重に減軽される。ただし、特別な場合、たとえば、間諜幇助（第98条第1項）・関税法違反（第271条第1項）などは、幇助犯に正犯と同一の刑を科するように規定している。これが幇助犯に対する必要減軽の例外事由である。

　第33条の適用により身分なき者も真正身分犯の幇助犯になることができる。不真正身分犯における非身分者は基本的犯罪の幇助犯になる。幇助犯は共同正犯または教唆犯と吸収関係である。

IV　関連問題

1　幇助犯と錯誤

（あ）正犯の量的過剰

　正犯の過剰部分に対して幇助犯は責任を負わない。正犯が結果的加重犯を実現したときには、幇助犯もその結果を予見することができる場合に限って、結果的加重犯の幇助犯になる。

> 《判例》　甲は、乙に頼まれて密輸を手伝ったが、その内容物が何か、またはその価格について認識しないまま、密輸品であることを漠然と推測し、犯行に加担した。したがって、甲は、正犯乙が特定犯罪加重処罰法により加重処罰される額数の密輸をすることを認識せず、専ら関税法上の関税脱税行為を幇助することのみを認識した。幇助者の認識と正犯の実行の間に錯誤があり両者の構成要件が異なるときには、原則的に幇助者の故意は阻却される。しかし、構成要件が重なり合う部分があるときは、その限度内で幇助者の責任が認められる（大法院判決1985. 2. 26, 84 ド 2987）。

（い）正犯の質的過剰　　正犯が、性格が全く異なる犯罪を実行したときには、幇助は企図された幇助になる。韓国刑法上、企図された幇助は不可罰である。
（う）正犯が幇助犯の認識より少ない実行をした場合　　正犯の実行行為の範囲内で幇助が成立する。

2　幇助の幇助、教唆の幇助および幇助の教唆

（あ）幇助の幇助
正犯が構成要件に該当し、違法な行為をすれば正犯に対する間接幇助または連鎖幇助

として幇助犯が成立する。

（い）教唆の幇助

不可罰説と可罰説が対立している。教唆の幇助も正犯に対する幇助であり、幇助犯の成立が認められる。ただし、企図された幇助は不可罰であるために、正犯が実効に着手したことを要する。企図された教唆に対する幇助は処罰できない（通説）。しかし、企図された教唆においては教唆者は予備・陰謀に準じて正犯性を獲得するため（第31条第2項・第3項）、予備罪の幇助に準じて処罰対象になることができる。

（う）幇助の教唆
旧刑法は幇助犯の例に準じるように定めていたが、現行刑法はこれを削除した。幇助犯を教唆した者も実質的に正犯を幇助することになるため、幇助犯が成立すると評価する見解もあるが、企図された教唆・幇助の段階を超えて、教唆された幇助犯が正犯に従属し、成立する場合に限って、理論上その教唆者を幇助犯として評価しうる。

3　共犯と不作為

正犯が作為で、共犯が不作為である場合、または、正犯が不作為で、共犯が作為である場合が考えられる。まず、正犯が不作為で共犯が作為であるときには、共犯が成立しうる。たとえば、AがTを教唆または幇助しTの児童を餓死させたときには、AはTの不作為による殺人罪の教唆または幇助犯として処罰される。

他方、正犯は作為で共犯が不作為であるときは、教唆と幇助を分けて考えなければならない。不作為による教唆は成立しえない。しかし、原則的に不作為による幇助は成立しうる。すなわち、幇助者が保障人的地位と義務をもっている場合に限って、不作為による幇助を認める見解である（多数説）。したがって、保障人的地位にある者が保障人的義務に反して正犯の行為による結果発生を防止しない場合には、不作為による幇助犯が成立する。

第11節　正犯・共犯と身分

I　序　説

刑法第33条は、「身分関係により成立する犯罪に加功した行為は、身分関係がない者にも前3条（共同正犯・教唆犯・幇助犯）の規定を適用する。ただし、身分関係により刑の軽重がある場合には、重い刑で罰しない」と規定している。

480　第2編　犯罪論

　同規定は、従来、共犯と身分の問題として扱われてきた。すなわち、身分が犯罪の成立や刑の加重減軽に影響を及ぼす場合に、身分なき者と身分のある者が共犯関係にあるとき、これをどのように扱うべきかに関する問題であった。

　この問題に関して多数説は、第33条の本文が真正身分（構成的身分）の連帯性を、但書が不真正身分（加減的身分）の個別化を規律すると解している[80]。これに対して、本文は真正・不真正身分犯の共犯成立を、但書は不真正身分犯の科刑問題を扱い、したがって、本文が共犯独立性説の例外規定、但書が共犯独立性説の原則規定であると評価する少数説がある[81]。また、近年、本文は真正身分・不真正身分の区別を問わず違法身分に、但書は真正身分犯・不真正身分の区別を問わず責任身分に適用されると評価する見解もある[82]。

　韓国刑法における正犯および共犯と身分の関係を論じるためには、まず身分の概念を確定することから出発しなければならない。

Ⅱ　身分の意義および分類

1　身分の意義

（1）概念および要素

　従来の通説は、日本の判例の定義を受け入れて「男女の性別、内・外国人の区別、親族関係、公務員の資格などに限定せず、一定の犯罪行為に関する犯人の人的関係である特殊な地位また状態」と定義していた。

　しかし、以下のような検討が求められる。

　第一に、身分の継続性に関する問題である。特別な一身的要素には、①性別・年齢・親族関係のような、精神的・肉体的・法的な本質要素になる特別な一身的特徴（Persönliche Eigenschaft）、②公務員・医師・他人の事務を処理する者・法律によって宣誓した証人（第152条第1項）のような、他人、国家または物に対してもつ社会的地位または関係を意味する特別な一身的関係（persönliches Verhältnis）、③以上の身分的特性や身分的関係に属しない特別な身分的要素としての業務性、

80　權五杰・637頁、金聖天/金亨埈・437頁、朴相基・495頁、裵鐘大・667頁、成樂賢・656頁、孫ドン權/金載潤・613頁、孫海睦・1111頁、安銅準・265頁、李相暾・626頁、李榮蘭・512頁、李在祥・506頁、李廷元・450頁、李泰彦・494頁、李炯國・370頁、任雄・499頁、鄭英一・425頁、鄭鑛連/申東澈・393頁、曺俊鉉・344頁。

81　白南憶・316頁、申東雲・695頁、廉政哲・489頁、鄭榮錫・270頁、陳癸鎬・564頁。

82　朴陽彬「共犯と身分」考試研究（1991.6）48頁、鄭盛根/朴光玟・612頁、崔善鎬・396頁。

常習性、累犯および特別な心情要素のような特別な一身的状態（persönliche Umstände）が含まれる。

一身的特性や関係の本質的要素は継続性であるため、従来、身分要素は常に継続性を必要とするかが議論された。その後、特別な一身的状態は必ずしも継続性をもつ必要はなく、一時的性格をもった場合にも成立しうることが認識され、今日、身分は必ずしも継続性をもつ必要がない点が確認された（多数説[83]）。他方、一回的で偶発的に発生した人的状態は排除されるという反対意見もある[84]。

第二に、身分要素は、行為者に関する要素（täterbezogene Merkmale）でなければならない。特別な身分的関係または身分的特性以外に、不真正不作為犯における保障人的地位ないし義務も、行為者関連要素として身分性をもつ。行為に関する要素は、行為者の人的不法に係わるものであっても、共犯と身分関係の適用対象である身分要素になることはできない（通説）。たとえば、一般的な主観的不法要素である故意と特別な主観的不法要素である目的・表現・傾向などは、行為関連要素であるため身分概念に含まれない。制限従属形式によればこのような行為関連要素は共犯にも帰属させることができるためである。

（2）要　約

（ⅰ）身分は犯罪の成立や刑の加減に影響を及ぼす一身上の特性・関係・状態である。

（ⅱ）身分の継続性は要件ではない。

（ⅲ）身分は行為者関連要素でなければならない。したがって、行為関連要素である主観的不法要素、すなわち、故意・目的・傾向・表現は身分から除外させるべきである。

身分における継続性が不要であることを前提に、通説と異なり、継続性のない一時的心理状態である動機・営利の目的・行使の目的などの主観的不法要素も、第33条本文と但書の身分の概念に含ませる少数説[85]と判例（大法院判決 1994. 12.

83　權五杰・629頁、裵鐘大・663頁、孫海睦・1103頁、成樂賢・649頁、李在祥・503頁、李廷元・446頁、李炯國・367頁、鄭盛根/朴光玫・607頁、陳癸鎬・561頁、車鏞碩「共犯と身分」考試研究（1926. 5）24頁、Dreher/Tröndle, § 28 Rdn. 6；Jescheck/Weigend, S. 658；Samson, SK § 28 Rdn. 22.

84　權文澤『刑事法講座Ⅱ』783頁、廉政哲『総論（8人共著）』435頁、成時鐸「共犯と身分」考試界（1978. 2）66頁、金成敦・666頁、申東雲・690頁、吳英根・650頁、李相暾・622頁、任雄・495頁。

85　鄭盛根・606頁、車鏞碩・前掲24頁以下。

482　第2編　犯罪論

23,93 ド 1002）もある。

> 《判例》　甲は乙を謀害（≒虚偽の罪に陥れること）するために丙に偽証をすることを教唆し、丙は自分の記憶に反する内容の証言をした。刑法第33条における身分関係は、男女の性別、内外国人の区別、親族関係、公務員の資格のような関係だけではなく、一定の犯罪行為に関する犯人の人的関係である特殊な地位または状態を示す。刑法第152条において、偽証をした犯人についての刑事事件の被告人などに対する謀害目的の有無は、犯人の特殊な状態により犯人に科せられる刑の軽重を区別しているものであるため、刑法第33条但書における身分関係によって刑の軽重がある場合に該当する。また、刑法第31条第1項は、狭義の共犯である教唆犯につき、その成立と処罰が正犯に従属するという一般的な原則を宣言するに過ぎない。したがって、身分関係により刑の軽重が決まるときは、身分のある者が身分なき者を教唆して罪を犯せば、刑法第33条但書が刑法第31条第1項に優先して適用され、身分のある教唆犯が身分なき正犯より重く処罰される。結局、甲は謀害偽証教唆罪、丙は偽証罪の罪責を負う（大法院判決 1994. 12. 23,93 ド 1002）。

この判例が謀害目的を身分関係として評価したことは身分概念の拡張であり、誤った結論である。甲には偽証教唆が成立する。

2　身分の分類

　身分の分類の伝統的な方法は第33条の本文と但書の文言を中心に構成的・加減的・消極的身分に分ける立場である。これと異なり違法身分と責任身分とに分類する新たな試みもある。身分の分類方法は、後述する第33条の本文と但書の意味と関係の解釈と係わるため、第33条の解釈論の前提だといえる。

（1）伝統的な分類

　(a)　構成的身分　　一定の身分があれば犯罪が成立するとき、身分は可罰性を構成する要素として作用する。これを構成的身分と呼ぶ。また、構成的身分を必要する犯罪が真正身分犯である。身分の錯誤は故意を阻却し、身分なき者は単独で身分犯の主体になることはできない。収賄罪（第129条）、偽証罪（第152条）、横領および背任罪（第355条）などがこれに当たる。

　(b)　加減的身分　　身分がなくても犯罪は成立するが、身分によって刑罰が加重・減軽される場合である。これを不真正身分犯と呼ぶ。尊属殺人罪（第250条第2項）における直系卑属、嬰児殺害罪（第251条）における直系尊属、業務上横領罪（第356条）における業務上の地位などが挙げられる。身分は刑罰を加重または減軽する人的要素として機能するだけであり、身分なき者に対しても通常の犯罪は成立する。したがって、加減的身分の錯誤は故意を阻却することができず、第15条第1項によって軽い罪として処罰される。

第10章　正犯および共犯の理論　　483

(c) 消極的身分　　消極的身分は、身分によって犯罪の成立または刑罰が阻却される身分である。立法例によっては明文の規定がある場合もあるが、これに対して韓国刑法には明文規定は存在しない。消極的身分は、以下のように三つの類型に分けて説明しうる。

(あ) 違法性阻却的（不構成的）身分

一般人に禁止された行為が特定身分者に限って許される場合である。たとえば、医療法において活動が許されている医師、弁護士法において活動が許されている弁護士の身分などが挙げられる。

(い) 責任阻却的身分

身分者の行為も構成要件に該当する違法行為になるが、特定身分の存在により責任が阻却される場合の身分である。たとえば、犯人蔵匿罪（第151条第2項）、証拠隠滅罪（第155条第4項）における親族・戸主・同居中の家族の身分と、14歳未満の刑事未成年者の身分がこれに該当する。

(う) 刑罰阻却的（処罰阻却的）身分

犯罪は成立するが、特定身分の存在により刑罰が免除される身分である。たとえば、親族相盗例（第344条、第328条）における親族の身分がこれに該当する。

(2) 新たな分類

伝統的な分類方式を形式主義ないし実証主義であると批判し、身分をその法的性質によって新たに区別しなければならないという主張である。ツィンマール（Zimmerl）が、このような立場から違法身分・責任身分に分けることを主張して以降、スイスおよびオーストリア刑法において採択された。この分類方法を、刑法第33条の解釈において用いる新たな試みがある。

すなわち、正犯行為の結果反価値を根拠づけ、または阻却する身分が違法身分であり、行為者の責任非難（非難可能性）に影響を及ぼし、またはこれを阻却する身分が責任身分である。前者は構成的・加減的身分をすべて第33条本文における身分であると評価して、これに加功した共犯に連帯的に、後者は構成的・加減的身分を第33条但書の身分であると評価し、個別的に責任を負わなければならないと解する。新見解によれば、加減的身分も、その法的性質が違法身分であれば、第33条本文の連帯的作用を、責任身分であれば、それが構成的であっても、但書の個別的な作用を受けることになる[86]。

86　朴陽彬「共犯と身分」考試研究（1991.6）43頁以下、鄭盛根/朴光玟・612頁、車鏞碩「共犯と身分」月刊考試（1986.2）35頁以下、崔善鎬「共犯と身分に関する研究」（1986）82頁以下。

484　第2編　犯罪論

違法身分には、構成的身分において示したもの以外に、職権濫用罪の公務員、看守者逃走援助罪の看守者、業務上過失贓物罪の業務者、全ての違法性阻却的身分がこれに該当する。他方、責任身分には、尊属犯罪における直系卑属、嬰児殺害罪における直系尊属、常習犯の常習性、業務上過失犯罪の業務者、14歳未満の者、心神喪失者、心神耗弱者、責任阻却的身分などが属する[87]。

従来の通説と新見解の大きな差は、加減的違法身分に対して新見解が可罰性を拡大適用する解釈論であることである。新見解は、構成的責任身分に対しては可罰性を縮小する解釈論であるが、構成的責任身分は実際には韓国立法例において存在しないため、重要ではない。

結局、韓国刑法第33条の解釈適用においては、新見解に従うことはできない[88]。原則として伝統的解釈論に立脚した通説が妥当である。

III　刑法第33条の解釈論

1　基本的な立場

刑法第33条本文と但書の関係を論じるとき、多数説は、本文は真正身分犯に加功した非身分犯者にも身分の連帯的作用を規定したものであり、但書は不真正身分犯の共犯成立とその科刑に対する規定と理解している。但書が非身分者を重い刑で罰しないと規定したことは責任の個別化を宣言したものであり、この点は、共犯従属性説のうち制限従属形式の当然の帰結である。

これに対して少数説は、但書の身分を科刑の問題として理解し、本文の身分の連帯的作用を不真正身分犯まで拡大適用し、本文と但書の間に発生する矛盾の解消を図る。本文の身分が真正・不真正身分犯を含んだ身分犯一般に対する共犯の成立問題を、但書は特に不真正身分犯に限って科刑の問題を規定したものとして、本文は共犯独立性説の例外規定、但書は共犯独立性説の原則規定であるとする。

少数説は、多数説に対して次のように批判する。

①　本文が真正身分犯に限って適用されると解すると、不真正身分犯に対して

87　鄭盛根/朴光玫・609〜610頁。
88　申東雲教授は、刑法上の身分を不法身分・責任身分として分ける少数説は、刑法第33条の独自性について説明できず、また、不法身分と責任身分の区別が明確でないため法的安定性を害し、身分関係に関する総論的検討を放棄し、個別条文の解釈問題に後退する問題点があると指摘する（『刑法総論』695頁）。

共犯成立の根拠規定が欠けていることになる。

② 刑法第33条但書が不真正身分犯の科刑に対して規定したことは明らかであり、本文を真正身分犯に制限して適用する根拠はない。

しかし、このような批判に対して、多数説の立場は次のように反論する。

① 本文を不真正身分犯に対して適用し、共犯成立の根拠を設定すれば、真正身分犯に対する科刑に関する科刑の規定がなくなる。

② 本文は「身分関係により成立する犯罪」と規定しているが、不真正身分犯は身分関係により成立する「犯罪」ではない。

③ 不真正身分犯は、刑の加重減軽の原因になる個人的事情を共犯まで拡大することはできず、拡大後再び個別化することも無意味である。

以上が第33条本文、但書をめぐる観点の差異であるが、多数説も少数説も、身分の分類において伝統的分類による点は差異がない。どの説をとっても構成的または加減的身分に加功した共犯が結果的に帰着する刑の重さは同様であり、その過程が異なるだけである[89]。

2 刑法第33条本文の解釈

（ⅰ）真正身分犯に加担した非身分者は、真正身分犯の共同正犯または共犯になる。本文は共同正犯に対して違法連帯を、共犯に対して従属性強化を規定しているためである。従来は、身分者は「身分の存在」という正犯要素がないため身分犯の共同正犯になることができるか否かについて議論があったが、刑法は「前3条の規定を適用する」として、立法的に解決した。

《判例》 刑法第30条の共同正犯は、共同加功の意思とその共同意思による機能的行為支配を通じた犯罪実行という主観的・客観的要件を充足することで成立し、共謀者の一部が構成要件的行為のうちその一部を直接分担して実行しない場合であっても、犯罪全体において占める地位、役割や犯罪経過に対する支配ないし掌握力などを総合してみる

---

[89] しかし、申東雲教授は、多数説と少数説によって確定される罪名が異なるとき、公訴時効に差異があるため学説対立の実益があることを指摘する（『刑法総論』696頁）。たとえば、甲が乙（息子）とともに丙（夫）を殺害すれば、多数説によれば、甲は普通殺人罪、乙は尊属殺人罪になるが、少数説によれば、甲と乙は尊属殺人罪の共同正犯になり、甲は普通殺人罪の法定刑で処罰されるため、公訴時効において差異が発生する。

486　第2編　犯罪論

> と、単純な共謀者ではなく犯罪に対する本質的寄与を通じた機能的行為支配が存在すると認められれば共謀共同正犯としての責任を免れることができず、このような法理は公務員ではない者が公務員と共謀して職権濫用権利行使妨害罪を犯したときも同様である（大法院判決 2010. 1. 28,2008 ド 7312）。

注意：刑法第33条本文の「構成的違法身分の違法連帯の原則」は、無制限に適用されるものではない。真正身分犯のうち、行為者関連身分犯ないし義務犯に該当する犯罪では、各行為者の身分上の義務違反がない限り正犯性を取得できないため、身分なき者が他人の身分を用いて身分犯の共同正犯になることはできない。したがって、第33条本文の真正身分犯に対する共同正犯の成立範囲は、義務犯的真正身分犯の範囲に属する行為者関連身分犯を除外した真正身分犯、すなわち、結果関連身分犯に限って適用されると解すべきである。

（ⅱ）非身分者は身分犯の間接正犯になることができるであろうか。たとえば、公務員ではない者に対する収賄罪の間接正犯の成立を認める見解がある[90]。判例もこれを肯定する（大法院判決 1992. 1. 17,912837 ド；2011. 5. 13,2011 ド 1415）。しかし、刑法第33条本文は、非身分者は共同正犯になることはできるが、単独で真正身分犯の正犯になることができることを意味するものではないため、多数説はこれを否定している。非身分者には、真正身分犯の正犯適格が欠如しているためである[91]。

（ⅲ）第33条本文が、非身分者が身分者に加功した場合に適用されることは明らかであるが、身分者が非身分者に加功した場合はどうなるのであろうか。行為共同説により、第33条本文が適用されなければならないと主張する見解もある。しかし、本文の身分は構成要件要素であり、非身分者の行為には構成要件該当性がないため、身分者が非身分者を利用して真正身分犯を犯したときには、身分なき故意ある道具を利用した間接正犯が成立すると解すべきである（多数説）。

3　同条但書の解釈

（ⅰ）非身分者が不真正身分犯に加功した場合、身分者には不真正身分犯、非身分者には、加担の程度に応じて、通常犯罪の共同正犯または教唆犯・幇助犯が成立する。「重い刑で処罰しない」とは、尊属殺人罪のように不真正身分犯が加重的

90　朴陽彬「共犯と身分」考試研究（1991. 6）47頁、申東雲「共犯と身分」考試界（1991. 12）45頁、申東雲・700頁、陳癸鎬・566頁、車鏞碩・前掲35頁。

91　金成敦・677頁、金聖天/金亨埈・439頁、朴相基・494頁、裵鐘大・668頁、孫ドン權/金載潤・615頁、李相暾・632頁、李在祥・507頁、李廷元・394頁、任雄・501頁、鄭盛根/朴光玟・616頁、鄭英一・413頁、鄭鎮連/申梨澈・394頁。

身分犯であるときには、これに加担した非身分者に重い刑である尊属殺人罪を適用せず、普通殺人罪の共同正犯や教唆または幇助犯として処罰することを意味する。従来の通説は、但書は責任個別化の原則について規定したものであると解している。しかし、但書は、不真正身分犯の共同正犯に対して違法身分の連帯解除を、不真正身分犯の共犯に対して従属性緩和を規定したと解すべきである。

（ii）加重的身分犯においては、この原則が妥当であるが、減軽的身分犯には、加功者の正犯・共犯の成立および科刑に関する解釈上の問題がある。たとえば、Aが未婚の母であるBの嬰児殺害に加担したとき、Aを重い普通殺人罪の共犯として処罰するのか、嬰児殺害罪の共犯として処罰するのかが問題になる。刑法において重い刑で罰しないと規定されている以上、非身分者は常に軽い罪で罰しなければならないと解する立場と[92]、軽い罪で処罰すれば但書の責任個別化原則の趣旨に反するため、減軽事由は常に身分者一身に制限され、共犯に影響を及ぼさないと解する見解[93]に分かれている。従属性緩和の原則からすれば、正犯の責任減軽身分にまで共犯が従属する根拠はないため、このような身分要素がない共犯には通常の犯罪が適用されなければならない。判例も同様である（大法院判決1994. 12. 23,93 ド 1002）。

（iii）他方、本文と異なり但書は、身分者が非身分者に加功するときに適用されることに対しては、異論がない（通説）。刑法第33条の但書が従属性緩和の原則を採用している限り、非身分者の行為に不真正身分犯が加担しても、不真正身分犯の共犯として規律されなければならない。たとえば、AがBを教唆して自分の父であるCを殺害すれば、Bは普通殺人罪の正犯、Aは尊属殺人罪の教唆犯になる。

（iv）従来、韓国の判例は、少数説により、不真正身分犯に加担した非身分者に不真正身分犯の共犯が成立し、但書により科刑において重くない刑を科する立場であった（大法院判決1961. 8. 2,4293 ヒョンサン 4294；1961. 12. 28, 4294 ヒョンサン 564）。その後、多数説により、非身分者に通常犯罪の成立を認めた（大法院判決1986. 10. 28,86 ド 1517）。犯罪の成立と科刑は不可分の関係であることを考慮すれば、多数説による判例が妥当である。

92　權文澤・前掲791頁、申東雲・前掲47頁、吳英根・661頁、陳癸鎬・565頁。

93　朴相基・470頁、裵鐘大・669頁、安鋼準・266頁、李在祥・510頁、任雄・504頁、鄭盛根/朴光玫・619頁、曺俊鉉・346頁。

488　第2編　犯罪論

> 《判例》　甲は、銀行員である乙と銀行預金者の預金を得ることを共謀し、預金した金を横取りした。このように、銀行員でない者が銀行員と共謀して業務上背任罪を行っても、これは業務上他人の事務を処理する身分関係により刑の軽重があり、このような身分関係がない者に対しては、刑法第33条但書により処罰すべきである。したがって、甲は、刑法第356条の業務上背任罪の共同正犯ではなく、第355条第2項の背任罪の責任を負う（大法院判決 1986. 10. 28, 86 ド 1517）。

4　要　約

（ i ）刑法第33条本文は、構成的（違法）身分の違法連帯（共同正犯）および従属性強化（共犯）を規定したものである。

（ ii ）刑法第33条但書は、加減的違法身分の連帯解除および従属性緩和の規定として理解すべきである。従来、通説は、但書を責任個別化原則として評価したが、刑法上、但書の責任個別化は、責任加減的身分に限って認めるべきであろう。

5　必要的共犯と身分に関する規定の適用

必要的共犯にも、共犯と身分に関する刑法第33条が適用できるのであろうか。集合犯では第33条の適用が完全に排除されるが、対向犯はその適用が制限されるだけである。

（1）集合犯

内乱罪・騒擾罪・合同犯などの集合犯は、身分を要する犯罪ではないため、第33条の適用は問題にならない。ただし、加重窃盗（第331条第1項）は、複数の窃盗犯のうち一人に常習または親族のような身分があれば、第33条但書および第328条第3項が適用される。

（2）対向犯

賭博罪・姦通罪・賄賂罪などの対向犯では、必要的共犯相互間には第33条は適用されないが、第三者が必要的共犯の一方に加担したときは、第33条が適用される可能性がある。

(a)　**常習賭博罪（第246条第2項）**　　常習者は身分者である。しかし、この身分は構成的身分ではなく、加重的身分として量刑の根拠に係わっているだけであり、これに対しては第33条本文は適用されず、但書だけが適用される。たとえば、常習賭博者を唆しても単純賭博罪として処罰される。

第10章　正犯および共犯の理論　489

　(b) **姦通罪（第241条第1項）**　姦通罪における配偶者のある者は、身分犯である。必要的共犯である姦通当事者の間には、第33条は適用されない。第三者がこれに関与したときには、その身分は構成的身分であるため、加担者に第33条本文が適用されうる。ただし、姦通罪は自手犯の性格をもっているため、共同正犯の適用は、第33条本文があるにもかかわらず、制限されると解釈すべきである。

　(c) **賄賂罪**　賄賂罪の場合は、必要的共犯である共犯者相互間には、第33条本文は適用されない。真正身分犯である収賄罪では、公務員という身分は構成的身分であるため、非身分者である第三者がこれに加功したときには、第33条本文により収賄罪の教唆犯または幇助犯の規定が適用される。第33条本文は、今日では正犯の成立を認めるが、義務犯の真正身分犯である収賄罪には、非身分者の共同正犯成立の可能性が排除されるよう、制限的に解釈すべきである（目的論的縮小解釈）。

> 《判例》　売買のように二人以上の対向の行為の存在を必要とする関係においては、共犯や幇助犯に関する刑法規定は適用されず、売渡人に対する別途の処罰規定がない限り、売渡人の売渡行為は、対抗的行為の存在を必要とする相手の買取行為に対して、共犯や幇助犯の関係には立たない（大法院判決2001. 12. 28,2001ド5159）。

IV　消極的身分と共犯

1　違法性阻却的身分と共犯

　（i）違法性阻却的身分者の行為に非身分者が加功したときには、身分者の適法行為に非身分者が関与したことになり犯罪は成立しない。

　（ii）身分者が非身分者の行為に加功したときには、身分者も一般人と共に法益を侵害することができるため、第33条本文の趣旨に照らして共犯の成立が肯定される[94]。この場合、共犯の範囲には、狭義の共犯以外に共同正犯も含まれる。

　他方、大法院判例はこの問題に対して統一した立場を確立していない。

> 《判例》　医療者が、医療者や医療法人ではない者の医療機関開設行為を共謀してこれに加功すれば、医療法第66条第3号、第30条第2項違反罪の共同正犯が成立する（大法院判決2001. 11. 30,2001ド2015）。
> 《判例》　医師である被告人が、その使用人などを教唆し、医療法に違反する行為をさせた場合、被告人は医療法関連規定および刑法総則の共犯規定により、医療法違反教唆

94　權文澤・前掲794頁、金成敦・680頁、朴相基・499頁、裵鐘大・670頁、孫ドン權/金載潤・621頁、孫海睦・1115頁、申東雲・706頁、安銅準・266頁、李在祥・511頁、李炯國・371頁、任雄・505頁、鄭盛根/朴光玫・621頁、陳癸鎬・569頁。

490　第2編　犯罪論

の責任を負う（大法院判決 2007. 1. 25,2006 ド 6912）。

《判例》　弁護士でない者が、弁護士を雇い法律事務所を開設・運営する場合、弁護士でない者が弁護士を雇用し、弁護士は弁護士でない者に雇用されるという対向的な行為の存在が必要であり、弁護士でない者に雇用された弁護士が、雇用の趣旨に基づいて法律事務所の開設・運営に一定程度関与することは当然予測しうるため、このように弁護士が弁護士でない者に雇用され法律事務所の開設・運営に関与する行為に対して以上の犯罪が成立することは、予想しうるだけではなく犯罪の成立に不可欠なものであるが、これを処罰する規定がない以上、その立法趣旨に照らしてみると弁護士でない者に雇用され法律事務所の開設・運営に関与した弁護士の行為は、一般的な刑法総則の共謀、教唆または幇助に該当しても弁護士を弁護士でない者の共犯として処罰することはできない（大法院判決 2004. 10. 28,2004 ド 3994）。

2　責任阻却的身分と共犯

（i）責任阻却的身分者に非身分者が共同正犯・教唆犯・幇助犯の形式で加担したときには、身分者の責任は阻却され処罰されないが、非身分者の犯罪成立には影響しない。これは、共犯の制限従属形式（正犯の不法な行為に従属）の当然の帰結である。仮に、この場合に非身分者が意思支配をしていれば、間接正犯が成立しうる。

（ii）責任阻却的身分者が非身分者を教唆・幇助するときには、非身分者の犯罪が成立することについては異論がないが、身分者に対しては見解が分かれる。この場合、責任身分による不可罰の範囲を逸脱したと評価して共犯成立を認める見解もあるが、責任個別化原則により責任が阻却されると解すべきである[95]。

3　刑罰阻却的身分と共犯

（i）身分の存否は犯罪の成立と関係なく、政策的理由から国家刑罰権の行使を制約した場合として、通説は、親族相盗例により刑が免除される身分をその例として挙げている。非身分者がこれに加功したときには、両者に犯罪は成立するが、身分者は刑罰が阻却される（第344条、第328条第1項）。

（ii）親族が第三者に家族の財物の窃盗を教唆した場合、責任阻却的身分の例と同様に、新たな犯罪者を産出する行為として、窃盗罪の教唆犯として処罰すべきであると解する見解もある[96]。しかし、制限従属形式による限り、犯罪が直接に

95　裵鐘大・671頁、孫ドン權/金載潤・624頁、孫海睦・1116頁、李在祥・512頁、鄭盛根/朴光玟・622頁。

96　權文澤・前掲795頁、金鍾源「共犯と身分」法政（1976. 1）51頁。

行われたか、間接的に行われたかは重要ではなく、刑罰が阻却されると解すべきである[97]。

> 《**判例**》 被告人は、自分の弟が罰金以上の刑に該当する罪を犯した者であることを知りながら、第三者に対して捜査機関に虚偽の供述することを教唆した。刑法第151条第2項に規定されている親族が犯人本人を逃避させた場合に該当しないため、犯人逃避罪の教唆犯として責任を負う（大法院判決1996.9.24,95ド1382）。

---

97 裵鐘大・671頁、孫ドン權/金載潤・624頁、李在祥・512頁、任雄・505頁、鄭盛根/朴光玟・623頁。

第3編　罪数論

第1章　罪数論総論

第1節　罪数論の意義

罪数論は、犯罪の数が一個であるのか複数であるのかについて、議論する領域である。犯罪の数によって、刑罰の適用だけでなく、刑訴訟法上の法的効果においても差異が生じる。

刑法総則第2章第37条から第40条までででは、併合罪と観念的競合について規定している。学者によっては累犯規定（第35条）も罪数論において論じるが、刑罰論において論じるべきであろう。

第2節　罪数決定の基準

I　学説の現況

犯罪の数を決める基準に関して、以下のような学説がある。

1　行為標準説

この見解は、自然的意味の行為の個数によって犯罪の数を決める。行為には、原則として意思表出と結果が含まれるがゆえに、両者のうち、一つが単一であれば行為は一個であり、罪数も一個になる。同説によれば、連続犯は数罪であるが、観念的競合は一罪である。同説は、数個の行為によって一個の構成要件が実現されることを説明できず、さらに、根本的に構成要件を解釈学的に考慮して行為を見なければ、自然的意味において行為が一個であることを認識できないことが指摘される。

2　法益標準説

この見解は、犯罪行為によって侵害される保護法益の数や結果の数に基づい

て、罪数を決定する。また、法益の主体を生命・身体・自由・名誉などの一身専属的法益と財産罪などのような非一身専属的法益に区別して、前者の場合は被害主体ごとに一個の罪が成立すると解する。この立場によれば、観念的競合は実質的に数罪であるが、科刑上一罪として取り扱うことになる。

しかし、複数の行為態様により同一の法益を侵害することは可能であり、それによって数個の構成要件に該当することがありうるが、法益標準説はこれを一罪として取り扱うという問題がある。

3　意思標準説

この見解によれば、犯罪意思の数を標準にして罪数が決まる。したがって、犯意が一個であれば一個の行為と一個の犯罪だけが認められるが、犯意が数個であれば数個の犯罪が認められる。同説では、観念的競合はもちろん連続犯も意思単一性が認められる。

同説は、一個の犯罪意思に基づいて多数の犯罪結果が発生しても一罪として評価するため、批判されている。さらに、そもそも犯罪意思の単一性は、認識論的に構成要件を解釈して明らかになるという問題がある。

4　構成要件標準説

この見解は、構成要件該当事実の単数・複数によって罪数を決める。同説によれば、観念的競合は本質的に数罪であるが、科刑上一罪として取り扱うものであるとする。

しかし、同説は、繰り返される行為が同一の構成要件に該当するときには（たとえば、接続犯や連続犯）、罪数について明らかにすることができない。これは、構成要件と行為の間の解釈学的な相互関係を考慮していないことに関する指摘である。

Ⅱ　罪数決定の一般理論

1　問題点

罪数は、犯罪を総合的に考慮して、合目的的に決定すべきであることについては、意見が一致している。しかし、このような総合的・合目的的な罪数決定を合理的に統制する理論の基準を決めることはできなかった。したがって、以下では

認識論的・方法論的な問題意識の中で、罪数決定に関する一般理論を展開する。

2 罪数決定の一般理論

(1) 多数または多種の構成要件侵害 (構成要件侵害の多数性)

(a) 罪数決定に関する基礎的な意味上の共通前提　ある犯罪が数罪になるためには、構成要件が数個または数回侵害されなければならない。言い換えれば、構成要件の多数または多種の侵害は、数罪になるための必要条件である。この点は、憲法的地位をもつ「法律なければ犯罪なし」という罪刑法定原則に含まれた罪数決定に関する基礎的なコンセンサスであるといえる。

(b) 行為統合的構成要件の規範プログラム　後述する行為単一性が認められない場合であっても、外見上数個の罪を犯しているようにみえるが、構成要件がすでに数個の行為をその典型的な犯罪形式ないし存在形式とすることによって、数個の行為が一個の構成要件を侵害する場合がある。このような構成要件を行為統合的構成要件 (Die handlungsvereinigenden Tatbestände) という。すなわち、行為統合的構成要件は、多数の行為による構成要件の実現をプログラム化している。これには四つの行為形態がある。

（ⅰ）それぞれ独立した構成要件に該当しうる数個の行為（たとえば暴行と窃盗）が結合して一個の犯罪（例：強盗罪）として規律される構成要件（例：強盗罪・強盗殺人・強姦罪など）は、各々一つの行為として認められる行為を罪数論上一つの行為として統合させる行為単一性に関する法規範的基準である。したがって、従来、包括一罪の一つとして取り扱われてきた結合犯は、単純一罪に過ぎない。

（ⅱ）一定の時間の継続を通じて効果的な結果達成が可能になりうる犯罪（継続犯）において、構成要件的行為によって惹起された違法状態を維持するための行為は、行為自体は同様の構成要件を再び充足する場合であるが、行為単一性が認められる。継続犯の構成要件は、違法状態を維持するための行為と違法状態惹起行為の不可分的関連を予定する典型的犯罪形式の存在方式に該当するためである。したがって、従来、包括一罪の一つとして取り扱われてきた継続犯も、単純一罪に過ぎない。

（ⅲ）刑法第114条（犯罪団体組織罪）のように、一つの犯罪形式が、反復される数個の行為実行のなかで存在する場合、反復される数個の行為は一つの行為として評価される。

（ⅳ）その他、常習犯・営業犯などのように、行為者の一定の違法な生活を営む態度を客観的に表現する個々の行為も、当該構成要件によって罪数論上一つの行為として統合される。このような場合は数罪になるための必要条件自体が充足されない場合であり、単純一罪になる。

(c) 行為 (単一性) との解釈学的関連性　罪数論上構成要件の数回ないし数種の侵害が数罪の必要条件になる点も、後述する行為 (単一性) との解釈学的関係のなかで意

味をもつ。したがって、同種の構成要件が数回侵害された場合、被害者の人格的主体性が問題にならない法益であり同時に行為単一性が認められれば、数罪になるための必要条件は充足されないことになる。この場合、構成要件実現が単に量的に増加しただけだからである。

　　(d) **法条競合との区別**　　多数または数種の構成要件が侵害されなければ数罪ないし併合罪になることができない点で、いわゆる法条競合の場合は数罪になることができない。すなわち、法条競合の場合は、多数または多種の構成要件が侵害されたのではなく、一つの構成要件が侵害され、単に適用される構成要件（もしくは法条）の間に法技術的競合が発生しているだけである。

（2）行為単一性（Handlungseinheit）と行為多数性（Handlungsmehrheit）

　　(a) **問題提起**　　ある犯罪行為形態が事実上のみでなく科刑上数罪になるためには、構成要件に対する多数または数種の侵害以外に、行為が多数であると評価できなければならない。すなわち、行為多数性は、処分上においても数罪（実在的競合）になるための充分条件であるといえる。これによって、観念的競合（処分上競合）と実在的競合（処分上数罪）が区別しうる。しかし、行為多数性は行為単一性が認められない犯罪行為形態であるため、問題は行為単一性（行為が評価上一つである）の認識に集約される。

　　(b) **罪数論上の行為の概念**　　刑法第40条は「一個の行為が数個の罪に該当する…」と規定しており、罪数論上の行為をどのように把握すべきかという問題が、罪数決定基準としての行為単一性（評価上一個の行為）を具体化するための核心になる。

　　(あ) **自然主義的行為概念**

　　一個の行為は、自然的意味の行為単一性を意味すると解する立場である。まず、一つの行為決意と一つの意思実行があれば、自然的意味の一つの行為として解される。また、多数の行動様式も、一個の統一された意思によって遂行され、多数の行動が空間的・時間的関連に基づいて自然的観点から単一なものとしてみられるほど互いに絡み合っている場合は、行為単一性が認められる（ドイツ判例の見解）。

　　この見解に対しては、自然的意味における行為は無数に分割できる意思活動と物理的活動の連続体であるため、単一性を判断する契機を内包していないという批判が可能である。

　　(い) **構成要件に該当する行為概念**

　　刑法第40条の行為は自然的意味の行為ではないが、構成要件に該当する行為でもない。なぜなら、構成要件に該当する行為は、常に、一個の行為性要件を充足するからである。したがって、ある行為が数個の構成要件に該当する可能性（第40条）をもつためには、構成要件該当性の領域から独立しなければならない。すなわち、罪数論上の行為概念は、構成要件上の行為概念と区別されなければならない。

　　(う) **解釈学的行為概念**

　　罪数論上の行為単一性は、自然的に無数に分割できる人間行為形態に対して、「それは

一つの行為である」という法共同体構成員の間の意味適合的な理解によって判断される。この意味合致的理解には、法規範上制度化されたものもあるが（もちろん制度化された意味理解が他の要素より優越的な地位をもつ）、実定法の次元ではなく、歴史的・解釈学的次元において存在することもある。このような次元を把握しようとする作業は、意識的な作業ではないが、判例の苦肉の策からうかがうことができる。罪数論上の行為概念は、このような法共同体構成員間の（開かれた）相互意味理解（この意味理解の内容は類型化された社会的ルールである）を捉えようとする作業のなかで、正しく確立できる。

（3）被害者的観点

ここまでは、犯罪数の決定基準として、構成要件と行為単一性を検討した。しかし、罪数決定に関する相互主観的認識モデルは、行為者だけでなく、行為の被害者をも考慮することを要求する。この考慮は次のようなものである。すなわち、行為者が犯行を通じて侵害した法益が一身専属的な法益ではない場合、すなわち、被害者の人格的主体性が明確ではない法益は、多数人の法益を侵害しても、それは単に構成要件実現の量的増加に過ぎないため、他の要件が一罪の要件をそなえた際、一罪の最終的承認に影響を及ばない。しかし、被害者の人格的主体性が問題になる多数人の法益を侵害した場合には、他の要件によって一罪が認められても数罪になることがあり得る。

このような立場によれば、構成要件実現の単純な量的増加に過ぎない場合（たとえば、数人の財物を損壊すること）には、同種犯罪の観念的競合は認められない。これは一罪に過ぎない。この被害者的観点は構成要件の解釈学的作用に係わっているため、行為単一性の基準と重なる場合もある。

第3節　数罪の処罰

罪数決定基準によって数罪になった場合、どのように処罰するのかに関して三つの基本原則がある。

I　併科主義

この原則は、各罪に対して独立の刑が確定された後、これを合わせて刑を加える方法である。英米法においてはこの原則を採用している。

この併科主義（Kumulationsprinzip, Häufungsprinzip）の問題点は、自由刑のうち、

有期刑を併科するときは実際上無期刑と同様の結果になる可能性があり、併科主義の基礎になる個々の刑の加算は、同じ期間の個別に執行される刑罰より受刑者により大きな苦痛を与えることである。

現行刑法第38条第1項第3号では、「各罪に定めた刑が無期懲役または無期禁錮以外の異種の刑の時は併科する」と定めて、部分的に併科主義を採用している。

II 加重主義

加重主義は、各犯罪に対する個別的刑罰を確認した後、最も重い罪の刑を加重する方法で、一つの全体刑を決めてこれを宣告する方法である。この全体刑は、個々の刑罰の合計を超過しないことが原則である。スイス刑法（第68条）とオーストリア刑法（第28条）は、観念的競合と併合罪を加重主義によって罰している。

韓国刑法は、併合罪に限って、各罪に定めた刑が死刑または無期懲役または無期禁錮以外の同種の刑のときは加重主義（Asperationsprinzip, Verschärfungsprinzip）を採用している（第38条第1項第2条）。

III 吸収主義

吸収主義は、数罪のうち最も重い罪の刑を適用して、他の軽微な罪の刑はこれに吸収させる方法である。その際、軽微な罪の刑の下限のほうが重い場合は軽微な罪の刑の下限によって処罰することを結合主義（Kombinationsprinzip）とよぶ。

韓国刑法は、観念的競合（第40条）の場合と併合罪のうち重い罪に定めた刑が死刑または無期懲役または禁錮のとき（第38条第1項第1号）に吸収主義（Absorptionsprinzip, Einschlußprinzip）を規定しているだけであり、結合主義については明文規定は存在しない。

第2章　法条競合

第1節　法条競合の意義

　法条競合（Gesetzeskonkurrenz）は、一個または数個の行為が外見上数個の構成要件に該当するようにみえるが、実際には一つの構成要件が他の構成要件を排斥するために単純一罪になることをいう。

　二重評価禁止の原則によって、法条競合は一罪になる（一つの構成要件だけが適用されて、他は排斥される）。たとえば、父を殺害した者には尊属殺人罪が適用され、普通殺人罪が適用されないのは、尊属殺人罪と普通殺人罪を同時に適用することが二重評価になるためである。

第2節　法条競合の種類

　法条競合には、特別関係・補充関係・吸収関係があり、学者によって択一関係まで包含させることもある。

I　特別関係

　特別関係（Spezialität）は、ある構成要件に他の構成要件のすべての要素が含まれ、その他の特別な要素まで含んでいる場合を意味する。基本的構成要件と加重的または減軽的構成要件間の関係が、これに該当する。特別関係における特別法は一般法に優先する（lex specialis derogate legi generalii）という解釈学的原則によって特別規定だけが適用され、一般規定は適用されない。

　たとえば、普通殺人罪（第250条第1項）に対する尊属殺人罪（第250条第2項）または嬰児殺害罪（第251条）の関係、暴行罪（第260条）に対する加重暴行罪（第261条）の関係、窃盗罪（第329条）に対する加重窃盗罪（第331条）の関係などがこれに属する。

> **《判例》** 法条競合の行為形態である特別関係とは、ある構成要件が他の構成要件のすべての要素を含むことに加えて他の要素を具備する場合に成立することであり、特別関係における特別法の構成要件を充足する行為は、一般法の構成要件を充足するが、逆に一般法の構成要件を充足する行為は特別法の構成要件を充足できない。
> 公職選挙および選挙不正防止法と政党法は、各々その立法目的および保護法益が異なるだけでなく、公職選挙および選挙不正防止法第113条、第112条と政党法第31条の2第1項の本文の内容を比べると、行為の主体、制限または禁止される期間の有無、故意とともに目的を要するか否か、寄付行為または金品などの提供対象、行為の内容および方法など具体的な構成要件に差があり、政党法の構成要件は公職選挙および選挙不正防止法のすべての要素を含むことに加えて他の要素を具備する場合に該当しないため、政党法の規定は公職選挙および選挙不正防止法の規定に対して特別法の関係にあるとは認め難く、これは独立した別個の構成要件として、一個の行為が各構成要件を充足する場合には観念的競合の関係にあると解すべきである（大法院判決 2003. 4. 8, 2002 ド 6033）。

その他、結合犯（例：強盗罪）とその一部を構成する行為（例：暴行罪と窃盗罪）の関係、結果的加重犯（例：傷害致死罪）においてその内容になる故意の基本犯罪と加重された結果の関係も、特別関係の一種であるという見解、吸収関係の一種であるという見解があるが、独立した別個の構成要件と解することが妥当である。

Ⅱ　補充関係

1　意　義

補充関係（Subsidiarität）は、ある構成要件が他の構成要件との関係において補充的に適用される場合を意味する。これは、同一の法益に対して異なる侵害がある場合、その侵害段階に様々な構成要件が適用されるときに認められる。この基礎にあるのは、基本法は補充法に優先する（lex primaria derogatlegi subsidiariae）という原則である。

2　種　類

補充関係は、明示的補充関係と黙示的補充関係に区別しうる。

（1）明示的補充関係

刑法が明示的に補充関係を認めている例としては、一般利敵罪（第99条）の外患誘致（第92条）、与敵罪（第93条）、募兵利敵罪（第94条）に対する関係などが挙げられる。

（2）黙示的補充関係

（a）不可罰的事前行為　不可罰的事前行為（Straflose Vortat）とは、たとえば、予備の未遂と既遂に対する関係、未遂の既遂に対する関係のように、前者が後者に対して補充関係にあるため処罰対象にならない場合をいう。

（b）侵害方法による場合　軽微な侵害方法は、重大な侵害方法に対して補充関係にある。たとえば、幇助犯は教唆犯と正犯に対して、教唆犯は正犯に対して、不作為犯は作為犯に対して補充関係にある。これは、犯罪形式の存在論的構造の差異に基づいて、侵害方法の軽重を区分することを前提とする。しかし、そのような存在論的な差によっては、侵害方法の軽重を規範的に区別することはできず、侵害方法の軽重によって補充関係が必然的に決定されるものではないので、このような説明は疑問視される。

Ⅲ　吸収関係

1　意　義

吸収関係（Konsumtion）は、構成要件に該当する行為の不法と責任内容が、他の行為不法と責任内容を含めて、特別関係や補充関係に該当しない場合を意味する。吸収関係は、吸収法の構成要件が被吸収法の構成要件を当然含むものではないという点で特別関係と区別され、異なる行為が類型的に結合されたものであるという点で補充関係と区別される。一個や数個の行為（不可罰的事後行為の場合）によって数個の構成要件を実現するが、吸収法の構成要件のみが適用されることについては、吸収法は被吸収法に優先する（lex comsumens derogate legi consumtae）という法原理が基礎になっている。

2　種　類

吸収関係には三種類がある。

（1）類型的または不可罰的随伴行為

不可罰的随伴行為（Typische od. Mitbestrafte Begleittat）とは、殺人に随伴する器物損壊行為、文書偽造に随伴する印章偽造または同行使、自動車窃盗とその中にある物の窃取などのように、行為者が特定の罪を犯すと、論理必然的ではないが、一般的・類型的に他の構成要件を充足し、その際、構成要件の不法や責任内容が主たる犯罪に比べて軽微な犯罪であるためその処罰が考慮されないものを意味する。しかし、このような場合は、観念的競合との区別が問題になりうる。したがって、理論的に観念的競合が認められない制限された範囲内で、このような不

504 第3編 罪数論

可罰的随伴行為を認めなければならない。随伴行為は、主たる犯行と比べて、侵害の質と量を超過してはならない。

《判例1》 邑長が、請託を受けて、建築許可を得ずに都市計画線を侵犯して許可面積を超過した建物を建築するように唆し、その後、群守から不法建築物是正指示を受けたにもかかわらず、建築を中止させまたは施行された部分を撤去する措置をとらなかった。不法建築物が立てられないように予防すべき職務上の義務がある公務員が不法建築をするように他人を教唆した場合、職務違反の違法状態は建築法違反教唆行為に含まれている。したがって、別に職務遺棄罪が成立し、建築法違反教唆罪と職務遺棄罪が実在的競合関係になるものではない（大法院判決 1980. 3. 25,79 ド 2831）。

《判例2》 業務妨害罪と暴行罪は、構成要件と保護法益が異なっており、業務妨害罪が成立するために一般的・類型的に暴行行為を随伴するものではなく、暴行行為が業務妨害罪に比べて別途考慮されないほど軽微な罪だとは言えないため、被害者に対する暴行行為が同一の被害者に対する業務妨害罪の手段になっていても、そのような暴行行為はいわゆる「不可罰的随伴行為」に該当せず、業務妨害罪と吸収関係にあるとは認めがたい（大法院判決 2012. 10. 11,2012 ド 1895）。

（2）不可罰的事後行為

（a）**意 義**　不可罰事後行為（mitbestrafte Nachtat）は、たとえば、窃盗犯が窃取した物を損壊する場合のように、犯罪によって獲得した違法な利益を確保・使用・処分する構成要件に該当する事後行為が、不法の質と量においてすでに犯された主たる犯罪によって完全に評価されたものであるため別罪を構成しない場合をいう。しかし、窃取した偽造小切手を不正使用し、詐欺を行った場合のように、すでに行われた主たる犯罪によって完全に評価されたとは認められない場合は、不可罰的事後行為による吸収関係は成立せず、別個の犯罪が成立し、実在の競合になる。

《判例1》 窃盗犯人からその情を知りながら預金小切手を受け取って飲食代として使用し、お釣りをもらった行為は、臓物収受に対する可罰的評価に含まれる不可罰的事後行為として別罪を構成しない（大法院判決 1993. 11. 23,93 ド 213）。

《判例2》 列車乗車券を窃取した者が駅係員から乗車券を払戻してもらった場合、欺罔行為が随伴しても詐欺罪として評価するほどの新たな法益の侵害が存在しないため、窃盗の不可罰的事後行為と解すべきである（大法院判決 1975. 8. 29,75 ド 1996）

（b）要 件

（あ）主たる先行行為の行為者または共犯者が、自ら事後行為によって構成要件に該当する行為をし、またはそれに加担しなければならない。したがって、事後行為は、第三者との関係においては不可罰ではない。先行行為者が構成要件の構造に照らして概念上

事後行為者とみなされない場合、事後的に惹起された結果は他の行為の内容的添加物にすぎない。したがって、その結果は不可罰的事後行為に該当して処罰されないのではなく、構成要件に該当する行為自体が成立しないために処罰されないのである。

　　例：窃盗犯が窃取した贓物を運搬し、または消費しても、贓物罪や横領罪の構成要件に該当しない。仮に第三者が窃盗犯の盗品運搬を援助すれば、窃盗幇助ではなく、贓物運搬罪の正犯である。

　（い）事後行為は、主たる先行行為と同一の保護法益または同一の行為客体を侵害しなければならず、その侵害の量を超過（新たな法益を侵害）してはならない。したがって、窃盗・横領・詐欺によって取得した財物を損壊しまたは返却を拒否する行為は不可罰的事後行為に該当するが、窃取または奪取した物を用いて第三者を欺罔し財産上の利益を取得した者は、別に詐欺罪を構成する。

> 《判例1》　銀行預金通帳を窃取した後、これを用いて預金の名義人が金をおろしたように、銀行員を欺罔・誤信させ、預金をおろす行為は、窃盗罪以外に新たな法益を侵害することになるため、別に詐欺罪を構成するのであり、預金をおろした行為が窃盗行為の延長であり、またはそれに吸収されるとは認めがたい（大法院判決 1974. 11. 26,74 ド 2817）。
>
> 《判例2》　甲株式会社の代表理事と実質的運営者である被告人が共謀し、乙に対する個人債務を弁済するために甲会社による共同の約束手形を振り出し、債務に対して連帯保証するようにした後、甲会社のために保管している金を任意でおろして乙に支給し債務を返済した事案において、甲会社の金を保管する者の地位にある被告人らが、会社の利益のためではなく、自己の債務を返済する意思で会社資金を任意でおろした後、個人債務返済のために使用した行為は、約束手形金債務と連帯保証債務負担による会社に対する背任罪とは異なる新たな保護法益を侵害する行為として、背任罪の不可罰的事後行為になるのではなく、別に横領罪を構成する（大法院判決 2011. 4. 14,2011 ド 277）。

　（う）主たる先行行為が事後行為より法定刑が軽く、または事実上処罰されないとき、事後行為は不可罰になる。たとえば、横領行為者が他人に贓物である横領物を取得するように教唆した場合、重い贓物教唆は不可罰的事後行為になる。また、先行行為が公訴時効の完成、告訴の不存在、人的処罰阻却事由の存在などによって処罰されない場合も、事後行為は不可罰になる。

　（え）不可罰的事後行為は、主に、先行行為が状態犯である場合に成立する。したがって、主たる先行行為は財産罪である場合が多いが、必ずしもこれに限らない。たとえば、殺人犯が死体を放置して逃げても、死体遺棄罪が別途成立するものではない。殺人罪は、死体遺棄罪との関係においては状態犯であるためである。

　（お）先行行為は、少なくとも既遂に至らなければならない。既遂に至らずに事後行為が行われた場合は、別個独立に評価されるためである。

　（c）効　果　不可罰的事後行為は処罰される先行犯罪行為と併合罪的関係にあるが、実在的競合の問題は発生しない。主たる先行行為の法効果が、事後行為の法効果を

排除して、優先的に適用されるためである。しかし、先行行為から事後行為自体だけを
みれば、事後行為も第三者に対する関係においては構成要件に該当する違法な行為にな
るため、それに対する共同正犯および共犯が成立しうる。したがって、不可罰的事後行
為に対する共犯は、間接正犯ではなく、独自の共犯として処罰される。また、不可罰的
事後行為は、先行行為によって適用が排除される場合であるため、判決の主文または理
由に記載する必要はない。

(d) 問題になる事例

(あ) 国外移送目的で略取・誘拐または売買をした者（第289条第1項）が略取・誘拐
または売買された者を国外に移送（第289条第2項）した場合、第289条第2項の罪は
継続犯であるため包括的に国外移送罪だけ成立するという見解、観念的競合であるとい
う見解と実在的競合であるという見解が対立する。しかし、移送行為が行為者の移送目
的略取・誘拐・売買行為時に意図した犯行計画に相応する限り、移送目的である第289
条第1項の罪だけが成立し、移送行為は不可罰的事後行為になると解すべきである。

(い) 文書を偽造して行使した場合、法条競合の補充関係になるため行使罪だけで処罰
し、偽造行為は不可罰的事前行為として評価する見解、観念的競合であると評価する見
解と実在的競合（判例）であると評価する見解が対立している。しかし、事前行為であ
る偽造行為は目的犯としてより大きな犯罪推進力をもっている行為であり、行使行為は
これによって惹起された法秩序を害する行為機能の一部である点から、先行行為がより
大きな不法性を有すると解すべきである。したがって、偽造行為時に意図した犯行計画
に相応する限り、偽造罪だけが処罰対象になり、その行使は不可罰的事後行為であると
解すべきである。

(3) 不可罰的事前行為

吸収関係において問題になる不可罰的事前行為（mitbestrafte Vortat）とは、主た
る犯行に先立ち、その犯行の実行に影響を及ぼし、同じ法益に対する危害を図る
法益侵害行為をいう。たとえば、強姦の前段階において行われる強制わいせつ、
放火の前段階において行われる住居領域内にある他人の引火物質使用、収賄後不
正処事罪（監訳者注——わいろを収受した後に不正行為を行う罪）に対する収賄行為、
準強盗に対する窃盗罪などがある。

Ⅳ　択一関係

択一関係（Alternativität）とは、たとえば窃盗罪と横領罪の関係のように、性質
上両立しえない二つの構成要件のうちの一つだけが適用される場合を意味する。
択一関係は、二つの構成要件のうち一つだけに該当するようにみえる法条競合と
区別し得ない。したがって、択一関係は法条競合の形式の一種であり、その独自

性を認める必要はない（多数説）[1]。

第3節　法条競合の処理

　法条競合の関係において排斥される構成要件は適用されないため、それを刑事制裁の根拠とすることはできない。また、判決主文において排斥される構成要件を記載する必要はなく、観念的競合の場合と異なり判決理由にも記載する必要がない。排斥される構成要件を量刑において考慮しうるか否かについては、争いがある。今日ドイツの判例は、これを肯定している。

1　他方、二つの構成要件に該当するようにみえる状況も法条競合の概念の中に含まれるという反対意見もある。權五杰・661頁、申東雲・739頁、吳英根・697頁、任雄・589頁。

第3章 一 罪

第1節 具体的な犯罪類型による一罪の検討

I 狭義の包括一罪の事例の類型

狭義の包括一罪は、一個の構成要件に数個の行為態様が規定されている場合（第129条、第151条第1項、第276条第1項、第362条）をいう。たとえば、公務員が賄賂を要求し収受したとき、要求行為と収受行為は収賄罪の構成要件を一回実現したことになるため、当然一罪になる。

II 結合犯

結合犯（Zusammengesetzes Delikt）は、数個の行為は個別に独立した犯罪の構成要件に該当するが、刑罰法規の規定上、これを一個の構成要件に結合し、一罪として規定した場合をいう。たとえば、強盗罪は暴行罪または脅迫罪と窃盗罪、強盗強姦罪は強盗罪と強姦罪の結合犯である。このような場合、暴行、窃盗などの行為は強盗罪の構成要件を一回実現するため一罪である。

III 継続犯

継続犯（Dauerdelikt）は、違法状態を惹起する行為だけでなく、これを一定時間維持する行為も当該構成要件を実現する典型的な行為形態方式である場合、すなわち、違法状態惹起行為とその維持行為が構成要件であるものを意味する。たとえば、住居侵入罪・監禁罪などが、これに該当する。違法状態の惹起行為と維持行為が一つの構成要件を実現することになるため、二つの行為は数罪ではなく一罪である。

IV 接続犯

接続犯は、同一の法益に対して（それ自体が単独で構成要件に該当しうる）数個の行

為が不可分的に接続して行われるものである。たとえば、窃盗犯が玄関の前に自動車を駐車し、数回にわたって財物を自動車に載せる方法で窃取した場合、同一の機会に婦女を数回姦淫した場合が、これに属する。このような場合は、ⅰ）構成要件を数回侵害するため数罪の必要条件は具備されたが、ⅱ）行為単一性が認められ、ⅲ）数回侵害された法益が、被害者の人格的主体性が問題になる高度の人格的法益ではなく、被害者が一人である場合に該当するため、一罪になる。

判例における接続犯の要件には、ⅰ）被害法益の同一性または単一性、ⅱ）犯意の同一性ないし継続性、ⅲ）行為態様の同種性、ⅳ）時間的・場所的近接性などがある。

《判例》 単一で継続した犯意に基づいて同種の犯行を一定の間、反復して行い、その被害法益も同様の場合は、各犯行を包括一罪として評価すべきであるため、公務員が同一人から、他の公務員の所管の観光ホテル事業承認による職務事項の斡旋に関して、交際費として3ヶ月の間3回にわたって合計450万ウォンを受け取った場合は、賄賂収受罪の包括一罪に該当する（大法院判決 1990. 6. 26, 90ド466）。

V　連続犯

1　意　義

連続犯（Das fortgesetzte Delikt）とは、連続して行われた数個の行為が同様の犯罪に該当する場合であり、たとえば、窃盗犯が倉庫で数日にわたって毎日米1俵ずつ窃取することなどが挙げられる。接続犯も、広義の連続犯の特別な場合であるといえる。すなわち、明確に行為単一性が認められる点が接続犯の特徴である。狭義の連続犯は、接続犯に該当しない場合だけをいう。

連続犯の取扱いについては、争いがある。判例は連続犯を包括一罪の概念に含ませて、実体上一罪であると解している（大法院判決 1960. 8. 3,4293ヒョンサン64）。

多数説は、連続犯を包括一罪と認めるが[1]、連続犯の概念を否定し、個々の連続行為は独立して犯罪を構成するため、実在的競合として取扱うべきであるという見解も有力[2]である。

---

[1]　金聖天/金亨埈・459頁、朴相基・507頁、裵鐘大・765頁、成樂賢・684頁、孫ドン權/金載潤・643頁、吳英根・704頁、李在祥・532頁、任雄・591頁。
[2]　權五杰・668頁、金成敦・711頁、申東雲・749頁、鄭盛根/朴光玟・655頁、鄭英一・444頁。

第3章 一 罪 511

このような判例と学説の共通点は、連続犯は行為単一性が認められないため、存在論的構造において数罪になるという点である。この点で、包括一罪として扱う理由について疑問が生じうる。

連続犯を一罪として評価すれば、刑事訴訟法上すべての個々の行為を立証しなければならないという負担を減らすことができ、また、数罪であれば、裁判官は刑法第37条、第38条（特に第2項）によって数罪に該当する各行為に対する刑罰を定め、再び全体刑を定めなければならないが、一罪として扱えば、裁判官の負担を減らすことができるというメリットがある。このようなメリットがあるため、ドイツの判例と多くの学者は、連続犯を法的行為単一性の例外と評価して、一罪として扱う。

しかし、訴訟経済の観点から連続犯を一罪として扱うことは妥当ではない。判例が連続犯として認めている事例は、行為の単一性はないが、同種の犯罪行為を反復するという点から一種の可罰的な生活態度（たとえば、盗癖）がみられるものである。これは、連続犯においては構成要件は数回実現されたが、一つの行状責任が存在することを意味するのであり、この点に連続犯を実体上一罪として扱う必要性・妥当性がある。

2 連続犯が一罪になるための要件

連続犯として分類される行為が一罪になるための要件は、以下の通りである。

（1） 客観的要件

（a） **法益の同一性**　連続した犯行が連続犯になるためには、各行為が同一法益を侵害しなければならない。これは、侵害客体の同一性を意味するものではない。連続した行為がすでに行われた構成要件実現を量的に増加させるに過ぎない場合には、連続犯の範囲に入れることができる。たとえば、窃盗罪と強盗罪、文書偽造罪と文書毀棄罪の間には、連続した行為であっても連続犯は成立しない。連続犯の範囲に含まれるためには、同一の構成要件を連続的に侵害し、または基本的構成要件と加重的構成要件、既遂と未遂の連続した犯行でなければならない。

> 《**判例1**》　借家人が、家主の部屋に侵入し、クレジットカードと現金を窃取した後、窃取したカードを使用してATMで50万フォンをおろし、再び20日後にATMで50万ウォンをおろした。このような場合、クレジットカードを不正使用し、ATMで現金を下ろした行為はクレジットカード不正使用罪に該当するだけでなく、その現金を取得することによってATM管理者の意思に反して現金を自己の支配下に置いたことになるた

め、別に窃盗罪を構成し、二つの罪の関係は保護法益と行為形態が異なるため、実在的競合関係にあると解するべきである（大法院判決 1995. 7. 28, 95 ド 997）。

《判例2》　クレジットカードを窃取した後、家電製品販売店でカラーテレビを購入し、クレジットカード所有者のように行動して窃取したカードで決済し、翌日朝まで7か所のカード加盟店で200万ウォン相当の物品を購入し、窃取したカードで決済した。このように同一のカードを同様の方法で不正使用した行為は、包括して一罪に該当する。すなわち、単一であり、継続した犯意に基づいて、同種の犯行を同様または類似した方法によって一定期間反復して行い、その被害法益も同一の場合には、各犯行を包括一罪として扱うことになる。したがって、窃盗罪およびクレジットカード不正使用罪の併合罪ではなく、クレジットカード不正使用罪の包括一罪に該当する（大法院判決 1996. 7. 12, 96 ド 1181）。

(b)　**被害者の人格的主体性が問題になる法益ではないこと**　　同様の法益の場合、数回侵害された法益が被害者の人格的主体性が顕著な法益（自由・名誉・身体・生命など）に属し、同時に侵害対象（被害者・被害主体）が異なる場合は、構成要件実現の量的増加ではないため、一罪の連続犯として扱うことはできない。したがって、数人の婦女に対する強姦は数罪になる。しかし、一人の婦女を毎日数回強姦する場合のように、一人の人格的法益を数回侵害すれば、他の行為単一性の要件（特に犯意の単一性）が具備されない限りで、数罪になる。

(c)　**構成要件実現の外部的態様の類似性**　　一罪の連続した犯意であるためには、構成要件実現の外部的態様が類似していなければならない（特にドイツ判例の傾向）。したがって、故意犯と過失犯、作為犯と不作為犯、正犯と共犯の間には、一罪の連続犯は成立しえない。

(d)　**その他**　　学説によっては、個々の行為の時間的・場所的継続性や犯行状況の類似性が要求される。判例は、犯罪と犯罪の期間が4か月以上である場合に、連続犯の成立を否定した（大法院判決 1982. 11. 9, 82 ド 2055）。

《判例1》　市所有地売却業務を担当する公務員が、二回にわたって各々100万ウォンと200万ウォンの賄賂を受け取り、賄賂提供者が居住する住宅の敷地である市有地を安い価格で払い下げるように援助した。このように、同様の職務に関して同様の目的で、数日の間に行われた金銭授受は、被害法益も同様であるため、収賄罪の併合罪ではなく、包括して賄賂授受罪の一罪を構成する（大法院判決 19995. 12. 26,95 ド 2376）。

《判例2》　数個の犯罪行為を包括し、一つの罪と認めるためには、犯意の単一性以外に、各犯罪行為の間に時間的、場所的関連性があり、犯行の方法にも同一性が認められるなど、数個の犯罪行為を一つの犯罪として評価できなければならない（旧公職選挙および選挙不正防止法上禁止される宣伝行為などが約2ヵ月にわたって異なる場所で、異なる人を対象に行われ、その具体的な行為態様にも同一性があると認めがたい多様な行為であるため、一つの犯罪として評価しうる場合に該当すると評価できないことを理由として、包括一罪と解した原審の判断を違法であるとした事例）（大法院判決 2005. 9. 15, 2005 ド 1952）。

（2）主観的要件

主観的要件としては、犯意の単一性が求められる。判例は、厳格な意味での犯意単一性である全体故意以外に、犯意の継続性が認められれば（包括）一罪になるとしている。

> **《判例1》** 出版社社長が、営利目的で不良漫画「エクス」を製作し、未成年者保護法違反罪で1995年3月30日ソウル地方裁判所から罰金刑が宣告された。そして、再び1993年11月に同一の性格の不良漫画「ファイブスタストーリー」を製作したが、当局に摘発され、1994年に出版社を廃業した。漫画の題目とストーリーが異なっていても、不良漫画を製作した行為が連続的に行われた場合には犯意の継続性が認められるため、包括して一罪を構成する。すなわち、同一罪名に該当する数個の行為を継続した犯意に基づいて一定の期間中継続して行い、その被害法益も同様の場合は、各々の行為を包括一罪として処罰しなければならない（大法院判決 1996. 4. 23, 96 ド 417）。
>
> **《判例2》** 部隊の倉庫に保管中である軍用米を1981年から1983年まで8回にわたって売却し、または任意で消費すれば、数個の業務上横領行為であっても被害法益が単一であり、犯罪行為形態も同一であるため、単一の犯意に基づいた行為と認められる。したがって、業務上横領罪の包括一罪になる（大法院判決 1993. 10. 12, 93 ド 1512）。

Ⅵ　集合犯

1　意　義

集合犯（Kollektivdelikt）とは、多数同種の行為が同一の意思によって反復されることが予想されるものであり、常習犯（例：常習賭博罪）・営業犯（例：猥褻図画の販売行為、医療法上の無免許医業）・職業犯（ドイツ刑法旧第144条）などが挙げられる。

2　罪数論上の問題

集合犯の罪数判断については、争いがある。判例は、営業犯と常習犯を一貫して包括一罪として扱っている（大法院判決 1970. 8. 31, 70 ド 1393；1986. 2. 25, 85 ド 2767）。学説には、集合犯の犯罪要素になる営業性・常習性および職業性は個別的な行為を一つの行為として統合する機能を持っているという理由で、集合犯を包括一罪として評価する見解と、集合犯を行為者の生活態度ないし意思の同一性に基づいて数個の独立された行為を包括一罪として認めることは、特殊な犯罪エネルギーを持っている犯罪に不当な特恵を与えることになるという理由で、集合犯は結合犯になるとする見解とがある。

集合犯の構成要件要素が一定の違法な行為者の生活態度を客観化した個々の行為を統合する機能を持っていることは否定できないため、集合犯は包括一罪になると解すべきである。

《判例1》 単一の意思に基づいて反復継続した無免許医療行為は、包括一罪である。したがって、保険犯罪取締に関する特別措置法第5条の規定が新設された後も、その全体を包括一罪として同じ法を適用する（大法院判決 1970.8.31，70 ド 1393）。
《判例2》 被告人は、1984 年 12 月、ブサン地方裁判所において暴力行為処罰に関する法律違反によって罰金刑を言い渡され、1985 年 2 月に刑が確定した。第一審は、暴力行為処罰法違反に対する裁判確定前後に行われた各加重強盗の犯行を判決確定前後に分けて、各々別個の刑を宣告せず、これを特定犯罪加重処罰法上の常習特殊強盗罪と刑法上の強盗傷害罪の併合罪と評価し、全ての犯罪に対して一つの刑によって処断した。このように、常習犯のような包括一罪では、その間に別種の犯罪に対する確定判決があっても、包括される犯罪は二つに分けうるものではない。また、この場合には、確定判決後の犯罪として扱うべきである（大法院判決 1986.2.25，85 ド 2797）。

第2節　一罪の法効果

一罪として評価されれば、一個の刑罰法規だけが適用される。訴訟法的に検察官によって一罪の一部起訴が行われる可能性がある場合（包括一罪として把握された事例）もあるが、一罪として認められるすべての行為に対して公訴提起の効力が及び、また潜在的又は現実的審判対象になり、既判力もすべてに対して及ぶ。

第4章　観念的競合

第1節　意　義

Ⅰ　概　念

　観念的競合（Idealkonkurrenz）とは、一個の行為が数個の罪に該当することである。たとえば、一個の爆弾を投げて数人にけがをさせたり、一人を殺害し、他の人に傷害を負わせたりすることなどが考えられる。実在的競合と区別し、これを想像的競合とよぶこともある。刑法は、「最も重い罪の刑で処罰する」（第40条）と規定している。

Ⅱ　本　質

1　問題の提起

　観念的競合が一罪であるか数罪であるに関しては、見解が対立している。ⅰ）一罪説（Einheitstheorie）は、観念的競合は法的に数個であると評価しうるが、本来は単一行為であるため、実体上一罪であるとする。ⅱ）数罪説（Mehrheitstheorie）は、観念的競合は、外部的には一つの行為しか存在しないが、数個の刑罰法規を侵害するため、数罪であるとする（大法院判決1961.9.28, 4294ヒョンソン415）。

2　数罪説の根拠

　これまでのところで、罪数決定の基準として、構成要件、行為単一性、被害者的観点などを考慮しなければならないという一般理論を提示した。これによれば、観念的競合がなぜ数罪になるかを明らかにする必要がある。三つの決定基準は、それ自体、ある行為形態の罪数を存在論的に決めるものではなく、あくまで、数罪であるか一罪であるかに関する法共同体構成員間の間主観的なコンセンサスを確認する具体化基準として、認識論的意味をもつものであるといえる。

　これらの基準のうち、構成要件は最も基礎的な間主観的コンセンサスの客観的

516　第3編　罪数論

表現であり、また公式的制度の性格をもつ。行為単一性は、社会において制度化されたものであるが、法規範によっては公式化されていないものであるといえる。罪数決定における優先権は、公式的であり基礎的なコンセンサスの客観化された表現である構成要件にあることは否定できない。これによって、行為単一性はあるが数個の構成要件が侵害された観念的競合の場合は、刑法上数罪になる。

> 《判例》　同様の公務を執行する多数の公務員に対して暴行・脅迫行為をした場合、公務を執行する公務員の数によって複数の公務執行妨害罪が成立し、暴行・脅迫行為が同じ場所において同じ機会に行われたものとして社会観念上一個の行為として評価される場合は、複数の公務執行妨害罪は観念的競合の関係になる（大法院判決 2009. 6. 25, 2009ド 3505）。

Ⅲ　観念的競合の種類

　観念的競合には、一つの行為によって数種の構成要件を実現する異種の観念的競合と、同種の構成要件を数個実現する同種の観念的競合がある。異種の観念的競合に対しては、異議はないが、同種の観念的競合に対しては、見解が分かれている。ある見解は、このような場合、行為が単一であり法的判断も同種であるため、観念的競合は成立しえず、観念的競合は、常に、異種の観念的競合に限定されるという。他の見解は、同種の観念的競合の成立を認めている。

　同種の観念的競合の場合、被害者の人格的主体性が問題になる法益が侵害されれば、観念的競合が成立しうるが、被害者の人格的主体性が問題にならない法益が侵害されれば、構成要件実現の単純な量的増加に過ぎないため、観念的競合の成立が否定され単純一罪が成立する。

第2節　観念的競合の要件

　観念的競合は、一個の行為が数個の罪に該当するときに成立するため、観念的競合が成立するためには、行為単一性と数個の罪という要件が必要である。

Ⅰ　行為の単一性

1　一個の行為の意味（観念的競合における行為単一性）

観念的競合における一個の行為は自然的意味での一個の行為であり、また、一つの構成要件該当行為でないことは、すでに検討した（罪数決定の一般理論参照）。すなわち、構成要件との解釈学的関係における犯意継続性と実行の単一性が認められる行為を意味するが、観念的競合の場合は実行の単一性だけではなく実行の同一性も要求される。

韓国刑法は「一個の行為…」（第40条）と規定しているが、ドイツ刑法は「同一の行為が（Dieselbe Handlung）…」（ドイツ刑法第52条）と規定し、これを明らかにしている。集合犯や連続犯の場合は、実行の単一性だけで行為単一性が認められるが、観念的競合では、犯罪実行の同一性が求められる。

2　実行の同一性

（1）実行の完全同一性

たとえば、爆弾を投げて一人を死亡させ、一人に負傷を負わせた場合、実行の完全な同一性があるといえる。

（2）実行の大部分の同一性

観念的競合の行為単一性が認められるためには、大部分の同一性があれば十分である。たとえば、欺罔の目的で文書を偽造した場合、詐欺と文書偽造は大部分の同一性があり、両者は観念的競合の関係になる。

実行の大部分の同一性は、同時性だけでは認められない。たとえば、住居侵入の機会に犯した強姦は、住居侵入と一個の行為であるとはいえない。

（3）犯罪態様と同一性

（a）**故意犯と過失犯**　　故意犯と過失犯の関係においても実行の同一性は認められる。たとえば、爆弾を投げて故意に財物を損壊し、過失で人を殺害した場合、器物損壊罪の故意犯と過失致死罪の観念的競合が成立する。

（b）**数個の不作為犯**　　数個の不作為犯の間にも、観念的競合は成立しうる。この場合、行為の同一性が問題になる。たとえば、交通事故を起こして逃走した場合、道路交通法上の救護義務違反罪と報告義務違反罪は観念的競合の関係になる。しかし、作為犯と不作為犯との間には、実行の同一性は認められない。

（c）**不真正結果的加重犯**　　重い結果が故意によって惹起された場合には、不真正結

518　第3編　罪数論

果的加重犯と故意犯の観念的競合が可能である。特に、判例は、結果的加重犯の法定刑が故意犯より軽い場合に限って、両者の観念的競合を認める（大法院判決 1996. 4. 26, 96 ド 485）。しかし、不真正結果的加重犯の概念を認める限り、真正結果的加重犯との区別を明らかにするために、常に重い結果に対する故意犯との観念的競合の成立を認めることが妥当であろう[1]。

《判例1》　故意によって重い結果を発生させた場合、重く処罰する構成要件が存在するときは、当然重く処罰する構成要件に定める刑によって処罰すべきであり、基本犯罪を通じて故意で重い結果を発生させた不真正結果的加重犯の場合は、重い結果が別の構成要件に該当すれば、結果的加重犯と重い結果に対する故意犯とが観念的競合の関係になると解すべきである（大法院判決 1995. 1. 20,94 ド 2842）。

《判例2》　被告人が被害者の財物を強取した後、被害者を殺害する目的で現住建造物に放火し死亡させた場合、被告人の行為は強盗殺人罪と現住建造物放火致死罪に該当し、両罪は観念的競合の関係になる（大法院判決 1998. 12. 8,98 ド 3416）。

　　(d) 継続犯と状態犯　　住居侵入罪・監禁罪・道路交通法違反（飲酒運転）のような継続犯と、強姦罪のような状態犯が、観念的競合の関係になることができるか否かについては、争いがある。継続犯が状態犯を実現するための手段である場合、たとえば、強姦・強盗を犯すために住居侵入をする場合、実行行為の同一性がないため実在的併合罪が成立する。しかし、監禁罪が強姦の手段になる場合、継続犯が状態犯実行の前提条件になる場合は、実行の部分的同一性が認められるため、観念的競合が成立する。

《判例》　強姦罪の成立においては、直接的に必要な手段として監禁行為を常に随伴するものではないため、監禁行為が強姦未遂の手段になったことを理由に監禁行為は強姦未遂罪に吸収され犯罪を構成しないとはいえない。被害者が自動車から降りることができない状態を利用して強姦することを決意した被告人が、走行中の自動車から脱出できないようにし、畏怖させホテルまで強制的に連れて行って強姦しようとしたが未遂に留まった場合、脅迫は監禁罪の実行の着手であるとともに強姦罪の実行の着手であり、監禁と強姦未遂の二つの行為が時間的・場所的に重複するだけでなく、監禁行為が強姦の手段である脅迫になる場合であり、監禁罪と強姦未遂は一個の行為によって実現された場合として、刑法第40条の観念的競合が成立すると解すべきである（大法院判決 1983. 4. 26,83 ド 323）。

（4）「かすがい作用」による観念的競合

　ドイツでは、二つの独立した犯罪行為（甲と乙）のそれぞれに、各行為と観念的競合の関係にある第三の行為（丙）があるときには、二つの行為（甲と乙）の間に

1　李在祥『刑事判例研究(5)』(1997) 518 頁。

も観念的競合が成立するという、いわゆる「かすがい作用」による観念的競合 (Idealkonkurrenz durch Klammerwirkung) ないし「第三の構成要件の連結効果」理論が判例によって開発され、多数の学者がこれを支持している。韓国の大法院判例は、甲と乙の観念的競合の成立を否定し、実在的競合の成立を認め、甲、乙、丙の観念的競合の例によって処罰すべきであると判示している。

> 《判例》 予備軍中隊長である被告人が、予備軍から金銭を受け取って、彼が予備軍訓練に欠席したにもかかわらず出席したように虚偽内容の中隊学級編成名簿を作成・行使した事件において、収賄後不正処事罪以外に虚偽公文書作成罪および同行使罪が成立し、このような罪と収賄後不正処事罪は各々観念的競合の関係にあり、その際、虚偽公文書作成罪と同行使罪は「実在的競合」関係にあっても、観念的競合の関係にある収賄後不正処事罪と比べて最も重い罪に決めた刑によって処罰すれば足り、別途の併合加重をする必要はない（大法院判決 1983. 7. 26, 83 ド 1378）。

韓国の大法院も結局、「かすがい作用による観念的競合」を認めている。「かすがい作用」による観念的競合の前提条件は、「かすがい作用」をもつ第三の犯行（丙）の不法が、残り二つの犯行（甲・乙）より重大なものでなければならないことである。第三の犯行（丙）の不法内容が軽微な場合には、甲、乙の犯行の間にある実在的競合関係を無視し、「かすがい作用」による観念的競合を認めると、処罰において行為者に著しい特恵を認めることになるためである。

《かすがい作用による観念的競合》

Ⅱ 数個の罪に該当すること

観念的競合は、一個の行為が数個の構成要件に該当しなければならない。

1 異種の観念的競合と同種の観念的競合

同種の観念的競合を認めるか否かについては、争いがある。被害者的観点の導入によって、被害法益が高度の人格的な法益である場合は、同種の観念的競合は成立するが、その他の法益である場合は単純一罪が成立するに過ぎない。何故なら、後者の場合は、構成要件実現の単純な量的増加に過ぎないからである。

> 《判例》 被告人は自分の父と弟を殺害することを決意し、被害者らが部屋で寝ている間に、部屋にあるタンスに火をつけた後、自分だけが逃げ、父と弟は煙によって窒息死した。このような場合、刑法第164条の現住建造物放火致死罪は、人を殺す故意で現住建造物に放火する場合であり、殺人罪と観念的競合の関係にあるものではなく、尊属殺人罪と現住建造物放火致死罪は観念的競合の関係にある。したがって、弟に対しては現住建造物放火致死罪、父に対しては尊属殺人罪が成立する。そして、一つの放火行為によって父と弟を同時に死亡させたため、これは観念的競合に該当し、結局刑がより重い尊属殺人罪によって処罰される（大法院判決 1996. 4. 26, 96 ド 485）。

2 特別法と観念的競合

刑事犯と行政犯、または行政犯の相互間においても観念的競合は成立しうる。たとえば、虚偽事実を記載したパスポート申請書によってパスポートを発給してもらった時の公正証書原本不実記載罪と旅券法違反罪、窃盗罪と関税法違反罪（輸入物品に対して適法な手続によらずに通関する行為）、外患の罪と国家保安法違反、未成年者保護法違反と公衆衛生法違反の間にも、観念的競合が成立する。

これに関して議論されているのは、道路交通法違反とこれによって発生する業務上過失致死傷罪の間に、観念的競合が成立するか否かである。

判例は、運転免許のない者が運転して人を死傷させた場合、無免許運転罪と業務上過失致死傷罪の関係は実在的競合関係であると解している（大法院判決 1972. 10. 31, 71 ド 2001）。また、特定犯罪加重処罰法上の危険運転致死傷罪と道路交通法上の飲酒運転罪の関係も、実在的競合であると解している（大法院判決 2008. 11. 13, 2008 ド 7143）。この場合、実行の同時性があっても実行の同一性はないため、一個の行為であると評価しえない。したがって、判例の見解は妥当である。

もっとも、運転免許のない者がオートバイを飲酒運転し人を死亡させた場合は、無免許運転罪と飲酒運転罪の観念的競合の成立を認めた（大法院判決 1987. 2. 24, 86 ド 2731）。しかし、無免許運転と飲酒運転には実行の同時性があるが、実行の同一性がないため、観念的競合は成立せず、実在的競合が成立すると解すべきで

ある。

　飲酒運転罪と業務上過失致死傷罪の間には、飲酒が過失の原因である限り実行
の同一性が認められるため、観念的競合が成立しうる。無免許運転と整備不良罪
の場合、危険状態で運転する行為の同一性が認められるため、観念的競合が成立
しうる。

> 《判例》　被告人は夜遅く自動車を運転している最中に、前方を注視せず、さらに安全
> 距離を保持しないまま運転していたところ、地下鉄工事場付近で徐行している先行車両
> の後ろに追突し、前車の運転者に傷害を負わせて車両を損壊した後、逃走した。このよ
> うに運転者が業務上の注意義務を怠って人を傷害し、物を損壊したにもかかわらず、道
> 路交通法上の救護措置をとらず逃走した場合、道路交通法上の交通事故発生時救護義務
> 違反罪と特定犯罪加重処罰法上の逃走車両運転罪の観念的競合になり、二つの罪と道路
> 交通法上の安全運転義務違反罪は実在的競合の関係にある（大法院判決 1993. 5. 11,93 ド
> 49)。

第3節　観念的競合の法効果

　観念的競合が成立すれば、数個の罪のうち、最も重い罪に定めた刑で処罰する
(第40条)。観念的競合は実質上数罪であるが科刑上一罪であるため、一個の最も
重い刑で処罰するようにしたものである。ここにいう最も重い刑は法定刑であ
り、刑の軽重は刑法第50条によって決める。

　観念的競合の刑を定める際、以下の二つが問題になる。

1　刑法第38条第2項の準用

　併合罪の場合、懲役と禁錮は同種の刑として扱っており、懲役刑として処罰さ
れるようにする刑法第38条第2項が、観念的競合に対しても適用されるか否か
が問題になる。大法院はこれに関して、第38条第2項は適用できないと判示し
ている（大法院判決 1976. 1. 27,75 ド 1543)。

2　法定刑の比較方法

　刑の軽重を比較する際、重い罪の法定刑の下限が軽微な罪のそれより軽い場
合、軽微な罪の法定刑の下限より軽い刑で処罰しうるか否かが問題である。

522 第3編 罪数論

これに関して重い刑だけを比較すれば足りるという重点対照主義は、これが可能であると解する一方、法定刑の比較は二個以上の主刑の全体に対して比較・対象することを要求する全体対照主義は、これを認めない。

観念的競合は実質上数罪であるため、全体対照主義が妥当である（多数説）。したがって、数罪の法定刑のうち、上限と下限はすべて重い刑によって処断しなければならず、軽微な罪に併科刑又は付加刑があるときは、これを併科しなければならない。大法院も全体対照主義を支持している（大法院判決 1984. 2. 28, 83 ド 3160）。このような解釈によって、観念的競合の法的効果は純粋な吸収主義ではなく、結合主義と同様の結果になる。

《判例》 被告人は酒に酔って通行人（女）の物を強取し、強姦しようとしたが、未遂にとどまり、被害者に傷害を負わせた。一つの行為が強盗強姦未遂と強盗傷害に該当するため、強盗強姦未遂と強盗傷害罪の観念的競合が成立する。刑法第40条において、観念的競合の場合には最も重い罪の刑で処罰するということは、複数の罪名のうち最も重い刑を定めた規定により処罰するという趣旨ばかりではなく、他規定の最下限の刑より軽く処罰しえないという意味も含まれている。そうでないと、重い罪に定められた刑で処罰するという趣旨が無意味なものになるためである。すなわち、数罪の刑を定める際、各法規定のうち上限と下限をすべて重い刑の範囲内で処罰しなければならないのである。したがって、強盗強姦未遂罪の刑で処罰し、刑罰のうち有期懲役刑を選択した後、刑法第25条第2項による未遂減軽と刑法第53条による酌量減軽をして処断刑の範囲を定める際、強盗傷害罪は既遂であるため、強盗傷害罪の有期懲役刑の下限の範囲内で強盗強姦未遂罪の有期懲役刑を未遂減軽した後、酌量減軽をした刑期の範囲内で処罰しなければならない（大法院判決 1984. 2. 28, 83 ド 3160）。

第5章　併合罪

第1節　併合罪の意義

Ⅰ　意　義

　併合罪または実在的競合（Realkonkurrenz）は、一人によって行われた、判決が確定しない数個の罪、または禁錮以上の刑が確定した罪とその判決確定前に起こした罪をいう（第37条）。数個または数種の構成要件が侵害されたという点で、併合罪は観念的競合と同様であるが、行為多数性が基礎になる点で観念的競合と区別される。

　併合罪は、同じ行為者によって実際に数罪が実現される場合であり、そのために行為者が実現した犯罪の刑を併科することが論理的であろう。しかし、併科主義を自由刑に適用すれば、有期自由刑の性質を変更する結果を惹起することになる。また、併科刑は、必ずしも、刑罰の目的を達成する効果的な手段になるものではない。刑法は、このような理由に基づいて、併合罪に対して原則的に加重主義をとっている。したがって、併合罪制度は、数罪の場合、刑を決める制度的機能をもっている。

　したがって、刑法は、併合罪が成立するための要件として、事実上の数罪という要件以外に、数罪が一つの裁判において同時に判決されることができることを規定している（第38条第1項）。

Ⅱ　種　類

1　同種の併合罪と異種の併合罪

　併合罪は、侵害された数個の構成要件が同種であるか異種であるかによって、同種の併合罪と異種の併合罪とに分けられる。たとえば、前者は、金銭を脅し取るために同一人に数回にわたって脅迫状を送った場合であり、後者は強姦が未遂にとどまり、被害者を殺害した場合である。

524　第3編　罪数論

同種の観念的競合罪は、同種の構成要件が多数侵害されたという点で単純一罪として評価される接続犯と区別されないが、同種の併合罪の場合は、行為多数性が認められるという点で、接続犯などと異なる数罪になる。

2　同時的併合罪と事後的併合罪

併合罪は、数罪でなければならないという実体法上の要件以外に、一つの裁判において同時に判決される可能性という訴訟法上の要件が求められるが、数罪が確定判決を受けず同時に審判しうる場合を同時的併合罪といい、禁錮以上の刑が確定した罪があるときは、この確定された罪と判決確定前に犯した罪（この罪は同時に審判される可能性がある）の関係を事後的併合罪という。

第2節　併合罪の要件

Ⅰ　実体法的要件（数個の罪）

併合罪が成立するためには、まず、実体法上の数罪でなければならない。数罪となるためには、第一に、数個の（同種または異種の）構成要件が侵害されなければならない。このような構成要件侵害の多数性は、行為との解釈学的関係において明らかになる。すでに説明したように、同種の構成要件を数回侵害した場合、その法益が被害者の人格的主体性に係わった場合か、そうでない場合は接続犯（単純一罪）と異なる行為多数性が認められる場合に限って、評価上構成要件侵害の多数性という資格をえる。

第二に、数罪となるためには、構成要件との解釈学的関係において行為が多数であると評価されなければならない。数個の構成要件を侵害する場合であっても、行為が一つである場合は観念的競合が成立する。

Ⅱ　訴訟法的要件

1　同時的併合罪の場合（第37条前段）

数個の罪は、すべての判決が未確定でなければならない。判決の確定は、上告などの通常の不服手続きによって争われることができない状態を意味する（大法院判決 1983. 7. 12,83 ド 1200）。

また、判決が確定していない数個の罪であっても、同時に判決しうる状態でなければならない。したがって、数個の罪はすべて起訴されていなければならない。一部だけが起訴された場合は、控訴審において追起訴または併合審理が行われれば、併合罪の規律を受ける。

2 事後的併合罪の場合 (第37条後段)

同一人が犯した数罪のうち、一部の罪に関して禁錮以上の刑が確定した判決があった場合、判決が確定する以前に犯した罪の間の競合関係を事後的併合罪という。たとえば、X罪・Y罪・Z罪を犯し、Y罪に対して禁錮以上の刑が確定した場合、X罪とY罪の間、またはY罪とZ罪の間に成立する実在的競合が事後的併合罪である。ここで、X罪とZ罪の間には事後的併合罪は成立しない。

(1) 確定判決の範囲

事後的併合罪における確定判決は、禁固以上の刑に処する判決であることを要する。したがって、従来は罰金刑を宣告した判決が確定し (大法院判決 1981. 5. 26, 81 ド 736)、または略式命令が確定した時 (大法院判決 1982. 4. 12,80 ド 537) でも、事後的併合罪が成立することが可能であったが、現在は、併合罪は成立せず、その判決前後の犯罪を同時的併合罪として処理し、一個の刑を宣告することができるようになった。

(2) 確定判決以前に犯した罪の意味

事後的併合罪の認定趣旨は、同時審判の可能性がある事件に対して同時的併合罪と同様の扱いをすることにあり、また、判決の既判力も最終の事実審である控訴審判決宣告時を基準にするため、理論上、確定判決前に犯した罪とは控訴審判決宣告以前に犯した罪を意味する。

(3) 罪を犯した時期

罪を犯した時期の基準は、犯罪が既遂に至る時ではなく、犯罪の完了時である (大法院判決 2007. 1. 25,2004 ド 45)。

526　第3編　罪数論

第3節　併合罪の取扱い

Ⅰ　同時的併合罪の取扱い

　判決が確定していない数個の罪を同時に判決するときには、次の原則を準用する。

1　吸収主義の適用

　最も重い罪の刑が死刑または無期懲役または無期禁錮のときは、最も重い罪の刑で処断する（第38条第1項第1号）。吸収主義を採用したのは、死刑または無期刑に他の刑を併科し、刑を加重することは過酷であり、刑事政策的な観点に照らしてみても無意味であるからである。

2　加重主義の適用

　各罪に定められた刑が死刑または無期懲役もしくは無期禁錮以外の同種の刑のときは、最も重い罪に定められた長期または多額にその2分の1まで加重するが、各罪に定められた刑の長期または多額を合算した刑期または金額を超過することはできない（第38条第1項第2号）。ただし、科料と科料、没収と没収は併科することができる（同号但書）。この場合には、懲役と禁錮は同種の刑と見なして懲役刑で処罰する（第38条第2項）。また、自由刑は、刑の加重時50年を超えることはできない（第42条但書）。

　第38条第1項第2号における「最も重い罪に定められた長期または多額にその2分の1まで加重」するという法文の趣旨について、判例は、併合罪の各罪に選択刑が規定されているときは、処断する刑種を選択した後、併合罪の各罪のうち最も重い罪に定められた刑の長期または多額の2分の1まで加重すると解釈している（大法院判決1959.10.16,4292ヒョンサン279）。また判例によれば、第38条第1項第2号は、特別法違反罪と刑法違反罪との併合罪においても適用される（大法院判決1959.12.24,4292ヒョンサン491）。

　最も重い罪が「5年以上の懲役」のように長期が定められていないときは、刑法第42条本文によって長期は30年であり（大法院判決1983.11.8,83ド2370）、その

2分の1まで加重すれば45年以下になる。たとえば、5年以上の懲役であるA罪と7年以下の懲役であるB罪の併合罪を同時に判決するとき、A罪が重い罪であるため45年以下の懲役が可能であるが、刑法第38条第1項第2号後段によって、各罪に定められた刑の長期を合算した刑期を超過できないため、長期は37年以下の懲役になる。したがって、5年以上37年以下の懲役の範囲内で処断刑を決めなければならない。

最も軽微な罪に定められた刑の短期が最も重い罪に定められた短期より重い場合は、その重い短期を下限にしなければならない（大法院判決 1985. 4. 23,84 ド 2890）。

> 《判例》 併合罪の処罰に関して刑法第38条第1項第2号本文は、各罪に定められた刑が死刑または無期懲役又は無期禁錮以外の同種の刑である時は、最も重い罪に定められた懲役または多額に2分の1まで加重しうるように規定し、その短期については定めていない。しかし、最も重い罪ではない罪に定められた刑の短期が最も重い罪に定められた刑の短期より重いときは、第38条第1項第2号の規定の趣旨に照らして、その重い短期を下限にすると解釈すべきである（大法院判決 1985. 4. 23,84 ド 2890）。

3　併科主義の適用

各罪に定められた刑が無期懲役または無期禁錮以外の異種の刑のときは、併科する（第38条第1項第3号）。異種の刑とは、有期自由刑と罰金・科料、罰金と科料、資格停止と拘留などのように、刑の種類が異なることを意味する。しかし、各罪に定められた刑が異種である場合だけではなく、一罪に対して無期懲役や無期禁錮以外の刑を併科することを規定した場合においても、第38条第1項第3号は適用される。

> 《判例》 併合罪に対する刑法第38条第1項第2号の規定は、併合罪のうち一罪の刑に併科規定がある場合にも適用されるため、このような併合罪に対して単一の刑に加重した刑を宣告し、他の刑を併科しないことは違法である（大法院判決 1955. 6. 10,4287 ヒョンサン 210）。

528　第3編　罪数論

Ⅱ　事後的併合罪の取扱い

1　刑の宣告

　併合罪のうち、判決を受けない罪があるときは、その罪と判決が確定した罪を同時に判決する場合との衡平を考慮して、その罪に対する刑を宣告する。その際、その刑を減軽また免除することができる（第39条第1項）。ドイツの場合は事後的併合罪においても一つの全体刑を宣告し、オーストリアの場合は事後的併合罪においてまず全体刑量を刑罰全体を同時に受けた場合と同様に決定した後、追加刑だけを付加している。一方、韓国刑法が事後的併合罪に対して確定判決を受けていない罪に限って刑を宣告するようにしたのは、すでに確定判決が行われた罪に対して再び判決することは一事不再理の原則に違反するためである。

　しかし、従来の刑法規定によれば、確定判決が行われていない犯罪が、特別刑法の違反罪のように法定刑の下限が高い罪であるときは、減軽に限界があり、最初から同時的併合罪として起訴された場合と比べて衡平性を失う重い量刑になるという問題があった。

　したがって、改正刑法は、事後的併合罪が同時に併合罪として処罰しうる事案であるにもかかわらず、起訴が別に行われるなど被告人の責任であると判断できない事由によって異なる時期に裁判を受ける事例がありうることや、また各種の刑事特別法に法定刑の下限が高い罪が少なくないことを考慮し、衡平を保つ量刑ができるように関連規定を改正した。

> 《判例》　刑法第37条の後段の併合罪に対して審判する裁判所は、判決が確定した罪と後段の併合される罪を同時に判決する場合との衡平を考慮し、後段の併合罪の処断刑の範囲内で後段の併合罪の宣告刑を定めることができる。その際、その罪と判決が確定した罪に対する宣告刑の合計が二つの罪に対して刑法第38条を適用して算出した処断刑の範囲内に入るように後段の併合罪に対する刑を定めなければならないという制限を受けるのではなく、後段の併合罪に対して刑を減軽または免除するか否かは、原則的にその罪に対して審判する裁判所の裁量によって判断しうる（大法院判決2008.9.11,2006ド8376）。

2　刑の執行

　併合罪によって判決の宣告を受けた者が、併合罪のうちある罪に対して赦免ま

たは刑の執行を免除されたときは、他の罪に対してもまた刑を定める（第39条第3項）。この規定は、併合罪に対して一個の刑が宣告された場合に適用される。そして、ここでまた刑を定めることの意味は、再び審判することではなく、刑の執行部分だけをまた定めることを意味する。この場合においては、既に執行した刑期を通算する（第39条第4項）。

第4編　刑罰論

第1章 刑罰の概念と本質

I 刑罰の意義

刑罰は、犯罪行為に対する社会倫理的非難であり、国家の公式の制裁手段である。刑罰は、犯罪行為に対する社会倫理的非難であるから、通常は、犯罪者から自由もしくは権利を剥奪し、または制限する。これを通じて刑罰は、社会一般人の法益保護と犯罪者自身の社会復帰を図ることを目的とする。

（ⅰ）刑罰は、刑法（規範）を侵害した行為に対する国家の事後的反応である。したがって、もっぱら未来志向的な予防的措置は、刑罰とはいえない。

（ⅱ）刑罰は、刑法（規範）侵害行為に対する反作用であるから、一次的には侵害・破壊された法を公的に確証し宣言する機能をもつ。

（ⅲ）刑罰は、犯罪行為に対する法共同体の不承認ないし非難を内包する概念である。したがって、犯罪行為に対して教育的な目的で行われる褒賞や激励、慰労は刑罰の概念に含まれない。

（ⅳ）刑罰は、犯罪者の自由、財産、社会的名誉などの法または権利領域に著しい不利益をもたらす国家的行為である。したがって、犯罪者に主観的・客観的に有利な措置、たとえば、非行少年を善導するために、一週間チェジュ島で観光休養させることは、刑罰の概念に入らない。これが犯罪者自分に盗癖の矯正、再社会化などの最善の利益をもたらす効果を有しても、刑罰にはならない。抑圧性と危害性は、刑罰概念の本質的な要素だからである。

（ⅴ）刑罰は、国家の公的制裁手段である点で、常に公刑罰のみを意味する。したがって、私刑（Lynch）や一定の社会集団内部における懲戒、民事的な損害賠償義務の賦課は、刑罰の概念に含まれない。

このように、国家刑罰では、犯罪者に対する非難作用と危害作用が、**概念上必須の要素**となる。これは、犯罪者に対する社会倫理的非難を公的に加えるだけでなく、犯罪者が一般市民として有する自由状態および権利を剥奪したり、その著しい制限をもたらしたりする過酷な制裁手段であるため、その正当化の限界が問題になる。

534　第4編　刑罰論

Ⅱ　刑罰論

　刑罰の意味と目的に関する理論が、刑罰論（Straftheorien）である。これには、絶対説と相対説および折衷説がある。

1　絶対説（応報論）

　絶対説は、刑罰の意味につき、それがもたらす効果を注視しない立場である。すなわち、罪を犯したために処罰されるべきであるという立場である。これには、刑罰の意味を応報として理解する立場、絶対的正義の純粋な要求として理解する立場、贖罪の表現として理解する立場などがある。

2　相対説（予防論）

　相対説は、絶対説のように罪を犯したために処罰するのではなく、罪を犯さないように処罰するという立場である。言い換えれば、過去の罪に対する応報ではなく、将来の犯行を阻止するための予防思想に基づいている。ここでは、刑罰は、それ自体が目的ではなく、社会の保護に奉仕する目的をもっている。このような目的実現には、一般予防と特別予防の二つの方向が提示されている。

3　折衷説

　折衷説は、応報論と予防論を折衷する立場である。ここには、（ⅰ）刑罰の意味に関して応報が本質的に重要であるとして、この応報の観点から他の予防の観点を考慮する応報優位的折衷説、（ⅱ）応報刑論・特別予防論・一般予防論のすべての観点を刑罰の目的として、等価的に並存させる等価的折衷説、（ⅲ）刑法において応報を完全に排除し、特別予防と一般予防だけを刑法の雄一の目的として把握した上で、刑法実現の各段階で、その短所を相互補完することで除去することにより、長所のみが現れるように弁証法的に統合するという立場である予防的折衷説（弁証法論的折衷説）などがある。

第2章　刑罰の対象と限界

1　刑罰の対象

　刑罰は、実質的犯罪を対象とする。実質的意味での犯罪は、重大な社会侵害的法益危害行為を意味する。

　今日の犯罪は、もっぱら人々の社会共同生活において発生し、さらにこの共同体の一員である他人によって発生するため、伝統的な倫理犯罪や宗教犯罪と常に一致するものではない。

　人は社会的存在である。人は他人と共に生活する共存者である。共存者としての人間は、他人と係わっている生活領域において各人の利益を図るだけでなく、他人が自分に一定の利益を与えてくれるとも期待している。そして、自分と同様に他人も、自分の利益と期待を害しないと信頼している。このような共同生活の基本的な秩序内で法的に保障された他人の利益と期待を侵害し、平穏な共同生活の秩序を破壊することが、法的・社会的意味での犯罪行為である。

2　刑罰の限界

（1）限界要求の前提

　刑罰は、原則的に人の名誉、地位などを考慮せず、罪を犯した者に対して平等に加えられる。偉大な戦争の勇将であっても、一時的な犯罪や過失による銃器事故で他人を死傷させたなら、刑罰は犯罪事実に基づいて犯罪者として取扱いながら法秩序の回復を図る。

　犯罪に対する対価としての刑罰は、ある犯罪者個人の社会的実存を奪うことができる威力をもっている。したがって、国家刑罰は、常に一定の限界を念頭に置かなければならない。その限界が責任原則と要罰性（Strafbedürftigkeit）の要求である。

（2）責任原則による限界

　責任原則は、何人も自己の責任、自己の罪によらなければ刑罰を受けないことを意味する。長い間、人類の文化は責任原則について認識できなかったため、18世紀末まで刑罰連帯原則・結果責任・偶然責任による刑事制裁により、個人の自

由が不当に侵害された。

責任原則の確立によって、①結果責任の排除、②個人的責任帰属の可能性の確保、③故意・過失の主観的・内心的関与の程度による刑罰の程度の区別、④刑罰の根拠および限界の確定が可能になった。責任原則によって、国家権力は厳格に法的限界に拘束される。

（3）要罰性による限界

要罰性の要求は、刑罰の補充性（Strafsubsidiarität）と刑罰の実効性（Strafeffektivität）という要求を内包している。

(a) 刑罰の補充性　　社会的有害行為をコントロールするための刑法は、これに必要な最小限の手段であることを要求する。これが刑罰の補充制という原則である。

(b) 刑罰の実効性　　刑罰は、刑法の任務を実現する際、実効性のある限度内で科されなければならない。これが刑罰の実効性の要求である。実効性のない刑罰は、不要な刑罰である。実効性のない刑罰を用いて規範と現実の隔離を埋めようとすれば、刑法がイデオロギー化される危険性があり、結局、刑罰の積極的な一般予防機能が害される恐れがある。たとえば、堕胎は生命を剥奪する社会的有害行為である。したがって、法益侵害がある。しかし、今日すべての堕胎行為を刑罰によって厳格に禁止し、または堕胎予備と直接係わってない性鑑別行為自体を厳しく処罰することは（医療法第19条の2、第67条）、社会現実の変化に照らして、その実効性に疑問が生じる。むしろ、刑罰より、妊婦の健康に対する配慮・生活への対策などの社会保障や医療が、より効果的な予防手段であろう。

第3章　刑法の機能

1　応　報

応報 (Vergeltung) 思想によれば、刑罰は、犯行に対する罪責を負う手段である。すなわち、行為者の有責な犯行に対しては害悪を加えるべきであり、常に罪責と刑罰の間のバランスをとらなければならない。古代イスラエル法にある「目には目を、歯には歯を」というタリオ (talio) 原則が、応報思想の典型である。したがって、軽い責任 (たとえば、人間的に同情できる動機による軽微な窃盗) に対してはこれに応じた軽い刑罰が、重い責任 (たとえば、欲望を満たすための殺人) に対しては重い刑罰が科されることが応報思想である。

2　一般予防

一般予防 (Generalprävention) とは、刑罰が一般人に対して威嚇および一般人の法意識を強化することによって犯罪抑止的予防効果をもつことを意味する。

（1）消極的一般予防

一般予防の最も基本的な行為形態は、威嚇である。刑罰が処罰に対する恐怖を与え、市民の犯罪行為を抑止することである。このような威嚇効果は、まず、国家が法律に刑法を規定することによって現れ、さらに法違反者に対して刑罰を科し、また執行することを一般人に注視させることによっても現れる。これが、一般予防機能の消極的な側面である。

（2）積極的一般予防

刑罰は、刑事立法および有罪判決によって証明された、犯行ないし犯罪者に対する公的不承認の表明である。これは、すべての者に対して法秩序の不可侵性を示すことにより、規範意識を内面化させる積極的な機能ももっている。規範意識の内面化を通じて規範の安定性を高めることが、積極的一般予防または社会統合的予防である。一般予防の積極的な側面を、社会の応報ないし報復必要性の充足を意味する新たな応報論と混同してはならない。

538　第4編　刑罰論

3　特別予防

犯罪者に対する刑罰の予防的効果が、特別予防（Spezialprävention）または個別予防（Individualprävention）である。この観点によれば、刑罰の機能は、一般予防のような「一般国民に対する影響力の行使」ではなく、犯罪者、特に有罪判決が言い渡された者に対する影響力行使を通じて、犯罪者が今後再び罪を犯さないようにするものである。特別予防における個別的な威嚇と保安は、消極的特別予防であり、再社会化は、積極的特別予防である。

（1）消極的特別予防

(a) **個別的威嚇（Individuelle Abschreckung）**　犯罪者個人が、将来再び法律に違反せず、自己を抑制できるように、刑罰を体験させることである。

(b) **保安（Sicherung）**　自由刑の執行や自由剥奪的保安処分によって、犯罪者が新たな罪を犯すことを阻止することを意味する。保安措置によって、潜在的犠牲者を犯罪者から保護することになる。

（2）積極的特別予防

犯罪者個人に対する国家の再社会化（Resozialisierung）または社会復帰の努力が、これに属する。積極的特別予防は、有罪判決の宣告や刑罰執行を通じて、犯罪者が今後正常な社会の一員として復帰し健全な生活を営むように、犯罪者に影響力を行使することである。

第4章　刑罰の種類

第1節　序　説

　現行刑法では、死刑・懲役・禁固・罰金・拘留・科料・没収・資格喪失・資格停止の9種類の刑罰が認められている。

　刑罰は、剥奪される法益の種類によって、生命刑（Lebensstrafe）・身体刑（Körperstrafe）・自由刑（Freiheitsstrafe）・財産刑（Vermögensstrafe）・名誉刑（Ehrenstrafe）に大別される。このうち、身体刑は野蛮で人間の尊厳性を侵害する側面から、今日多くの国において廃止され、生命刑も同様の理由から廃止される傾向にある。一方、刑罰は、独立して宣告できる主刑（Hauptstrafe）と、主刑に付加することができる付加刑（Nebenstrafe）とに分けられる。旧刑法第9条は、没収以外の刑を主刑とし、没収を付加刑として規定したが、現行刑法は、このように区別せず、没収刑の付加性だけを認めている（第49条）。

第2節　死　刑

I　意　義

1　概念と本質

　死刑（Todesstrafe, death penalty）または生命刑（Lebensstrafe）は、犯罪者の生命を剥奪し、社会から永久に排除する刑罰であり、刑法が規定している刑罰のうち最も重いため、極刑（capital punishment）とも呼ばれる。

> **《判例》**　死刑は人間の生命を永久に剥奪する極刑として、その生命を存置させることができない不可欠な場合に限って適用される刑罰であるため、死刑を選択する際には、犯行動機、行為形態、罪質、犯行手段、残虐性、重大性、被害者の数、被害感情、犯人の年齢、前科、犯行後の状況、犯人の環境、教育および生育過程など、様々な事情を参酌して、罪責が著しく重大であり、罪刑の均衡や犯罪の一般予防的見地からしても、極刑が不

可欠であると認められる場合に限って許容されるべきである（大法院 1992. 8. 14,92 ド 1086）。

2　死刑犯罪の範囲

刑法において法定刑が死刑として規定されている犯罪は、内乱罪（第 87 条）、内乱目的殺人罪（第 88 条）、外患誘致罪（第 92 条）、与敵罪（第 93 条）、募兵利敵罪（第 94 条）、施設提供利敵罪（第 95 条）、施設破壊利敵罪（第 96 条）、間諜罪（第 98 条）、爆発物使用罪（第 119 条）、現住建造物放火致死傷罪（第 164 条第 2 項）、殺人罪（第 250 条）、強姦等殺人罪（第 301 条の 2 前段）、強盗殺人罪（第 338 条）、海上強盗殺人・致死・強姦罪（第 340 条第 3 項）などである。その他、特別法によって死刑の範囲は拡大されている。

たとえば、特別法によって死刑を規定した犯罪には、暴力行為等処罰に関する法律による団体組織（第 4 条）、特定犯罪加重処罰に関する法律による略取誘拐罪（第 5 条の 2）、逃走車両運転罪（第 5 条の 3）、常習強盗罪（第 5 条の 4）、強盗傷害・強盗強姦罪の再犯（第 5 条の 5）、報復目的殺人罪（第 5 条の 9）、通貨偽造の加重処罰（第 10 条）、性暴力犯罪の処罰等に関する特例法による特殊強盗強姦罪（第 3 条）と強姦等殺人罪（第 9 条）があり、その他、国家保安法と保健犯罪取締に関する特別措置法においても、死刑が規定されている。

このような死刑犯罪のうち、絶対的な法定刑として死刑が科せられる犯罪は、刑法の与敵罪と軍刑法の軍事反乱罪だけであり、その他は相対的法定刑であるため、裁判官の裁量によって死刑と自由刑を科すことができる。死刑だけが絶対的法定刑になっている他の罪においても、酌量減軽（第 53 条）の余地があるため、必ず死刑を科さなければならないものではない。

3　死刑の執行方法

死刑の執行方法は、古代が最も残虐であり、近代においては徐々に緩和された。近年の各国の死刑執行方法には、絞首（hanging）・銃殺（shooting）・斬首（guillotine）・電気殺（eletrocution）・ガス殺（lethal gas）・絞殺（strangulation）・投石殺などがある。現行刑法は絞首刑（第 66 条）、軍刑法は銃殺（第 3 条）を採用している。

Ⅱ　死刑存廃論

1　死刑廃止論

死刑廃止論は、1764年ベッカリーア（Beccaria）の著書「犯罪と刑罰（dei delitti e delle pene)」において、死刑は残虐であり威嚇効果のない刑罰であると批判したことが契機になり、ハワード（J. Howard）、リープマン（M. Liepmann）、サザランド（E. H. Sutherland）、モンテスキュー（Montesquieu）などが支持した。

死刑廃止論の論拠は、第一に、死刑は憲法上保障された基本的な人間の尊厳と価値の尊重、および生命権を剥奪する残虐な刑罰手段であるため、憲法に反し、人道主義にも反する。

第二に、死刑は、応報思想にもとづき、犯罪に対する怒りを現すだけであり、犯罪者の改善と被害者の救済には役に立たない。

第三に、国家は、人間の生命に対する審判権能をもっていないにもかかわらず、死刑制度を通じて殺人行為を正当化している。

第四に、誤判した場合、取り返しがつかない。

第五に、死刑には、通常一般人が考えているような犯罪抑止力はない。これは、死刑廃止国家において廃止前より犯罪発生件数が著しく増加しなかった事実から検証しうる。特に、残虐な方法によって罪を犯す者は、犯行時、死刑の脅威を意識しない。

第六に、犯罪原因は犯人の悪性ないし反社会性にもあるが、社会環境の原因も看過しえない。しかし、死刑は、すべての犯罪の原因がもっぱら犯罪者にあると解する不合理な刑罰である。

第七に、死刑には、犯罪者の罪に対する対価を超えて、犯罪者の家族・親戚や犯罪者と良い社会的関係を維持してきた者に対して、生命喪失の痛みと苦痛を与える過酷性がある。

第八に、死刑は人種および政治的・社会的弱者に差別的に加えられる傾向にあるため、公平性の観点からしても問題がある。

2　死刑存置論

人間の基本権に基づいて啓蒙主義から死刑廃止論が主張されたが、多くの啓蒙思想家は、死刑の必要性を強調した。ロック（Locke）、カント（Kant）、ビルクマイ

542 第4編 刑罰論

ヤー（Birkmeyer）などが代表的であり、今日でも、死刑の存置を主張している者がある。死刑を廃止した国家においても、銃犯罪の効果的防止策として死刑は復活させなければならないという主張もある（フィリピンは1987年に死刑を廃止したが、1995年に再導入した）。

死刑存置論の根拠としては、第一に、人間は本能的に自分の生命に対する愛着をもっているため、死刑は凶悪犯に対して犯罪抑止力がある。

第二に、刑罰の本質が応報である以上、反社会的犯罪に対して加えられる社会の道徳的反応の表現として、死刑は社会の安定に寄与でき、これによって、人間の尊厳と価値を保護する効果がある。

第三に、死刑制度は、一般人の正義観念にも符合する。

《参考》 憲法裁判所は、2010年、死刑制度に対して合憲決定を下した（憲法裁判所決定2010.2.25, 2008ホンガ23）。

3 結 論

死刑制度は、人間の尊厳に反するだけでなく、刑事政策的にも無意味な応報思想の産物に過ぎない。死刑によって犯罪をコントロールできるという考え方は、今日の民主的憲法秩序理念に一致しない独善的な思考であるだけでなく、自由・合理的・人道的刑事政策の努力を放棄する迷信的思考の産物であろう。1994年、米国連邦最高裁の死刑判決において反対意見を述べたハリー・ブラックマン（Harry Blackmun）判事（1970～1994年米連邦大法院判事）が、「刑罰は、恣意性、差別、過ちの恐れがあり、特に判決において生殺与奪における人種的偏見が作用するため、私は今後これ以上死刑装置の下手な修理工の役割はしない」と宣言したのは、韓国の刑事司法において示唆に富む。

以上の理由から、死刑は廃止すべきであろう。1989年5月30日、法曹と宗教家たちを中心に死刑廃止運動協議会が発足し、活動を始めたことは、高く評価しうる。

死刑制度が存続している間でも、ブラジル・インドネシア・イスラエルなどのように死刑の対象になる犯罪の範囲を縮小する方法、ベルギーのように死刑制度について規定はするが施行は抑止する方法、中国のように一定期間死刑の執行を猶予した後その期間が過ぎたら無期刑に転換するなど、死刑の執行を制限する方

第4章 刑罰の種類 543

法、スイスの軍刑法のように死刑宣告に裁判官の全員一致をもとめるなど、死刑宣告を制限する方法を導入して、死刑を廃止する方向に改善すべきである。

> 《参考》 韓国は、1997年12月30日に死刑が執行された後、16年以上死刑は執行されなかった。したがって、死刑未執行10年が経過した2007年以降は、国際社会の基準による「事実上の死刑廃止国」に分類されている。残されているのは、死刑廃止のための立法者の決断だけである。

第3節　自由刑

I　意　義

　自由刑（Freiheitsstrafe）とは、受刑者の身体の自由を剥奪することを内容とする刑罰である。現行刑法は、懲役、禁固および拘留の三種類の自由刑を認めている。裁判所組織法第61条による20日以内の監置は、純粋な秩序罰の性格をもつ自由剥奪処分であり、自由刑ではない。

　自由刑は、犯罪者の自由剥奪を通じて改過遷善（過ちを改め善に遷ずる——訳者注）させる教育的な側面を内容としている。もちろん、これ以外にも、犯罪者の名誉を傷つける作用を持つだけでなく、労役をさせることによって国家財政に役に立つという付随的な内容も含まれている。しかし、自由刑の執行の主な目的は犯罪者の社会復帰であり、自由刑を執行するときには、自由剥奪以外の苦痛を除去し、受刑者の人間らしい生活を保障しなければならない。

II　現行刑法上の自由刑

1　懲　役

　懲役は、受刑者を刑務所内に拘置して、定役に服させる刑罰である（第67条）。これには、有期と無期がある。無期は終身刑であり、有期は1月以上30年以下であり、50年まで刑を加重することができる（第42条）。無期は、受刑者に再社会化の意思を奪って社会復帰の希望を遮断する非人道性が高い制度であるため、有期自由刑への改革が要請される刑罰である。それにもかかわらず、改正刑法は、新設された爆発性物件破裂致死傷罪（第172条第2項）、ガス・電気等放流致死傷罪

544　第4編　刑罰論

（第172条の2第2項）に対して無期懲役を科しており、ガス・電気等の供給妨害致死罪（第173条第3項後段）にも無期懲役を追加した。

> 《**参考**》　もちろん、無期懲役も20年が経過した後仮釈放が可能である点（第72条第1項）からすれば、自由刑の社会復帰機能を放棄するものではない。

2　禁　錮

禁錮は、受刑者を刑務所に拘置し、自由を剥奪することを内容とする刑罰である（第68条）。しかし、禁錮は懲役刑と異なり、名誉を尊重する趣旨から、義務的な定役に服させない。ただし、行刑法に基づき、受刑者の請願がある場合には、作業をさせることができる（同法第38条）。禁錮は、名誉拘禁に該当する。自由刑の内容のうち、懲役刑が名誉を害する作用を重要な要素としている一方で、禁錮刑は、自由を剥奪する場合であっても、受刑者の名誉を尊重するという趣旨から定められた制度である。したがって、過失犯や政治犯など、名誉を尊重する必要がある者に対して科される。禁錮の種類と刑期は、懲役と同様である。

3　拘　留

拘留も、受刑者を刑務所内に拘置し、自由を剥奪することを内容とする（第68条）。ただ、その期間が1日以上30日未満という点が、懲役・禁錮と異なる（第46条）。

拘留は、刑法典においては非常に例外的な場合に限って規定されており（公然淫乱罪・暴行罪・過失致傷罪・脅迫罪・自動車等不法使用罪・便宜施設不正利用罪）、主に軽犯罪処罰法やその他の単行法規に規定されている。

拘留は、換刑処罰である労役場留置と区別される（第69条、第70条、第71条）。すなわち、労役場留置は、受刑者が罰金または科料を納付しないとき、受刑者を労役場に一定の期間留置する代替自由刑（Ersatzfreiheisstrafe）に過ぎない。

Ⅲ　自由刑の問題点

1　自由刑の単一化問題

自由刑のうち、禁錮は名誉拘禁といい、思想犯・政治犯などの確信犯または過失犯のように、非破廉恥犯の名誉を尊重する目的で、懲役の服務を免除する刑罰

であるため、懲役刑と区別される。しかし、応報刑思想に基づいたこの区別は、合理的・人道的刑事政策の観点からすれば納得できる根拠がない。したがって、自由刑は単一化されなければならないと強く主張されている。この主張の論拠は、①刑罰の目的が改善と再社会化であれば、矯正行刑政策の一貫性を維持するために単一化が求められる。②区別基準である破廉恥性の判断が難しい。③異なる処遇をするため、懲役服務の可否を決めることは、前近代的な労働思想にすぎない。労働を神聖なことであるとすれば、懲役を科することは名誉を害することではない。また、実際に多くの禁錮受刑者が自ら請願し、労役をしている。

以上の理由から、禁錮と懲役の区別は不合理であり、さらに、期間を基準として禁錮と拘留を区別することは廃止すべきであるという主張が多い。

2　短期自由刑の廃止問題

刑罰は、犯罪者に最小の害を与え、同時に犯罪者の再社会化に貢献しなければならない。しかし、短期自由刑を執行する場合、犯罪者は、「無銭有罪・有銭無罪」（「お金があれば罪を免れ、お金がなければ罪になる」という意味——訳者注）のように、社会に対して否定的な立場である受刑者集団の下位文化（Subkultur）に影響を受け、他の犯罪者から新たな犯罪方法を習得するなど、社会復帰を難しくする逆効果をもたらす恐れがある。

今日、短期自由刑が犯人にショック効果を与えることができるという事実を強調し、短期自由刑の有用論を主張する学者もいる。しかし、短期自由刑における短い刑期は、受刑者を改善させるためには不十分な期間であり、悪風感染によって受刑者を腐敗させるためには十分な期間である点に注意しなければならない。したがって、短期自由刑の廃止が、再社会化刑法の理念に適う。短期自由刑の代替方法として、保護観察付執行猶予および宣告猶予・週末拘禁・休日拘禁・取締拘禁・家宅拘禁制・罰金刑・損害回復制（restitution, Wiedergutmachung）を積極的に活用すべきである。

短期自由刑の基準期限について、1949 年の国際刑法刑務会議では 3 月以下説が、1959 年の国連犯罪防止会議では 6 月以下説が、アメリカでは 1 年以下説が提案されたが、通説は 6 月以下説である。

546 第4編 刑罰論

3 無期刑の違憲性問題

終身自由刑は、憲法上、「人間の尊厳と価値尊重の要請」と調和するか否かが問題になる。このような懸念は、終身自由刑が長期間にわたって自由剥奪および社会からの完全な追放の効果をもたらすことが原因である。憲法上保障された人間尊厳性の意味から、犯罪者は犯罪闘争の単純な対象物として取り扱われてはならないという結論が導かれる。人間の個人的・社会的実存の基本的前提条件は、犯罪者を取り扱う過程においても維持されなければならないからである。リープマン（Liepmann）は、1912年の第31次ドイツ法曹大会に提出した終身自由刑の結果に関する意見書において、次のような意見を述べている。

「約20年の執行期間が経過することによって、受刑者に『善良な動機の弱化、完全な意欲喪失、慢性的な恐怖症、不信、社会に対する反感と憎悪』などが確認された。『この期間後、拘束によって内的な生活の残虐な破壊が始まる。人間に最も必要で、善良なもの、すなわち、善悪に関する意思も、ゆっくり、しかし確実に枯渇する。受刑者には、自らを改善する喜びが欠落し、動・植物的な延命をしているだけで、彼らは機械のように無感覚で、感情を失った者になり、結局廃人になる』」

リープマンのこの研究結果は、単純な応報刑執行時代に該当するものである。しかし、このような研究結果が今日の終身自由刑執行の結果と一致すれば、このような制裁手段は違憲だといえる。

第4節　財産刑

I　意　義

財産刑（Vermögensstrafe）は、犯罪者から一定の財産を剥奪する刑罰である。金銭が生活の質を左右する現代人の生活世界において、財産刑の刑事政策的効果は高い。その結果、今日では、財産刑が刑罰の主流とされている。現行刑法は、財産刑として罰金、科料および没収の三種を規定している。

Ⅱ　現行刑法上の財産刑

1　罰金刑
（1）意　義

罰金刑（Geldstrafe）は、犯罪者に一定の金額の支払義務を強制的に科す刑罰である。罰金は5万ウォン以上で、上限はない。ただし、5万ウォン以下に減額することができる（第45条）。各則に規定されている罰金刑の上限は、最低で200万ウォン以下から最高で3000万ウォン以下までである。罰金を判決確定日から30日以内に完納できなかった場合、換刑処分として、刑法は1日以上3年以下の期間、労役場留置を認めている（第69条、第70条）。一部納入したときは、罰金額と留置期間の日数に比例して、納入金額に相当な日数を除する（第71条）。

> 《参考》　2014年、いわゆる皇帝労役議論（監修者注―――一日の労役が5万ウォンに換算された事件をめぐる議論）で、罰金金額によって労役場留置期間の細部基準が法に定められた。罰金が1億ウォン以上5億ウォン未満である場合は300日以上、5億ウォン以上50億ウォン未満の場合は500日以上、50億ウォン以上である場合は1000日以上とされ労役場留置期間が細分化された（刑法第70条第2項）。

（2）罰金の法的性質

罰金刑も、刑罰として一身専属性をもつ。したがって、第3者の代納、国家に対する債権との相殺、犯人以外の者との共同連帯責任、相続などは許されない。ただし、例外的に被告人が裁判確定後、死亡した場合は相続財産に対して（刑訴法第478条）、また裁判確定後の法人の合併の場合には存続法人の財産（刑訴法第479条）に対して執行しうる。しかし、罰金刑は一定の金額の支払義務の付加に留まり、没収のように財産権を一方的に国家へ移転させる物権的効力を伴うものではない。

（3）罰金刑のメリット・デメリットと改革

（a）メリット・デメリット　　罰金刑は、財産の損失をもたらすことで一般的な威嚇力をもち、犯罪者を社会から隔離しないため、社会生活の中止、犯罪汚染など短期自由刑の被害を防ぐことができ、誤判の場合に回復が容易であり、執行費用が高くないというメリットもある。

しかし、デメリットは、①罰金刑は、その執行が犯罪者の家族の生活に支障を与え、刑

罰の一身専属性を実質的に侵害し、また罰金を犯罪に対する税金として考える犯罪者がいるなど、刑罰としての効果が犯罪者によって異なる。特に、財力のある者に対しては予防効果を得ることができない。②財産だけを剥奪することになり、犯罪者の人格に直接的な影響を与えないため、改善教育の効果が大きくない。③罰金額の算定が犯罪者の経済状況より犯罪事実にあわせて考慮されるため、不平等が発生する恐れがあり、罰金不納の場合、結局、労役場に留置されるため、短期自由刑の弊害が発生する。

このような理由から、罰金刑のメリットを維持しながら、付加および執行に関する改善策が講じられなければならないと主張されている。

(b) 日数罰金制度　　韓国の現行罰金刑は、金額算定として総額罰金制度を採用している。しかし、この制度は、犯罪者の貧富の格差を考慮した宣告ができず、犯罪者が犯した罪の不法と責任を正確に数値化することができないため、刑罰の目的を達成しえない。

これと異なり、1921年のフィンランド刑法（第4条）から始まり、ドイツとオーストリアに導入された日数罰金制度（Tagesbusse, day-fine）は、罰金刑を日数（Zahl der Tagessätze）と日数定額（Höhe eines Tagessatzes）として分離宣告し、犯罪の不法および責任を明らかにしながら犯罪者の経済的な事情を考慮している。もちろん、日数罰金制も、犯人の経済状況の取調べの難しさ、罰金総額増大による裁判官の恣意的な日数定額算定の恐れがあるが、それは日数罰金制の機能を害するほどではない。

(c) 罰金分納制度　　罰金刑の不納が代替自由刑として転換することによって現れる短期自由刑の弊害を防止するために、罰金の納入可能性を考慮し、被告人が罰金額をすべて納入しえないときは、罰金の分納または納入期間を定める制度が必要である。このような罰金分納制度を認めている国には、イギリス・ドイツ・スイス・イタリア・ベルギー・ブラジル・アルゼンチンなどがある。韓国は、検察執行段階において、罰金納付および納付延期を認めている（財産刑等に関する検察執行事務規則第12条）

(d) 罰金刑の執行猶予制度　　現行刑法は、罰金刑の宣告猶予は認めているが、執行猶予は認めていない（第62条）。しかし罰金刑より重い自由刑には執行猶予を認めながら、罰金刑に対してこれを認めないことは公平ではなく、さらに、執行猶予制度の刑事政策的目標を、罰金刑に対して否定する理由もない。罰金刑の執行猶予を認めている国には、オーストリア（刑法第43条第1項）・日本（刑法第25条第1項）などがある。

(e) 罰金刑の適用範囲の拡大　　罰金刑を短期自由刑の代替刑として効果的に活用し、短期自由刑の弊害をなくすためには、罰金刑の規定がない姦通罪（第241条）など一定の刑期以下の軽微な犯罪に対して、罰金刑を一律に選択して科するようにその適用範囲を拡大すべきである。

2　科　料

科料は、財産刑の一種であり、犯罪者に一定の金額の支払を強制的に負担させる刑罰である。しかし、科料は罰金に比して金額が少なく、比較的軽微な犯罪に

科される。したがって、これに該当する犯罪は、刑法の場合、例外であり（暴行罪・脅迫罪・公然淫乱罪・賭博罪・過失致傷罪・占有離脱物横領罪）、主に軽犯罪処罰法やその他の単行法規に規定されている。ただし、科料は財産刑の一種であるが、過料または反則金は行政法上の制裁である点で、両者は区別される。科料は、2千ウォン以上5万ウォン未満である（第47条）。科料を納入しない者は、1日以上30日未満の期間労役場に留置して作業に服する（第69条）。労役場留置は、科料を宣告するときに、納入しない場合の留置期間を定めて同時に宣告しなければならない（第70条）。科料の一部だけを納入したときは、科料額と留置期間の日数に比例して、納入金額に相当する日数を除する（第71条）。

3　没　収

（1）意　義

　没収（Einziehung）は、再犯を予防し、または犯罪から利益を得られないようにする目的で、犯行に係わった財産を剥奪し、これを国庫に帰属させる財産刑である。没収は、他の刑に付加して科する。これを没収の付加性という（第49条本文）。ただし、行為者に有罪の裁判をしないときにも、没収の要件があるときは、没収のみを宣告することができる（第49条但書）。没収には、任意的没収と必要的没収がある。任意的没収が原則であり、没収については、原則として裁判官の自由裁量に任されている（第48条第1項、第49条但書）。必要的没収は、収賄罪の場合、「犯人または情を知っている第三者が受けた賄賂または賄賂に供する金品」の没収（第134条）や関税法第198条第2項の没収などがある。

（2）法的性質

　没収の法的性質について多数説は、形式的に刑罰であるが実質的に対物的保安処分であると解する。すなわち、没収の本質は犯罪反復の危険を予防し、犯人が犯罪から不当な利益を得られないようにする対物的な保安処分である。没収制度は、刑罰と保安処分の中間領域に位置した独立の刑事制裁として両方の性格をもっている。

（3）没収の要件

（a）対物的要件（対象）

（あ）物　件

刑法第48条は、没収の対象を物件であると規定している。これは民法第98条の物件

550　第4編　刑罰論

と異なる概念で、有体物に限定されず、権利または利益も含まれる。

> 《判例》　収賄の目的が金銭消費貸借契約による金利のときは、その金利が賄賂である。このような場合、消費貸借の目的である金銭それ自体は賄賂ではないため、貸与によって受けた金銭は刑法第134情によって没収または追徴できず、これは犯罪行為によって取得した物件として被告人以外の者の所有に属しない。したがって、刑法第48条第1項第2号によって没収する（大法院判決1976. 9. 28，76ド2607）。

（い）犯罪行為に供し、または供しようとした物件

「犯罪行為」とは、構成要件に該当する違法な行為を意味する。「供した」の意味は、現実的に犯罪遂行に利用されたことを、「供しようとした」の意味は、犯罪行為に利用するために準備したが現実には利用できなかったことを意味する。殺人に利用した拳銃、無免許医療行為のために準備した医薬品、賭博にかけた金品などが該当する。しかし、被害者を蹴ったとき履いていった靴のように、犯行に供する意思なく、偶然役に立った物、関税法第188条に規定された虚偽申告の対象になった物件（大法院判決1974. 6. 11，74ド352）などは該当しない。

> 《判例》　大型ディスカウント売り場で数回に渡って物を窃取し、自分の車に載せて行ったとき、車は、刑法第48条第1項第1号に定められている犯罪行為に供したものであり、没収しうる（大法院判決2006. 9. 14，2006ド4075）。

（う）犯罪行為によって得られ、またはこれによって取得した物件

「犯罪行為によって得られた物件」には、たとえば文書偽造罪における偽造文書が該当し、「犯罪行為によって取得した物件」には、既に犯行当時存在したが、犯行によって犯人が取得した物件であり、賭博によって得られた金品などがこれに該当する。しかし、逮捕されるとき、送金できず所持していた小切手や現金は、実行しようとした外国為替取引法違反の犯行に提供しようとした物件であり、その前に行われた外国為替取引法違反の「犯罪行為に供しようとした物件」であるとは認めがたいため、没収しえない（大法院判決2008. 2. 14，2007ド10034）。

（え）2号の対価として取得した物件

贓物の売却代金、人身売買の身代金などが該当する。しかし、贓物の対価として取得した金銭で贓物被害者がいるときは、犯人以外の者の所有に属する物件になるために没収できず、被害者の交付請求があるときには還付しなければならない。

> 《判例》　軍用物を横領し、売却して得た金銭は、業務上横領罪の犯行によって取得した物件の対価として取得した物件である。これは、被害者に返還するものであり、被告人以外の者の所有に属しないため、これを没収することはできない（大法院判決1966. 9. 6，66ド853）。

(b) 対人的要件

(あ) 犯人以外の者の所有物ではないこと

犯人の範囲には共犯も含まれ（大法院判決 2013. 5. 23，2012 ド 11586）、判決宣告時の権利関係を基準にする場合、犯人の所有物だけでなく、共犯者の所有物、所有者不明の物、禁制品などが含まれる。他方、不実記載された登記簿、虚偽の記載された部分がある公文書、賍物、売却委託をうけた猟銃などは、没収しえない。また、犯人以外の者の所有物に対する没収の宣告がある場合は、被告人に対する関係においてその所持を没収するだけであり、第三者の所有権には影響は及ばない。

> 《判例》 被告人が、甲から名義信託を受け、被告人の名義で所有権移転登記を完了した土地およびその建物（以下「不動産」と表記する）において甲と共同で売春周旋をし、売春のために利用されることを認識しながら不動産を提供したという内容の「売春斡旋等行為の処罰に関する法律」違反の公訴事実が有罪として判決された事件において、甲は最初から売春斡旋などの行為をするために不動産を取得し、被告人に名義信託した後、約1年の間売春斡旋などの行為に提供したこと、特定の場所において密かに行われる売春斡旋などの行為の特性上、場所の提供が不可避であること、不動産は5階建であり、2階ないし4階客室の大部分が売春斡旋のために提供されたこと、被告人は不動産において行われる売春斡旋などの行為によって発生する収益の資金管理人として、甲とともに犯行を支配する主体であり、業として売春斡旋などの行為をしたこと、不動産の実質的な価値は大きくない一方、被告人の売春斡旋などの行為によって得られた収益は著しく高額であること、被告人は初犯であるが、共同正犯である甲は同種犯罪により2回処罰を受けたことがあり、売春斡旋などの行為の期間、特に取り締まられた後も、売春斡旋などの行為を続けたことなどを考慮すれば、不動産を没収した原審の措置は正当である（大法院判決 2013. 5. 23,2012 ド 11586）。

(い) 犯行後犯人以外の者が情を知りながら取得した物件

犯行後、第三者が取得した当時、その物件が刑法第48条第1項各号に該当することを知りながら取得したことを意味する。

> 《判例》 甲は、乙から丙の家で賭博をするためにお金を貸してくれと言われたので、賭博資金であることを認識しつつ金を貸し、丙にも金を貸した。刑法第48条は、第1項において犯罪行為の供用物件、犯罪行為の助成物件もしくは犯罪行為によって取得した物件、そしてこれの対価取得物件が犯人以外の所有に属しない場合、または犯行後犯人以外の者が情を知りながら取得した場合に没収することができ、さらに、第2項はこのような物件を没収することができない場合その価額を追徴すると規定している。したがって、賭博資金として金を貸せば、その金は乙と丙の所有に属するため、乙と丙に刑法第48条を適用して没収するのであり、甲から没収するのではない（大法院判決 1982. 9. 28,82 ド 1669）。

552 　第4編　刑罰論

（4）追徴・廃棄

　没収の対象である物件を没収することができないときは、その価額を追徴し（第48条第2項）、文書・図画・電子記録など特殊媒体記録または有価証券の一部が没収に該当する場合は廃棄する（第48条第3項）。

　追徴は、没収の趣旨を貫徹するための司法処分であるが、実質的には付加刑の性格をもつ。したがって、第一審で宣告しなかった追徴を控訴審において宣告すれば、不利益変更禁止の原則に反する（大法院判決1961. 11. 9、4294ヒョンサン572）。

　ここで「没収しえないとき」とは、消費・紛失・毀損などの事実上の原因または混同・善意取得などの法律上の原因によって、没収しえない場合を意味する。追徴の対象が特定されない場合は、追徴できず（大法院判決2007. 6. 14,2007ド2451）、したがって、収賄罪の場合、収賄額を特定することができない場合は価額を追徴しえない（大法院判決2009. 8. 20,2009ド4391）。他方、共同被告人の数人から追徴しえないときは、原則的に個別追徴をしなければならならず、個別額が分からない場合は平等分割額を追徴しなければならない。追徴価額の算定の基準に関しては、犯行時説・没収不能時説・判決宣告時説などがあるが、犯罪者の利益のために判決宣告時説が妥当である（大法院判決1976. 2. 9,75ド1536；1991. 5. 28,91ド352）。

　廃棄は、文書・図画・電子記録など特殊媒体記録または有価証券の一部が没収に該当するときに命ずる。全部が没収に該当するときは、没収すればよい。

　改正刑法は、廃棄対象に電磁記録など特殊媒体記録を追加した。各種文書偽造等の罪、公務上秘密表示無効罪（第140条）、業務妨害罪（第314条第2項）、秘密侵害罪（第316条第2項）、権利行使妨害罪（第323条）、器物損壊罪（第366条）の行為客体にこれが追加されたことと、歩調を合わせるためである。電磁記録とは、人の知覚によって認識しえない方式によって作成された電気的記録と電磁的記録を意味する。すなわち、半導体記憶集積回路（ICメモリ）、磁気テープ、磁気ディスクなどが、これに属する。特殊媒体記録は、電子記録以外の光技術やレーザー技術を利用した記録を意味する。ビデオテープや録音テープ、マイクロフィルムなどは映像媒体としての特殊性をもっているが、コンピュータなど情報処理措置によって識別しうる特殊媒体記録ではないため、一般的な財物ないし文書の一種として取扱うべきである。

第4章　刑罰の種類　　553

第5節　名誉刑

Ⅰ　意義と沿革

名誉刑（Ehrenstrafe）とは、名誉感情を害したり、その権利を剥奪または制限したりする刑罰である。名誉刑には、人の名誉感情を害する恥辱刑（peine humiliante）または譴責刑（Verweisstrafe）、名誉に含まれている権利を剥奪・制限する権利剥奪系（peine private de droits）または資格刑がある。現行刑法によって規定されている資格刑としては、資格喪失と資格停止がある。

Ⅱ　資格喪失

資格喪失は、一定の刑の宣告があれば、刑の効力として、当然に一定の資格が喪失することを意味する。すなわち、死刑、無期懲役、無期禁錮の判決を言い渡された被告人は、ⅰ）公務員になり得る資格、ⅱ）公法上の選挙権と被選挙権、ⅲ）法律に定められている公法上の業務に関する資格、ⅳ）法人の理事、幹事または支配人その他、法人の業務に関する監査役や財産管理人になる資格を喪失する（第43条第1項）。

Ⅲ　資格停止

1　意　義

資格停止は、一定の期間、一定の資格の全部または一部を停止することを意味する。現行刑法は、資格停止を選択刑または併科刑として規定しており、これには、一定の刑の判決を受けた者の資格が当然に停止される当然停止と、判決の宣告によって資格が停止される宣告停止とがある。

2　当然停止

有期懲役または有期禁錮の判決をうけた者は、その刑の執行が終了し、または免除されるまで、ⅰ）公務員になり得る資格、ⅱ）公法上の選挙権と被選挙権、ⅲ）法律で定められている公法上の業務に関する資格が停止される（第43条第1項）。

554　第4編　刑罰論

3　宣告停止

判決の宣告によって一定の資格の全部または一部を一定期間停止することであり、資格停止期間は1年以上15年以下である（第44条第1項）。資格停止期間は、資格停止が選択刑である場合は、判決が確定した日から起算し、有期懲役または有期禁錮に併科した場合は、懲役または禁錮の執行を終了し、または免除された日から起算する（第44条第2項）。

第6節　刑の軽重

Ⅰ　序　説

現行刑法には、刑の軽重に関する表現が散在している。たとえば、「犯罪後法律によって刑が旧法より軽くなった場合は、新法による」（第1条第2項）、「最も重い罪の刑で処断する」（第40条）などが挙げられる。ここで刑の軽重を判断するためには、その判断基準を明確にする必要がある。それは、刑事訴訟法上の不利益変更禁止の原則（刑事訴訟法第368条）からしても、必須である。

> 《判例》　刑の軽重の比較は、原則として法定刑を標準とする。すなわち、処断刑や宣告刑によるのではなく、法定刑の軽重を比較する際、法定刑のうち、併科刑や選択刑がある時は、最も重い刑を基準にして、他の刑との軽重を決めることが原則である。したがって、新法が旧法より軽い場合、新法が適用されるべきである（大法院判決1992. 11. 13, 92 ド 2194）。

Ⅱ　刑の軽重の基準

刑の軽重は、刑法第41条によれば、死刑・懲役・禁錮・資格喪失・資格停止・罰金・拘留・科料・没収の順である。ただし、無期禁錮は有期懲役より重く、有期禁錮の長期が有期懲役の長期を超過すれば、禁錮をより重いものとする（第50条第1項）。

同種の刑は、長期の長いものと多額の多いものを重いものとし、長期又は多額が同じときは、その短期の長いものと少額の多いものを重いものとする（第50条第2項）。

以上の規定による外には、罪質及び犯情により軽重を定める（第50条第3項）。罪質は、構成要件の類型的本質である。言い換えれば、個別的な不法類型である。具体的な内容は、行為反価値と結果反価値を総合的に考察することにより確定しうる。他方、犯情は、責任要素に該当する行為者の内面的心情反価値を意味する。

処断刑および宣告刑に対しては明文の規定は存在しないが、判例は以上の趣旨に従っている。たとえば、刑の執行猶予と執行免除とを比較すると刑の執行猶予が軽く（大法院判決1963.2.14,62ド248；刑の執行猶予は、執行猶予期間が経過したときには刑の宣告効果が失われるため、その刑の執行を免除するに過ぎない刑執行免除より被告人に有利である）、懲役刑の宣告猶予と罰金刑とを比較すると罰金刑が重く（大法院判決1966.4.6,65ド1261）、懲役と執行猶予付き懲役は、懲役の期間が短くても、執行猶予付き懲役より重く（大法院判決1965.12.10,65ド826）、執行猶予付き懲役刑の刑期が長ければ、執行猶予のないより短い刑より重いと判示している（大法院判決1966.12.8,66ド1319）。

《判例》　被告人は、第一審で懲役6月の宣告を受けたが、控訴した。原審は、第一審の宣告刑は重いとして第一審の判決を破棄し、懲役8月、執行猶予2年を宣告した。執行猶予という制度は、その宣告を受けた後、その宣告が失効も取消もされず、その猶予期間を経過したときには、刑の宣告は効力を失うことになるが、その宣告が失効し、または取消された場合は、その刑の執行を受けなければならない。このような場合を考慮すれば、原審が執行猶予付きの刑を言い渡したが、第一審の刑より重い懲役8月を宣告したことは、刑事訴訟法第368条の不利益変更の禁止原則に違反するものと考えられる（大法院判決1966.12.8,66ド1319全員合議体判決）。

第5章　量　刑

第1節　量刑一般

Ⅰ　意　義

　刑法は、犯罪に対して、それに相当する刑罰の種類と枠を規定している。その枠内で、裁判官が具体的な行為者に対して宣告する刑を定めることが、刑の量定、量刑または刑の適用である。量刑には広義と狭義がある。

　狭義の量刑は、具体的な事件に適用される刑の種類と量を定めることであり、広義の量刑には、その宣告と執行の可否を決定することが含まれる。

　量刑は、裁判官の自由裁量に属すると理解されている。しかし、量刑に関する裁判官の裁量は、刑事政策的量刑基準により合理的に判断しなければならないという、法的に拘束された裁量を意味する。刑事訴訟法第361条の5では、「刑の量定が不当であると認められる事由があるとき」は控訴理由になると規定している。しかし、量刑不当を理由とした上告理由は、死刑、無期または10年以上の懲役や禁錮が宣告された事件について、制限的に認められている（刑訴法第383条）。

Ⅱ　量刑の一般的過程

　量刑は、根本的に、立法者と裁判官との、段階的な共同協力作業である。すなわち、立法者は、類型化された実質的不法を、刑罰枠という形式によって評価する基準を定め、裁判官は、この基準に基づいて、個別的事件に対する具体的な刑の量定をする。立法者の過度な量刑は、憲法裁判所の違憲審査の対象になる。したがって、刑法上の主な議論は、裁判官の量刑作用に集中している。裁判官は、以下のような過程により、量刑を決める。

　第一に、裁判官は、具体的な量刑の出発点として適用しうる刑罰の枠を調査する。これは、構成要件を検討し、刑罰加減事由による補充・変更を通じて、適用する制裁の種類と程度の枠を決めることである。

558　第4編　刑罰論

　第二に、裁判官は、具体的な行為に対する責任評価を通じて、責任の幅を決める。この責任の幅は、具体的な量刑において限界機能をもつ。このとき、構成要件要素である事情は、責任の幅を決定する際、再び考慮しえないという二重評価禁止の原則が適用される。

　第三に、裁判官は、以上で決めた責任の幅内で、一般予防と特別予防を考慮し、刑種と軽量を決める。

Ⅲ　量刑における責任と予防

1　量刑責任

　責任は量刑の基礎、限界であり、量刑の衡平性を担保する要素である。しかし、量刑上の責任（量刑責任）は、犯罪成立要素である責任と同一のものであろうか。これに対して、責任は、不法に基づいた責任のある不法に対する非難可能性を意味するため、両者は同じ意味であると解する立場もある。しかし、犯罪成立要件である責任は非難可能性を意味するが、量刑責任は社会倫理的不法判断の軽重を決める要素の総体を意味するため、両者は区別されなければならない。

　量刑責任は、行為要素（Handlungskomponente）と結果要素（Erfolgskomponente）によって決まる。行為要素は、行為の義務違反の程度により評価され、これは再び、故意犯における外的要素の具体化、過失犯における義務違反の程度などの構成要件的行為反価値と、その他の動機・目的・心情など、構成要件外の行為反価値で構成される。結果要素は、法益に対する侵害ないし危殆化の程度と範囲により具体化され、構成要件的行為結果と、それによる被害者の生計無能力などの構成要件外的行為結果がある。

2　量刑における予防

　量刑において予防的観点を考慮することとは、具体的な事件に対する量刑が一般人を威嚇し、潜在的な犯罪者を抑制して、市民の法遵守意識を維持・強化すること（一般予防）と、当該犯罪者に作用して、個別的な威嚇・再社会化・保安を通じて将来の犯罪を防止し、社会に復帰させること（特別予防）を共に考慮することでなければならない。特に、刑罰を通じた犯罪者の自立と社会化が刑罰の主な目的であると評価するなら、一般予防より特別予防に焦点を当てなければならない。

第5章　量刑　　559

　このような基本原則を明確にしていない韓国刑法においては、量刑責任と予防
の観点を調和させる方法は、学説・判例が担当している。

3　量刑理論
（1）責任の枠の理論ないし幅の理論

　かつて Berner により主張された責任の枠の理論（Schuldrahmentheorie）または
幅の理論（Spielraumtheroie）は、ドイツ連邦通常裁判所判決（BGHSt 7，28ff.）以来、
支配的な量刑理論として適用されてきた。幅の理論の論拠は、行為者の責任に応
じた適切な刑罰は唯一のものではなく、文言上確定されている刑罰の上限と下限
の間に存在する多数の刑罰の形態だということである。「すでに責任に見合う刑
罰」（Die schon schuldangemessens Strafe）を通じて下限を制限され、「まだ責任に見
合う刑罰」（Die noch schuldangemessene Strafe）を通じて上限を制限される責任の幅
内で、裁判官は１次的に特別予防を、２次的に一般予防を考慮し、具体的な量刑
を定める。この作業により、責任に適合し、また予防的必要に応じた刑罰に至る。
　今日、幅の理論は、量刑論と実務において最も強力な実用性をもっている理論
であるが、特に責任理念論において保守的な見解をもっている立場から批判され
る。すなわち、一つの特定の犯行に対して多数の責任に見合った刑罰が存在する
ことは、責任に見合った（schuldangemessen）刑罰であるという観点からすれば、
理論上成立しえないためである。

（2）点の理論

　点の理論（Die Theorie der Punktstrafe）によれば、常に責任は、一つの固定された
大きさであり、したがって、正当な刑罰（Die richtige Strafe）は一つである。ただ
し、責任に見合った刑罰を選択する過程においては、人間の認識能力の不完全性
ないし裁判官の不確実性のため、算術的・正確な確認ができない。したがって、
刑罰確定のために責任以外の観点が基準になることを否定することが、点の理論
の主張である。しかし、点の理論も、刑罰の責任適合性に対する合理的尺度の不
在と、事実上責任刑も一定の枠内で確立しうることを認めなければならない。

（3）段階理論ないし位置価説

　位置価説は、一般予防と特別予防という刑罰目的の間に存在する二律背反的な
矛盾を、「量刑過程の各段階または位置価において個々の刑罰目的がもっている
意味と価値」を探すことにより、解決する。すなわち、本来的意味の量刑である

560 第4編 刑罰論

刑罰の程度および期間の決定は、もっぱら責任の程度によらなければならない。次に広義の量刑、すなわち、予防的観点から刑罰の種類を選択しなければならない。この理論は、点の理論や幅の理論と異なり、責任は一点に定まるとか、複数の可能性があるというように、予め定められている固定した形式のものではないと考える。

この位置価説によれば、責任は「刑罰の構成的原則」であり、「正当な刑量を測定する基本原則」であるため、責任は量刑における支配的な観点である。しかし、責任だけを基礎にして刑罰の程度（Strafhöhe）を決める位置価説の根本前提は、刑罰の程度の測定にすでに予防的観点をいれるという新たな努力からは、責任だけを基礎にして刑罰の程度を決めるという位置価説の根本前提そのものについて批判対象になっている。

（4）特別予防型位置価説

刑罰論において応報刑論を排除し、責任を上限にして法秩序の防衛という積極的予防の目的を下限にした後、具体的に刑を量定する場合には、特別予防目的が優位となると主張する見解が、特別予防型位置価説である（Roxin）。この理論は、刑罰論において主張された予防的（弁証論的）統合説を、量刑段階において論理一貫して適用する意図をもっている。この理論によれば、責任の幅の範囲内における量刑のための予防目的は、責任に応じた刑罰の上限まで重要な役割を果たしていることになる。言い換えれば、責任の幅は、量刑の固着点ではなく、一定の幅の可変性をもっているため、この責任の幅の内で予防思想が量刑において主導的な役割を担い、特別予防が一般予防に比べて主導的役割を担う。

この立場は、責任原則と応報思想には必然性がないということを前提にして、応報原則を維持する論拠はないとする。責任の程度は量刑における不変の固着点ではないため、予防的な動機から変動しうる責任の変化の幅は、責任の程度を超えない限度で上下に変動しうると解するべきである。すなわち、責任の程度は量刑の代替的な枠を決める一方、さらに詳細な矯正および正確な刑罰の程度は予防的考慮から導かれる。

このような観点から、責任の程度に応じた刑罰は、原則として一般予防目的により考慮されるが、具体的な場合、責任刑罰の賦課が犯人に対する脱社会的効果をもたらすことが認識されたときは、特別予防的理由から法秩序の防衛に必要不可欠な下限まで刑罰が減少しうると主張する。現代の再社会化刑法の観点からす

れば、妥当な量刑理論である。

第2節　量刑の具体的過程

I　刑罰の具体化過程

1　法定刑

　法定刑（Gesetzliche Strafdrohung）は、立法者が各構成要件の類型化された実質的不法を一般的に評価して定めた刑罰枠としての、刑法各則上の刑罰をいう。これは、具体的な量刑の出発点になる。

　法定刑の刑種と刑量は、その犯罪の罪質と保護法益の性格に対する考慮だけではなく、その国の歴史と文化、立法当時の時代的状況と国民一般の価値観や法感情、そして犯罪予防のための刑事政策的側面などを総合して、立法府が決める事項として国家の立法政策に属する。その内容は、刑罰の目的と機能とに本質的に背馳してはならず、合理性と平等の原則、比例性の原則が著しく侵害されてはならない（大法院判決 1992.8.14，92 モ 38）。

2　処断刑

　処断刑は、法定刑に法律上・裁判上の加重・減軽を加えた刑罰枠である。これは、宣告刑の最終的な基準になり、法定刑が選択刑であれば、刑の種類を選択し、そして刑に必要な加重・減軽をおこない処断刑をきめる。

3　宣告刑

　宣告刑は、処断刑の枠内で具体的に刑を量定し、被告人に宣告する刑である。もちろん、刑の加重・減軽がないときには、法定刑を基準にして宣告刑が決まる。

　自由刑の宣告形式には定期刑と不定期刑があり、不定期刑は絶対的不定期刑と相対的不定期刑に分かれる。現行刑法では、定期刑が原則である。ただし、特別法である少年法は、少年に対して相対的不定期刑を認めている（少年法第 60 条）。現行刑法の定期刑制度において、仮釈放制度は実質的に刑を不定期化しており、無期懲役においても仮釈放が認められるのであり、実質上一種の相対的不定期刑である。

562   第4編　刑罰論

Ⅱ　刑の加重・減軽・免除

1　刑の加重

罪刑法定原則により、法律上の加重は認められるが、裁判上の加重は認められない。もちろん、加重事由があれば必ず加重しなければならない必要的加重だけが認められている。しかし、加重しても必ず法定刑以上の刑が宣告されなければならないものではない。刑の加重には、一般的加重事由と特殊加重事由がある。

（1）一般的加重事由

刑法総則に基づく事由により、すべての犯罪に対して一般的に加重することが、一般的加重事由である。たとえば、ⅰ）加重教唆・幇助の加重（第34条第2項）、ⅱ）累犯加重（第35条、第36条）、ⅲ）併合罪加重（第38条）などが挙げられる。

（2）特殊的加重事由

特定犯罪に限って加重しうるように、刑法各則の特別構成要件が規定している事由である（第144条、第278条）。たとえば、常習犯に対する加重（第203条、第264条、第279条、第285条、第332条、第351条など）と加重犯罪に対する加重（第144条、第278条）などが挙げられる。

2　刑の減軽

刑の減軽には、法律上の減軽と裁判上の減軽（酌量減軽）とがある。

（1）法律上の減軽

法律上の減軽は、法律規定により刑が減軽されることである。一定の事由があれば減軽しなければならない必要的減軽と、一定の事由があればその事由を考慮して裁判所の裁量により減軽しうる任意的減軽がある。また、刑法総則によりすべての犯罪に適用される一般的減軽事由と、刑法各則により特別な犯罪に限って適用される特殊減軽事由がある。

一般的・必要的減軽事由には、ⅰ）心神耗弱（第10条第2項）、ⅱ）聾唖者（第11条）、ⅲ）中止未遂（第26条）、ⅳ）幇助犯（第32条第2項）などがある。一般的・任意的減軽事由には、ⅰ）外国で受けた刑執行による減軽（第7条）、ⅱ）過剰防衛（第21条第2項）、ⅲ）過剰避難（第22条第3項）、ⅳ）過剰自救行為（第23条第2項）、ⅴ）障碍未遂（第25条第2項）、ⅵ）不能未遂（第27条）、ⅶ）自首または首服（第52条第1項・第2項）などがある。

特殊減軽事由には、第90条、第101条、第111条第3項、第120条、第153条、第154条、第157条、第175条、第213条などがある。

（2）裁判上の減軽（酌量減軽）

被告人の情状に参酌する事由があれば、裁判所は酌量してその刑を減軽することができる（第53条）。刑法第51条（量刑の条件）に基づいて参酌する。これは、裁判所の自由裁量事項や法律上の減軽に関する刑法第55条の枠内で適用される（大法院判決 1992. 10. 13,92 ド 1428 大法廷判決）。したがって、たとえば、無期懲役の法定刑を酌量減軽する場合、刑法第55条第1項第2号の規定により 10 年以上 50 年以下の懲役に減軽されるが、刑法第42条により有期懲役の上限である 30 年の刑を超過することはできない。

3　刑の免除

刑の免除は、犯罪が成立し刑罰権は発生したにもかかわらず、一定の事由により刑を科さないことである。刑免除判決は有罪判決の一種であり（刑訴法第322条、第323条第2項）、判決確定前の事由により刑が免除される点が、判決確定後の事由により刑の執行が免除される刑執行の免除と区別される。

刑の免除には、必要的免除と任意的免除がある。しかし、法律上の免除のみであり、裁判上の免除は認められられない。刑法総則が認める一般的免除事由には、ⅰ）外国で受けた刑執行（第7条）、ⅱ）中止未遂（第26条）、ⅲ）不能未遂（第27条但書）、ⅳ）過剰防衛（第21条第2項）、ⅴ）過剰避難（第22条第3項）、ⅵ）過剰自救行為（第23条第2項）、ⅶ）自首または首服（第52条第1項・第2項）がある。このような免除事由は全て刑の減軽と択一的であり、中止未遂だけが必要的減免事由であるが、その他はすべて任意的減免事由である。刑の免除は、刑量を 0（ゼロ）にする点から、刑罰の範囲の決定とともに最終刑量を決定するという特徴がある。

4　自首・首服

刑法は、犯罪者に犯罪捜査に対する協力を求めるために、自首・首服を刑の任意的減免事由として規定している。

自首は、犯罪者が自ら犯罪事実を捜査機関に申告し、訴追を求める意思表示である。旧刑法第24条における自首は、発覚前でなければならないという時期的

564 第4編 刑罰論

な制限があったが、現行刑法において、制限を削除し、逮捕前であれば指名手配
された後も自首しうる（大法院判決 1968. 7. 30, 68 ド 754）。ただし、「自発的」でなけ
ればならないため、捜査機関の訊問において犯罪事実を認める自白と区別される
（大法院判決 1982. 9. 29,82 ド 1965）。

　首服は、被害者の意思に反しては処罰しえない犯罪において、犯罪者が被害者
に犯罪を告白することである。相手が捜査機関ではないため、自首と区別される
が、その法的効果は自首と同様であり、準自首と呼ぶ。自首と首服の時期は、犯
罪事実の発見前後を問わないが（大法院判決 1965. 10. 5, 65 ド 597）、性質上、訴訟段
階前でなければならない[1]。自首・首服は、これを行った者に限って影響を及ぼ
し、他の共犯者には影響を及ぼさない。

　　《判例1》　新聞において収賄嫌疑事実が報道されたが、捜査機関からの公式の召喚が
なかったため、自ら出席して事実を明かし、処罰されるため担当検事に電話をかけ、調査
を受けるように要請して、出頭時間を指定された後、出頭して嫌疑事実を全て認める内
容の陳述書を作成し、検察捜査過程において嫌疑事実を自白した場合、捜査責任のある
官庁に自首したものと認められる。この後、法廷において収賄金額の職務関連性に対し
て捜査機関における自白と異なる供述をしても、自首の効力には影響を及ぼさない（大
法院判決 1994. 9. 9,　94 ド 619）。
　　《判例2》　被告人は被害者を強姦し、傷害を負わせた後、警察に自ら出頭して調査に
応じたが、犯行について否認した。刑法第 52 条第 1 項における自首は、犯人が自ら自分
の犯罪事実を捜査機関に申告してその訴追を求める意思表示であり、これを刑の減軽事
由にする理由は、犯人がその罪を反省している点である。したがって、犯罪事実を否認
し、反省しない自首は、その外形は自首であっても、法律上刑の減軽事由になる真正な自
首ではない（大法院判決 1994. 10. 14,94 ド 2130）。

Ⅲ　刑の加減例

　刑の加重・減軽の順序、程度および方法に関する規則が刑の加減例である。

1　刑の加重・減軽の順序

　1 個の罪に定められた刑が数種のときは、まず適用する刑を定め、その刑を減
軽する（第 56 条）。また、刑の減軽において二個の刑種を併科するときは、両方を

1　權文澤「自首と首服」法政（1964. 7）61 頁参照、李炯國『研究Ⅱ』779 頁。

ともに減軽しなければならない。

> 《判例》 懲役刑と罰金刑を併科するとき、特別の規定がない限り、一方だけを酌量減
> 量し、他方を酌量減軽しないことは不当である。第1審判決によれば、被告人に対して
> 懲役刑と罰金刑を併科しながら、罰金刑に限って酌量減軽したことは失当である（大法
> 院判決 1977. 7. 26, 77 ド 1827）。

　刑の加重・減軽事由が競合したときは、ⅰ）各則本条による加重、ⅱ）刑法第
34条第2項（加重教唆・幇助）の加重、ⅲ）累犯加重、ⅳ）法律上の減軽、ⅴ）併
合罪加重、ⅵ）酌量減軽の順である（第56条）。

> 《判例》 常習賭博罪で懲役10月、執行猶予3年が宣告され、執行猶予期間中に傷害罪
> で懲役8月の刑が宣告され、執行猶予が取り消されて執行された刑期が満了して6カ月
> 後、賭博をしたあと、酒に酔った状態で強盗をして人を殺したが、反省して自首した。原
> 審は、強盗致死罪に対して無期懲役刑を選択し、刑法第38条第1項第1号と第50条に
> よって強盗致死罪の刑で処断し、犯行の経緯および自首したことを参酌して、懲役15年
> を言い渡した。刑法第56条は、刑を加重減軽する事由が競合した場合の加重減軽の順序
> を定めている。これによれば、法律上の加重減軽をした後、最後に酌量減軽をするよう
> にされている。したがって、法律上の減軽事由があるときには、酌量減軽より優先され
> るべきであり、酌量減軽は、このような法律上の減軽をして、その処断刑より軽い刑を宣
> 告する場合に行われる。原審で自首減軽をせず、酌量減軽をしたことは、刑の加重減軽
> の順序に違反するが、刑法上自首は任意的減軽事由に過ぎず、一次減軽した処断刑の下
> 限より重い刑を宣告したものであり、刑の加重減軽の順序に違反したとは解しえない
> （大法院判決 1994. 3. 8,93 ド 3608）。

2　刑の加重・減軽の程度および方法
（1）刑の加重

　有期懲役又は有期禁錮に対して刑を加重するときは、25年までとする（第42条
但書）。累犯、併合罪、加重教唆・幇助などのような一般加重事由の加重の程度は、
各々別途に規定されている（第35条、第38条、第34条第2項）。特に累犯の場合、
刑の下限を引き上げるドイツ刑法と異なり、韓国の刑法は、長期だけを二倍にす
る。

（2）刑の減軽の程度および方法

　(a) 法律上の減軽の程度および方法　ⅰ）死刑を減軽するときは、無期又は10年以
上の懲役又は禁錮とする。ⅱ）無期懲役又は無期禁錮を減軽するときは、7年以上の懲

役又は禁錮とする。iii）有期懲役又は有期禁錮を減軽するときは、その刑期の2分の1とする。iv）資格喪失を減軽するときは、7年以上の資格停止とする。v）資格停止を減軽するときは、その刑期の2分の1とする。vi）罰金を減軽するときは、その多額の2分の1とする。vii）拘留を減軽するときは、その長期の2分の1とする。viii）科料を減軽するときは、その多額の2分の1とする（第55条第1項）。

　刑期の2分の1を減軽するときには、上限だけでなく下限も2分の1に引き下げる。たとえば、懲役10年以下である殺人予備罪を法律上減軽する場合、5年以下15日以上の刑になる。特に罰金の場合、「多額の2分の1とする」と規定しているが、判例は、罰金の上限とともに、下限も2分の1まで引き下がると判示している（大法院判決1978.4.25，78ド246）。また、法律上減軽する事由が数個あるときには、重ねて減軽しうる（第55条第2項）。

> 《判例》　被告人は、不満をもっている同僚の兵士を刀で刺し殺した。原審は、犯行当時心神耗弱状態であり、刑法第250条第1項の殺人罪を適用し、刑法第55条第1項第3号の規定により法律上の減軽の範囲内で懲役10年を宣告した。刑法第55条第1項第3号により刑期を減軽する場合、刑期には短期・長期が含まれる。該当処罰規定に長期または短期が定められていないときには、刑法第42条により長期は15年、短期は1月になる。したがって、刑法第250条第1項に関し5年以上の有期懲役刑を選択する以上、長期は懲役15年であるため、法律上の減軽をすれば、長期7年6月、短期2年6月の枠内で処断刑を定めなければならない（大法院判決1983.11.8,83ド2370）。

　（b）酌量減軽の程度と方法　　現行刑法における明文規定は存在しないが、法律上の減軽の例に準じなければならない（大法院判決1964.10.28，64ド454）[2]。ただし、酌量減軽において酌量減軽事由が数個あるときには、重ねて減軽することはできない（大法院判決1964.4.7,63ド10）。しかし、法律上の減軽をした後、酌量減軽をすることはできる。一個の罪に対して懲役刑と罰金刑を併科するときには、特別な規定がない限り、片方のみに酌量減軽をすることは許されない（大法院判決1976.9.14，76ド2012；1977.7.26,77ド1827）。併合罪の処罰において懲役刑と罰金刑が併科されるときには、各刑に対する犯罪の情状の差がある可能性があり、懲役刑のみ酌量減軽して、罰金刑は酌量減軽をしないことができる（大法院判決2006.3.23，2006ド1076）。

　法律上の刑の加重減軽の事由は、たとえば、累犯、常習犯、精神耗弱、自首、首服、中止未遂など刑罰権の枠内に関する主要事実であり、訴訟手続きにおいて厳格な証明の対象になる。

2　李在祥・582頁、李炯國『研究Ⅱ』771頁、鄭盛根・683頁、陳癸鎬・538頁。

第5章 量刑 567

第3節 量刑条件

刑法第51条は、量刑において参酌する条件として、ⅰ）犯人の年齢、性行、知能および環境、ⅱ）被害者との関係、ⅲ）犯行の動機・手段と結果、ⅳ）犯行後の状況などを規定している。これが、量刑条件または量刑要素である。しかし、刑法第51条に規定された量刑条件は例示であり、その他の事項も、適切な量刑のために必要な事項であれば、幅広く認めるべきである。各量刑要素は相反作用の両面性をもっているため、同一の量刑要素が、責任または予防観点により、刑罰加重的または減軽的に作用しうることに注意しなければならない。

> 《判例》 甲と乙は殺害を共謀し、事前に3回くらい犯行場所の位置、構造、同居人の有無を把握し、予め登山用のナイフと手袋を購入するなど、犯行を計画した後、甲が犯行現場に侵入し、被害者をナイフで4回刺して殺した後、強盗に見せかけるために現場を偽装した。事前に計画して犯行を謀議し、犯行の方法が残虐であること、犯罪者の年齢、性行、家庭環境、前科、犯行動機、犯行手段と結果、犯行後の状況などの量刑条件を参酌すれば、甲と乙に死刑と無期懲役を宣告した原審の量刑は不当ではない（大法院判決1996. 1. 26,95 ド 2420）。

Ⅰ　犯人の年齢・性行・知能および環境

主に犯罪者の社会復帰の必要性と可能性を判断する際に、重要な意味をもっている特別予防的要素である。

1　年　齢

犯罪者の年齢は、特に少年と老人に対して考慮される。少年は心身が未熟であること、老人は心身が衰弱していることにより、すなわち、年齢により責任が減少する。特別予防的観点からすれば、少年は改善教化の可能性が大きく、老人は刑罰適用力が弱いだけでなく、刑罰の必要性も少ない。したがって、少年に対しては少年法（第49条、第59条、第60条など）、老人に対しては刑事訴訟法（第471条第1項第2号）において、刑の宣告および執行する際に、特別な扱いをするよう規定している。

2 性 行

犯罪者の性格と品行を意味する。これに関しては、前科と犯行以前の社会生活が問題になる。前科については、責任の観点と予防の観点から検討しうる。責任の観点からすれば、前科があるという事実だけでは、責任は増加しない。前刑による刑罰警告が行為者によって非難しうる方法により無視された場合に限って、責任が増加する。同じ観点から、前科はないが、発見できなかった隠された犯罪があるときも、責任が増加する。

他方、予防的観点からは、前科は今までに科された刑が犯罪者にどのように作用したかを判断する資料になるゆえに、量刑の基礎になる。犯罪者の犯罪以前の社会生活には、社会有益的行為と社会侵害的行為があるが、これらの行為は、行為責任においては考慮されない。これは、予防の必要性の重要な手掛かりとして作用する。

3 知 能

知能の発達程度も、行為者の不利または有利な量刑決定に影響を及ぼす。知能は、行為者の犯罪実現段階と密接な関係があるだけでなく、被害者と関係がある。知能は、単純な認識能力や予見能力だけを意味するものではなく、犯行に対する行為者の意思と推進力も含まれる。行為者が犯罪を完成させるために努力した程度、罪跡を隠滅し、完全犯罪を実現するためにどのような行動をしたのかなどが、知能に関する量刑要素であり、知能活動は刑罰加重的な量刑の参酌事由である。

4 環 境

犯人の個人的・社会的環境に関する生活関係も、責任評価および刑種の選択などにとって重要な量刑の資料になる。特に、個人的環境においては、家族関係、職業、健康、住宅関係、財産、学歴などが考慮される。たとえば、公務員という身分関係のために重い刑罰を受けることもあるが、公務員という身分のために軽い処罰を受けることもある。聖職者または芸術家の身分も同様である。

社会的環境においては、住居関係、交友関係、経済事情、政治事情、金融事情、国際取引関係などが考慮される。しかし、社会的環境は量刑の決定事由になるものではなく、そのような社会的環境による行為者の個人的・社会的地位・役割などが犯罪にどのような影響を及ぼしたかが、量刑の参酌事由になる。

Ⅱ　被害者との関係

犯人と被害者の、親族・家族関係、雇用関係などの人的関係の有無を意味する。被害者との人的関係による信頼関係・保護関係を侵害したときは、一般的に責任が加重され、このような関係により被害者が犯罪を誘発したときは、責任が軽減される。被害者の過度な利己心や無思慮、無分別、自由奔放などによって発生した詐欺・背任・性犯罪・過失致死傷などにおいて、被害者に犯罪発生に対する一定の責任があるとき、不法阻却や免責効果が存在しなくても、行為者に有利な量刑事由になることがありうる。

Ⅲ　犯行の動機・手段と結果

犯行の動機は、行為者の危険性だけでなく、行為責任を判断する重要な資料になる。したがって、計画的な犯行であったか、または、瞬間的な困惑・衝動・強力な誘惑による犯罪であったかにより、責任の程度が異なる。犯行の手段および結果は、それぞれ行為不法と結果不法に属する。

結果の場合、責任のある結果だけが量刑の基準となる責任要素である。その他、手段の残虐・過激性・狡猾さ、そして結果の深刻さと範囲が、量刑判断に影響を及ぼす。結果の軽重は、行為者の故意・過失行為の直接的な産物ではなくても、量刑判断には大きな影響を及ぼす。その限りで、偶然の結果部分も、責任と刑罰に影響を及ぼす危険性がある。合理的な量刑実務は、このような危険性を排除して、犯行の結果を行為責任の限度内で量刑評価の対象にすべきである。

一方、犯罪遂行の主観的要素としては、犯行に対する行為者の意思と義務違反があるが、これらも責任判断の要素になる。

Ⅳ　犯行後の状況

犯罪後の状況においては、被害の回復、損害の深刻化、訴訟中の被告人の態度が問題になる。これは量刑責任の本質的な構成要素ではないが、主に予防的観点から量刑責任に応じる刑罰の枠と種類を選択する際、影響を与える。

被害回復は、刑罰緩和の事由になる。現実に被害が回復された場合ばかりでなく、被害回復のために真摯な努力をしたが失敗したとき、被害回復のために努力したが被害者が回復したとき、刑罰は緩和される。第三者による被害回復が刑罰

緩和事由になるか否かについては、これを否定する見解もあるが、結果的に犯行による結果が縮小されたことと、犯人が関与しなくても時間の経過により量刑が縮小することがありうることから、これを肯定すべきである。被害回復には、慰謝などの精神的なものも含まれる。他方、犯行により発生した損害が深刻化・拡大すれば、刑罰強化的要素として作用する。

訴訟手続きにおける被告人の態度は、二つある。第一に、自白または否認であり、第二に、公判廷における被告人の無礼な行動（Fehlreaktion）である。一般的に、訴訟手続きにおいて自白は肯定的に、否認は否定的に評価される。しかし、自白または否認は、それ自体ではなく、背後の動機が重要である。すなわち、自白は、訴訟上の策略ではなく、真摯な反省に基づいた自白であるときに刑罰緩和事由になり、否認は、被告人の防御権に基づいた否認ではなく、真実発見を積極的に隠し、または裁判所に誤った判断を惹起させるために否認した場合に限って、刑罰強化の事由になる。

他方、被告人は、肉体的・精神的に健康でない状況に置かれている場合が多い。したがって、訴訟中に無礼な行動をすることがある。したがって、そのような反応だけで重い刑罰を科すことはできない。

量刑の条件となる事実、すなわち、刑の宣告猶予・執行猶予・酌量減軽の条件である事実は、刑罰の存否と程度を定める際、基礎になる主たる事実ではないため、厳格な証明（Strengbeweis）の対象ではなく、自由な証明（Freibeweis）で十分である。

第4節　未決拘禁および判決の公示

I　未決拘禁

未決拘禁（Untersuchungshaft）は、犯罪の嫌疑のある者を、裁判が確定されるまで拘禁することである。これを判決宣告前拘禁とも呼ぶ。未決拘禁の目的は、証拠隠滅を防止し、犯人逃避の予防を通じて訴訟手付きの進行を確保して、有罪判決の確定による刑罰執行を担保することである。未決拘禁は刑罰ではないが、実質的に自由刑と同様の効力をもつ。したがって、刑法は、未決拘禁日数の全部または一部を、有期懲役、有期禁錮、罰金又は科料に関する留置又は拘留に算入す

る（第57条第1項）。この場合には、拘禁日数の1日は、懲役、禁錮、罰金又は科料に関する留置又は拘留の期間の1日として計算する（同条第2項）。

　未決拘禁日数の全部が本刑に算入される（韓国憲法裁判所 2009. 6. 25, 2007 ホンバ 25）。したがって、判決においては、別途、未決拘禁算入に関する事情を判断する必要がない（大法院判決 2009. 12. 10,2009 ド 11448）。未決拘禁日数より多い日数を算入することは、違法である（大法院判決 1955. 3. 4, 4288 ヒョンサン 17：1960. 3. 9,4292 ヒョンサン 782）。無期刑に対しては日数を算入することはできないが（大法院判決 1966. 1. 25, 65 ド 384）、控訴審が無期懲役を宣告した第1審を破棄して有期懲役を宣告する場合は、第1審判決宣告前の拘禁日数を算入しなければならない（大法院判決 1972. 9. 28,71 ド 1289）。

Ⅱ　判決の公示

　判決の公示（öffentliche Bekanntmachung des Urteils）は、被害者の利益や被告人の名誉回復のために、刑の宣告と同時に官報または日刊紙などを通じて判決の全部または一部を公的に周知させる制度である。韓国刑法第58条は、以下のように規定している。「①　被害者の利益のために必要であると認めるときは、被害者の請求がある場合に限り、被告人の負担で判決公示の趣旨を宣告することができる（第1項）。②　被告事件に対して無罪又は免訴の判決を宣告するときは、判決公示の趣旨を宣告することができる（第2項）」。

　犯罪の嫌疑により被告人と被害者および社会全体との間の信頼・期待が失墜したことを公示により回復させ、真実解明に基づき、新たな和解を通じて、被害者と被告人、被告人と社会の間の共存秩序を確保することが、同制度の趣旨である。

第6章 累 犯

第1節 序 説

Ⅰ 累犯の意味

1 概 念

累犯（Rückfall）には、広義と狭義の概念がある。広義の累犯は、確定判決を受けた犯罪（前犯）があり、その後、再び行われた犯罪（後犯）を意味する。これに対して、狭義の累犯は、広義の累犯のうち、刑法第35条の要件が充足された場合、すなわち、禁錮以上の刑の宣告をうけ、その執行を終了し、または免除を受けた後、3年以内に禁錮以上に該当する罪を犯した場合である。一般に、刑法上の累犯は狭義の累犯を意味する。

2 常習犯との区別

累犯は、犯罪を累積的・反復的に犯すため、常習犯と密接な関係があるが、同一の概念ではない。累犯と常習犯は、累犯が反復された処罰を意味するのに対し、常習犯が犯罪に現れた犯罪傾向を意味するため、概念上、区別される。したがって、累犯は前科を要件とするが、常習犯は同一罪名または同一罪質である犯罪を反復することを要件とする。さらに、累犯は、警告機能を無視したことから、行為責任に基づいて加重処罰されるが、常習犯は、常習的性癖という行為者責任に基づいて加重処罰される。

刑法は、第35条において累犯加重を規定し、各則において常習犯規定（例：第246条第2項常習賭博罪、第332条常習窃盗罪）を個別的に規定している。常習犯加重と累犯加重は、別個に併行して行うことができるか否かが問題になる。判例は、常習犯に対する累犯加重（大法院判決 1982. 5. 25, 82 ド 600）だけでなく、常習犯を加重処罰する「特定犯罪加重処罰等に関する法律」に違反したときにも、累犯加重することができるとする（大法院判決 1985. 7. 9, 85 ド 1000；1981. 11. 24, 81 ド 2164）。

574　第4編　刑罰論

II　累犯加重の違憲問題とその根拠

　累犯は、前犯に対する処罰が終了したにもかかわらず、これに基づいて後犯を重く処罰するため、憲法に反する恐れがある。また、加重処罰の根拠についても疑問が生じる。

1　累犯加重の違憲性
（1）一事不再理原則との抵触
　累犯は、前犯に基づいて後犯の刑を加重することになるため、前犯を再び処罰するようにみえる。したがって、憲法第13条第1項後段の一事不再理の原則に反するものではないかという疑問が生じうる。累犯は前犯を処罰対象にすることではなく、前犯による刑罰警告機能を無視し再犯を犯したために、後犯の罪の責任を加重することであり、後犯だけが処罰対象になる。したがって、累犯加重は、一事不再理の原則に抵触しない。
（2）平等原則との抵触
　累犯加重は、前犯が存在した事実、すなわち、前科者という社会的身分により差別することではないかという疑問が生じる。しかし、累犯加重は、犯罪者の増加した責任または特別予防および一般予防の刑罰目的に基づいて犯罪者に適切な量刑をするものであり、身分による不合理な差別ではない。したがって、累犯加重は平等原則（憲法第11条第1項）に抵触するものではない。

2　累犯加重の根拠
　（1）累犯においては、加重される責任の内容についても議論がある。
　まず、責任を行為者責任ないし人格責任であると評価する見解によれば、犯罪者が前犯に対する刑罰により警告に応じなかったという犯罪者の誤った生活態度により、責任が加重される。一方、責任を純粋な行為責任として評価する見解によれば、犯罪者が前犯に対する刑罰の警告機能を無視し、後犯の実現を通じて犯罪推進力を強化したため、行為責任が加重される。
　刑法は、原則として行為責任でなければならないが、累犯・常習犯および量刑責任の領域においては、行為責任のみを純粋に貫徹させることはできないため、行為責任を基礎にし、例外的に行状責任の観点を考慮すべきである。したがっ

て、累犯加重の根拠は、原則的な行為責任により客観化された行為者責任の観点である。

（2）他方、強化された犯罪推進力により警告機能が無視されれば、常に責任が加重されるのかが問題になる。多くの累犯は、犯罪者の意思の薄弱、人格的欠陥または社会援助の欠乏などにより罪を犯すためである。この場合、行為者個人の人格のみに責任の所在があるのではなく、行為者を取り囲んでいる問題のある社会環境にもあるであろう。

したがって、行為者が前犯により刑罰の警告機能を無視し、再び罪を犯すことに対して、行為者に強い非難が加えられる事情がある場合に限って、刑を加重しうるように制限する必要があろう。改正前ドイツ刑法第48条は、これを「前判決の警告に従わないことに対して非難ができるとき」と規定しており、解釈論においては、これを実質的累犯条件であると理解している。韓国の刑法においても、実質的累犯条件が求められる。現在のように形式的累犯条件だけを要求すれば、刑事制裁の過剰が惹起される恐れがある。

（3）さらに、合理的・自由的・人道的刑事政策の発展方向に照らして、累犯加重制度の廃止について積極的に検討する時期である。ドイツが1986年4月13日第23次刑法改正法律により、ドイツ刑法第48条（累犯加重）を全面削除したことは示唆に富む。

第2節　累犯加重の要件

改正前のドイツ刑法は、累犯の要件として、前・後犯が故意犯であること、犯行の種類と事情を考慮し、以前の有罪判決が警告として受け入れられなかったことに対する非難ができることなどの実質的な累犯要件を規定していたが、韓国刑法第35条第1項は、形式的な累犯要件だけを規定している。

Ⅰ　禁錮以上の刑が宣告されたこと

前犯の刑については、禁錮以上の刑が宣告されたのでなければならない。禁錮以上の刑とは、有期懲役と有期禁錮を意味する。禁錮以上の刑には死刑・無期懲役・無期禁錮も該当するが、このような刑が宣告された者に累犯加重ができるためには、死刑または無期刑の宣告が有期懲役や有期禁錮に減軽されたか、特赦ま

576 　第4編 　刑罰論

たは刑の時効によりその執行が免除された場合でなければならない。

　前犯については禁錮以上の刑が宣告されればよく、適用法が刑法または特別法であることを問わない。したがって、軍事裁判所により処罰を受けた前科にも、累犯加重することができる（大法院判決 1956. 12. 21, 4289 ヒョンサン 296；1959. 10. 11, 4290 ヒョンサン 268）。

　前犯には禁錮以上の刑が宣告されなければならないため、刑の宣告は有効でなければならない。したがって、大赦（大法院判決 1964. 6. 2, 64 ド 161；1965. 11. 30,65 ド 910）や執行猶予期間の経過（大法院判決 1970. 9. 22, 70 ド 1627）により刑の宣告が失効すれば、累犯は成立しえない。しかし復権は、刑の宣告によって喪失または停止された資格を回復されることに過ぎないため、その前犯は累犯事由になる（大法院判決 1981. 4. 14,81 ド 534）。

II 　禁錮以上に該当する罪

　累犯の対象になる犯罪（後犯）も、禁錮以上の刑に該当する罪でなければならない。「禁錮以上の刑」は、法定刑が禁錮以上でなければならないと解する者もいるが、多数説はこれを宣告刑と解釈しており、判例（大法院判決 1982. 7. 27, ド 1018；1960. 12. 21,4293 ヒョンサン 841）も同様である。

> 《判例》 　刑法第 35 条第 1 項に規定された「禁錮以上に該当する罪」は、有期禁錮刑や有期懲役刑で処罰する罪である。その罪に定めた刑のうち、選択された刑が罰金刑であるときは、累犯加重の対象になることができない（大法院判決 1982. 7. 27, ド 1018）。

III 　前犯の刑執行終了または免除後 3 年以内に後犯があること

　刑の執行が終了したとは、刑期が満了したことを意味し、刑の執行が免除されたとは、刑の時効が完成したとき（第 77 条）、特赦により刑の執行が免除されたとき（恩赦法第 5 条）、外国において刑が執行されたとき（第 7 条）などを意味する。

　前犯に対する刑の執行前また執行中（大法院判決 1958. 1. 28,4290 ヒョンサン 438）、または執行猶予期間中、執行停止中に犯した後犯は累犯にならず、仮釈放期間中（大法院判決 1976. 9. 14, 76 ド 2071；1976. 12. 31,76 ド 1857）の犯行にも累犯は成立しない。

第6章 累犯 577

> 《判例1》 被告人は、業務上横領罪により懲役6月執行猶予2年を宣告され、執行猶予期間中に強姦致傷罪を再び犯し、また職場人新聞普及所をやめた後、未納新聞代金を集金して退職の時もらえなかった月給に充当した。禁錮以上の刑が宣告され、その刑の執行猶予期間中に禁錮以上に該当する罪を犯しても、累犯加重の要件として規定した刑法第35条第1項に該当しない（大法院判決1983.8.23, 83ド1800）。
>
> 《判例2》 被告人は、1974年暴力行為等処罰に関する法律違反で懲役長期1年6月短期1年の刑を宣告され、1975年6月仮釈放で出所して1975年11月刑執行が終了した。しかし、仮釈放期間中である1975年9月に強盗傷害を犯した。このように残刑期間経過前である仮釈放期間中に罪を犯したときは、刑法35条における刑執行終了後罪を犯した場合に該当すると解することはできない（大法院判決1976.9.14,76ド2071）。

後犯は前刑の進行が終了し、又は免除された後3年以内に行われなければならいため、この3年を累犯時効（Rückfallverjährung）と呼ぶ。この期間が経過すれば、これ以上警告効果を期待しえないためである。期間の起算点は、前犯の刑執行が終了した日または刑執行が免除された日であるが、後犯の時期は、実行の着手時期を基準にして決定することについて異論はない。

後犯が予備・陰謀を処罰する犯罪であれば、この期間内に予備・陰謀があれば累犯要件が充足されたと評価しうる。後犯が常習犯であれば、常習犯の一部が累犯期間内に行われた以上、そのすべてが累犯に該当する（大法院判決1982.5.25, 82ド200；1976.1.13,75ド3397）。他方、後犯が併合罪であれば、累犯期間内に行われた犯罪だけが累犯になる。

> 《判例》 被告人は、常習的に窃盗を犯してきたが、酒に酔った状態で再び他人の住居に侵入して物を窃取した。この場合、特定犯罪加重処罰法上の常習窃盗罪の加重処罰規定において累犯加重を排除する規定がない以上、刑法第35条は適用される（大法院判決1985.7.9, 85ド1000）。

第3節 累犯の扱い

累犯の刑は、その罪に定められた刑の長期の2倍まで加重する（第35条第2項）。したがって、累犯の処断刑は、その罪に定めた長期の2倍以下になる。ただし、有期懲役又は有期禁錮に対して刑を加重するときは、25年までとする（第42条但書）。この加重は長期に妥当し、短期には影響を及ぼさない（大法院判決1969.8.

578 第4編 刑罰論

19,69 ド 1129)。ただし、特定強力犯罪処罰に関する特例法（1990. 12. 31，法律第 4295
号）では、特定強力犯罪の累犯である場合、その刑の長期および短期の2倍まで
加重しうる（同法第3条）。

> 《判例》 累犯加重のときには、刑法第35条第2項により、その罪に定められた刑の長
> 期2倍まで加重できるが、その刑の短期に対して2倍まで加重するものではない（大法
> 院判決 1969. 8. 19,69 ド 1129）。

　累犯により加重されても、その加重された法定刑の枠内で宣告しうることを意
味するだけであり、宣告刑は必ず本来の法定刑を超過しなければならないという
ことを意味しない。また、累犯に対しても、法律上・裁判上の減軽は可能である。
累犯が数罪であれば、まず、累犯加重をした後、併合罪加重をし（実在的競合の場
合）、または、最も重い罪の刑で処断する（観念的競合の場合）。

第4節　判決宣告後の累犯発覚

1　意　義

　判決宣告後に累犯であることが発覚したときは、その宣告した刑を通算して更
に刑を定めることができる（第36条）。この規定は、裁判時に、被告人の姓名冒用
またはその他の詐術により前科事実が発覚せず、裁判確定後に累犯であったこと
が明らかになったとき、累犯加重の原則により、先に宣告した刑を加重すること
ができるとする趣旨である。被告人が累犯事由である前科事実を積極的に隠蔽し
た場合ばかりでなく、裁判官の不注意により被告人の前科事実を看過した場合に
も、この規定を適用しうる。ただし、後犯に対して宣告した刑の執行が終了し、
またはその執行が免除された後に累犯であることが発覚しても、刑を加重しない
（第36条但書）。これは、すでに自由を回復し、平穏な社会生活に復帰した行為者
の現状を尊重する趣旨である。

2　一事不再理の原則と抵触

　この規定が一事不再理の原則（憲法第13条第1項後段）に反するかが問題にな
る。確定判決後に累犯であることが発覚し、新たな事実に基づいて加重刑だけを
追加することは、同一行為に関して二重審理の危険がないとはいえず、人権保障

と法的安定性の見地から立法論として再考する余地がある。それにもかかわらず、この規定は必ずしも一事不再理の原則に抵触するとは断定しえないという見解もある。

　同一の犯罪に対して新たな事実だけを理由にして加重刑を追加することは、同一犯罪を再び処罰するものとして、一事不再理の原則に違背する。本条は、in dubio pro reo の原則により、刑罰権の存否および範囲に関する事実に対して検察官に挙証責任を負わせ、刑事被告人に対して陳述拒否権を保障している刑事訴訟の基本原理に反する。改正が求められる部分である。

第7章　刑の猶予制度

第1節　執行猶予

Ⅰ　序　説

1　意　義

　刑の執行猶予（Strafaussetzung zur Bewährung）は、有罪を認め、刑を宣告するが、一定の条件のもとに、期間を定めてその刑の執行を猶予し、それが取り消されまたは失効せずに猶予期間が経過すれば、刑宣告の効力を喪失させる制度である（第62条）。この制度は、短期自由刑の弊害を除去し、犯罪者の自発的・能動的な社会復帰を図る刑事政策的な意思を反映したものである。

2　法的性質

　執行猶予は、刑罰ではなく自由刑の代替手段という性格が強い制裁手段である。したがって、現行執行猶予制度は、一般予防的観点に基づいて刑を執行する必要がなく、特別予防的観点に基づいて刑罰緩和が必要な場合、刑執行の変容（Modifikation der Strafvollstreckung）のために適用される制裁手段である。執行猶予は、刑法の第三レーン（dritte Spur im Strafrecht）に該当する独立した刑事制裁制度として把握すべきである。このような執行猶予の法的性質のゆえに、立法論的には猶予制度の適用対象は自由刑に限定する必要はなく、罰金刑や保安処分にまで拡大することが妥当であろう。

Ⅱ　執行猶予の要件（第62条第1項）

1　3年以下の懲役または禁錮の刑を宣告する場合

　懲役または禁錮の刑を宣告する場合に、執行を猶予することができる。したがって、罰金刑を宣告する場合は、執行を猶予することができない。問題は、罰金刑と自由刑を比べたときに、理論上、罰金刑に対する執行猶予を認めなければ

ならないか否かについて争いがあることである。

まず、否定する見解の論拠は以下のとおりである。

（ⅰ）罰金刑による短期自由刑の弊害はないため、執行猶予を認める必要がない。

（ⅱ）罰金刑の執行を猶予すれば、刑罰としての罰金刑の効果が期待できない。

（ⅲ）科料とのバランスがとれない。

罰金刑が懲役・禁錮より軽微な刑であること、罰金を納入できない場合、労役場留置を科すことになり、実質的に自由刑と同様であることを考慮すれば、罰金刑に対する執行猶予も可能であろう。

この場合、宣告する刑は、3年以下の懲役または禁錮の刑でなければならない。これはドイツ（第56条）・オーストリア（第43条）が2年以下、スイス（第41条）が18月未満であることに照らしてみると、その範囲がより広く、刑事政策的に先進的な制度であるといえる。

2 情状を参酌する事由があること

情状参酌の事由とは、刑を執行せず、刑の宣告だけで被告人に対する十分な警告機能が認められ、将来再犯を犯さないと考えられる場合である。その際、刑法第51条の事項を総合判断しなければならず、判断基準時は判決宣告時である。

3 禁錮以上の刑の宣告を受けて判決が確定した後、その執行を終了し又は免除された後から3年が経過すること

この要件は、刑法第62条第1項の但書を反対解釈した結果である。従来、刑法における執行猶予の欠格事由の基準時は「宣告時」であったため、共犯の間においても裁判の先後という偶然の事情によって量刑の不均衡が発生し、または欠格期間を経過させるために、裁判を遅延させる弊害が生じたため、改正刑法では、その基準時を「犯行時」に変更した。ただし、欠格事由の基準時の変更によって被告の不利益となることを考慮し、改正刑法において欠格期間を5年から3年に短縮した。

しかし、「禁錮以上の刑を宣告する判決」という法文の解釈に関して、刑の執行猶予期間中に、再び執行猶予判決を下すことができるか否かに関し、議論がある。これに対しては、次項において説明することにする。

4　再度執行猶予判決は可能であるか

（1）否定説

執行猶予期間中は、再び執行を猶予することはできないという見解である。この見解は、執行猶予の要件の中の「禁錮以上の刑の宣告」には、実刑宣告だけではなく、刑の執行猶予に関する宣告も含まれると解釈する。判例および多数説の立場である[1]。ただし、執行猶予期間中に犯した罪であっても、宣告された執行猶予が失効または取消なくその猶予期間が経過した場合には、これに対して再び執行を猶予することができる（大法院判決 2007. 7. 27, 2007 ド 768）。

（2）制限的肯定説（余罪説）

大法院は、刑の執行猶予の宣告を受けた者が、刑法 37 条の併合罪関係にある数罪に関して、同一手続きによって同時に裁判を受ければ一度に執行猶予が宣告されたとみなされる場合に限って、執行猶予期間中に裁判が行われる犯罪に対して再度執行を猶予することができると解している。大法院大法廷判決による判例変更における多数意見であり（大法院判決 1989. 9. 12, 87 ド 2365 大法廷判決）、その後、大法院はこの見解を支持した（大法院判決 1990. 8. 24, 89 モ 36；1991. 5. 10, 91 ド 473；1992. 8. 14, ド 1246）。

> 《判例1》　甲は、1986 年 9 月、春川地方裁判所において刑法の私文書偽造罪で懲役 1 年執行猶予 2 年の宣告を受けた。その後、1987 年 2 月、控訴が棄却され判決が確定したが、1984 年 10 月に行われた私文書偽造が発覚し、再び執行猶予が宣告された。従来の判例は、執行猶予期間中、新たな裁判を受ける犯罪行為が執行が猶予された犯罪が行われる前の行為であり、またはその後の行為であっても、その事件について再び執行猶予を宣告することができないというものであった（大法院判決 1960. 5. 18, 4292 ヒョンサン 563；1989. 4. 11, 88 度 1155）。
> 　このように厳格に解釈し、執行猶予期間が経過する前は、再度、執行を猶予することができないとすれば、以下のような不合理な結果が生じる。すなわち、刑法第 37 条の併合罪関係にある数罪が前後に分けて起訴され、各々別個の手続きによって裁判を受けることを認めれば、一方の事件に対して執行猶予が宣告されその刑が確定した場合、他の事件の判決においては再び執行を猶予することができなくなる。その数罪が同じ手続きにおいて同時に裁判を受け一度に執行猶予の宣告を受けるときと比べて、均衡を失するという不都合が生じる。したがって、このような結果が生じる場合に限って、刑法 62 条第 1 項但書において規定した「禁錮以上の刑の宣告を受けて執行を終了した後、または執行が免除された後から 5 年を経過しない者」は実刑が宣告された場合を意味し、刑の

1　大法院判決 1960. 5. 18, ヒョサン 563；1965. 4. 6, ド 162；1968. 7. 2, ド 720；1984. 6. 26, 83 ド 2198；1989. 4. 11, 88 ド 1155、李在祥・604 頁、李炯國『研究Ⅱ』689 頁、鄭盛根・695 頁参照。

執行が猶予された場合は含まないと解すべきである（大法院判決 1989.9.12, 87 ド 2365 大法廷判決）。

　　《**判例2**》　被告人は、窃盗によって刑の執行が猶予されたが、その期間中に再び窃盗を犯して起訴された。刑の執行猶予の宣告を受け、その猶予期間が経過しない者に対して、その者が刑法 37 条の併合罪関係にある数罪を犯し、同一手続きにおいて同時に裁判を受けていた場合は、一度に刑の執行猶予の宣告を受けたとみなされる特殊な場合でない限り、再び刑の執行猶予を宣告することはできない（大法院判決 1991.5.10, 91 ド 473）。

（3）肯定説

　執行猶予期間中に犯した罪に対して、再度の執行猶予判決を宣告することができるという見解である。刑法第 62 条第 1 項但書の「禁錮以上の刑の宣告」における刑は実刑だけを意味し、執行猶予は含まないためである。執行猶予判決は、執行終了や執行免除とは無関係であり、執行猶予期間が経過する前の未確定状態においては、刑の執行終了も免除することも不可能である[2]。

（4）結　論

　肯定説が妥当である。制限的肯定説（余罪説）も、執行猶予の適用範囲を拡大した点で、従来の判例・多数説より評価される。しかし、余罪に限って再び執行猶予の宣告を認めるべきだとする点については、疑問がある。執行猶予制度が刑罰・保安処分の執行を緩和する性格を持っていることを考慮すれば、自由刑による弊害を防止し、被告人の再社会化のための特別予防的刑事政策の目的に適合するように、執行猶予期間中でも、再度の執行猶予を許容することが妥当である。

　刑法第 62 条第 1 項但書の解釈上、執行猶予期間中でも、再度執行猶予を宣告することができると思われる。「禁錮以上の刑を宣告する判決が確定されたときからその執行が終了しまたは免除された後」を被告人に有利な方向に解釈すれば、執行猶予判決は執行終了や執行免除の効果とは無関係であるため、執行猶予を除いて禁錮以上の実刑の宣告を受けた場合に限って、再度の執行猶予判決ができないという結論に至るためである。

　また、改正刑法第 63 条は、執行猶予の失効要件として、「猶予期間中に故意で犯した罪に対して禁錮以上の実刑が宣告」されたことを定めているが、これは猶予期間中に故意で犯した罪に対して禁錮以上の実刑が宣告されれば、前の執行猶

　2　金日秀『韓国刑法Ⅱ』648 頁、朴相基・568 頁、裵鐘大・846 頁、申東雲・825 頁、任雄・663 頁。

予が失効するが、そうでない場合すなわち、罰金刑や執行猶予付の自由刑が宣告されたときは失効しないと解釈でき、改正刑法の解釈によれば、執行猶予期間中には、自由刑の実刑宣告だけでなく、執行猶予の宣告も可能であると解しうる。

（5）改善策

再度の執行猶予判決ができるように、立法的に解決方法を講じなければならない。従来の刑法は、刑が宣告された者に対して、その刑期の長短にかかわらず一律に5年間執行猶予宣告を禁止していたが、刑事政策的に不合理であると非難されてきた。実刑の宣告を受けた者は、執行猶予の宣告を受けた者より罪質・犯情が重大である点から、異なる扱いをする必要はあるが、一律に5年間執行猶予を禁止することは不合理である。むしろ、刑期の長短によって執行猶予禁止期間の差別化をすることも一つの方法であるが[3]、改正刑法はその期間を3年に短縮した（第62条第1項但書）。

特定強力犯罪（殺人罪、略取・誘引罪、加重強姦罪、加重強盗罪など）によって刑が宣告され、その執行終了または免除後10年が経過しない者が再び特定強力犯罪を犯したときに執行猶予宣告を禁止する特定強力犯罪の処罰に関する特例法第5条も、同様の観点から改善が必要である。

5　一部執行猶予判決は可能か

（1）問題提起

大法院は、1997年4月、執行猶予の要件（第62条）を、宣告刑の一部に対しても1年以上5年以下の期間刑の執行を猶予し、猶予刑期は宣告刑の2分の1以上にしなければならないとする提案をしたことがある。このように、一部の執行猶予判決は可能であろうか。

現行規定の解釈によれば、一つの自由刑のうちの一部に対しては実刑を、残りに対しては執行猶予を宣告することはできない。判例の解釈も同様である（大法院判決 2007.2.22, 2006度 8555）。

ただし、立法論上の賛否については議論がある。

（2）肯定説

一部執行猶予制度を肯定する立場である。

3　朴相基・568頁。

586　第4編　刑罰論

（ⅰ）実刑と執行猶予の間で弾力的な量刑の運用ができる。

（ⅱ）不拘束裁判原則の拡大による刑罰権弱化を防止し、執行猶予は無罪であるという一般人の誤った認識を改善することで、一般予防効果が期待しうる。

（3）否定説

一部執行猶予制度を否定する立場である。

（ⅰ）執行猶予の根本的な趣旨に反し、短期自由刑の弊害が発生する恐れがある。

（ⅱ）仮釈放制度と重複し、仮釈放制度による矯正効果が減少する恐れがある。

（ⅲ）量刑不均衡が深刻になり、量刑の下向平準化または短期自由刑が乱用され、法的安定性が阻害される恐れがある。

（4）結　論

一部執行猶予制度はフランスで施行されているが、ドイツ・イギリス・アメリカ・日本（監修者注――ただし2016年から施行）では、短期自由刑の弊害防止または仮釈放制度との重複などを理由にして施行されておらず、さらに、執行猶予制度の根本的な趣旨と調和しないため否定説が妥当である。改正刑法も、この制度を導入しなかった。

Ⅲ　負担付条件

刑の執行を猶予する場合には、保護観察を受けることを命じ、もしくは社会奉仕または受講を命じることができる（第62条の2第1項）。執行猶予の条件として負担を加える付加処分は、執行猶予が再社会化目的の効果を得られるようにするために改正刑法に新設した条項である。三つの負担処分は相互選択的であり、任意処分である。

> 《判例》　刑法第62条の2第1項は、「刑の執行を猶予するときは保護観察を受けることを命じ、もしくは社会奉仕または受講を命じることができる」と規定しており、文理によれば、保護観察と社会奉仕は各々独立して命じることができ、必ずしも両者を同時に命じることができない趣旨とは解釈されず、さらに、少年法第32条第3項、性暴力犯罪の処罰および被害者保護等に関する法律第16条第2項、家庭内暴力犯罪の処罰等に関する特例法第40条第1項などには、保護観察と社会奉仕を同時に命じることができると規定しているため、一般刑法によって保護観察と社会奉仕を命じる場合と比べて特別に異なる扱いをする理由がなく、制度の趣旨に照らしても、犯罪者に対する社会復帰を促進し、効率的な犯罪予防のために両者を併科する必要があることなどを総合的に考慮すれ

ば、刑法第 62 条によって執行猶予を宣告する場合は、同法第 62 条の 2 第 1 項に規定されている保護観察と社会奉仕または受講を同時に命じることができると解釈すべきである（大法院判決 1998. 4. 24, 98 ド 98）。

1 保護観察

保護観察は、有罪判決を受けた者に関して、施設内処遇より社会内処遇が必要であると認める者を特定人に委託して指導・監督・援護させ、再び罪を犯さず、円滑な社会復帰ができるようにする制度である。

保護観察制度は、その前提が刑の宣告猶予ないし執行猶予か、または仮釈放ないし仮出所かによって、指導・援護（probation）と指導・監督制度（parole supervision）とに区別される。韓国の保護観察法における保護処分には二つの制度が含まれているが（保護観察等に関する法律第 3 条）、本条の保護観察は、前者のprobation である。執行猶予の条件付負担処分である保護観察は、独立の刑罰・保安処分の一種ではなく、執行猶予に付加される負担という性格を持つ刑事措置であろう。保護観察の期間は執行を猶予した期間とするが、裁判所は猶予期間の範囲内において、保護観察期間を定めることができる（第 62 条の 2 第 2 項）。

保護観察制度において指導・監督・援護を担当する特定委託人は、国家公務員である保護観察官と民間人により構成された犯罪予防志願奉仕委員がある（保護観察等に関する法律第 16 条、第 18 条以下）。保護観察制度は社会内処遇であるため、国家機関と民間機関との協力が必要である。国家公務員である保護観察官は、刑事政策学、行刑学、犯罪学、社会事業学、教育学、心理学、その他保護観察に必要な専門的知識をもっている職業的な専門家でなければならない（保護観察等に関する法律第 16 条）。民間の犯罪予防志願奉仕委員は、犯罪予防活動を行い、保護観察活動と更生保護事業を支援するためのソーシャル・ワーカーであり、法務部長官が委嘱した者である（保護観察に関する法律第 18 条）。保護観察の成功は、このような業務を担当する者の社会奉仕に対する情熱、健康な活動力と専門家としての知識・能力により左右される。

2 社会奉仕命令

社会奉仕命令（community service order）とは、有罪判決を受けた者に自由刑を執行する代わりに、社会に良い活動や給付を提供するように命令することによっ

588　第4編　刑罰論

て、罪の対価を象徴的に清算し、正常な社会復帰を促進する制度である。

　この制度は、最近、諸外国において新たな刑事政策プログラムとして、自由刑を代替する独立の刑罰の一種（イギリス）ないし罰金未納時の代替刑（ドイツ）または起訴猶予・宣告猶予・執行猶予・仮釈放のときに、負担付条件として付加される付随的刑事措置として活用されている。

　韓国では、1988年12月31日に改正された少年法が、保護観察処分を受けた16歳以上の少年に対して、受講命令または社会奉仕命令を科するようにしたのが最初である（少年法第32条第3項）。本条の新設によって、この制度は執行猶予を受けた成人犯罪者にも適用されるようになった。韓国の社会奉仕命令は、独自の刑罰や代替刑ではなく、執行猶予の付随条件としての負担的刑事措置という特徴がある。社会奉仕命令は、執行猶予期間内にこれを執行する（第62条の2第3項）。

　社会奉仕プログラムの内容と執行手続きは、保護観察法や行刑法または特別法に規定されている。社会奉仕命令は、500時間以内の範囲で、裁判所が分野および場所を指定することができ（保護観察等に関する法律第59条）、原則として保護観察官がこれを執行する（同法第61条第1項）。このプログラムの内容としては、自然保護観察活動、公共遊園地における勤労奉仕活動、公共の医療・療養施設や公共の図書館などにおける奉仕活動、宮殿などにおける案内奉仕、公共道路補修工事などにおける労働奉仕などが挙げられる。判例は、社会奉仕は労働または勤労活動を意味するので、被告人に一定の金員を出捐させることを内容とする社会奉仕命令、そして被告人が自分の犯罪行為について語ることを命じる内容の社会奉仕命令は、その人格と名誉に重大な侵害が発生する恐れがあるため、許されないとしている（大法院判決2008.4.1.1,2007ド8373）。

3　受講命令

　受講命令は、有罪判決を受けた者が、自由刑を執行する代わりに、指定された社会教育・教化施設において一定の時間以上の講義または学習を受けるように命じることによって、人格を啓発し、性向を矯正して、正常な社会復帰ができるように促進する制度である。

　この制度は、検察によって、非行青少年に対する先導条件付起訴猶予処分の条件付負担処分として実施されてきたが、1988年12月31日に改正された少年法が、保護観察処分を受ける16歳以上の少年に、社会奉仕命令と選択的に課するこ

とができるようにした後は、保護観察官がその執行を担当している。短期保護観察処分を受ける少年は50時間、一般保護観察処分を受ける少年は200時間を越えない範囲内で、受講命令や社会奉仕命令を執行しなければならない（少年法第33条第4項）。

　本条の新設によって、この制度は、執行猶予処分を受けた成人犯罪者に対しても適用しうるようになった。受講命令は、執行猶予期間内に執行し（第62条の2第3項）、200時間以内の範囲で裁判所が分野および場所を指定することができ（保護観察等に関する法律第59条）、原則として保護観察官がこれを執行する（同法第61条第1項）。

　韓国改正刑法は、保護観察や社会奉仕命令または受講命令を、刑罰の代替としては受容できなかったが、執行猶予制度の条件として立法化したことは、猶予制度が刑罰または保安処分に対して持っている独自の意味を認めた措置であると評価しうる。ただし、受講命令制度がその実効性を高めるためには、この処分を受けた者のための社会教育・教化施設および教育・教化の機会が拡大されなければならない。

Ⅳ　執行猶予の効果

　執行猶予の期間は、裁判所の裁量によって1年以上5年以下の範囲内で、宣告された刑の期間より長い期間が定められる。一つの刑の一部に対する執行猶予は許容されないが、刑を併科する場合は、その一部に対しても執行を猶予することができる（第62条第2項）。執行猶予の宣告を受けた後、その宣告の失効または取消なく猶予期間を経過したときは、刑の宣告は効力を失う（第65条）。したがって、刑の執行が免除されるだけでなく、最初から刑の宣告がなかったことになる。しかし、刑の宣告があった事実までなくなるものではなく（大法院判決1983. 4. 2,83モ8）、また、刑の宣告によって発生した法律効果も、そのまま残る。

> 《判例》　執行猶予の宣告を受けた後、その宣告の失効または取消なく猶予期間が経過したときは、刑法第65条によって刑の宣告は効力を失うのであり、猶予期間が経過することによって刑の宣告が効力を失った後に刑法第62条但書の事由が発覚しても、そのような理由に基づいて執行猶予を取消すことはできず、猶予期間経過の効果が発生する（大法院決定1999. 1. 12, 98モ151）。

590 第4編 刑罰論

V 執行猶予の失効と取消

1 執行猶予の失効

執行猶予の宣告を受けた者が、猶予期間中、故意で犯した罪に対して禁錮以上の実刑の宣告を受け、その判決が確定したときは、執行猶予の宣告は効力を失う（第63条）。したがって、当該犯罪が執行猶予期間前に行われた場合、過失犯である場合、当該犯罪に対して禁錮以上の実刑ではなくより軽い刑または執行猶予が宣告された場合には、執行猶予は失効しない。また、執行猶予期間が経過した後、禁錮以上の実刑が宣告され「確定」した場合も同様である。執行猶予が失効すれば、執行猶予は効力を失い、宣告された刑が執行される。

2 執行猶予の取消

執行猶予の宣告を受けた後、禁錮以上の刑の宣告を受けて判決が確定し、その執行を終了した後または執行が免除された後から3年が経過しない者（第62条但書）であることが発覚したときは、執行猶予の宣告が取消される（第64条第1項）。この理由による執行猶予の取消は、任意的ではなく必要的である。これに対して、保護観察や社会奉仕または受講を命じた執行猶予を受けた者が、遵守事項または命令に違反し、その程度が重いときは、執行猶予の宣告を取り消すことができる（第64条第2項）。この理由による執行猶予の取消は、任意的である。執行猶予が取り消されると、猶予された刑が執行される。

しかし、執行猶予の必要的取消規定（第64条第1項）は、一事不再理の原則と被告人の供述拒否権を保障している憲法だけではなく、刑事訴訟法上の挙証責任の原則に違反すると主張する者もいる。再社会化刑法の特別予防的観点からすれば、執行猶予の取消制度はこのような刑事政策の方向と必ずしも一致するものではない。立法論的には、これを廃止しても良いと思う。

第2節　宣告猶予

Ⅰ　序　説

1　意　義

宣告猶予（the conditional release, Verwarnung mit Strafvorbehalt）は、軽微な罪を犯した者に対して一定の期間、刑の宣告を猶予し、その猶予期間が経過すれば免訴されたとみなす制度である（第59条）。これは、被告人が処罰を受けたという汚点を残さないことによって、被告人の円滑な社会復帰を促進する特別予防目的に適合する。

2　法的性質

宣告猶予は、刑罰でも保安処分でもない、独自の第3の刑事制裁手段である。宣告猶予の法的性質に関しては、たとえば、刑罰と類似した種類の刑事法的制裁、保安処分と類似した性格の刑法的制裁、少年法の懲戒と比較しうるもの、自由刑に制限された執行猶予の補完、固有の法制度、執行猶予と刑免除の間に位置する法制度などと定義されている。

Ⅱ　宣告猶予の要件（第59条第1項）

1　1年以下の懲役や禁錮、資格停止または罰金の刑を宣告する場合

韓国刑法は、罰金刑だけでなく、1年以下の自由刑と資格停止を宣告する場合においても宣告猶予を認めているため、ドイツよりその適用範囲を拡大している。

宣告猶予ができる刑は、主刑と付加刑を含めた処断刑全体であるため、主刑を宣告猶予する場合は、没収または追徴の宣告を猶予することができるが（大法院判決1980. 3. 11, 77 ド 2027）、主刑に対して宣告を猶予せず、これに付加する追徴のみに対して宣告を猶予することはできない（大法院判決1979. 4. 10, 78 度 3098）。

しかし、刑を併科するときは、一部または全部に対して宣告を猶予することができるため（第59条第2項）、懲役刑と罰金刑を併科しながら一方のみに対して宣告を猶予することが可能であり、または懲役刑は執行猶予、罰金刑は宣告猶予す

592　第4編　刑罰論

ることもできる（大法院判決 1976. 6. 8，74 ド 1266）。

《判例1》　主刑の宣告を猶予する場合、付加刑である没収や没収に代わる付加刑的性
格をもっている追徴の宣告も猶予することができる（大法院判決 1980. 3. 11，77 ド
2027）。
《判例2》　没収に代わる追徴は付加刑的性格をもっているため、その主刑に対して宣
告を猶予するときは、追徴に対しても宣告を猶予することができる。しかし、その主刑
に対して宣告を猶予せず、これに付加する追徴のみに宣告を猶予することはできない
（大法院判決 1979. 4. 10，78 ド 3098）。
《判例3》　軽犯罪処罰法違反罪に対する即決審判において、拘留3日の刑の宣告を猶
予する即決審判を宣告した。刑法第59条第1項は、1年以下の懲役や禁錮、資格停止ま
たは罰金の刑を宣告する場合、刑法第51条の事項を考慮し、改善の情状が著しいときは
宣告を猶予することができる。したがって、刑の宣告を猶予することができる場合は、
1年以下の懲役、禁錮、資格停止もしくは罰金刑に限定されているため、拘留刑に対して
は宣告を猶予することができない（大法院判決 1993. 6. 22，93 オ 1）。

2　改善の情状が著しいこと

改善の情状が著しいと評価するためには、判決宣告時、行為者に刑を宣告しな
くても再犯の危険性がないと認められなければならない。その判断基準は、刑法
第51条の量刑条件である。

3　資格停止以上の刑を受けた前科がないこと

宣告猶予は、現行法上最も軽微な有罪判決として、再犯の危険性が低い初犯者
に宣告しうるものを意味する。刑の執行猶予の宣告を受けた者に対しては、猶予
期間を無事に経過すれば刑の宣告は効力を失うが、これは刑宣告の法的効果がな
くなることを意味するだけであり、刑の宣告があった事実までなくなるものでは
ない。そのため、「資格停止以上の刑を受けた前科がある者」に該当すると評価さ
れ、宣告猶予の宣告はできない（大法院判決 2003. 12. 26，2003 ド 3768）。他方、宣告
猶予を受けた者は前科がないことになるため、再び刑の宣告猶予ができる。

Ⅲ　負担付条件

刑の宣告を猶予するとき、再犯防止のために指導または援護が必要な場合は保
護観察を命じることができる（第59条の2第1項）。保護観察の意味に関しては、
執行猶予の部分で説明した内容と同様である。執行猶予とは異なり、保護観察の

みを条件付負担処分として定めたのは、宣告猶予の象徴的な意味から執行猶予の対象になる犯罪より罪が軽微であるためである。

保護観察の期間は一年である（第59条の2第2項）。

Ⅳ　宣告猶予の効果

宣告猶予の判決は、裁判所の裁量に任されている。宣告猶予も有罪判決の一種であるため、犯罪事実と宣告する刑を定めなければならない。刑の宣告猶予を受けた日から2年が経過したときは、免訴がなされたものとみなす。

免訴は無罪と区別される。無罪判決は、公訴事実が犯罪として評価できないとき、または犯罪事実の証明がないときに宣告するが、免訴は、犯罪は成立したが、刑罰権の消滅原因によって刑罰権の存在を否定するときに宣告する。

Ⅴ　宣告猶予の失効

刑の宣告猶予を受けた者に対して猶予期間中に資格停止以上の刑に処する判決が確定し、または資格停止以上の刑に処した前科が発見されたときは、猶予した刑を宣告する。これを理由とした宣告猶予の失効は、任意的ではなく必要的である。保護観察を命じた宣告猶予を受けた者が保護観察期間中に遵守事項に違反してその程度が重いときは、猶予した刑を宣告することができる（第59条第2項）。これを理由にした宣告猶予の失効は、任意的である。

猶予された刑の宣告は、検察官の請求により、その犯罪事実に関する最終判決をした裁判所が担当する（刑訴法第336条）。これに対しては、執行猶予と同様の批判が加えられる。

第8章 刑の執行

第1節 刑罰執行の意義

　刑の執行は、宣告刑が確定された後これを実現する過程として、刑法を具体化・現実化する段階である。法治国家的刑法観と刑法の任務そして人間尊重の精神は、行刑段階において重要な意味を持つ。刑法と個人の自由・尊厳を最上位の根本規範とする法治国家は、行刑段階において有罪判決を受けた行為者に、罪に相応する報いを与えることを主たる任務としない。むしろ、犯罪者の人格的な更生と社会復帰に焦点を当てる。したがって、応報や消極的一般予防の観点よりも、特別予防が重要な意味をもつ。

　しかし、刑法は、これに関する基本的な方法を定めているだけであり（第66条〜第71条）、刑執行の手続きに関する詳細は、刑事訴訟法（第459条以下）と行刑法に規定されている。仮釈放も自由刑の執行中に一定の規制の下に社会生活を営むことを許可し、社会復帰を促進する制度であるため、刑執行作用であると評価しうる。

　一般に、行刑手続においては、犯人の社会復帰のための再社会化という特別予防的刑罰目的が強調されている。犯人の社会化のための様々な行刑制度上の手段によって、更生を促進する。

第2節 仮釈放

Ⅰ 序 説

1 意 義

　仮釈放（Ausssetzung des Strafrestes, Bedingte Entlassung）とは、自由刑の執行中の者が受刑生活を通じて著しく教化・改善されたとき、刑期満了前に条件付で受刑者を釈放し、それが取り消されまたは失効することなく一定の期間が経過したと

きは、刑の執行が終了したものとみなす制度である（第72条～第76条）すなわち、仮釈放は、刑執行中の改悛の情または再社会化の程度をまったく考慮せずに定められ執行されている定期刑制度の欠陥を補完して、執行の具体的妥当性を実現することを可能にするものである。

2　法的性質

現行刑法上の仮釈放は、法務部長官の行政処分によって受刑者を釈放するものであり、法的性質は刑執行作用である。しかし、仮釈放制度の実効性確保および刑法の法的安定性の観点からすれば、英米またはヨーロッパの諸国家と同様に、保護観察等の保安処分を仮釈放に対応させ、それに対する処分も司法機関が担当すべきであろう。

改正刑法は、このような観点から、仮釈放の条件として保護観察制度を導入したが、それに対する処分は行政官庁が担っている。

Ⅱ　仮釈放の要件

（1）懲役または禁錮の執行中、無期は 20 年、有期は刑期の 3 分の 1 を経過したこと

仮釈放は懲役または禁錮の執行中の者に限って認められる。しかし、罰金を納入せず、労役場に留置される場合、仮釈放が認められるか否かが問題になる。罰金刑に対しては仮釈放が認められないため、これを否定する見解があるが、労役場留置が代替自由刑に過ぎず、自由刑の宣告を受けた者と罰金刑の宣告を受けた者を差別する理由がないため、この場合も仮釈放を肯定すべきである。

無期は 20 年、有期は刑期の 3 分の 1 を経過しなければならない。この場合、刑期は宣告刑であり、恩赦などによって減軽されたときは減軽された刑を基準とする。この期間を計算するときには、刑期に算入された未決拘禁日数は執行期間に算入する（第73条第1項）。

数個の独立した自由刑が宣告された場合、各刑を分離して期間を計算するのか、またはこれを総合して計算するのかが問題になる。深く反省している場合、受刑者の社会復帰を早めて特別予防的効果をあげるためには、数個の刑を総合して仮釈放の要件を判断すべきである。

（2） 行状が良好で、改善の情が著しいこと

受刑者に残刑を執行しなくても再犯の危険性がないという予測ができなければ
ならない。これに関しては、純粋な特別予防的観点に基づいて判断すべきであ
り、刑務所内の規律遵守・生活態度も参考しなければならない。

（3） 罰金または科料の併科があるときは、その金額を完納すること

ただし、罰金または科料の併科に関する留置期間に算入された判決宣告前拘禁
日数は、それに該当する金額が納入されたものとみなす（第73条第2項）。

Ⅲ　仮釈放の期間および保護観察

仮釈放の期間は、無期刑においては10年とし、有期刑においては残りの刑期と
するが、その期間は10年を超過することができない（第73条の2）。改正前の刑
法は、仮釈放の効果（第76条第1項）のところで間接的に規定したが、改正刑法は
本条を新設し、仮釈放の期間を直接に明記した。

仮釈放された者は、仮釈放期間中保護観察を受ける（第73条の2第2項本文）。
仮釈放者の再犯防止と社会復帰のための体系的な社会内処遇として、保護観察が
必要である。ただし、仮釈放を許可した行政官庁が必要ないと認めたときは、こ
の限りでない（第73条の2第2項但書）。

仮釈放者に対する保護観察は、宣告猶予・執行猶予の保護観察（probation）とは
性質が異なる指導・監督としての保護観察（parole supervision）である。

Ⅳ　仮釈放の効果

仮釈放の処分を受けた後その処分が失効または取消されることなく仮釈放期間
（無期刑は10年、有期刑は残刑期）を経過したときは、刑の執行を終了したものとみ
なす。この場合、刑執行が終了しただけであり、有罪判決の効果がなくなるので
はない。

Ⅴ　仮釈放の失効・取消

1　仮釈放の失効

仮釈放中に禁錮以上の刑の宣告を受けてその判決が確定したときは、仮釈放処
分は効力を失う。ただし、過失による罪で刑の宣告を受けたときは、その限りで
ない（第74条）。

598 第4編 刑罰論

2 仮釈放の取消

仮釈放の処分を受けた者が監視に関する規則に違背し、または保護観察の遵守事項に違反してその程度が重いときは、仮釈放処分を取り消すことができる（第75条）。仮釈放された者は、仮釈放期間中善行をして、正常な業務に就業しなければならず、その他の法令で定める仮釈放者が守らなければならない事項を遵守しなければならない（行刑法施行令第157条）。仮釈放された者がこのような監視規則に違背したとき、または保護観察の遵守事項に違反し、その程度が重いときは、法務部長官の裁量によって仮釈放を取り消すことができる。

3 仮釈放の失効および取消の効果

仮釈放が失効し、または取り消されれば、仮釈放当時の残刑期の刑を執行する。このとき、仮釈放の翌日から失効・取消によって拘禁された前日までの仮釈放中の日数は、刑期に算入しない（第76条第2項）。

第9章　刑の時効・消滅・期間

第1節　刑の時効

I　意　義

　刑の時効（Vollstreckungsverjährung）は、刑の宣告を受けて判決が確定した後、その刑の執行を受けず法律に規定された一定の期間を経過すれば、執行が免除されることを意味する。刑の時効は、確定した刑罰の執行権を消滅させるものであるため、未確定の刑罰権である公訴権を消滅させる公訴時効と区別される。

　刑の時効制度は、時間が経過することによって、刑の宣告および執行を通じて得られる社会的規範意識の要求が減少し、一定期間の平穏状態を尊重・維持することに意義がある。

II　時効期間

　刑の時効は、刑を宣告する裁判が確定した後、その執行を受けることなく一定の期間が経過することにより完成する。「執行を受けることなく」の意味は、刑の確定した者の逃走または脱出などによって適法な執行ができない状態をいう。矯正施設において適法な執行や執行のための待機状態で経過した時間は、これに該当しない。したがって、死刑囚が未決拘禁状態で30年以上矯正施設に拘禁されていても、刑の時効は完成し得ない。その期間は、ⅰ）死刑は30年、ⅱ）無期懲役または禁錮は20年、ⅲ）10年以上の懲役または禁錮は15年、ⅳ）3年以上の懲役、禁錮または10年以上の資格停止は10年、ⅴ）3年未満の懲役、禁錮または5年以上の資格停止は5年、ⅵ）5年未満の資格停止、罰金、没収または追徴は3年、ⅶ）拘留または科料は1年である（第78条）。

　時効は判決確定日から進行し、その末日24時に完了する（通説）。しかし、死刑および自由刑の時効開始日は、受刑者の未拘禁状態において刑が確定した場合は判決確定日、拘禁状態において刑が確定した場合は判決確定日後現実にその執行

600   第4編　刑罰論

不能状態が惹起された日である。

Ⅲ　時効の効果

時効期間が完了すると、宣告された刑の執行が免除される（第77条）。

Ⅳ　時効の停止と中断

1　時効の停止

時効は、刑の執行の猶予、停止または仮釈放、その他執行することができない期間は進行しない（第79条）。「その他執行できない期間」は、天変地異その他事変によって刑を執行することができない期間であり、刑の宣告を受けた者の逃走または所在不明の期間はこれに該当しない。時効停止の特徴は、停止事由が消滅したときから残余時効期間が進行することである（監訳者注――その後、第79条に第2項が追加され、「時効は、刑が確定された後、その刑の執行を受けない者が刑の執行を免れる目的で国外にいた期間内は進行しない」とされた）。

2　時効の中断

時効は、死刑、懲役、禁錮および拘留においては受刑者を逮捕することにより、罰金、科料、没収および追徴においては強制処分を開始することにより中断される（第80条）。したがって、罰金刑の場合、差押対象物が執行費用に達しない価額であるため執行不能になったときには、時効が中断される。時効中断の特徴は、すでに経過した時効の効果が時効開始時に遡って失われることである。

> 《判例》　被告人は1986年4月に特定犯罪加重処罰法違反で懲役2年6月および罰金4千万ウォンの宣告を受け、1986年12月に刑が確定した。そして、この判決確定日から起算して罰金刑の時効期間である3年を経過した1990年11月に罰金刑が執行された。しかし、1989年12月に、確定した罰金刑を執行するために検察官の執行命令に基づいて執行官が執行を開始すれば、第80条に基づきこれによって罰金刑に対する時効は中断される。この場合、差押物を換価しても執行費用以外に残る金額がないことを理由にして執行不能になっても、すでに発生した時効中断の効力は消滅しない。したがって、罰金刑の未納者に対して、刑事訴訟法第492条による労役場留置を執行することができる（大法院決定1992.12.28，92モ39）。

第9章　刑の時効・消滅・期間　　601

第2節　刑の消滅・失効・復権・恩赦

I　刑の消滅

　刑の消滅は、有罪判決の確定によって発生した刑の執行権を消滅させる制度を意味する。したがって、これは、検察官の刑罰請求権を消滅させる公訴権の消滅と区別される。

　刑の執行権が消滅する原因は、刑執行の終了、仮釈放期間の満了、刑執行の免除、時効の完成、犯人の死亡などがある。特に執行猶予期間の経過は、執行が免除されるだけでなく、刑の宣告もなかったことになる。犯人が死亡した場合は、刑の一身専属性によって刑執行権が消滅する。しかし、罰金刑または没収には特例がある（刑訴法第478条、第479条）。

II　刑の失効および復権

1　制度的意義

　刑が消滅しても、前科事実によって刑宣告の法律上の効果は、そのまま存在する。前科事実によって様々な資格の制限や社会生活上の不利益が発生することがありうるため、前科事実を抹消させ、資格を回復させることにより、社会復帰を容易にすることが、刑事政策的な要請であろう。現行刑法は、このような制度として、「刑の失効（第81条）」と「復権（第82条）」を規定している。その他に同じ効果を目的とするものとして、国家元首による恩赦がある（憲法第79条；恩赦法）。

2　刑の失効
（1）裁判上の失効

　懲役もしくは禁錮の執行を終了し、または執行が免除された者が、被害者の損害を弁償し、資格停止以上の刑を受けることなく7年を経過したときは、本人または検察官の請求により、その裁判の失効を宣告することができる（第81条）。したがって、失効の対象は懲役と禁錮に限られ、期間の経過によって自動的に失効するのではなく、裁判によってのみ失効しうる。また、裁判が確定すれば、刑の宣告による法的効果は消滅する。

602　第4編　刑罰論

> 《判例1》　刑法第81条による刑の失効宣告は、刑の宣告による法的効果が将来に向けて消滅することを意味し、刑の宣告があった事実までなくなるものではない。また、遡及して資格を回復するものではない（大法院判決 1974. 5. 14, 74 ヌ2）。
> 　《判決2》　被告人には、1975年7月、名誉毀損罪による懲役3月の刑が終了したが、1981年7月に私文書偽造で懲役6月、執行猶予1年が宣告された。これは刑執行終了後7年以内に再び刑の宣告を受けたことが明らかであり、刑の失効要件が充足されなかった場合である。なぜなら刑法第65条の「刑の宣告は効力を失う」の意味は、刑の宣告の法的効果がなくなることを意味するだけであり、刑の宣告があった事実までなくなるという意味ではないからである。したがって、刑の執行終了後7年以内に執行猶予判決を受け、その期間が無事に経過し7年が経過しても、刑法第81条の「刑を受けることなく7年が経過するとき」に該当せず、刑の失効を宣告することはできない（大法院決定 1983. 4. 2, 83 モ8）。

（2）刑の失効に関する法律

　刑の失効に関する法律は、刑の失効の範囲を罰金・拘留・科料に拡大し、刑の種類によって一定期間の経過後または即時自動的に刑が失効すると規定している。すなわち、受刑者が資格停止以上の刑を受けることなく、3年を超える懲役・禁錮では10年、3年以下の懲役・禁錮では5年、罰金では2年が経過すれば刑は失効し、拘留・科料では（刑の失効を終了し、またはその失効が免除されたとき）即時に刑が失効する（刑の失効等に関する法律第7条第1項）。

3　復　権

　資格停止の宣告を受けた者が被害者の損害を賠償し、かつ資格停止以上の刑を受けることなく停止期間の2分の1を経過したときは、本人または検察官の請求により、資格の回復を宣告することができる（第82条）。もちろん、復権しても刑宣告の効力は消滅しない。復権は、恩赦法（第3条第3号、第6条）によっても可能である。本規定は、資格停止の宣告を受けた者が、資格停止の期間が満了しなくても、一定の条件のもとで資格を回復することにより、その円滑な社会復帰を促進することが目的である。

4　裁判手続

　刑の失効および復権の宣告は、その事件に関する記録が保管されている検察庁に対応する裁判所に請求しなければならない（刑訴法第337条第1項）。この請求を

受けた裁判所は、決定で宣告する（同条第2項）。この請求を却下する決定に対しては、即時抗告をすることができる（同条第3項）。

Ⅲ　恩　赦

1　意　義

　刑事訴追および確定判決による処罰を放棄させる制度が恩赦である。広義の恩赦（Abolition, Niederschlagung）は訴追および処罰放棄まで含む意味であるが、狭義の恩赦（Begnadigung）は確定判決による処罰の放棄のみを意味する。前者は大赦、後者は特赦の法理と同様である。一般的に恩赦は狭義の恩赦を意味する。しかし、憲法（憲法第79条）および恩赦法（1948. 8. 30 法律第2号）は、両者を共に規定している。

2　法的性質

　恩赦は、国家元首の特典ないし恩典の性格を持っている。刑宣告の効果または訴追権を消滅させる場合もある。刑法の実現を通じて平穏な共同体秩序を維持するためには、刑罰執行や訴追権の徹底的な適用だけが最善の方法ではない。むしろ、社会環境の変化によって具体化された刑罰権の柔軟な活用が、法理念・法価値の実現に適しており、法内部の緊張を緩和する。

　ラートブルフが言ったように、恩赦制度は法世界の暗黒を照らす法外の世界から入ってきた光であり、奇跡が自然界の法則を破るように、法世界の中で起きる法則のない奇跡である。恩赦は冷静な刑法実現を溶かす愛の法であり、絶望の中を彷徨する受刑者の道を案内する希望の法である。

　しかし、政治的な計算や同情から国家元首が恩赦制度を乱用するときには、正義に関する一般人の健全な法感情が害される恐れがある[1]。このような国家元首による恩赦権の乱用を防ぐため、恩赦法に手続的制限規定が導入された。すなわち、大統領の恩赦権は、国家元首としての統治権の行使であるが、国家の司法作用に対する例外的な措置であるため、制限的に、また慎重に行使すべきであり、したがって、法務部長官が大統領に特赦、特定の者に対する減刑および復権の上申をするときは、新設された恩赦審査委員会の事前審査を受けなければならない

1　金日秀「法的過去清算時代の法的課題」市民と弁護士（1996. 11）5頁以下参照。

604 第4編 刑罰論

（恩赦法第10条、第10条の2）。

3 目 的

　恩赦の目的には、①過酷な法執行の緩和、②立法または司法の欠陥に対する救済、③判決の錯誤に対する修正、④刑事政策的目的の達成などが挙げられる。

　第15代大統領選挙直後、現職大統領と大統領当選者（監訳者注——全斗煥と盧泰愚）の合議に基づいて国民大和合のために行われた12・12、5・18事件（監訳者注——全斗煥らが起こした軍事クーデターとこれに続く「光州事件」）関連者に対する特赦は、このような法政策的目的ではなく政治的考慮によるものであり、実際に大統領の恩赦権を乱用した例であろう。

4 種 類

（1）大赦（Amnestie）

　大赦は、特定犯罪または一般犯罪を犯した者に対する刑事訴追および処罰を一般的に放棄する制度である。宣告前であれば公訴権が即時に消滅し、宣告後であれば宣告の効力が失われる（恩赦法第3条第1号、第5条第1号）。

（2）特赦（Begnadigung）

　特赦は、確定判決を受けた受刑者に対して、その執行を放棄する制度である。これが特赦である。これによって、刑の宣告は効力を失い、刑執行免除の効果が生じる（恩赦法第3条第2号、第5条第2号）。刑の執行猶予宣告を受けた者に対しては、刑の宣告の効力を喪失させる特赦を行うことができる（恩赦法第7条）。

　改正された恩赦法によれば、法務部長官が大統領に特赦、特定の者に対する減刑および復権を上申するものと規定されており（恩赦法第10条第1項）、このような上申を行うときは、事前審査のために新設された恩赦審査委員会（恩赦法第10条第1項）の審査を受けなければならない（恩赦法第10条第2項）。同法施行令は、恩赦審査委員会の審議議決書は即時公開し、会議録は5年が経過した後に公開するものと規定している。

　大統領制において大統領が任命した法務部長官傘下の恩赦審査委員会は、大統領の特赦権乱用を適切に統制しうるか疑問である。立法府と市民の監視ができるように、委員会の独立性を高めるとともに活動の公開の範囲も広げる必要がある。

第3節　刑の期間

Ⅰ　期間の計算

　刑法において年または月として定められている期間は、中間の日・時・分・秒を通算せず、年・月の単位として計算する暦法的計算方法による（第83条）。これは、当事者の間の約定によって、週、月または年の期間を暦数によって計算する民法上の期間計算方法（民法第160条）と異なっている。

Ⅱ　刑期の起算

　刑期は、判決が確定した日から起算する（第84条第1項）。懲役、禁錮、拘留と留置においては、拘束されない日数は刑期に算入しないため（第84条第2項）、判決が確定してもすぐ拘束されない場合や刑執行中の逃走などによって拘束されないときは、刑期に算入しない。刑の執行および時効期間の初日は、時間を計算することなく一日として算定し（第85条）、釈放は刑期終了日に行う（第86条）。

第 10 章　保安処分

第 1 節　概念および本質

1　概　念

保安処分 (Maßregeln) は、犯行によって現れた行為者の将来の危険性のために、行為者の治療・教育・再社会化のための改善と社会防衛という保安を主目的として科せられる、刑罰以外の刑事制裁をいう。

学者によって、保安処分を、社会防衛を主目的とする狭義の保安処分と、教育・治療・改善を主目的とする改善処分とに区別する場合がある。ドイツ刑法は、両者を合わせて「改善および保安のための処分」と呼んでいる。

2　本　質

刑罰は、過去に犯した罪の行為責任に依存するが、保安処分は、犯行の中に表現された行為者の将来の危険性に立脚して科せられる、責任とは無関係な制裁手段である。刑罰は、非難作用と危害作用を本質要素としているが、保安処分は非難作用ではなく危害作用だけをもっているのも、このためである。

刑罰は、人間の自由意思に基づいた責任を前提とする。また、罪刑均衡思想に立脚した責任原則は、法治国家的自由保障原理として、刑法理論の基礎になってきた。しかし、刑罰の本質を応報的な責任相殺に置くために、変動している社会の新たな犯罪に対する防衛策としては万能ではなかった。すなわち、社会構造の工業化・都市化によって犯罪の質と量の急速な変化があり、累犯・常習犯の激増によって応報的責任刑だけでは適切な対応ができなくなった。また、責任能力のない精神病患者の社会的危険性に対しては、社会防衛のための合目的的強制措置は必要不可欠なものであった。さらに、アルコール・麻薬中毒者のように、刑罰の改善効果や威嚇効果が期待できない人に対する新たな危険除去手段が求められた。

現存する行為者の危険性から社会を防衛するためには、行為責任に基づいた刑

608　第4編　刑罰論

罰以外に、他の合目的的制裁手段が不可欠であった。これに相応した一連の強制措置が、保安処分である。伝統的な個人主義的責任理論や応報的刑罰観念は現実的に犯罪予防および針圧に限界があり、保安処分は、これに対する補完策として刑法の領域に含まれた。このように、刑事制裁手段として刑罰と保安処分が並存する制度を、刑法の二元主義（Zweispurigkeit des Strafrechts）と称する。

第2節　沿革および発展

1　沿　革

　刑事制裁の二元主義は、1893年、スイス刑法学者カール・シュートス（Carl Stooß）によってスイス刑法予備草案に提案された後、ヨーロッパの諸国家がこの制度について検討し、立法した。今日では、大多数の国家が保安処分を、刑法典や個別の立法を通じて採用している。ドイツでは、保安処分は既にヴァイマール共和政時代から準備作業が始まったが、学派論争により実現せず、1933年の常習犯規制法によって初めて導入されて以降、1975年刑法改正において刑法総則に刑罰とともに規定された。

　韓国では、日帝時代に、思想犯や確信犯に対して治安維持法第39条以下の予防拘禁による保護措置が、植民地統治のための警察国家体制の維持手段として乱用された。その後、政治的変革期に、暴力犯・浮浪者などに、実質的に刑罰と類似した強制労役場における就役および保安処分に相応する教化訓練などが、法的根拠なく、または司法審査を受けずに行われた。韓国の刑事法制上最初の保安処分法は、1980年12月18日、法律第3286号の社会保護法である。同法は、保安処分の種類として、保護監護（第5条～第7条）・治療監護（第8条～第9条）・保護観察（第10条～第11条）の三種類を定めた。保安処分の執行方法も、行刑法に規定せず、この法律によって規定された社会保護委員会を通じて決定された。

2　保安処分制度の発展

　今日、保護観察のために、刑法および保安処分の執行を猶予する制度が一般化された。このような刑罰および保安処分の執行猶予制度を、刑法の第三レーン（Eine dritte Spur）と称する。このような発展は、自由剥奪的保安処分（保護監護・治療監護）が刑罰に似ているという認識から始まる。このような意味で、コールラ

ウシュ（Kohlrausch）は、保安処分を刑罰のレッテル詐欺（Etikettenschwindel）と表現した。

西洋の諸国家では、新たな刑法改正において、保安処分を刑罰より先に執行し、その期間を刑に算入する代替執行の原則が確立された。また、保護観察のための保安処分の執行猶予制度の可能性によって、刑罰と保安処分は目的と執行上の差がなくなっている。そこで、刑法を純粋な保安処分法に置き換えようとする主張もある。このような現象に直面して、刑法の二元主義の危機であるという学者もいる。

しかし、刑罰は責任原則によって、保安処分は比例性の原則によってその限界が引かれる点で、今日でも、刑法の二元主義は維持されている。

3 社会防衛

19世紀末、リストの目的刑思想は、大きな反響を呼んだ。特に、特別予防理論とともに新派に発展した、犯人の社会化や再社会科のための新派のプログラムが、古典学派の応報刑理論と対立した。しかし、新派を代表するリストは、純粋な特別予防的刑事政策が犯罪者に無制限の強制処遇をする恐れがあることを認識し、刑法は「刑事政策の越えられない限界」として、このような危険を防ぐことを主張した（犯罪人の magna charta）。さらに、リストは、1889年に、ベルギーの刑法学者アドルフ・プリンス（Adolphe Prins）、オランダの刑法学者バン・ハメル（van Hamel）とともに、国際刑事学協会を創設した。

一方、実証主義の影響下でロンブローゾ（Lombroso）、フェリー（Ferri）、ガロファロ（Garofalo）は、19世紀イタリア実証主義学派を形成・発展させた。同学派は、責任を完全に否定し、刑法を保安処分に替えることを主張した。その他、犯罪学と犯罪心理学の新たな知識を受け入れた。このような努力により、行為者が犯罪者になる素質と環境に関する関心が高まった。

イタリア実証主義学派の理論と国際刑事学会の基本思想に基づいて、第2次世界大戦以降、社会防衛（Defense sociale）の理念が形成された。かつて社会防衛は、犯罪から社会を防衛するという意味であったが、今日では、罪を犯し、または犯す虞のある者に対する社会の措置を総称するものという意味である。すなわち、罪を犯し、または犯す虞のある者に対する生活配慮、予防および人格的指導の手段を通じて、共同体の健全な構成員として復帰させることが目標である。1949

610　第4編　刑罰論

年、イタリア、ジェノバの弁護士ピリッポ・グラマティカ（Filippo Grammatica）が
国際社会防衛協会（La Societe Internationale de Defense Sociale）を創設し、1966年以
降、フランスのマルク・アンセル（Marc Ancel）が、穏健な社会防衛論の代表者と
して活動している。

4　アメリカにおける不介入の原則

　一時期、アメリカでは、社会防衛プログラムに対する反対運動が起こった。ア
メリカの社会学者エドウィン・シュアー（Edwin M. Schur）の著書「急進的不介入」
（1973年）において、不介入という用語が初めて登場した。この不介入原則
（Nonintervention）により、財政負担の大きい再社会科プログラムの失敗と、極端
な再社会化プログラムが人間の尊厳と法治国家的保障を看過する危険性があるこ
とが確認された。その後、犯罪学者マーティンソン（Martinson）は、犯罪予防の手
段は「どれも効果がない」（nothing works）と主張した。このような急進的方向は、
完全な不介入主義を要請した。有罪判決を受けた少数のグループに対する再社会
化より、処罰する社会の再社会化が必要だからである。このような見解よりも急
進的でない立場は、刑事訴訟手続きと不介入原則の間の折衷を要請している。

　この立場は、分離またはディヴァージョン（diversion）の理念に基づいて、以下
のような措置をとることを主張する。

（ⅰ）「被害者なき犯罪」の領域においては不要な刑罰規定の廃止（賭博、売買淫
　　　または麻薬犯罪）、

（ⅱ）刑罰外的な手段の導入（犯罪被害者に対する損害賠償、非公式的な争訟機会の提
　　　供、精神医学的治療など）、

（ⅲ）刑法を重罪と累犯に制限（この場合、法治国家的保障に基づいた訴訟手続きが適
　　　用され、刑罰は自由および所有に対する害悪として執行される）

　このようなプログラムについては、議論の余地が大きい。このプログラムを西
欧の刑事政策、特にドイツと比べると、アメリカの不介入主義においては、責任
原則は小さな役割しか果たしていない一方、ドイツにおいては、責任原則が刑法
の中心的な役割を果たしていることが分かる。頻繁な百貨店での万引きを民事に
任さなければならないという非犯罪化要求は行き過ぎであるというのが、ドイツ
においてこれがまだ採用されていない理由である。

　アメリカ刑法においては、このような不介入原則は、これまで国家的公共善に

対する信頼に基づいた楽観論的国家観から国家刑罰権にすべてを委任してきた
「everything works の原則」に対する反動の結果である。1990 年代に入り、アメ
リカでは、銃器類による殺傷、麻薬、性犯罪、テロ犯罪などにより社会的危機意
識が高まっている。したがって、犯人を中心とした防御的刑法観から、被害者中
心の予防的刑法観への転換現象が登場した。たとえば、ワシントン州で立法され
た三振法（three strikes and you're out）は、三犯以上の前科者に終身刑などの重刑
を科して社会から長期間隔離する特別法であり、ニュージャージー州から始まっ
たメーガン法（Megan's Law）は、性犯罪前科者が隣に住んでいることに関する情
報が得られるようにして、自ら前科者に対する警戒と予防ができるようにしよう
とする法律である。国家刑罰権の行使では、従来の「everything works」や
「nothing works」ではなく、中間の「something works の原則」が、支配的な刑事
司法の原理として位置付けられている。

第3節　現行法上の保安処分

I　序　説

現行憲法（第 12 条第 1 項）は、「…何人も法律によらない…保安処分…を受けな
い」と定め、保安処分を明文化した（保安処分法定主義）。しかし、韓国刑法は保
安処分を総則に規定せず、少年法・国家保安法・社会保護法・保護観察等に関す
る法律・保安観察法・母子保健法など、相当数の特別法に規定している。以上の
各種特別法による保安処分は、少年法の保護処分を除いて、すべて行政機関によ
る行政作用の一種として行われている。

以下では、少年法上の保護処分、保護観察等に関する法律上の保安処分、社会
安全法（現在の保護観察法）の保安処分、そして社会保護法の保安処分を中心に考
察する。

II　少年法上の保護処分

成長期にある少年は、精神的・身体的に未熟であるため、犯罪の誘惑に陥る可
能性があり、他方、改善・教化の可能性は高い。また、少年の将来のため、教化
改善主義を基本とする処遇・対策が求められる。このような特徴を考慮して、少

612　第4編　刑罰論

年法では、反社会性ないし非社会性のある少年に対して、その環境の調整と性行の矯正に関する保安処分を規定し、特に犯罪少年・触法少年・虞犯少年 (第4条) に対する保護処分の一種として、保護観察処分を行う決定をすることができる (第32条、第33条)。

　少年法上認められる保護処分は、以下の通りである (第32条第1項)。

- ・保護者または保護者の代わりに少年を保護することができる者への監護・委託 (1号)
- ・受講命令 (2号)
- ・社会奉仕命令 (3号)
- ・保護観察官の短期保護観察 (4号)
- ・保護観察官の長期保護観察 (5号)
- ・「児童福祉法」による児童福祉施設およびその他の少年保護施設への監護委託 (6号)
- ・病院、療養所または「保護少年などの処遇に関する法律」による少年医療保護施設への委託 (7号)
- ・1ヵ月以内の少年院送致 (8号)
- ・短期の少年院送致 (9号)
- ・長期の少年院送致 (10号)

　以上の各号に該当する処分は、少年部判事 (家庭裁判所少年部判示または地方裁判所少年部判事) が、審理の結果、保護処分の必要があると認めるときは決定で処分を下す。その際、前述の第3号処分は14歳以上の少年に科すことができ (同条第3項)、第2号および第10号処分は12歳以上の少年に科すことができる (同条第4項)。少年の保護処分は、その少年の将来の身上に影響を及ぼさない (同条第6項)。第4号および第5号の保護観察処分時には、代案教育または少年の相談・指導・教化に関する団体や施設における相談・教育を受けることを、同時に命じることができる (同32条の2)。

Ⅲ　保護観察等に関する法律上の保護観察処分

　保護観察等に関する法律 (1988. 12. 31、法律第4059号：1996. 12. 12、法律第5178号全面改正) は、罪を犯した者として再犯防止のために体系的な社会内処遇の必要がある者を指導・援護して、社会復帰を促進させるための保護観察処分を規定して

いる（同法第1条）。その対象は、刑法による保護観察条件付宣告猶予・執行猶予が宣告された者（刑法第59条の2、第62条の2）または保護観察条件付仮釈放または仮退院した者（刑法第73条の2、第25条）、少年法第32条第1項第2号・第3号の処分を受けた少年（同法第24条、第25条）または少年院を仮釈放・仮退院した少年（同法第30条）、その他の法律によりこの法律に定めた保護観察を受けることが規定される者である（同法第3条第1項）。

　保護観察を審査・決定する保護観察審査委員会と保護観察の実施に関する事務を担う保護観察所は、法務部長官に所属する（同法第5条、第14条）。

　このような保護観察等に関する法律上の保護観察処分は、少年犯に限って適用されたが、改正刑法は、1997年1月1日から、成人犯罪者に、宣告猶予・執行猶予時または仮釈放時、一定の条件下で科すように定めた。これにより、保護観察等に関する法律も、1996.12.12の改正により、成人犯および少年犯にも保護観察処分が適用できるようになった。再社会化刑法の観点からすれば、画期的な発展である。しかし、このような保護観察処分が犯人の再社会化という刑事政策目的を実現するためには、有能で献身的な保護観察官の確保が必要であることを忘れてはならない。

Ⅳ　保護観察法上の保安処分

　保護観察処分対象者は、保護観察該当犯罪（同法第2条：刑法上の内乱・外患罪、軍刑法上の反乱・利敵罪、国家保安法上の特定犯罪）またはこれと併合された犯罪で禁錮以上の刑が宣告され、刑期の合計が3年以上の者で、刑の全部または一部の執行を受けた事実がある者である（同法第3条）。保護観察処分は、この対象者のうち、再犯の危険性があると認める十分な理由のある者に対して（同法第4条第1項）2年間科されるが、法務部長官は検察官の請求があるときには、保護観察処分審議委員会の議決により更新することができる（同法第5条）。保護観察処分を受けた者は、住居地管轄の警察署長に申告し、再犯防止に必要な範囲内で指示を受けなければならない（同法第4条第2項）。

Ⅴ　治療監護法上の保安処分

　治療監護法は、二重処罰の危険のない治療監護処分を規定し、一定の場合、保護観察を実施することができるように考慮したものである。

614　第4編　刑罰論

　この法の目的は、心身の障害、麻薬類、アルコール、その他の薬物依存状態で犯罪行為を行った者のうち、再犯の危険性があり、特殊な教育・改善・治療が求められる者に対して適切な保護と治療をすることにより、健全な社会復帰を促進する役割を果たすことである。

　検察官は、管轄地方裁判所判事に請求して治療監護令状の発布を受け、治療監護対象者を保護拘束することができる（第6条）。

　治療監護施設への収容は、15年を超過することができない。ただし、麻薬・向精神薬・大麻などの薬物又はアルコールの習癖があり、もしくは依存した者で、禁錮以上の刑に該当する罪を犯した者を治療監護施設に収容するときは、2年を超過することができない（第16条）。

　被治療監護者に対して治療監護が仮終了とされ、または治療監護施設などで治療を受けるために法定代理人に委託されたときは、3年間保護観察を受ける（第32条）。

VI　特定犯罪者に対する位置追跡電子装置付着に関する法律による保安処分

　この法律の目的は、性暴力犯罪、未成年対象誘拐罪、殺人罪、強盗罪を犯した者の再犯防止と性行矯正を通じた再社会科のために、彼の行方を追跡して、位置を確認しうる電子装置を身体に付着させる付加的な措置をとることによって、危険な犯罪人から国民を保護することを目的とする。

　検察官は、法が規定している一定の性暴力犯罪、未成年者を対象とする誘拐罪、殺人罪、強盗罪を犯した者に対して再犯の危険性があると認められる場合に、電子装置を付着させる命令を裁判所に請求することができ、裁判所は、懲役刑終了後、最長30年まで付着命令をすることができる（同法第5条、第9条）。また、付着命令判決が宣告されていない特定犯罪者が刑の執行中仮釈放され、保護観察を受けることとなる場合は、電子装置を付着しなければならず（同法第22条）、治療監護が仮終了する場合には、治療監護審議委員会がこれを付着することができ（同法第23条）、執行猶予を宣告するときには、裁判所が付着命令をすることができる（同法第28条）。保護観察所が執行する。

第 10 章 保安処分 615

Ⅶ 家庭内暴力犯罪の処罰等に関する特例法による保護処分

この法律は、家庭内暴力犯に対して環境の調整や性行の矯正のために保護処分を行うことにより、家庭内暴力によって破壊された家庭の平和と安定を回復し、健康な家庭を育成し、被害者と家族構成員の人権を保護することを目的とする。「家庭内暴力犯罪の処罰等に関する特例法」における保護処分には、行為者が被害者または家族構成員に接近する行為の制限（同法第 40 条第 1 号処分）、行為者が被害者または家族構成員に電気通信を利用して接近する行為の制限（第 2 号処分）、親権者である行為者の被害者に対する親権行使の制限（第 3 号処分）、保護観察等に関する法律による社会奉仕・受講命令・保護観察（第 4、5 号処分）、家庭内暴力防止及び被害者の保護等に関する法律における保護施設への監護委託（第 6 号処分）、医療機関への治療委託（第 7 号処分）、相談所等への相談委託（第 8 号処分）などがある。

Ⅷ 売春斡旋等の行為の処罰に関する法律による保護処分

この法律は、売春・売春斡旋などの行為および売春目的での人身売買を根絶し、売春被害者の人権を保護することが目的である。「売春斡旋等の行為の処罰に関する法律」における保護処分には、売春が行われる可能性がある場所や地域への出入禁止（同法第 14 条第 1 号処分）、保護観察等に関する法律による保護観察（第 2 号処分）、保護観察等に関する法律による社会奉仕・受講命令（第 3 号処分）、売春防止及び被害者保護等に関する法律第 10 条の規定による売春被害相談所への相談委託（第 4 号処分）、性暴力犯罪の処罰及び被害者保護等に関する法律第 33 条の規定による専門医療機関への治療委託（第 5 号処分）などがある。

韓国刑法典

$\begin{bmatrix} 法律14415号 \\ 一部改正2016.12.20 \end{bmatrix}$

第1編　総　則

第1章　刑法の適用範囲

（犯罪の成立と処罰）

第1条①　犯罪の成立および処罰は、行為時の法律による。

②　犯罪後の法律の変更によりその行為が犯罪を構成しないときまたは刑が旧法より軽くなったときは、新法による。

③　裁判確定後法律の変更によりその行為が犯罪を構成しなくなったときは、刑の執行を免除する。

（国内犯）

第2条　本法は、大韓民国領域内で罪を犯した内国人および外国人に適用する。

（内国人の国内犯）

第3条　本法は、大韓民国領域外で罪を犯した内国人に適用する。

（国外にある内国船舶等で外国人が犯した罪）

第4条　本法は、大韓民国領域外にある大韓民国の船舶または航空機内で罪を犯した外国人に適用する。

（外国人の国外犯）

第5条　本法は、大韓民国領域外で次に記載する罪を犯した外国人に適用する。

一　内乱の罪

二　外患の罪

三　国旗に関する罪

四　通貨に関する罪

五　有価証券、郵票と印紙に関する罪

六　文書に関する罪中第225条乃至第230条

七　印章に関する罪中第238条

（大韓民国および大韓民国国民に対する国外犯）

第6条　本法は、大韓民国領域外で大韓民国または大韓民国国民に対して前条に記載した以外の罪を犯した外国人に適用する。但し、行為地の法律により犯罪を構成しないとき、または訴追もしくは刑の執行を免除する場合に対しては例外とする。

（外国で執行された刑の算入）

第7条　罪を犯し外国で刑の全部または一部が執行された者に対しては、その執行された刑の全部または一部を宣告して刑に参入する。（全文改正 2016. 12. 20）（2016. 12. 20. 法律第14415号により2015. 5. 28憲法裁判所で憲法に適合しないされた本条を改正した。）

（総則の適用）

第8条　本法の総則は、他の法令に定める罪に適用する。但し、その法令に特別な規定がある場合は例外とする。

第2章　罪

第1節　罪の成立と刑の減免

（刑事未成年者）

第9条　14未満の者の行為は罰しない。

（心神障碍者）

第10条①　心身の障碍により事物の弁別する能力がない、または意思を決定する能力がない者の行為は罰しない。

②　心身の障碍により前項の能力が微弱な

者は刑を減軽する。

③　危険の発生を予見しながら自己の意思により心身の障碍を惹起した者の行為に対しては、前２項の規定を適用しない。

（表題改正2014. 12. 30）

（聾啞者）

第11条　聾啞者の行為は刑を減軽する。

（強要された行為）

第12条　抵抗することのできない暴力または自己もしくは親族の生命、身体に対する危害を防御する方法のない脅迫によって強要された行為は罰しない。

（故意）

第13条　罪の構成要素である事実を認識できなかった行為は罰しない。但し、法律に特別の規定がある場合は例外とする。

（過失）

第14条　正常な注意を怠慢したことにより犯罪の成立要素である事実を認識できなかった行為は、法律に特別な規定がある場合に限り罰する。

（事実の錯誤）

第15条①　特別に重い罪となる事実を認識できなかった行為は、その重い罪で罰しない。

②　結果によって刑が重くなる罪において、その結果の発生を予見することができなかったときは、重い罪で罰しない。

（法律の錯誤）

第16条　自己の行為が法令によって罪とならないことを誤認した行為は、その誤認

に正当な理由があるときに限り、罰しない。

（因果関係）

第17条　いかなる行為であっても、罪の要素となる危険の発生に連結しないときは、その結果によっては罰しない。

（不作為犯）

第18条　危険の発生を防止する義務がありまたは自己の行為によって危険発生の原因を惹起した者がその危険の発生を防止しないときは、その発生した結果によって罰する。

（独立行為の競合）

第19条　同時または異時の独立行為が競合した場合に、その結果発生の原因となった行為が判明しないときは、各行為を未遂犯として処罰する。

（正当行為）

第20条　法令による行為または業務に基づく行為、その他社会常規に反しない行為は罰しない。

（正当防衛）

第21条①　自己または他人の法益に対して現在の不当な侵害を防衛するための行為は、相当の理由があるときには罰しない

②　防衛行為がその程度を超過するときは、情況によってその刑を減軽または免除することができる。

③　前項の場合に、その行為が夜間その他不安を掻き立てられる状態の下で恐怖、驚愕、興奮または狼狽によるときは罰しない。

韓国刑法典　　621

（緊急避難）

第22条①　自己または他人の法益に対して現在の危難を避けるための行為は、相当な理由があるとき罰しない。

②　危難を避けてはならない責任がある者に対しては、前項の規定を適用しないこととする。

③　前条第2項および第3項の規定は本条に準用する。

（自救行為）

第23条①　法廷の手続きによって請求権を保全することができない場合に、その請求権の実行不能または著しい実行の困難を避けるための行為は、相当な理由があるときには罰しない。

②　前項の行為がその程度を超える場合は、情況によって刑を減軽または免除することができる。

（被害者の承諾）

第24条　処分することのできる者の承諾によりその法益を毀損した行為は、法律の特別な規定がない限り罰しない。

（未遂犯）

第25条①　犯罪の実行に着手するが行為を終了させず、または結果が発生しなかったときは、未遂犯として罰する。

②　未遂犯の刑は、既遂犯よりも減軽することができる。

（中止犯）

第26条　犯人が自らの意思で実行に着手した行為を中止またはその行為による結果の発生を防止したときは、刑を減軽または免除する。

（不能犯）

第27条　実行の手段または対象の錯誤によって結果の発生が不可能であっても、危険性があるときは罰する。但し、刑を減軽または免除することができる。

（陰謀、予備）

第28条　犯罪の陰謀または予備行為が実行の着手に至らないときには、法律に特別の規定がない限り罰しないこととする。

（未遂犯の処罰）

第29条　未遂犯を処罰する罪は、各本条に定める。

第3節　共　犯

（共同正犯）

第30条　二人以上が共同して罪を犯すときは、各自をその罪の正犯として処罰する。

（教唆犯）

第31条①　他人を教唆し罪を犯させた者は、罪を実行した者と同一の刑で処罰する。

②　教唆を受けた者が犯罪の実行を承諾し実行の着手に至らないときは、教唆者と被教唆者の陰謀または予備に準じて処罰する。

③　教唆を受けた者が犯罪の実行を承諾しないときでも、教唆者に対しては前項と同様とする。

（従犯）

第32条①　他人の犯罪を幇助する者は、従犯として処罰する。

②　従犯の刑は、正犯の刑よりも減軽す

622　韓国刑法典

る。

（共犯と身分）

第33条　身分関係によって成立する犯罪に加功する行為は、身分関係がない者にも前3条の規定を適用する。但し、身分関係によって刑の軽重がある場合には、重い刑で罰しない。

（間接正犯、加重的な教唆、幇助に対する刑の加重）

第34条①　ある行為によって処罰されない者または過失犯として処罰される者を教唆または幇助し、犯罪行為の結果を発生させた者は、教唆または幇助の例によって罰する。

②　自己の指揮、監督を受ける者を教唆または幇助し前項の罪を発生させた者は、教唆であるときでも正犯に定めた刑の長期または多額にその2分の一まで加重し、幇助であるときは正犯の刑で処罰する。

第4節　累　犯

（累犯）

第35条①　禁固以上の罪を受けその執行を終了しまたは免除を受けた後、3年以内に禁錮以上に該当する罪を犯した者は、累犯として罰する。

②　累犯の刑は、その罪につき定める刑の長期の2倍まで加重する。

（判決宣告後の累犯発覚）

第36条　判決宣告後に累犯であることが発覚した時は、その宣告した刑を通算して、再度、刑を定めることができる。但し、宣告した刑の執行を終了しまたはその執行が免除された後は例外とする。

第5節　併合罪

（併合罪）

第37条　判決の確定していない数個の罪または禁固以上の刑に処された判決が確定した罪とその判決確定前に犯した罪を併合罪とする。（改正2004.1.20）

（併合罪と処罰例）

第38条①　併合罪を同時に判決するときは、次の区別によって罰する。

一　最も重い罪を定めた刑が死刑または無期懲役もしくは無期禁錮であるときは、最も重い罪につき定めた刑で処罰する。

二　各罪につき定められた刑が死刑または無期懲役もしくは無期禁錮以外の同種の刑のときは、最も重い罪につき定める長期または多額にその2分の1まで加重するが、各罪につき定める刑の長期または多額を合算した刑期または額数を超過することはできない。但し、科料と科料、没収と没収は併科できる。

三　各罪につき定める刑が無期懲役または無期禁錮以外の異種の刑のときは、併科する。

②　前項各号の場合には、懲役と禁錮は同種の刑とみなして懲役刑で処罰する。

（判決を受けない併合罪、数個の判決および併合罪、刑の執行および併合罪）

第39条①　併合罪中、判決をうけない罪があるときに、その罪および判決が確定した罪を同時に判決する場合の情況を考慮して、その罪に対する刑を宣告する。こ

韓国刑法典　623

の場合、その刑を減軽または免除することができる。（改正2005. 7. 29）

② 削除（2005. 7. 29）

③ 併合罪によって判決の宣告を受けた者が併合罪中のある罪に対して赦免または刑の執行が免除されたときは、別の罪に対して再度、刑を定める。

④ 前3項の刑の執行にあっては、すでに執行した刑期を通算する。

（観念的競合）

第40条　1個の行為が数個の罪に該当する場合には、最も重い罪につき定める刑で処罰する。

第3章　刑

第1節　刑の種類と軽重

（刑の種類）

第41条　刑の種類は、次のとおりである。

一　死刑

二　懲役

三　禁錮

四　資格喪失

五　資格停止

六　罰金

七　拘留

八　科料

九　没収

（懲役または禁錮の期間）

第42条　懲役または禁錮は無期または有期とし、有期は1か月以上30年以下とする。但し、有期懲役または有期禁錮に対して刑を加重するときには、50年までとする。（改正2010. 4. 15）

（刑の宣告と資格喪失、資格停止）

第43条①　死刑、無期懲役または無期禁錮の判決を受けた者は、次に記載する資格を喪失する。

一　公務員になる資格

二　公法上の選挙権と被選挙権

三　法律に要件を定める公法上の業務に関する資格

四　法人の理事、監事または支配人その他法人の業務に関する検査役や財産管理人になる資格

② 有期懲役または有期禁錮の判決を受けた者は、その刑の執行が終了しまたは免除されるときまで、前項第1号ないし第3号に記載された資格が停止される。但し他の法律で特別な規定のある場合には、その法律に従う。（改正2016. 1. 6）（2016. 1. 6法律第13719号によって2014. 1. 28.憲法裁判所にて憲法違反または憲法不適合の決定のため本条第2項を改正した）

（資格停止）

第44条①　前条に記載された資格の全部または一部に対する停止は、1年以上15年以下とする。

② 有期懲役または有期禁錮に資格停止を併科するときは、懲役または禁錮の執行が終了または免除された日から停止期間を起算する。

（罰金）

第45条　罰金は5万ウォン以上とする。但し、減軽した場合には5万ウォン未満とすることができる。（改正1995. 12. 29）

（拘留）

624　韓国刑法典

第46条　拘留は1日以上30日未満とする。

(科料)

第47条　科料は2千ウォン以上5万ウォン未満とする。(改正1995.12.29)

(没収の対象と追徴)

第48条①　犯人以外の者の所有に属せずまたは犯罪後犯人以外の者が情を知りながら取得した次に記載する物件の全部または一部を没収することができる。

一　犯罪行為に提供しまたは提供しようとした物件

二　犯罪行為に因って生じまたはこれによって取得した物件

三　前2号の対価で取得した物件

② 前項に記載された物件の没収が不可能なときは、その価額を追徴する。

③ 文書、図画、電磁記録など加重媒体記録または有価証券の一部が没収に該当するときには、その部分を廃棄する。(改正1995.12.29)

(没収の付加性)

第49条　没収は、他の刑に付加して科す。但し、行為者に有罪の裁判をしないときでも没収の要件に該当する場合には、没収だけを宣告することができる。

(刑の軽重)

第50条①　刑の軽重は、第41条に記載された順序による。但し、無期禁錮と有期懲役は禁錮を重いものとし、有期禁錮の長期が有期懲役の長期を超過するときには禁錮を重いものとする。

② 同種の刑は長期の長い方と多額の多い方を重いものとし、長期または多額の同一の時には、その短期の長い方と少額の多い方を重いものとする。

③ 前2項の規定による外は、罪質および犯情によって軽重を定める。

第2節　刑の量定

(量刑の条件)

第51条　刑を定めるにあたっては、次の事項を参酌しなければならない。

一　犯人の年齢、性行、知能および環境

二　被害者に対する関係

三　犯行の動機、手段および結果

四　犯行後の情況

(自首、自服)

第52条①　罪を犯した後、捜査責任のある官署に自首したときは、その刑を減軽または免除する。

② 被害者の意思に反して処罰することができない罪について被害者に自服した時も、前項と同様とする。

(酌量減軽)

第53条　犯罪の情状に参酌するにたりる事由があるときは、酌量しその刑を減軽することができる。

(選択刑と酌量減軽)

第54条　1個の罪につき定める刑が数種のときは、まず適用すべき刑を定めてその刑を減軽する。

(法律上の減軽)

第55条①　法律上の減軽は、次のとおりである。(改正2010.4.15)

一　死刑を減軽するときは無期または20年以上50年以下の懲役または禁錮とす

る。

二 無期懲役または無期禁錮を減軽する
ときは10年以上50年以下の懲役または
禁錮とする。

三 有期懲役または有期禁錮を減軽する
ときはその刑期の2分の1とする。

四 資格喪失を減軽するときは7年以上
の資格停止とする。

五 資格停止を減軽するときはその刑期
の2分の1とする。

六 罰金を減軽するときはその多額の2
分の1とする。

七 拘留を減軽するときはその長期の2
分の1とする。

八 科料を減軽するときはその多額の2
分の1とする。

② 法律上、減軽する事由が数個ある場合
は、重ねて減軽することができる。

（加重減軽の順序）

第56条 刑を加重減軽する事由が競合する
ときは、次の順序による。

一 各則本条による加重

二 第34条第2項による加重

三 累犯加重

四 法律上の減軽

五 併合罪加重

六 酌量減軽

（判決宣告前拘禁日数の通算）

第57条① 判決宣告前の拘禁日数は、その
全部を有期懲役、有期禁錮、罰金もしく
は科料に関する留置または拘留に算入す
る。（改正2014.12.30）

② 前項の場合に、拘禁日数の1日は懲
役、禁固、罰金もしくは科料に関する留
置または拘留の期間の1日として計算す

る。（2014.12.30法律12898号によって
2099.6.25違憲決定された第57条第1項
を改正した）

（判決の公示）

第58条① 被害者の利益のために必要とし
て認定したときは、被害者の請求がある
場合に限り被告人の負担で判決公示の趣
旨を宣告することができる。

② 被告事件に対して無罪の判決を宣告す
る場合、無罪判決公示の処置を宣告しな
ければならない。但し、無罪判決を受け
た被告人が無罪判決公示処置の宣告に同
意しない場合または被告人の同意を受け
ることができない場合には、その限りで
はない。

③ 被告事件に対して免訴の判決を宣告す
る場合、免訴判決公示の処置を宣告する
ことができる。（新設2014.12.30）

第3節 宣告猶予

（宣告猶予の要件）

第59条① 1年以下の懲役、禁錮、資格停
止または罰金の刑を宣告すべき場合に第
51条の事情を参酌して改悛の情が顕著な
時は、その宣告を猶予することができ
る。但し、資格停止以上の刑を受けた前
科がある者に対しては例外とする。

② 刑の併科をする場合でも、刑の全部ま
たは一部に対してその宣告を猶予するこ
とができる。

（保護観察）

第59条の2① 刑の宣告を猶予する場合に
再犯防止のために指導及び援護が必要な
ときは、保護観察を受けるよう命じるこ
とができる。

② 第1項の規定による保護観察の期間は
　1年とする。〔本条新設1995.12.29〕

（宣告猶予の効果）

第60条　刑の宣告猶予を受けた日から2年
　が経過したときは、免訴になったものと
　みなす。

（宣告猶予の失効）

第61条①　刑の宣告猶予を受けた者が猶予
　期間中、資格停止以上の刑に処す判決が
　確定しまたは資格停止以上の刑に処する
　前科が発見されたときは、猶予した刑を
　宣告する。

②　第59条の2の規定のために保護観察を
　命じる宣告猶予を受けた者が保護観察期
　間中に遵守事項に違反し、その程度が重
　いときは、猶予した刑を宣告することが
　できる。（新設1995.12.29）

第4節　刑の執行猶予

（執行猶予の要件）

第62条①　3年以下の懲役または禁錮の刑
　を宣告する場合に、第51条の事情を参酌
　してその情状に参酌するにたりる事由が
　あるときは、1年以上5年以下の刑の執
　行を猶予することができる。但し、禁錮
　以上の刑を宣告した判決が確定した時か
　らその執行を終了した後または免除され
　た後、3年までの期間に犯した罪に対し
　て刑を宣告する場合には、この限りでは
　ない。（改正2005.7.29）

②　刑を併科する場合、その刑の一部に対
　して執行を猶予することができる。

（保護観察、社会奉仕、受講命令）

第62条の2①　刑の執行を猶予する場合に

は、保護観察を受けることを命じ、もし
　くは社会奉仕または受講を命じることが
　できる。

②　第1項の規定による保護観察の期間は
　執行を猶予する期間とする。但し、法院
　は、猶予期間の範囲内で保護観察期間を
　定めることができる。

③　社会奉仕命令または受講命令は執行猶
　予期間内にこれを執行する。（本条新設
　1995.12.29）

（執行猶予の失効）

第63条　執行猶予の宣告を受けた者が、猶
　予期間中に故意で犯した罪で禁固以上の
　実刑の宣告を受けその判決が確定したと
　きは、執行猶予の宣告は効力を失う。
　〈改正2005.7.29〉

（執行猶予の取消）

第64条①　執行猶予の宣告を受けた後、第
　62条但書の事由が発覚した時は、執行猶
　予の宣告を取り消す。〈改正1995.12.29〉

②　第62条の2の規定のため保護観察また
　は社会奉仕もしくは受講を命じた執行猶
　予を受けた者が遵守事項や命令に違反
　し、その程度が重いときは、執行猶予を
　取り消すことができる。〈新設1995.12.
　29〉

（執行猶予の効果）

第65条　執行猶予の宣告を受けた後、その
　宣告の失効または取り消しされることな
　く猶予期間を経過したときは、刑の宣告
　は効力を失う。

第5節　刑の執行

（死刑）

第66条　死刑は、刑務所内で絞首して執行する。

（懲役）

第67条　懲役は、刑務所内で拘置して定役に服務させる。

（禁錮と拘留）

第68条　禁錮および拘留は、刑務所に拘置する。

（罰金と科料）

第69条①　罰金と科料は、判決確定日から30日以内に納入しなければならない。但し、罰金を宣告するときに同時にその金額を完納するまで労役場に留置することを命じることができる。

②　罰金を納入しない者は、1日以上3年以下、科料を納入しない者は1日以上30日未満の期間、労役場に留置し作業に服務させる。

（労役場留置）

第70条①　罰金または科料を宣告するときは、納入しない場合の留置期間を定め、同時に宣告しなければならない〈改正2010. 4. 15〉

②　宣告する罰金が1億ウォン以上5億ウォン未満の場合は300日以上、5億ウォン以上50億ウォン未満の場合は500日以上、50億ウォン以上の場合は1000日以上の留置期間を定めなければならない。（新設2014. 5. 14）

（留置日数の控除）

第71条　罰金または科料の宣告を受けた者

がその一部を納入するときは、罰金または科料額と留置期間の日数に比例して納入金額に相当する日数を除く。

第6節　仮釈放

（仮釈放の要件）

第72条①　懲役または禁錮の執行中にある者がその行状が良好で改悛の情が顕著なとき、無期にあっては20年、有期にあっては刑期の3分の1を経過した後、行政処分で仮釈放をすることができる（改正2010. 4. 15）

②　前項の場合、罰金または併科のあるときは、その金額を完納しなければならない。

（判決前拘禁および仮釈放）

第73条①　刑期に算入された判決宣告前拘禁の日数は、仮釈放において執行を経過した期間に算入する。

②　罰金または科料に関する留置期間に算入された判決宣告前拘禁日数は、前条2項の場合においてその該当する金額が納入されたものとみなす。

（仮釈放の期間および保護観察）

第73条の2①　仮釈放の期間は、無期刑にあっては10年とし、有期刑にあっては残りの刑期とし、その期間は10年を経過することができない。

②　仮釈放された者は、仮釈放期間中に保護観察を受ける。ただし、仮釈放を許可した行政官僚が必要のないものと認定したときは、その限りでない。（本条新設1995. 12. 29）

（仮釈放の失効）

第74条 仮釈放中、禁固以上の刑の宣告を受けその判決が確定したとき、仮釈放処分はその効力を失う。但し、過失による罪で刑の宣告を受けた時は例外とする。

（仮釈放の取り消し）

第75条 仮釈放の処分を受けた者が監視に関する規則に違背するか、保護観察の遵守事項に違反し、その程度が重いときは仮釈放処分を取り消すことができる。

（仮釈放の効果）

第76条① 仮釈放の処分を受けた後その処分が失効または取り消しされず仮釈放期間を経過したときは、刑の執行は終了したものとみなす。（改正1995.12.29）

② 前2条の場合に仮釈放中の日数は刑期に算入しない。

第7節　刑の時効

（時効の効果）

第77条 刑の宣告を受けた者は、時効の完成によりその執行が免除される。

（時効の期間）

第78条 時効は刑を宣告する裁判の確定した後、その執行を受けることなく次の期間を経過したことを原因として完成する。

一　死刑は30年

二　無期の懲役または禁錮は20年

三　10年以上の懲役または禁錮は15年

四　3年以上の懲役もしくは禁固または10年以上の資格停止は10年

五　3年未満の懲役もしくは禁固または5年以上の資格停止は5年

六　5年未満の資格停止、罰金、没収ま

た は追徴は3年

七　拘留または科料は1年

（時効の停止）

第79条① 時効は刑の執行の猶予もしくは停止または仮釈放その他執行することができない期間は進行しない。（改正2014.5.14）

② 時効は、刑が確定した後、その刑の執行を受けていない者が刑の執行を免れる目的で国外にいる期間内は進行しない。（新設2,014.5.14）

（時効の中断）

第80条 時効は死刑、懲役、禁固および拘留にあっては受刑者を逮捕したこと、罰金、科料、没収と追徴にあっては強制処分を開始したことによって中断する。

第8節　刑の消滅

（刑の失効）

第81条 懲役もしくは禁錮の執行が終了しまたは執行が免除された者が被害者の損害を補償し資格停止以上の刑を受けることなく7年を経過したときは、本人または検事の申請によってその裁判の失効を宣告することができる。

（復権）

第82条 資格停止の宣告を受けた者が被害者の損害を補償し資格停止以上の刑を受けることなく停止期間の2分の1を経過したときは、本人または検事の申請によって資格の回復を宣告することができる。

第4章 期 間

（期間の計算）

第83条 年または月で定めた期間は、暦数に従って計算する。

（刑期の起算）

第84条① 刑期は、判決が確定した日から起算する。

② 懲役、禁錮、拘留および留置については、拘束されていない日数は刑期に算入しない。

（刑の失効と時効期間の初日）

第85条 刑の執行と時効期間の初日は、時間を計算することなく1日と算定する。

（釈放日）

第86条 釈放は、刑期終了日にしなければならない。

第2編 各 則

第1章 内乱の罪

（内乱）

第87条 国土を僭窃しまたは国憲を紊乱する目的で暴動を行う者は、次の区別により処断する。

一 首魁は死刑、無期懲役または無期禁錮に処する。

二 謀議に参与し指揮しもしくはその他重要な任務に従事した者は、死刑、無期または5年以上の懲役または禁錮に処する。殺傷、破壊または椋奪の行為を実行した者も、同様とする。

三 附和随行しまたは単純に暴動のみ関与した者は、5年以下の懲役または禁

錮に処する。

（内乱目的の殺人）

第88条 国土を僭盗しまたは国憲を壊乱する目的で人を殺害した者は、死刑、無期懲役または無期禁錮に処する。

（未遂犯）

第89条 前二条の未遂は罰する。

（予備、陰謀、扇動、宣伝）

第90条① 第87条または第88条の罪を犯す目的で予備または陰謀をした者は、3年以上の有期懲役または有期禁錮に処する。但し、その目的とする罪の実行に至る前に自首した時は、その刑を減軽または免除する。

② 第87条、第88条の罪を犯すことを扇動または宣伝した者も、前項の刑と同様とする。

（国憲壊乱の定義）

第91条 本章で国憲を紊乱する目的とするのは、次の各号の一つに該当することをいう。

一 憲法または法律に定めた手続きによらないで憲法または法律の機能を消滅させること。

二 憲法によって設置された国家機関を強圧により転覆またはその権能行使を不可能にすること。

第2章 外患の罪

（外患誘致）

第92条 外国と通謀して大韓民国に対して戦端を開くようにしまたは外国人と通謀して大韓民国に抗敵した者は、死刑また

は無期懲役に処する。

（与敵）
第93条　敵国と合勢し大韓民国に抗敵した者は、死刑に処する。

（募兵利敵）
第94条①　敵国のために募兵した者は、死刑または無期懲役に処する。
②　前項の募兵に応じた者は、無期もしくは5年以上の懲役に処する。

（施設提供利敵）
第95条①　軍隊、要塞、陣営または軍用に供する船舶もしくは航空機その他場所、設備もしくは建造物を敵国に提供した者は、死刑または無期懲役に処する。
②　兵器または弾薬その他軍用に供する物件を敵国に提供した者も、前項の刑と同様とする。

（施設破壊利敵）
第96条　敵国のために前条に記載した軍用施設その他物件を破壊しまたは使用できなくした者は、死刑または無期懲役に処する。

（物件提供利敵）
第97条　軍用に供しない兵器、弾薬または戦闘用に供することのできる物件を敵国に提供した者は、無期または5年以上の懲役に処する。

（間諜）
第98条①　敵国のために間諜しまたは敵国の間諜を幇助した者は、死刑、無期または7年以上の懲役に処する。

②　軍事上の機密を敵国に漏泄した者も、前項と同様とする。

（一般利敵）
第99条　前7条に記載した以外に大韓民国の軍事上の利益を害しまたは敵国に軍事上の利益を供与した者は、無期または3年以上の懲役に処する。

（未遂犯）
第100条　前8条の未遂は罰する。

（予備、陰謀、扇動、宣伝）
第101条①　第92条ないし第99条の罪を犯す目的で予備または陰謀をした者は、2年以上の有期懲役に処する。但し、その目的とする罪の実行に至る前に自首したときは、その刑を減軽または免除する。
②　第92条ないし第99条の罪を扇動または宣伝した者も、前項の刑と同様とする。

（準敵国）
第102条　第93条ないし前条の罪については、大韓民国に敵対する外国または外国人の団体を敵国とみなす。

（戦時軍需契約不履行）
第103条①　戦争または事変については正当な理由なく政府に対する軍需品または軍用工作物に関する契約を履行しない者は、10年以下の懲役に処する。
②　前項の契約履行を妨害した者も、前項の刑と同湯とする。

（同盟国）
第104条　本章の規定は、同盟国に対する行為に適用する。

第104条の2　削除（1988.12.31）

第3章　国旗に関する罪

（国旗、国章の冒瀆）

第105条　大韓民国を侮辱する目的で国旗または国章を損傷、除去または汚辱した者は、5年以下の懲役または禁錮、10年以下の資格停止または700万ウォン以下の罰金に処する。

（国旗、国章の誹謗）

第106条　前章の目的で国旗または国章を誹謗した者は、1年以下の懲役または禁錮、5年以下の資格停止または200万ウォン以下の罰金に処する。（改正1995.12.29）

第4章　国交に関する罪

（外国元首に対する暴行等）

第107条①　大韓民国に滞在する外国の元首に対して暴行または脅迫を加えた者は、7年以下の懲役または禁錮に処する。

②　前項の外国元首に対して侮辱を加えまたは名誉を毀損した者は、5年以下の懲役または禁錮に処する。

（外国使節に対する暴行等）

第108条①大韓民国に派遣された外国使節に対して暴行または脅迫を加えた者は、5年以下の懲役または禁錮に処する。

（外国の国旗、国章の冒瀆）

第109条　外国を侮辱する目的でその国の公用に供する国旗または国章を損傷、除去もしくは汚辱した者は、2年以下の懲役もしくは禁錮または300万ウォン以下の罰金に処する。（改正1995.12.29）

（被害者の意思）

第110条　第107条ないし第109条の罪は、その外国政府の明示した意思に反して公訴を提起することができない。（改正1995.12.29）

（外国に対する私戦）

第111条①　外国に対して私戦した者は、1年以上の有期禁錮に処する。

②　前項の未遂犯は罰する。

③　第1項の罪を犯す目的で予備または陰謀をした者は、3年以下の禁固または500万ウォン以下の罰金に処する。但し、その目的とする罪の実行に至る前に自首したときは、減軽または免除する。（改正1995.12.29）

（中立命令違反）

第112条　外国間の交戦において中立に関する命令に違反した者は、3年以下の禁錮または500万ウォン以下の罰金に処する。（改正1995.12.29）

（外交上の機密の漏泄）

第113条①　外交上の機密を漏泄した者は、5年以下の懲役または1万ウォン以下の罰金に処する。（改正1995.12.29）

②　漏泄する目的で外交上の機密を探知または蒐集した者も、前項の刑と同様とする。

第5章　公安を害する罪（改正2013.4.5）

（犯罪団体等の組織）

第114条　死刑、無期または長期4年以上の懲役に該当する犯罪を目的とした団体

または集団を組織しまたはこれに加入もしくはその構成員として活動した者は、その目的とする罪につき定める刑で処罰する。但し、刑を減軽することができる。(全文改正2013. 4. 5)

(騒擾)

第115条 多衆が集合し暴行、脅迫または損壊の行為をした者は、1年以上10以下の懲役もしくは禁錮または1500万ウォン以下の罰金に処する。(改正1995. 12. 29)

(多衆不解散)

第116条 暴行、脅迫または損壊の行為をする目的で多衆が集合し、その取締権限のある公務員から3回以上の解散命令を受け解散しない者は、2年以下の懲役もしくは禁錮または300万ウォン以下の罰金に処する。(改正1995. 12. 29)

(戦時公需契約不履行)

第117条① 戦争、天災その他事変について国家または公共団体と締結した食料その他生活必需品の供給契約を正当な理由なく履行しない者は、3年以下の懲役または500万ウォン以下の罰金に処する。(改正1995. 12. 29)

② 前項の契約履行を妨害した者も、前項の刑と同様とする。

③ 前2項の場合には、その所定の罰金を併科することができる。

(公務員資格の詐称)

第118条 公務員の資格を詐称しその職権を行使した者は、3年以下の懲役または700万ウォン以下の罰金に処する。(改正1995. 12. 29)

第6章 爆発物に関する罪

(爆発物使用)

第119条① 爆発物を使用し人の生命、身体もしくは財産を害しまたはその他公安を壊乱した者は、死刑、無期または7年以上の懲役に処する。

② 戦争、天災、その他事変につて前項の罪を犯した者は、死刑または無期懲役に処する。

③ 前2項の未遂犯を処罰する。

(予備、陰謀、煽動)

第120条① 前条第1項、第2項の罪を犯す目的で予備または陰謀した者は、2年以上の有期懲役に処する。但し、その目的とする罪の実行に至る前に自首した時はその刑を減軽または免除する。

② 前条第1項、第2項の罪を犯すよう扇動した者も、前項の刑と同様とする。

(戦時爆発物製造等)

第121条 戦争または事変について正当な理由なく爆発物を製造、輸入、輸出、接受、または所持した者は、10年以下の懲役に処する。

第7章 公務員の職務に関する罪

(職務遺棄)

第122条 公務員が正当な理由なくその職務遂行を拒否しまたはその職務を遺棄したときは、1年以下の懲役もしくは禁錮または3年以下の資格停止に処する。

(職権濫用)

第123条 公務員が職権を濫用し人をして義務なきことを行わせまたは人の権利行

使を妨害したときは、5年以下の懲役、10年以下の資格停止または1千万ウォン以下の罰金に処する。（改正1995.21.29）

（不法逮捕、不法監禁）
第124条① 裁判、検察、警察その他人身拘束に関する職務を行う者またはこれを補助する者が、その職権を濫用し人を逮捕または監禁したときは、7年以下の懲役および10年以下の資格停止に処する。
② 前項の未遂犯は処罰する。

（暴行、苛酷行為）
第125条 裁判、検察、警察その他人身拘束に関する職務を行う者またはこれを補助する者が、その職務を行うにあたり刑事被疑者またはその他、人に対して暴行または苛酷な行為を加えたときは、5年以下の懲役および10年以下の資格停止に処する。

（被疑事実公表）
第126条 検察、警察その他犯罪捜査に関する職務を行う者またはこれを監督しもしくは補助する者が、その職務を行うにあたり知りえた被疑事実を公判請求前に公表したときは、3年以下の懲役または5年以下の資格停止に処する。

（公務上の秘密の漏泄）
第127条 公務員または公務員であった者が法令による職務上の秘密を漏泄したときは、2年以下の懲役もしくは禁錮または5年以下の資格停止に処する。

（選挙妨害）
第128条 検察、警察または軍の職にある公務員が法令による選挙に関して選挙人、立候補者または立候補者になろうとする者に脅迫を加えまたはその他方法で選挙の自由を妨害したときは、10年以下および5年以上の資格停止に処する。

（収賄、事前収賄）
第129条① 公務員または仲裁人が、その職務に関して賄賂を授受、要求または約束したときは、5年以下の懲役または10年以下の資格停止に処する。
② 公務員または仲裁人となろうとする者が、その担当する職務に関して請託を受け賄賂を授受、要求または約束した後、公務員または仲裁人になったときは、3年以下の懲役または7年以下の資格停止に処する。

（第三者供賄）
第130条 公務員または仲裁人が、その職務に関して不正な請託を受け第三者に対して賄賂を供与させまたは供与を要求もしくは約束したときは、5年以下の懲役または10年以下の資格停止に処する。

（加重収賄、事後収賄）
第131条① 公務員または仲裁人が、前2条の罪を犯し不正な行為をしたときは、1年以上の有期懲役に処する。
② 公務員または仲裁人が、その職務上不正な行為をした後賄賂を授受、要求もしくは約束しまたは第三者にこれを供与させまたは供与を要求もしくは約束したときも、前項の刑と同様とする。
③ 公務員または仲裁人であった者が、その在職中に請託を受け職務上不正な行為をした後賄賂を授受、要求または約束し

634　韓国刑法典

たときは、5年以下の懲役または10年以下の資格停止に処する。

④　前3条の場合には10年以下の資格停止を併科することができる。

（斡旋収賄）

第132条　公務員がその地位を利用して他の公務員の職務に属する事情の斡旋に関して賄賂を授受、要求または約束したときは、3年以下の懲役または7年以下の資格停止に処する。

（贈賄）

第133条①　第129条ないし第132条に記載の賄賂を約束、供与、または供与の意思を表示した者は、5年以下の懲役または2千万ウォン以下の罰金に処する。（改正1995. 12. 29）

②　前項の行為を行う目的で、第三者に対して金品を交付しまたはその情を知りつつ交付を受けた者も、前項の刑と同様とする。

（没収、追徴）

第134条　犯人または情を知る第三者が受けた財物または賄賂に供する金品は没収する。これを没収することができないときは、その価額を追徴する。

（公務員の職務上の犯罪に対する刑の加重）

第135条　公務員が職権を利用して本章以外の罪を犯したときは、その罪につき定める刑の2分の1まで加重する。但し、公務員の身分による特別の刑が規定されているときは例外とする。

第8章　公務妨害に関する罪

（公務執行妨害）

第136条①　職務を執行する公務員に対して暴行または脅迫をした者は、5年以下の懲役または1千万ウォン以下の罰金に処する。（改正1995. 12. 29）

②　公務員に対してその職務上の行為を強要または阻止しまたはその職を辞退させる目的で暴行もしくは脅迫をした者も、前項の刑と同様とする。

（偽計による公務執行妨害）

第137条　偽計により公務員の職務執行を妨害した者は、5年以下の懲役または1千万ウォン以下の罰金に処する。（1995. 12. 29）

（法廷または国会会議場侮辱）

第138条　法院の裁判または国会の審議を妨害または威脅する目的で法廷もしくは国会会議場またはその付近で侮辱または騒動を行った者は、3年以下の懲役または700万ウォン以下の罰金に処する。

（人権擁護職務妨害）

第139条　警察の職務を行う者またはこれを補助する者が人権擁護に関する検事の職務執行を妨害しまたはその命令を遵守しないときは、5年以下の懲役または10年以下の資格停止に処する。

（公務上の秘密表示の無効）

第140条①　公務員がその職務に関して実施した封印または押留その他強制処分の表示を損傷もしくは隠匿しまたはその他方法でその効用を害した者は、5年以下

の懲役または700万ウォン以下の罰金に
処する。(改正1995. 12. 29)

② 公務員がその職務に関して封緘その他
秘密装置とした文書または図画を開封し
た者も、第1項と同様の刑とする。(改
正1995. 12. 29)

③ 公務員がその職務に関して封緘その他
秘密装置とした文書、図画、または電磁
記録など加重媒体記録を、技術的手段を
利用してその内容を探り出した者も、第
1項と同様の刑とする。(新設1995. 12.
29)

(不動産強制執行効用侵害)

第140の2 強制執行により明渡または引
渡された不動産に侵入しまたはその他方
法で強制執行の効用を害した者は、5年
以下の懲役または700万ウォン以下の罰
金に処する。

(公用書類などの無効、公用物の破壊)

第141条① 公務所で使用する書類その他
物件または電磁記録など加重媒体記録を
損傷または隠匿しまたはその他方法でそ
の効用を害した者は、7年以下の懲役ま
たは1千万ウォン以下の罰金に処する。

② 公務所で使用する建造物、船舶、汽車
または航空機を破壊した者は、1年以上
10年以下の懲役に処する。

(公務上保管物の無効)

第142条 公務所より保管命令を受けまた
は公務所の命令で他人の管理する自己の
物件を損傷または隠匿するかその他方法
でその効用を害した者は、5年以下の懲
役または700万ウォン以下の罰金に処す
る。(改正1995. 12. 29)

(未遂犯)

第143条 第140条ないし前条の未遂は罰す
る。

(加重公務妨害)

第144条① 団体もしくは多衆の威力を示
しまたは危険な物件を携帯し第136条、
138条と140条ないし前条の罪を犯したと
きは、各条に定める刑の2分の1まで加
重する。

② 第1項の罪を犯し公務員を傷害に致し
たときは、3年以上の有期懲役に処す
る。死に致したときは無期または5年以
上の懲役に処する。(改正1995. 12. 29)

第9章 逃走および犯人蔵匿の罪

(逃走、集合命令違反)

第145条① 法律により逮捕または拘禁さ
れた者が逃走したときは、1年以下の懲
役に処する。

② 前項の拘禁された者が天災事変、その
他法令による暫時解禁された場合に、正
当な理由なくその集合命令に違反したと
きも、前項の刑と同様とする。

(加重逃走)

第146条 収容設備または器具を損壊し、
もしくは人に対して暴行もしくは脅迫を
加え、または二人以上が合同して前条第
1項の罪を犯した者は、7年以下の懲役
に処する。

(逃走援助)

第147条 法律によって拘禁された者を奪
取するか逃走させた者は、10年以下の懲
役に処する。

636　韓国刑法典

（看守者の逃走援助）

第148条　法律により拘禁された者を看守または護送する者がこれを逃走させたときは、1年以上10年以下の懲役に処する。

（未遂犯）

第149条　前4条の未遂は罰する。

（予備、陰謀）

第150条　第147条および148条の罪を犯す目的で予備または陰謀した者は、3年以下の懲役に処する。

（犯人蔵匿と親族間の特例）

第151条①　罰金以上の刑に該当する罪を犯した者を蔵匿しまたは逃避させた者は、3年以上の懲役または500万ウォン以下の罰金に処する。（改正1995.12.29）

②　親族または同居の家族が本人のために前項の罪を犯したときは、処罰しない。（改正2005.3.31）

第10章　偽証および証拠隠滅の罪

（偽証、謀害偽証）

第152条①　法律により宣誓した証人が虚偽の陳述をしたときは、5年以下の懲役または1千万ウォン以下の罰金に処する。（改正1995.12.29）

②　刑事事件または懲戒事件に関して被告人、被疑者または懲戒嫌疑者を謀害する目的で前項の罪を犯したときは、10年以下の懲役に処する。

（自白、自首）

第153条　前条の罪を犯した者が、その供述した事件の裁判または懲戒処分が確定する前に自白または自首した時は、その刑を減軽または免除する。

（虚偽の鑑定、通訳、翻訳）

第154条　法律により宣誓した鑑定人、通訳人または翻訳人が虚偽の鑑定、通訳または翻訳をしたときは、前2条の例による。

（証拠隠滅等および親族間の特例）

第155条①　他人の刑事事件または懲戒事件に関して証拠を隠滅、隠匿、偽造もしくは変造しまたは偽造もしくは変造した証拠を使用した者は、5年以下の懲役または700万ウォン以下の罰金に処する。（改正1995.12.29）

②　他人の刑事事件または懲戒事件に関する証人を隠匿または逃避させた者も、第1項の刑と同様とする。（改正1995.12.29）

③　被告人、被疑者または懲戒嫌疑者を妨害する目的で前2項の罪を犯した者は、10年以下の懲役に処する。

④　親戚または同居の家族が本人のために本条の罪を犯すときは処罰しない。（改正2005.3.31）

第11章　誣告の罪

（誣告）

第156条　他人をして刑事処分または懲戒処分を受けさせる目的で公務所または公務員に対して虚偽の事実を申告した者は、10年以下の懲戒または1500万ウォン以下の罰金に処する。（改正1995.12.29）

（自白、自首）

第157条　第153条は前条に準用する。

第12章　信仰に関する罪

(葬礼式などの妨害)
第158条　葬礼式、祭祀、礼拝または説教を妨害した者は、3年以下の懲役または500万ウォン以下の罰金に処する。(改正1995. 12. 29)

(死体等の汚辱)
第159条　死体、遺骨または遺髪を汚辱した者は、2年以下の懲役または500万ウォン以下の罰金に処する。(改正1995. 12. 29)

(墳墓の発掘)
第160条　墳墓を発掘した者は、5年以下の懲役に処する。

(死体等の領得)
第161条①　死体、遺骨、遺髪または館内に蔵置した物件を損壊、遺棄、隠匿または領得した者は、7年以下の懲役に処する。
②　墳墓を発掘し前項の罪を犯した者は、10年以下の懲役に処する。

(未遂犯)
第162条　前2条の未遂は罰する。

(変死体検視妨害)
第163条　変死者の死体または変死の疑いある死体を隠匿もしくは変更しまたはその他方法で検視を妨害した者は、700万ウォン以下の罰金に処する。(全文改正1995. 12. 29)

第13章　放火および失火の罪

(現住建造物等への放火)
第164条①　火を放ち、人の住居として使用しまたは人が現存する建造物、汽車、電車、自動車、船舶、航空機もしくは炭鉱を焼毀した者は、無期または3年以上の懲役に処する。
②　第1項の罪を犯し、人を傷害に致したときは、無期または5年以上の懲役に処する。死亡に致したときは、死刑、無期または7年以上の懲役に処する。(全文改正1995. 12. 29)

(公用建造物などへの放火)
第165条　火を放ち、公用または公益に供する建造物、汽車、電車、自動車、船舶、航空機もしくは炭鉱を焼毀した者は、無期または3年以上の懲役に処する。

(一般建造物などへの放火)
第166条①　火を放ち、前2条に記載した以外の建造物、汽車、電車、自動車、船舶、航空機もしくは炭鉱を焼毀した者は、2年以上の有期懲役に処する。
②　自己所有に属する第1項の物件を焼毀して公共の危険を発生させた者は、7年以下の懲役または1千万ウォン以下の罰金に処する(改正1995. 12. 29)

(一般物件への放火)
第167条①　火を放ち、前3条に記載した以外の物件を焼毀して公共の危険を発生させた者は、1年以上10年以下の懲役に処する。
②　第1項の物件が自己の所有に属するときは、3年以下の懲役または700万ウォ

638　韓国刑法典

ン以下の罰金に処する。（改正1995.12.29）

（延焼）
第168条①　第166条第2項または前条第2項の罪を犯し、第164条、第165条または第166第1項に記載した物件に延焼したときは、1年以上10年以下の懲役に処する。

（鎮火妨害）
第169条　火災に際して、鎮火用の施設もしくは物件を隠匿または損壊しまたはその他方法で鎮火を妨害した者は、10年以下の懲役に処する。

（失火）
第170条①　過失によって、第164条または第165条に記載した物件または他人の所有に属する第166条に記載した物件を焼毀した者は、1千500万ウォン以下の罰金に処する。（改正1995.12.29）
②　過失によって、自己の所有に属する第166条または167条に記載した物件を焼毀し公共の危険を発生させた者も、前項の刑と同様とする。

（業務上失火、重失火）
第171条　業務上失火または重大な過失によって第170条の罪を犯した者は、3年以下の禁錮または2千万ウォン以下の罰金に処する（改正1995.12.29）

（爆発性物件破裂）
第172条①　ボイラー、高圧ガス、その他揮発性のある物件を破裂させ人の生命、身体または財産に対して危険を発生させた者は、1年以上の有期懲役に処する。
②　第1項の罪を犯し人を傷害に致したときは、無期または3年以上の懲役に処する。死に致したときは、無期または5年以上の懲役に処する。（全文改正1995.12.29）

（ガス、電気などの放流）
第172条の2①　ガス、電気、上記または放射線若しくは放射性物質を放出、流出または散布させ、人の生命、身体または財産に対して危険を発生させた者は、1年以上10年以下の懲役に処する。
②　第1項の罪を犯し、人を傷害に致したときは、無期または3年以上の懲役に処する。死に致したときは、無期または5年以上の懲役に処する。（本条新設1995.12.29）

（ガス・電気等供給妨害）
第173条①　ガス、電気もしくは蒸気の工作物を損壊または除去しもしくはその他の方法でガス、電気もしくは蒸気の供給または使用を妨害し、公共の危険を発生させた者は、1年以上10年以下の懲役に処する。（改正1995.12.29）
②　公共用のガス、電気もしくは蒸気の工作物を損壊または除去しもしくはその他方法で、ガス、電気もしくは蒸気の供給または使用を妨害した者も、前項の刑と同様とする。（改正1995.12.29）
③　第1項または第2項の罪を犯し、人を傷害に致したときは、2年以上の有期懲役に処する。死に致したときは、無期または3年以上の懲役に処する。（改正1995.12.29）

韓国刑法典　639

（過失爆発性物件破裂等）

第173条の2①　過失で第172条1項、第172条の2第1項、第173条第1項および第2項の罪を犯した者は、5年以下の禁錮または1千500万ウォン以下の罰金に処する。

②　業務上過失または重大な過失で第1項の罪を犯した者は、7年以下の禁錮または2千万ウォン以下の罰金に処する。（本条新設1995.12.29）

（未遂犯）

第174条　第164条第1項、第165条、第166条第1項、第172条第1項、第172条の2第1項、第173条第1項および第2項の未遂は罰する。（全文改正1995.12.29）

（予備、陰謀）

第175条　第164条第1項、第165条、第166条第1項、第172条第1項、第172条の2第1項、第173条第1項および第2項の罪を犯す目的で、予備または陰謀をした者は、5年以下の懲役に処する。但し、その目的とする罪の実行に至る前に自首したときは、刑の減軽または免除する。

（他人の権利対象となった自己の物件）

第176条　自己の所有に属する物件といえども、押留その他強制処分を受けまたは他人の権利もしくは保険の目的物になったときは、本章の規定の適用において他人の物件とみなす。

第14章　溢水および水利に関する罪

（現住建造物などへの溢水）

第177条①　水を溢れさせて人の住居に使用しまたは人が現存する建造物、汽車、

電車、自動車、船舶、航空機もしくは炭鉱を浸害した者は、無期または3年以上の懲役に処する。

②　第1項の罪を犯し、人を傷害に致したときは、無期または5年以上の懲役に処する。死に致したときは、無期または7年以上の懲役に処する。（全文改正1995.12.29）

（公用建造物等への溢水）

第178条　水を溢れさせて、公用または公益に供する建造物、汽車、電車、自動車、船舶、航空機もしくは炭鉱を浸害した者は、無期または2年以上の懲役に処する。

（一般建造物等への溢水）

第179条①　水を溢れさせて、前2条の記載した以外の建造物、汽車、電車、自動車、船舶、航空機もしくは炭鉱その他、人の財産を浸害した者は、1年以上10年以下の懲役に処する。

②　自己の所有に属する前項の物件を浸害して公共の危険を発生させたときは、3年以下の懲役または700万ウォン以下の罰金に処する。（改正1995.12.29）

③　第176条の規定は本条の場合に準用する。

（水防妨害）

第180条　水害に際して水防用の施設または物件を損壊または隠匿しまたはその他方法で水防を妨害した者は、10年以下の懲役に処する。

（過失溢水）

第181条　過失によって第177条または178

条に記載した物件を浸害した者、または第179条に記載した物件を浸害して公共の危険を発生させた者は、1千万ウォン以下の罰金に処する。（改正1995.12.29）

（未遂犯）
第182条　第177条ないし第179条第1項の未遂は罰する。

（予備、陰謀）
第183条　第177条ないし179条第1項の罪を犯す目的で、予備または陰謀をした者は、3年以下の懲役に処する。

（水利妨害）
第184条　堤防を決潰するか水門を破壊するかその他方法で水利を妨害した者は、5年以下の懲役または700万ウォン以下の罰金に処する。（改正1995.12.29）

第15章　交通妨害の罪

（一般交通妨害）
第185条　陸路、水路または橋梁を損壊または不通にさせ、もしくはその他方法で交通を妨害した者は、10年以下の懲役または1500万ウォン以下の罰金に処する。（改正1995.12.29）

（汽車、船舶などの交通妨害）
第186条　軌道、灯台または標識を損壊しもしくはその他方法で汽車、電車、自動車、船舶または航空機の交通を妨害した者は、1年以上の有期懲役に処する。

（汽車等の転覆等）
第187条　人の現存する汽車、電車、自動車、船舶または航空機を転覆、埋没、墜落、もしくは破壊した者は、無期または3年以上の懲役に処する。

（交通妨害致死傷）
第188条　第185条ないし第187条の罪を犯し、人を傷害したときは、無期または3年以上の懲役に処する。死に致したときは、無期または5年以上の懲役に処する。（全文改正1995.12.29）

（過失、業務上過失、重過失）
第189条①　過失によって第185条ないし第187条の罪を犯した者は、1千万ウォン以下の罰金に処する。
②　業務上過失または重大な過失によって185条ないし第187条の罪を犯した者は、3年以下の禁錮または2千万ウォン以下の罰金に処する。（改正1995.12.29）

（未遂犯）
第190条　第185条ないし第187条の未遂は罰する。

（予備、陰謀）
第191条　第186条または第187条の罪を犯す目的で、予備または陰謀をした者は、3年以下の懲役に処する。

第16章　飲用水に関する罪

（飲用水の使用妨害）
第192条①　日常の飲用に供する浄水に汚物を混入し飲用できなくした者は、1年以下の懲役または500万ウォン以下の罰金に処する。（改正1995.12.29）
②　前項の飲用水に毒物その他健康を害する物件を混入した者は、10年以下の懲役に処する。

（水道飲用水の使用妨害）

第193条① 水道により公衆の飲用に供する浄水又は水源に汚物を混入し飲用できなくした者は、1年以上10年以下の懲役に処する。

② 前項の飲用水または水源に毒物その他健康を害する物件を混入した者は、2年以上の有期懲役に処する。

（飲用水毒物等混入致死傷）

第194条 第192条第2項または第193条第2項の罪を犯して人を傷害に致したときは、無期または3年以上の懲役に処する。死に致したときは、無期または5年以上の懲役に処する。（全文改正1995. 12. 29）

（水道不通）

第195条 公衆の飲用水を供給する水道その他施設を損壊その他方法で不通にさせた者は、1年以上10年以下の懲役に処する。

（未遂犯）

第196条 第192条第2項、第193条第2項および前条の未遂は罰する。

（予備、陰謀）

第197条 第192条第2項、第193条第2項または第195条の罪を犯す目的で、予備または陰謀をした者は、2年以下の懲役に処する。

第17章 阿片に関する罪

（阿片等の製造等）

第198条 阿片、モルヒネまたはその化合物を製造、輸入、または販売し、もしく

は販売する目的で所持した者は、10年以下の懲役に処する。

（阿片吸食器の製造等）

第199条 阿片を吸食する器具を製造、輸入または販売し、もしくは販売する目的で所持した者は、5年以下の懲役に処する。

（税関公務員の阿片などの輸入）

第200条 税関の公務員が阿片、モルヒネ、もしくはその化合物または阿片吸食器具を輸入し、またはその輸入を許容したときは、1年以上の有期懲役に処する。

（阿片吸食等、同場所提供）

第201条① 阿片を吸食したかモルヒネを注射した者は、5年以下の懲役に処する。

② 阿片吸食またはモルヒネ注射の場所を提供して利益を得た者も、前項の刑と同様とする。

（未遂犯）

第202条 前4条の未遂は罰する。

（常習犯）

第203条 常習で前5条の罪を犯したときは、各条に定める刑の2分の1まで加重する。

（資格停止または罰金の併科）

第204条 第198条ないし第203条の場合には、10年以下の資格停止または2千万ウォン以下の罰金を併科することができる。（改正1995. 12. 29）

642　韓国刑法典

（阿片等の所持）

第205条　阿片、モルヒネもしくはその化
　　合物または阿片吸食器具を所持した者
　　は、1年以下の懲役または500万ウォン
　　以下の罰金に処する。（改正1995. 12. 29）

（没収、追徴）

第206条　本章の罪につき、提供した阿片、
　　モルヒネ、その化合物または吸食器具は
　　没収する。これを没収できないときは、
　　その価額を追徴する。

第18章　通貨に関する罪

（通貨の偽造等）

第207条①　行使する目的で、通用する大
　　韓民国の貨幣、紙幣または銀行券を偽造
　　または変造した者は、無期または2年以
　　上の懲役に処する。

②　行使する目的で、内国に流通する外国
　　の貨幣、紙幣または銀行券を偽造または
　　変造した者は、1年以上の有期懲役に処
　　する。

③　行使する目的で、外国に通用する外国
　　の貨幣、紙幣または銀行券を偽造または
　　変造した者は、10年以下の懲役に処す
　　る。

④　偽造または変造された前3項記載の通
　　貨を行使し、または行使する目的で輸入
　　もしくは輸出した者は、その偽造または
　　変造の各罪に定める刑に処する。

（偽造通貨の収得）

第208条　行使する目的で、偽造または変
　　造した第207条記載の通貨を取得した者
　　は、5年以下の懲役または1500万ウォン
　　以下の罰金に処する。（改正1995. 12. 29）

（資格停止または罰金の併科）

第209条　第207条または第208条の罪を犯
　　し有期懲役に処す場合は、10年以下の資
　　格停止または2千万ウォン以下の罰金を
　　併科できる（改正1995. 12. 29）

（偽造通貨収得後の知情行使）

第210条　第207条記載の通貨を取得した
　　後、その情を知り行使した者は、2年以
　　下の懲役または500万ウォン以下の罰金
　　に処する。（改正1995. 12. 29）

（通貨類似物の製造等）

第211条①　販売する目的で、内国または
　　外国で通用しもしくは流通する貨幣、紙
　　幣、もしくは銀行券に類似した物件を製
　　造、輸入または輸出した者は、3年以下
　　の懲役または700万ウォン以下の罰金に
　　処する。（改正1995. 12. 29）

②　前項の物件を販売した者も、前項の刑
　　と同様とする。

（未遂犯）

第212条　第207条、第208条および前条の
　　未遂は罰する。

（予備、陰謀）

第213条　第207条第1項ないし第3項の罪
　　を犯す目的で、予備または陰謀をした者
　　は、5年以下の懲役に処する。但し、そ
　　の目的とする罪の実行に至る前に自首し
　　たときは、その刑を減軽または免除す
　　る。

第19章　有価証券、郵票および印紙に
　　　　　　関する罪

（有価証券の偽造等）

第214条① 行使する目的で、大韓民国または外国の有価証書その他有価証券を偽造または変造した者は、10年以下の懲役に処する。

② 行使する目的で、有価証券の権利義務に関する記載を偽造または変造した者も、前項の刑と同様とする。

（資格冒用による有価証券の作成）

第215条 行使する目的で、他人の資格を冒用し有価証券を作成しまたは有価証券の権利もしくは義務に関する事項を記載した者は、10年以下の懲役に処する。

（虚偽有価証券の作成等）

第216条 行使する目的で、虚偽の有価証券を作成しまたは有価証券に虚偽事項を記載した者は、7年以下の懲役にまたは3千万ウォン以下の罰金に処する。（改正1995.12.29）

（偽造有価証券等の行使等）

第217条 偽造、変造、作成または虚偽記載された前3条記載の有価証券を行使し、または行使する目的で輸入または輸出した者は、10年以下の懲役に処する。

（印紙・郵票の偽造等）

第218条① 行使する目的で、大韓民国または外国の印紙、郵票、その他郵便料金を表示する証票を偽造または変造した者は、10年以下の懲役に処する。（改正1995.12.29）

② 偽造または変造された大韓民国もしくは外国の印紙、郵票その他郵便料金を表示する証票を行使し、または行使する目的で輸入または輸出した者も、前項の刑と同様とする。（改正1995.12.29）

（偽造印紙・郵票等の取得）

第219条 行使する目的で、偽造または変造された大韓民国もしくは外国の印紙、郵票、その他郵便料金を表示する証票を取得した者は、3年以下の懲役または1千万ウォン以下の罰金に処する。（改正1995.12.29）

（資格停止または罰金の併科）

第220条 第214条ないし第219条の罪を犯し懲役に処す場合には、10年以下の資格停止または2千万ウォン以下の罰金を併科できる。（全文改正1995.12.29）

（消印抹消）

第221条 行使する目的で、大韓民国または外国の印紙、郵票、その他郵便料金を表示する証票の消印その他使用の標識を抹消した者は、1年以下の懲役または300万ウォン以下の罰金に処する。（全文改正1995.12.29）

（印紙・郵表類似物の製造等）

第222条① 販売する目的で、大韓民国または外国の公債証書、印紙、郵票その他郵便料金を表示する証票もしくは類似する物件を製造、輸入または輸出した者は、2年以下の懲役または500万ウォン以下の罰金に処する。（改正1995.12.29）

② 前項の物件を販売する者も、前項の刑と同様とする。

（未遂犯）

第223条 第214条ないし第219条と前条の未遂は罰する。

（予備、陰謀）

第224条　第214条、第215条および第218条第1項の罪を犯す目的で、予備または陰謀をした者は、2年以下の懲役に処する。

第20章　文書に関する罪

（公文書等の偽造・変造）

第225条　行使する目的で、公務員または公務所の文書もしくは図画を偽造または変造した者は、10年以下の懲役に処する。

（資格冒用による公文書等の作成）

第226条　行使する目的で、公務員または公務所の資格を冒用して文書または図書を作成した者は、10年以下の懲役に処する。（改正1995.12.29）

（虚偽公文書作成等）

第227条　公務員が行使する目的で、その職務に関して文書または図画を虚偽で作成しもしくは改変したときは、7年以下の懲役にまたは2千万ウォン以下の罰金に処する。（1995.12.29）

（公電磁記録偽作・変策）

第227条の2　事務処理を誤らせる目的で、公務員もしくは公務所の電磁記録など加重媒体記録を偽作または変策した者は、10年以下の懲役に処する。（本条新設1995.12.29）

（公正証書原本等の不実記載）

第228条①　公務員に対して虚偽申告をし、公正証書原本またはこれと同一の電磁記録など加重媒体記録に不実の事実を記載または記録させた者は、5年以下の懲役にまたは1千万ウォン以下の罰金に処する。（改正1995.12.29）

②　公務員に対して虚偽申告をし、免許証、許可証、登録証または旅券に不実の事実を記載させた者は、3年以下の懲役または700万ウォン以下の罰金に処する。（改正19995.12.29）

（偽造等公文書の行使）

第229条　第225条乃至第228条の罪のため作成された文書、図画、電磁記録など加重媒体記録、公正証書原本、免許証、許可証、登録証または旅券を行使した者は、その各罪に定める刑に処する。（全文改正1995.12.29）

（公文書等の不正行使）

第230条　公務員または公務所の文書もしくは図画を不正行使した者は、2年以下の懲役もしくは禁錮または500万ウォン以下の罰金に処する。（改正1995.12.29）

（私文書等の偽造・変造）

第231条　行使する目的で、権利・義務または事実証明に関する他人の文書もしくは図画を偽造または変造した者は、5年以下の懲役または1千万ウォン以下の罰金に処する。（改正1995.12.29）

（資格冒用による私文書の作成）

第232条　行使する目的で、他人の資格を冒用し権利・義務または事実証明に関する文書もしくは図画を作成した者は、5年以下の懲役または1千万ウォン以下の罰金に処する。

（私電磁記録偽作・変作）

第232条の2　事務処理を誤らせる目的で、権利・義務または事実証明に関する他人の電磁記録など加重媒体記録を偽作または変作した者は、5年以下の懲役または1千万ウォン以下の罰金に処する。（本条新設1995.12.29）

（虚偽診断書等の作成）

第233条　医師、韓医師、歯科医師または助産師が診断書、検案書もしくは生死に関する虚偽の証明書を作成したときは、3年以下の懲役もしくは禁錮または7年以下の資格停止または3千万ウォン以下の罰金に処する。（全文改正1995.12.29）

（偽造私文書等の行使）

第234条　第231条ないし233条の罪によって作成された文書、図画または電磁記録など加重媒体記録を行使した者は、各罪に定める刑に処する。（全文改正1995.12.29）

（未遂犯）

第235条　第225条ないし第234条の未遂は罰する。（改正1995.12.29）

（私文書の不正行使）

第236条　権利・義務または事実証明に関する他人の文書もしくは図画を不正行使した者は、1年以下の懲役もしくは禁錮または300万ウォン以下の罰金に処する。（改正1995.12.29）

（資格停止の併科）

第237条　第225条ないし第227条の2およびその行使罪を犯し懲役に処する場合は、10年以下の資格停止を併科できる。（改正1995.12.29）

（複写文書等）

第237条の2　本章の罪において電子複写機、模写電送機、その他これと類似する機器を用いて複写した文書（の写本）または図画の写本もまた、文書または図画とみなす。（本条新設1995.12.29）

第21章　印章に関する罪

（公印等の偽造、不正使用）

第238条①行使する目的で、公務員または公務所の印章、署名、記名もしくは記号を偽造または不正使用した者は、5年以下の懲役に処する。

②偽造または不正使用した公務員もしくは公務所の印章、署名、記名もしくは記号を行使した者も、前項の刑と同様とする。

③前2項の場合には、7年以下の資格停止を併科できる。

（私印等の偽造、不正使用）

第239条①　行使する目的で、他人の印章、署名、記名または記号を偽造または不正使用した者は、3年以下の懲役に処する。

②　偽造または不正試使用した他人の印章、署名、記名もしくは記号を行使したときも、前項の刑と同様とする。

（未遂犯）

第240条　本章の未遂は罰する。

646　韓国刑法典

第22章　性風俗に関する罪
（改正1995.12.29）

（姦通）

第241条　削除（2016.1.6）

〔2016.1.6法律第13719号によって2015.2.26憲法裁判所で違憲決定された本条を削除〕

（淫行媒介）

第242条　営利の目的で、人を媒介して姦淫させた者は、3年以下の懲役または1500万ウォン以下の罰金に処する。（改正1995.12.29.，2012.12.18）

（淫画頒布等）

第243条　淫乱な文書、図画、フィルムその他物件を頒布、販売または賃貸し、または公然と展示もしくは上映した者は、1年以下の懲役または500万ウォン以下の罰金に処する。（全文改正1995.12.29）

（淫画製造等）

第244条　第243条の行為に供する目的で、淫乱な物件を製造、所持、輸入または輸出した者は、1年以下の懲役または500万ウォン以下の罰金に処する。（改正1995.12.29）

（公然淫乱）

第245条　公然と淫乱な行為をした者は、1年以下の懲役、500万ウォン以下の罰金または拘留もしくは科料に処する。（改正1995.12.29）

第23章　賭博および富くじに関する罪
（改正2013.4.5）

（賭博、常習賭博）

第246条①　賭博をした者は、1千万ウォン以下の罰金に処する。但し、一時の娯楽程度に過ぎなかったときは例外とする。

②　常習で第1項の罪を犯した者は、3年以下の懲役または2千万ウォン以下の罰金に処する。（全文改正2013.4.5）

（賭博場所等開設）

第247条　営利の目的で、賭博をする場所や空間を開設した者は、5年以下の懲役または3千万ウォン以下の罰金に処する。（全文改正2013.4.5）

（富くじの販売等）

第248条①　法律によらない富くじを販売した者は、5年以下の懲役または3千万ウォン以下の罰金に処する。

②　第1項の富くじ販売を仲介した者は、3年以下の懲役または2千万ウォン以下の罰金に処する。

③　第1項の富くじを取得した者は、1千万以下の罰金に処する。（全文改正20103.4.5）

（罰金の併科）

第249条　第246条第2項、第247条および第248条第1項の罪に対しては、1千万ウォン以下の罰金を併科することができる。（全文改正2013.4.5）

第24章　殺人の罪

（殺人、尊属殺人）

第250条① 人を殺害した者は、死刑または無期もしくは5年以上の懲役に処する。

② 自己または配偶者の直系尊属を殺害した者は、死刑または無期もしくは7年以上の懲役に処する。（改正1995.12.29）

（嬰児殺）
第251条 直系尊属が恥辱を隠ぺいするため、または養育することができないことを予想し、もしくは特に参酌にたりる動機によって分娩中または分娩直後の嬰児を殺害したときは、10年以下の懲役に処する。

（嘱託、承諾による殺人等）
第252条① 人の嘱託を受け、または承諾を得てその人を殺害した者は、1年以上10年以下の懲役に処する。

② 人を教唆または幇助して自殺させた者も、前項の刑と同様とする。

（偽計等による嘱託殺人等）
第253条 前条の場合に、偽計または威力で嘱託もしくは承諾させまたは自殺を決意させた者は、第250条の例による。

（未遂犯）
第254条 前4条の未遂は罰する。

（予備、陰謀）
第255条 第250条および第253条の罪を犯す目的で、予備または陰謀をした者は、10年以下の懲役に処する。

（資格停止の併科）
第256条 第250条、第252条または第253条の場合に有期懲役に処すときは、10年以下の資格停止を併科できる。

第25章　傷害および暴行の罪

（傷害、尊属傷害）
第257条① 人の身体を傷害した者は、7年以下の懲役または10年以下の資格停止もしくは1千万ウォン以下の罰金に処する。（改正1995.12.29）

（重傷害、尊属重傷害）
第258条① 人の身体を傷害し生命に対する危険を発生させた者は、1年以上10年以下の懲役に処する。

② 身体の傷害によって不具または不治もしくは難治の疾病に致した者も、前項の刑と同様とする。

③ 自己または配偶者の直系尊属に対して前2項の罪を犯したときは、2年以上15年以下の懲役に処する。（改正2016.1.6）

（加重傷害）
第258条の2① 団体もしくは多衆の威力を示しまたは危険な物件を携帯して第257条第1項または第2項の罪を犯したときは、1年以上10年以下の懲役に処する。

② 団体もしくは多衆の威力を示しまたは危険な物件を携帯して第258条の罪を犯したときは、2年以上20年以下の懲役に処する。

③ 第1項の未遂は罰する。（本条新設2016.1.6）

（傷害致死）
第259条① 人の身体を傷害して死に致した者は、3年以上の有期懲役に処する。

648　韓国刑法典

（改正1995. 12. 29）

② 自己または配偶者の直系尊属に対して前項の罪を犯したときは、無期または5年以上の懲役に処する。

（暴行、尊属暴行）

第260条① 人の身体に対して暴行を加えた者は、2年以下の懲役または500万ウォン以下の罰金、拘留もしくは科料に処する。（改正1995. 12. 29）

② 自己または配偶者の直系尊属に対して第1項の罪を犯したときは、5年以下の懲役または700万ウォン以下の罰金に処する。（改正1995. 12. 29）

③ 第1項及び第2項の罪は、被害者の明示する意思に反して公訴を提起することができない。（1995. 12. 29）

（加重暴行）

第261条 団体または多衆の威力を示しもしくは危険な物件を携帯して第260条第1項または第2項の罪を犯したときは、5年以下の懲役または1千万ウォン以下の罰金に処する。（改正1995. 12. 29）

（暴行致死傷）

第262条 前2条の罪を犯して人を死傷に致したときは、第257条ないし第259条の例による。

（同時傷害）

第263条 独立行為が競合して傷害の結果を発生させた場合において、原因となった行為が判明しないときは、共同正犯の例による。

（常習犯）

第264条 常習で第257条、第258条、第258条の2、第260条または第261条の罪を犯したときは、その罪につき定める刑の2分の1まで加重する。

（資格停止の併科）

第265条 第257条第2項、第258条、第258条の2、第260条の第2項、第261条または前条の場合には、10年以下の資格停止を併科できる。（改正2016. 1. 6）

第26章　過失致死傷の罪
（改正1995. 12. 29）

（過失致傷）

第266条① 過失によって人の身体を傷害に至らしめた者は、500万ウォン以下の罰金または拘留もしくは科料に処する。（改正1995. 12. 29）

② 第1項の罪は、被害者の明示した意思に反して公訴を提起することができない。（改正1995. 12. 29）

（過失致死）

第267条 過失によって人を死亡させた者は、2年以下の禁錮または700万ウォン以下の罰金に処する。（改正1995. 12. 29）

（業務上過失・重過失致死傷）

第268条 業務上過失または重大な過失によって人を死傷させた者は、5年以下の禁錮または2千万ウォン以下の罰金に処する。（改正1995. 12. 29）

第27章　堕胎の罪

（堕胎）

第269条① 婦女が薬物その他方法で堕胎したときは、1年以下の懲役または200

万ウォン以下の罰金に処する。（改正
1995.12.29）

② 婦女の嘱託を受けまたは承諾を得て堕
胎させた者も、第1項の刑と同様とす
る。（改正1995.12.29）

③ 第2項の罪を犯し婦女を傷害に致した
ときは、3年以下の懲役に処する。死に
致したときは7年以下の懲役に処する。
（改正1995.12.29）

（医師等の堕胎、不同意堕胎）

第270条① 医師、韓医師、助産師、薬剤
師、または薬種商が婦女の嘱託を受けま
たは承諾を得て堕胎させたときは、2年
以下の懲役に処する。（改正1995.12.29）

② 婦女の嘱託または承諾なしに堕胎させ
た者は、3年以下の懲役に処する。

③ 第1項または第2項の罪を犯し婦女を
傷害に致したときは、5年以下の懲役に
処する。死に致したときは、10年以下の
懲役に処する。（改正1995.12.29）

④ 前3項の場合には、7年以下の資格停
止を併科する。

第28章 遺棄および虐待に関する罪
（改正1995.12.29）

（遺棄、尊属遺棄）

第271条① 老幼、疾病、その他事情によっ
て扶助を要する者を保護する法律上また
は契約上の義務がある者が遺棄したとき
は、3年以下の懲役または500万ウォン
以下の罰金に処する。（改正1995.12.29）

② 自己または配偶者の直系尊属に対して
第1項の罪を犯したときは、10年以下の
懲役または1500万ウォン以下の罰金に処
する。（改正1995.12.29）

③ 第1項の罪を犯し人の生命に対する危

険を発生させたときは、7年以下の懲役
に処する。

④ 第2項の罪を犯し人の生命に対して危
険が発生したときは、2年以上の有期懲
役に処する。

（嬰児遺棄）

第272条 直系尊属が恥辱を隠蔽するため、
または養育できないことを予想し、もし
くは特に参酌にたりる動機によって嬰児
を遺棄したときは、2年以下の懲役また
は300万ウォン以下の罰金に処する。
（1995.12.29）

（虐待、尊属虐待）

第273条① 自己の保護または監督を受け
る者を虐待した者は、2年以下の懲役ま
たは500万ウォン以下の罰金に処する。
（改正1995.12.29）

② 自己または配偶者の直系尊属に対して
前項の罪を犯したときは、5年以下の懲
役または700万ウォン以下の罰金に処す
る。（1995.12.29）

（児童酷使）

第274条 自己の保護または監督を受ける
16歳未満の者を、その生命または身体に
危険な業務に使用する営業者またはその
従業者に引き渡した者は、5年以下の懲
役に処する。その引き渡しを受けた者
も、同様とする。

（遺棄等致死傷）

第275条① 第271条ないし第273条の罪を
犯して人を傷害に致したときは、7年以
下の懲役に処する。死に致したときは、
3年以上の有期懲役に処する。

650　韓国刑法典

② 自己または配偶者の直系尊属に対して第271条または第273条の罪を犯し傷害に致したときは、3年以上の有期懲役に処する。死に致したときは、無期または5年以上の懲役に処する。（全文改正1995. 12. 29）

第29章　逮捕および監禁の罪

（逮捕、監禁、尊属逮捕、尊属監禁）

第276条① 人を逮捕または監禁した者は、5年以下の懲役または700万ウォン以下の罰金に処する。（改正1995. 12. 29）

② 自己または配偶者の直系尊属に対して第1項の罪を犯したときは、10年以下の懲役または1500万ウォン以下の罰金に処する。（改正1995. 12. 29）

（重逮捕、重監禁、尊属重逮捕、尊属重監禁）

第277条① 人を逮捕または監禁して苛酷な行為を加えた者は、7年以下の懲役に処する。

② 自己または配偶者の直系尊属に対して前項の罪を犯したときは、2年以下の有期懲役に処する。

（加重逮捕、加重監禁）

第278条　団体または多衆の威力を示しまたは危険な物件を携帯して前2条の罪を犯したときは、各罪に定めた刑の2分の1まで加重する。

（常習犯）

第279条　常習で第276条または第277条の罪を犯したときは、前条の例による。

（未遂犯）

第280条　前4条の未遂は罰する。

（逮捕・監禁等の致死傷）

第281条① 第276条ないし第280条の罪を犯した人を傷害に致したときは、1年以上の有期懲役に処する。死に致したときは、3年以上の有期懲役に処する。

② 自己または配偶者の直系尊属に対して第276条ないし第280条の罪を犯して傷害に致したときは、2年以上の有期懲役に処する。死に致したときは、無期または5年以上の懲役に処する。（全文改正1995. 12. 29）

（資格停止の併科）

第282条　本章の罪には、10年以下の資格停止を併科できる。

第30章　脅迫の罪

（脅迫、尊属脅迫）

第283条① 人を脅迫した者は、3年以下の懲役、500万ウォン以下の罰金、拘留または科料に処する。（改正1995. 12. 29）

② 自己または配偶者の直系尊属に対して第1項の罪を犯したときは、5年以下の懲役または700万ウォン以下の罰金に処する。（改正1995. 12. 29）

③ 第1項及び第2項の罪は、明示の意思に反して公訴を提起することができない。（改正1995. 12. 29）

（加重脅迫）

第284条　団体または多衆の威力を示しまたは危険な物件を携帯して前条第1項、第2項の罪を犯したときは、7年以下の懲役または1千万ウォン以下の罰金に処する。（改正1995. 12. 29）

（常習犯）

第285条 常習で第283条第１項、第２項または前条の罪を犯したときは、各罪に定める刑の２分の１まで加重する。

（未遂犯）
第286条 前３条の未遂は罰する。

第31章 略取、誘拐および人身売買の罪
（改正2013.4.5）

（未成年者の略取、誘拐）
第287条 未成年者を略取または誘拐した者は、10年以下の懲役に処する。（全文改正2013.4.5）

（わいせつ等目的略取、誘拐等）
第288条① わいせつ、姦淫、結婚または営利の目的で人を略取または誘拐した者は、１年以上10年以下の懲役に処する。
② 労働力搾取、性売買および性的搾取、臓器摘出の目的で、人を略取または誘拐した者は、２年以上15年以下の懲役に処する。
③ 国外に移送する目的で、人を略取もしくは誘拐しまたは略取もしくは誘拐された者を国外に移送した者も、第２項と同一の刑で処罰する。（全文改正2013.4.5）

（人身売買）
第289条① 人を売買した者は、７年以下の懲役に処する。
② わいせつ、姦淫、結婚または営利の目的で人を売買した者は、１年以上10年以下の懲役に処する。
③ 労働力搾取、性売買および性的搾取、臓器摘出を目的として人を売買した者は、２年以上15年以下の懲役に処する。
④ 国外に移送する目的で、人を売買しま

たは売買された者を国外に移送した者も、第３項と同一の刑で処罰する。（全文改正2013.4.5）

（略取、誘拐、売買、移送等傷害・致傷）
第290条① 第287条から第289条までの罪を犯し、略取、誘拐、売買または移送された者を傷害したときは、３年以上25年以下の懲役に処する。
② 第287条から第289までの罪を犯し略取、誘拐、売買または移送された者を傷害に致したときは、２年以上20年以下の懲役に処する。（全文改正2013.4.5）

（略取、誘拐、売買、移送等殺人・致死）
第291条① 第287条から第289条までの罪を犯し、略取、誘拐、売買または移送された者を殺害したときは、死刑、無期または７年以上の懲役に処する。
② 第287条から第289までの罪を犯し略取、誘拐、売買または移送された者を死に致したときは、無期または５年以上の懲役に処する。（全文改正2013.4.5）

（略取、誘引、売買、移送された者の収受、隠匿）
第292条① 第287条から第289条までの罪で略取、誘拐、売買または移送された者を収受または隠匿した者は、７年以下の懲役に処する。
② 第287条から第289条までの罪を犯す目的で人を募集、運送、伝達した者も、第１項と同一の刑で処罰する。（全文改正2013.4.5）

第293条 削除（2013.4.5）

652   韓国刑法典

（未遂犯）
第294条　第287条から第289条まで、第290
　条第1項、第291条第1項及び第292条第
　1項の未遂は罰する。（全文改正2013.4.
　5）

（罰金の併科）
第295条　第288条から第291条まで、第292
　条第1項の罪およびその未遂犯に対して
　は、5千万ウォン以下の罰金を併科でき
　る。（全文改正2013.4.5）

（刑の減軽）
第295条の2　第287条から第290条まで、
　第292条及び第294条の罪を犯した者が略
　取、誘拐、売買または移送された者を安
　全な場所で解放したときは、その刑を減
　軽することができる。（全文改正2013.4.
　5）

（予備、陰謀）
第296条　第287条から第289条まで、第290
　条第1項、第291条第1項および第292条
　第1項の罪を犯す目的で、予備または陰
　謀をした者は、3年以下の懲役に処す
　る。（全文改正2013.4.5）

（世界主義）
第296条の2　第287条から第292条までお
　よび第294条は、大韓民国領域外で罪を
　犯した外国人にも適用する。（本条新設
　2013.4.5）

第32章　強姦およびわいせつの罪
（改正1995.12.29）

（強姦）
第297条　暴行または脅迫によって人を強

姦した者は、3年以上の有期懲役に処す
　る。（改正2012.12.18）

（強姦類似行為）
第297条の2　暴行または脅迫によって、
　人に対して口腔、肛門など身体（性器は
　除く）の内部に性器を挿入し、または性
　器、肛門に指など身体（性器は除外する）
　の一部または道具を挿入する行為をした
　者は、2年以上の有期懲役に処する。
　（本条新設2012.12.18）

（強制わいせつ）
第298条　暴行または脅迫によって人に対
　してわいせつな行為をした者は、10年以
　下の懲役または1500万ウォン以下の罰金
　に処する。（改正1995.12.29）

（準強姦、準強制わいせつ）
第299条　人の心神喪失または抗拒不能の
　状態を利用して姦淫またはわいせつな行
　為をした者は、第297条、第297条の2お
　よび第298条の例による。（改正2012.12.
　18）

（未遂犯）
第300条　第297条、第297条の2、第298条
　および第299条の未遂は罰する。（改正
　2012.12.18）

（強姦等傷害・致傷）
第301条　第297条、第297条の2および第
　298条から第300条までの罪を犯した者が
　人を傷害しまたは傷害に致したときは、
　無期または5年以上の懲役に処する。
　（改正2012.12.18）（全文改正1995.12.19）

（強姦等殺人・致死）

第301条の2　第297条、第297条の2および第298条から第300条までの罪を犯した者が人を殺害したときは、死刑または無期懲役に処する。死に致したときは、無期または10年以上の懲役に処する。（改正2012. 12. 18）（本条新設1995. 12. 29）

（未成年者等に対する姦淫）

第302条　未成年者または心神微弱者に対して偽計または威力で姦淫またはわいせつな行為をした者は、5年以下の懲役に処する。

（業務上の威力等による姦淫）

第303条①　業務、雇用その他関係によって自己の保護または監督を受ける者に対して偽計または威力によって姦淫した者は、5年以下の懲役または1500万ウォン以下の罰金に処する。（改正1995. 12. 29、2012. 12. 18）

②　法律によって拘禁された者を監護する者が、その者に対して姦淫したときは、7年以下の懲役に処する。（改正2012. 12. 18）

第304条　削除　（2012. 12. 28）

（未成年者に対する姦淫、わいせつな行為）

第305条　13歳未満の者に対して姦淫またはわいせつな行為をした者は、第297条、第297条の2、第298条、第301または第301条の2の例による。（改正1995. 12. 29, 2012. 12. 18）

（常習犯）

第305条の2　常習で第297条、第297条の2、第298条から第300条まで、第302条、第303条または第305条の罪を犯した者は、その罪に定めた刑の2分の一まで加重する。（改正2012. 12. 18）（本条新設2010. 4. 15）

第306条　削除　（2012. 12. 18）

第33章　名誉に関する罪

（名誉毀損）

第307条①　公然と事実を摘示し人の名誉を毀損した者は、2年以下の懲役もしくは禁錮または500万ウォン以下の罰金に処する。（改正1995. 12. 29）

②　公然と虚偽の事実を摘示し人の名誉を毀損した者は、5年以下の懲役、10年以下の資格停止または1千万ウォン以下の罰金に処する。（改正1995. 12. 29）

（死者の名誉毀損）

第308条　公然と虚偽の事実を摘示し死者の名誉を毀損した者は、2年以下の懲役もしくは禁錮または500万ウォン以下の罰金に処する。（1995. 12. 29）

（出版物等による名誉毀損）

第309条①　人を誹謗する目的で、新聞、雑誌またはラジオその他出版物によって第307条第1項の罪を犯した者は、3年以下の懲役もしくは禁錮または700万ウォン以下の罰金に処する。（改正1995. 12. 29）

②　第1項の方法で第307条第2項の罪を犯した者は、7年以下の懲役、10年以下の資格停止または1500万ウォン以下の罰金に処する。（改正1995. 12. 29）

654　韓国刑法典

（違法性の阻却）

第310条　第307条第1項の行為が真実の事実でもっぱら公共の利益に関するときは処罰しない。

（侮辱）

第311条　公然と人を侮辱した者は、1年以下の懲役もしくは禁錮または200万ウォン以下の罰金に処する。（改正1995. 12. 29）

（告訴および被害者の意思）

第312条① 　第308条及び第311条の罪は、告訴がなされて公訴を提起することができる。（改正1995. 12. 29）

②　第307条および第309条の罪は、被害者の明示した意思に反して公訴を提起することができない。（改正1995. 12. 29）

第34章　信用、業務および競売に関する罪

（信用毀損）

第313条　虚偽の事実を流布しまたはその他偽計によって人の信用を毀損した者は、5年以下の懲役または1500万ウォン以下の罰金に処する。（改正1995. 12. 29）

（業務妨害）

第314条① 　第313条の方法または威力によって人の業務を妨害した者は、5年以下の懲役または1500万ウォン以下の罰金に処する。（改正1995. 12. 29）

②　コンピューターなど情報処理装置または電磁記録等加重媒体記録を損壊し、または情報処理装置に虚偽の情報もしくは不正な命令を入力し、またはその他の方法で情報処理に障碍を発生させ人の業務を妨害した者も、第1項の刑と同様とす

る。（1995. 12. 29）

第35章　秘密侵害の罪

（秘密侵害）

第316条① 　封緘その他秘密装置をした人の便紙、文書または図画を開封した者は、3年以下の懲役もしくは禁錮または500万ウォン以下の罰金に処する。（改正1995. 12. 29）

②　封緘、その他秘密装置をした人の便紙、文書、図画、または電磁記録等加重媒体記録を、技術的手段を利用してその内容を探り出した者も、第1項の刑と同様とする。

（業務上秘密漏泄）

第317条① 　医師、韓医師、歯科医師、薬剤師、薬種商、助産師、弁護士、弁理士、公認会計士、公証人、代書業者およびその職務上の補助者またはこれらの職にあった者が、その職務処理中に知りえた他人の秘密を漏泄したときは、3年以下の懲役もしくは禁錮、10年以下の資格停止または700万ウォン以下の罰金に処する。（改正1995. 12. 29, 1997. 12. 13）

②　宗教の職にある者またはあった者が、その職務上知りえた人の秘密を漏泄したときも、前項の刑と同様とする。

（告訴）

第318条　本章の罪は、告訴がなされて公訴を提起することができる。（改正1995. 12. 29）

第36章　住居侵入の罪

（住居侵入、不退去）

第319条① 　人の住居、管理する建造物、船

舶もしくは航空機または占有する房室に侵入した者は、3年以下の懲役または500万ウォン以下の罰金に処する。（改正1995.12.29）

② 前項の場所で退去要求を受け応じない者も、前項の刑と同様とする。

（加重住居侵入）

第320条 団体または多衆の威力を示しまたは危険な物件を携帯して前条の罪を犯したときは、5年以下の懲役に処する。

（住居・身体捜索）

第321条 人の身体、住居、管理する建造物、自動車、船舶もしくは航空機または占有する房室を捜索した者は、3年以下の懲役に処する。（1995.12.29）

（未遂犯）

第322条 本章の未遂は罰する。

第37章 権利行使を妨害する罪

（権利行使妨害）

第323条 他人の占有または権利の目的となった自己の物件または電磁記録など加重媒体記録を除去、隠匿または損壊し他人の権利行使を妨害した者は、5年以下の懲役または700万ウォン以下の罰金に処する。（改正1995.12.29）

（強要）

第324条① 暴行または脅迫によって人の権利行使を妨害しまたは義務のないことを行わせた者は、5年以下の懲役または3千万ウォン以下の罰金に処する。（改正1995.12.29，2016.1.6）

② 団体または多衆の威力を示しまたは危険な物件を携帯して第1項の罪を犯した者は、10年以下の懲役または5千万ウォン以下の罰金に処する。（新設2016.1.6）

（人質強要）

第324条の2 人を逮捕・監禁・略取または誘拐してその者を人質とし、第三者に対して権利行使を妨害しまたは義務のないことを行わせた者は、3年以上の有期懲役に処する。（本条新設1995.12.29）

（人質傷害・致傷）

第324条の3 第324条の2の罪を犯した者が人質を傷害しまたは傷害に致したときは、無期または5年以上の懲役に処する。（本条新設1995.12.29）

（人質殺人・致死）

第324条の4 第324条の2の罪を犯した者が人質を殺害したときは、死刑または無期懲役に処する。死に致したときは、無期または10年以上の懲役に処する。（本条新設1995.12.29）

（未遂犯）

第324条の5 第324条ないし第324条の4の未遂は罰する。（本条新設1995.12.29）

（刑の減軽）

第324条の6 第324条の2または第324条の3の罪を犯した者およびその罪の未遂犯は、人質を安全な場所で解放したときは、その刑を減軽することができる。（本条新設1995.12.29）

（占有強取、準占有強取）

第325条① 暴行または脅迫によって他人

の占有に属する自己の物件を強取した者は、7年以下の懲役または10年以下の資格停止に処する。

② 他人の占有に属する自己の物件を収去するにあたり、その奪還を防ぎまたは逮捕を免脱しもしくは罪跡を隠滅する目的で暴行または脅迫を加えたときは、前項の刑と同様とする。

③ 前2項の未遂は罰する。

（加重権利行使妨害）

第326条 第324条または第325条の罪を犯し人の生命に対して危険を発生させた者は、10年以下の懲役に処する。（改正1995.12.29）

（強制執行免脱）

第327条 強制執行を免れる目的で財産を隠匿、損壊、虚偽譲渡または虚偽の債務を負担し債権者を害した者は、3年以下の懲役または1千万ウォン以下の罰金に処する。（改正1995.12.29）

（親族間の犯行および告訴）

第328条① 直系血族、配偶者、同居親族、同居家族またはその配偶者間の第323条の罪は、その刑を免除する。（改正2005.3.31）

② 第1項以外の親族間で第323条の罪を犯したときは、告訴がなされて公訴を提起することができる。（改正1995.12.29）

③ 前2項の身分関係のない共犯に対しては、前2項を適用しない。

第38章 窃盗および強盗の罪

（窃盗）

第329条 他人の財物を窃取した者は、6年以下の懲役または1千万ウォン以下の罰金に処する。（改正1995.12.29）

（夜間住居侵入窃盗）

第330条 夜間に人の住居、看守する邸宅、建造物、船舶または占有する房室に侵入して他人の財物を窃取した者は、10年以下の懲役に処する。

（加重窃盗）

第331条① 夜間に門戸または障壁その他の建造物の一部を損壊して前条の場所に侵入して他人の財物を窃取した者は、1年以上10年以下の懲役に処する。

② 凶器を携帯しまたは2人以上が合同して他人の財物を窃取した者も、前項の刑と同様とする。

（自動車などの不法使用）

第331条の2 権利者の同意なく他人の自動車、船舶、航空機または原動機装置自動車を一時使用した者は、3年以下の懲役または500万ウォン以下の罰金または拘留もしくは科料に処する。

（常習犯）

第332条 常習で第329条ないし第331条の2の罪を犯した者は、その罪につき定める刑の2分の一まで加重する。

（強盗）

第333条 暴行または脅迫により他人の財物を強取しもしくはその他の財産上の利益を取得しまたは第三者にこれを取得させた者は、3年以上の有期懲役に処する。

（加重強盗）

第334条① 夜間に人の住居、管理する建造物、船舶、航空機または占有する房室に侵入して第333条の罪を犯した者は、無期または5年以上の懲役に処する。（改正1995.12.29）

② 凶器を携帯しまたは2人以上が合同して前条の罪を犯した者も、前項の刑と同様とする。

（準強盗）

第335条 窃盗が財物の奪還を防ぎ、逮捕を免れ、または罪跡を隠滅する目的で暴行または脅迫を加えたときは、前2条の例による。

（人質強盗）

第336条 人を逮捕・監禁・略取または誘拐しこの者を人質にして財物もしくは財産上の利益を取得しまたは第三者をしてこれらを取得させた者は、3年以上の有期懲役に処する。（全文改正1995.12.29）

（強盗傷害、致傷）

第337条 強盗が人を傷害しまたは傷害に致したときは、無期または7年以上の懲役に処する。（改正1995.12.29）

（強盗殺人・致死）

第338条 強盗が人を殺害したときは、死刑または無期懲役に処する。死に致したときは、無期または10年以上の懲役に処する。（全文改正1995.12.29）

（強盗強姦）

第339条 強盗が人を強姦したときは、無期または10年以上の懲役に処する。（改正2012.12.18）

（海上強盗）

第340条① 多衆の威力で海上にて船舶を強取しまたは船舶内に侵入して他人の財物を強取した者は、無期または7年以上の懲役に処する。

② 第1項の罪を犯した者が人を傷害しまたは傷害に致したときは、無期または10年以上の懲役に処する。（改正1995.12.29）

③ 第1項の罪を犯した者が人を殺害もしくは死亡させ、または強姦したときは、死刑または無期懲役に処する。（改正1995.12.29.、2012.12.18）

（常習犯）

第341条 常習で第333条、第334条、第336条または前条第1項の罪を犯した者は、無期または10年以上の懲役に処する。

（未遂犯）

第342条 第329条ないし第341条の未遂は罰する。（全文改正1995.12.29）

（予備、陰謀）

第343条 強盗する目的で、予備または陰謀をした者は、7年以下の懲役に処する。

（親族間の犯行）

第344条 第328条の規定は、第329条ないし第332条の罪または未遂犯に準用する。

（資格停止の併科）

第345条 本章の罪を犯し有期懲役に処す場合には、10年以下の資格停止を併科で

658 韓国刑法典

きる。

（動力）

第346条　本章の罪において管理できる動力は、財物とみなす。

第39章　詐欺および恐喝の罪

（詐欺）

第347条①　人を欺罔して財物の交付を受けまたは財産上の利益を取得した者は、10年以下の懲役または2千万ウォン以下の罰金に処する。（改正1995. 12. 29）

②　前項の方法で第三者をして財物の交付を受けさせまたは財産上の利益を取得させたときも、前項の刑と同様とする。

（電子計算機等使用詐欺）

第347条の2　電子計算機等の情報処理装置に虚偽の情報もしくは不正の命令を入力し、または権限なしに情報を入力・変更して情報処理をさせることで、財産上の利益を取得しまたは第三者をして取得させた者は、10年以下の懲役または2千万ウォン以下の罰金に処する。（全文改正2001. 12. 29）

（準詐欺）

第348条①　未成年者の知慮浅薄または人の心身障害を利用して財物の交付を受けまたは財産上の利益を取得した者は、10年以下の懲役または2千万ウォン以下の罰金に処する。（改正1995. 12. 29）

②　前項の方法で第三者をして財物の交付を受けさせまたは財産上の利益を取得させたときは、前項の刑と同様とする。

（便宜施設不正使用）

第348条の2　不正な方法で対価を支払わず自動販売機、公衆電話その他有料自動設備を利用して財物または財産上の利益を取得した者は、3年以下の懲役または500万ウォン以下の罰金または拘留もしくは科料に処する。（本条新設1995. 12. 29）

（不当利得）

第349条①　人の窮迫した状態を利用して顕著に不当な利益を取得した者は、3年以下の懲役または1千万ウォン以下の罰金に処する。（改正1995. 12. 29）

②　前項の方法で第三者をして不当な利益を取得させたときも、前項の刑と同様とする。

（恐喝）

第350条①　人を恐喝して財物の交付を受けまたは財産上の利益を取得した者は、10年以下の懲役または2千万ウォン以下の罰金に処する。（改正1995. 12. 29）

②　前項の方法で第三者をして財物の交付を受けさせまたは財産上の利益を取得させたときも、前項の刑と同様とする。

（加重恐喝）

第350条の2　団体または多衆の威力を示しまたは危険な物件を携帯して第350条の罪を犯した者は、1年以上15年以下の懲役に処する。（本条新設2016. 1. 6）

（常習犯）

第351条　常習で第347条ないし前条の罪を犯した者は、その罪に定めた刑の2分の1まで加重する。

（未遂犯）

第352条　第347条ないし第348条の２、第350条、第350条の２および第351条の未遂は罰する。（改正2016.1.6）「全文改正1995.12.29」

（資格停止の併科）

第353条　本章の罪には、10年以下の資格停止を併科できる。

（親族間の犯行、動力）

第354条　第328条および第346条の規定は、本章の罪に準用する。

第40章　横領および背任の罪

（横領、背任）

第355条①　他人の財物を保管する者がその財物を横領しまたはその返還を拒否したときは、５年以下の懲役または1500万ウォン以下の罰金に処する。（改正1995.12.29）

②　他人の事務を処理する者が、その任務に違背した行為で財産上の利益を取得しまたは第三者をしてこれを取得させ本人に損害を加えたときも、前項と同様とする。

（業務上の横領および背任）

第356条　業務上の任務に違背し第355条の罪を犯した者は、10年以下の懲役または３千万ウォン以下の罰金に処する。（改正1995.12.29）

（背任収贈財）

第357条①　他人の事務を処理する者が、その任務に関して不正な請託を受け財物または財産上の利益を取得しまたは第三者をしてこれを取得させたときは、５年以下の懲役または１千万ウォン以下の罰金に処する。（改正2016.5.29）

②　第１項の財物または利益を供与した者は、２年以下の懲役または500万ウォン以下の罰金に処する。（改正1995.12.29）

③　犯人または情を知る第三者が取得した第１項の財物は没収する。その財物を没収できないまたは財産上の利益を取得したときは、その価額を追徴する。（改正2016.5.29）（表題改正2016.5.29）

（資格停止の併科）

第358条　前３条の罪には、10年以下の資格停止を併科できる。

（未遂犯）

第359条　第355条ないし第357条の未遂は罰する。

（占有離脱物横領）

第360条①　遺失物、漂流物または他人の占有を離脱した財物を横領した者は、１年以下の懲役または300万ウォン以下の罰金もしくは科料に処する。

②　埋蔵物を横領した者も、前項の刑と同様とする。

（親族間の犯行、動力）

第361条　第328条および第346条の規定は本章の罪に準用する。

第41章　臓物に関する罪

（臓物の取得、斡旋等）

第362条①　臓物を取得、譲渡、運搬または保管した者は、７年以下の懲役または1500万ウォン以下の罰金に処する。（改

660　韓国刑法典

正1995. 12. 29)

② 前項の行為を斡旋した者も、前項の刑と同様とする。

（常習犯）

第363条① 常習で前条の罪を犯した者は、1年以上10年以下の懲役に処する。

② 第1項の場合には、10年以下の資格停止または1500万ウォン以下の罰金を併科できる。（改正1995. 12. 29）

（業務上過失、重過失）

第364条 業務上過失または重大な過失によって第362条の罪を犯した者は、1年以下の禁錮または500万ウォン以下の罰金に処する。（改正1995. 12. 29）

（親族間の犯行）

第365条① 前3条の罪を犯した者と被害者の間に第328条1項、第2項の身分関係があるときは、同条の規定を準用する。

② 前3条の罪を犯した者と本犯の間に第328条第1項の身分関係があるときは、その罪につき定める刑を減軽または免除する。但し、身分関係がない共犯に対しては例外とする。

第42章　損壊の罪

（器物損壊等）

第366条 他人の器物、文書または電磁記録など加重媒体記録を損壊または隠匿その他方法でその効用を害した者は、3年以下の懲役または700万ウォン以下の罰金に処する。（改正1995. 12. 29）

（公益建造物破壊）

第367条 公益に供する建造物を破壊した者は、10年以下の懲役にまたは2千万ウォン以下の罰金に処する。（改正1995. 12. 29）

（危険損壊、損壊致死傷）

第368条① 前2条の罪を犯し人の生命または身体に対して危険を発生させたときは、1年以上10年以下の懲役に処する。

② 第366条または第367条の罪を犯して人を傷害に致したときは、1年以上の有期懲役に処する。死に致したときは、3年以上の有期懲役に処する。（改正1995. 12. 29）

（加重損壊）

第369条① 団体または多衆の威力を示しまたは危険な物件を携帯して第366条の罪を犯したときは、5年以上の懲役にまたは1千万ウォン以下の罰金に処する。（改正1995. 12. 29）

② 第1項の方法で第367条の罪を犯したときは、1年以上の有期懲役または2千万ウォン以下の罰金に処する。（改正1995. 12. 29）

（境界侵犯）

第370条 境界線を損壊、移動もしくは除去しまたはその他方法で土地の境界を認識不能にさせた者は、3年以下の懲役または500万ウォン以下の罰金に処する。（改正1995. 12. 29）

（未遂犯）

第371条 第366条、第367条および第369条の未遂は罰する。

（動力）

第372条 本章の罪には第346条を準用する。

付則 〈第14415号、2016. 12. 20〉

本法律は公布の日より施行する。

事項索引

あ

安楽死……………………242

い

意思決定の能力…………266
意思の自由………………253
一行為犯…………………99
一般予防…………………7
意図的挑発………………203
違法性………………68,175
違法性阻却事由…………180
——の客観的前提事実に
関する錯誤……………189
違法な命令………………302
因果関係…………………103
——の断絶………………106
——の中断………………106
——の錯誤………………155
因果関係中断論…………115

う

ヴェルサリ・イン・レ・イリキ
タ………………………59

お

応報………………………7

か

概括的故意…………134,136
外国において受けた刑の執行
………………………36
解釈………………………19
蓋然性説…………………131
書かれざる構成要件要素…88
書かれた構成要件要素……87
拡大解釈…………………21
拡張解釈…………………52
拡張的解釈………………21

学派論争…………………6
加重的構成要件…………85
過剰自救行為………225,299
過剰避難………………218,298
過剰防衛………………206,295
仮定的因果関係…………105
可能性説…………………130
可罰性の条件……………68
可罰的違法性論…………188
過料………………………4
慣習刑法…………………55
甘受説……………………131

き

危険刑法…………………62
危険故意…………………134
危険社会…………………62
危険の具体的実現………119
危険の創出………………117
危険犯……………………96
旗国主義…………………32
記述的構成要件要素……86
規制的（鎮圧的）機能……15
期待可能性………………289
規範的構成要件要素……86
規範的責任概念…………259
規範の保護目的…………121
基本的因果関係…………104
基本的構成要件…………85
義務衝突…………………246
義務の衝突………………303
客体の錯誤………………149
客観的違法性論…………177
客観的帰属論……………116
客観的処罰条件…………68
旧派………………………6
業務による行為…………239
強要された行為…………299
挙動犯……………………103

許容構成要件の錯誤………189
緊急救助…………………205
緊急避難…………………207
均衡性の原則……………61
禁止規範…………………18
禁止の錯誤………………280
近代学派…………………7

く

具体的危険犯……………97
具体的事実の錯誤………148
具体的符合説……………150

け

傾向犯……………………159
形式的違法性論…………177
刑執行法…………………6
刑事手続法………………6
刑事未成年者……………263
継続犯……………………100
刑罰不遡及の原則………42
刑法………………………3
——の時間的適用………24
——の場所的・人的適用
………………………32
結果………………………102
結果的加重犯……………102
結果犯……………………102
結果反価値………………162
結合犯……………………98
決定規範………………18,162
決定論……………………254
原因において自由な行為
………………………268
厳格責任説…………192,278
減軽的構成要件…………85
現行犯人の逮捕…………235
現在の危難………………210
限時法……………………27

664　事項索引

憲法適合的解釈…………… 22

こ

故意説………………277,282
行為………………………67,99
　――の手段……………101
　――の状況……………101
行為概念………………… 73
行為規範………………… 18
行為客体………………… 96
行為刑法………………… 61
行為時法の原則………… 25
行為者刑法……………… 62
行為反価値………………162
攻撃的緊急避難…………216
攻撃の違法（不当）性……199
攻撃の現在性……………197
合憲解釈………………… 22
構成要件………………67,83
構成要件該当性阻却事由
　……………………………164
構成要件的故意……124,125
構成要件的錯誤…………140
構成要件的錯誤類推適用説
　……………………………191
公訴時効………………… 43
合法則的条件説…………108
公務執行行為……………232
誤想過剰防衛……………297
誤想自救行為……………225
誤想避難…………………219
誤想防衛…………………207
古典学派………………… 6
古典的犯罪体系………… 69
個別行為責任……………257

さ

罪刑法定原則…………… 40
作為犯…………………… 99
三段論法………………… 19

し

自救行為………………219,223
自救の意思………………223
事後故意…………………133

自招危難…………………215
事前故意…………………133
自然的・因果的行為概念… 74
実質的違法性論…………177
実体刑法………………… 5
事物を弁別する能力………266
社会常規に反しない行為
　……………………………243
社会的の行為概念……… 76
社会的相当性……………164
主観的違法性論…………177
主観的構成要件要素………124
主観的正当化要素………183
縮小解釈………………… 21
手段の適切性……………217
自手犯…………………… 89
純粋規範的責任概念………259
消極的構成要件要素の理論
　……………………………190
消極的属人主義………… 33
条件説……………………106
状態犯……………………100
承諾……………………166
白地刑法…………30,54,56
自律性の原理……………214
侵害故意…………………134
侵害犯…………………… 96
人格責任…………………257
人格的行為概念………… 78
新古典的犯罪体系……… 69
新古典的・目的的犯罪体系
　……………………………70
心情要素…………………306
心神耗弱…………………265
心神喪失…………………265
人の処罰条件…………… 68
人の適用の例外………… 36
人的不法論………………160
新派……………………… 7
心理学的要因……………266
心理的責任概念…………258

す

推定的承諾………………225
推定的責任要素…………307

せ

制限責任説………191,192,278
制限的解釈……………… 22
制裁規範………………… 18
精神障害者………………264
精神病者の監護行為………235
正当行為…………………230
正当防衛…………………195
　――の社会倫理的制限
　……………………………202
生物学的要因……………265
成文法主義……………… 55
世界主義………………… 34
責任……………………68,253
責任形式…………………275
　――としての過失………276
　――としての故意………275
責任原則………………… 58
責任故意…………………126
責任説………………278,283
責任阻却事由……………262
責任能力…………………263
責任判断の基準…………257
責任判断の対象…………257
責任論……………………253
積極的一般予防………… 14
積極的属人主義………… 33
積極的特別予防………… 15
占有者の自力救済………237

そ

臓器摘出行為……………239
総体的不法構成要件…… 84
相当因果関係説…………110
遡及効禁止の原則……… 42
遡及効の禁止…………… 25
属人主義………………33,35
即成犯……………………100
属地主義………………32,34

た

体系的解釈……………… 20
択一的故意………………134
多行為犯………………… 99

事項索引　665

堕胎行為……………………238
単一犯………………………98
短縮された結果犯………157

ち

秩序違反法……………………4
抽象的危険犯………………97
抽象的事実の錯誤………148
抽象的符合説………………152
懲戒行為……………………236
超法規的免責事由………289
治療行為……………………241

つ

罪を犯した場所……………34

て

適正性の原則………………56
適切性の原則………………60

と

動機説………………………29
独自的犯罪…………………85
特別な義務者的地位………216
特別な主観的不法要素……156
特別な責任要素………306
特別予防……………………8

に

二元主義………………………3
二重的または択一的因果関係
　……………………………105
認識ある過失………………129
認容説………………………129

は

犯罪概念………………………9
犯罪体系……………………69
犯罪論………………………67
反則金…………………………4
判例の変更…………………46

ひ

被害者の承諾………………165
非決定論……………………254

必要性の原則………………60
避難行為……………………211
避難の意思…………211,218
避難の均衡性………………212
避難の補充性………………212
評価規範……………18,162
表現犯………………………159
非類型的（非典型的）因果関
　係…………………………106
比例性の原則………………60

ふ

不完全な二行為犯………157
複合的責任概念…………260
不作為犯……………………99
付随刑法………………………4
不法…………………………177
　——の意識………………277
不法故意……………………125
不法構成要件………………83
文理解釈……………………20

ほ

保安処分……………………44
防衛行為……………………200
　——の必要性……………200
　——の被要請性…………202
防衛手段の均衡性………201
防衛の意思…………200,205
法益概念……………………97
法益侵害……………………13
法益保護……………………13
防御手段の原則的な許容性
　……………………………201
防御的緊急避難…………216
法効果制限責任説………192
法人…………………………90
法人格なき団体および組合
　……………………………95
包摂…………………………19
法定的符合説………………151
法的責任……………………255
方法の錯誤…………………149
法律変更……………………26
法律明確性…………………48

法令による行為…………232
保護主義……………33,35
保護的機能…………………15
補充規範……………………31
保障的機能…………………16
本質的な優越……………217

ま

マグナ・カルタ………16,41

み

未必の故意…………………128
身分犯………………………89

む

無関心説……………………130

め

命令規範……………………18
命令服従行為……………233
免責事由……………………288
免責的緊急避難…………292

も

目的的行為概念……………75
目的的犯罪体系……………69
目的犯………………………157
目的論的解釈………………21

ゆ

有責性………………………176
許された危険………118,249

よ

予防的機能…………………14

り

了解…………………………166
良心的審査…………184,229
良心犯………………………304
両罰規定……………………93
倫理的責任…………………255

る

類推…………………………23

666　事項索引

類推適用……………………51
累積的または重畳的因果関係
　　………………………………105

れ

歴史的解釈…………………20

ろ

ろうあ者……………………265
労働争議行為………………237

原著者紹介

金　日　秀（キム イルス）　高麗大学校法学専門大学院名誉教授・弁護士

　高麗大学法科大学卒業
　ミュンヘン大学修了（法学博士）
　［その他］ハーバード大学ロースクール客員研究員、高麗大学法科大学教授・学長歴任、韓国刑事政策研究院長・国家警察委員長歴任、武漢大学兼職教授、吉林大学法学院客座教授、ZStW国際編集諮問委員

《主要著書》
　『韓国刑法Ⅰ（総論上）』『Ⅱ（総論下）』『Ⅲ（各論上）』『Ⅳ（各論下）』
　『刑法総論（第13版）』『刑法各論（第9版）』
　『愛と希望の法』『改革と民主主義』『公正社会に進む道』『法・人間・人権』
　『捜査体系と検察文化の新しい地平』『犯罪被害者論と刑法政策』
　『転換期の刑事政策』『刑法秩序における愛の意味』
　『C.ロクシン、刑事政策と刑法体系』（訳）
　『N.ブリースコーン、法哲学』（訳）
　『G.ヤコブス、規範・人格・社会』（共訳）
　Lebensschutz im Strafrecht（共編）

徐　輔　鶴（ソ ボハク）　慶熙大学法学専門大学校教授

　高麗大学法科大学卒業
　ケルン大学修了（法学博士）
　［その他］亜州大学法学部助教授、司法制度改革推進委員会企画研究チーム長、ハーバード大学ロースクール客員研究員、大法院量刑委員会委員、法務部南北法令研究特別分科委員会委員、韓国刑事政策学会会長、警察改革委員会委員

《主要論文》
　Der Rechtsfolgenteil des neuen koreanischen StGB von 1995 im Vergleich zu den Regelungen im deutschen StGB
　「堕胎罪と立法者の価値判断」「『一部』執行猶予制度と『short sharp shock』」
　「刑法上不法受益の剥奪の必要性と法治国家的限界」
　「刑事法上遡及効禁止原則の機能と限界」
　「連続犯理論に対する批判的考察」「捜査権の独占または配分？」
　「過失犯における注意義務違反の体系的地位と判断基準」「過失犯の共同正犯」
　「強制わいせつ罪における暴行の程度と不意打ちのわいせつ行為の問題」
　「インターネット上の情報流布と刑事責任」「共同正犯と超過した実行行為」

監訳者

斉 藤 豊 治（さいとう とよじ）　甲南大学名誉教授・弁護士

松 宮 孝 明（まつみや たかあき）　立命館大学大学院法務研究科教授

訳　者

裵 　美 蘭（ベ ミ ラン）　蔚山大学助教授

金ジャンディ（キム ジャンディ）　大阪大学招へい研究員

玄 　　守 道（ひょん すと）　龍谷大学教授

韓国刑法総論

2019年12月20日　初版第1刷発行

原 著 者	金 徐	日 輔	秀 鶴	
監 訳 者	斉 松	藤 宮	豊 孝	治 明
発 行 者	阿	部	成	一

162-0041　東京都新宿区早稲田鶴巻町514

発 行 所　株式会社　成 文 堂

電話 03（3203）9201（代）　FAX 03（3203）9206
http://www.seibundoh.co.jp

製版・印刷　藤原印刷　　　　　　　　　製本　弘伸製本

©2019 T. Saito, T. Matsumiya　Printed in Japan

☆乱丁本・落丁本はお取り替えいたします☆

ISBN978-4-7923-5292-9 C3032　　　　検印省略

定価（本体15000円＋税）